- 本书为国家社科基金重大招标项目“清水江文书的整理与研究”的阶段性成果之一（项目编号 11&ZD096）

- 本书获
  2018 年国家出版基金资助
  2015 年贵州省民族古籍研究基地经费资助
  2018 年贵州省出版传媒事业发展专项资金资助

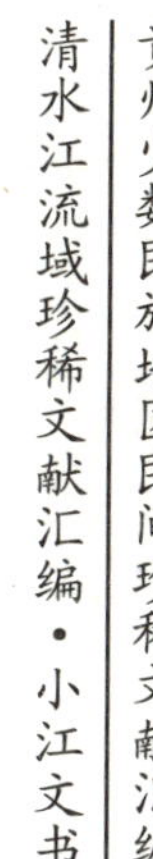

贵州少数民族地区民间珍稀文献汇编

清水江流域珍稀文献汇编·小江文书

小江文书·柳寨卷（上）

龙泽江　陈洪波◎编

贵州大学出版社
Guizhou University Press

图书在版编目（CIP）数据

小江文书. 柳寨卷 / 龙泽江，陈洪波编. -- 贵阳 ：贵州大学出版社，2017.12

（贵州少数民族地区民间珍稀文献汇编）

ISBN 978-7-5691-0057-0

Ⅰ. ①小… Ⅱ. ①龙… ②陈… Ⅲ. ①侗族－民族地区－地方史－文献－汇编－贵州 Ⅳ. ①K297.3

中国版本图书馆CIP数据核字(2017)第302854号

小江文书·柳寨卷

编　　者：龙泽江　陈洪波

出 版 人：闵　军
责任编辑：葛静萍　杨　洋
装帧设计：方国进

出版发行：贵州大学出版社有限责任公司
　　　　　地址：贵阳市花溪区贵州大学北校区出版大楼
　　　　　邮编：550025　电话：0851-88291180
印　　刷：贵州思捷华彩印刷有限公司
开　　本：787 毫米 ×1092 毫米　1/16
印　　张：46.5
字　　数：1019 千字
版　　次：2017 年 12 月第 1 版
印　　次：2017 年 12 月第 1 次印刷

书　　号：ISBN 978-7-5691-0057-0
定　　价：306.00 元

柳寨文书遗存及其价值

柳寨村由柳寨、塘代、里翁3个自然寨组成，属天柱县石洞镇。小江（又称八卦河）从村南流过，河对岸分别是锦屏和剑河两县地界。柳寨自然风光优美，有梯田，六十丈洞瀑布以及莲花山等景观。柳寨传统服饰尚黑，史称黑峒，属侗族北部方言区。2010年，全村有452户2006人，全部姓龙。而1952年土改时全村只有100多户，不到600人。当时全村有4户地主，其中1户是官僚，划分地主的标准是全家平均每人有谷子15挑（1挑相当于100斤）以上；富农13户；小土地经营者1户；无田无地者8户；其余为贫农，占全村80%左右。

据老人口耳相传，柳寨村原来有6个姓，分别为龙、杨、潘、文、申、梁。六姓宗族并为一个龙姓宗族是在清朝年间，距今约有200年。龙家在明朝时先进入寨子，然后是杨家、文家、潘家，最后进寨子的是梁家和申家。关于其他姓改姓龙的原因，据老村长龙吉柱说："古代往往是大寨子欺负小寨子。当时，有某大寨子的人经常到柳寨抢东西。然而柳寨各姓的人互不相帮，因此经常被抢得日子过不下去。后来龙家一位老人号召全寨人捐钱，派5个人外出习武3年。在他们的努力下，终于使全寨得以平安无事，龙家的威望由此产生。为了显示全寨的团结，其他姓的人也相继改为龙姓。改姓后，虽然全寨子都姓龙，但其中又分为两派：一个是盘棒、高寨、塘代、里翁作为一个派不准结亲；另一个是田坝、大坪、坳闷、坳庙、各豪、闷大、寨脚几处作为一个派不准结亲。"虽然两派内部不准结亲，但两派之间是可以通婚的。

每年农历正月初，柳寨人要唱戏（以前的老戏）、玩龙，因为经常到锦屏县彦洞乡苗佰村唱戏，便与该村结成兄弟村寨。斗牛是北部侗族最盛大的集体活动，几乎每个村寨都有公共斗牛场。每年秋收之后，节届重阳，四乡八邻的村民聚集在一起观看斗牛，以此联络感情。对于年轻人来说，这种社交活动尤为重要，是他们通过对歌结识、结交情侣的重要机会。因而，斗牛与赛歌成为重阳节的两大内容，世代相传，长盛不衰。近年来，柳寨及附近村寨的村民都集中到村子北面云雾山顶一个叫“高银雾”的斗牛场斗牛。每届斗牛节，从天柱、锦屏、剑河云集高银雾的斗牛少则五六十对，多则100多对。比赛非3天不能结束，每天斗至夕阳西下，各家便邀请来客回家共进晚餐，畅叙节日盛况，三分酒意后，则猜拳行令，互对酒歌，通宵达旦。

柳寨遗存了丰富的民间契约文书。2010年寒暑两个假期，课题组成员两次到柳寨调查，2012年和2013年又去了两次，访问乡贤耆老，搜集民间文献，拍照和扫描了契约文书600多份，分别是龙武铣家藏102份，龙俊豪家藏30份，龙生海家藏101份，龙俊炳家藏62份，龙步钊家藏62份，龙通焯家藏104份，龙登基家藏45份，龙权铭家藏110份。

柳寨文书以田地和山林买卖契约为主，主要产生于清代同治、光绪年间及民国年间，最早的是嘉庆年间。但嘉庆、道光、咸丰年间的契约数量较少，且全为白契。同治年间，不仅契约数量增多，红契也有所增多，说明官府加强了对当地民间土地交易的管理。另外，还有少量中华人民共和国成立后的土地契约，包括近年来的责任山转包，责任田转卖。除了土地契约外，柳寨还有一些粮册、税单、分家析产、租佃、典当、以及司法诉讼、纠纷调解、婚书、继嗣等文书。通过粗略梳理，柳寨文书的价值和作用简述如下。

一、契约文书对侗族村民的生产和生活还产生影响

土地契约是侗族土地产权的重要管理手段，对于维持侗族村寨经济与社会秩序发挥着重要的作用。直到今天，土地契约仍然是调解土地纠纷的重要依据。中华人民共和国建立后，在小江流域的侗族乡村，土地制度经历了土改、林业三定、土地承包，以及2008年开展的林权改革等变革。但由于错综复杂的原因，每次土地改革运动都遗留了较多的问题，如土改时只有少量土改证发放；林业三定时走过场，遗留问题多，存在四至不清、权属不明等问题；土地分户承包时，基本上还是以祖业为依据，祖业比较多的才划一部分出来补给少的。然而，小江流域作为近代以来以自耕农为主体的乡土社会，地主少，能把祖业平衡出来的并不多。这就形成土地承包又回归到土改前的土地占有状态，即大多数村民现在承包的责任地和责任山基本上还是自己祖上购买的产业。2008年，又开展了声势浩大的林权改革，但由于林权纠纷较多直到现在，仍然不能确权发证。在侗族乡民的观念中，他们更看重传承有续的土地契约。从笔者亲身经历的一件事可以看出古老契约对乡民经济生活的影响。如下面这份契约是笔者在柳寨村民龙俊豪家拍照的，契约签订于民国十一年（1922年），距今有90年了。契约录文如下：

立卖地土字人本寨龙明亮，今因要钱使用，无所出处，自愿将到土名美凉土地一团出卖，上抵太田坎，下抵仁连田，左抵路，右抵杉木坎为界。四至分明，要钱出卖。自己问到亲芳（房）龙仁瑞承买，言定价钱四千二百八十文整。其钱亲领入手应用。[其地]买主耕管为业。自卖之后，不得异言。恐口无

凭，立有卖字为据。

代笔：龙金球

民国壬戌年四月初八日立

2011年，有一户村民为了和他的姨夫争夺与契约中的美凉地相邻的一块土地，特地从老家跑到我学校来，提着烟酒来找我（当然，烟酒没收他的），要我把这份契约的复印件给他[①]。因为这份契约第二行说“上抵太田坎”，而太田是他祖父，也就是说这块地上面应该属于他的祖业。但这块地却一直是他的姨夫在耕种，而他姨夫既拿不出契约，也拿不出土改证据。这位村民回去后，和他的姨夫打了一架，村委会来调解，还是维持现状。但这位村民并不服，矛盾仍然存在。正因为这种民间土地纠纷较多，使得声势浩大的林权改革在这里也不得不草草收场，确权发证工作不了了之。

又如下面这份柳寨龙权铭户藏契约，录文如下：

立卖地土杉木字人清[②]属平岑村宋明经父子五人，今因要钱使用，无所出处，自愿将到土名豪谢地土木一团。上抵谭品球、品相，下抵溪，左抵井上边冲小土坎荣明安岩为界，右抵买主。四至分明，要铜元出卖。自己请中上门问到安马村龙喜文明（名）下承买。当日凭中义（议）定价钱铜元三封一百八十文，亲手领足应用。其杉木地土付与买主耕管为业。不得易（异）言。若有易（异）言，不干买主之自（事），卖主上前里（理）落。恐后无凭，立有卖字为据。

凭中：彭玉和

亲笔：宋祖发

中华民国癸亥年十二月十三日立卖

这份契约签订于民国十二年（1923年），内容是毗邻的剑河县属平岑村宋氏父子将地名豪谢的山林卖给天柱县属柳寨龙喜文。由于这片山林在柳寨的河对岸，理论上属于剑河的地界。林权改革时，两村在边界问题上发生了纠纷。2011年，在州、县、乡（镇）土地与林业部门相关同志的参与下，以柳寨出示的这份契约为依据，两村相互做了一定的让步而最终达成了边界协议。

可见，这些年代久远的契约并非完全是历史陈迹，他还实实在在影响着村民们的切身利益，是民间土地纠纷调解的重要依据。

---

① 我手里只有这份契约的原件照片，原件还在原持有人龙俊豪手中。但龙俊豪肯定不愿意掺和到这块土地的纠纷中去，不会出示这份契约原件。所以这位村民才舍近求远，跑到学校来求助于我。

② “清”指清代清江厅，即今剑河县。

二、柳寨文书的历史文献价值

这些归户性强、系统完整、传承有序、脉络清晰的契约文书，是对近代侗族社会自耕农经济的真实纪录。个别在特殊历史背景下形成的契约文书，还有重要的历史文献价值，可以与正统史料相互印证。如下面这份柳寨龙俊柄户藏土地执照，其录文如下：

贵州通省善后总局，贵州承宣布政使司，贵州下游善后总局

为发给执照事：照得黔省贼扰之区，居民流散，田土荒芜。兹幸全境肃清，亟需清理田业，广为开垦。除有主有契之田照常耕管外，其有契遗田确者，应准作为本业。屯亡田在者，应仍作为屯业。更有田主远逃，在若存若亡之间者，应暂作为存业。又田主播越，本支尽剿，及倡乱附贼被剿伏诛者，应即作为绝业、叛业。以上各项产业，现在荒芜犹多，间有开垦之处，或系官为安插，或系自谋生聚。而恃强逞刁之徒，串通蒙混，影射摇惑，以致耕凿者心志不固，而本司等又无由周知，其数何以定民居而厘田赋。兹本司等刊刷三联印照，选委妥员，分赴各府州县逐段查给，凡系有田有契之户，务即呈验，盖用戳记。其无契者，务即分别屯存叛绝，将田土丘数，坐落地名，计算谷种，应纳丁粮，逐一开单报明本团本寨甲长，取具切实甘结，呈请验给执照。如业主有契不呈验，无契不领照者，均不准其管业。惟该业户领照之初，自应激发天良，各认本业。如将屯存叛绝各业指为己业，或冒充嫡派及以少报多，一经发觉，定即从严究办，并将团寨甲长出结人等及扶同蒙混，连环保结各户一并分别惩究。至各户领照管业之后，本系己业者，限耕至乙亥［年］[①]冬季无人告发，方准私自出卖。如业主不俟限满而则卖，买主不俟限满而则买，查出田价田土一并充公，仍治以应得之罪。其承耕屯存叛绝各业者，俟至乙亥年冬季无人争认，即将原照呈验加盖戳记，或令补充屯卒，或令承充官佃，分别酌定，俾资永业。如临期不呈请加戳，查出追还原照，另召妥佃，亦治以应得之罪。除出示晓谕外，为此仰该耕户等遵照承领，以资管业。再查耕种己业遗失契据者，前曾由局刊发执照。该业户等如已领有前照，亦即呈请换领，以凭截取缴验。总之，此次清查，系为周知田数，厘定民居起见，并不取给照费。倘有故意需索，许各业户据实具禀，听候提究。凛遵毋违，须至执照者。

这份土地执照是同治十三年（1874年）由政府颁发给柳寨村民龙理仁的，执照后面还粘贴了龙理仁的土地清册，载明土地的丘数、位置和产量等。

咸丰五年（1855年），贵州爆发了张秀眉、姜映芳等领导的苗族侗族农民起义，直到同治十一年（1872年）清政府才将起义完全镇压下去，苗侗民间称之为十八年反清。大乱之后，亟需休养生息、恢复生产。中国传统社会以农立国，土地是农业的根本。因而，善后政策重点对土地政策进行调整，全面清查土地，明晰产权，恢复经济和社会秩序。

① 光绪元年，1875年。

柳寨文书中还有少量新中国成立初期的文书，主要是农业税票据，能够真实反映新中国成立初期农民的税费负担状况。如龙俊柄户藏文书中，其先祖龙理仁在光绪年间跨县到锦屏县皮所寨购买了多宗土地，民国三十一年（1942年）锦屏县清查土地，发给龙求德（龙理仁之孙）12丘田的土地执照共计7.3亩，粮额3.48元。民国三十一年（1942年）后田赋征实，每元折征三市斗，县市公粮折征一市斗，田赋征实合计1.497石，按每市石米约120市斤计，龙求德户每年田赋约180市斤。另外，龙求德户民国三十三年（1944年）还缴纳天柱县的田赋为3.5亩，粮额1.08元，征实合计0.594石。可知，龙求德户在天柱县和锦屏县的田地共计约10.8亩，根据民国三十三年（1944年）天柱县颁发的户籍证显示，龙求德与龙求藩为兄弟组合家庭，户籍证上以龙求藩为户主，全户共有人口6人。该户人均土地占有不足2亩，在当时只能评定为中农阶层。那么，作为中农阶层的龙求德户，在1949年新中国建立以后，其农业税负担是降低了还是增加了呢？1950年3月，贵州各地原国民党起义部队叛乱，锦屏县人民政权于3月14日撤离锦屏县城，至该年底即1950年12月18日，人民解放军才重新占领锦屏县城，1951年1月1日才恢复中共锦屏县工委和锦屏县人民政府①。在国民党起义部队叛乱期间，龙求德于1950年8月19日被迫向伪政权缴纳稻谷3石1斗3升。但1951年锦屏县人民政权重建以后，该户龙求凡（又写为龙求藩）于1951年4月27日补缴1950年的公粮370斤，1951年12月24日又缴纳本年公粮569斤，全年合计缴纳稻谷939斤。1952年土改后，龙求凡缴纳锦屏县的农业税变化不大，如1953年531斤，1954年427斤，1955年533斤，说明龙求凡户作为中农阶层，在锦屏县的7.3亩田地既不大可能在土改中被剥夺，但也不大可能像贫农一样分得新的土地。1955年锦屏县对该户的定产定购通知书显示，该户定产量为4015斤，按7.3亩折算，每亩产量550斤，也符合当时的稻谷产量实际情况。按1955年的定产量4015斤及该户当年向锦屏县缴纳农业税533斤计算，该户的当年农业税负担率为13%。可见，新中国初期中农阶层的农业税负担较重，但还在可承受范围内，粮食尚能自给自足。1956年实行农业高级社以后，土地收归集体，该户粮食便短缺了。从1958年2月锦屏县颁发给龙求藩户的购粮证来看，购粮证的“使用须知”第一条为“此证发给农村缺粮农民户，专供购食粮之用”，购粮证上该户当年人口7.5口（应该是婴幼儿算一半口粮），购买大米定额为436斤。这个案例显示了新中国初期我国农村社会主义改造和建设所走过的曲折道路。

三、柳寨文书的社会学研究价值

柳寨文书以土地契约为主体，但也不乏反映家族、家庭、妇女与婚姻等社会生活的文

---

① 《中国共产党锦屏县历史》编纂领导小组：《中国共产党锦屏县历史》第一卷（1929-1978），中共党史出版社，2014年8月，第35-40页。

书，如捐资修建宗祠文书、继嗣文书、婚姻文书等。从以下 2 份婚书可以对近代侗族社会的婚姻与家庭管窥一斑。

龙俊豪户藏婚书：

立婚书人锦屏九寨乡高坝保欧孟荣，情因胞兄孟长先年娶到皮所寨刘贵求之妹名唤妹竹为室，人好无常，□如于民国三十一年中从戎出征，迄今五载未回，音信亦未□到。家境又□寒微，同兄嫂出外佣工度活，与柱邑柳寨龙文登有缘成配。荷蒙地方父老入中调解，由登出洋捌万捌仟元作为［兄］长日后回来另娶之资。以后远近房族人等如有籍端滋事，有本人负完全责任。特立婚书一纸存照。

主婚人：欧孟荣

代笔人：欧洙

地方父老：龙骧、龙吉坤、龙代□ 押

中华民国三十五年七月三十日立

本婚书签订于民国三十五年（1946 年），其内容是锦屏县高坝村的欧孟荣，其兄长于 1942 年应征入伍，当兵 5 年，音讯杳无。于是，由他主婚将嫂嫂改嫁给天柱县柳寨的龙文登为妻。并由龙文登出法币 88000 元，以防其兄长万一回来，可以另外再娶。查 1946 年的法币已经大量贬值，当时镇远府每公斤大米价格为 428 元[①]，88000 元可购买大米 205.6 公斤。按粮食购买力来算，只相当于现在人民币约 1200 元。这既反映改嫁妇女彩礼价格非常低廉，又反映侗族乡村贫困妇女，迫于生计，并不固守贞节观念。

又如龙步钊户藏婚书：

立清白甘心离婚字人皮所寨石明干，情因先年娶到本寨彭昌仕之女名唤现花为室，过门十余载，男女生育。因夫妇遂尔反目，屡次冲突，各起离意。该妻与书有缘，今得双方合劝，补聘金市洋一万三千五百元作为另娶之费。而妻再醮于书为室。今凭双方心甘情愿，日后不得翻悔。倘后有籍端滋事，有我主婚人负责，不干娶主之事。恐后无凭，立有清白一纸为据。

主婚人：石明干（押）

代笔：石恒四

保长：石承璧、彭震寰

父老：彭唐文、光太、彭有干、彭汝雨、龙通炳

中华民国三十三年十一月初三日立

---

① 《黔东南苗族侗族自治州志·物价志》，贵州人民出版社，1995 年，第 1 页。

此婚书签订于民国三十三年（1944 年），当时锦屏县皮所寨的石明干与其妻结婚已有 10 余年，并生育有男女小孩。可是，不知什么缘故，石明干却以夫妻反目为借口，以 13500 元法币的价格，将妻子卖给柳寨的龙化书为妻。1944 年，黔东南每公斤大米的价格为 42 元[①]，13500 元可购买大米 321 公斤，不足现在人民币 2000 元的购买力。以前侗族农村妇女一般十五六岁结婚，结婚 10 余载也就大约 30 岁，还有生育能力，所以龙化书愿意买来为妻。根据访谈和文书解读，龙化书为一位道士，前妻病故，留下一女，和石明干之妻婚配后，又育有一男。他比较有文化，有时还包揽词讼，曾为家族赢得官司后获得家族奖励的一片山林。作为道士师傅，他常给村民做法事，应该常有额外收入。可是由于浪荡江湖，染上赌博等恶习，把家产败光了，以至在向石明干买妻之时，不得不向亲友募捐，筹集买妻之费。下面便是一份他向亲友募集买妻费用的文书。

窃鄙人化书命生不辰，运途多乖。昔者田连阡陌，今者地无立锥。忆卅余年前，坠于武陵门第（即龙氏郡望），承先人余荫，传以释子衣钵。只冀绳其祖武，克绍箕裘。讵思年轻浪漫，终始参差。泪翟子之悲，意气不纯，仓皇反复。恸朱公之哭，卷入漩涡。酒市樗搏为惯技，误入迷途。田园产业尽云烟，更添父母先逝，妻室云亡。茫茫人海，难起一灶之烟。渺渺前途，何承一宗之祀。恨也不及，对祖宗而有愧，顾亲友以谁怜。彷徨四顾，何处为家。落魄江湖，回头是岸。欲续鸾胶，后昆有裕。重兴家业，经济无着。还望慷慨族中资弟。龙化轩乐助钞洋伍佰元。其救一笔，求助诗既为人咏，贷账贴载债人书。待来年秋以为期，赵氏璧定由蔺返。倘大雅义能为利，薛氏卷以待冯烧。所愿仁人君子，心发慈悲，绵延瓜瓞于后世，大展恩膏，不忘衔环以报其德也。谨伸微意，候伫佳音。敬叩

台祺

化米借钱来续婚，书立证据此为凭

派君多少由亲友，缘法总希靠族人

中华民国三十三年古历十月 日 龙化书谨叩

本文为骈体文，多处借用典故，文采斐然，可谓奇葩。大意是说本人 30 多年前出生于龙氏门第，先辈传以释子衣钵（即民间法师）。可是我却因为年轻浪漫，饮酒赌博，把田园产业都败光了。又因父母双亡，妻子病故，现欲再婚续弦，延续祖宗香火。可是经济无着，特地向亲友告贷，来年定当奉还。

柳寨文书中还有一些分关文书和继嗣文书，对研究传统侗族家庭财产关系也有一定价值。如下面这份龙步钊户藏继嗣文书：

---

① 《黔东南苗族侗族自治州志·物价志》，贵州人民出版社，1995 年，第 89 页。

立分子过继承宗字人龙邦相，同缘龙氏出香夫妻二人名下配偶数载，结发多年，所生女子三而男子无一。不幸先年夫身亡故，遗下老母桑榆暮景。日月如梭，切思终身待老，曷得一儿抚养供奉。只得无奈择取良日通报四邻□与阁族商议。通房则是心欢意愿，分到亲房龙汉祥之子名唤昆来名下过继抚养为儿。遗下园圃田产概然付与过继之子龙昆来各管，邦相田地产业收项。不得异言。日后成婚之期，三畲齐美，尚愿房房贵富，齐登万有。诚恐人心不姑（古），立有过继分书为据。

亲房：龙邦朝、邦彦、金仁、显亮、岩荣、金才、汉礼

亲戚：龙运忠、全富、全合、全兴、化勋、金禄、明隆

代笔：龙显千

光绪二十八年十一月二十一日立

这份契约的立契人龙氏出香与丈夫育有三女，无男孩，又因丈夫亡故，只好从亲房中过继一男孩抚养，明确把所有田园产业付与过继之子龙昆来管业，而三个亲生女儿却无份。

综上所述，柳寨文书生动地再现了清代、民国侗族乡民的经济与社会生活，不仅对当代侗民的社会生活还发生影响，而且是研究近代侗族社会变迁的宝贵史料，值得深入挖掘与抢救保护。

目 录

凡　例

一、本集文书是柳寨村 8 户村民的收藏，将文书扫描图片或数码照片与文字点校对照，按户分卷，一户一卷，每卷文书按时间先后顺序编排，时间不详者列于该户文书之后。

二、文书题名命名方式原则上为“立契人 + 事由 + 文书类型名称”，后面括注时间，无明确时间的可以注明“时间不详”。

三、录文使用简体字，但鉴于数字本身的特殊性，仍使用原文的数字表达形式。

四、原文中的异体字或错别字，在原文照录外，以“（）”标出正字。如对连续两字以上的词进行修改，除了用括号标出正确的词外，还对修改处加下划线。对于文书资料中的某些人名、地名，有时在不同文书中使用不同的同音字，录文时遵从原文，不作辨别。

五、因文书损坏造成的缺字，或字迹潦草、难以辨识，一律以“□”表示此处缺一字或该字无法辨识；若不能确定缺字数量，则一律以“……”表示，必要时在后面括注或给出脚注。

六、凡缺字一般不补，但若根据上下文义或相关文书可以确认为某字时则补，补字以“[　]”标出。衍字可以不录，必要时以脚注说明。

七、合约文书的落款处常有半字，录文时以方头括号“【】”标出。

卷一　龙俊柄户藏

（一）契约类

1. 龙再刚卖田契（道光二十七年十月初七日）

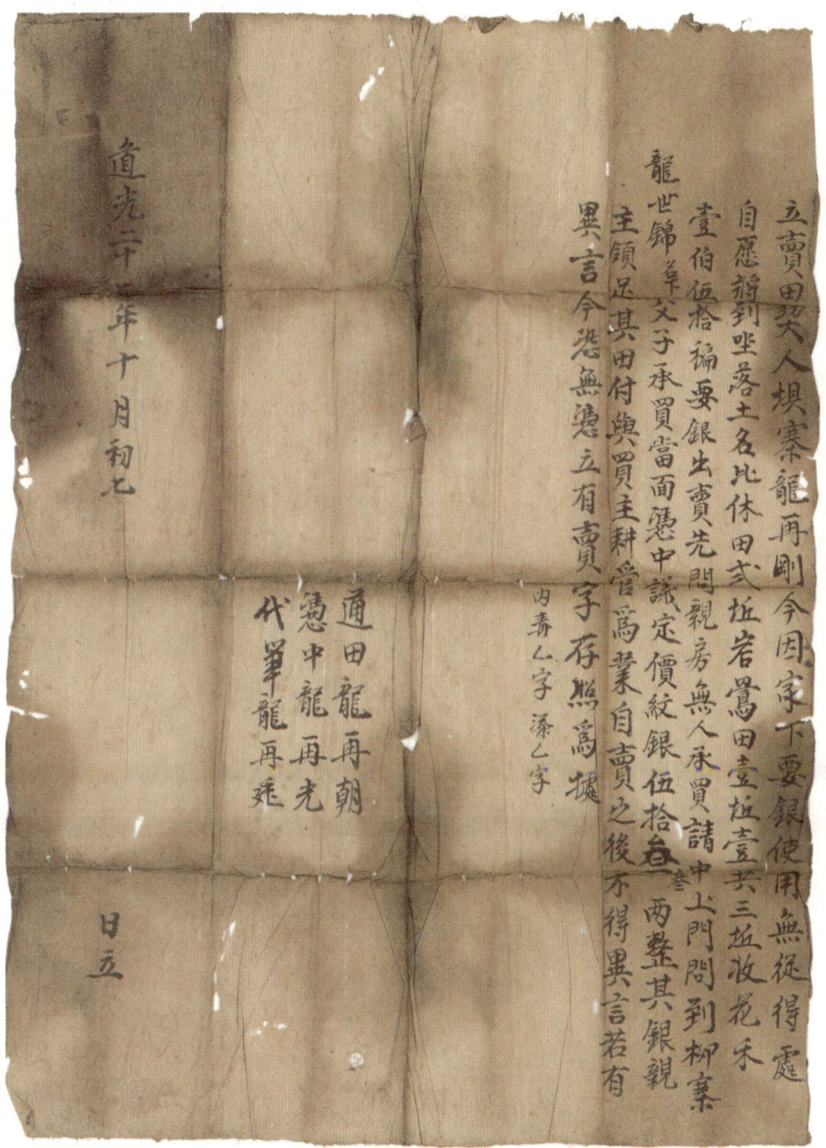

立卖田契人坝寨龙再刚，今因家下要银使用，无从得处，自愿将到坐落土名比休田贰丘，岩莺田壹丘，壹共三丘，收花禾壹佰伍拾稨，要银出卖。先问亲房无人承买，请中上门问到柳寨龙世锦名下父子承买，当面凭中议定价纹银伍拾叁两整。其银亲主（手）领足，其田付与买主耕管为业。自卖之后，不得异言。若有异言。今恐无凭，立有卖字存照为据。

内毒（涂）乙字、添乙字

通田：龙再朝

凭中：龙再光

代笔：龙再廷

道光二十七年十月初七日立

注：契约中“一”常写作“乙”，为避免添笔作“二”“三”。

2. 石引柳寨分公山合同（咸丰二年三月初十日）

立分公山合同字人石引柳寨，情因有祖公遗下孟节坡乙块，河三塘，二比河山俱共，其有此山屡代未开，迨至于今咸丰贰年，二寨甲保作和，将地开辟，不可荒芜，以利生民。二比同分两截，栽岩安碑定界。此山上抵孟节凹石到粮田为界，下抵共河为界，左抵石引私山为界，右抵田冲为界。凭四大界清明，并不掺杂私山寸土在内。其有山内阴地，先年安葬数冢并不通识，二寨甲保将来不立讨字以为偷葬之情，其地停至年久而无二寨争端异言。今幸咸丰二年三月内，新丰二寨老幼自愿作合，将此山分派两截均分，日后不得异言。若有异言番（翻）悔，二寨保甲立有分山合同，永远子孙存照。

后批：上截分派落石引寨十甲公山，下截分落柳寨四甲公山。

分山石引寨保甲开列于左：刘胜国、刘士彩、陆光皓、陆文智、刘士彦、陆光辉、刘映璞、吴才宗、陆光贤、刘士云

代笔：寨老刘昌能

立分山合同字

咸丰二年三月初十日

3. **龙昌汉卖田契**（咸丰十一年七月二十一日）

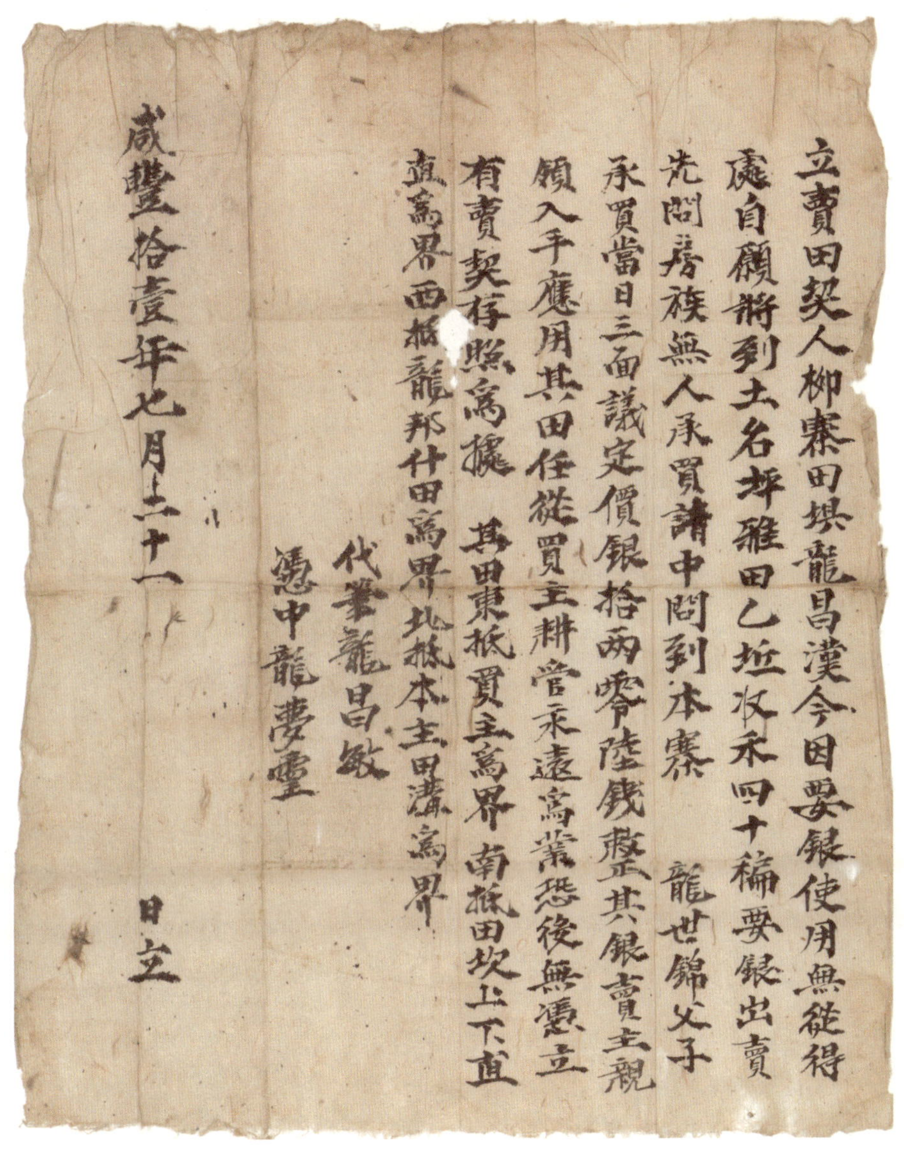
立賣田契人柳寨田垻龍昌漢今因要銀使用無從得
處自願將到土名坪雅田乙坵收禾四十稱要銀出賣
先問房族無人承買請中問到本寨　龍世錦父子
承買當日三面議定價銀拾兩零陸錢整其銀賣主親
領入手應用其田任從買主耕管永遠為業恐後無憑立
有賣契存照為據　其田東抵買主為界　南抵田坎上下直
直為界西抵龍邦什田為界北抵本主田溝為界
代筆龍昌敏
憑中龍夢靈
咸豐拾壹年七月二十一日立

立卖田契人柳寨田坝龙昌汉，今因要银使用，无从得处，自愿将到土名坪雅田乙丘，收禾四十稱，要银出卖。先问房族无人承买，请中问到本寨龙世锦父子承买，当日三面议定价银拾两零陆钱整。其银卖主亲领入手应用，其田任从买主耕管，永远为业。恐后无凭，立有卖契存照为据。其田东抵买主为界，南抵田坎，上下直直为界，西抵龙邦什田为界，北抵本主田沟为界。

代笔：龙昌敏

凭中：龙梦灵

咸丰拾壹年七月二十一日立

4. 龙林榜卖田契（同治二年三月二十四日）

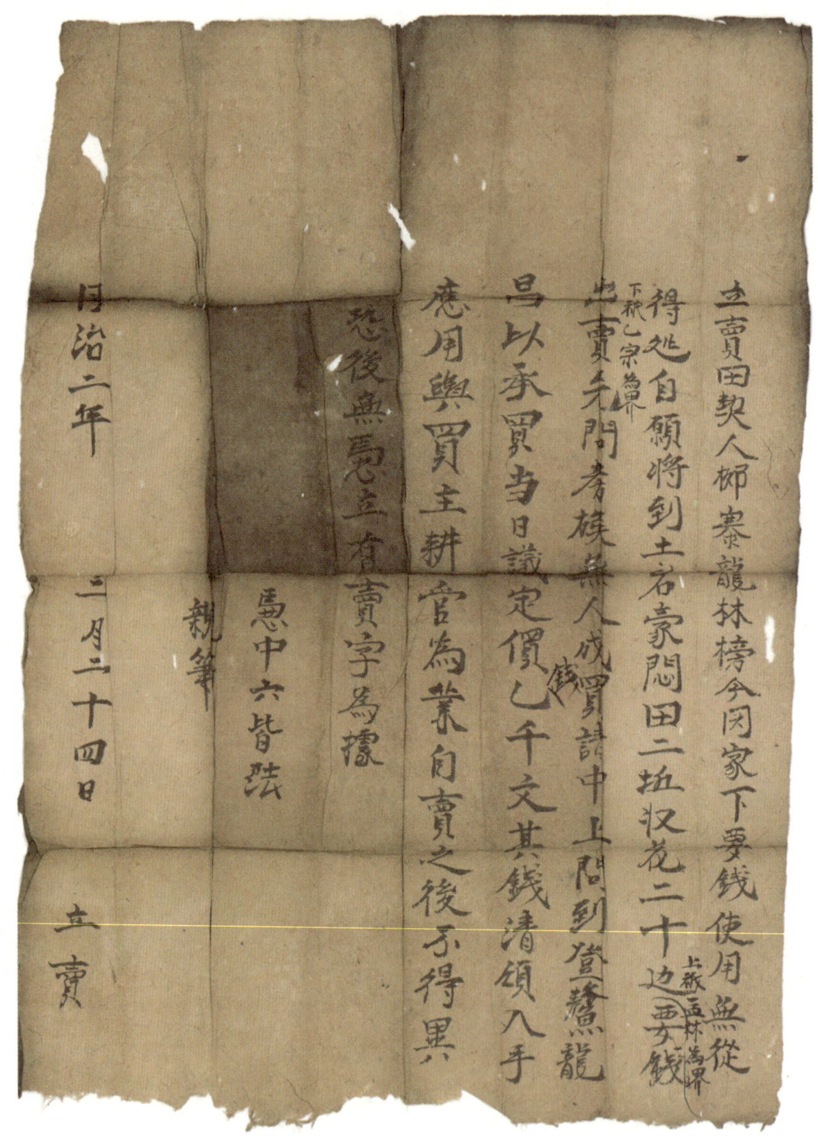

立卖田契人柳寨龙林榜，今因家下要钱使用，无从得处，自愿将到土名豪闷田二丘，收花二十边（編），上抵孟林为界，下抵乙宗为界，要钱出卖。先问亲族无人成（承）买，请中上［门］问到登鳌龙昌以承买，当日议定价钱乙千文。其钱清领入手应用，［其田付］与买主耕管为业。自卖之后，不得异［言］。恐后无凭，立有卖字为据。

凭中：六皆法

亲笔

同治二年三月二十四日立卖

5. 龙昌盛、龙清耀等卖田契（同治五年二月初二日）

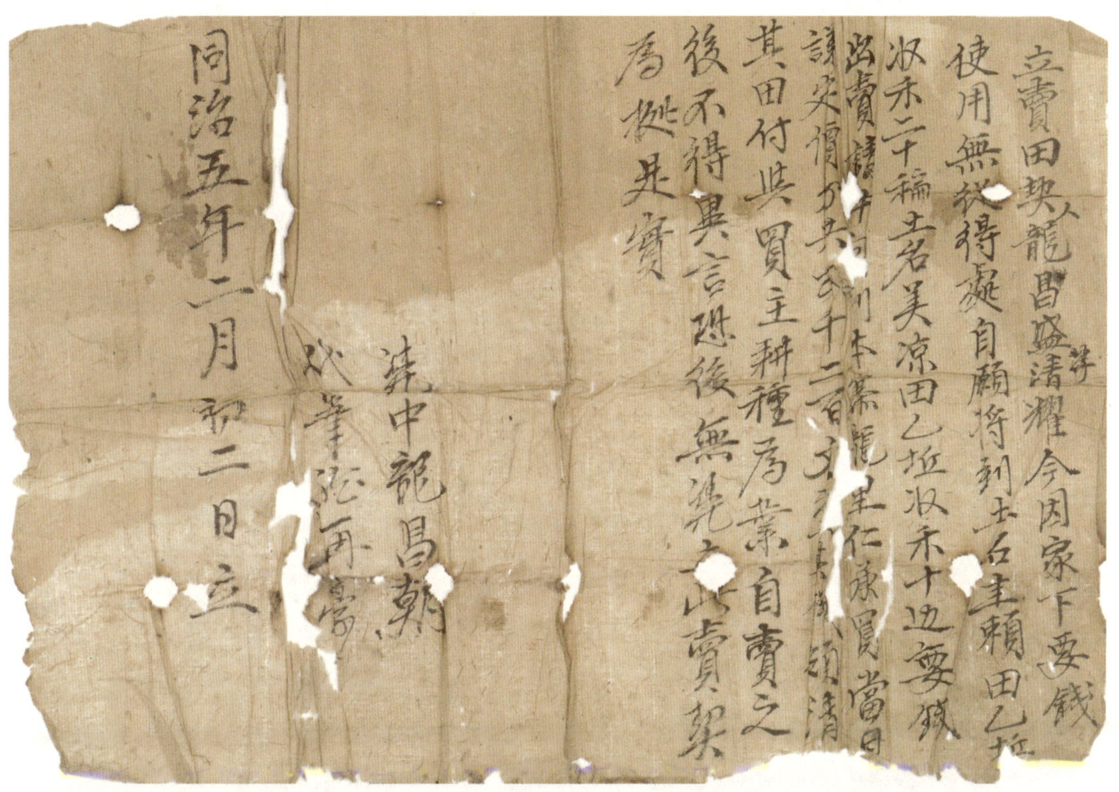

立卖田契人龙昌盛、清耀等，今因家下要钱使用，无从得处，自愿将到土名圭赖田乙丘，收禾二十稨，土名美凉田乙丘，收禾十边（稨），要钱出卖。请中问到本寨龙里仁承买，当日议定价钱共贰千二百文整。其钱领清，其田付与买主耕种为业。自卖之后，不得异言。恐后无凭，立此卖契为据是实。

凭中：龙昌朝

代笔：龙再豪

同治五年二月初二日立

6. **刘爱月、刘明礼卖田契**（同治八年五月初九日）

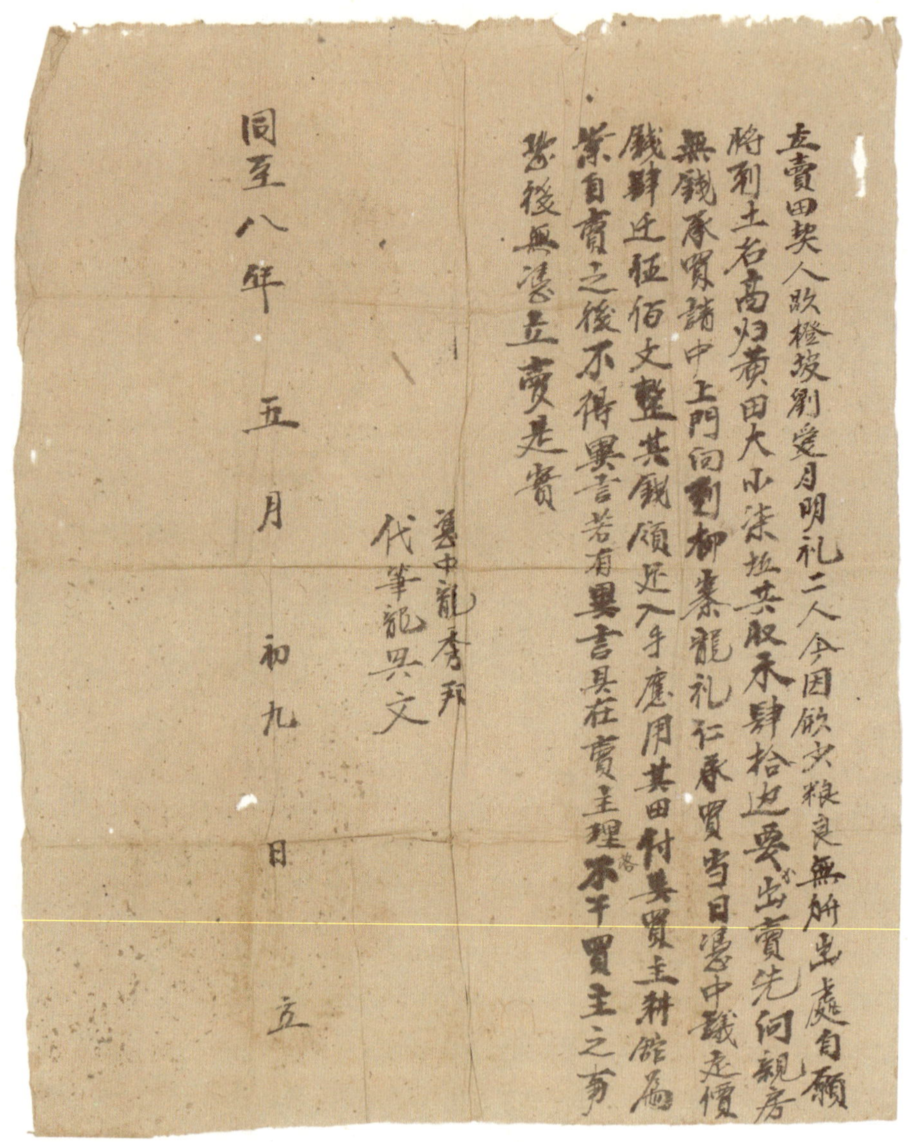

立卖田契人口橙坡刘爱月、明礼二人，今因缺少粮良（食），无所出处，自愿将到土名高归黄田大小柒丘，共收禾肆拾边（编），要钱出卖。先问亲房无钱承买，请中上门问到柳寨龙礼仁承买，当日凭中议定价钱肆迁（仟）伍佰文整。其钱领足入手应用，其田付与买主耕馆（管）为业。自卖之后，不得异言。若有异言，具（俱）在卖主理落，不干买主之事。恐后无凭，立卖是实。

凭中：龙秀邦

代笔：龙兴文

同至（治）八年五月初九日立

7. 龙里仁归户册（同治十一年冬月吉日）

归户册

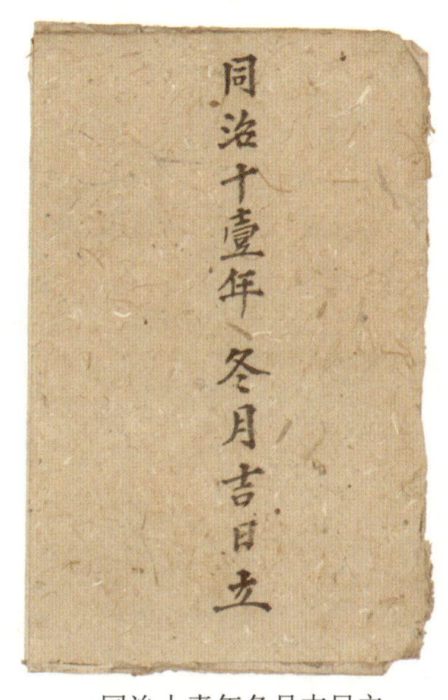

同治十壹年冬月吉日立

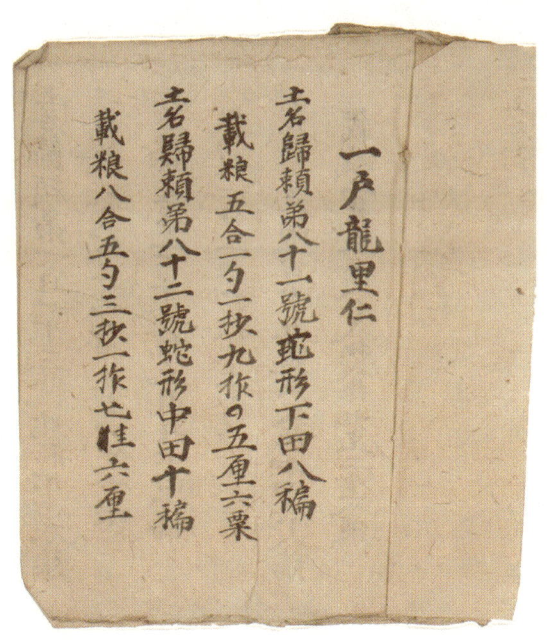

一户龙里仁

土名归赖弟（第）八十一号蛇形下田八稨，载粮五合一勺一抄九拃（撮）○五厘六粟[①]

土名归赖弟（第）八十二号蛇形中田十稨，载粮八合五勺三抄一拃（撮）七圭六厘

① 柳寨属清代天柱县循礼里，据光绪《续修天柱县志》卷三《食货志》：循礼里上田一稨摊粮一合零六抄六撮四圭七粒，中田一稨粮八勺五抄三撮一圭七粒六粟，下田一稨粮六勺三抄九撮八圭八粒二粟。

土名归赖弟（第）一百七十三号蛇形下田三稨，载粮一合九勺一抄九拃（撮）五圭四厘六粟

土名乔差弟（第）一百十四号丘（蚯）引（蚓）形下田一稨，载粮六勺二抄九拃（撮）八圭八厘二粟

土名乔差弟（第）一百十五号曲尺形中田二十八稨，载粮二升三合八勺八抄八拃（撮）九圭二厘八粟

土名乔差弟（第）三百零二号、九号蚯蚓形下田三边（稨）、一边（稨），载粮二合五勺五抄九拃（撮）五圭二厘八粟

土名坪雅弟（第）十四号钟形下［田］四稨，载粮二合五勺五抄九拃（撮）五圭二厘八粟

土名坪雅弟（第）十五号蛇形下田二十六稨，载粮一升六合六勺三抄六拃（撮）九圭三厘二粟

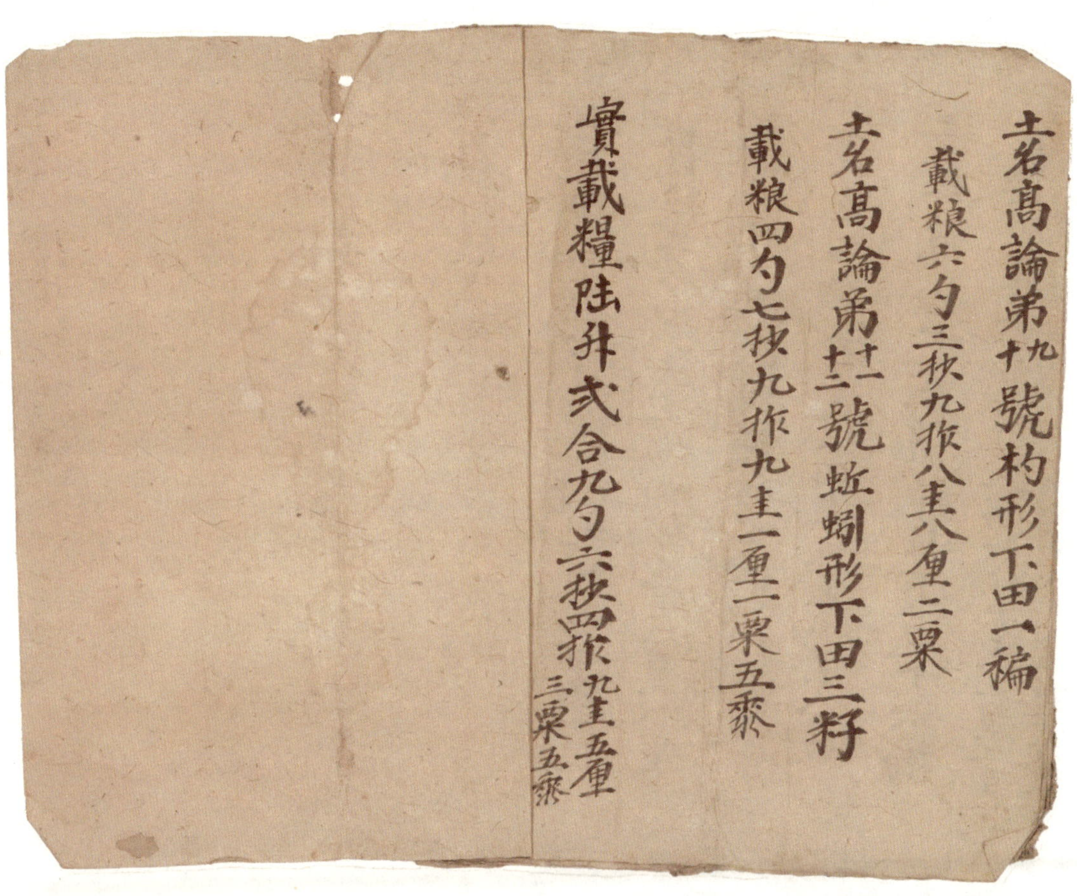

土名高论弟（第）九号、十号杓形下田一稨，载粮六勺三抄九拃（撮）八圭八厘二粟

土名高论弟（第）十一号、十二号蚯蚓形下田三籽，载粮四勺七抄九拃（撮）九圭一厘一粟五黍

实载粮陆升贰合九勺六抄四拃（撮）九圭五厘三粟五黍

8. **龙里仁土地执照**（光绪元年七月）

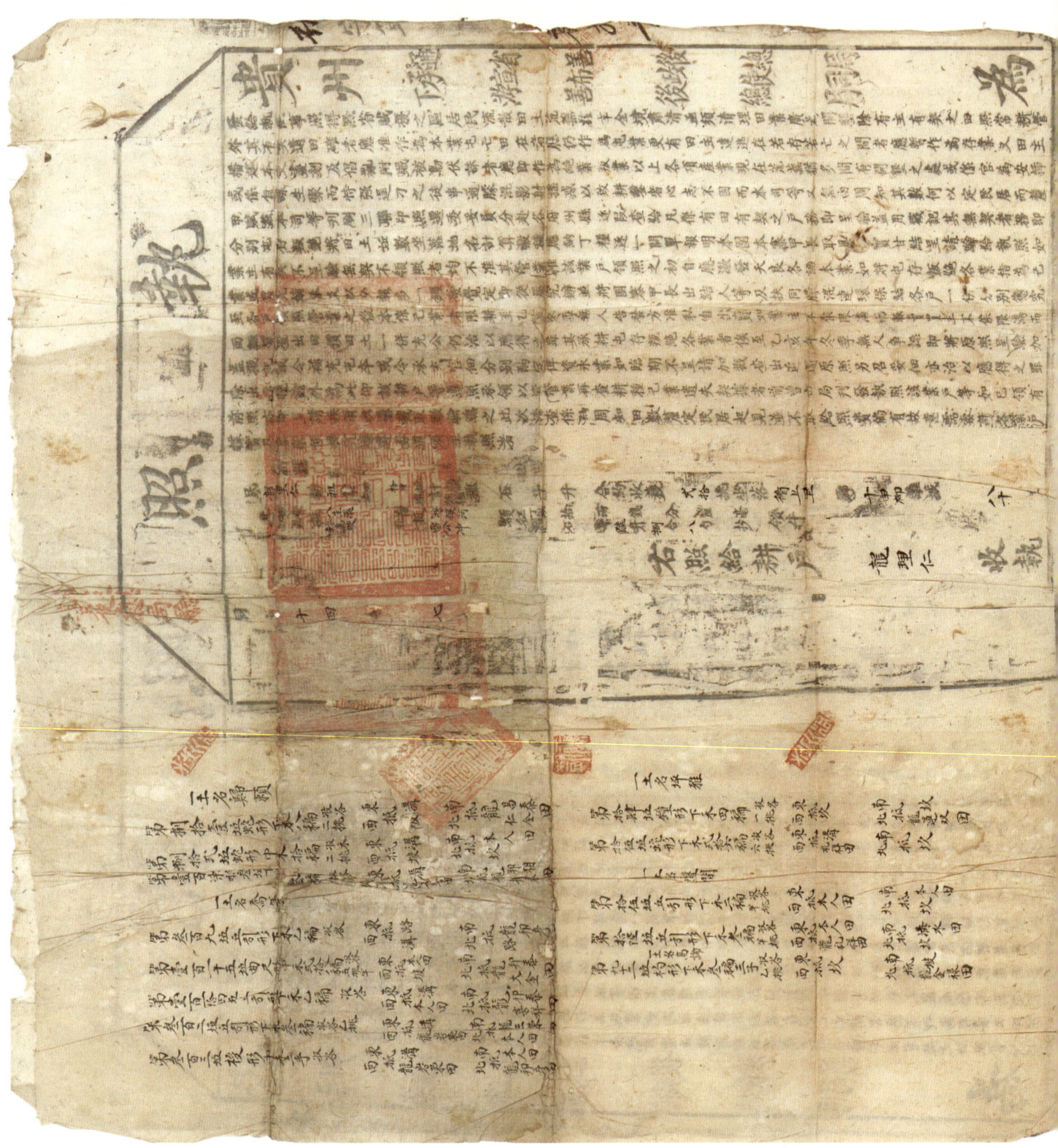

贵州通省善后总局

贵州承宣布政使司

贵州下游善后总局

为发给执照事：照得黔省贼扰之区，居民流散，田土荒芜。兹幸全境肃清，亟须清理田业，广为开垦。除有主有契之田照常耕管外，其有契遗田确者，应准作为本业。屯亡田在者，应仍作为屯业。更有田主远逃，在若存若亡之间者，应暂作为存业。又田主播越，本支尽划，及倡乱附贼被剿伏诛者，应即作为绝业、叛业。以上各项产业，现在荒芜犹多，间有开垦之处，或系官为安插，或系自谋生聚。而恃强逞刁之徒，串通朦（蒙）混，影射摇惑，以致耕凿者心志不固，而本司等又无由周知，其数何以定民居而厘田赋？兹本司等刊刷三联印照，选委妥员，分赴各府州县逐段查给，凡系有田有契之户，务即呈验，盖用戳记。其无契者，务即分别屯存叛绝，将田土丘数，坐落地名，计算谷种，应纳丁粮，逐一开单报明本团本寨甲长，取具切实甘结，呈请验给执照。如业主有契不呈验，无契不领照者，均不准其管业。惟该业户领照之初，自应激发天良，各认本业。如将屯存叛绝各业指为己业，或冒充嫡派及以少报多，一经发觉，定即从严究办，并将团寨甲长出结人等及扶同朦（蒙）混，连环保结各户一并分别惩究。至各户领照管业之后，本系己业者限耕至乙亥［年］[①]冬季，无人告发，方准私自出卖。如业主不俟限满而则卖，买主不俟限满而则买，查出田价田土一并充公，仍治以应得之罪。其承耕屯存叛绝各业者，俟至乙亥年冬季无人争认，即将原照呈验加盖戳记，或令补充屯卒，或令承充官佃，分别酌定，俾资永业。如临期不呈请加戳，查出追还原照，另召妥佃，亦治以应得之罪。除出示晓谕外，为此仰该耕户等遵照承领，以资管业。再查耕种己业遗失契据者，前曾由局刊发执照。该业户等如已领有前照，亦即呈请换领，以凭截取缴验。总之，此次清查，系为周知田数，厘定民居起见，并不取给照费。倘有故意需索，许各业户据实具禀，听候提究，凛遵毋违，须至执照者。

民龙里仁耕祖业拾肆块，合约收获贰拾挑，坐落循上里，十甲柳，离城八十里。

其田土东抵八圭溪，西抵鞍马坡，南抵塘候河，北抵雷公冲。

额征丁粮陆升捌合八勺

右照给耕户龙理仁收执

同治十四年[②]七［月］

一土名归赖

第捌拾壹丘蛇形下禾八稨，收谷二挑，东抵沟，西抵坡，南抵龙昌泰田，北抵龙仁全田。

第捌拾贰丘蛇形中禾拾稨，收禾二挑，东抵沟，西抵坡，南抵本人田，北抵坎。

第壹百柒拾叁丘下禾叁稨，收谷□□，东抵沟，西抵龙□□田，南抵龙邦相田，北抵龙□泰田。

---

① 乙亥年即光绪元年，1875年。

② 同治十四年实为光绪元年。本文书“同治”为印刷体，“十四”为手写体，地方官员不可能不知道年号已改，应该是不便涂改“同治”二字，而将光绪元年折中写为“同治十四年”。

一土名乔差

第叁百九丘丘（蚯）引（蚓）形下禾乙稨收谷，东抵路，西抵沟，南抵龙邦彦田，北抵路。

第壹百一十五丘曲尺形中禾贰拾八稨，收谷五挑半，东抵本人田，西抵坡，南抵龙邦泰田，北抵龙大金田。

第壹百一拾四丘丘（蚯）引（蚓）形下禾乙稨，收谷，东抵沟，西抵本人田，南抵龙邦泰田，北抵龙喜祥田。

第叁百二丘丘（蚯）引（蚓）形下禾叁稨，收谷乙挑，东抵沟，西抵龙岩荣田，南抵龙三荣田，北抵本人田。

第叁百三丘梭形中禾二手，收谷，东抵沟，西抵龙岩荣田，南抵本人田，北抵龙邦彦田。

一土名坪雅

第拾肆丘钟形下禾四稨，收谷一挑，东抵坎，西抵坎，南抵坎，北抵龙运双田。

第拾伍丘蛇形下禾贰拾六稨，收谷六挑，东抵沟，西抵礼祥田，南抵坎，北抵坎。

一土名盘间

第拾伍丘丘（蚯）引（蚓）形下禾二稨，收谷半挑，东抵本人田，西抵本人田，南抵本人田，北抵坎。

第拾陆丘丘（蚯）引（蚓）形下禾叁稨，收谷半挑，东抵本人田，西抵龙礼祥田，南抵沟水田，北抵坎。

一土名高论

第九十二丘杓形下禾叁稨三子，收谷乙挑，东抵坎，西抵坎，南抵坡，北抵龙金禄田。

9. 龙仁昌卖田契（光绪二年二月二十三日）

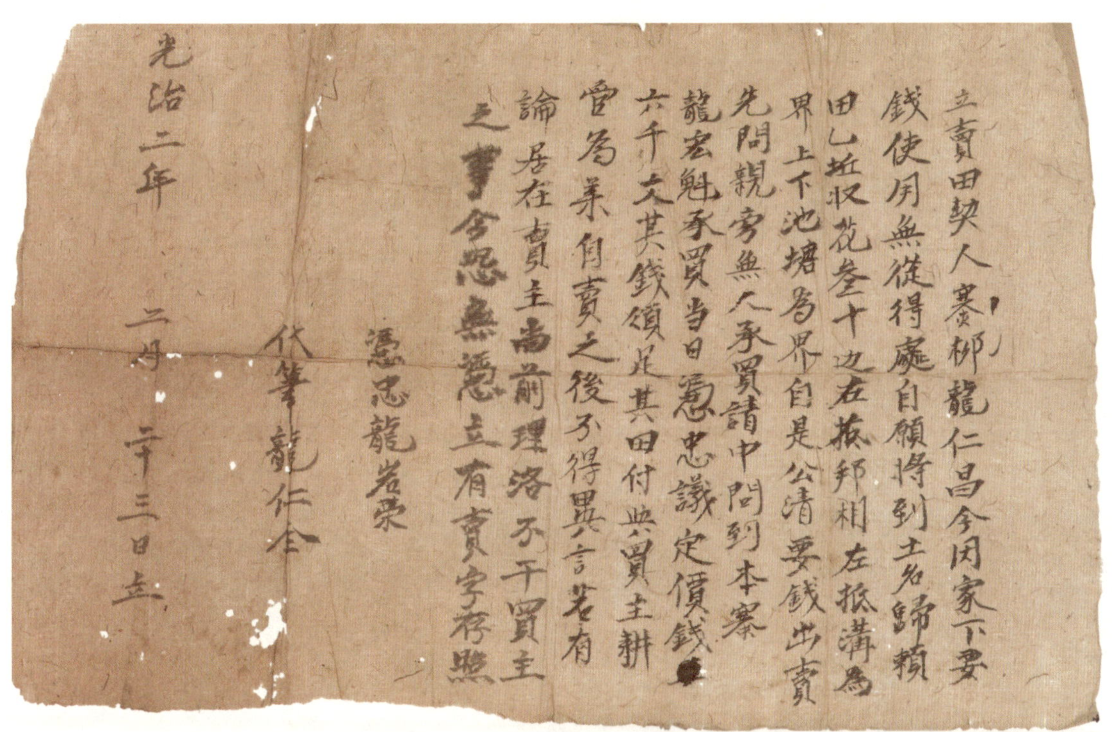

立卖田契人柳寨龙仁昌，今因家下要钱使用，无从得处，自愿将到土名归赖田乙丘，收花叁十边（稨），右抵邦相，左抵沟为界，上下池塘为界，自是（四至）公（分）清，要钱出卖。先问亲房无人承买，请中问到本寨龙宏魁承买，当日凭忠（中）议定价钱六千文。其钱领足，其田付与买主耕管为业。自卖之后，不得异言。若有［异］论，居（俱）在卖主尚（向）前理洛（落），不干买主之事。今恐无凭，立有卖字存照。

凭忠（中）：龙岩荣

代笔：龙仁全

光治（绪）二年二月二十三日立

10. 龙宗照、龙新化父子卖田契（光绪五年十一月二十三日）

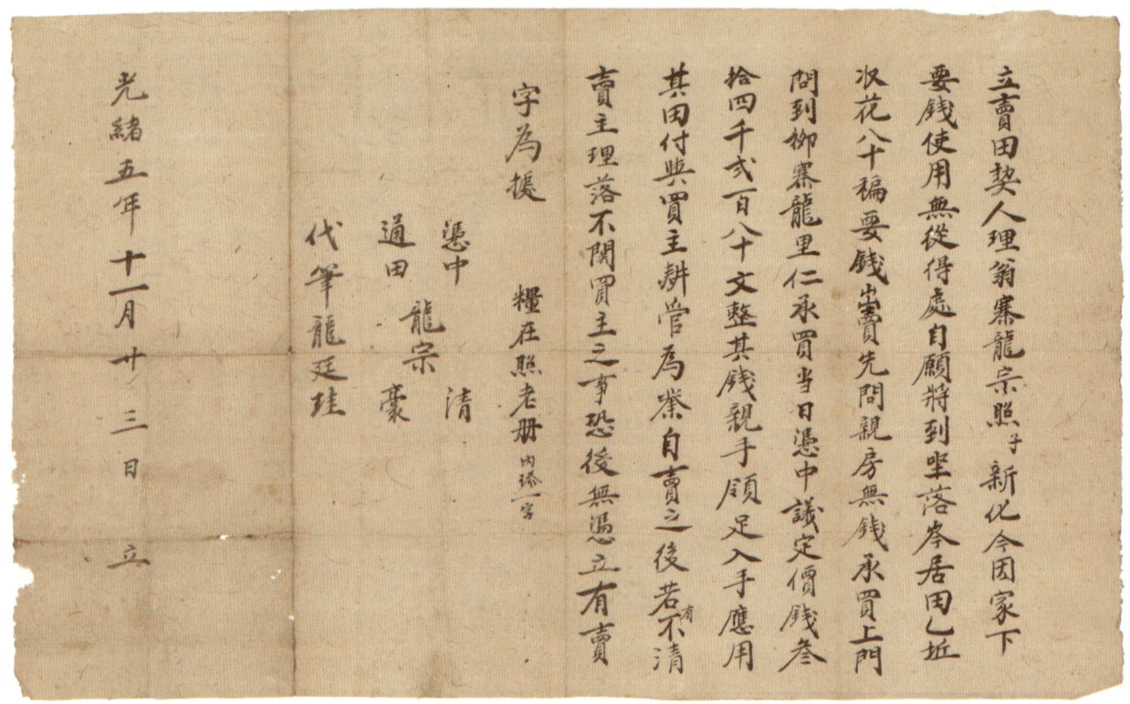

立賣田契人理翁寨龍宗照子新化今因家下
要錢使用無從得處自願將到坐落岑居田乙坵
收花八十稨要錢出賣先問親房無錢承買上門
問到柳寨龍里仁承買当日憑中議定價錢叁
拾四千弍百八十文整其錢親手領足入手應用
其田付與買主耕管為業自賣之後若有不清
賣主理落不關買主之事恐後無憑立有賣
字為據

糧在照老册　內添一字

憑中　清

通田　龍宗豪

代筆龍廷珪

光緒五年十一月廿三日立

立卖田契人理翁寨龙宗照，子新化，今因家下要钱使用，无从得处，自愿将到坐落岑居田乙丘，收花八十稨，要钱出卖。先问亲房无钱承买，上门问到柳寨龙里仁承买，当日凭中议定价钱叁拾四千贰百八十文整。其钱亲手领足入手应用，其田付与买主耕管为业。自卖之后，若有不清，卖主理落，不关买主之事。恐后无凭，立有卖字为据。

粮在照老册　内添一字

凭中：龙宗清

通田：龙宗豪

代笔：龙廷珪

光绪五年十一月廿三日立

11. 龙洪魁卖田契（光绪九年）

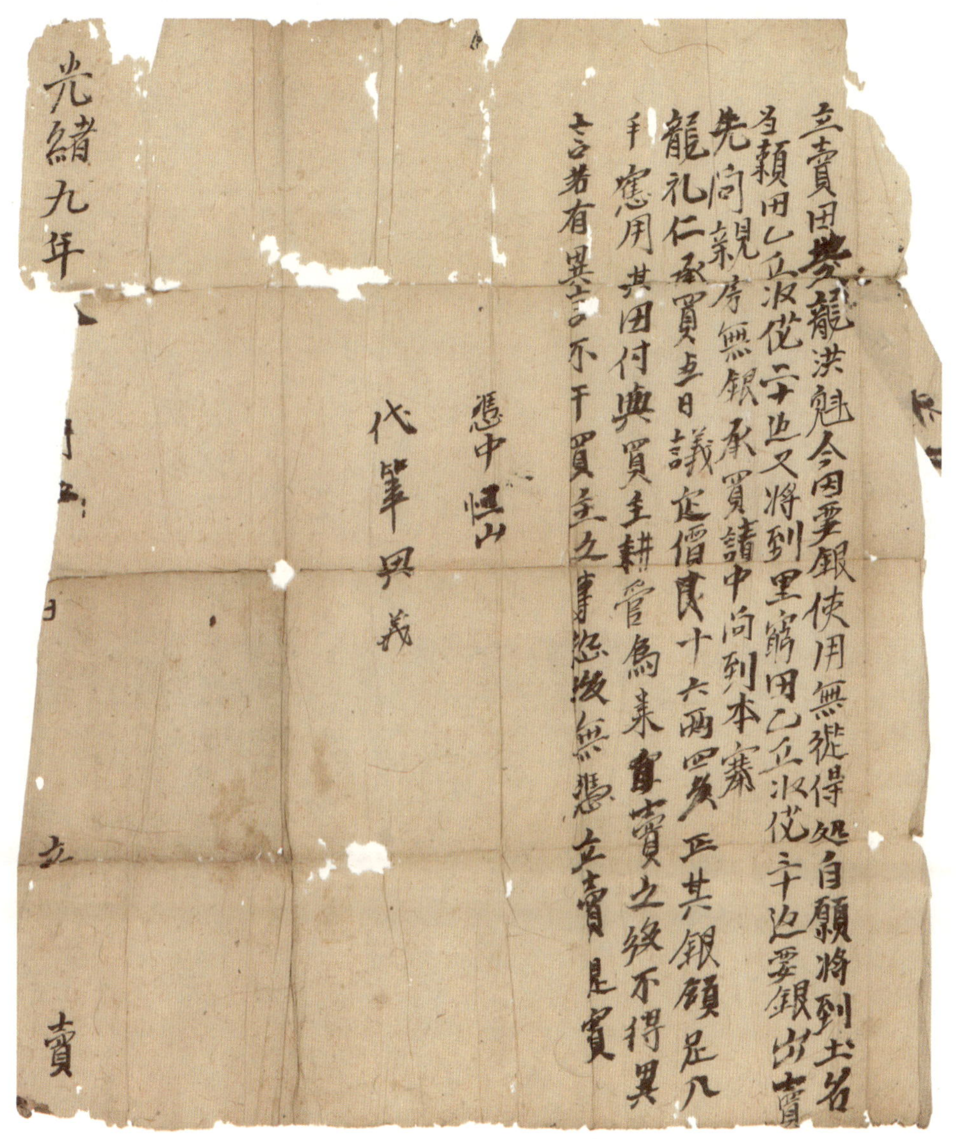

立卖田契龙洪魁，今因要银使用，无从得处，自愿将到土名归赖田乙丘，收花二十边（稨），又将到里穷田乙丘，收花三十边（稨），要银出卖。先问亲房无银承买，请中问到本寨龙礼仁承买。当日议定价良（银）十六两四钱正。其银领足入手应用，其田付与买主耕管为业。自卖之后，不得异言。若有异言，不干买主之事。恐后无凭，立卖是实。

凭中：恒山

代笔：兴义

光绪九年□□□日立卖

12. **龙青耀卖田契**（光绪十二年四月初二日）

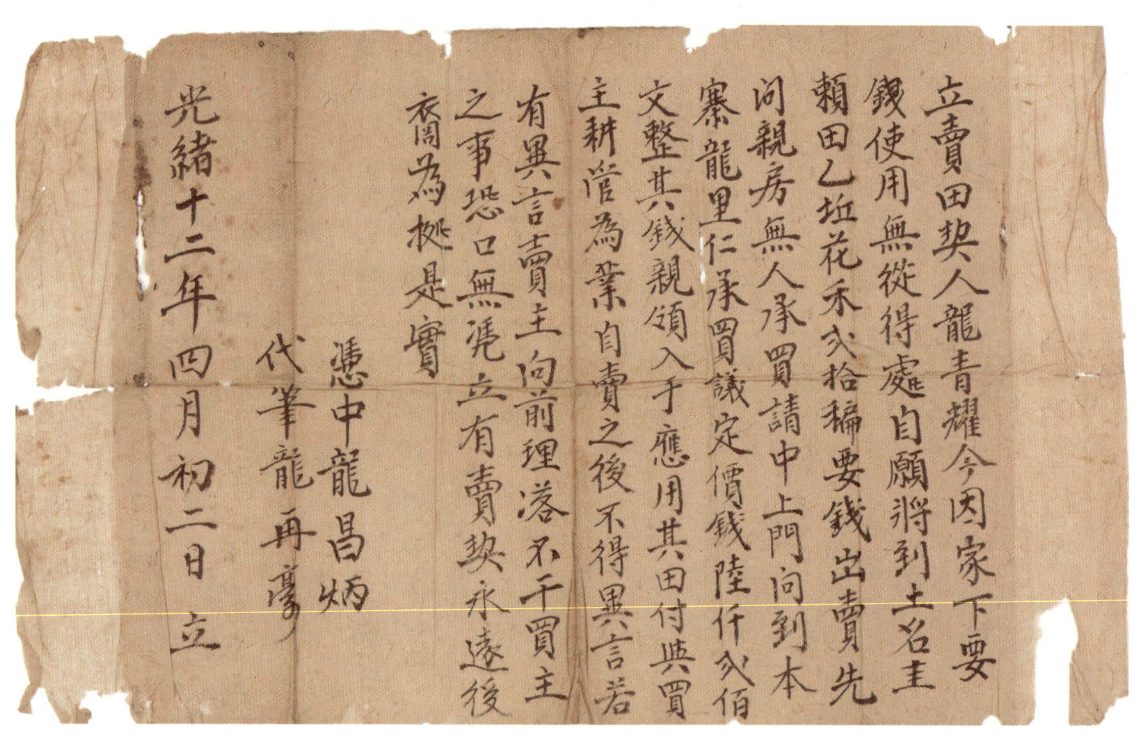

立賣田契人龍青耀今因家下要錢使用無從得處自願將到土名圭賴田乙坵花禾弍拾稨要錢出賣先问親房無人承買請中上門问到本寨龍里仁承買議定價錢陸仟弍佰文整其錢親領入手應用其田付與買主耕管為業自賣之後不得異言若有異言賣主向前理落不干買主之事恐口無凭立有賣契永遠後裔為據是實

憑中龍昌炳

代筆龍再廣

光緒十二年四月初二日 立

立卖田契人龙青耀，今因家下要钱使用，无从得处，自愿将到土名圭赖田乙丘，花禾贰拾稨，要钱出卖。先问亲房无人承买，请中上门问到本寨龙里仁承买，议定价钱陆仟贰佰文整。其钱亲领入手应用，其田付与买主耕管为业。自卖之后，不得异言。若有异言，卖主向前理落，不干买主之事。恐口无凭，立有卖契，永远后裔为据是实。

凭中：龙昌炳

代笔：龙再豪

光绪十二年四月初二日立

13. 龙里仁断卖契（光绪十五年六月十五日）

断卖契

贵州国税厅筹备处，为颁发印契以资信守事。照得民国成立，各府州县印信已经更换，民间所有业契与民国印不符，难资信守。前经财政司奉都督命令，特制三联契纸发行，各属一体遵办在案。本处成立，业将此项契税办法报明，财政部划为国税，归本处征收，自应照式刻发三联契纸。无论业户原契已税未税，俱应一律请领。前清已税买契，产价每拾两纳税银贰角。未税者，纳银伍角。前清已税当契，产价每拾两纳税银壹角，未税者，纳税银贰角。从奉到民政长展限令之日起，仍限五个月内仰各业户从速挂号投税。逾限不投税者，原契作为废纸。其各凛遵勿违，切切。后余空白处，摘录业户原契。至该业户原契，仍粘附于后，加盖骑缝印信，合并饬遵。

龙里仁得买龙宏举白岩坡地一团，又高皇坡地土壹团，合共产价钱二千一百九十文，合银乙两六钱，应纳税银八仙，纸价一角。

中华民国二年十月十日号给

立卖地土人龙宏举，今因要钱使用，无从得处，自己将到土名白岩坡地壹团，上抵路为界，下抵全堂地为界，左抵仁瑞地为界，右抵荣魁地为界，四至分明，要钱出卖。自己请中问到本寨龙里仁承买，凭中议定价钱壹仟伍佰捌十文正。又卖土名高皇坡地土壹团，上抵宏山地，下抵宏魁地，左抵宏山地，右抵珠玉地为界，四至分明，要钱出卖。凭中议定价钱六佰壹拾文正。其钱卖主领足，其地买主管理为业。自卖之后，不得异言。若有异言，卖主理落。恐口无凭，立有卖字为据。

二处合共产价钱二千乙百九十文。

内涂三字

内添两字

凭中：龙发祥

代笔：龙英汉

光绪拾伍年六月十五日立字

14. **龙礼仁断卖契**（光绪十六年七月二十四日）

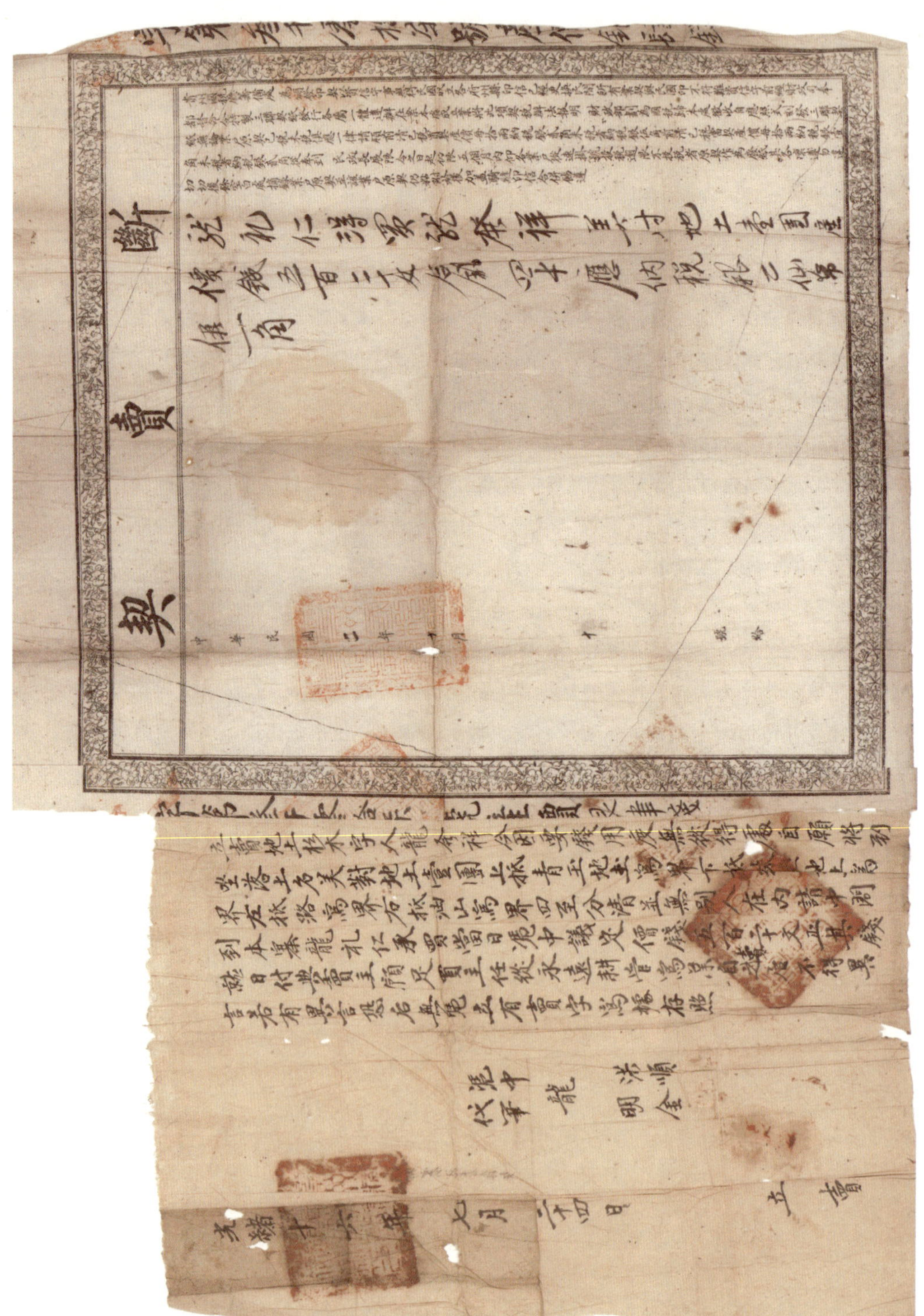

断卖契

贵州国税厅筹备处，为颁发印契以资信守事。照得民国成立，各府州县印信已经更换，民间所有业契与民国印不符，难资信守。前经财政司奉都督命令，特制三联契纸发行，各属一体遵办在案。本处成立，业将此项契税办法报明，财政部划为国税，归本处征收，自应照式刻发三联契纸。无论业户原契已税未税，俱应一律请领。前清已税买契，产价每拾两纳税银贰角。未税者，纳银伍角。前清已税当契，产价每拾两纳税银壹角，未税者，纳税银贰角。从奉到民政长展限令之日起，仍限五个月内仰各业户从速挂号投税。逾限不投税者，原契作为废纸。其各凛遵勿违，切切。后余空白处，摘录业户原契。至该业户原契，仍粘附于后，加盖骑缝印信，合并饬遵。

龙礼仁得买龙发祥美对地土一团，产价钱五百二十文合银四钱，应纳税银二仙，纸价一角。

中华民国二年十月十日号给

立卖地土杉木字人龙发祥，今因要钱用度，无从得处，自愿将到坐落土名美对地土壹团，上抵青玉地土为界，下抵珠玉地土为界，左抵路为界，右抵油山为界，四至分清，并无别人在内，请中问到本寨龙礼仁承买，当日凭中议定价钱五百二十文正。其钱就日付与卖主领足，[其田付与]买主任从永远耕管为业。自卖之后，不得异言。若有异言，恐后无凭，立有卖字为据存照。

凭中：龙洪顺

代笔：龙明金

光绪十六年七月二十四日立卖

15. 彭第保卖田契（光绪十八年十二月十三日）

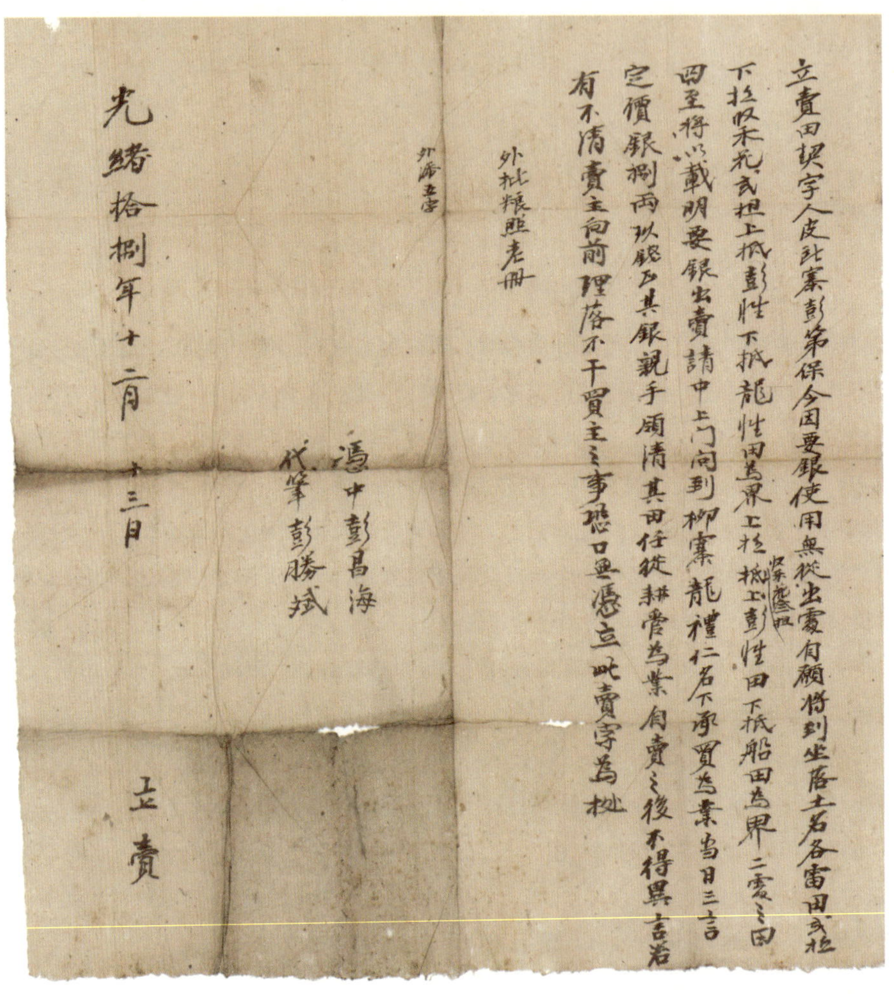

立卖田契字人皮所寨彭第保，今因要银使用，无从出处，自愿将到坐落土名各雷田贰丘，下丘收禾花贰担，上抵彭性（姓），下抵龙性（姓）田为界；上丘收禾花叁担，上抵彭性（姓）田为界，下抵船田为界；二处之田四至将以载明，要银出卖。请中上门问到柳寨龙礼仁名下承买为业，当日三［面］言定价银捌两玖钱正。其银亲手领清，其田任从耕管为业。自卖之后，不得异言。若有不清，卖主向前理落，不干买主之事。恐口无凭，立此卖字为据。

外批粮照老册

外添五字

凭中：彭昌海

代笔：彭胜斌

光绪拾捌年十二月十三日立卖

16. 石兆怀卖田契（光绪十九年三月初七日）

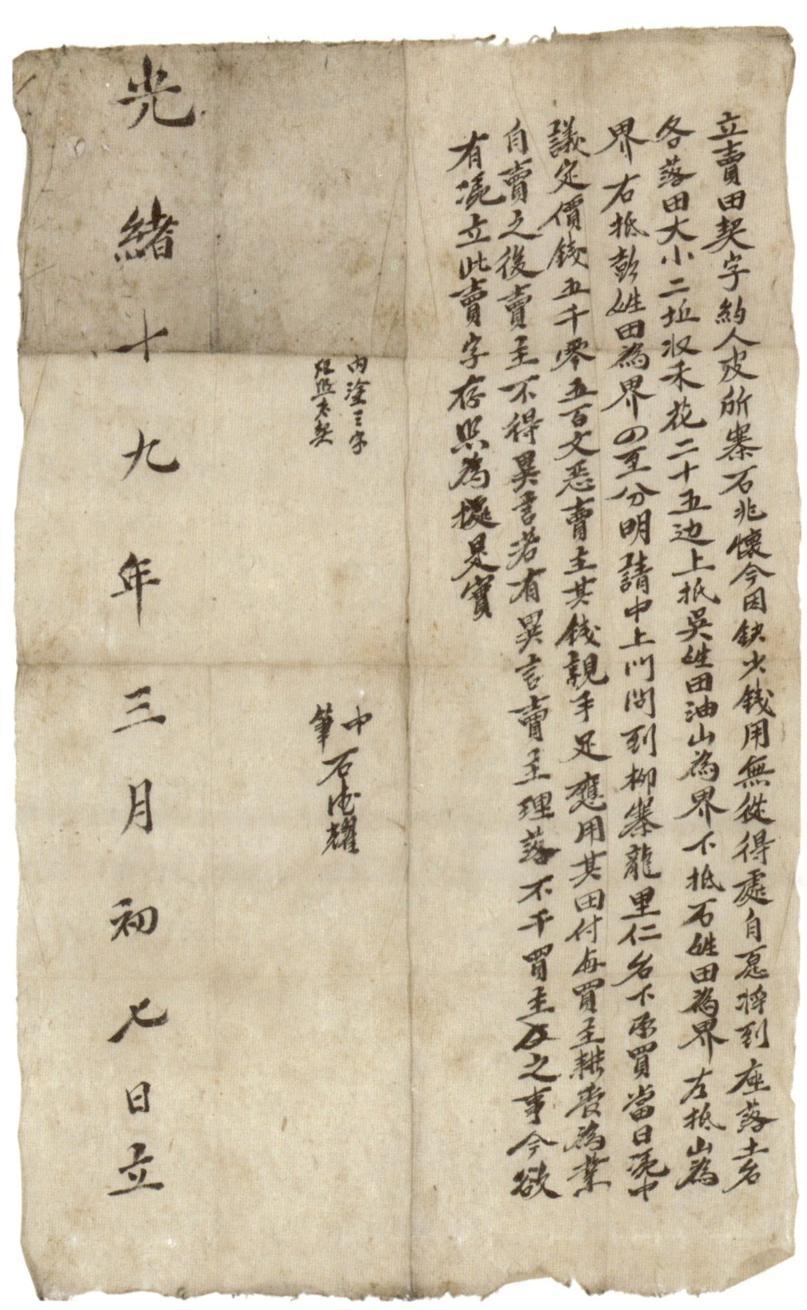

立卖田契字约人皮所寨石兆怀，今因缺少钱用，无从得处，自愿将到座（坐）落土名各落田大小二丘，收禾花二十五边（稨），上抵吴姓田油山为界，下抵石姓田为界，左抵山为界，右抵彭姓田为界，四至分明，请中上门问到柳寨龙里仁名下承买，当日凭中议定价钱五千零五百文整。卖主其钱亲手［领］足应用，其田付与买主耕管为业。自卖之后，卖主不得异言。若有异言，卖主理落，不干买主之事。今欲有凭，立此卖字存照为据是实。

内涂三字

粮照老契

中、笔：石德耀

光绪十九年三月初七日立

17. 彭玉清卖田契（光绪十九年五月二十日）

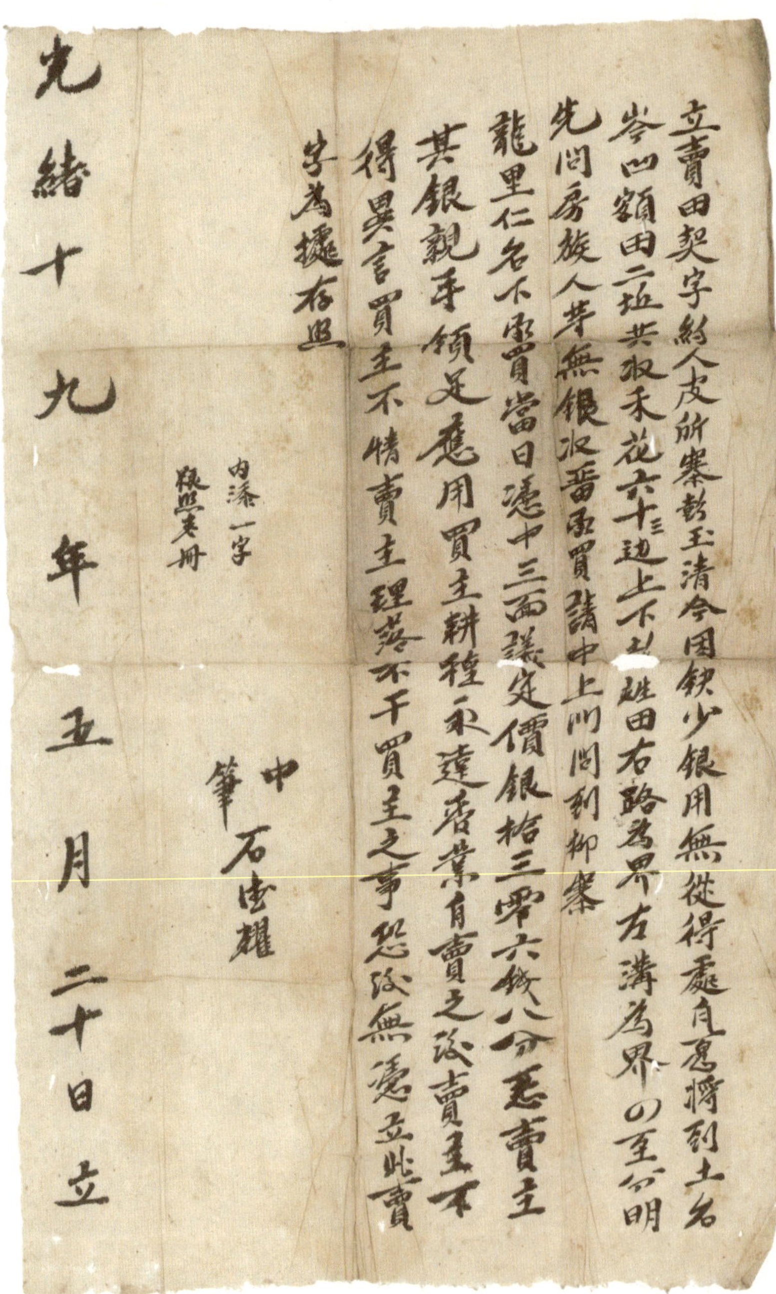

立卖田契字约人皮所寨彭玉清，今因缺少银用，无从得处，自愿将到土名岑凹额田二丘，共收禾花六十三边（稨），上下彭姓田，右路为界，左沟为界，四至分明。先问房族人等无银收留承买，请中上门问到柳寨龙里仁名下承买，当日凭中三面议定价银拾三［两］零六钱八分整。卖主其银亲手领足应用，买主耕种永远为业。自卖之后，卖主不得异言。买主不情（清），卖主理落，不干买主之事。恐后无凭，立此卖字为据存照。

内添一字

粮照老册

中、笔：石德耀

光绪十九年五月二十日立

18. **彭玉乔卖田契**（光绪十九年六月十九日）

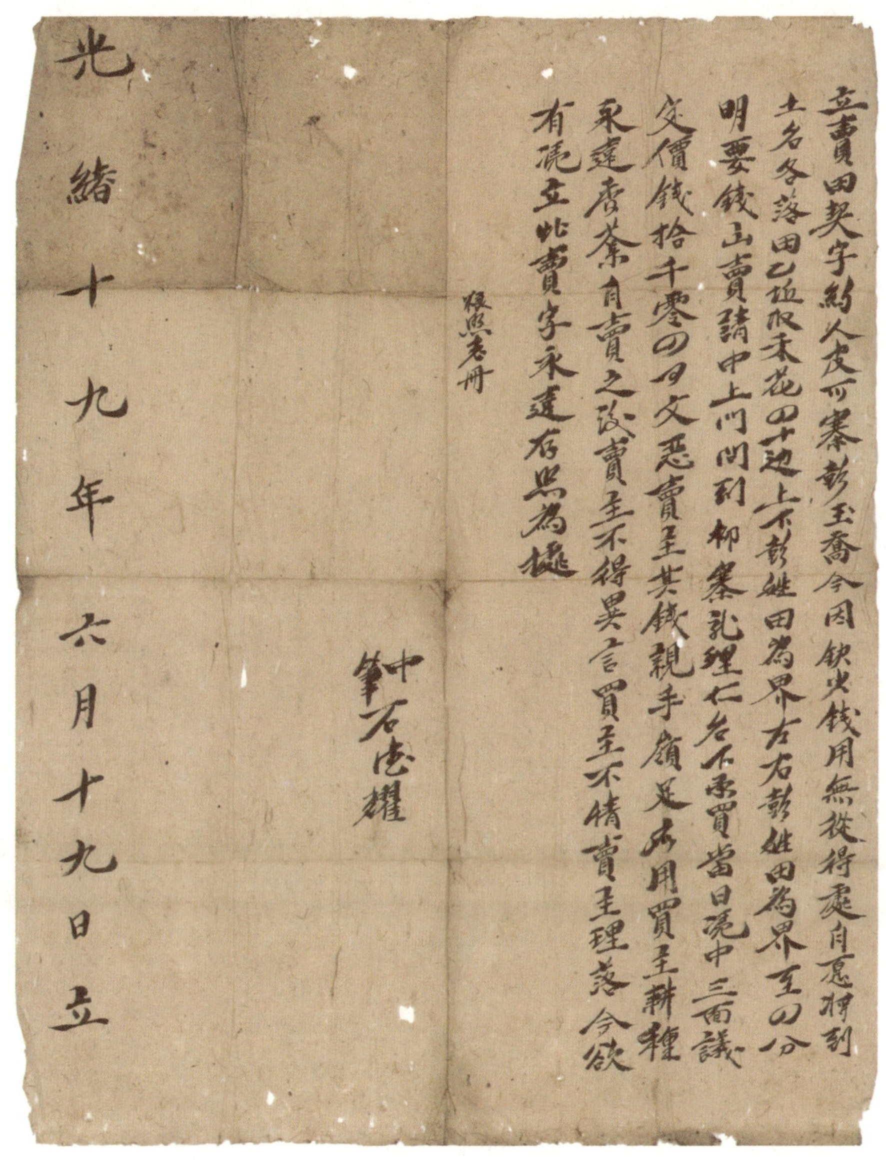

立卖田契字约人皮所寨彭玉乔，今因缺少钱用，无从得处，自愿将到土名各落田乙丘，收禾花四十边（稨），上下彭姓田为界，左右彭姓田为界，至四（四至）分明，要钱出卖。请中上门问到柳寨龙理仁名下承买，当日凭中三面议定价钱拾千零四百文整。卖主其钱亲手领足应用，买主耕种永远为业。自卖之后，卖主不得异言。买主不情（清），卖主理落。今欲有凭，立此卖字永远存照为据。

粮照老册

中、笔：石德耀

光绪十九年六月十九日立

19. **彭福寿卖田契**（光绪十九年九月二十二日）

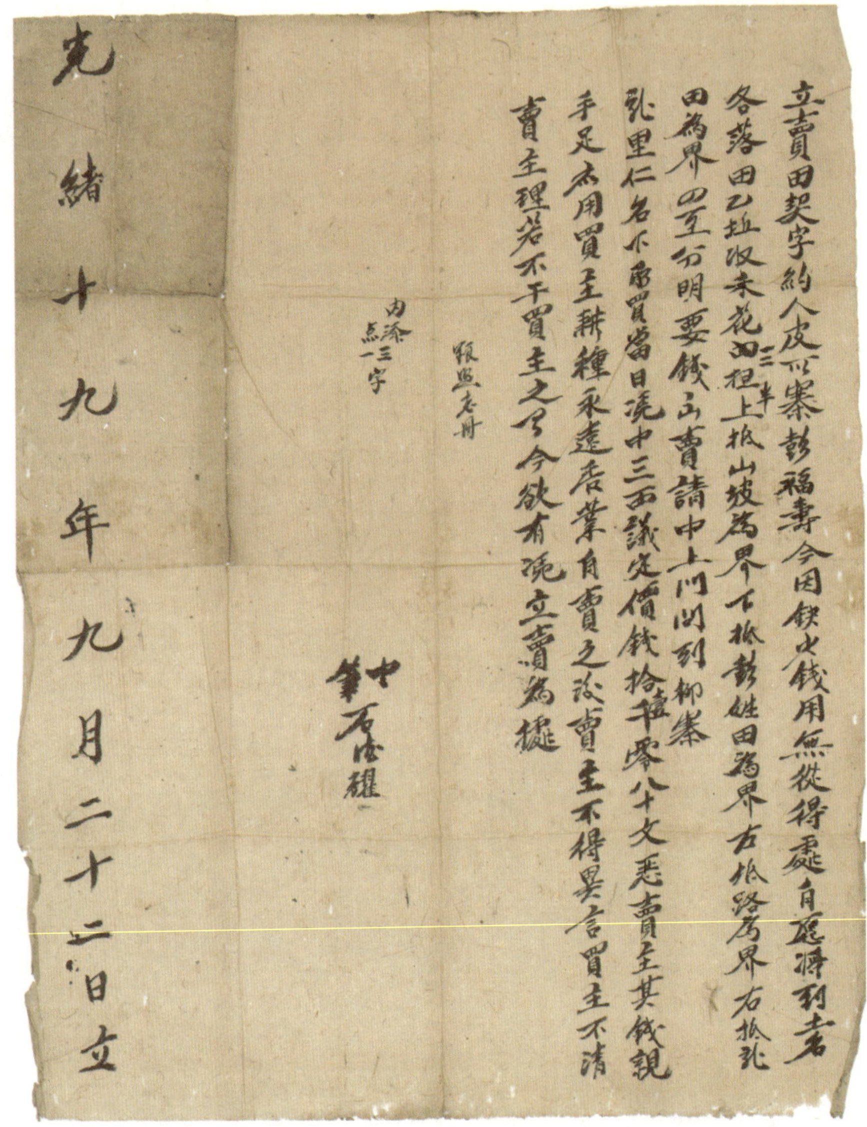

立卖田契字约人皮所寨彭福寿，今因缺少钱用，无从得处，自愿将到土名各落田乙丘，收禾花三担半，上抵山坡为界，下抵彭姓田为界，左抵路为界，右抵龙田为界，四至分明，要钱出卖。请中上门问到柳寨龙里仁名下承买，当日凭中三面议定价钱拾壹千零八十文整。卖主其钱亲手［领］足应用，买主耕种永远为业。自卖之后，卖主不得异言。买主不清，卖主理若（落），不干买主之事。今欲有凭，立卖为据。

粮照老册

内添三字，点一字

中、笔：石德耀

光绪十九年九月二十二日立

20. 彭洪泰卖田契（光绪十九年十二月二十日）

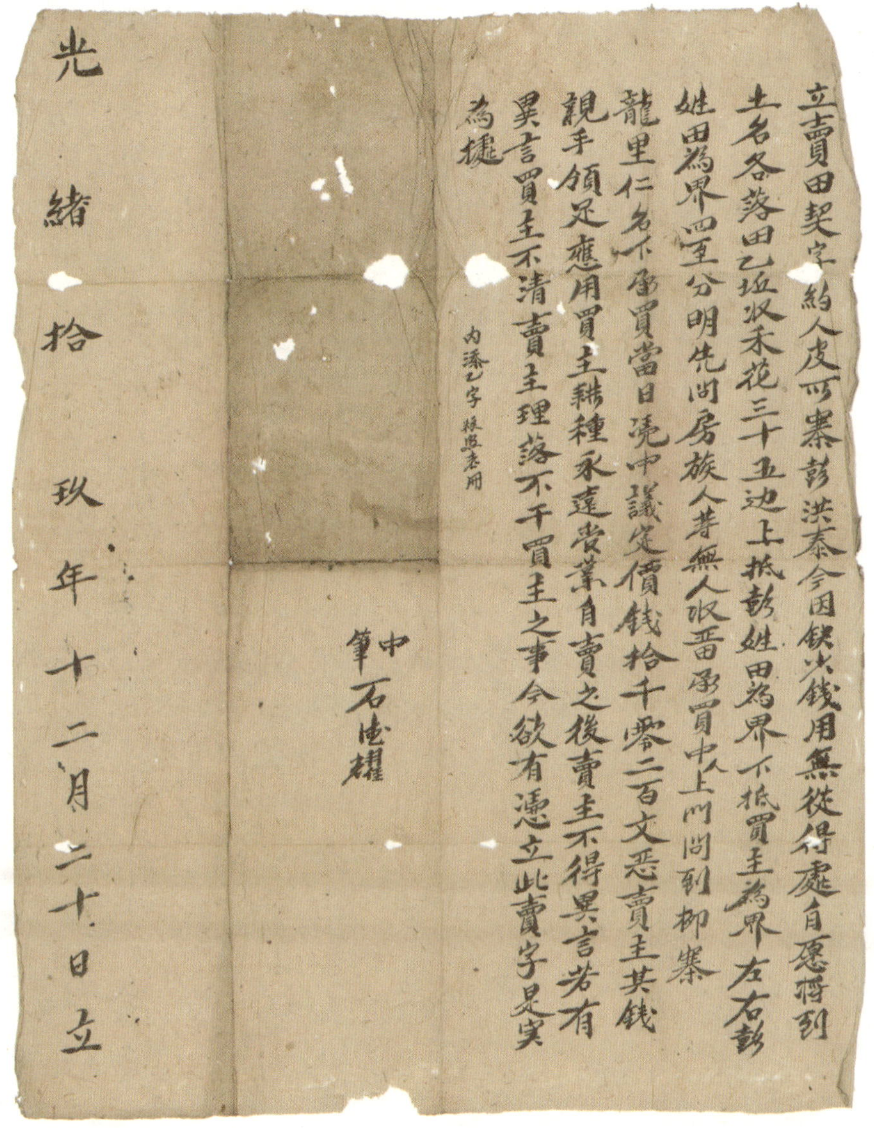

立賣田契字約人皮所寨彭洪泰今因缺少錢用無從得處自愿將到土名各落田乙坵收禾花三十五边上抵彭姓田為界下抵買主為界左右彭姓田為界四至分明先問房族人等無人收留承買中人上門問到柳寨龍里仁名下承買當日凴中議定價錢拾千零二百文整賣主其錢親手領足應用買主耕種永遠為業自賣之後賣主不得異言若有異言買主不清賣主理落不干買主之事今欲有凴立此賣字是实為據

內添乙字 粮照老册

中筆 石德耀

光緒拾玖年十二月二十日立

立卖田契字约人皮所寨彭洪泰，今因缺少钱用，无从得处，自愿将到土名各落田乙丘，收禾花三十五边（稨），上抵彭姓田为界，下抵买主为界，左右［抵］彭姓田为界，四至分明，先问房族人等无人收留承买，中人上门问到柳寨龙里仁名下承买，当日凭中议定价钱拾千零二百文整。卖主其钱亲手领足应用，买主耕种永远为业。自卖之后，卖主不得异言。若有异言，买主不清，卖主理落，不干买主之事。今欲有凭，立此卖字是实为据。

内添乙字，粮照老册

中、笔：石德耀

光绪拾玖年十二月二十日立

21. 石德岩卖田契（光绪二十年六月十三日）

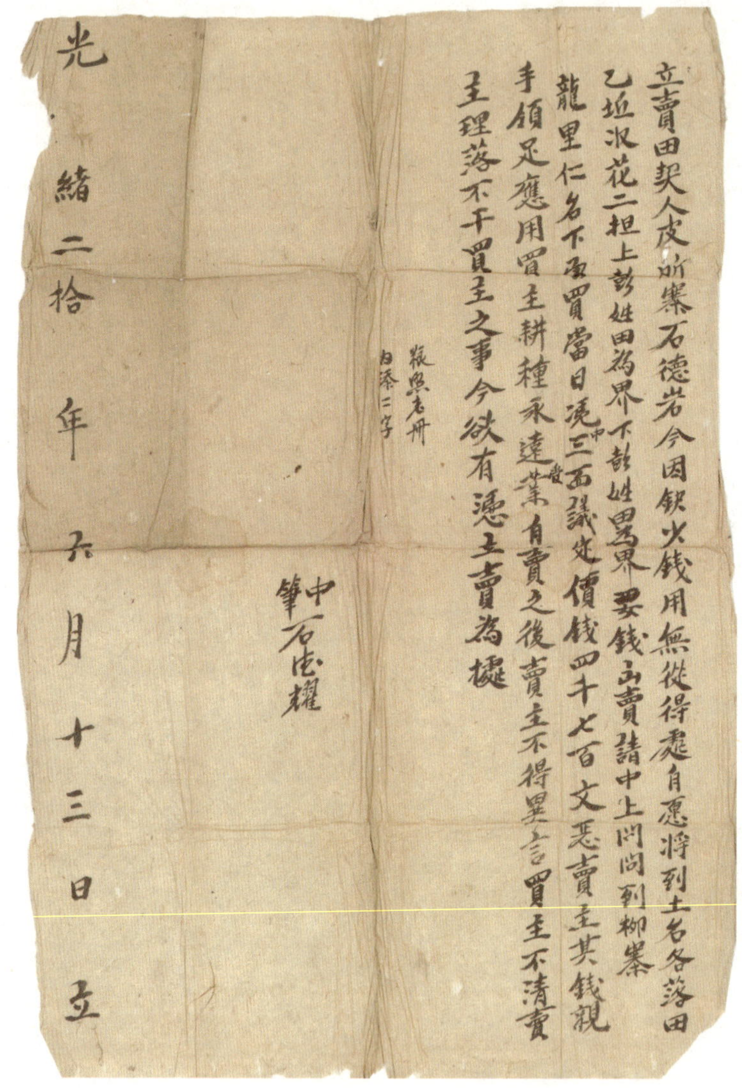

立卖田契人皮所寨石德岩，今因缺少钱用，无从得处，自愿将到土名各落田乙丘，收花二担，上［抵］彭姓田为界，下［抵］彭姓田为界，要钱出卖。请中上门问到柳寨龙里仁名下承买，当日凭中三面议定价钱四千七百文整。卖主其钱亲手领足应用，买主耕种永远为业。自卖之后，卖主不得异言。买主不清，卖主理落，不干买主之事。今欲有凭，立卖为据。

粮照老册

内添二字

中、笔：石德耀

光绪二拾年六月十三日立

22. 彭玉开卖田契（光绪二十年十二月十九日）

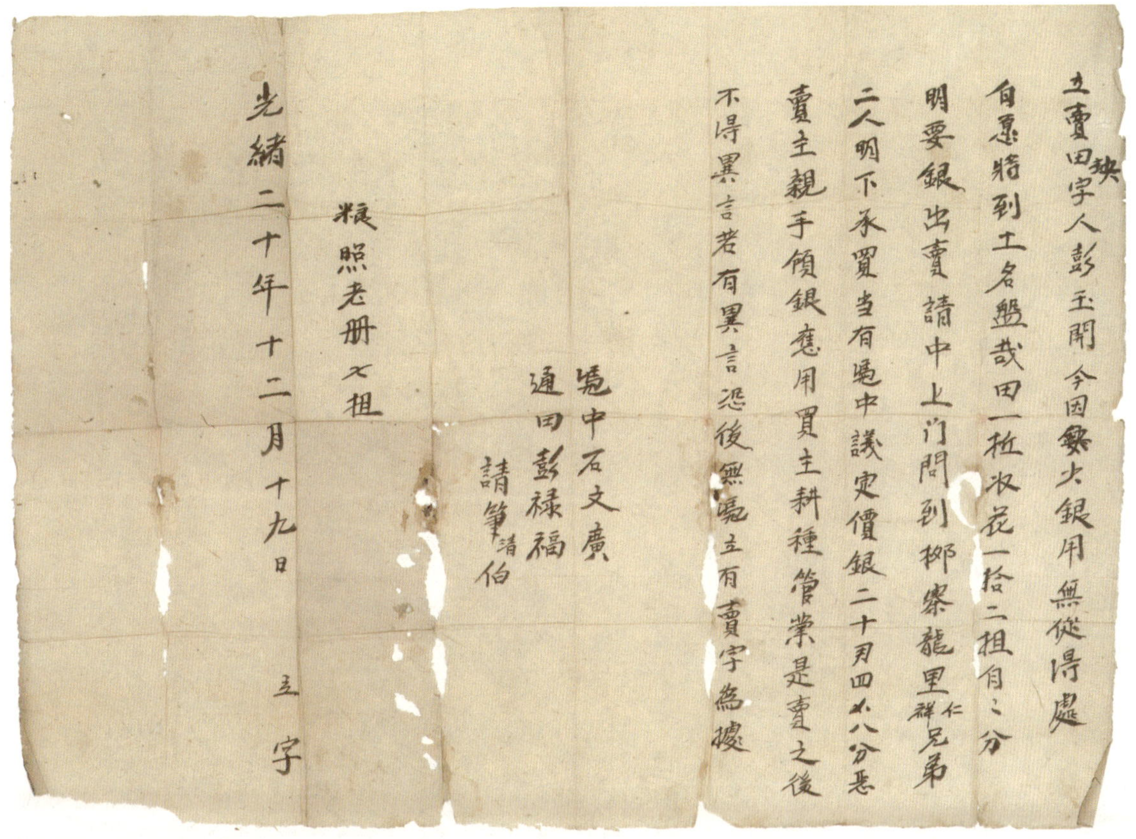

立卖田契字人彭玉开，今因缺少银用，无从得处，自愿将到土名盘哉田一丘，收花一拾二担。自自（四至）分明，要银出卖。请中上门问到柳寨龙里仁、里祥兄弟二人明（名）下承买，当有凭中议定价银二十两四钱八分整。卖主亲手领银应用，买主耕种管业。是（自）卖之后，不得异言。若有异言，恐后无凭，立有卖字为据。

凭中：石文广

通田：彭禄福

请笔：清伯

粮照老册七担[①]

光绪二十年十二月十九日立字

---

① 此文书中，产量十二担，而“粮照老册七担”，田租约占产量的十分之六，是正常田赋的数倍，有可能是官佃官租，即咸同苗民起义后，政府将“逆产”“绝产”等收为官田，租给贫民耕种所收的田租。

23. 龙仁全卖池塘字（光绪二十年十二月）

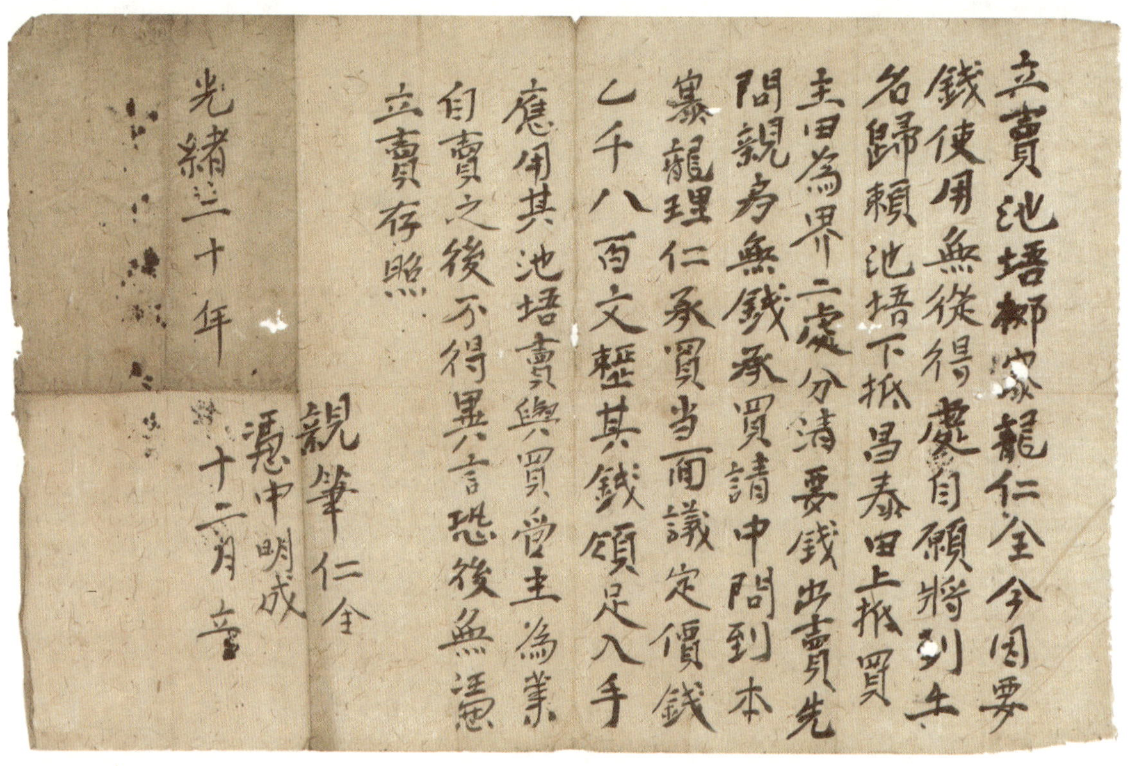
立賣池塘柳寨龍仁全今因要
錢使用無從得處自願將到土
名歸賴池塘下抵昌泰田上抵買
主田為界二處分清要钱出賣先
問親房無錢承買請中問到本
寨龍理仁承買当面議定價錢
乙千八百文整其錢領足入手
應用其池塘賣與買主為業
自賣之後不得異言恐後無憑
立賣存照
親筆 仁全
憑中 明成
光緒二十年 十二月 立

立卖池塘柳寨龙仁全，今因要钱使用，无从得处，自愿将到土名归赖池塘，下抵昌泰田，上抵买主田为界，二处分清，要钱出卖。先问亲房无钱承买，请中问到本寨龙理仁承买，当面议定价钱乙千八百文整，其钱领足入手应用，其池塘卖与买主为业。自卖之后，不得异言。恐后无凭，立卖存照。

亲笔：仁全

凭中：明成

光绪二十年十二月立

24. 龙金傍卖地土杉木字（光绪二十一年十一月十一日）

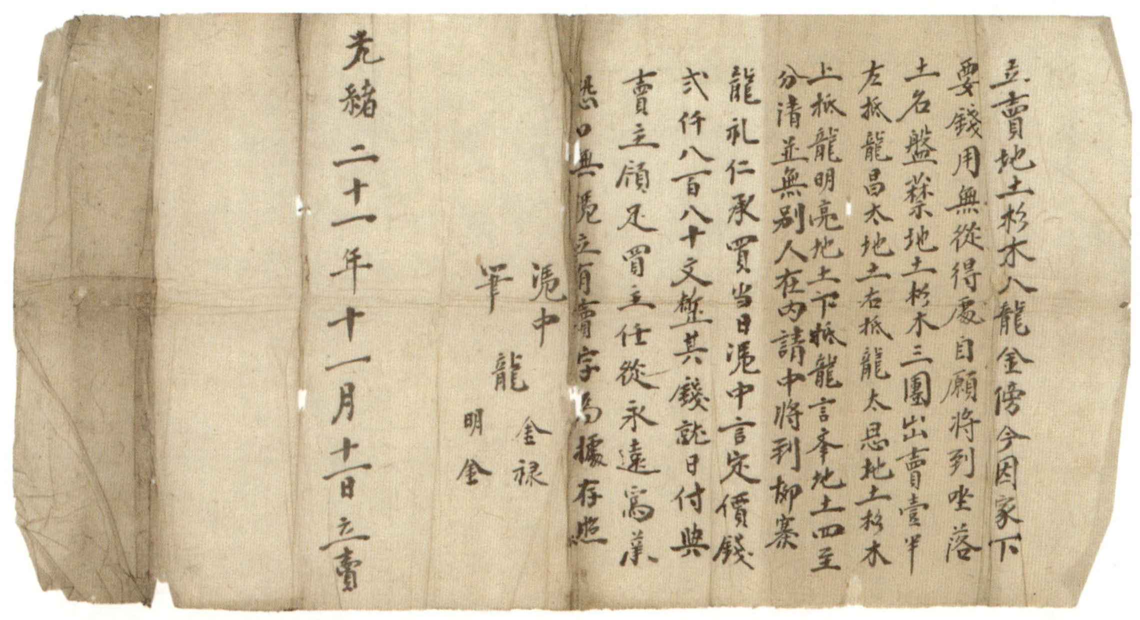

立卖地土杉木人龙金傍，今因家下要钱用，无从得处，自愿将到坐落土名盘禁地土杉木三团出卖壹半，左抵龙昌太地土，右抵龙太恩地土杉木，上抵龙明亮地土，下抵龙言举地土，四至分清，并无别人在内，请中将到柳寨龙礼仁承买，当日凭中言定价钱贰仟八百八十文整。其钱就日付与卖主领足，买主任从永远为业。恐口无凭，立有卖字为据存照。

凭中：龙金禄

［代］笔：龙明金

光绪二十一年十一月十一日立卖

25. 龙里仁断卖契（光绪二十二年九月十九日）

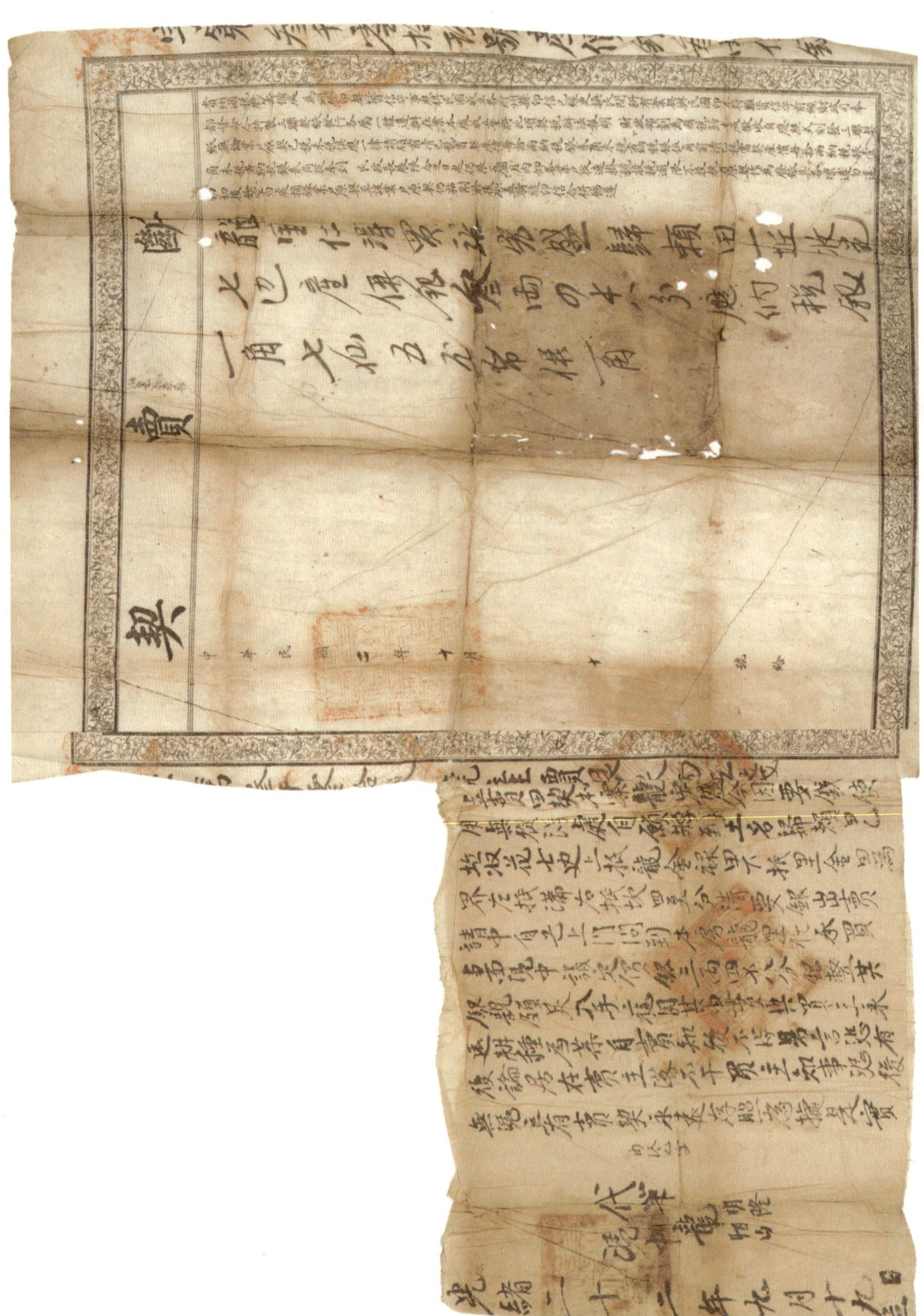

断卖契

贵州国税厅筹备处，为颁发印契以资信守事。照得民国成立，各府州县印信已经更换，民间所有业契与民国印不符，难资信守。前经财政司奉都督命令，特制三联契纸发行，各属一体遵办在案。本处成立，业将此项契税办法报明，财政部划为国税，归本处征收，自应照式刻发三联契纸。无论业户原契已税未税，俱应一律请领。前清已税买契，产价每拾两纳税银贰角。未税者，纳银伍角。前清已税当契，产价每拾两纳税银壹角，未税者，纳税银贰角。从奉到民政长展限令之日起，仍限五个月内仰各业户从速挂号投税。逾限不投税者，原契作为废纸。其各凛遵勿违，切切。后余空白处，摘录业户原契。至该业户原契，仍粘附于后，加盖骑缝印信，合并饬遵。

龙里仁得买龙宏盛归赖田一丘，收花七边（稨），产价银叁两四钱八分，应纳税银一角七仙五厘，纸价一角。

中华民国二年十月十号给

立卖田契本寨龙宏盛，今因要钱使用，无从得处，自愿将到土名归赖田乙丘，收花七边（稨），上抵龙金禄田，下抵里金田为界，左抵沟，右抵坎，四至分清，要银出卖。请中自己上门问到本房龙里仁承买，当面凭中议定价银三两四钱八分银整。其银亲领足入手应用，其田卖与买主永远耕种为业。自卖知（之）后，不得易（异）言。恐有后（异）论，居（俱）在卖主［理］落，不干买主知（之）事。恐后无凭，立有卖契永远存照为据是实。

内添乙字

代笔：龙明隆

凭中：龙□山

光绪二十二年九月十九日立

26. 彭兴太卖地土杉木字（光绪二十五年三月十九日）

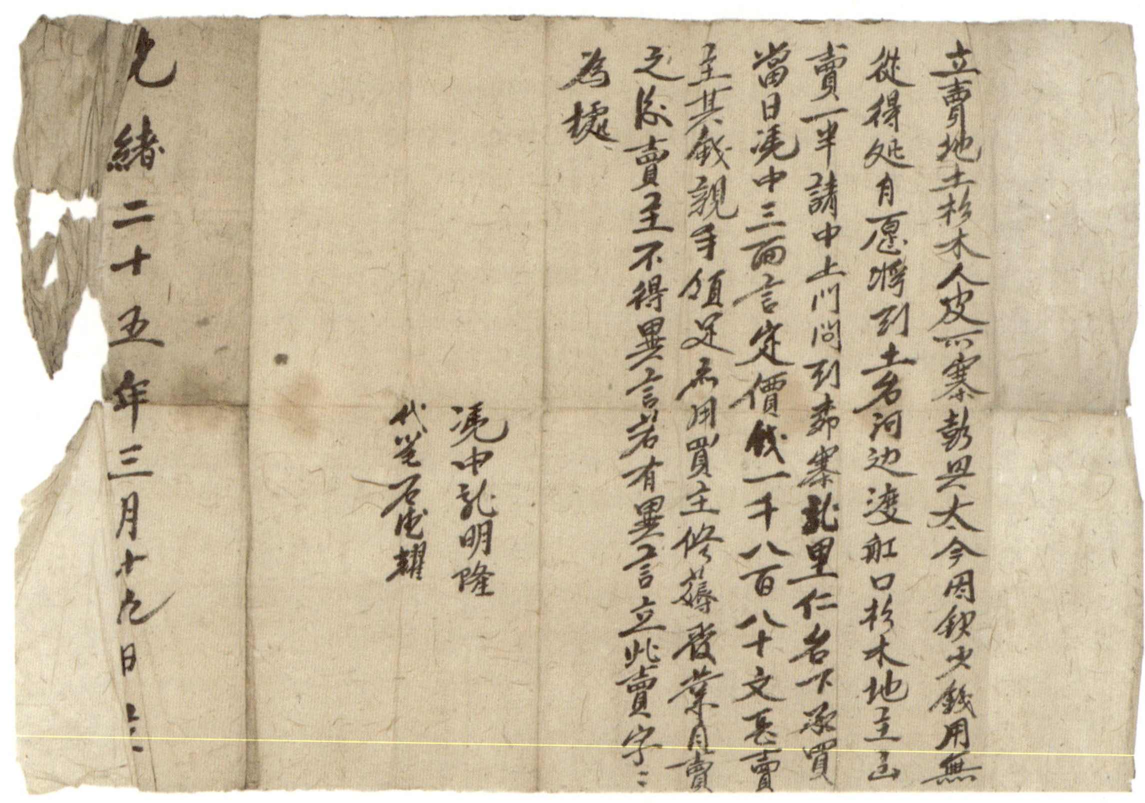

立卖地土杉木人皮所寨彭兴太，今因缺少钱用，无从得处，自愿将到土名河边渡船口杉木地主出卖一半，请中上门问到柳寨龙里仁名下承买，当日凭中三面言定价钱一千八百八十文整。卖主其钱亲手领足应用，买主修薅管业。自卖之后，卖主不得异言。若有异言，立此卖字为据。

凭中：龙明隆

代笔：石德耀

光绪二十五年三月十九日立

27. 龙明隆典屋地基契（光绪二十五年七月初五日）

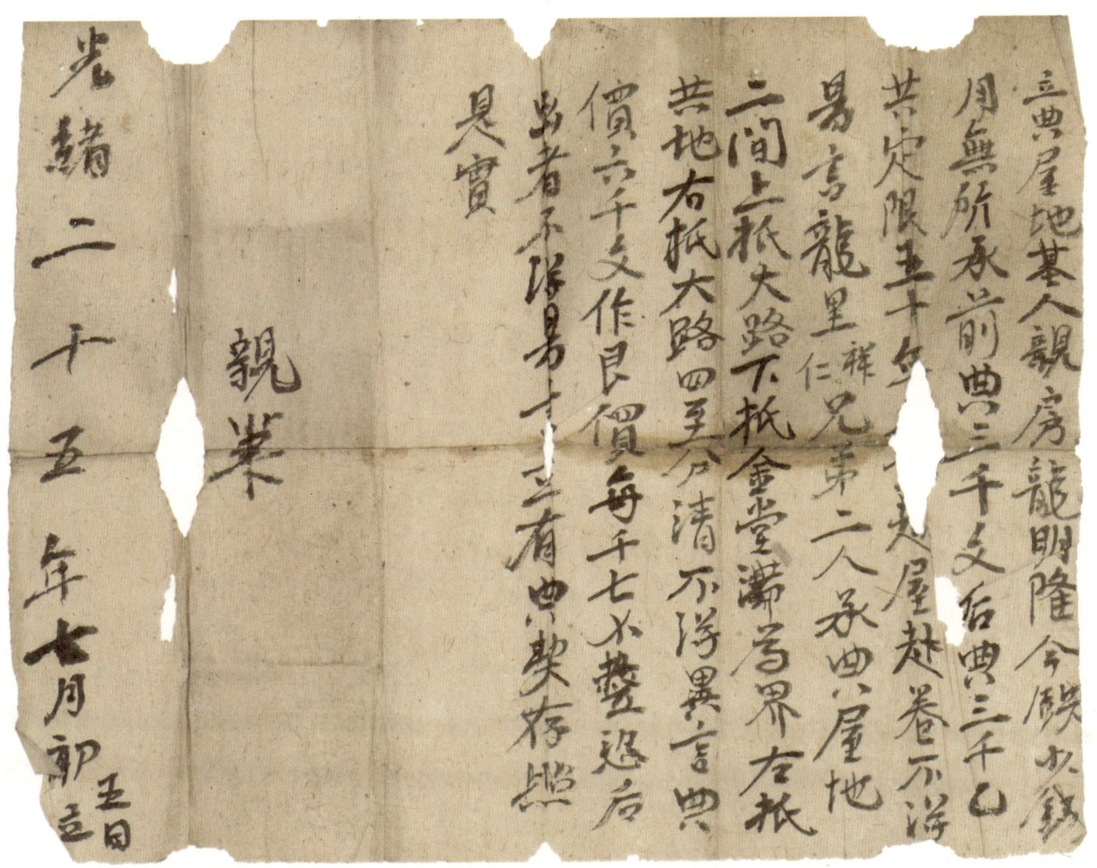

立典屋地基人亲房龙明隆，今缺少钱用，无所［出处］，承前典三千文，后典三千，乙共定限五十年，□□［起］屋赴（起）卷（圈），不得易（异）言。龙里祥、里仁兄弟二人承典屋地二间，上抵大路，下抵金堂沟为界，左抵共地，右抵大路。四至分清，不得异言。典价六千文，作银价每千七钱整。恐后出者，不得易（异）言，立有典契存照是实。

亲笔

光绪二十五年七月初五日立

注：起屋起圈，即修造房屋或牛圈、猪圈等。

28. 彭福寿卖杉木地土字（光绪二十七年九月初三日）

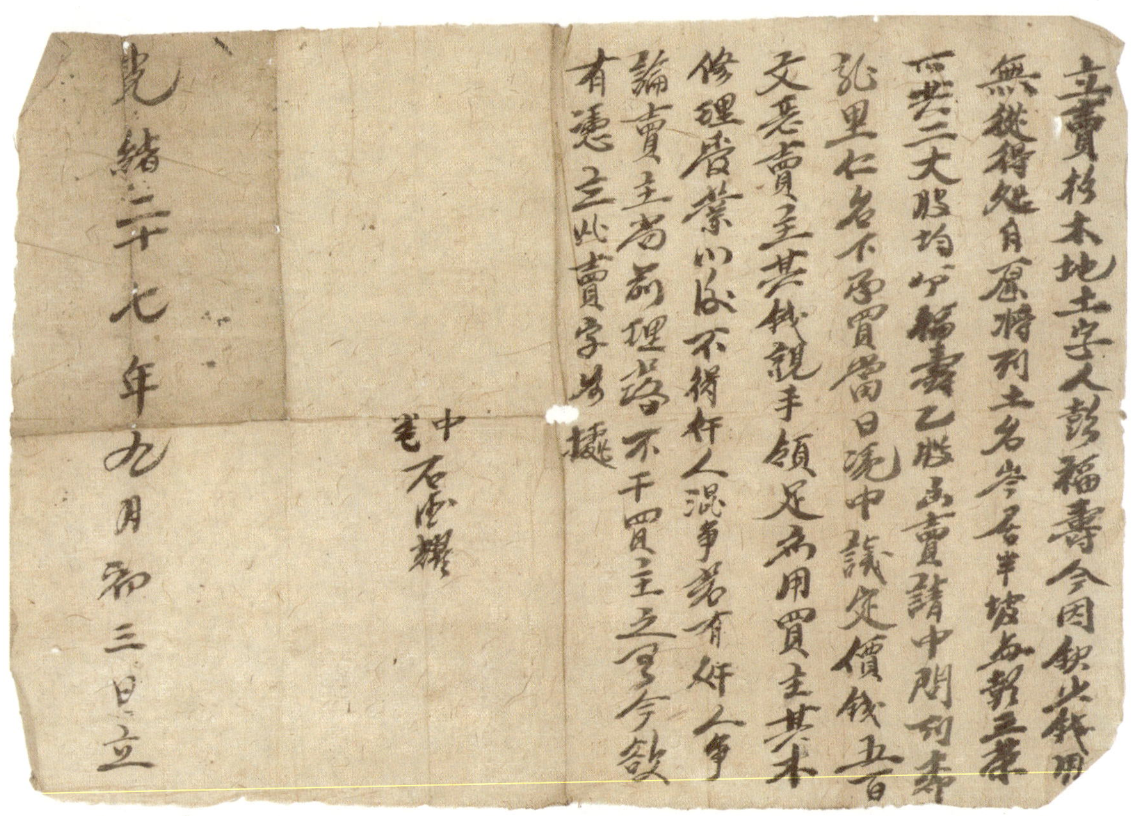

立卖杉木地土字人彭福寿，今因缺少钱用，无从得处，自愿将到土名岑居半坡与彭三荣所共二大股均分，福寿乙股出卖，请中问到柳［寨］龙里仁名下承买，当日凭中议定价钱五百文整。卖主其钱亲手领足应用，买主其木修理管业。以后不得奸人混争。若有奸人争论，卖主尚（向）前理落，不干买主之事。今欲有凭，立此卖字为据。

［凭］中、［代］笔：石德耀

光绪二十七年九月初三日立

29. 彭太发卖地土字（光绪二十八年三月十一日）

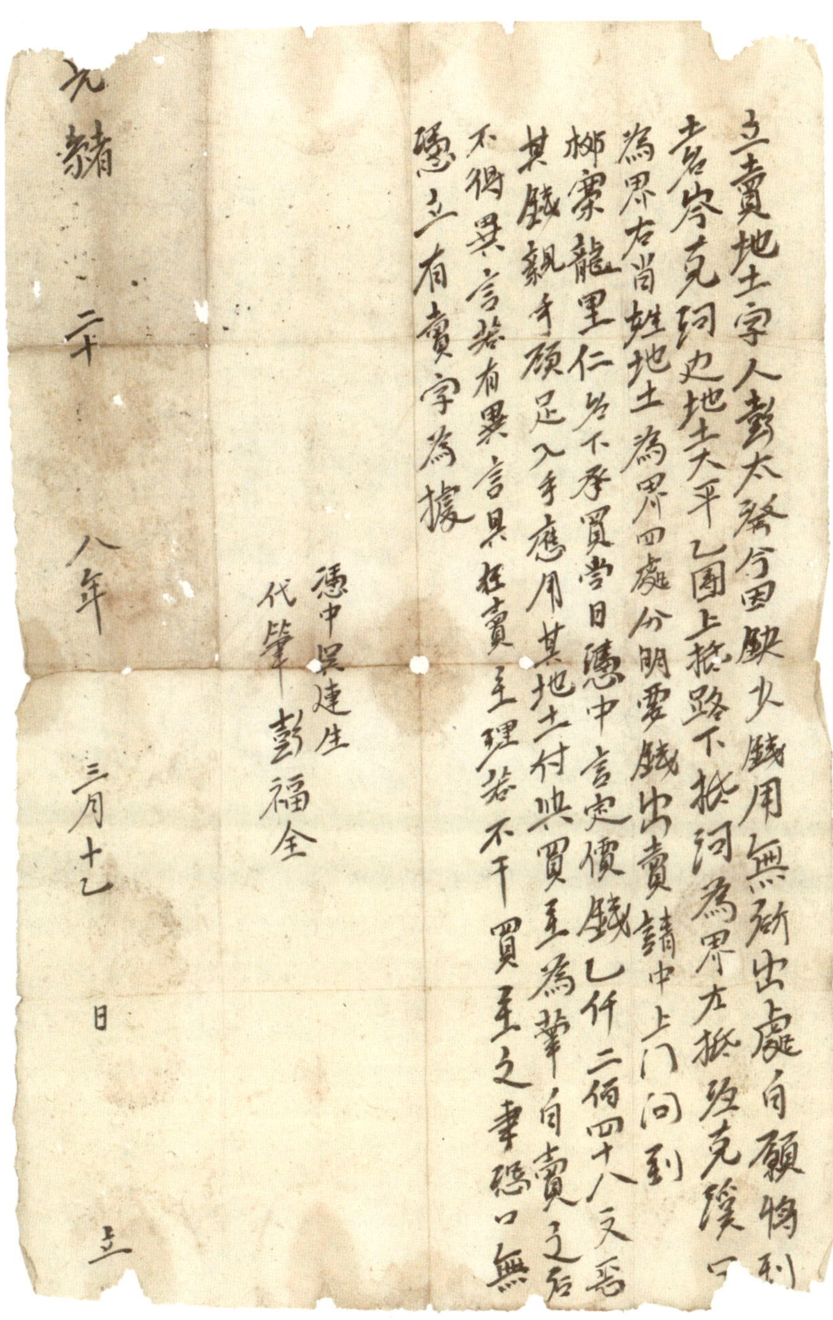

立卖地土字人彭太发，今因缺少钱用，无所出处，自愿将到土名岑克河边地土大平乙团，上抵路，下抵河为界，左抵归克溪口为界，右［抵］肖姓地土为界，四处分明，要钱出卖。请中上门问到柳寨龙里仁名下承买，当日凭中言定价钱乙仟二佰四十八文整。其钱亲手领足入手应用，其地土付与买主为业。自卖之后，不得异言，若有异言，具（俱）在卖主理落，不干买主之事。恐口无凭，立有卖字为据。

凭中：吴连生

代笔：彭福全

光绪二十八年三月十乙日立

30. 石恒森卖田契字（光绪三十年五月初七日）

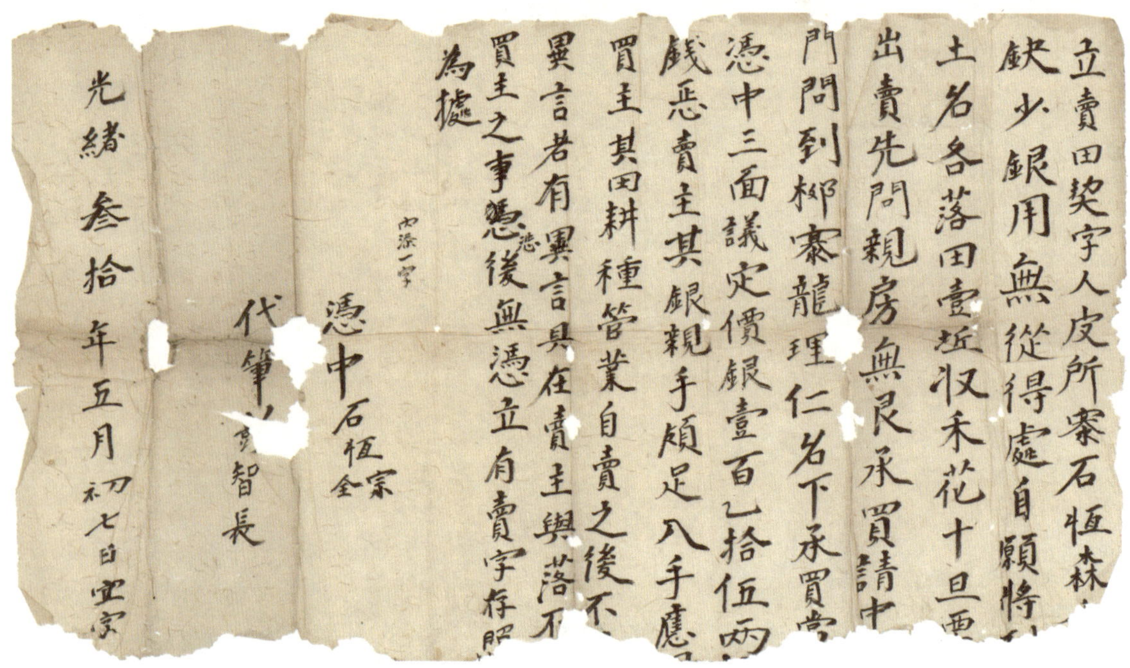

立卖田契字人皮所寨石恒森，[今因] 缺少银用，无从得处，自愿将 [到] 土名各落田壹丘，收禾花十旦（担），要 [银] 出卖。先问亲房无银承买，请中 [上] 门问到柳寨龙理仁名下承买。当 [面] 凭中三面议定价银壹百乙拾伍两□钱整。卖主其银亲手领足入手应 [用]，买主其田耕种管业。自卖之后，不 [得] 异言。若有异言，具（俱）在卖主与（理）落，不 [干] 买主之事。恐后无凭，立有卖字存照为据。

内添一字

凭中：石恒宗、石恒全

代笔：彭智长

光绪叁拾年五月初七日宜字（立）

31. 龙发祥卖杉木字（光绪□□年七月）

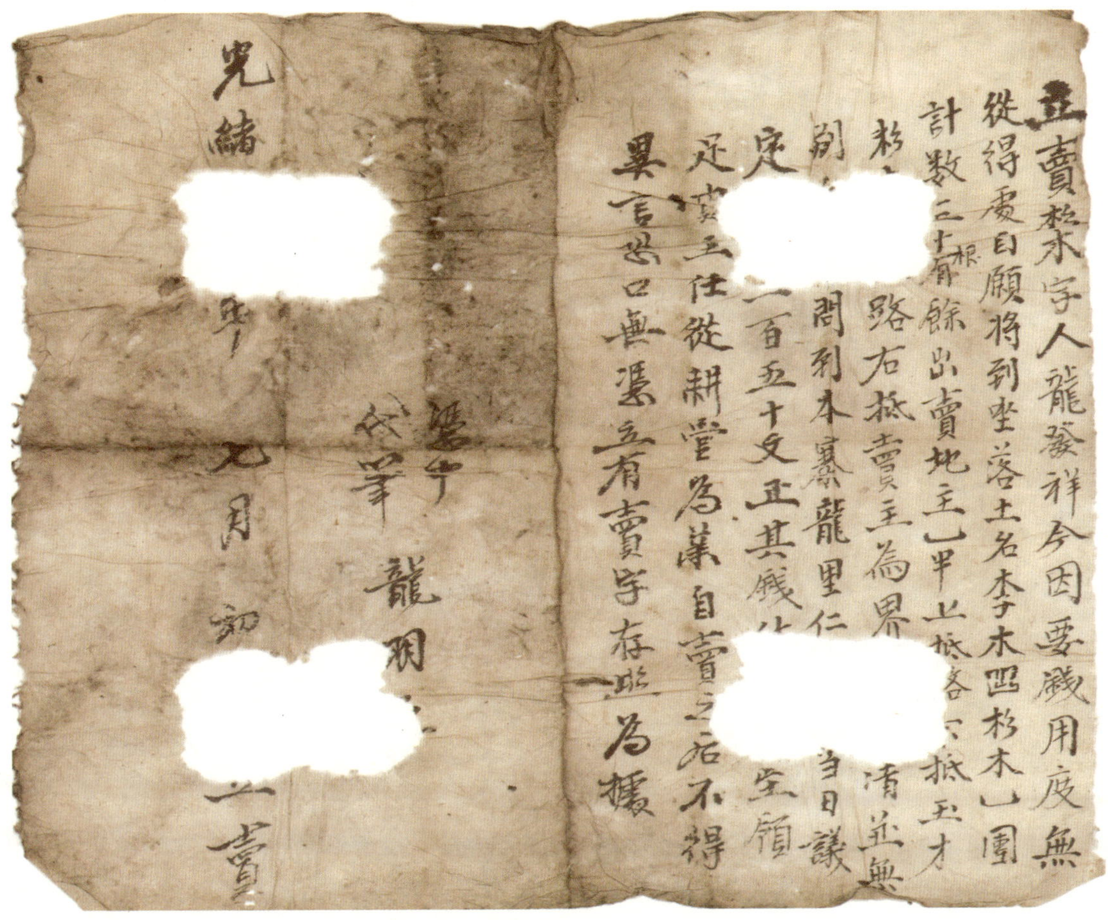

立卖杉木字人龙发祥，今因要钱用度，无从得处，自愿将到坐落土名李木凹杉木乙团，计数三十根有余，出卖地主乙半，上抵路，下抵玉才杉［木］，……路，右抵卖主为界……清，并无别……问到本寨龙里仁……，当日议定……一百五十文正，其钱……主领足，卖主任从耕管为业。自卖之后，不得异言。恐口无凭，立有卖字存照为据。

凭中、代笔：龙明□

光绪□□年七月初□□立卖

32. 龙全宽卖田契（宣统二年四月初一日）

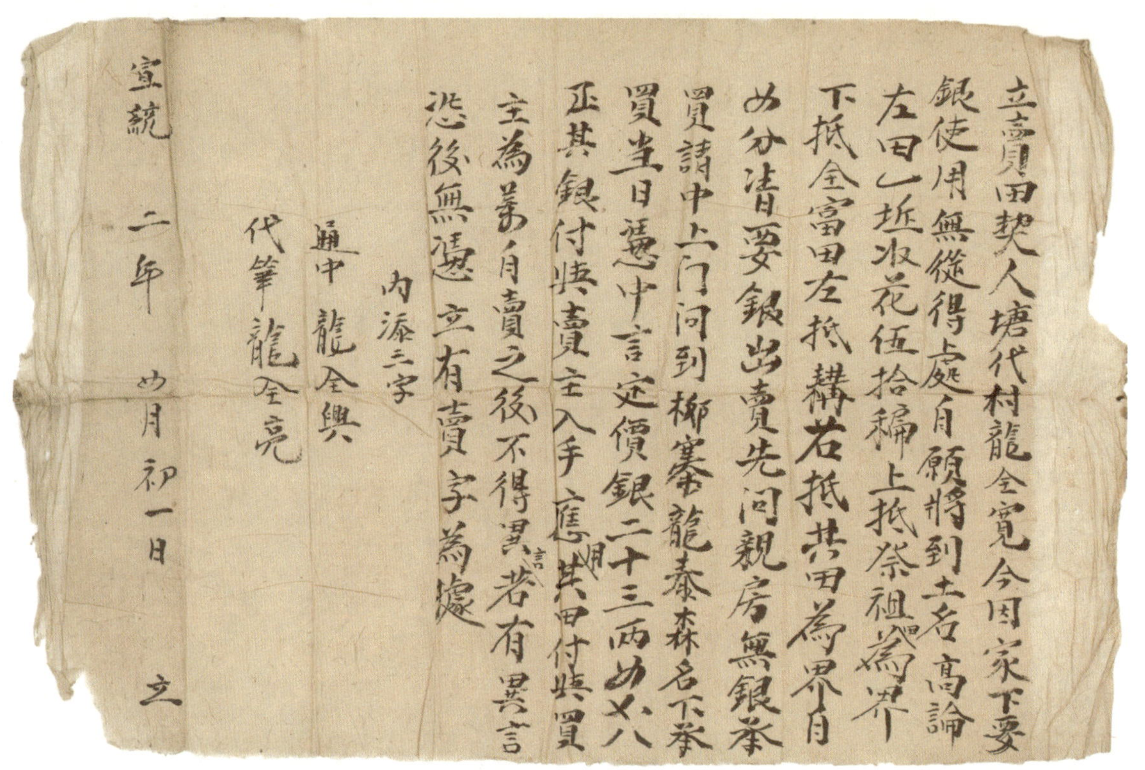

立卖田契人塘代村龙全宽，今因家下要银使用，无从得处，自愿将到土名高论左田乙丘，收花伍拾稨，上抵祭祖田为界，下抵全富田，左抵沟，右抵共田为界，自四（四至）分清，要银出卖。先问亲房无银承买，请中上门问到柳寨龙泰森名下承买，当日凭中言定价银二十三两四钱八正。其银付与卖主入手应用，其田付与买主为业。自卖之后，不得异言。若有异言。恐后无凭，立有卖字为据。

内添三字

通中：龙全兴

代笔：龙全亮

宣统二年四月初一日立

33. 彭启寿卖杉木禁山地土字（民国元年五月二十日）

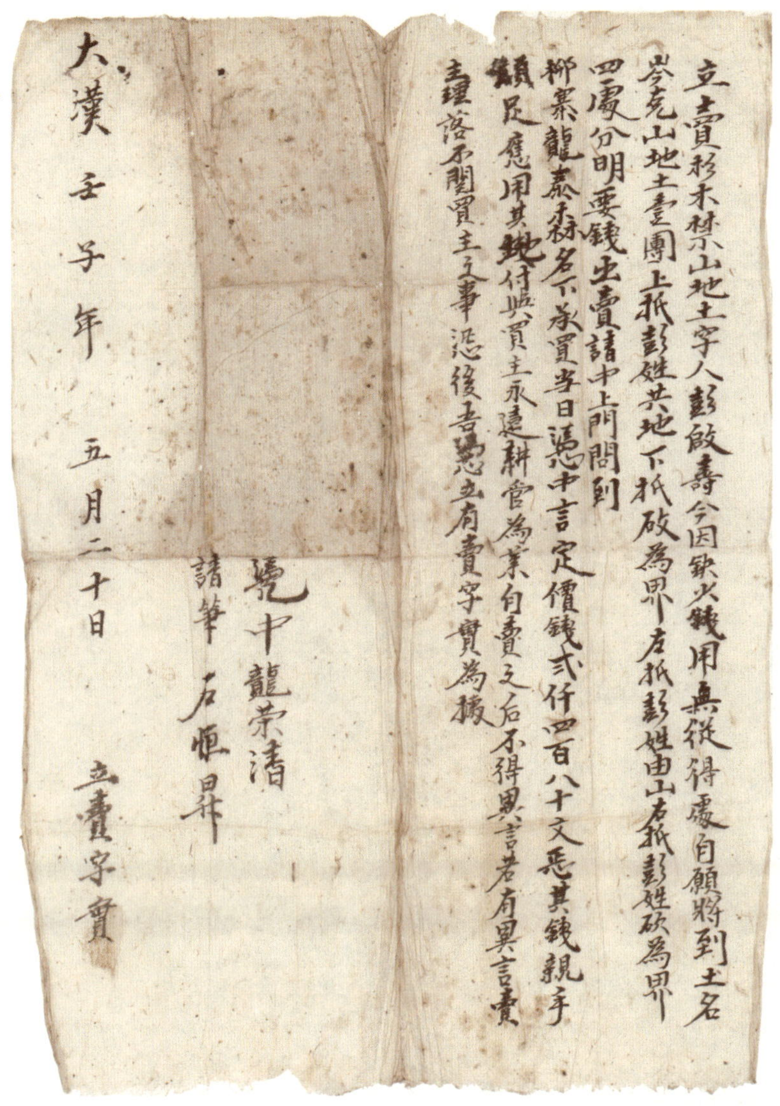

立卖杉木禁山地土字人彭启寿，今因缺少钱用，无从得处，自愿将到土名岑克山地土壹团，上抵彭姓共地，下抵□为界，左抵彭姓由（油）山，右抵彭姓砍（坎）为界，四处分明，要钱出卖。请中上门问到柳寨龙泰森名下承买，当日凭中言定价钱贰仟四百八十文整。其钱亲手领足应用，其地付与买主永远耕管为业。自卖之后，不得异言。若有异言，卖主理落，不关买主之事。恐后吾（无）凭，立有卖字实为据。

凭中：龙荣清

请笔：石恒升

大汉壬子年五月二十日立卖字实

34. 龙菊月、龙菊英、龙菊柳姊妹三人卖田契字（民国三年三月十四日）

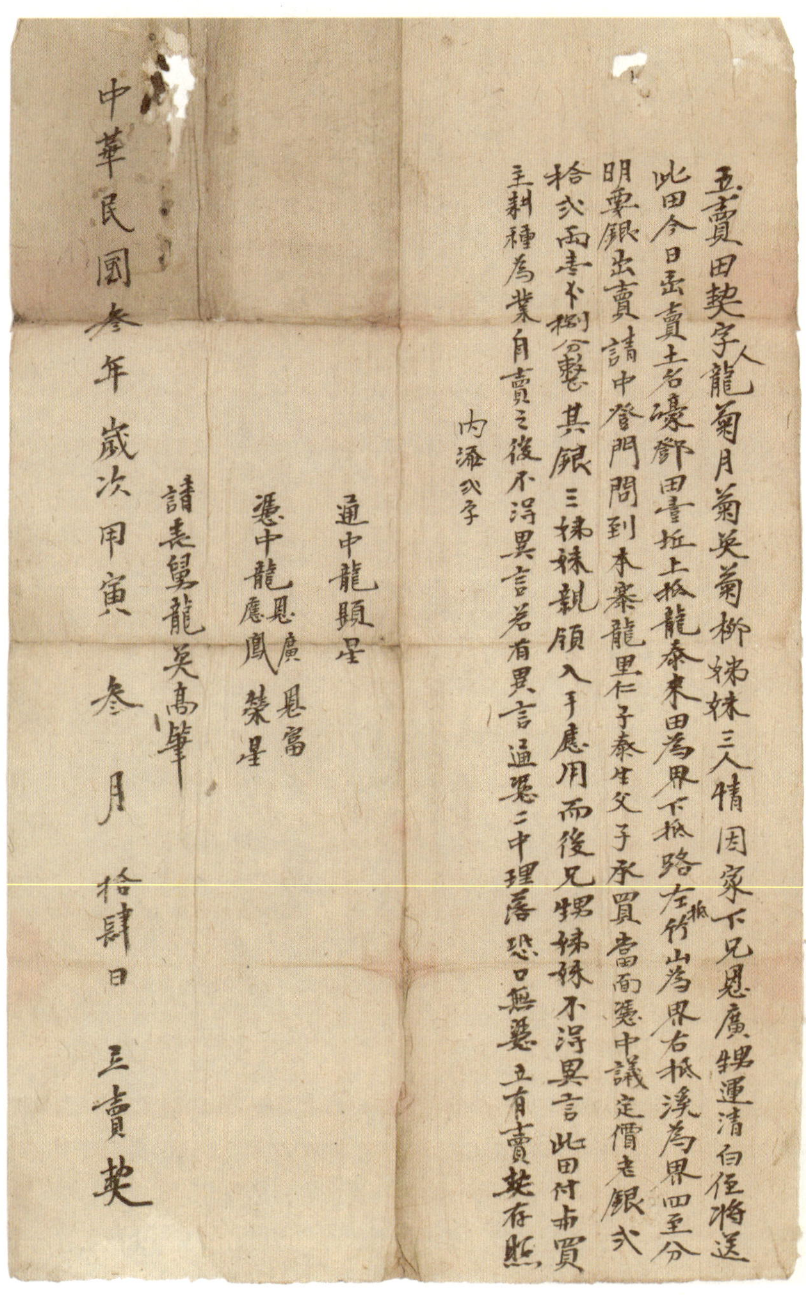

立卖田契字人龙菊月、菊英、菊柳姊妹三人，情因家下兄恩广，甥运清，白侄将送此田，今日出卖土名壕邓田壹丘，上抵龙泰来田为界，下抵路，左抵竹山为界，右抵溪为界，四至分明，要银出卖。请中登门问到本寨龙里仁，子泰生父子承买，当面凭中议定价老银贰拾贰两壹钱捌分整。其银三姊妹亲领入手应用，而后兄甥姊妹不得异言。此田付与买主耕种为业。自卖之后，不得异言。若有异言，通凭二中理落。恐口无凭，立有卖契存照。

内添贰字

通中：龙显星

凭中：龙恩广、恩富、应凤、荣星

请老舅龙英高笔

中华民国叁年岁次甲寅叁月拾肆日立卖契

35. 龙洪顺、龙洪魁、龙洪富等六人卖地土字（民国四年六月二十二日）

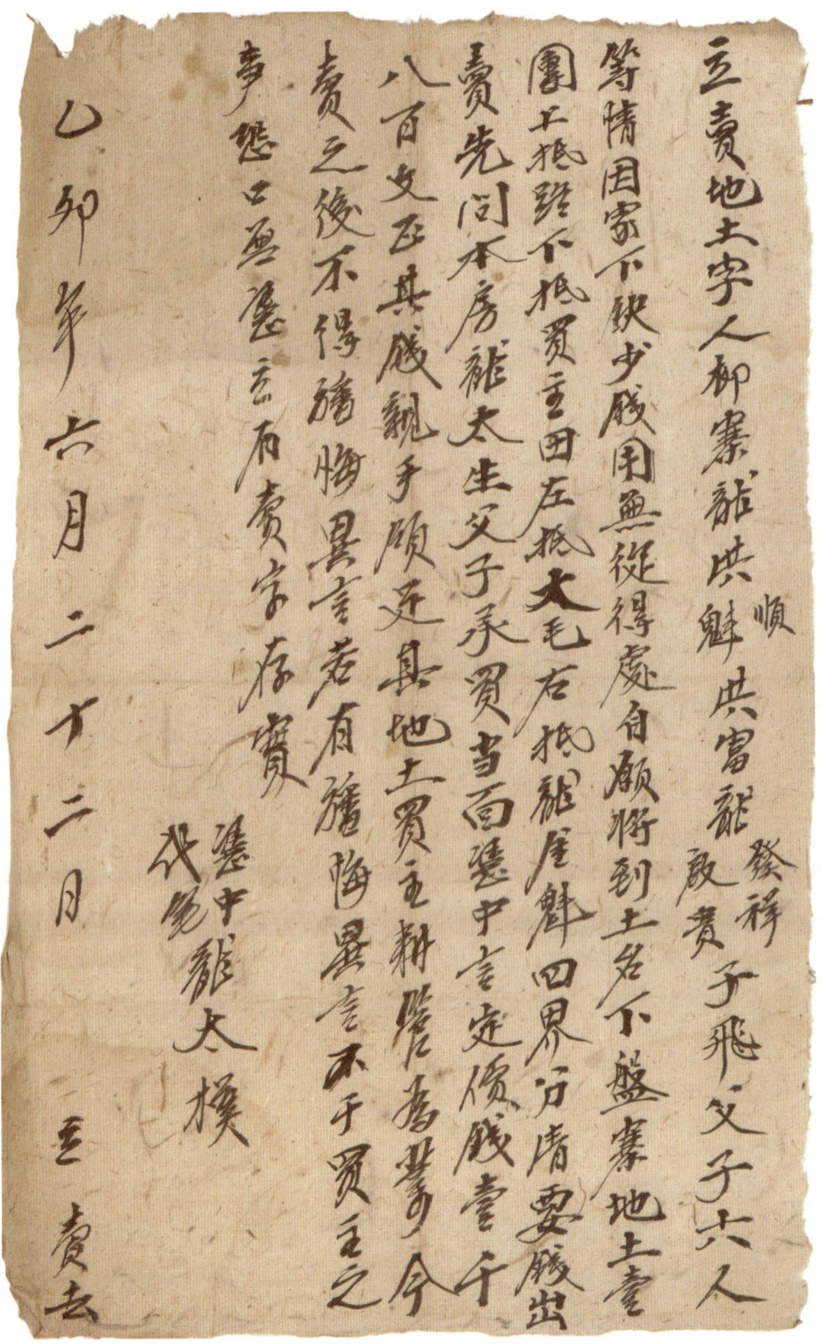

立卖地土字人柳寨龙洪顺、洪魁、洪富，龙发祥、启贵、于飞父子六人等，情因家下缺少钱用，无从得处，自愿将到土名下盘寨地土壹团，上抵路，下抵买主田，左抵大毛，右抵龙金魁，四界分清，要钱出卖。先问本房龙太生父子承买，当面凭中言定价钱壹千八百文正。其钱亲手领足，其地土买主耕管为业。今卖之后，不得翻悔异言。若有翻悔异言，不干买主之事。恐口无凭，立有卖字存实。

凭中、代笔：龙太模

乙卯年六月二十二日立卖去

36. 龙显鳞、龙显亮迎师点地合同（民国五年五月十九日）

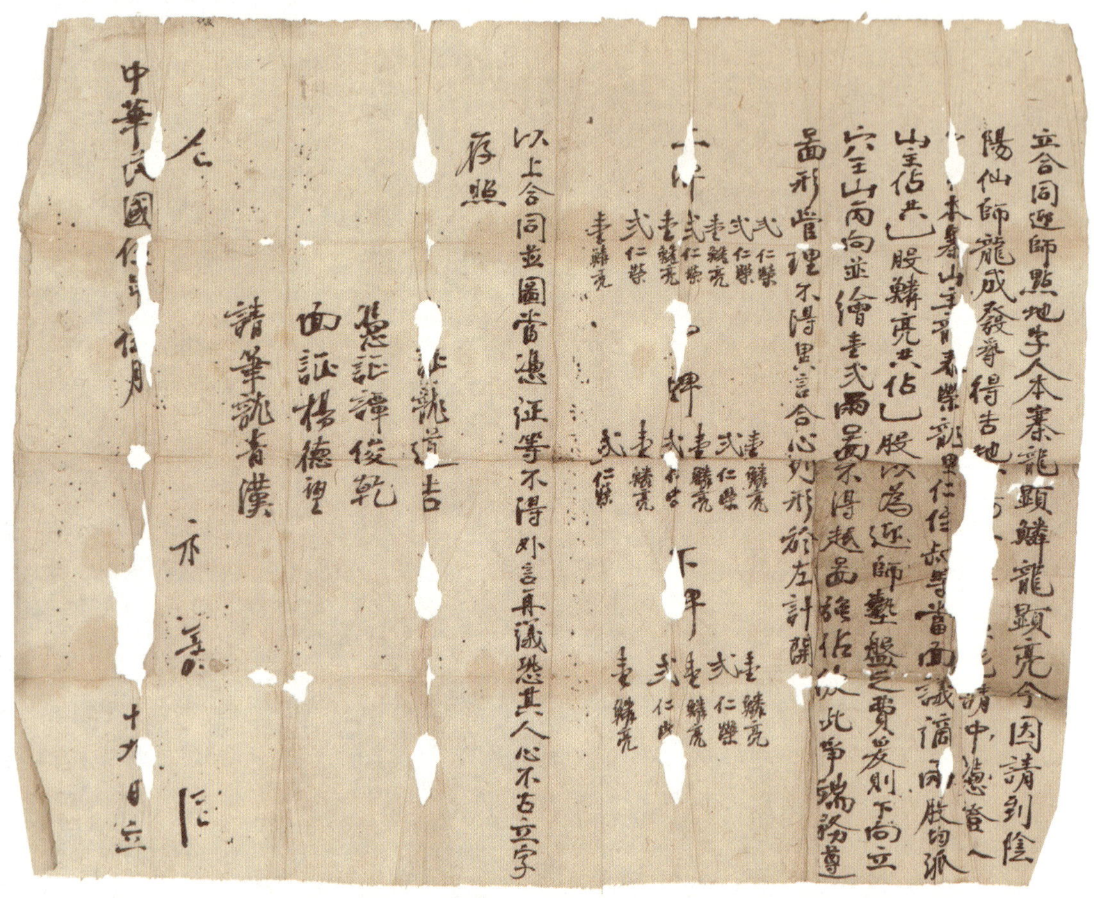

立合同迎师点地字人本寨龙显鳞、龙显亮，今因请到阴阳仙师龙成发寻得吉地……请中凭证人□□本寨山主龙泰荣、龙里仁侄叔等当面议商，两股均派，山主占共乙股，鳞、亮共占乙股，以为迎师垫盘之费，□则下向立穴，王山丙向，并绘壹贰两图，不得越图强占，□此争端务遵，图形管理，不得异言。合心列形于左，计开：

上牌：贰仁荣、贰仁荣、壹鳞亮、贰仁荣、壹鳞亮、贰仁荣、壹鳞亮

中牌：壹鳞亮、贰仁荣、壹鳞亮、贰仁荣、壹鳞亮、贰仁荣、

下牌：壹鳞亮、贰仁荣、壹鳞亮、贰仁荣、壹鳞亮

以上合同并图当凭证等不得外言再议，恐其人心不古，立字存照。

□证：龙道吉

凭证：谭俊乾

面证：杨德望

请笔：龙青汉

中华民国伍年伍月十九日立

37. **龙泰连、吴开德、龙泰森等分阴地图**（民国九年三月）

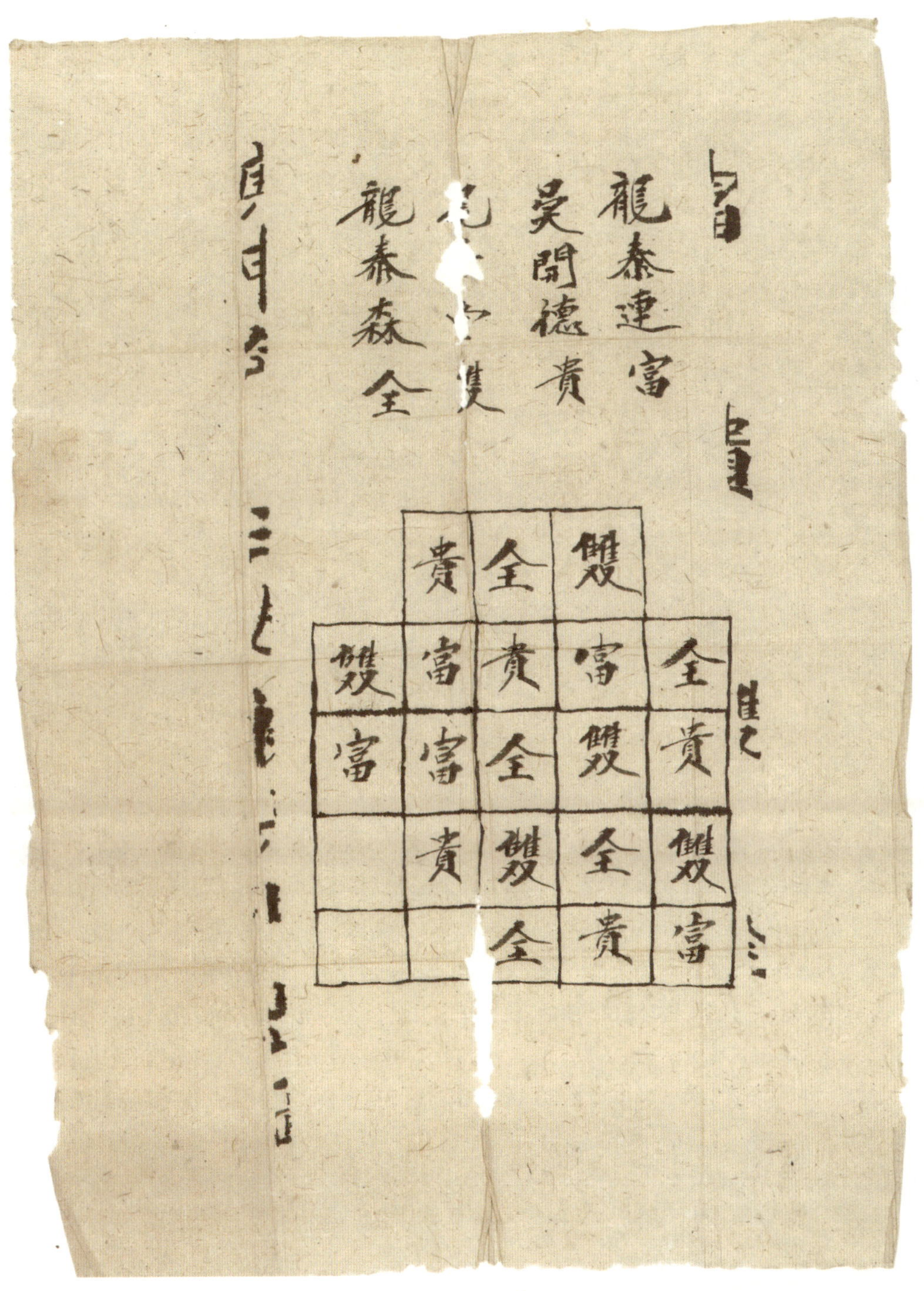

内容提要：龙泰连等4人以“富贵双全”4字拈阄，对20个阴地墓穴进行分配。

38. 龙太昌卖栽主杉木字（民国九年七月初九日）

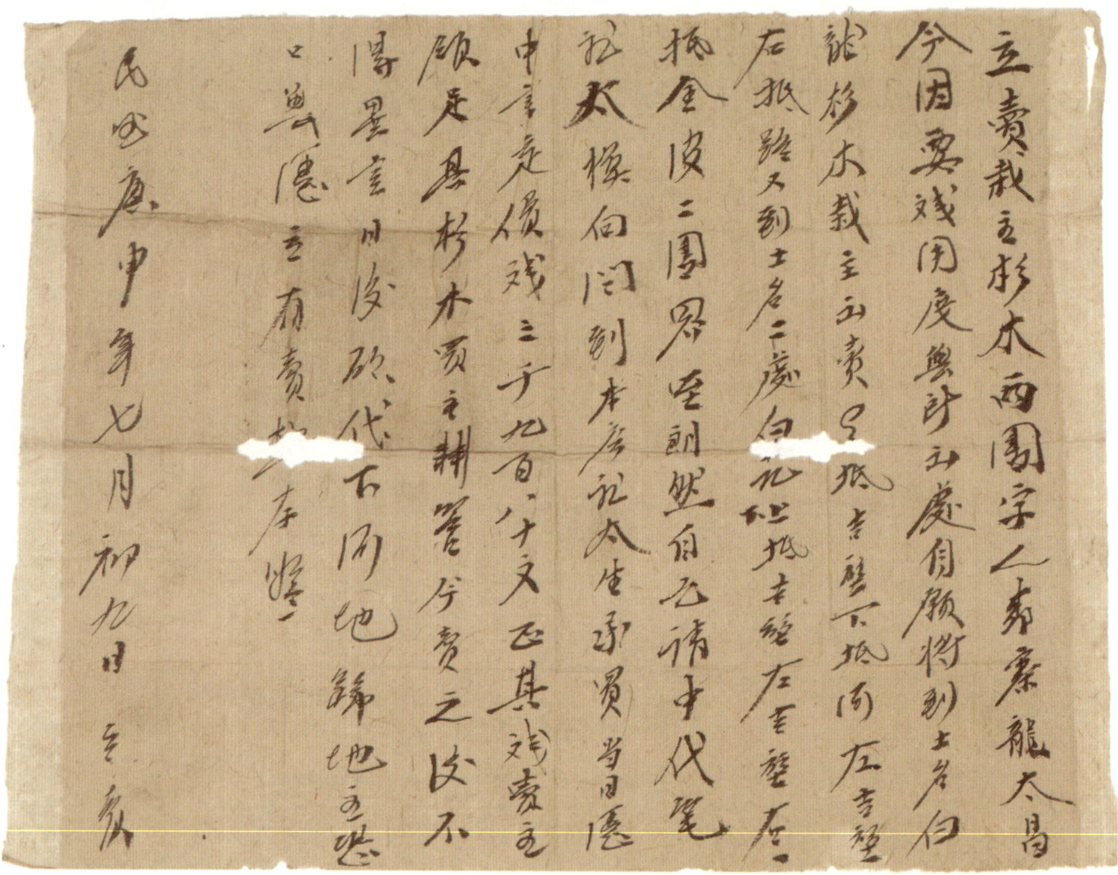

立卖栽主杉木两团字人柳寨龙太昌，今因要钱用度，无所出处，自愿将到土名白龙杉木栽主出卖，上抵吉坤，下抵河，左［抵］吉坤，右抵路；又到土名二处白龙，上下抵吉坤，左［抵］吉坤，右抵金波，二团界至朗然，自己请中代笔龙太模自问到本房龙太生承买，当日凭中言定价钱三千九百八十文正。其钱卖主领足，其杉木买主耕管。今卖之后，不得异言。日后砍伐下河，地归地主。恐口无凭，立有卖契存照。

民国庚申年七月初九日立卖

39. **龙显恩卖田契字**（民国九年九月初七日）

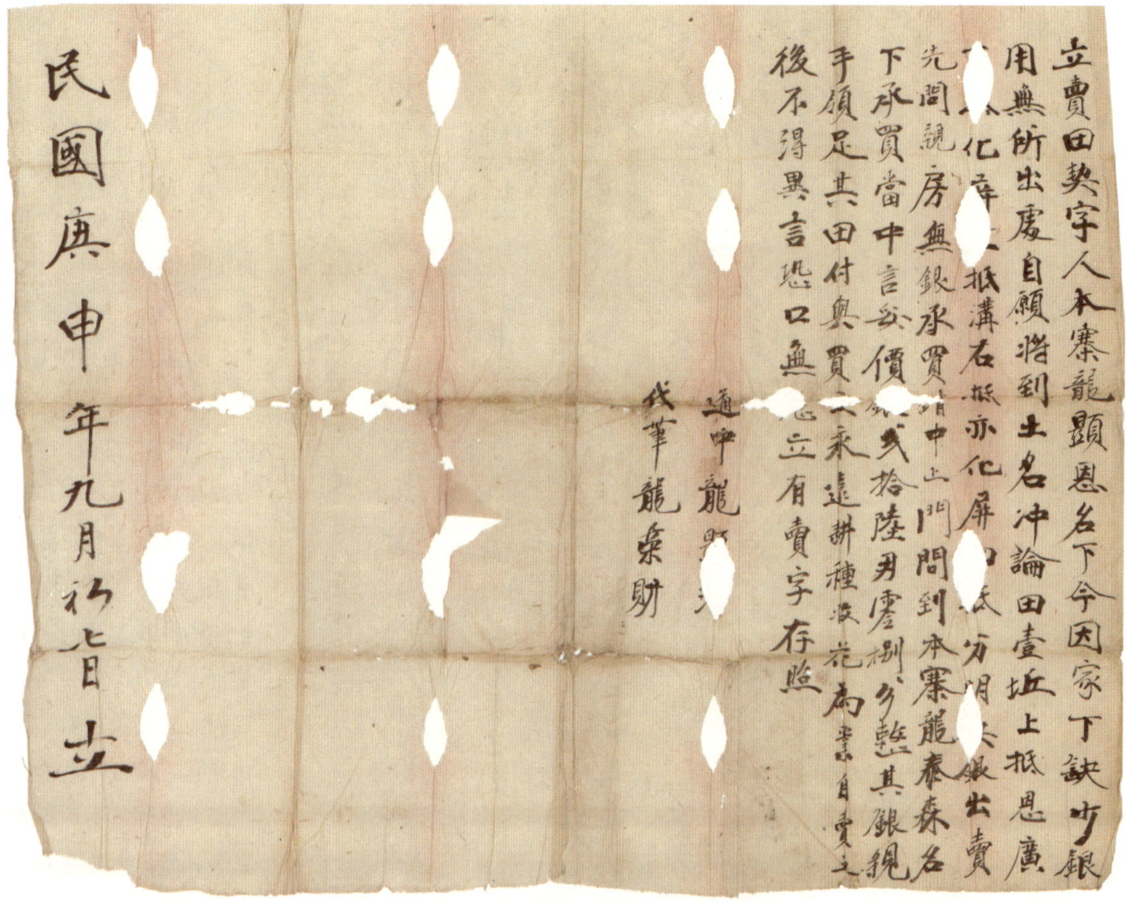

立卖田契字人本寨龙显恩名下，今因家下缺少银用，无所出处，自愿将到土名冲论田壹丘，上抵恩广□□化□，□抵沟，右抵亦化屏，四抵分明，要银出卖。先问亲房无银承买，请中上门问到本寨龙泰森名下承买，当中言妥价□贰拾陆两零捌分整。其银亲手领足，其田付与买主永远耕种收花为业。自卖之后，不得异言。恐口无凭，立有卖字存照。

通中：龙□□

代笔：龙荣财

民国庚申年九月初七日立

40. 龙显恩卖田契字（民国九年九月十八日）

立卖田契字人本寨龍顯恩，今因家下要銀用度，無所出處，自願將到土名大便田贰坵，荒園壹角，上抵顯鱗田，下抵胞弟顯清田，左抵田坎，右抵田坎，四至分清，要銀出賣。先問親房無銀承買，請中上門問到本鄉龍泰森承買，當中議妥價銀肆拾陸两捌錢。其銀親手領足，其田付與買主永远為業。自賣之後，不得異言。若有異言，賣主向前理落，不干買主之事。恐口無憑，立有賣字壹紙付與買主永远存照。

通中　龍顯清

代筆　龍榮財

民國庚申年玖月拾捌日　立賣

立卖田契字人本寨龙显恩，今因家下要银用度，无所出处，自愿将到土名大便田贰丘，荒园壹角，上抵显鳞田，下抵胞弟显清田，左抵田坎，右抵田坎。四至分清，要银出卖。先问亲房无银承买，请中上门问到本乡龙泰森承买，当中议妥价银肆拾陆两捌钱。其银亲手领足，其田付与买主永远为业。自卖之后，不得异言。若有异言，卖主向前理落，不干买主之事。恐口无凭，立有卖字壹纸付与买主永远存照。

通中：龙显清

代笔：龙荣财

民国庚申年玖月拾捌日立卖

41. 龙洪顺父子卖田地字（民国九年十月初九日）

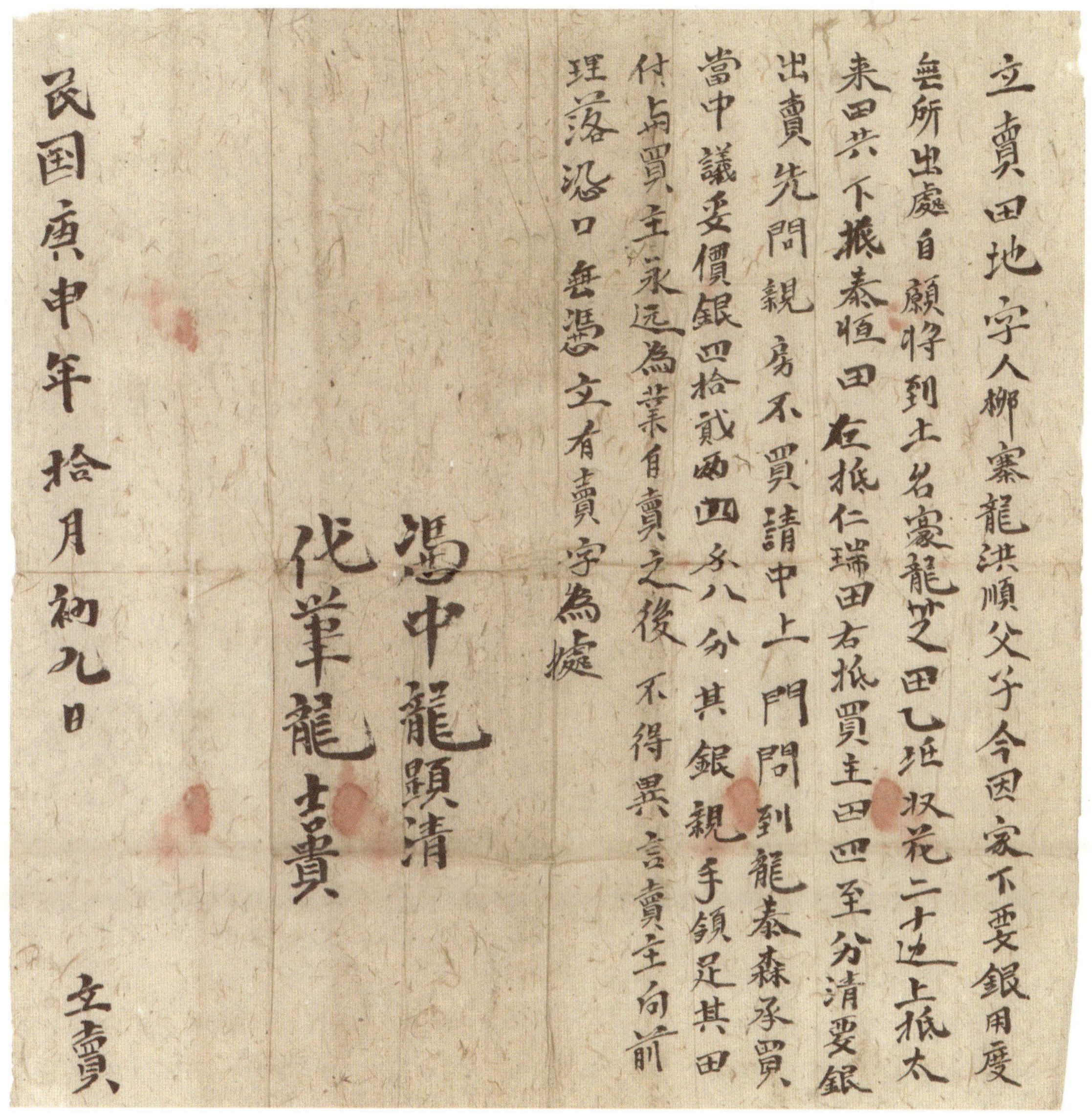

立卖田地字人柳寨龙洪顺父子，今因家下要银用度，无所出处，自愿将到土名豪龙芝田乙丘，收花二十边（稨），上抵太来田共，下抵泰恒田，左抵仁瑞田，右抵买主田，四至分清，要银出卖。先问亲房不买，请中上门问到龙泰森承买，当中议妥价银四拾贰两四钱八分。其银亲手领足，其田付与买主永远为业。自卖之后，不得异言。[若有异言] 卖主向前理落。恐口无凭，立有卖字为据。

凭中：龙显清

代笔：龙吉贵

民国庚申年拾月初九日立卖

42. 彭德礼卖梨木一根字（民国十年五月二十五日）

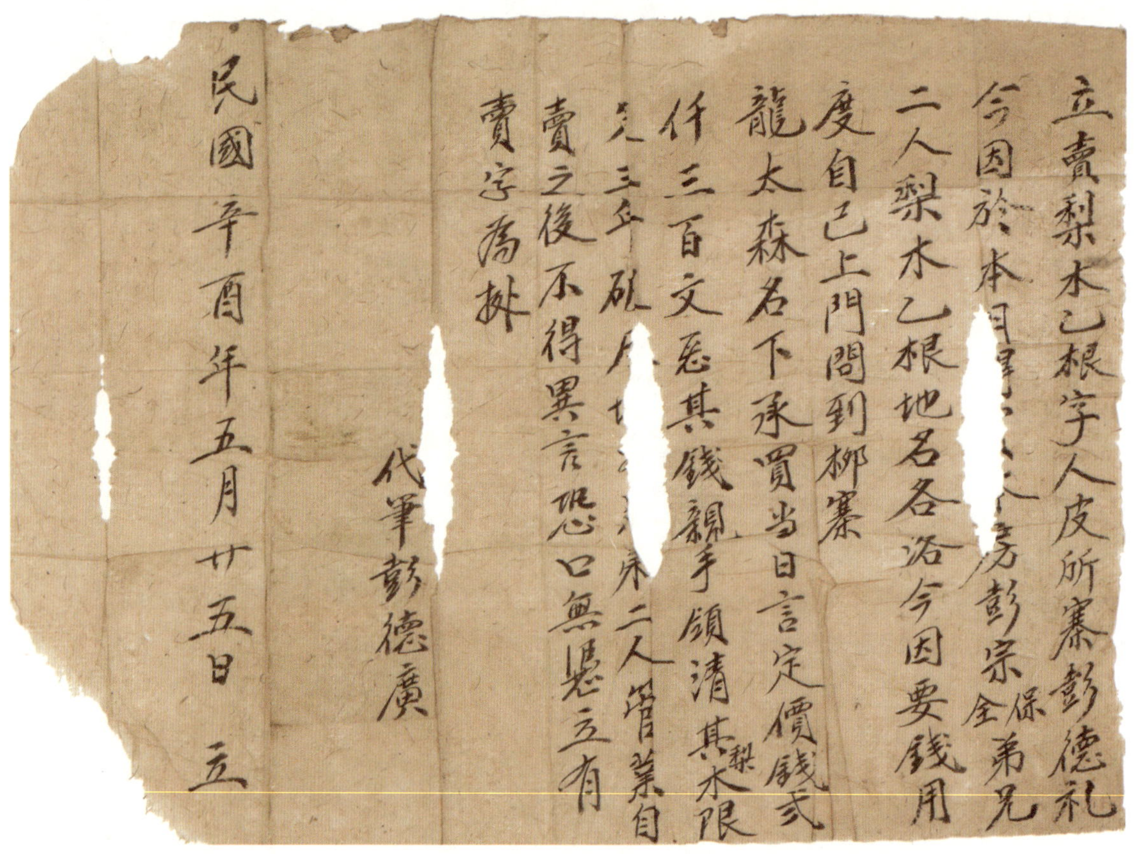

立卖梨木乙根字人皮所寨彭德礼，今因于本月□□□房彭宗保、宗全弟兄二人梨木乙根，地名各洛，今因要钱用度，自己上门问到柳寨龙太森名下承买，当日言定价钱贰仟三百文整。其钱亲手领清，其梨木限定三年□□□□□兄弟二人管业。自卖之后，不得异言。恐口无凭，立有卖字为据。

代笔：彭德广

民国辛酉年五月廿五日立

43. 龙泰荣父子五人卖田字（民国十一年七月二十三日）

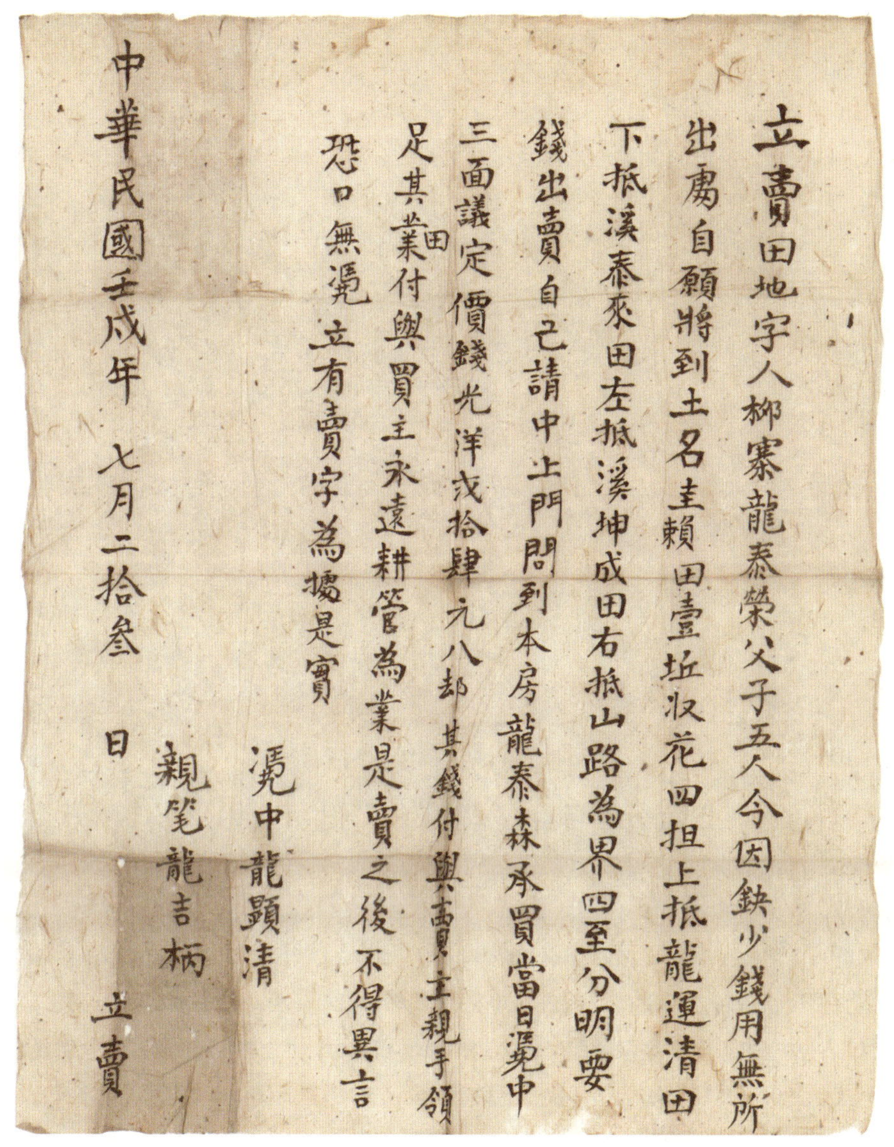

立賣田地字人柳寨龍泰榮父子五人今因鈌少錢用無所
出處自願將到土名圭賴田壹坵収花四担上抵龍運清田
下抵溪泰來田左抵溪坤成田右抵山路為界四至分明要
錢出賣自己請中上門問到本房龍泰森承買當日凴中
三面議定價錢光洋貳拾肆元八却其錢付與賣主親手領
足其田業付與買主永遠耕管為業是賣之後不得異言
恐口無凴立有賣字為據是實
凴中龍顯清
親笔龍吉柄
中華民國壬戌年七月二拾叁日立賣

立卖田地字人柳寨龙泰荣父子五人，今因缺少钱用，无所出处，自愿将到土名圭赖田壹丘，收花四担，上抵龙运清田，下抵溪泰来田，左抵溪坤成田，右抵山路为界，四至分明，要钱出卖。自己请中上门问到本房龙泰森承买，当日凭中三面议定价钱光洋贰拾肆元八脚（角）。其钱付与卖主亲手领足，其田业付与买主永远耕管为业。是（自）卖之后，不得异言。恐口无凭，立有卖字为据是实。

凭中：龙显清

亲笔：龙吉柄

中华民国壬戌年七月二拾叁日立卖

44. 彭福金清白字（民国十一年十月二十九日）

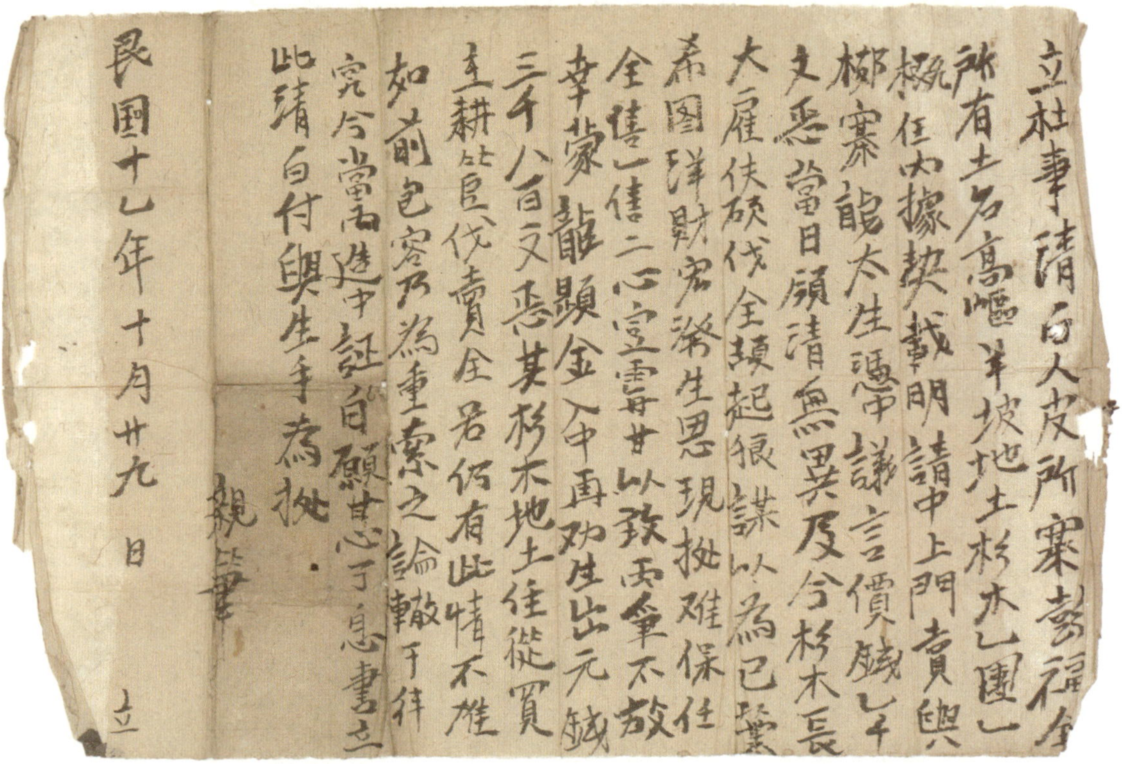

立杜事清白人皮所寨彭福金，所有土名高岖半坡地土杉木乙团，乙概任内据契载明，请中上门卖与柳寨龙太生，凭中议言价钱乙千文整，当日领清无异。及今杉木长大，雇夫砍伐。全顿起狼谋，以为己业，希图洋财。宏发、生思现据难保，任全售乙售二，心岂霉甘，以致两争不放。幸蒙龙显金入中再劝，生出元钱三千八百文整。其杉木地土任从买主耕管伐卖，全若仍有此情，不准如前包容，乃为重索之论，辙干律究。今当两造中证，自愿甘心了息，书立此清白付与生手为据。

亲笔

民国十乙年十月廿九日立

45. 石太模卖嫩杉木字（民国十一年十二月二十八日）

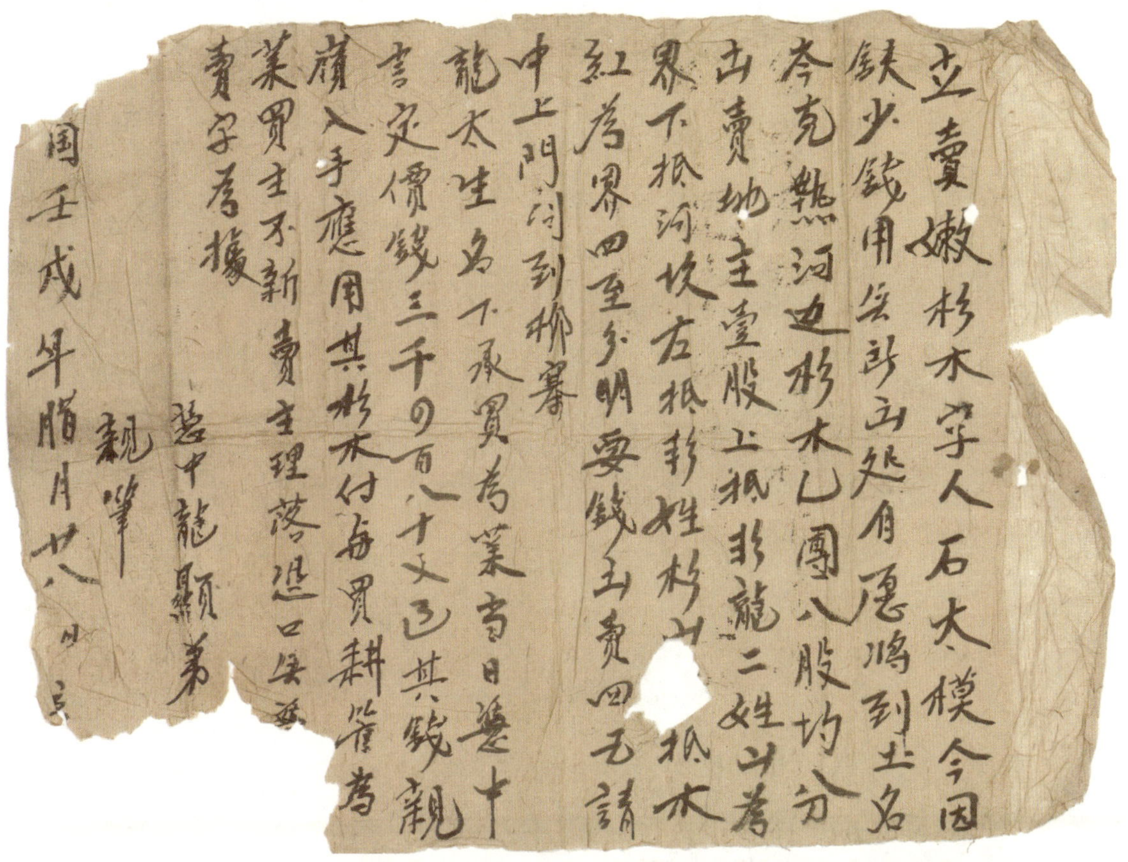

立卖嫩杉木字人石太模，今因缺少钱用，无所出处，自愿将到土名岑克熟河边杉木乙团八股均分，出卖地主壹股，上抵彭龙二姓山为界，下抵河坎，左抵彭姓杉山，□抵木红为界，四至分明，要钱出卖。四（自）己请中上门问到柳寨龙太生名下承买为业，当日凭中言定价钱三千四百八十文正。其钱亲岭（领）入手应用，其杉木付与买［主］耕管为业。买主不新（清），卖主理落。恐口无……卖字为据。

凭中：龙显弟

亲笔

［民］国壬戌年腊月廿八日立

46. 龙全德等土地会簿（民国十二年二月二日）

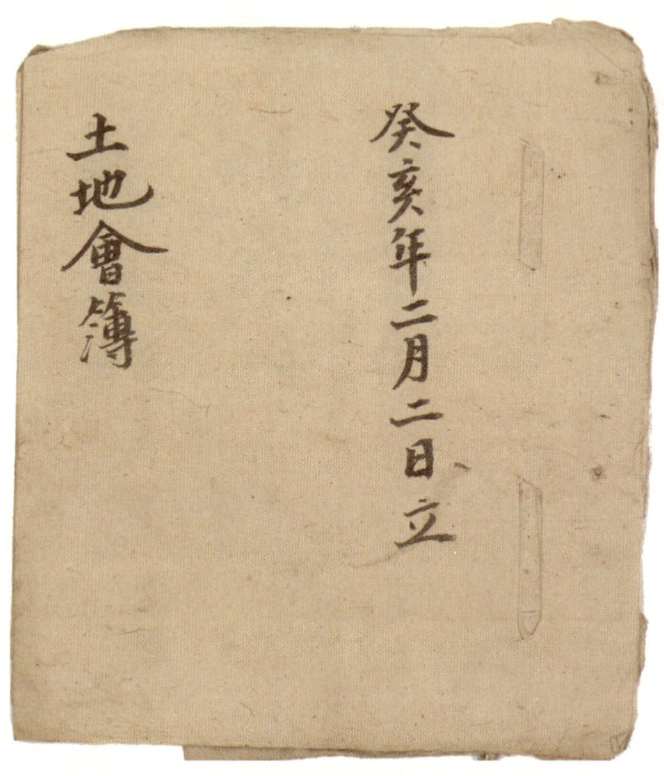

癸亥年二月二日立

土地會簿

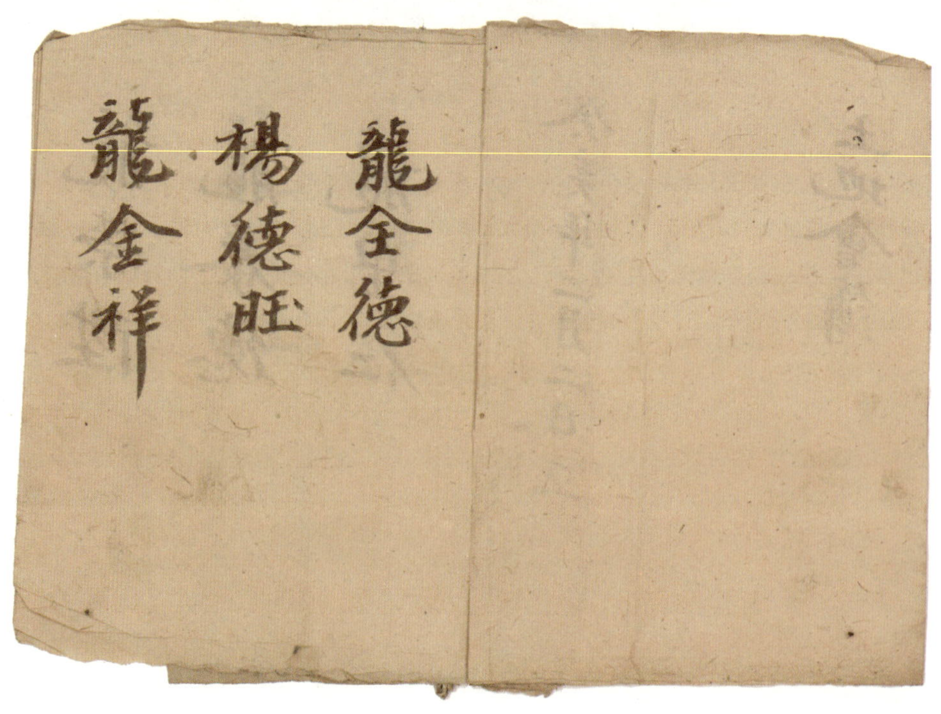

龍全德

楊德旺

龍金祥

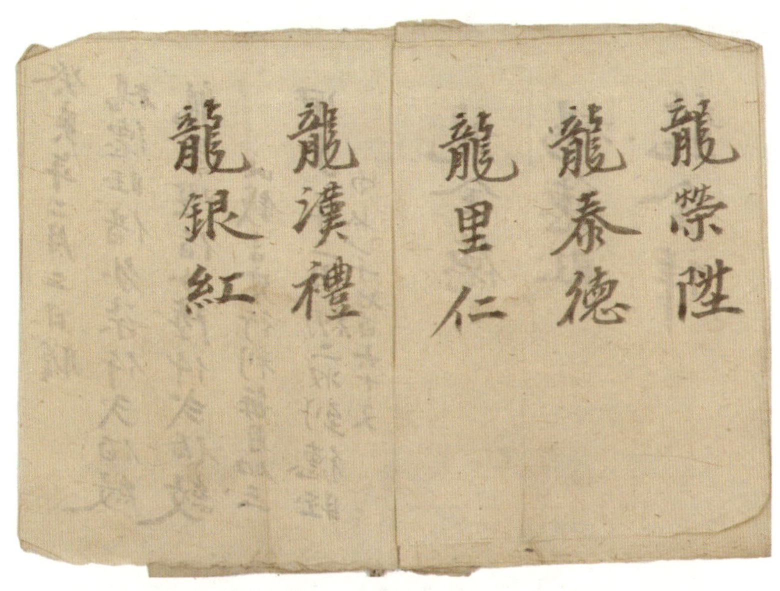

龍榮陞
龍泰德
龍里仁
龍漢禮
龍銀紅

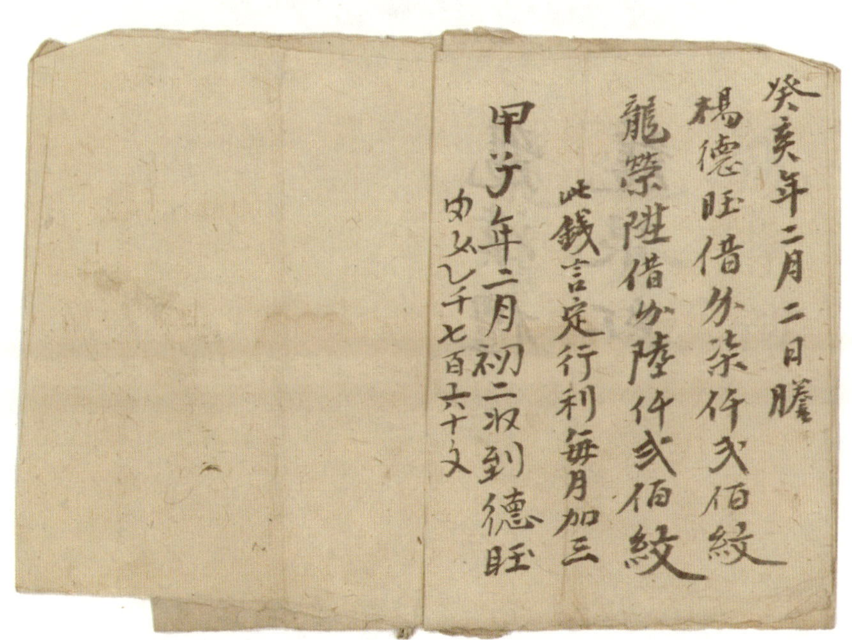

癸亥年二月二日謄

杨德旺借钱柒仟贰佰纹（文）

龙荣升借钱陆仟贰佰纹（文）

此钱言定行利每月加三

甲子年二月初二收到德旺

归钱一千七百六十文

47. 杨深馗卖地土杉木字（民国十四年七月十二日）

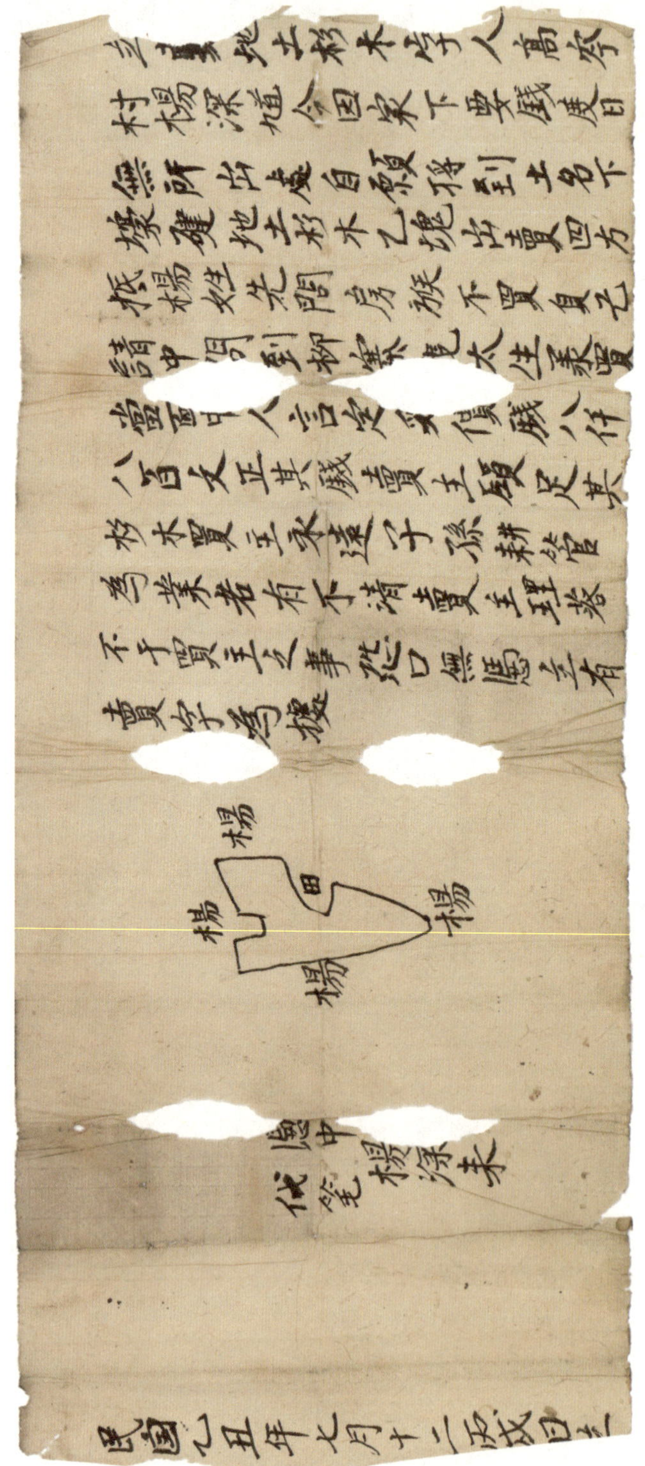
立賣地土杉木字人高岑
村楊深馗今因家下要錢度日
無所出處自願將到土名下
樓建地土杉木乙塊出賣四方
抵楊姓先問房族不買自己
請中問到柳寨[illegible]太佳承買
當面中人言定價錢八仟
八百口文正其錢賣主親手收足其
杉木買主永遠子孫耕管
為業若有不清賣主理落
不干買主之事恐口無憑立有
賣字為據

憑中 楊深末
代筆

民國乙丑年七月十二丙戌日立

立卖地土杉木字人高宁村杨深馗，今因家下要钱度日，无所出处，自愿将到土名下壕建地土杉木乙块出卖，四方抵杨姓。先问房族不买，自己请中问到柳寨龙太生承买，当面中人言定妥价钱八仟八百文正。其钱卖主领足，其杉木买主永远子孙耕管为业。若有不清，卖主理落，不干买主之事。恐口无凭，立有卖字为据。

凭中、代笔：杨深来

民国乙丑年七月十二丙戌日立

48. 龙化标卖田契字（民国十五年四月十五日）

立卖田契字人本寨龙化标，今因家下要钱用度，无所出处，自愿将到土名冲论田叁丘，收花贰拾边（褊），上二丘上抵化榜田，下抵显球田，左抵珍炳田，右抵洞坎；下壹丘上抵全富田，下抵通炳田，左抵田坎，右抵卖主田溪为界，四至分明，要钱出卖。先问房族不买，请中上门问到本寨龙泰森承买，当面凭中议定价钱伍拾贰仟捌佰文整。其钱亲手领足应用，其田付与买主耕管为业。自卖之后，不得异言。若有异论，卖主理落，不干买主之事。恐口无凭，立有卖字为据。

内添二字

凭中：龙化潭

代笔：龙全馗

民国丙寅年四月十五日立

49. 龙吉渊卖杉木字（民国十五年七月初八日）

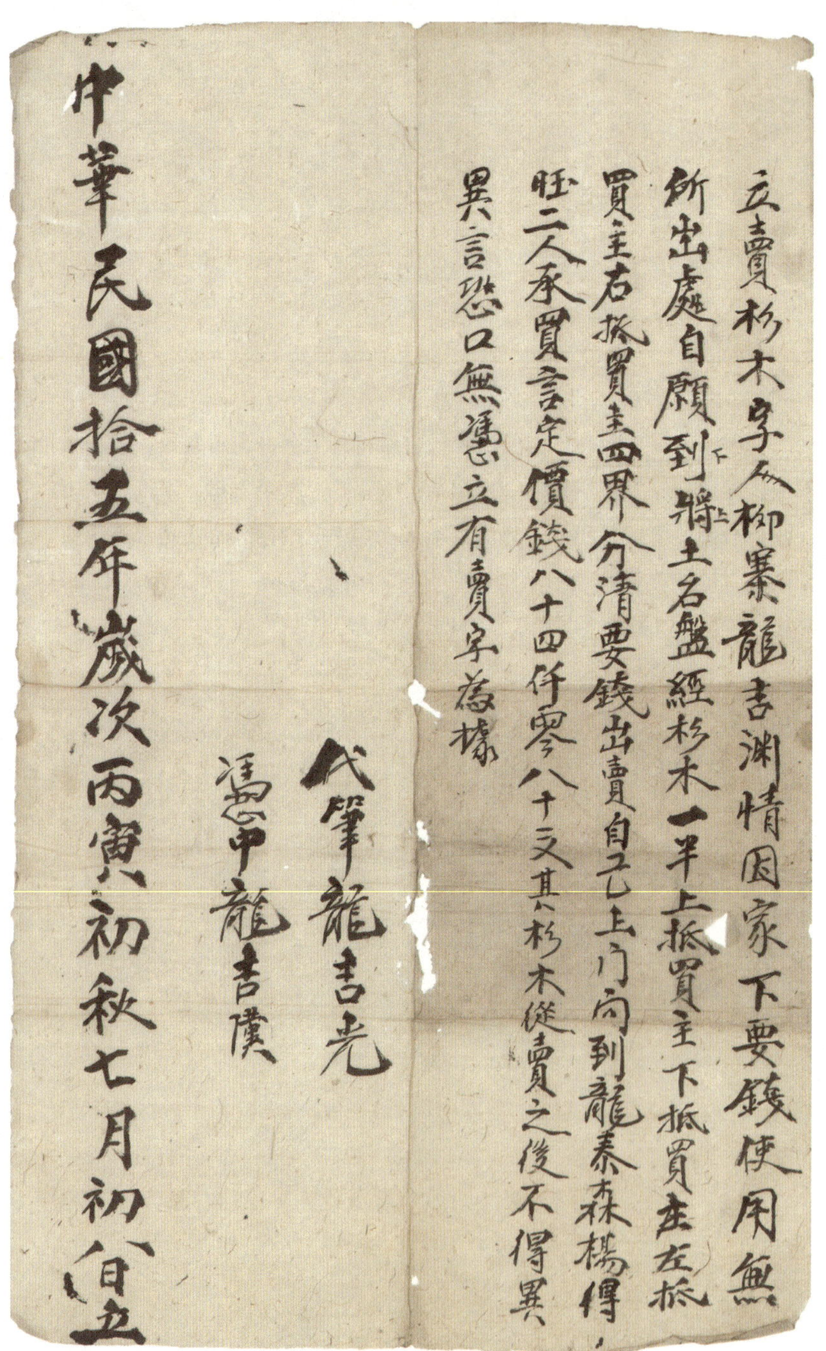

立卖杉木字人柳寨龙吉渊，情因家下要钱使用，无所出处，自愿将到土名盘经杉木一半，上抵买主，下抵买主，左抵买主，右抵买主。四界分清，要钱出卖。自己上门问到龙泰森、杨得旺二人承买，言定价钱八十四仟零八十文，其杉木从卖之后，不得异言。恐口无凭，立有卖字为据。

代笔：龙吉光

凭中：龙吉汉

中华民国拾五年岁次丙寅初秋七月初八日立

50. 龙照全卖田契字（民国十五年十月二十一日）

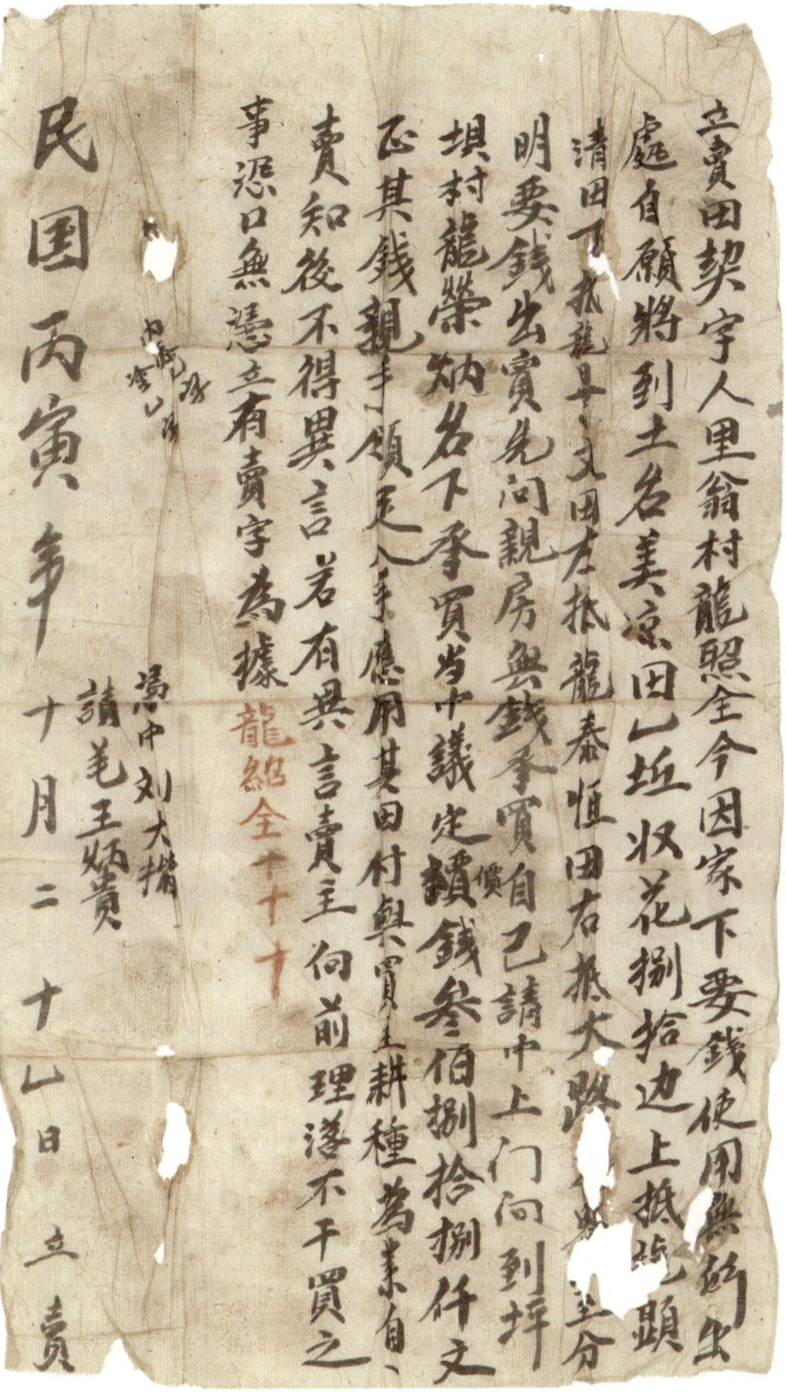

立卖田契字人里翁村龙照全，今因家下要钱使用，无所出处，自愿将到土名美凉田乙丘，收花捌拾边（稨），上抵龙显清田，下抵龙显文田，左抵龙泰恒田，右抵大路［为界］，四至分明，要钱出卖。先问亲房无钱承买，自己请中上门问到坪坝村龙荣炳名下承买，当中议定价钱叁佰捌拾捌仟文正。其钱亲手领足入手应用，其田付与买主耕种为业。自卖知（之）后，不得异言。若有异言，卖主向前理落，不干买［主］之事。恐口无凭，立有卖字为据。龙绍全（押）

内添乙字、涂乙字

凭中：刘大楷

请笔：王炳贵

民国丙寅年十月二十乙日立卖

51. 龙绍柏、龙绍全、龙炳癸等卖田地字（民国十六年三月二十九日）

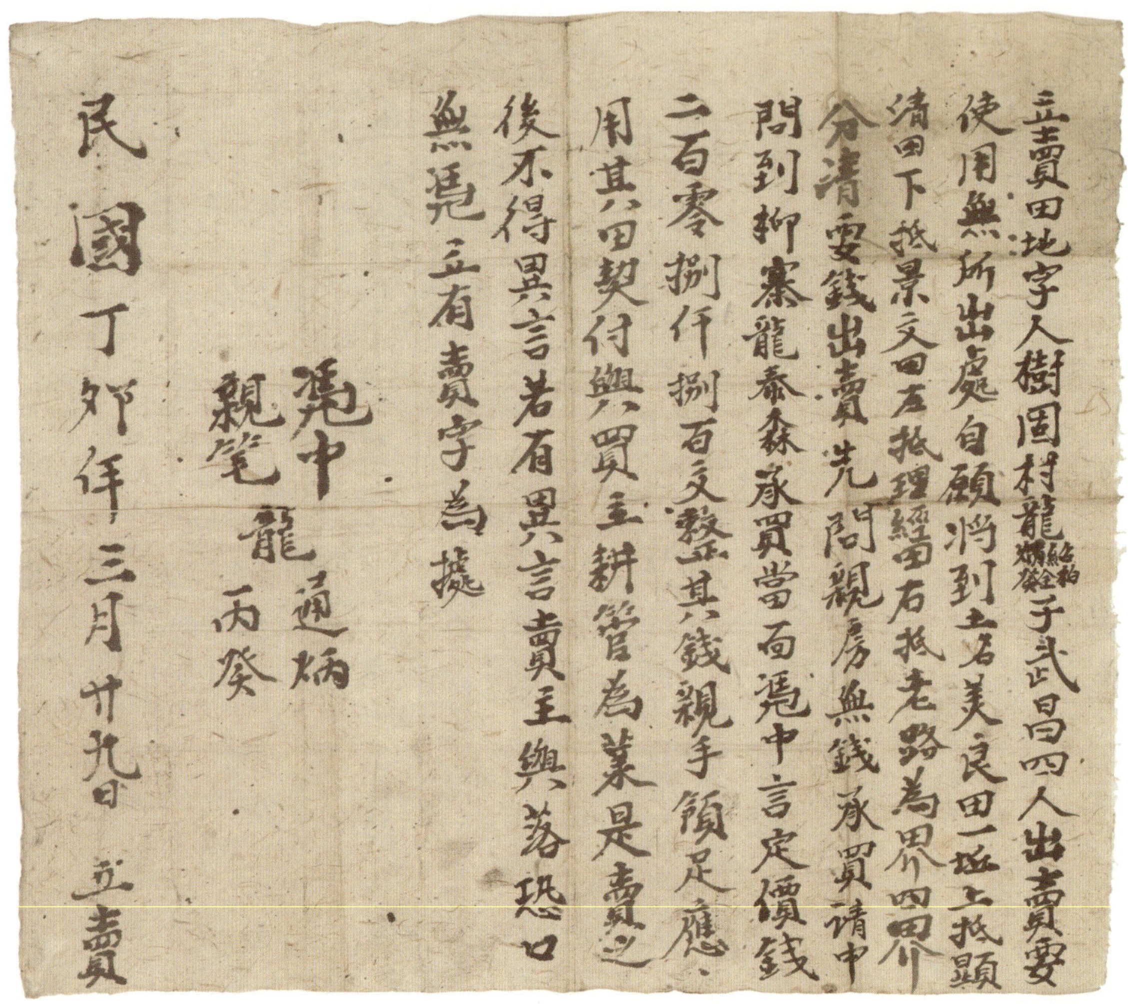
立賣田地字人樹固村龍紹柏紹全炳癸子武昌四人出賣要
使用無所出處自願將到土名美良田一坵上抵顯
清田下抵景文田左抵理經田右抵老路為界四界
分清要錢出賣先問親房無錢承買請中
問到柳寨龍泰森承買當面憑中言定價錢
二百零捌仟捌百文整其錢親手領足應
用其田契付與買主耕管為業是賣之
後不得異言若有異言賣主與落恐口
無憑立有賣字為據
憑中 龍通炳
親筆 龍丙癸
民國丁卯年三月廿九日立賣

立卖田地字人树固村龙绍柏、绍全、炳癸，子武昌四人出卖，要［钱］使用，无所出处，自愿将到土名美良田一丘，上抵显清田，下抵景文田，左抵理经田，右抵老路为界，四界分清，要钱出卖。先问亲房无钱承买。请中问到柳寨龙泰森承买，当面凭中言定价钱二百零捌仟捌百文整。其钱亲手领足应用，其田契付与买主耕管为业。是（自）卖之后，不得异言。若有异言，卖主与（理）落。恐口无凭，立有卖字为据。

凭中：龙通炳

亲笔：龙丙癸

民国丁卯年三月廿九日立卖

52. 龙绍铨卖田地字（民国十六年三月二十九日）

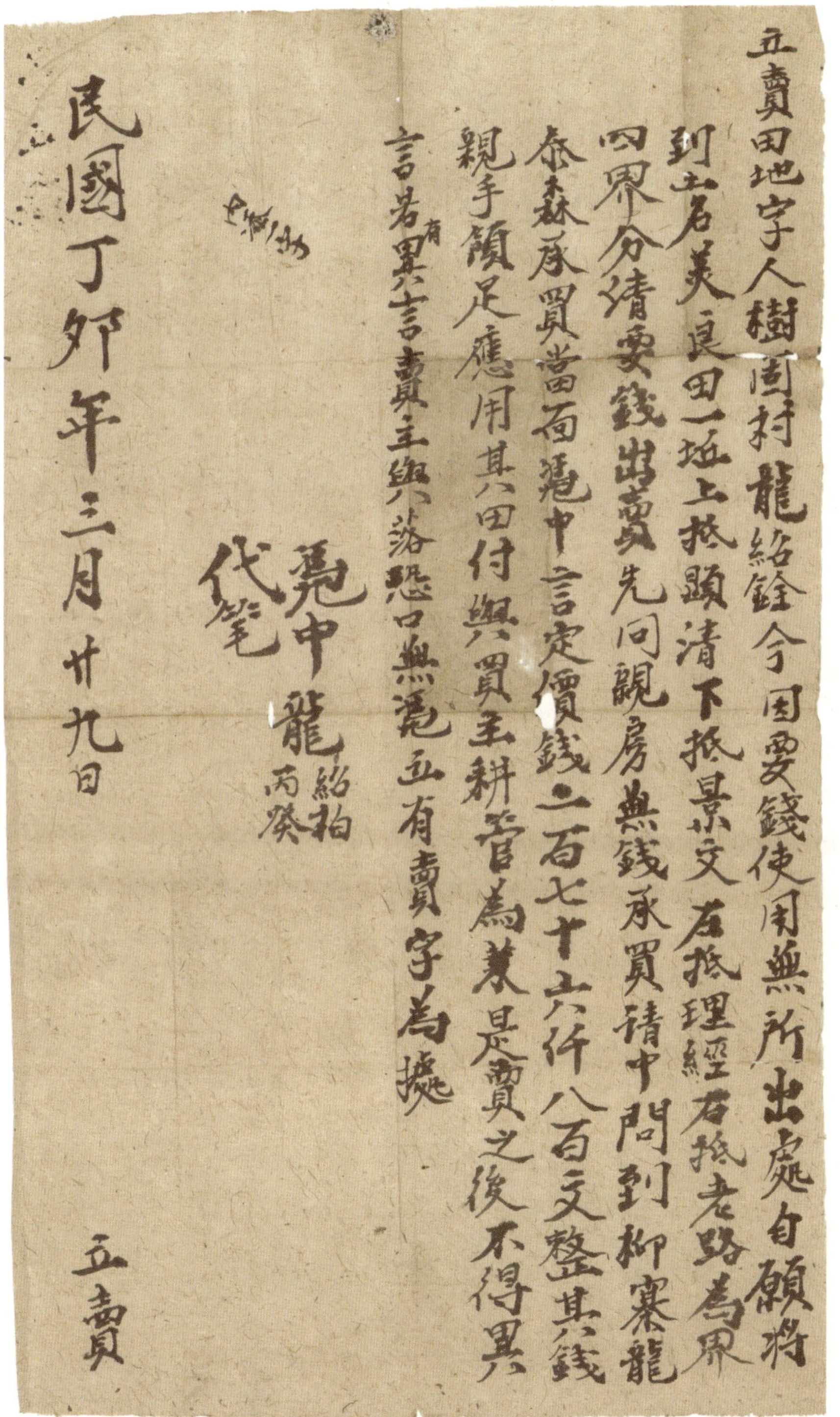

立卖田地字人树固村龙绍铨，今因要钱使用，无所出处，自愿将到土名美良田一丘，上抵显清，下抵景文，左抵理经，右抵老路为界，四界分清，要钱出卖。先问亲房无钱承买，请中问到柳寨龙泰森承买，当面凭中言定价钱二百七十六仟八百文整。其钱亲手领足应用，其田付与买主耕管为业。是（自）卖之后，不得异言。若有异言，卖主与（理）落。恐口无凭，立有卖字为据。

内添一字

凭中：龙绍柏

代笔：龙丙癸

民国丁卯年三月廿九日立卖

53. 龙荣炳收条字（民国十六年八月初二日）

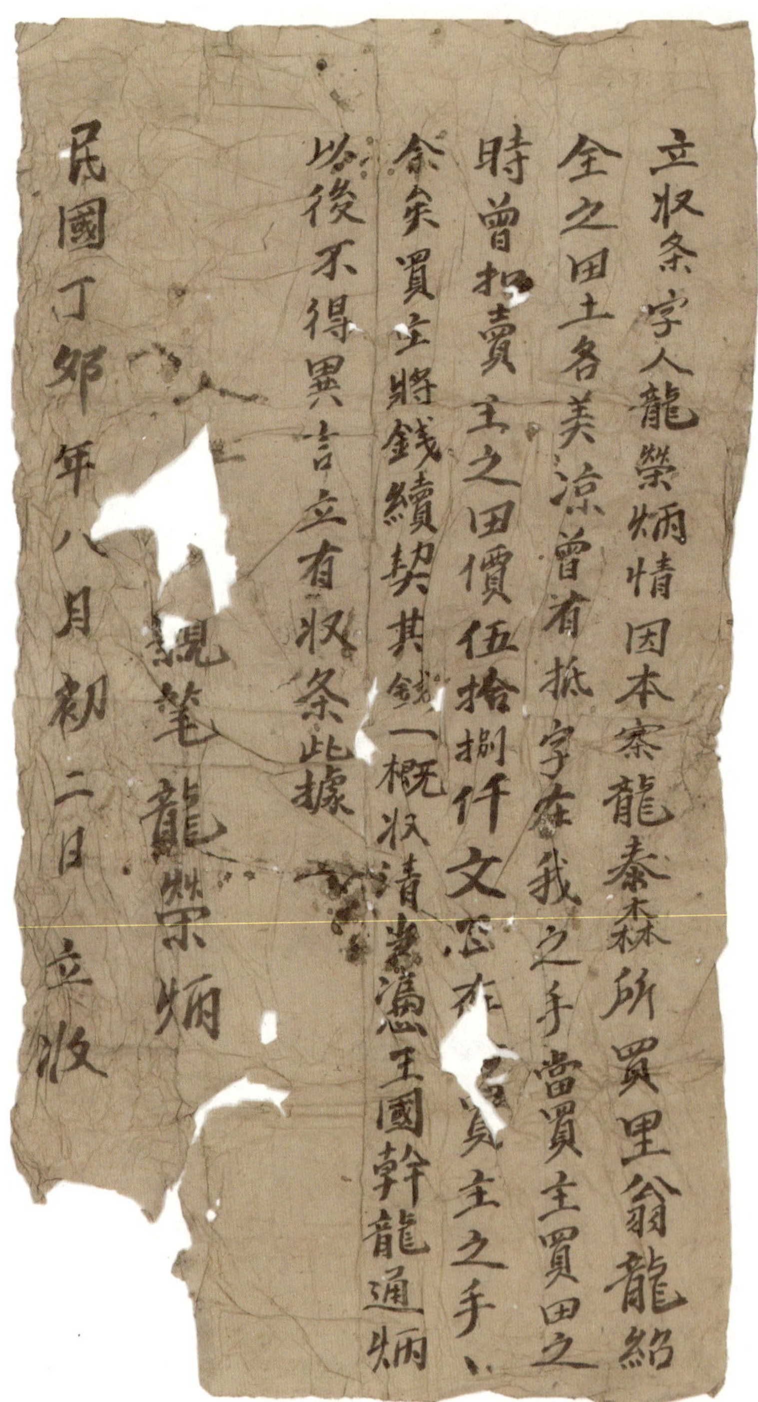

立收条字人龙荣炳，情因本寨龙泰森所买里翁龙绍全之田，土各（名）美凉，曾有抵字在我之手，当买主买田之时，曾扣卖主之田价伍拾捌仟文正。□□买主之手，余矣（俟）买主将钱续契，其钱一概收清，当凭王国干、龙通炳。以后不得异言，立有收条此据。

亲笔：龙荣炳

民国丁卯年八月初二日立收

54. 龙全衡、龙化年父子卖田契字（民国十七年三月十八日）

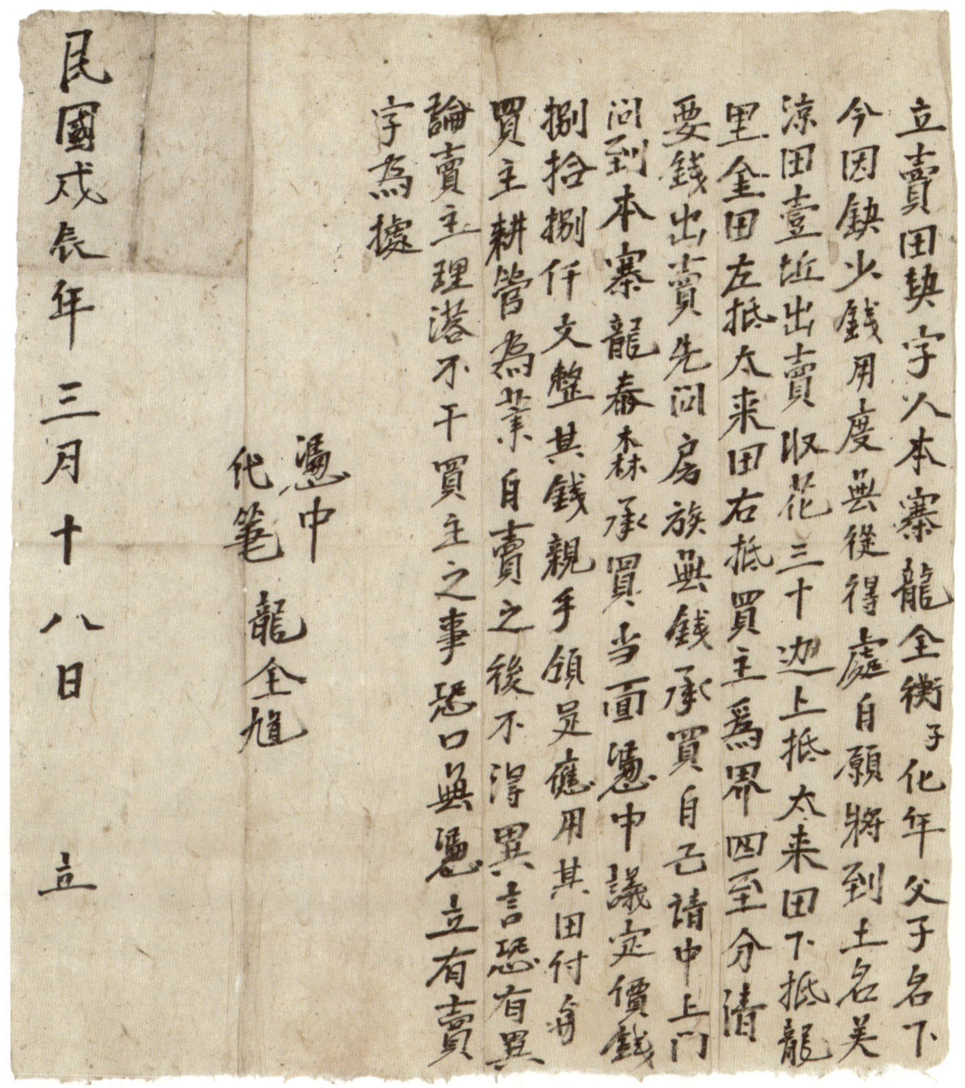

立卖田契字人本寨龙全衡、子化年父子名下，今因缺少钱用度，无从得处，自愿将到土名美凉田壹丘出卖，收花三十边（稨），上抵太来田，下抵龙里金田，左抵太来田，右抵买主为界，四至分清，要钱出卖。先问房族无钱承买，自己请中上门问到本寨龙泰森承买，当面凭中议定价钱捌拾捌仟文整。其钱亲手领足应用，其田付与买主耕管为业。自卖之后，不得异言。恐有异论，卖主理落，不干买主之事。恐口无凭，立有卖字为据。

凭中、代笔：龙全馗

民国戊辰年三月十八日立

55. 龙恩炳卖田契字（民国二十年五月二十日）

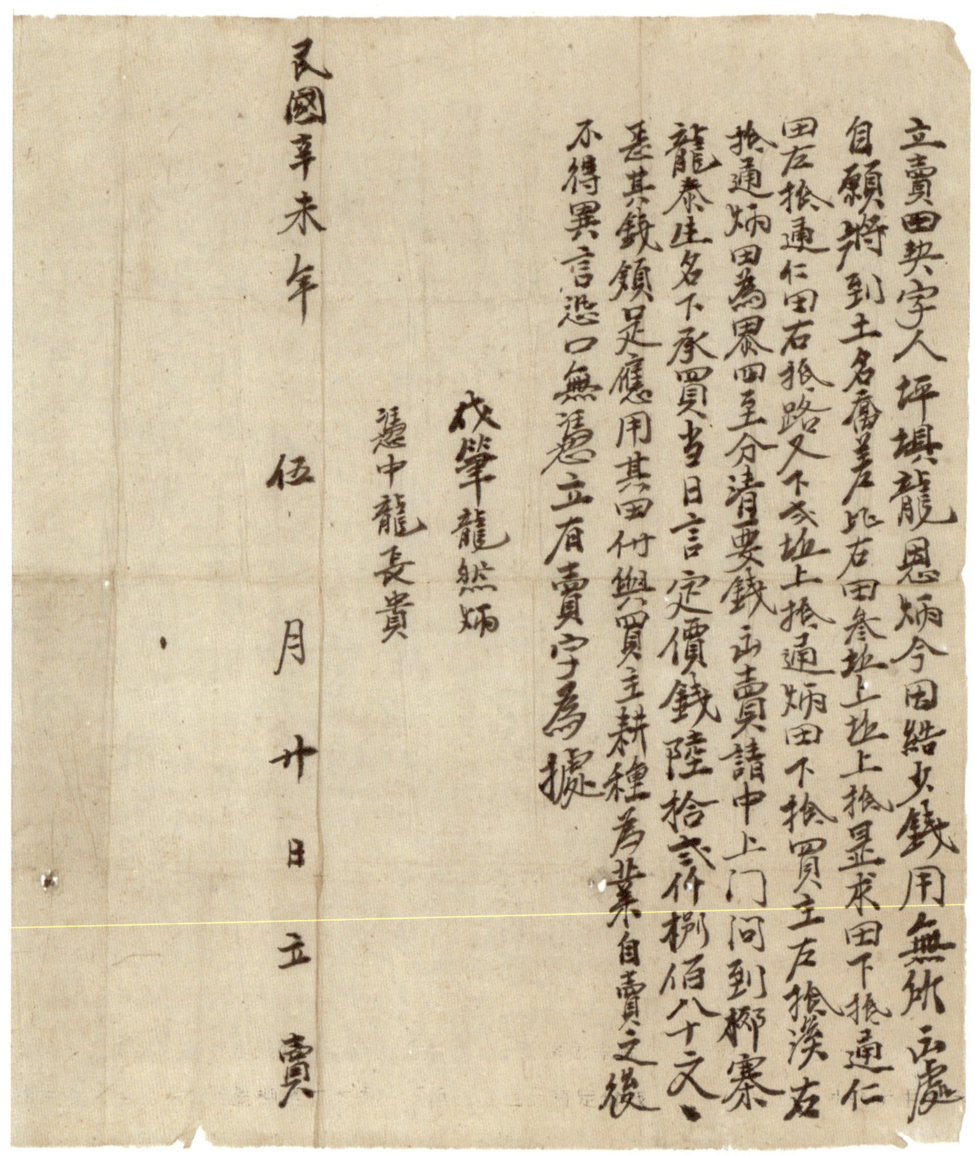

立卖田契字人坪坝龙恩炳，今因缺少钱用，无所出处，自愿将到土名乔差比右田叁丘，上丘上抵显求田，下抵通仁田，左抵通仁田，右抵路。又下贰丘上抵通炳田，下抵买主，左抵溪，右抵通炳田为界。四至分清，要钱出卖。请中上门问到柳寨龙泰生名下承买，当日言定价钱陆拾贰仟捌佰八十文整。其钱领足应用，其田付与买主耕种为业。自卖之后，不得异言。恐口无凭，立有卖字为据。

代笔：龙然炳

凭中：龙长贵

民国辛未年伍月廿日立卖

56. 十柳计开拨纳粮单（民国二十一年五月十五日）

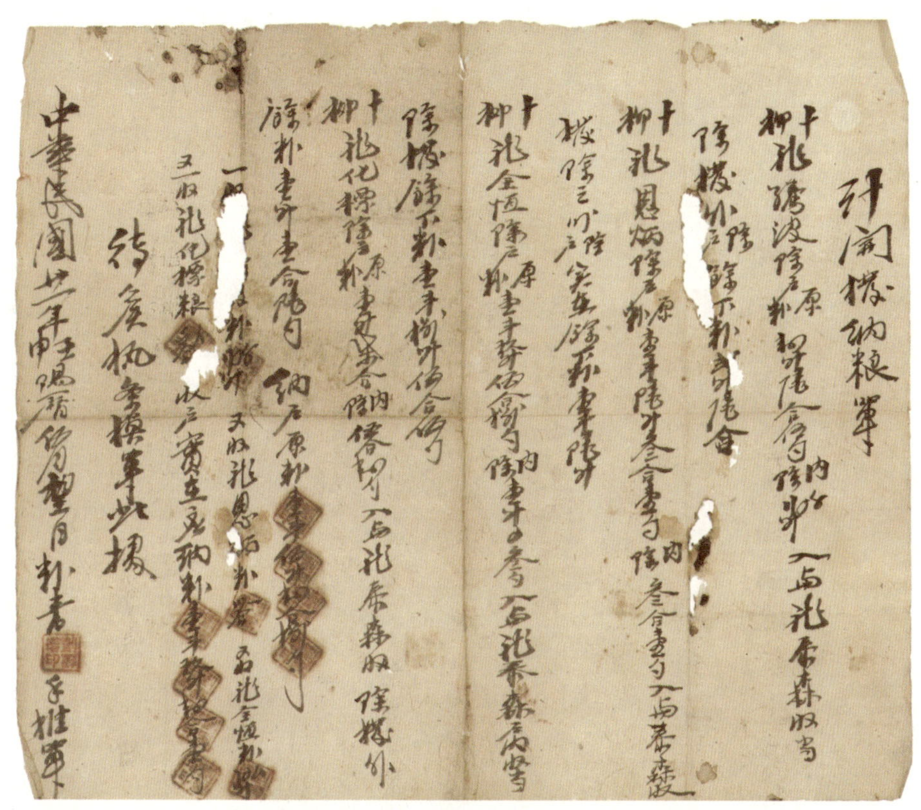

计开拨纳粮单

十柳龙腾波除户，原粮肆升陆合伍勺，内除二升〇合五勺，入与龙泰森收当，除拨外，除户余下粮贰升陆合

十柳龙恩炳除户，原粮壹斗陆升叁合壹勺，内除叁合壹勺，入与泰森收，拨除之外，除户实在余下粮壹斗陆升

十柳龙全恒除户，原粮壹斗玖升伍合捌勺，内除壹升〇叁勺，入与龙泰森户内收当，除拨余下粮壹斗捌升伍合伍勺

十柳龙化标除户，原粮壹升柒合，内除伍合肆勺，入与龙泰森收，除拨外，余粮壹升壹合陆勺，纳户原粮壹斗伍升肆合捌勺

一收［龙腾波］粮二升〇合五勺，又收龙恩炳粮三合一勺，又收龙全恒粮一升〇叁勺，又一收龙化标粮五合四勺，收户实在应纳粮壹斗玖升肆合壹勺

待后执条换单，此据

中华民国廿一年壬申阳历伍月望日粮书手推单

注：十柳，即“十甲柳寨”的简写。

57. **龙全尰父子卖杉木栽主字**（民国二十二年闰五月十九日）

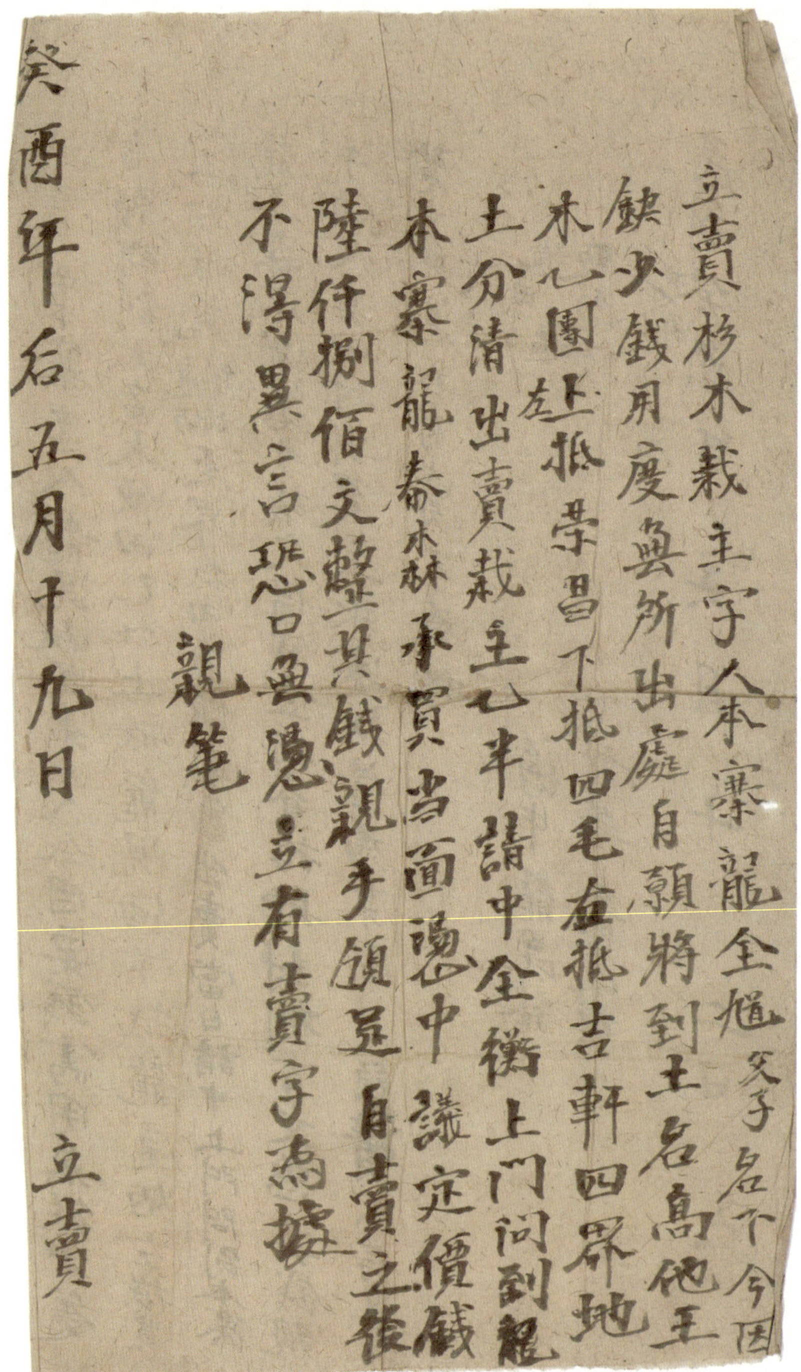

立賣杉木栽主字人本寨龍全尰父子名下，今因缺少錢用度，無所出處，自願將到土名高他王木乙團，左上抵榮昌，下抵四毛，右抵吉軒，四界地土分清，出賣栽主乙半。請中全衡上門問到本寨龍泰森承買，當面憑中議定價錢陸仟捌佰文整。其錢親手領足。自賣之後，不得異言。恐口無憑，立有賣字為據。

親筆

癸酉年后五月十九日 立賣

立卖杉木栽主字人本寨龙全尰父子名下，今因缺少钱用度，无所出处，自愿将到土名高他王木乙团，左上抵荣昌，下抵四毛，右抵吉轩，四界地土分清，出卖栽主乙半。请中全衡上门问到本寨龙泰森承买，当面凭中议定价钱陆仟捌佰文整。其钱亲手领足。自卖之后，不得异言。恐口无凭，立有卖字为据。

亲笔

癸酉年后五月十九日立卖

58. 龙昆元、龙昆杰兄弟二人卖田字（民国二十二年六月十二日）

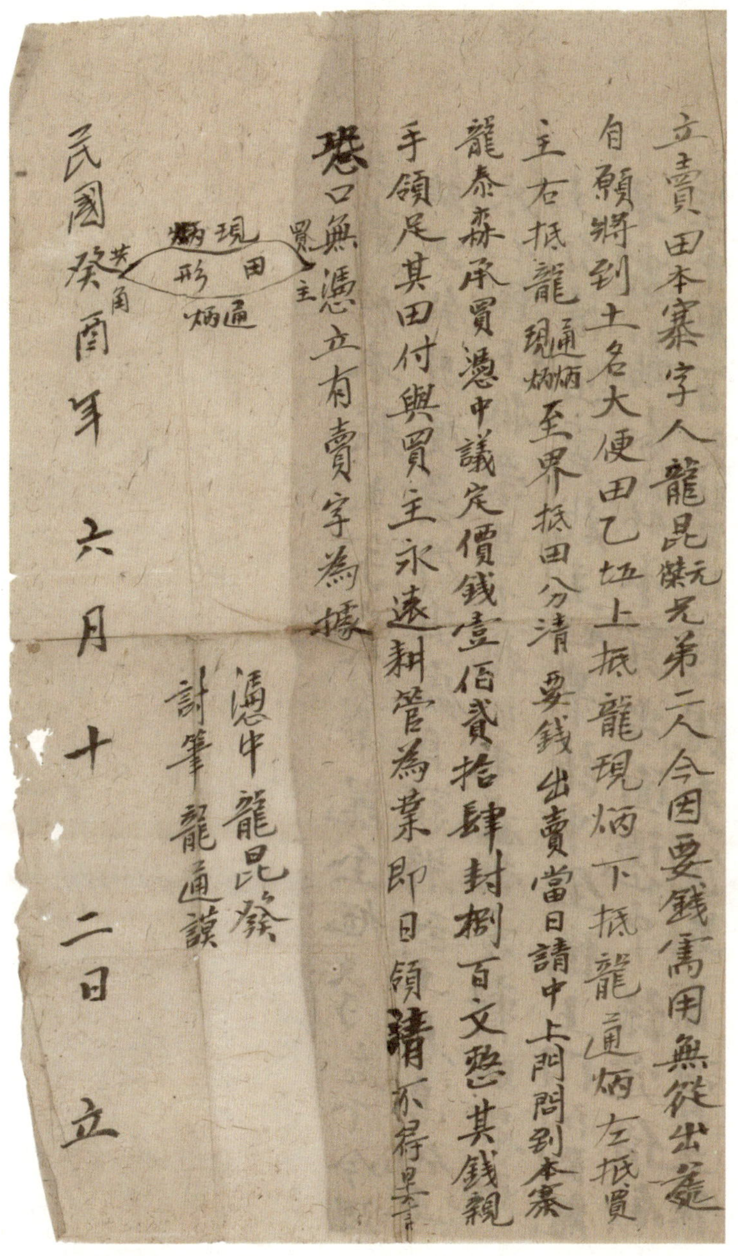

立卖田本寨字人龙昆元、昆杰兄弟二人，今因要钱需用，无从出处，自愿将到土名大便田乙丘，上抵龙现炳，下抵龙通炳，左抵买主，右抵龙通炳、现炳，至界抵田分清，要钱出卖。当日请中上门问到本寨龙泰森承买，凭中议定价钱壹佰贰拾肆封捌百文整。其钱亲手领足，其田付与买主永远耕管为业。即日领清，不得异言。恐口无凭，立有卖字为据。

凭中：龙昆发

讨笔：龙通谟

民国癸酉年六月十二日立

59. 龙化乾卖杉木字（民国二十四年七月初四日）

立賣杉木字人唐伭村龍化乾今因要錢用度無從出
處自願將到坐落土名高盤路坎腳杉木壹團上抵路
下抵溪左抵龍金求賣主杉山右抵龍化永步洲杉山為界四至
抵清要錢出賣自己登門問到柳寨龍春森名下承買當
面言定價錢弍拾仟零伍百捌拾纹整其錢即日領足應
用其杉木付與買主管業為業自賣之後不得異言若有
異言俱在賣主理落不涉買主之事今恐人心不古失言失
語立有賣契是實存照

代筆龍金第

中華民國乙亥歲年七月初四日立

立卖杉木字人唐岱村龙化乾，今因要钱用度，无从出处，自愿将到坐落土名高盘路坎脚杉木壹团，上抵路，下抵溪，左抵龙全求卖主杉山，右抵龙化永、步洲杉山为界，四至抵清，要钱出卖。自己登门问到柳寨龙泰森名下承买，当面言定价钱贰拾仟零伍百捌拾纹（文）整。其钱即日领足应用，其杉木付与买主管修为业。自卖之后，不得异言。若有异言，俱在卖主理落，不关买主之事。今恐人心不古，失言失语，立有买契是实存照。

代笔：龙全第

中华民国乙亥廿四年七月初四日立

60. **龙步洲卖地土杉木字**（民国二十五年六月初八日）

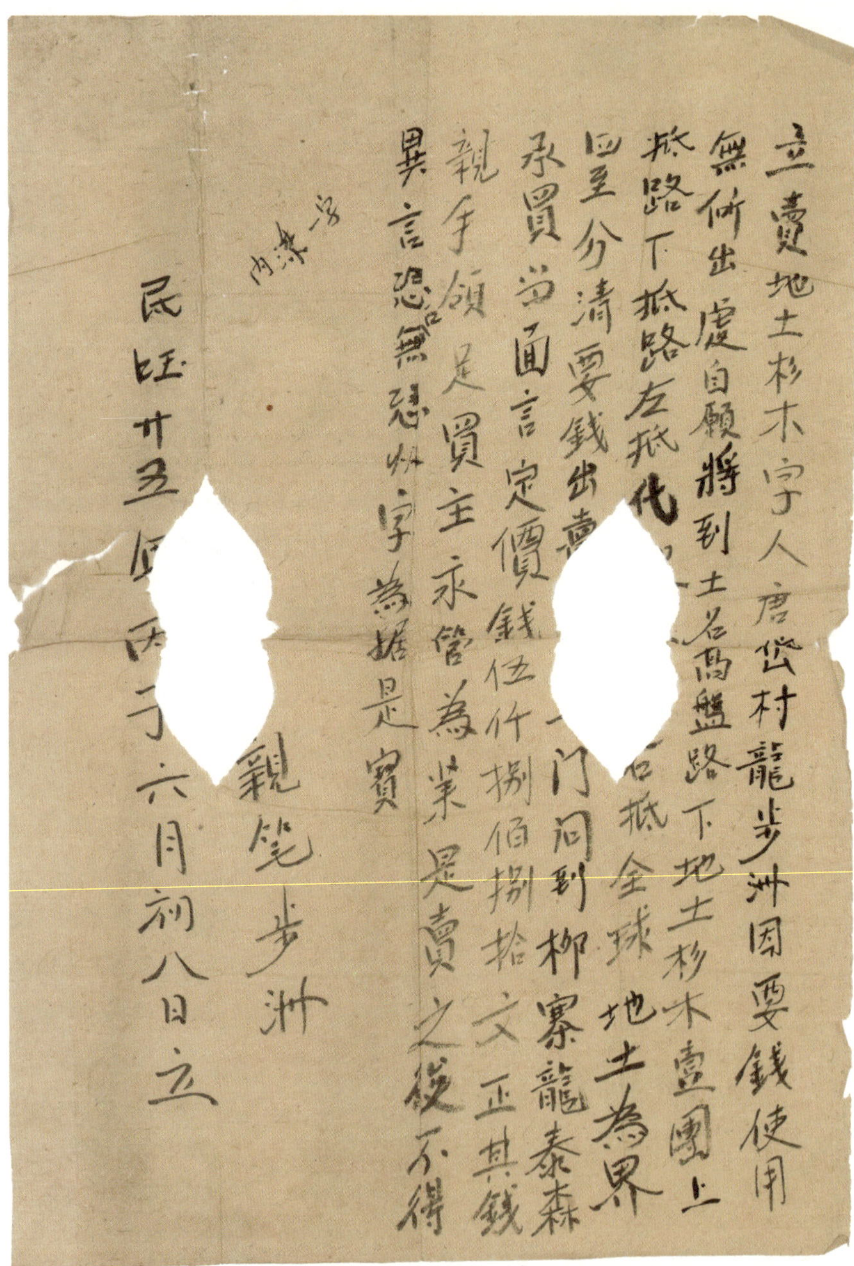

立卖地土杉木字人唐岱村龙步洲，因要钱使用，无所出处，自愿将到土名高盘路下地土杉木壹团，上抵路，下抵路，左抵代□□□，右抵全球地土为界，四至分清，要钱出卖。[请中上]门问到柳寨龙泰森承买，当面言定价钱伍仟捌佰捌拾文正。其钱亲手领足，买主永管为业。是（自）卖之后，不得异言。恐口无凭，立字为据是实。

内添一字

亲笔：步洲

民国廿五年丙子六月初八日立

61. 龙化乾卖杉木地土字（民国二十六年八月初八日）

立卖杉木地土字人塘岱村龙化乾，今因要钱使用，无所出处，自愿将到土名高盘路坎觉（脚）杉木地土壹团，上抵路，下抵溪，左抵本主地土，下左抵全球地土，右抵化永、步洲地土为界，四至分明，要钱出卖。自己上门问到柳寨龙泰森承买，当面言定价钱伍仟贰佰捌拾文正。其钱亲手领足应用，其地土杉木耕管为业。是（自）卖之后，不得异言。买主不清，卖主理落，不关［买］主之是（事），不得异言。恐口无凭，立有卖字为据是实。

内添四字

讨笔：步洲

民国廿六年丁丑八月初八日立

62. 龙求德、龙求藩兄弟二人均派田产合同（民国三十二年十月十二日）

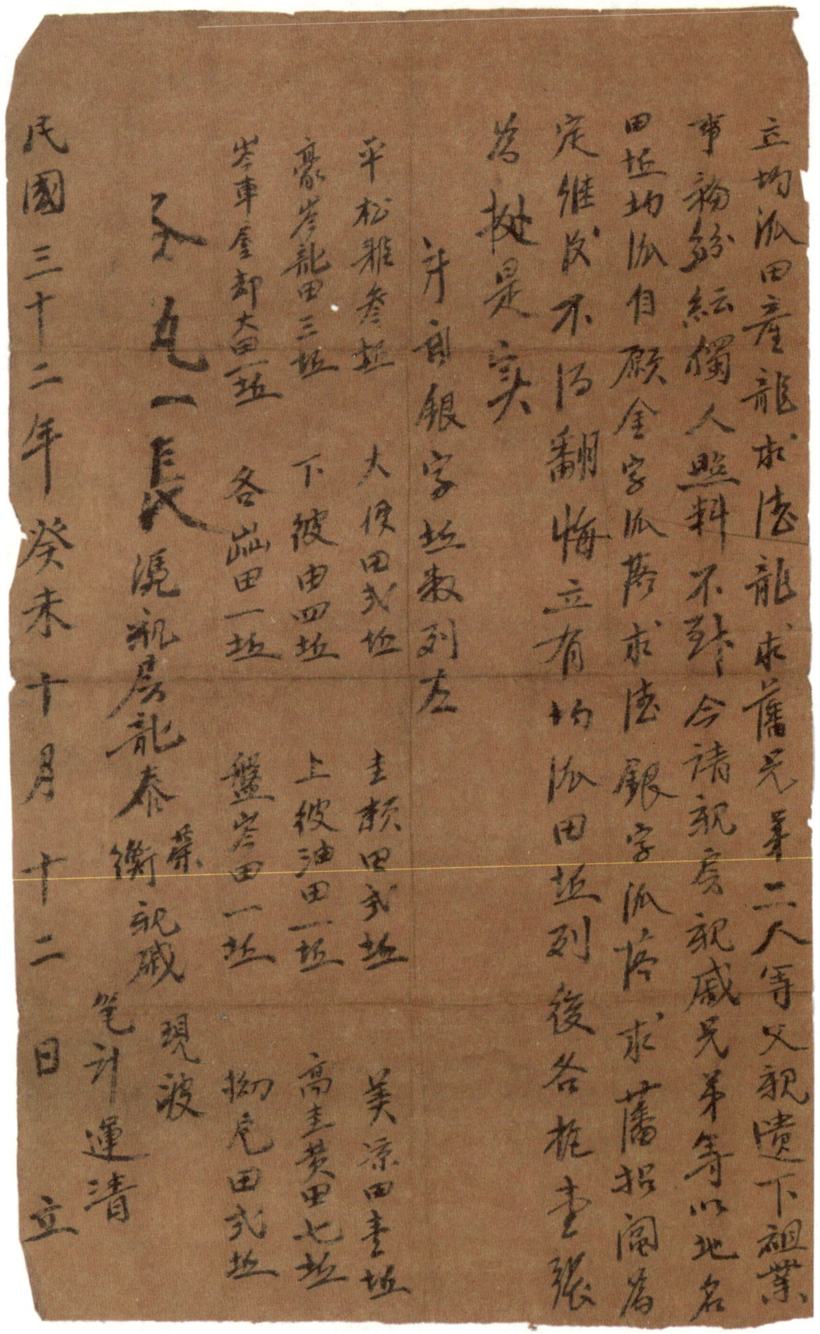

立均派田产龙求德、龙求藩兄弟二人等，父亲遗下祖业，事务纷纭，独人照料不到，今请亲房亲戚兄弟等以地名田丘均派，自愿金字派落求德，银字派落求藩，拈阄为定，继后不得翻悔。立有均派田丘列后，各执壹张为据是实。

计开银字丘数列左

平松雅叁丘，大便田贰丘，圭赖田贰丘，美凉田壹丘，豪岑龙田三丘，下彼田四丘，上彼油田一丘，高圭黄田七丘，岑车屋却（脚）大田一丘，各岀田一丘，盘岑田一丘，拗尼田贰丘。

各执一张

凭亲房：龙泰荣、泰衡、亲戚现波

笔计：运清

民国三十二年癸未十月十二日立

63. 彭法照卖栽主杉木字（民国三十二年十二月十九日）

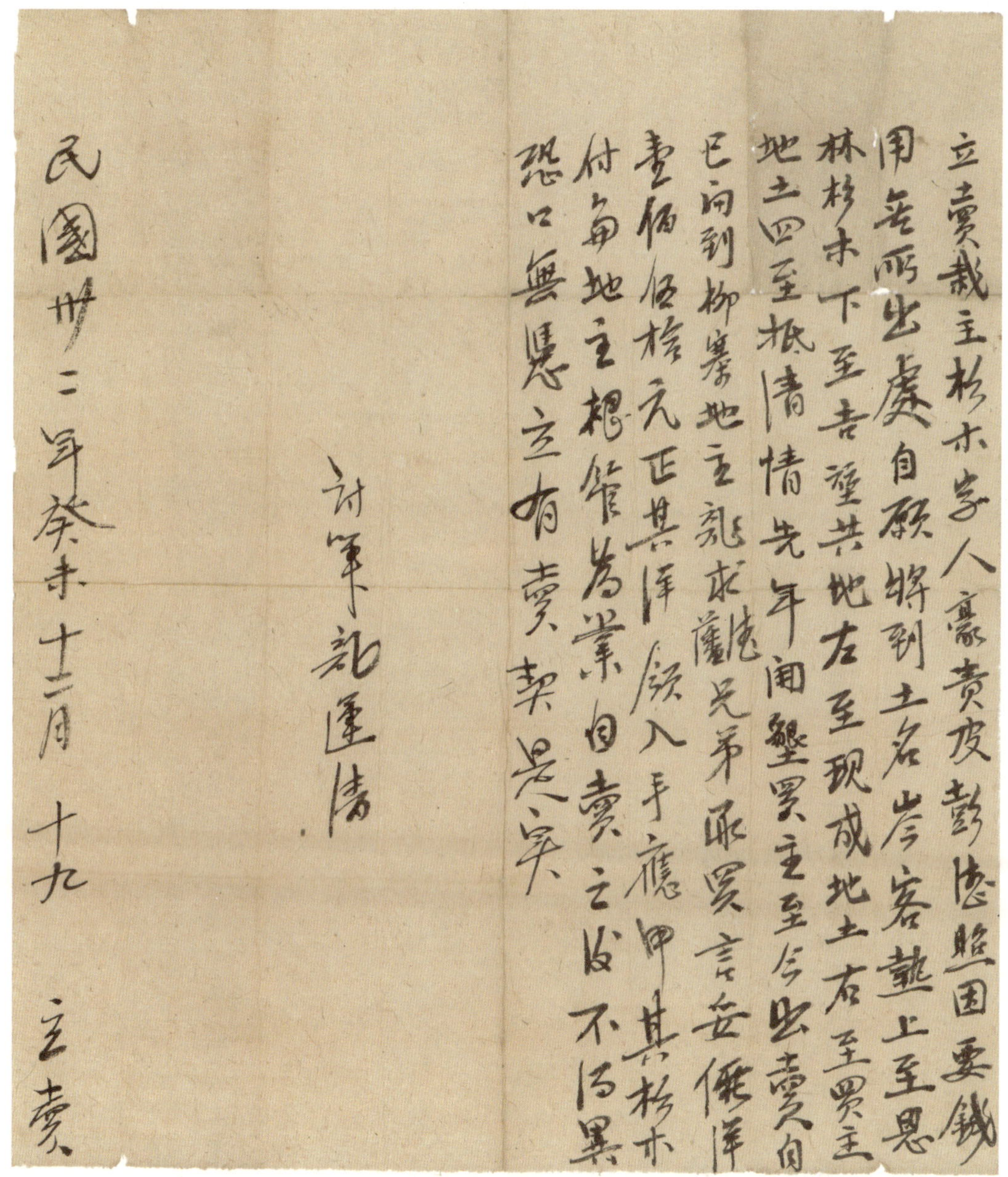

立卖栽主杉木字人豪责皮彭德照，因要钱用，无所出处，自愿将到土名岑客口，上至恩林杉木，下至吉堥共地，左至现成地土，右至买主地土，四至抵清，情先年开垦，买主至今出卖。自己问到柳寨地主龙求德、求藩兄弟承买，言妥价洋壹佰伍拾元正。其洋领入手应用，其杉木付与地主根（耕）管为业。自卖之后，不得异［言］。恐口无凭，立有卖契是实。

讨笔：龙运清

民国卅二年癸未十二月十九［日］立卖

64. 龙求凡户籍证（民国三十三年九月）

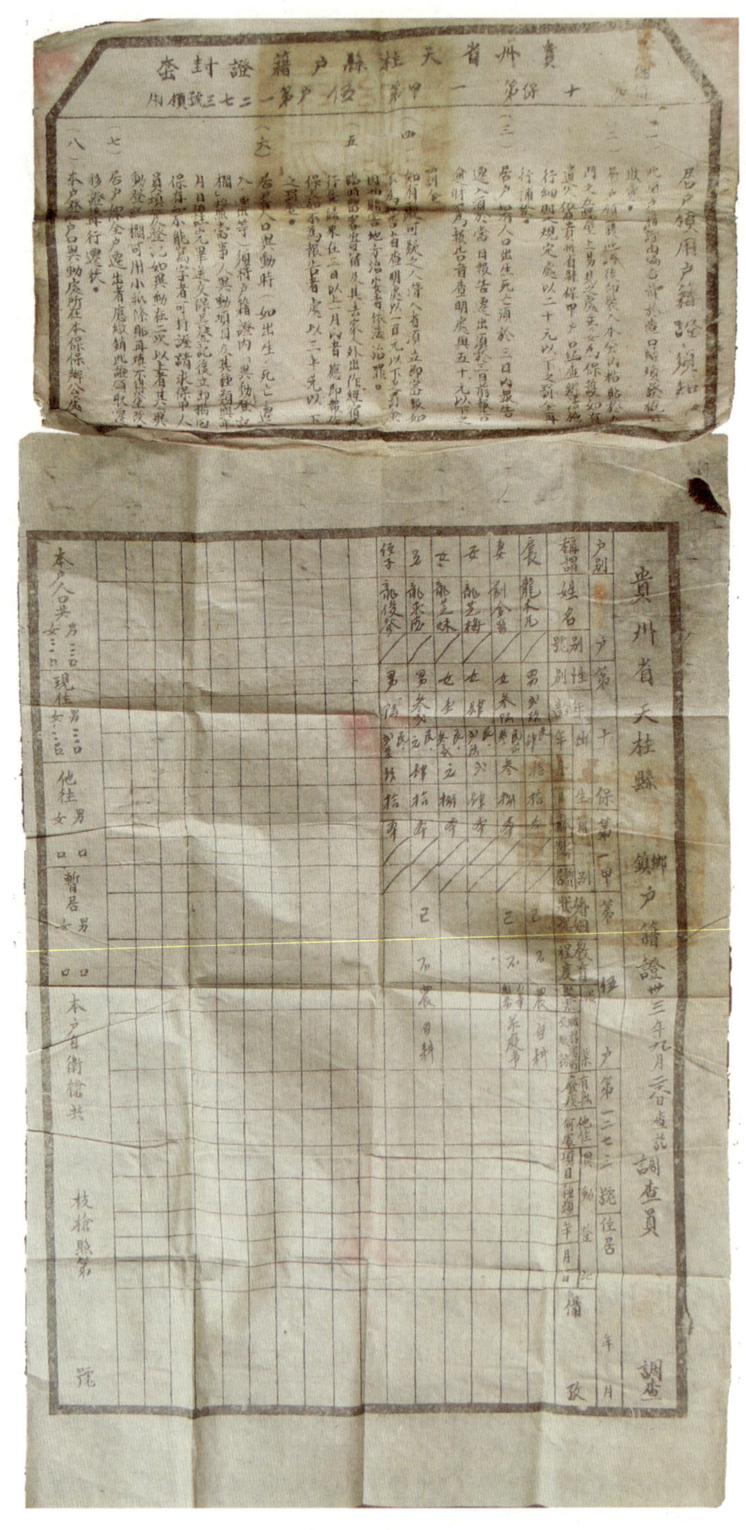

贵州省天柱县户籍证封套

乡镇第十保第一甲第五户第一二七三号领用

居户领用户籍证须知：

（一）此项户籍证由编查员于查口时填发，□□收实。

（二）居户领获此证后即装入本套内，粘贴于入门之左墙壁上易见之处，并妥为保护。如有遗失依照贵州省县保甲户口编查办法施行细则之规定，处以二十元以下之罚金，再行补发。

（三）居户如有人口出生死亡须于三日内报告。迁入须于当日报告。迁出须于三日前报告。逾时不为报告者，查明处与（以）五十元以下之罚金。

（四）知有形迹可疑之人潜入者须立即密报。如不为报告者，查明处以一百元以下之罚金。因而贻害地方治安者，依法治罪。

（五）临时留客寄宿及其去家人外出，作经宿□行，及其归来在三日以上一月［以］内者，应即报告保长，如不为报告者处以三十元以下之罚金。

（六）居户有人口异动时（如出生，死亡，迁入，迁出等）须将户籍证内“异动登记栏”按照当事人异动项目及其种类与年月日填注完毕，送交保长登记后立即携回保存。如不能写字者可持证请求保甲人员填注及登记。如异动在二次以上者，其异动登记栏可用小纸条贴再填，不得涂改。

（七）居户如□全户迁出者应缴销此证，领取迁移证后再行迁徙。

（八）本户登记户口异动处所在本保保办公处。

贵州天柱县　　乡镇户籍证　　　　　卅三年九月二十八日查讫

户长：龙求凡，29 岁

妻：刘金弯，36 岁

女：龙芝梅，4 岁

女：龙芝妹，1 岁

兄：龙求德，32 岁

侄子：龙俊发，6 岁

本户人口共男三口，女三口

现住：男三口，女三口

他往：男　口，女　口

暂居：男　口，女　口

本户自卫枪共　　枝，枪照第　　号

65. 龙求得卖田字（民国三十八年二月二十一日）

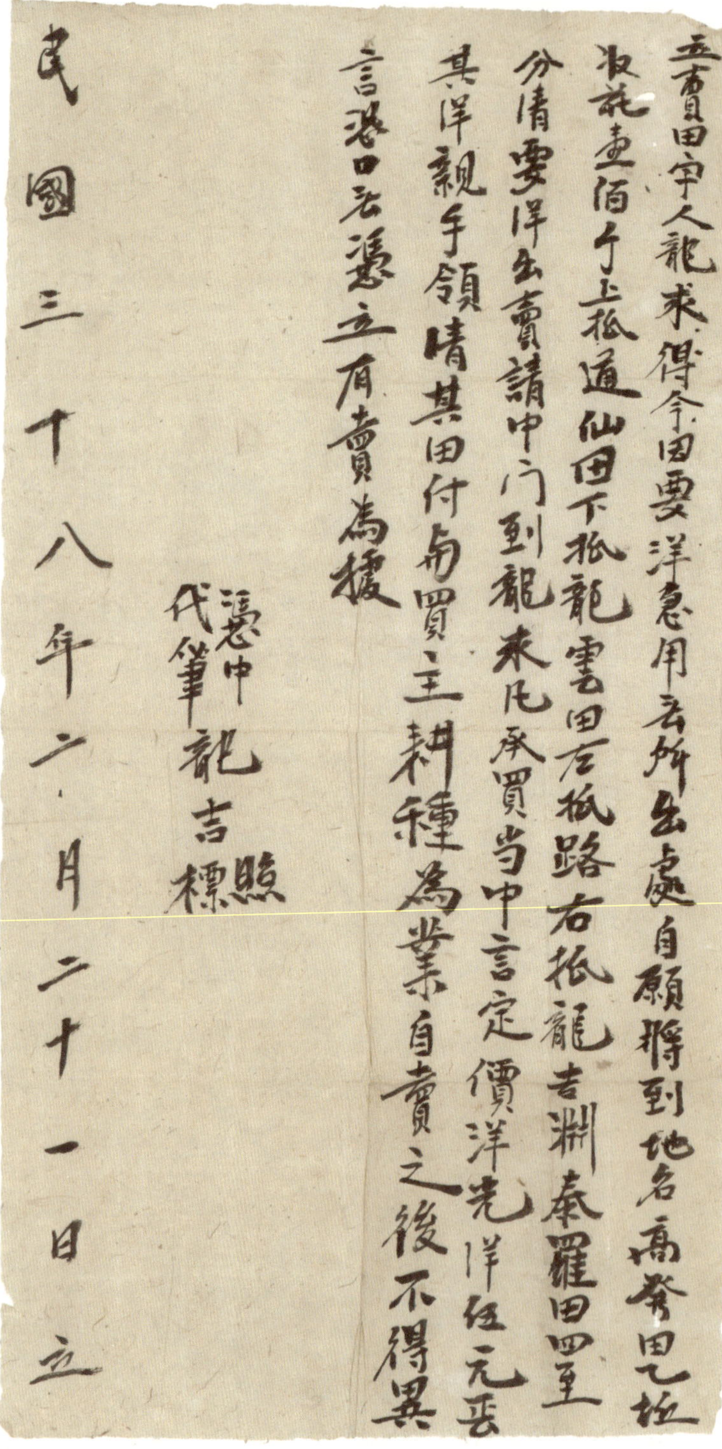

立賣田字人龍求得今因要洋急用無所出處自願將到地名高發田乙坵收花壹佰斤上抵通仙田下抵龍雲田左抵路右抵龍吉淵泰羅田四至分清要洋出賣請中门到龍求凡承買当中言定價洋光洋伍元整其洋親手領清其田付與買主耕種為業自賣之後不得異言恐口無憑立有賣為據

憑中 龍吉照
代筆 龍吉標

民國三十八年二月二十一日立

立卖田字人龙求得，今因要洋急用，无所出处，自愿将到地名高发田乙丘，收花壹佰斤，上抵通仙田，下抵龙云田，左抵路，右抵龙吉渊、泰罗田，四至分清，要洋出卖。请中［上］门［问］到龙求凡承买，当中言定价洋光洋伍元整。其洋亲手领清，其田付与买主耕种为业。自卖之后，不得异言。恐口无凭，立有卖［字］为据。

凭中：龙吉照

代笔：龙吉标

民国三十八年二月二十一日立

66. 石玉吉、石玉贵二人卖杉木地土字（一九五〇年二月初七日）

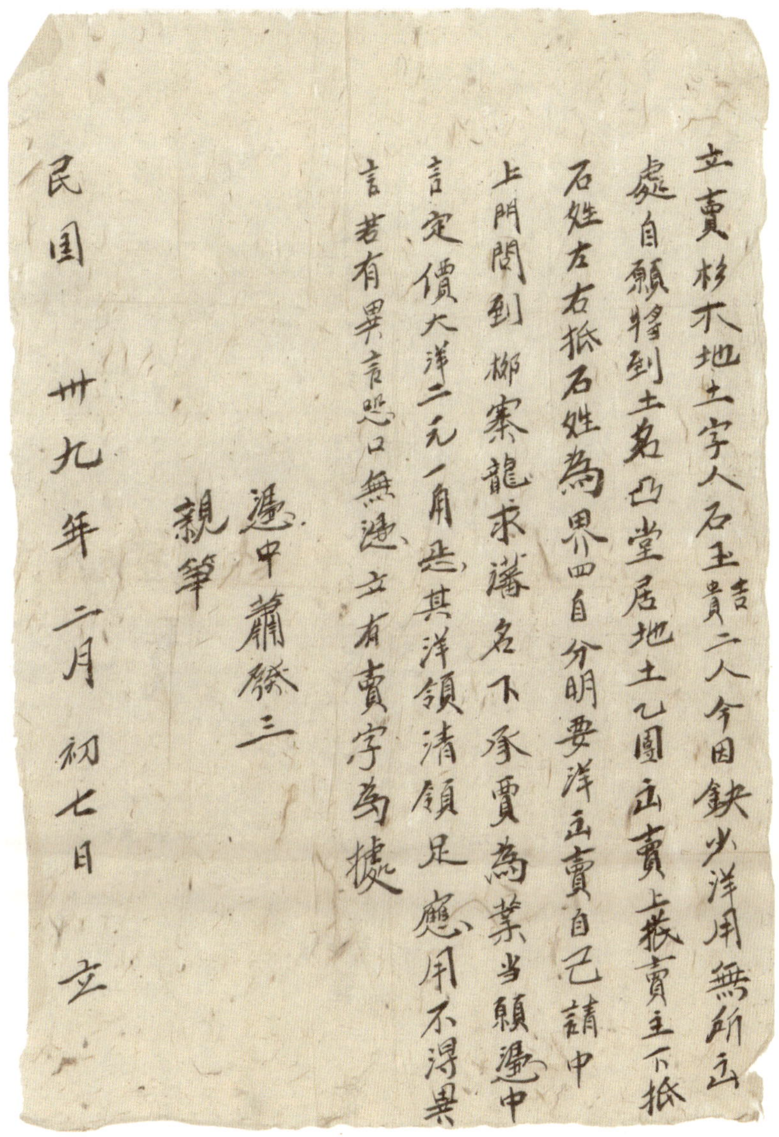

立卖杉木地土字人石玉吉、玉贵二人，今因缺少洋用，无所出处，自愿将到土名凸堂居地土乙团出卖，上抵卖主，下抵石姓，左右抵石姓为界，四自（至）分明，要洋出卖。自己请中上门问到柳寨龙求藩名下承买为业，当愿（面）凭中言定价大洋二元一角整。其洋领清领足应用，不得异言。若有异言，恐口无凭，立有卖字为据。

凭中：萧发三

亲笔

民国卅九年二月初七日立

67. 萧发三卖木收据（一九五四年六月十日）

得周肆萬元

賣方保留單

锦屏縣合作社聯合社 台照　　1954年6月10日

品名	單位	根數	兩數	單價	金額	備考
杉木	两	6	93分	185000	172000元	
合計	两	6	93分	185000	172000元	買方蓋章　賣方蓋章
合計人民幣（大寫）壹拾柒萬貳仟元						
買方 锦屏縣合作社聯合社採購人 姓名 蓋章						

第三联

内容提要：萧发三1954年6月10日卖给锦屏县合作社杉木6根，材积单位为“两”码，单价为185000元/两，总材积93分，即0.93两，金额172000元。

注：这份单据说明直到1954年，清水江流域的木材计量单位还是传统的龙泉码。当时使用的是第一套人民币，1万元相当于1955年3月1日以后发行的第二套人民币的1元。

68. 范玉康、范玉保兄弟二人卖栽主嫩杉木契（时间不详[①]）

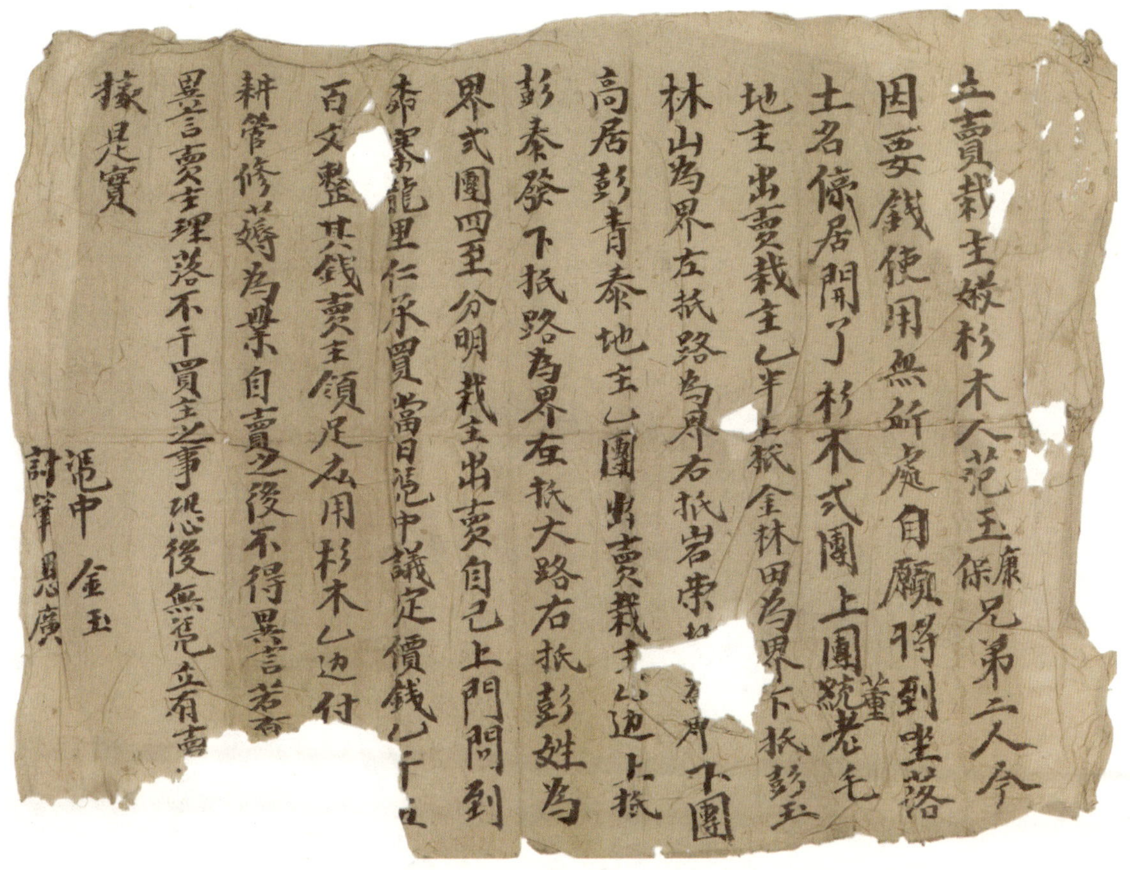

立卖栽主嫩杉木人范玉康、范玉保兄弟二人，今因要钱使用，无所（出）处，自愿将到坐落土名停居开了杉木贰团，上团［抵］董老毛地主，出卖栽主乙半。上抵金林田为界，下抵彭玉林山为界，左抵路为界，右抵岩荣□为界；下团高居彭青泰地主乙团出卖栽主乙边，上抵彭泰发，下抵路为界，左抵大路，右抵彭姓为界，贰团四至分明，栽主出卖。自己上门问到柳寨龙里仁承买，当日凭中议定价钱乙千五百文整。其钱卖主领足应用，杉木乙边付［与买主］耕管修蕣为业。自卖之后，不得异言。若有异言，卖主理落，不干买主之事。恐后无凭，立有卖据是实。

凭中：金玉

讨笔：恩广

① 此份契约的买方为龙里仁，而龙俊柄户藏文书中，龙里仁（理仁，礼仁）的经济活动介于同治五年至光绪三十年之间。由此可知，此份契约的产生时间为同治光绪年间。

69. 老山十组木材统计表（时间不详）

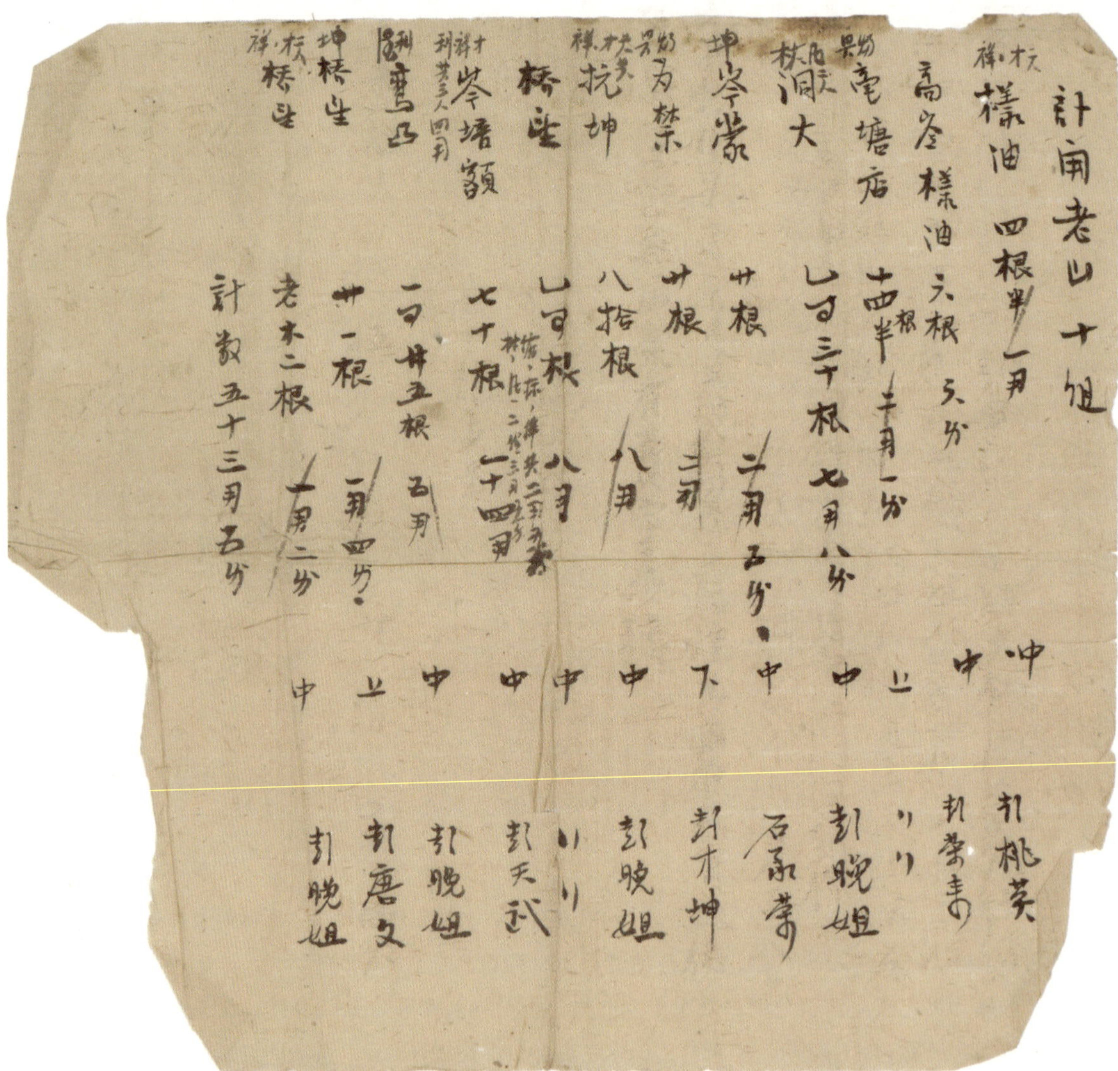

计开老山十组

才、祥二人	样油	四根半	一两	中	彭桃英
高岑	样油	六根	六钱	中	彭荣来
口兴一人	毫塘店	十四根半	二两一钱	上	彭荣来
凡、林二人	洞大	乙百三十根	七两八钱	中	彭晚姐
坤	岑蒙	廿根	二两口钱	中	石承荣
口兴一人	为禁	廿根	二两	下	彭才坤
才、祥二人	共抗坤	八拾根	八两	中	彭晚姐
	桥望	乙百根	八两	中	彭晚姐
	佑、标共二两五钱				
	林、凡，二佔三两五钱				

才、祥、利共三人四两	岑培额	七十根	一十四两	中	彭天武
利德	鸾凸	一百廿五根	五两	中	彭晚姐
坤	桥望	廿一根	一两四钱	上	彭唐文
才、祥二人	桥望	老木二根	一两二钱	中	彭晚姐
		计数五十三两五钱			

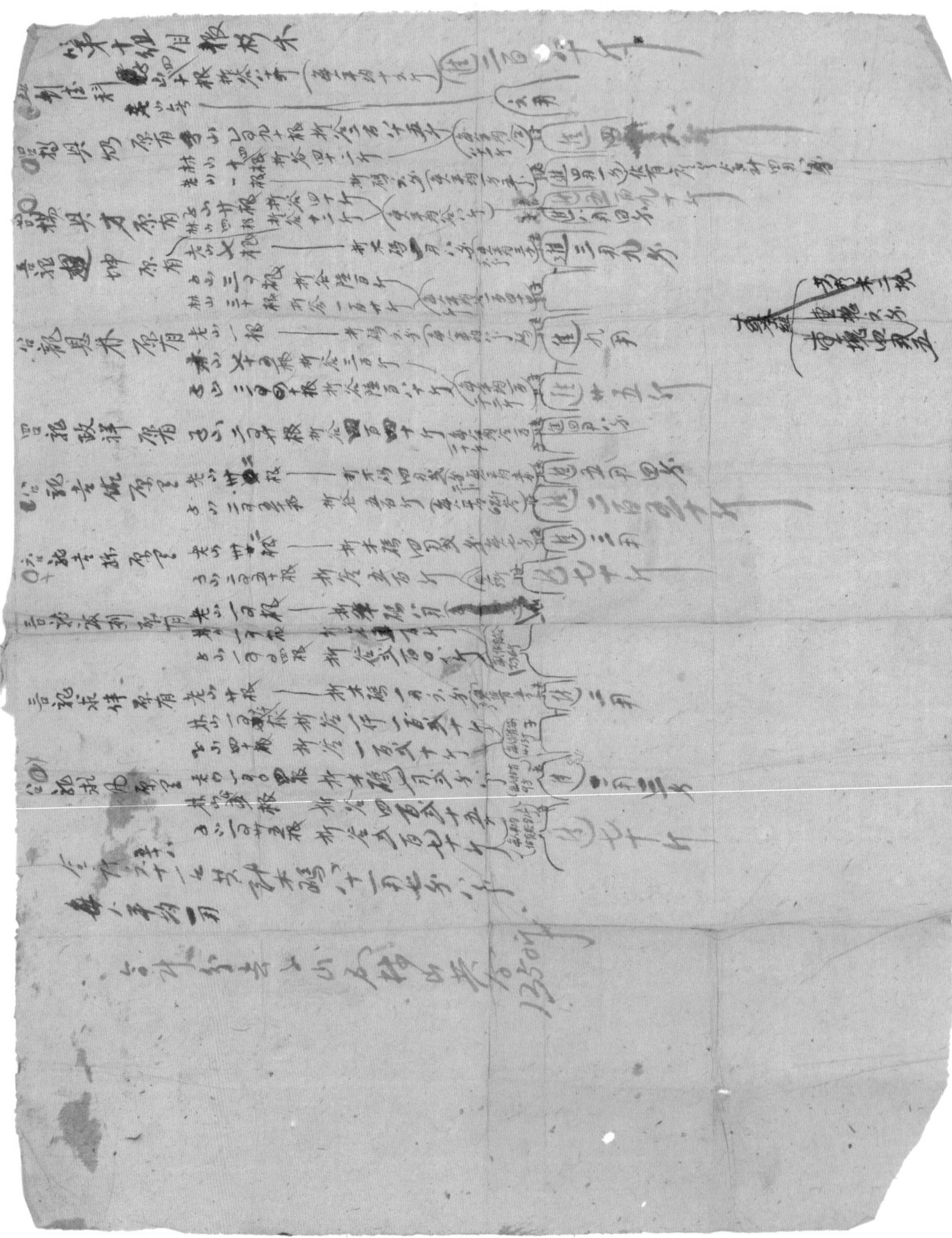

70. 第十组自报杉木清单（时间不详）

第十组自报杉木

五口　彭德科子山四十根，折谷八十斤（每人平均十六斤）进二百八十斤

老山无——六两

四口　杨兴☐原有子山乙百九十根，折谷二百八十五斤

林山十四根，折谷四十二斤（每人平均谷八十一斤）子［山］进四十六斤

老山一根——折码六钱（每人平均一钱五分）老［山］进四两一钱　占有应分合计四两八钱

七口　杨兴才原有子山廿根，折谷四十斤

林山四根，折谷十二斤（每人平均谷八斤）老山进五百九十斤；子［山］进八两四钱

五口　龙坤原有老山七根——折木码一两八钱（每人平均三钱六分）　老［山］进三两九钱

子山三百根，折谷陆百斤；林山三十根　折谷一百廿斤（每人平均谷一百四十四斤）子［山］

八口　龙恩林原有老山一根——折码六钱（每人平均八分码）老［山］进九两

林山七十五根，折谷三百斤

子山三百四十根，折谷陆百八十斤（每人平均一百一十二斤）子［山］进廿五斤

四口　龙政祥原有子山二百廿根，折谷四百四十斤（每人平均谷一百一十斤）老［山］进四两八钱

八口　龙吉佑原有老山卅二根——折木码四两贰钱（每人平均五钱二分）老［山］进五两四钱

子山二百五十根，折谷五百斤（每人平均 62 斤谷）子［山］进二百五十斤

六口　龙吉标原有老山卅二根——折木码四两贰钱（每人七钱）老［山］进三两

子山二百五十根，折谷五百斤（每人 83 斤）子［山］进七十斤

三口　龙☐列原有老山一百根，折木码八两

林山一百根，折谷贰百斤；子山一百四根，折谷贰百〇八斤（每人占有谷 136 斤）

三口　龙求伴原有老山廿根——折木码一两六钱（每人占有五钱）老［山］进二两

林山一百六十根，折谷一仟一百贰十斤；子山四十根，折谷一百贰十斤（每人占有谷 413 斤）

八口　龙求凡原有老山一百〇四根，折木码七两贰钱八分（每人占有 9 钱）老［山］进一两三钱

林山八十五根，折谷四百贰十五斤

子山一百卅五根，折谷贰百七十斤（每人平均占有谷 81 斤）子［山］进七十斤

合计五十八／六十一口，共计木码八十一两七钱八分，每人平均一两

合计分去子山及林山共合 1350 斤

（二）税费单据类

1. 龙求德丘号147土地管业执照（民国三十一年）

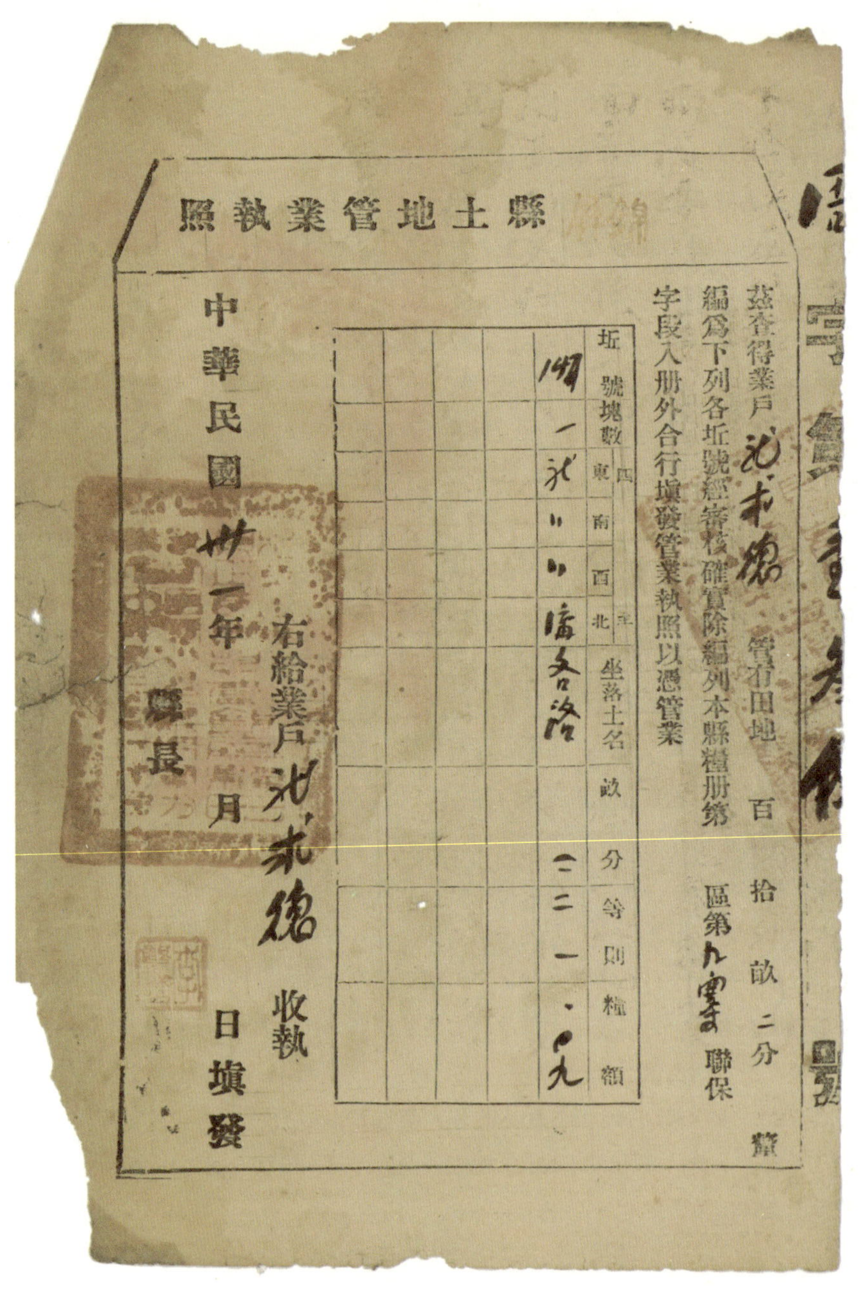

縣土地管業執照

茲查得業戶龍求德管有田地　百　拾　畝二分　釐
編爲下列各坵號經審核確實除編列本縣糧册第　區第九寨聯保
字段入册外合行填發管業執照以憑管業

坵號	塊數	四至（東 南 西 北）	坐落土名	畝	分	等	則	糧額
147	一	[illegible]	各洛		二	二	一	.09

右給業戶龍求德收執

中華民國卅一年　月　日填發

縣長

内容提要：龙求德各洛二等一则田二分，粮额九分。

2. 龙求德丘号119土地管业执照（民国三十一年）

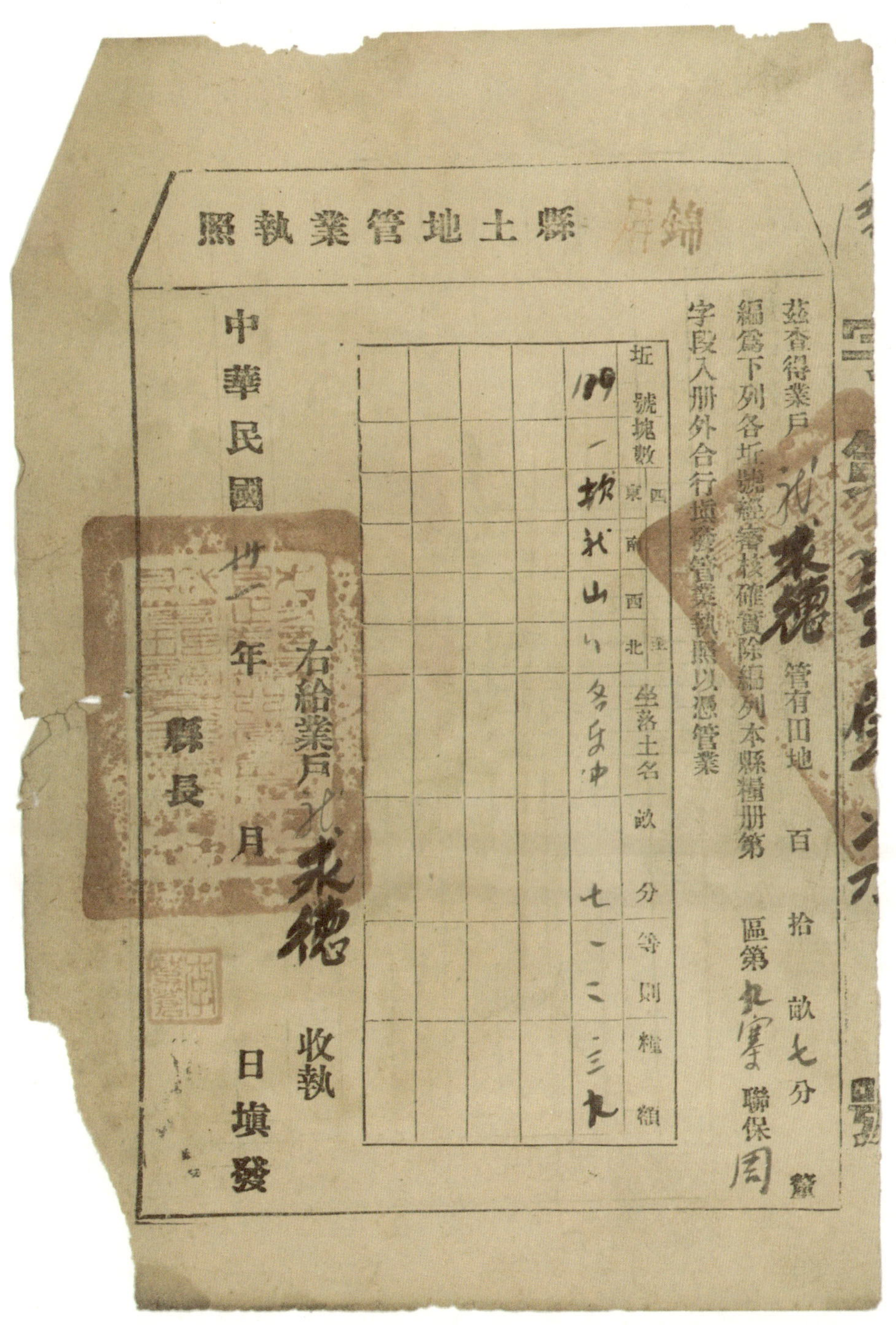

錦屏縣土地管業執照

茲查得業戶龍求德管有田地　百　拾　畝七分　釐
編爲下列各坵號經審核確實除編列本縣糧册第　區第九寨聯保冊
字段入册外合行填發管業執照以憑管業

坵號塊數	四至（東南西北）	坐落土名	畝分	等則	糧額
119 一坵		龍山、各乐冲	七	一二	三九

右給業戶龍求德收執

中華民國卅一年　月　日填發

縣長

内容提要：龙求德各乐冲一等二则田七分，粮额三角九分。

3. 龙求德丘号137土地管业执照（民国三十一年）

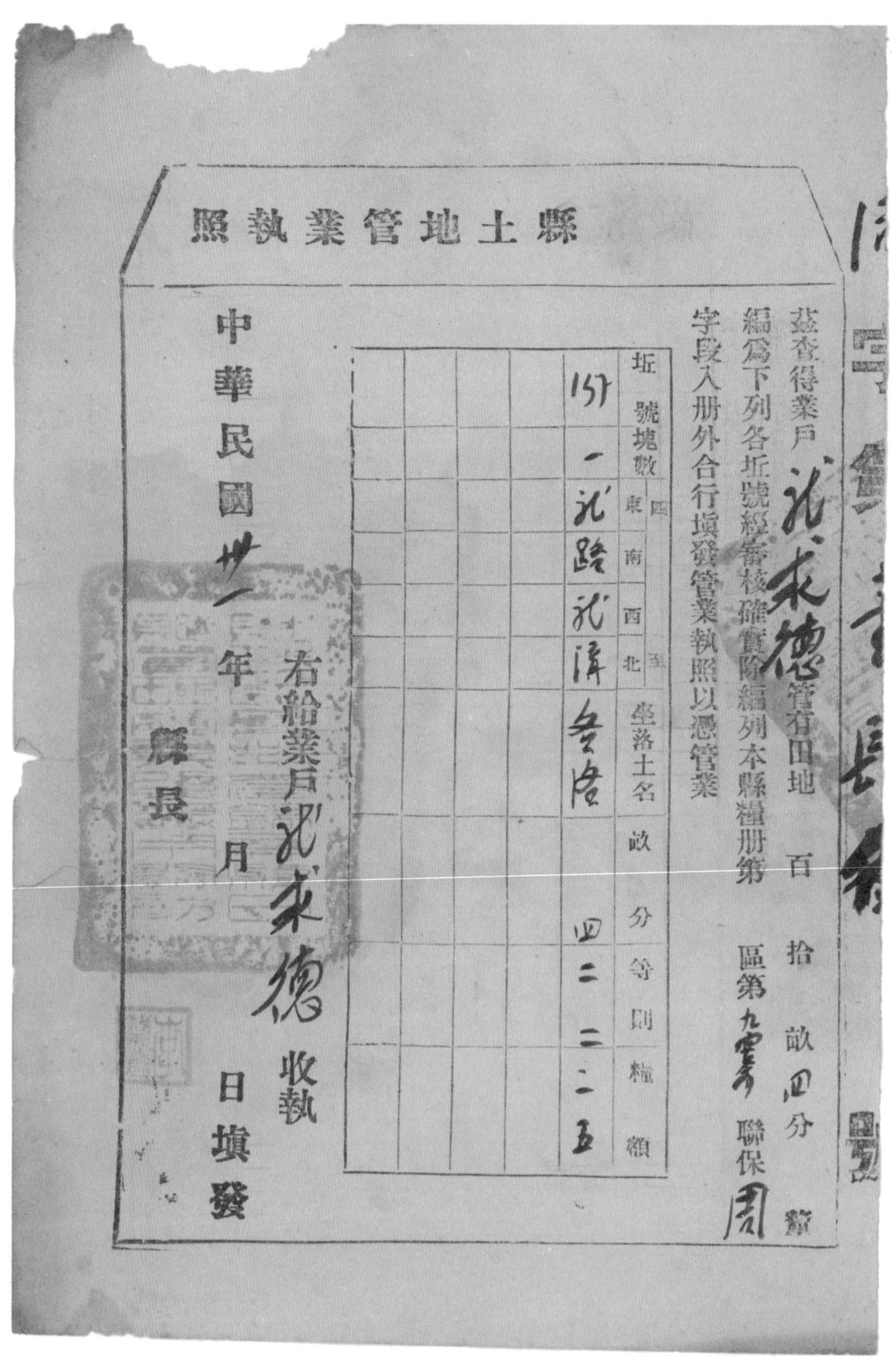

县土地管业执照

兹查得业户龙求德管有田地　百　拾　亩四分　厘

编为下列各坵号经审核确实除编列本县坵册第　区第九寨联保周

字段入册外合行填发管业执照以凭管业

坵号块数	四至 东 南 西 北	坐落土名	亩分	等则	粮额
137	一龙路龙满	各洛	四	二 二	一五

右给业户龙求德收执

中华民国卅一年　月　日填发

县长

4. **龙求德丘号73土地管业执照**（民国三十一年）

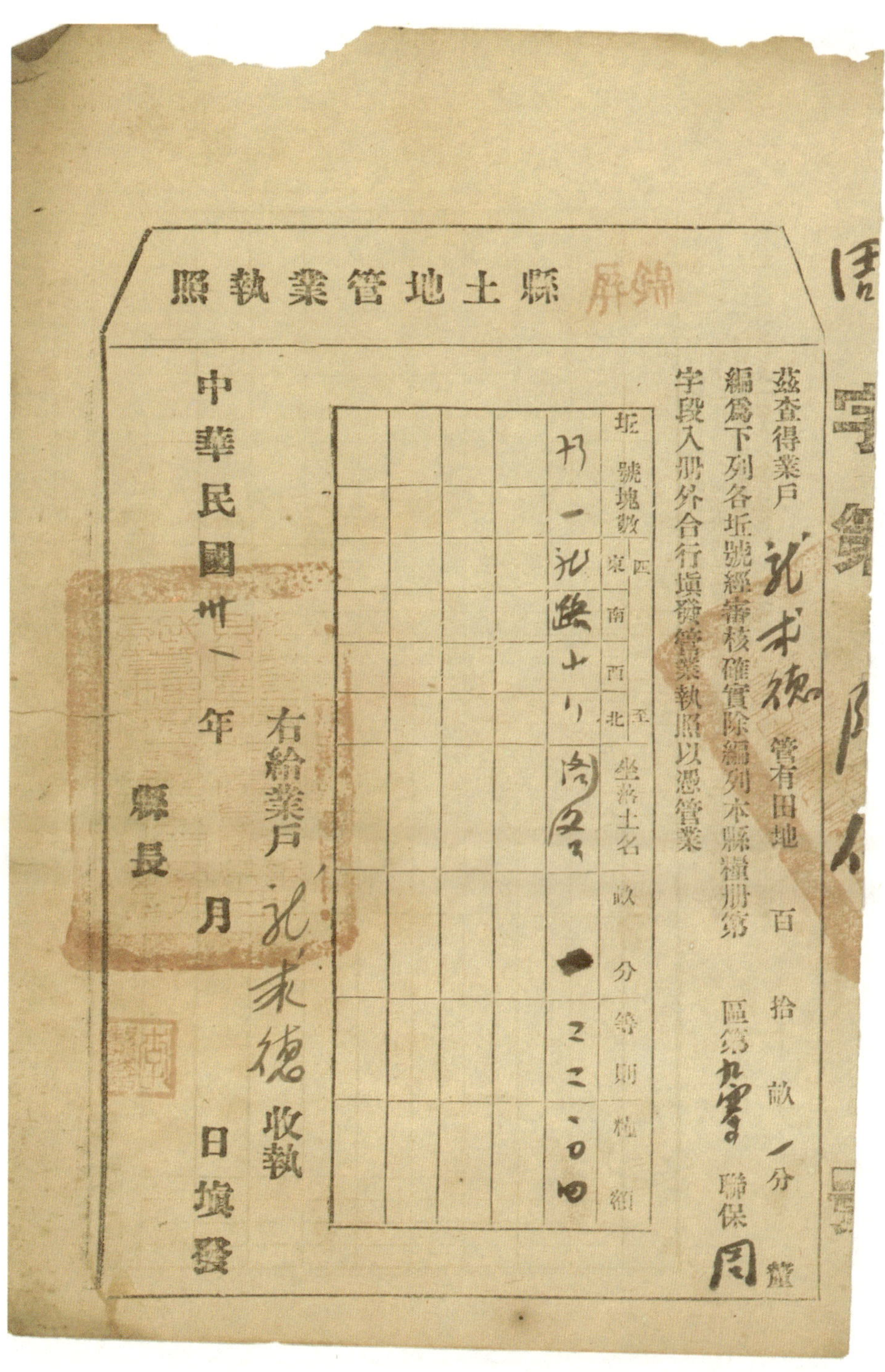

内容提要：龙求德各洛二等二则田一分，粮额四分。

5. 龙求德丘号24土地管业执照（民国三十一年）

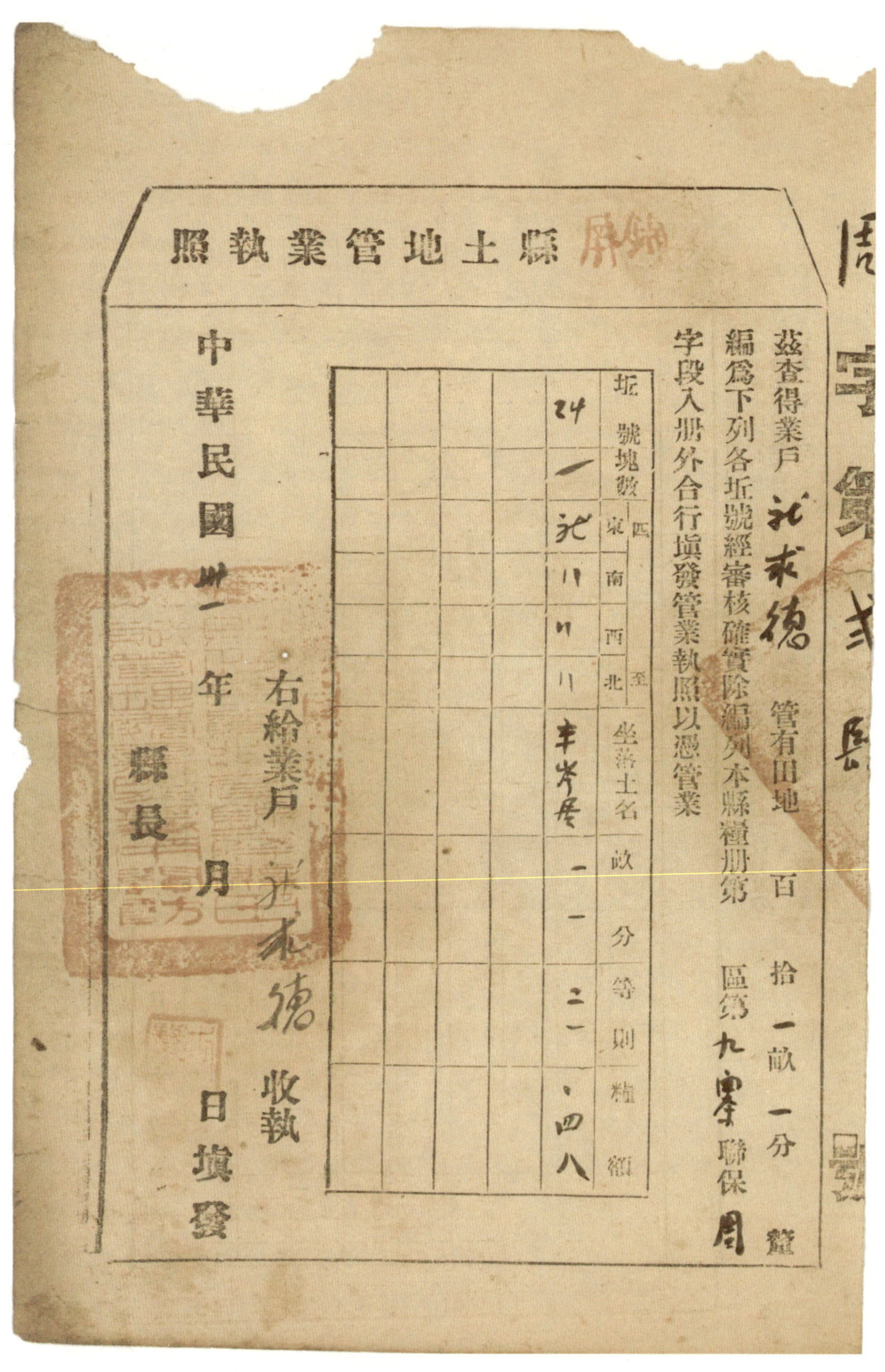

縣土地管業執照

茲查得業戶龍求德管有田地　百　拾一畝一分　釐編爲下列各坵號經審核確實除編列本縣地籍冊第　區第九寨聯保周字段入冊外合行填發管業執照以憑管業

坵號	塊數	四至 東	南	西	北	坐落土名	畝	分	等則	糧額
24	一	龙	〃	〃	〃	车岑居	一	一	二一	.四八

右給業戶龍求德收執

中華民國卅一年　月　日填發

縣長

內容提要：龙求德车岑居二等一则田一亩一分，粮额四角八分。

6. **龙求德丘号88土地管业执照**（民国三十一年）

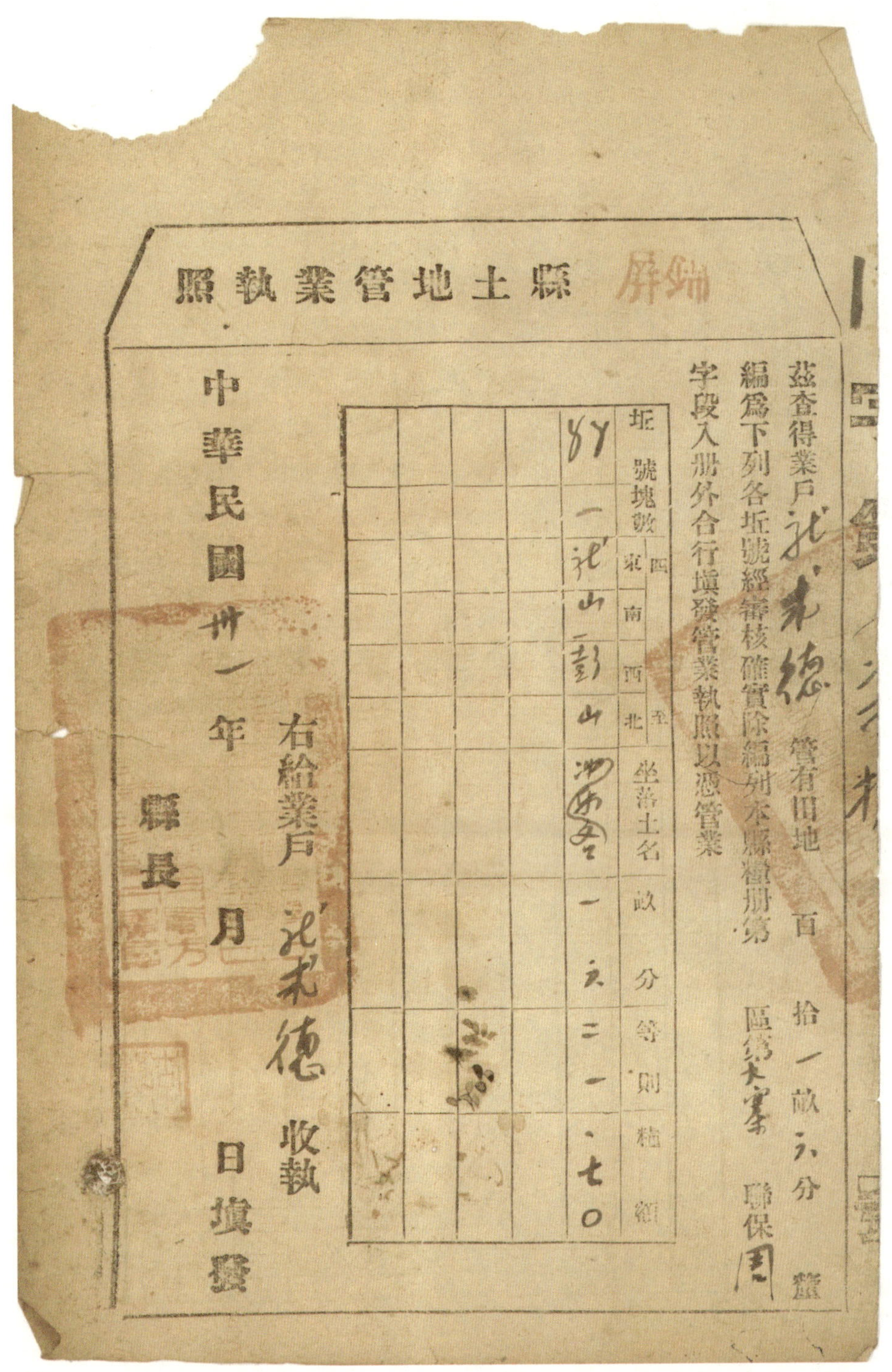

縣土地管業執照

茲查得業戶龍求德管有田地　百　拾一畝六分　釐
編爲下列各坵號經審核確實除編列本縣檔册第　區第大寨　聯保周
字段入册外合行塡發管業執照以憑管業

坵號	塊數	四至 東	南	西	北	坐落土名	畝分	等則	糧額
88	一	龍山	彭山			[illegible]	一六	二一	.七〇

右給業戶龍求德收執

中華民國卅一年　月　日塡發

縣長

内容提要：龙求德各乐冲二等一则田一亩六分，粮额七角。

7. 龙求德丘号56土地管业执照（民国三十一年）

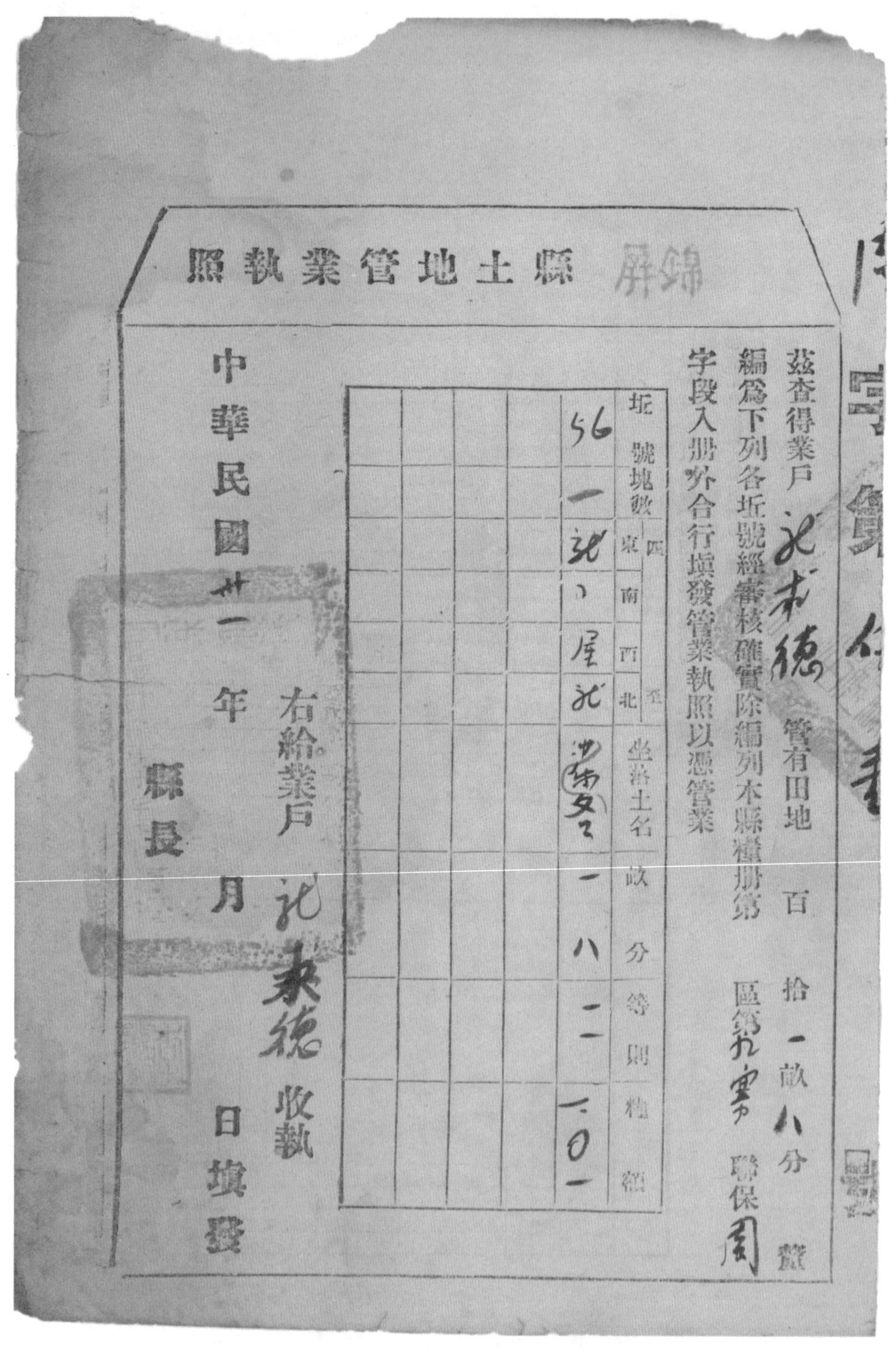

内容提要：龙求德各乐冲一等一则田一亩八分，粮额一元〇一分。

8. 龙求德丘号158土地管业执照（民国三十一年）

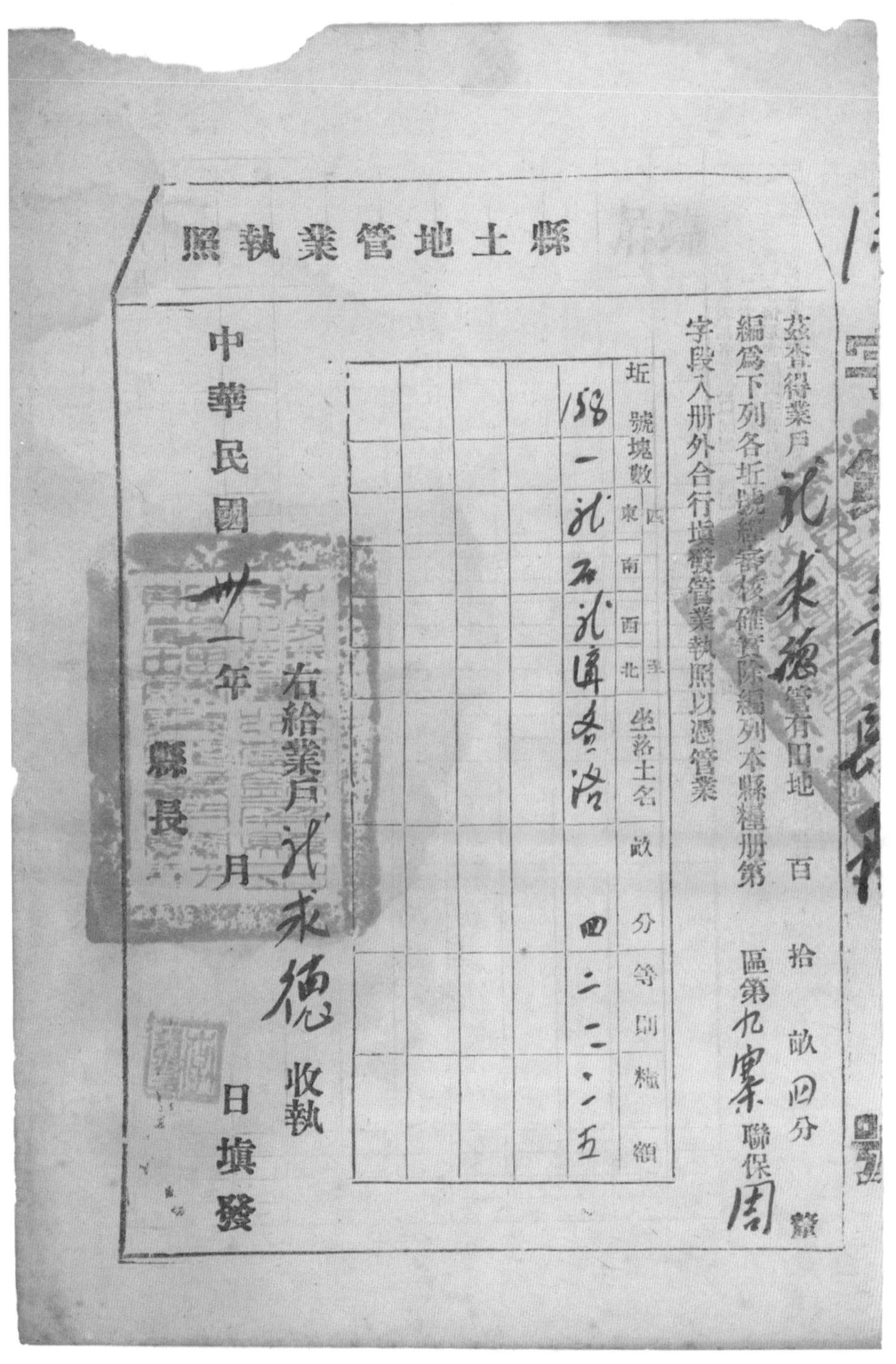

縣土地管業執照

茲查得業戶龍求德管有田地　百　拾　畝四分　釐編爲下列各坵號經審核確實除編列本縣糧冊第　區第九寨聯保周字段入册外合行填發管業執照以憑管業

坵號	塊數	四至 東	南	西	北	坐落土名	畝	分	等	則	糧額
158	一	龍	石	龍	滇	各洛		四	二	二	一五

右給業戶龍求德收執

縣長

中華民國卅一年　月　日填發

内容提要：龙求德各洛二等二则田四分，粮额一角五分。

9. **龙求德丘号68土地管业执照**（民国三十一年）

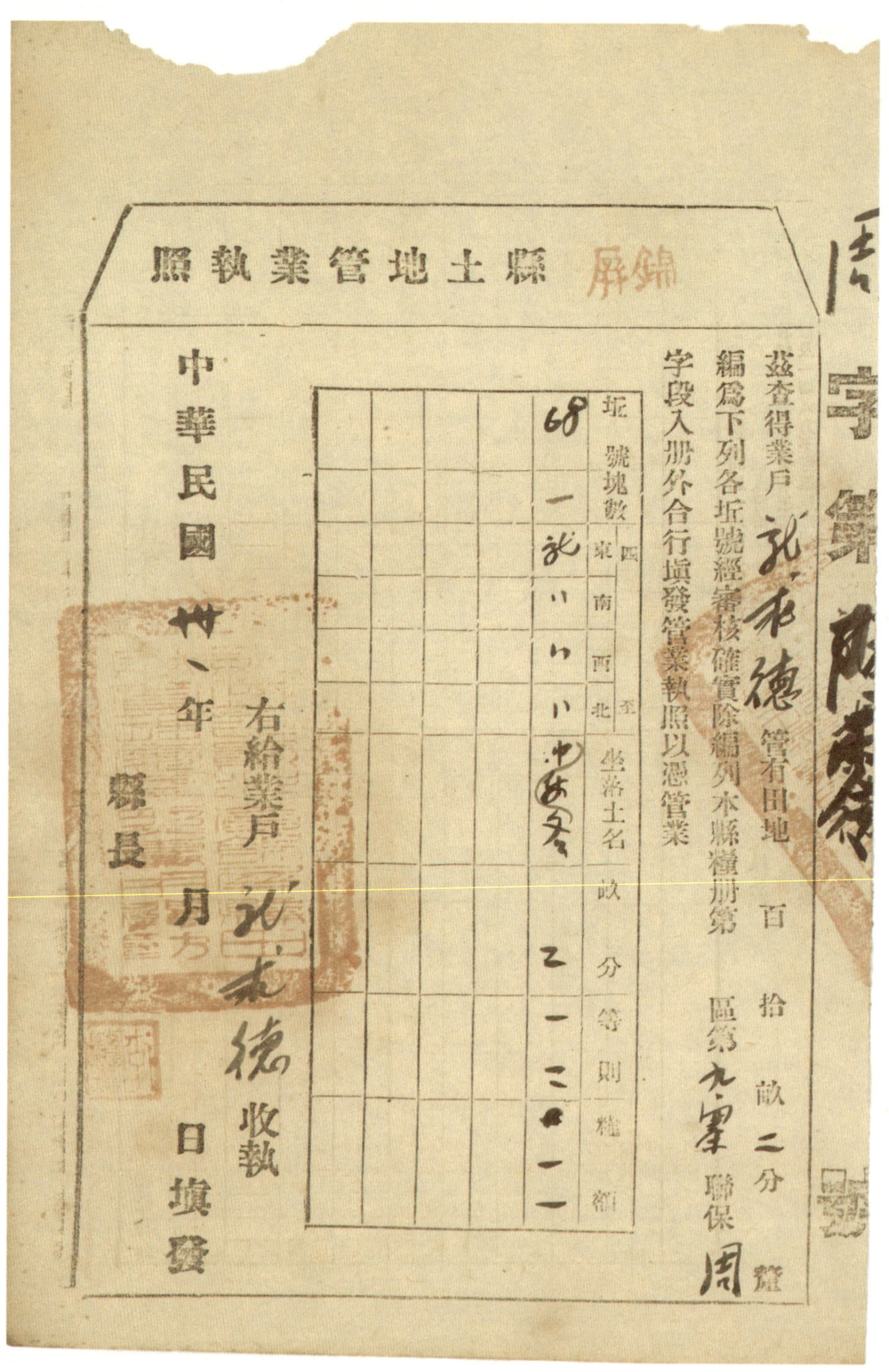

周字第　號

錦屏縣土地管業執照

茲查得業戶龍求德管有田地　百　拾　畝二分　釐編為下列各坵號經審核確實除編列本縣糧冊第　區第九甲聯保周字段入冊外合行填發管業執照以憑管業

坵號	塊數	四至 東	南	西	北	坐落土名	畝	分	等	則	糧額
68	一	龍	〃	〃	〃	冲乐各		二	一	二	一角一

右給業戶龍求德收執

縣長

中華民國卅一年　月　日填發

内容提要：龙求德各乐冲一等二则田二分，粮额一角一分。

10. **龙求德丘号71土地管业执照**（民国三十一年）

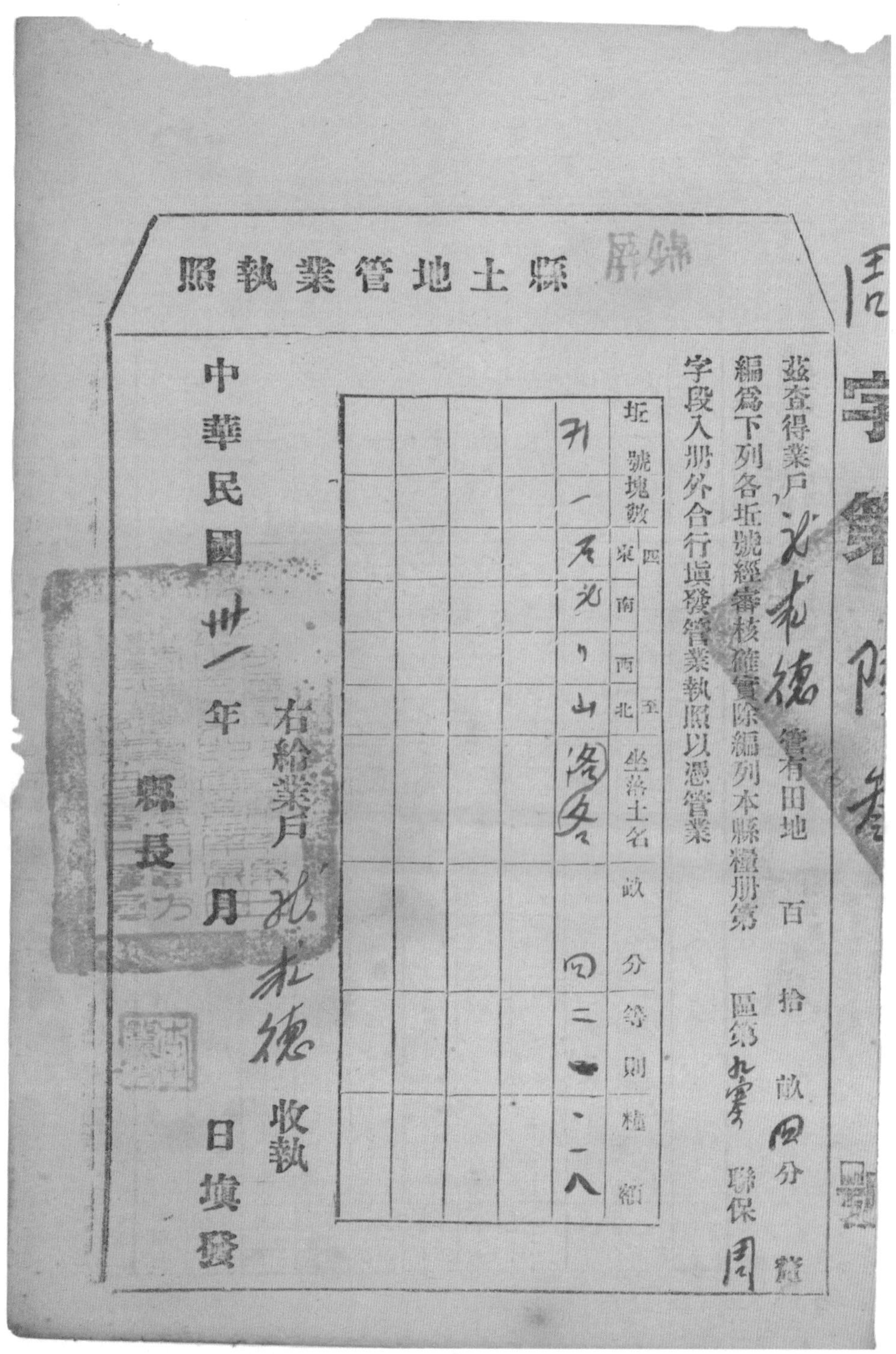

縣土地管業執照

茲查得業戶龍求德管有田地 百 拾 畝四分 釐
編爲下列各坵號經審核確實除編列本縣糧册第 區第九寨 聯保周
字段入册外合行塡發管業執照以憑管業

坵號塊數	四至 東 南 西 北	坐落土名	畝	分	等	則	糧	額
71	一 石 光 り 山	洛各		四	二	一	一	八

右給業戶龍求德收執

中華民國卅一年 月 日塡發

縣長

内容提要：龙求德各洛二等一则田四分，粮额一角八分。

11. 龙求德丘号50土地管业执照（民国三十一年）

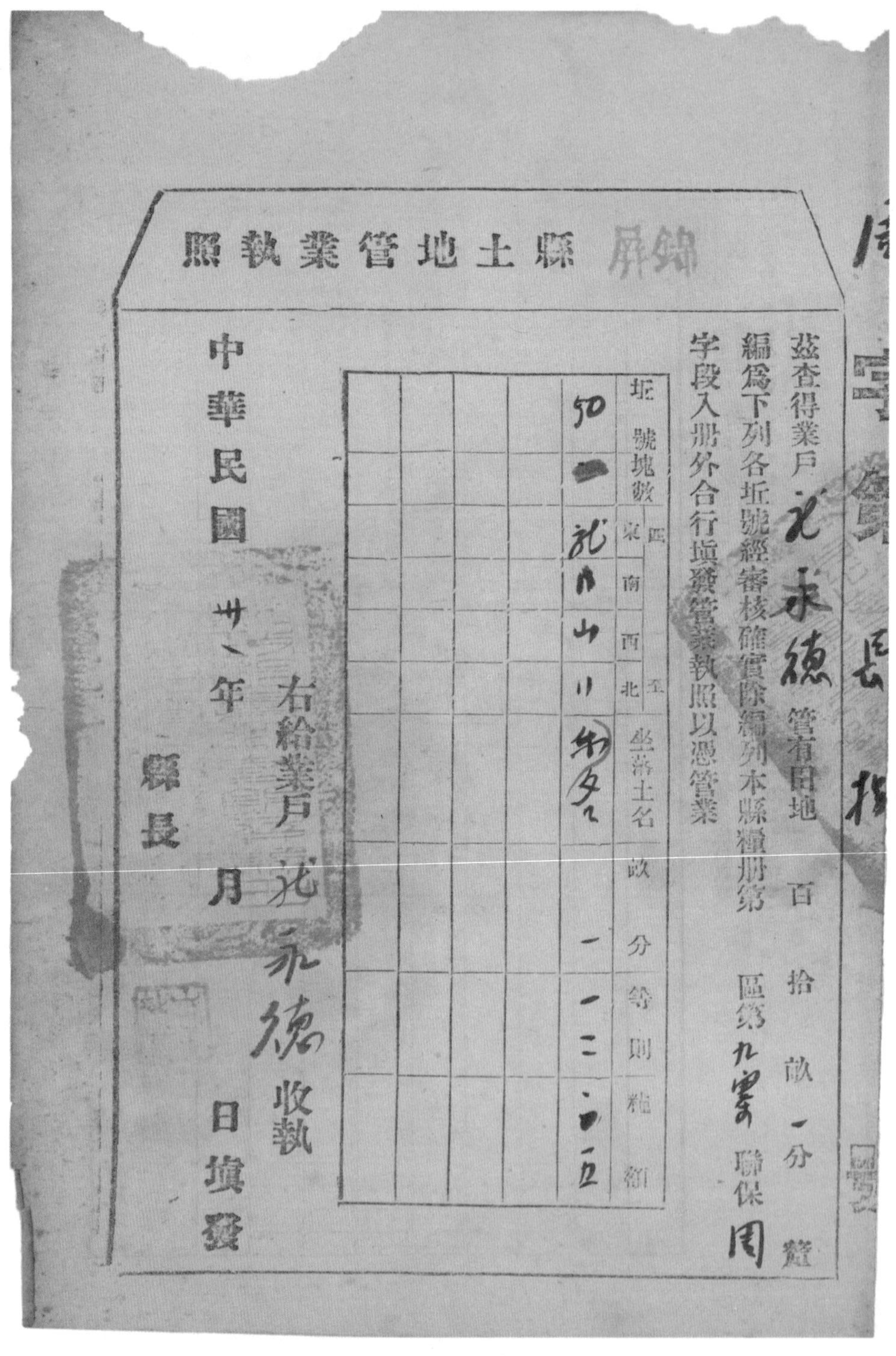

锦屏县土地管业执照

兹查得业户龙求德管有田地　百　拾　亩一分　厘

编为下列各坵号经审核确实除编列本县粮册第　区第九寨联保

字段入册外合行填发管业执照以凭管业

坵号块数	东	南	西	北	坐落土名	亩	分	等	则	粮额
50一	龙	龙	山	山	各乐		一	一	二	一角

右给业户龙求德收执

中华民国卅一年　月　日填发

县长

12. **龙求德丘号66土地管业执照**（民国三十一年）

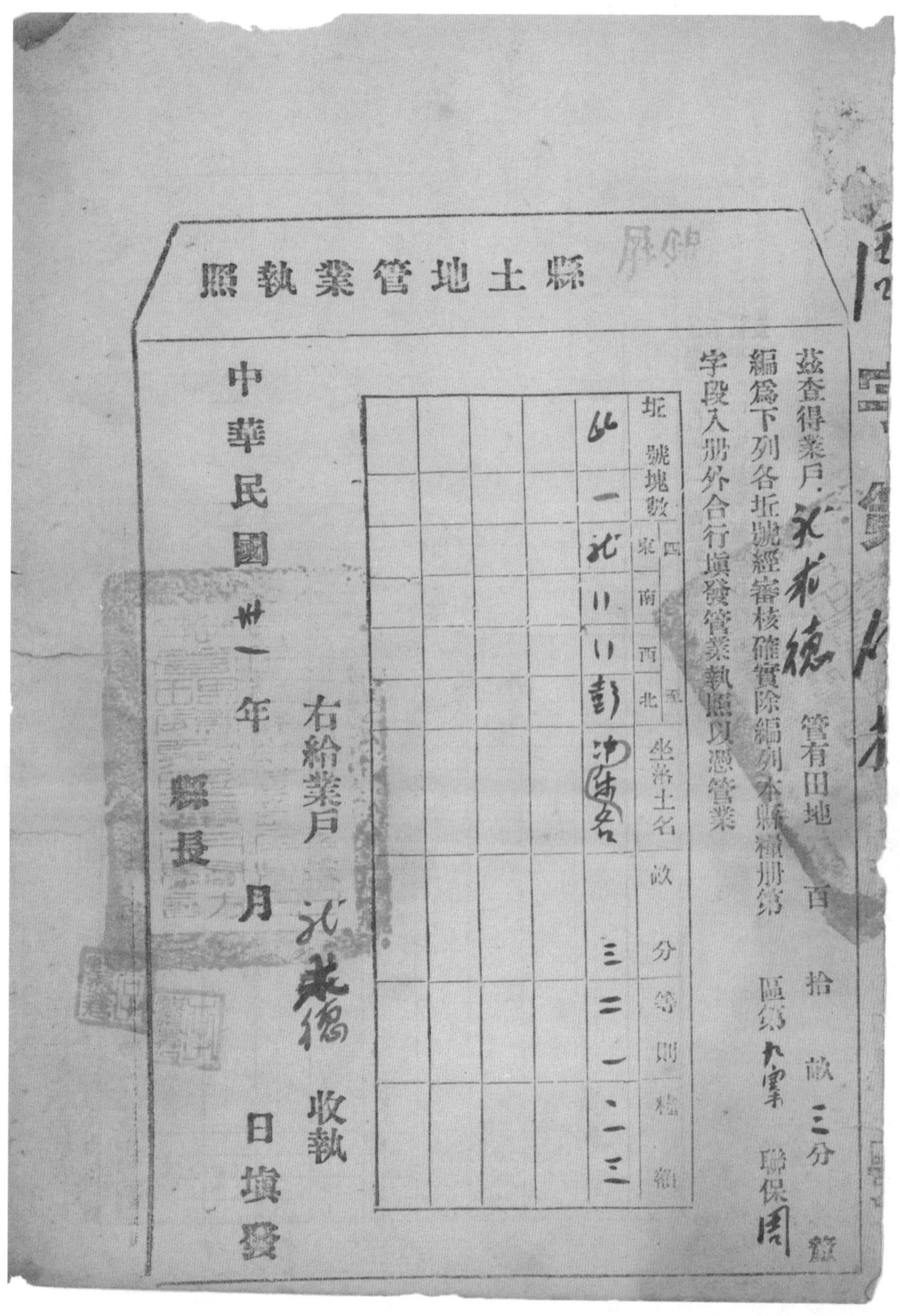

縣土地管業執照

玆查得業戶龍求德管有田地　百　拾　畝三分　釐

編爲下列各坵號經審核確實除編列本縣冊第　區鄉　聯保

字段入冊外合行塡發管業執照以憑管業

坵號塊數	四至（東 南 西 北）	坐落土名	畝	分	等則	糧額
66 一	北 川 川 彭	冲各		三	二 一	一 三

右給業戶龍求德收執

中華民國卅一年　月　日塡發

縣長

内容提要：龙求德各乐冲二等一则田三分，粮额一角三分。

13. 龙求德田赋收据（民国三十二年三月二十一日）

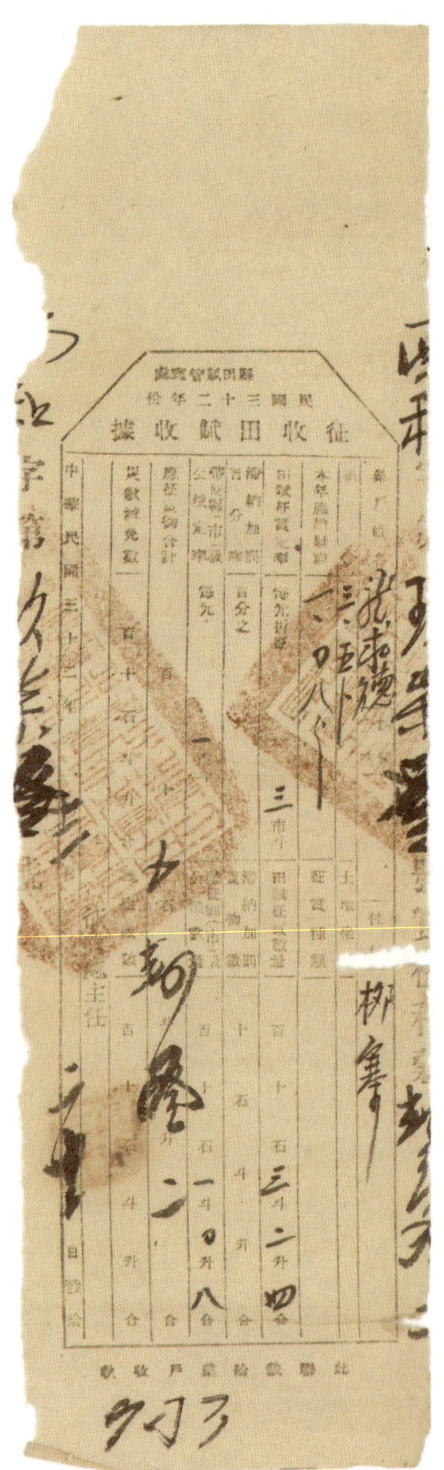

民国三十二年份
征收田赋收据

此联发给粮户收执

内容提要：龙求德田三亩五分，本年应纳田赋一元〇八分，田赋征实，每元折三市斗，合 3.24 斗；带征县（市）级公粮定率每元一斗，合 1.08 斗。应征实物合计肆斗叁升二合。

14. 龙太荣田赋收据（民国三十二年六月二十日）

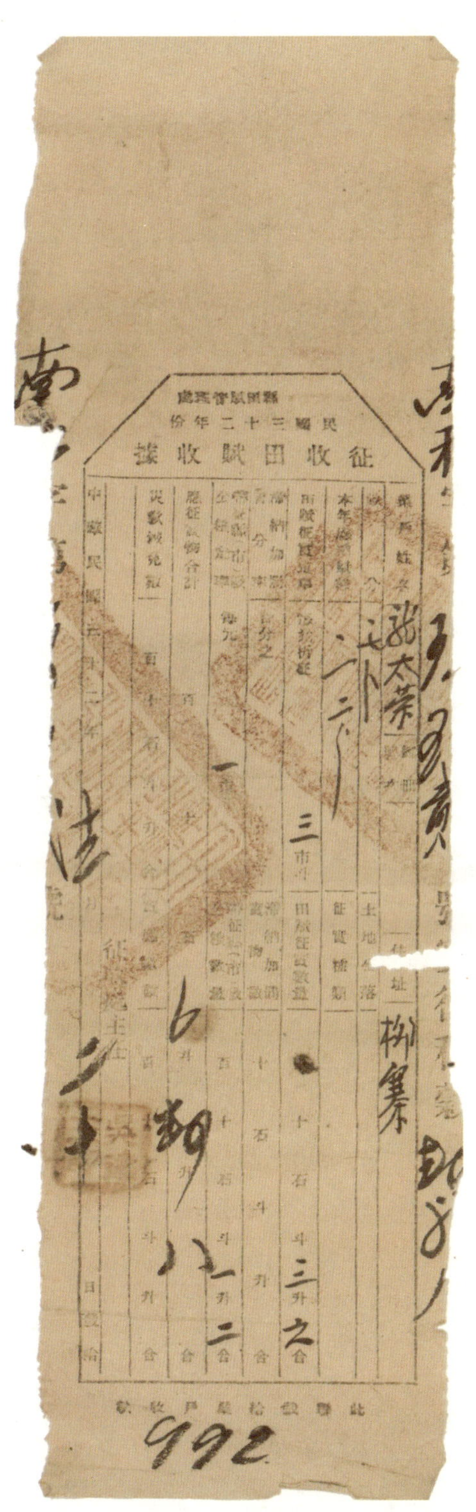

内容提要：龙太荣田七分，本年应纳粮额一角二分，田赋征实，每元折征三市斗，带征县（市）级公粮定率，每元一斗，应征实物合计肆升八合。

15. **龙求德田赋及借粮收据**（民国三十四年二月三日）

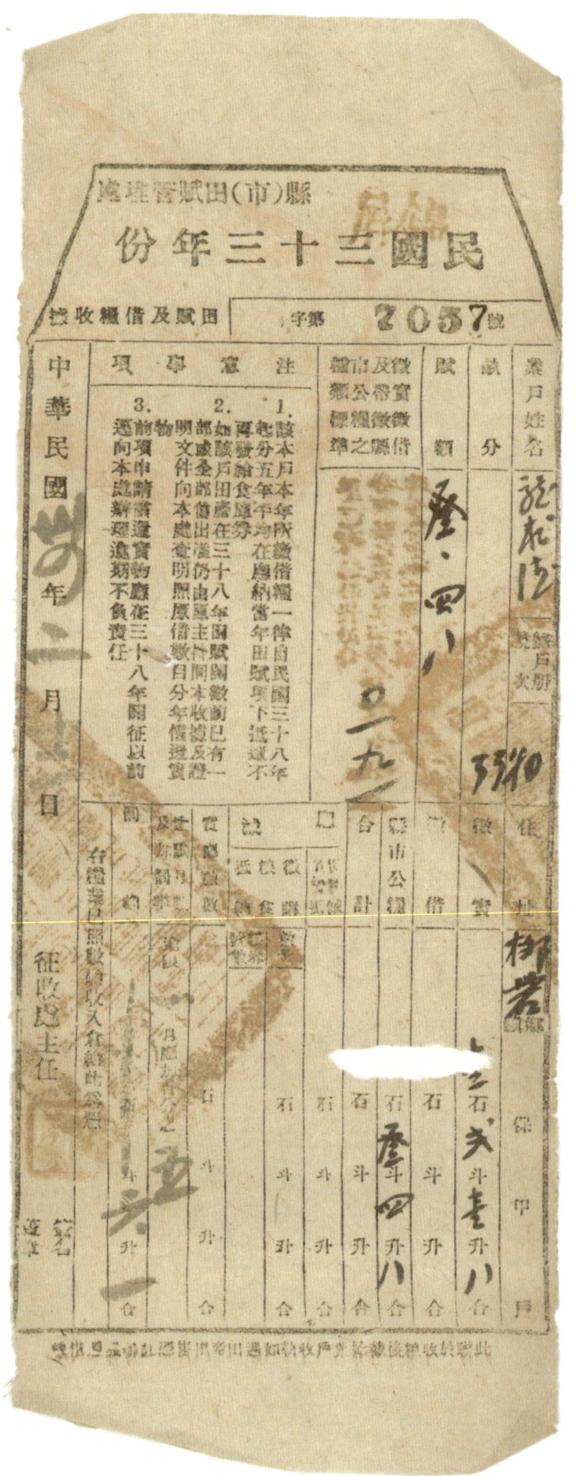

内容提要：龙求德民国三十三年份赋额叁元四角八分，征实壹石贰斗壹升八合；县市公粮叁斗四升八合；逾期罚应纳数额之百分之五即六升一合。

16. 龙求德田赋收据（民国三十四年四月十二日）

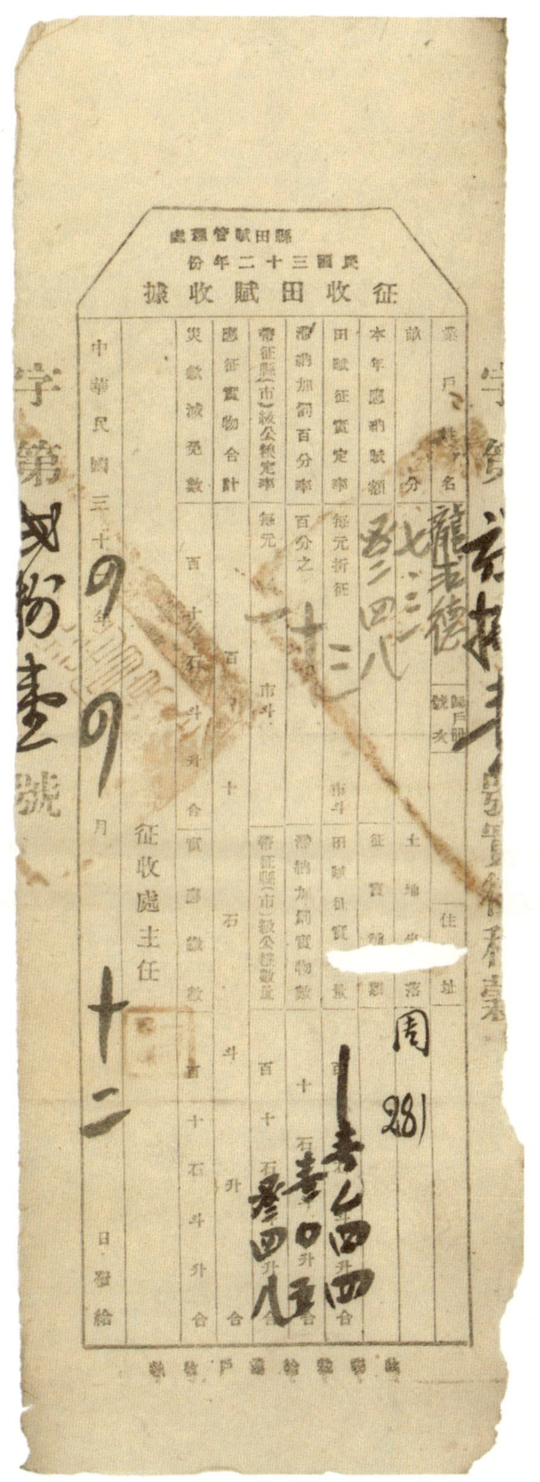

内容提要：龙求德民国三十二年份田七亩三分，本年应纳赋额叁元四角八分，田赋征实定率每元折征三市斗，征实数量壹石〇四升四合；逾期加罚百分之十，合壹斗〇五合；带征县（市）公粮每元一市斗，合叁斗四升八合。

17. 民生公司募集股金通知单（民国三十三年元月）

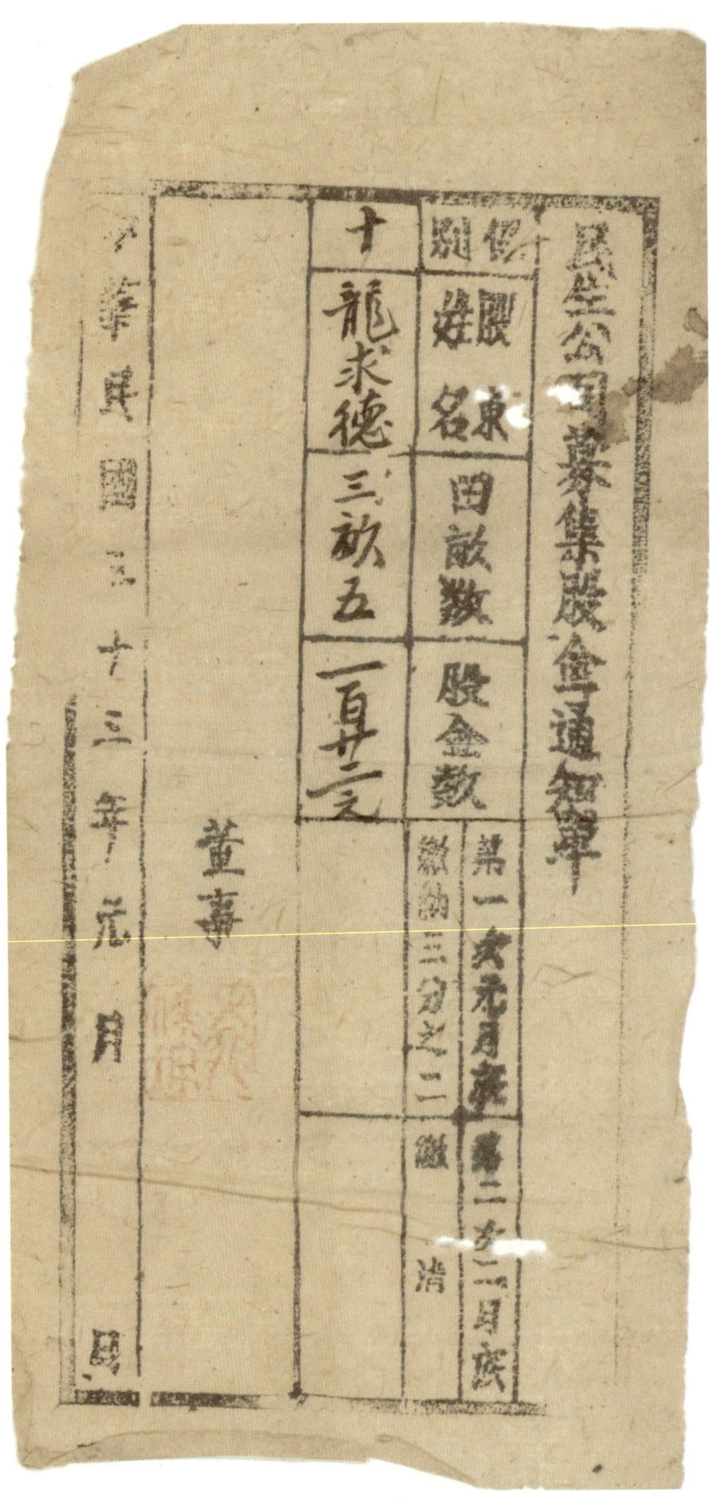

民生公司募集股金通知单

号码	股东名姓	田亩数	股金数
十	龍求德	三亩五	一百廿二元

第一次元月底缴纳三分之二

第二次二月底缴清

董事

中华民国三十三年元月　日

内容提要：民生公司按田亩摊派股金，龙求德田亩数为三亩五分，股金数为一百二十二元。

18. 龙求德田赋及借粮收据（民国三十四年元月三十一日）

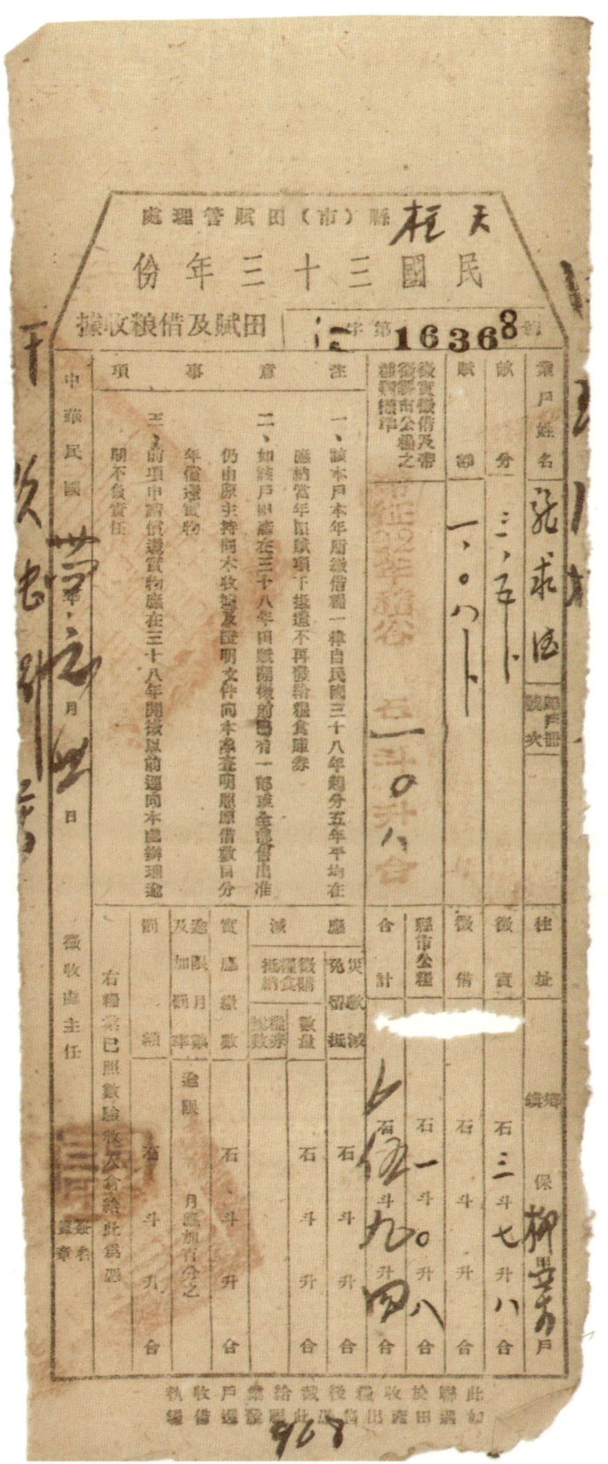

天柱縣（市）田賦管理處

民國三十年份

田賦及借糧收據

第 1636 號

業戶姓名：龍求德

畝分：三、五

賦額：一、〇八

徵實徵借及帶徵縣市公糧之標準：帶征02年積谷一斗〇八合

注意事項

一、該本戶本年度徵借糧一律自民國三十八年起分五年平均在應納當年田賦項下抵還不再發給糧食庫券

二、如該戶田賦在三十八年田賦開徵前已有一部或全部借出准仍由原主持向本收據及證明文件向本處聲明照原借數目分年償還實物

三、前項申請償還實物應在三十八年開徵以前逕向本處辦理逾期不負責任

住址	徵實	徵借	縣市公糧	合計
柳平 保 戶	三石七斗八升合	石斗升合	一石〇斗八升合	伍石九斗四升合

右糧業已照數驗收入倉給此為憑

徵收處主任

中華民國卅四年元月卅一日

此聯於收糧後發給業戶收執

内容提要：龙求德三亩五分地，赋额一元〇八分，带征02年积谷一斗〇八合，征实三斗七升八合，县市公粮一斗〇八合，合计伍斗九升四合。

19. 龙求德田赋收据（时间未详[①]）

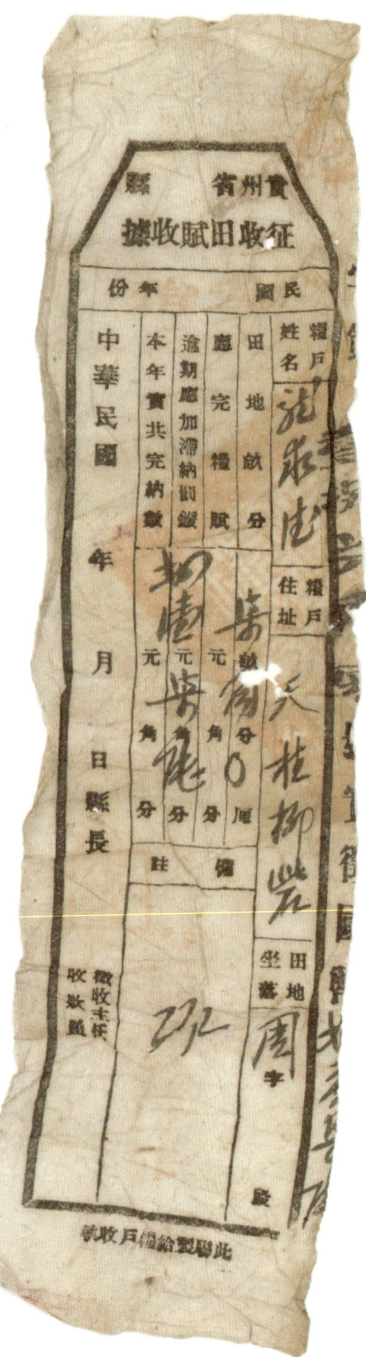

貴州省　縣
征收田賦收據
民國　年份
糧戶姓名
田地畝分
應完糧賦
逾期應加滯納罰鍰
本年實共完納數
元　角　分
糧戶住址
田地坐落　字　段
備註
中華民國　年　月　日　縣長
徵收主任
收款員
此聯製給糧戶收執

内容提要：龙求德柒亩三分田，完纳田赋肆［拾］壹元柒角陆分。

① 表头第三行中间有汉字“叁拾”红色印痕，说明是缴纳“民国叁拾年份”田赋收据。

20. 龙求德田赋通知单（一九四九年[①]）

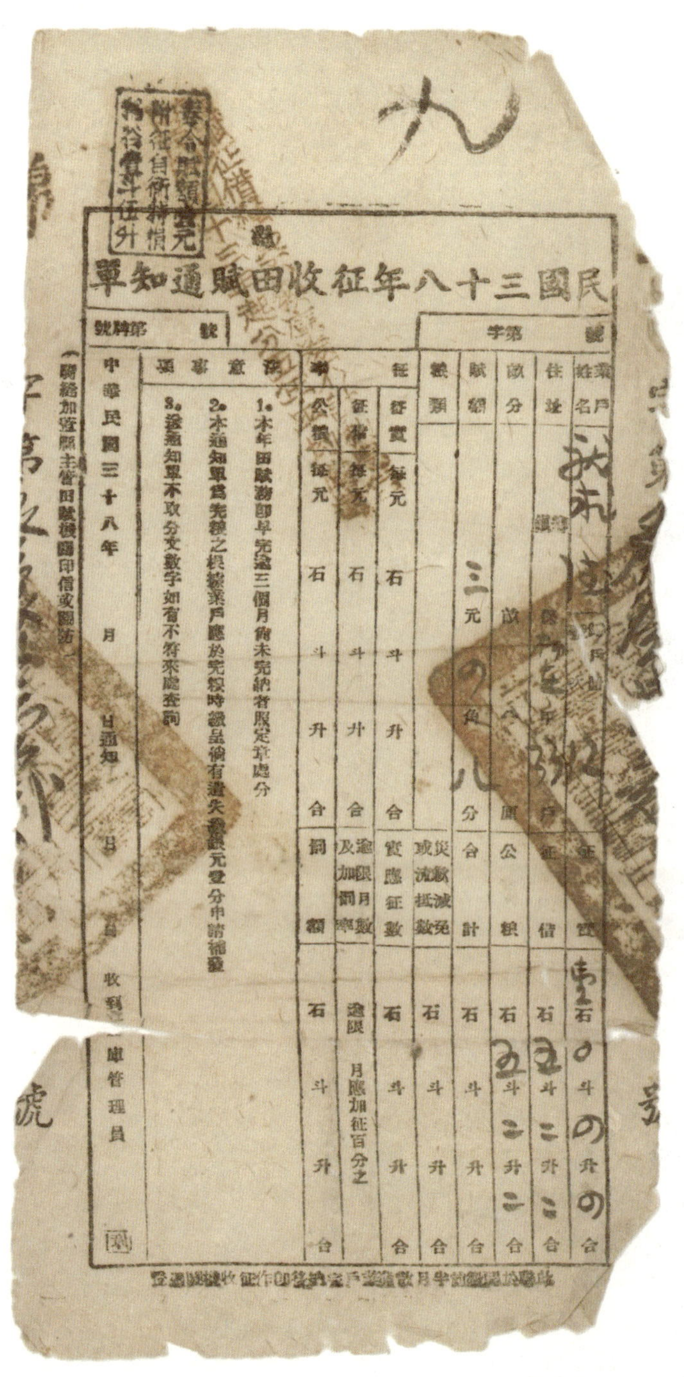

奉令賦額壹元 附征自衛特捐 稻谷壹斗伍升

民國三十八年征收田賦通知單

字第　號　第　號

業戶姓名：龍求德
住址
畝分
賦額：三元四角八分
科類

征實 每元　石　斗　升　合
征借 每元　石　斗　升　合
公糧 每元　石　斗　升　合

征實：壹石〇斗四升四合
征借：石五斗二升二合
公糧：石五斗二升二合
合計：石　斗　升　合
災歉減免抵流或：石　斗　升　合
實應征數：石　斗　升　合
逾限月數及加罰率：逾限　月應加征百分之
罰額

注意事項
1. 本年田賦務即早完逾三個月尚未完納者照定章處分
2. 本通知單為完糧之根據業戶應於完糧時繳呈倘有遺失繳銀元壹分申請補發
3. 發給知單不取分文數字如有不符來處查詢

（騎縫加蓋縣主管田賦機關印信或關防）

中華民國三十八年　月　日通知　　日收到
庫管理員

内容提要：龙求德赋额三元四角八分，征实壹石〇四升四合，征借五斗二升二合，公粮五斗二升二合。

① 左上角黑色印章文字为：“奉令赋额壹元，附征自卫特捐稻谷壹斗伍升。”

21. 龙求德缴纳田粮收据（一九五〇年八月十九日）

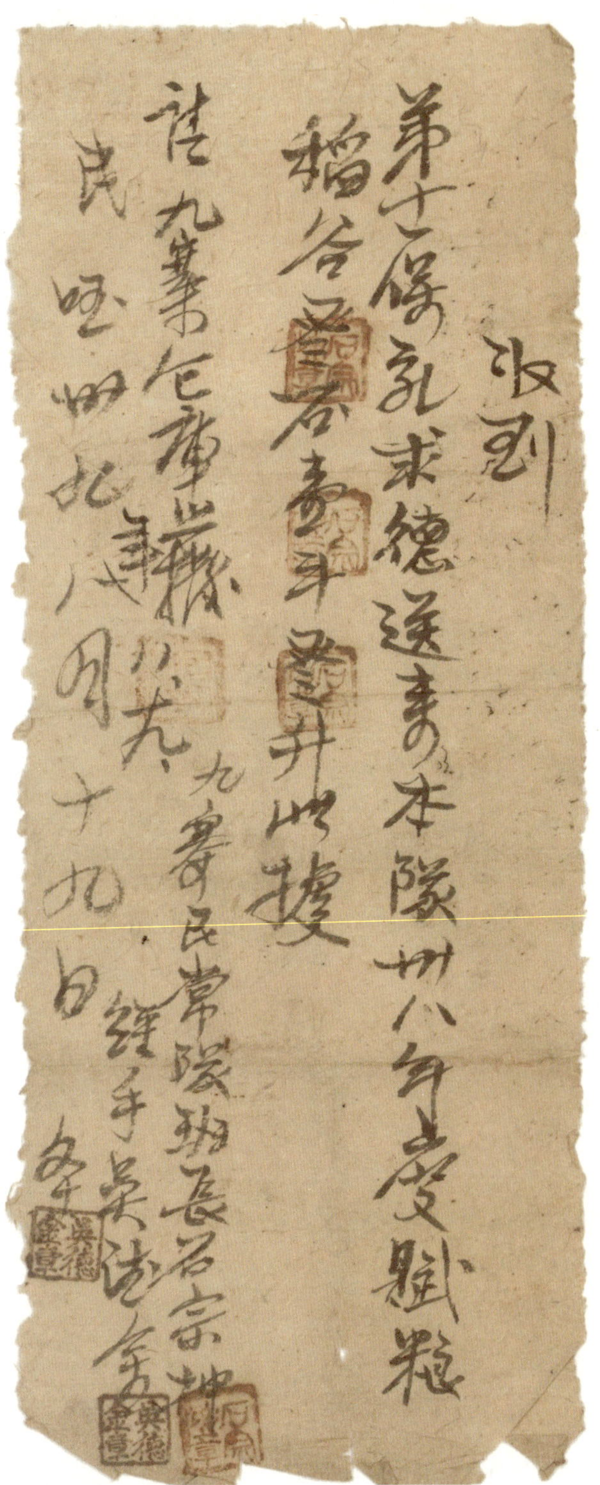

收到

第十保龙求德送来本队卅八年度赋粮

稻谷叁石壹斗叁升此據

存九寨仓库出纳

九寨民常队班长吴宗[illegible]

经手吴德金

民国卅九年八月十九日

内容提要：龙求德交纳 1949 年度赋粮，稻谷叁石壹斗叁升，缴存锦屏九寨仓库。

注：当时新中国已经成立，但天柱、锦屏等县在 1950 年初发生叛乱，大部分乡村仍然为国民党残余势力所控制，直到 1951 年初才重新解放。本收条便是村民 1950 年向国民党残余势力缴纳田粮的证据。

22. 龙求凡农业税收据（一九五一年四月二十七日）

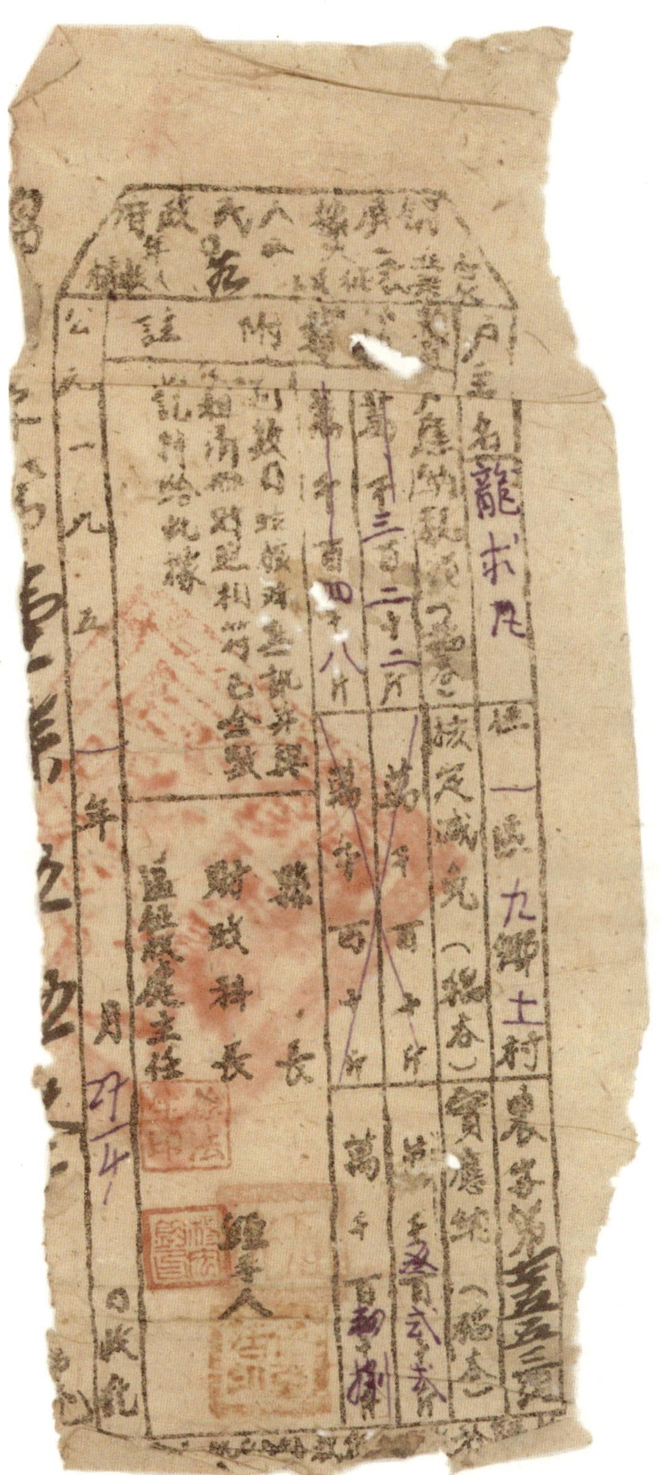

户名 龍求凡

標 一區九鄉土村

核定減免（稻谷）

實應繳（稻谷）

縣長

財政科長

區征收處主任

經手人

公元一九五一年 月 27/4 日收訖

内容提要：解放后，1951 年 4 月 27 日龙求凡向锦屏县人民政府缴纳 1950 年度中央粮稻谷三百二十二斤，地方粮四十八斤。

注：这份收据显示，1951 年广大乡村重新回到人民政府手中后，村民要向人民政府补缴上年国民党残余势力控制时期的农业税。

23. 龙求藩农业税收据（一九五一年十二月二十四日）

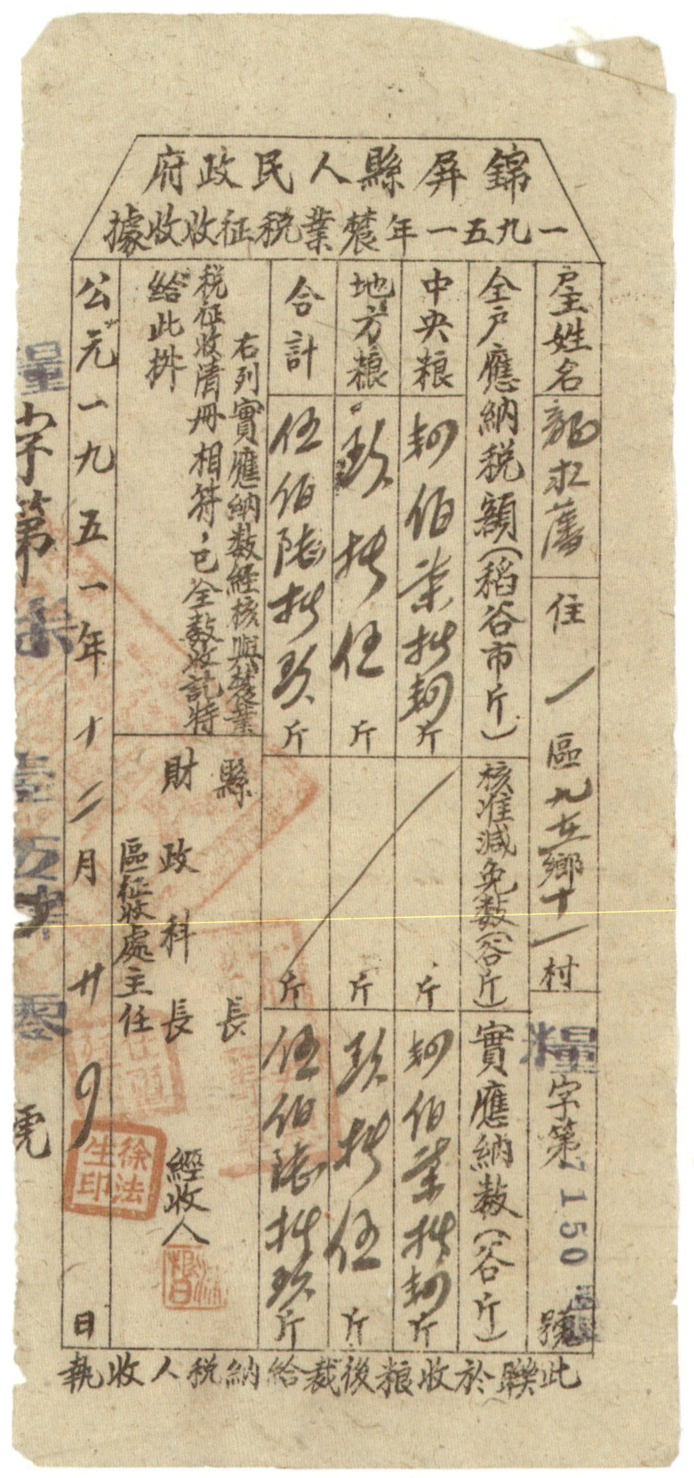

錦屏縣人民政府

一九五一年農業稅征收收據

户主姓名	龍求藩　住　一　區　九丘鄉　十一　村
	全户應納税額（稻谷市斤）	核准减免數（谷斤）	實應納數（谷斤）
中央粮	肆佰柒拾肆斤	斤	肆佰柒拾肆斤
地方粮	玖拾伍斤	斤	玖拾伍斤
合計	伍佰陆拾玖斤	斤	伍佰陆拾玖斤

右列實應納數經核與農業税征收清册相符，已全數收訖，特給此据

縣長
財政科長
區征收處主任　徐法生印
經收人

公元一九五一年十二月廿四日

字第 150 號

此聯於收粮後裁給納税人收執

内容提要：龙求藩向锦屏县人民政府缴纳1951年农业税，其中中央粮肆佰柒拾肆斤，地方粮玖拾伍斤，合计伍佰陆拾玖斤。

24. 龙求凡农业税收据（一九五三年十二月十八日）

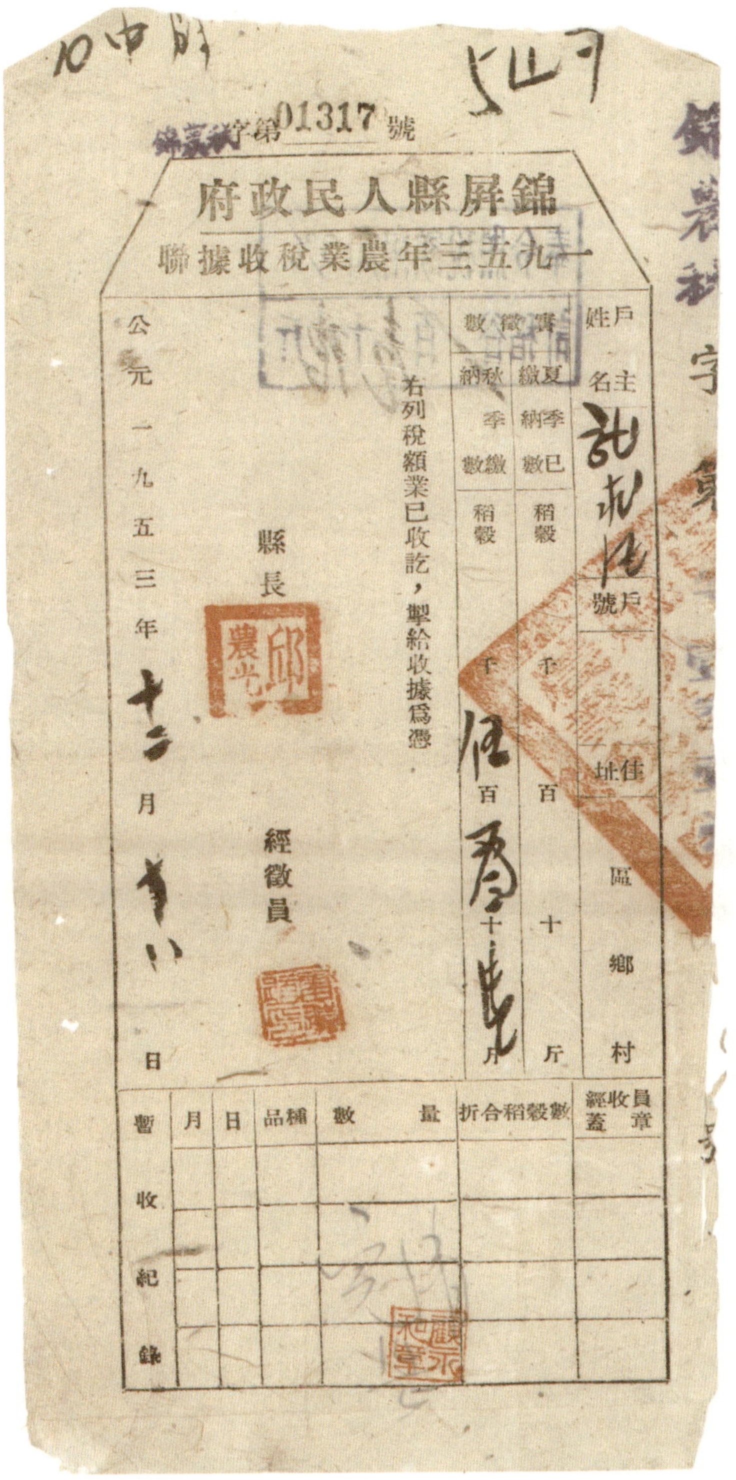

錦農稅字第01317號

錦屏縣人民政府

一九五三年農業稅收據　聯

戶主姓名：龍求凡

戶號：

住址：　區　鄉　村

實徵數：

夏季已繳納稻穀　千　百　十　斤

秋季繳納稻穀　千伍百叁十柒斤

右列稅額業已收訖，掣給收據爲憑。

縣長（印：邱農光）

經徵員（印）

公元一九五三年十二月十八日

暫收紀錄	月	日	品種	數量	折合稻穀數	經收員蓋章

内容提要：龙求凡向锦屏县人民政府缴纳1953年农业税伍百叁十柒斤。

25. 龙求凡农业税收据（一九五五年元月十七日）

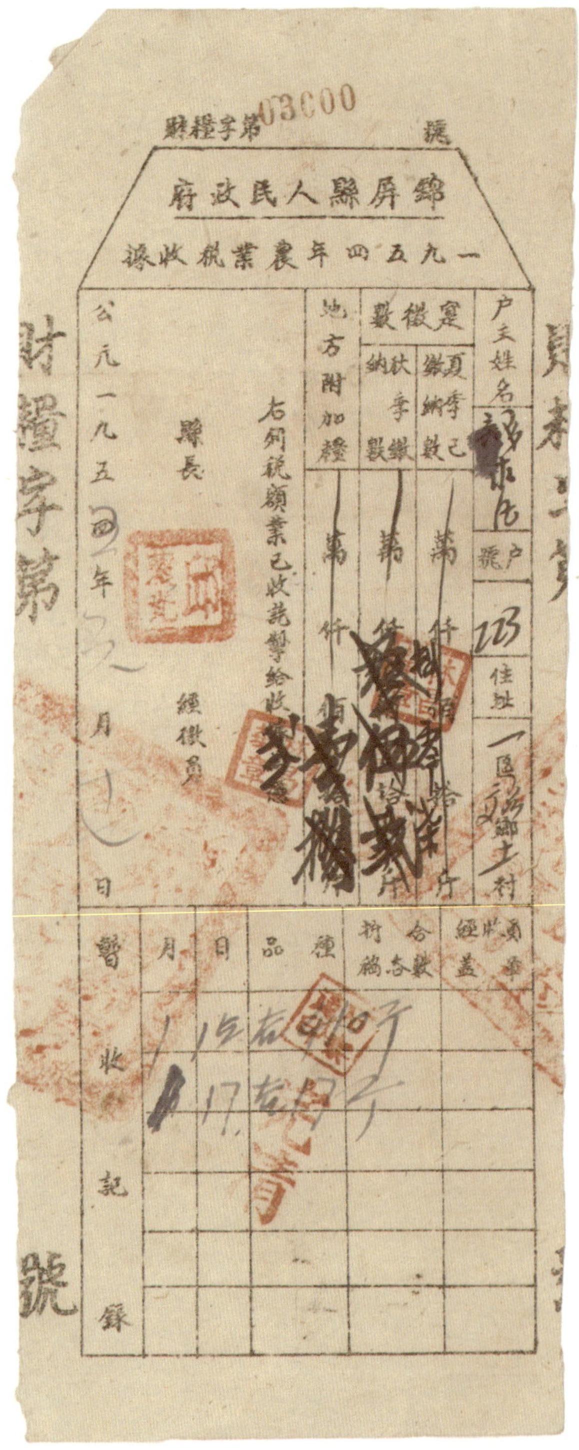

内容提要：龙求凡向锦屏县人民政府缴纳1954年农业税肆佰零柒斤，地方附加粮贰拾斤，合计四百二十七斤。

26. 龙求凡定产定购定销通知单（一九五五年十二月十六日）

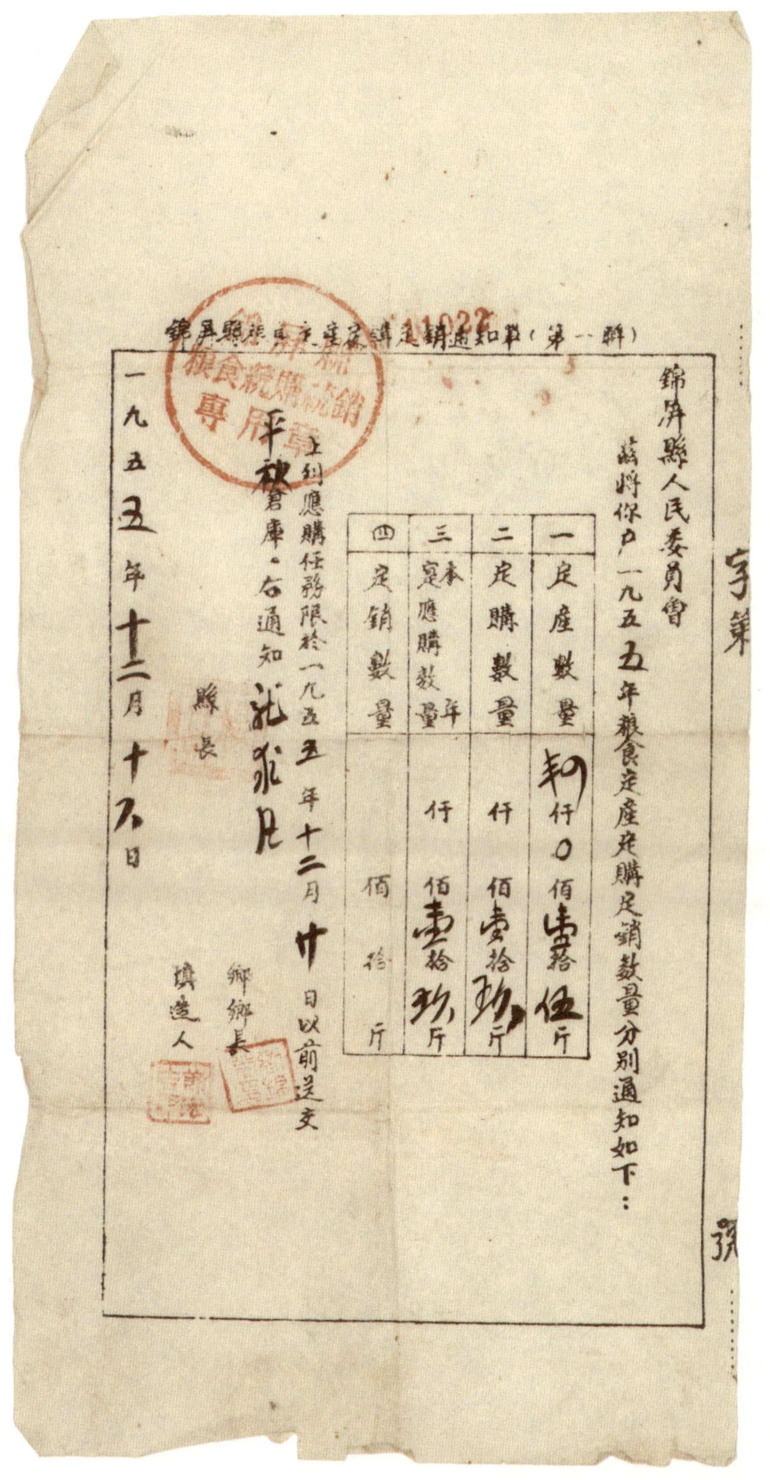

錦屏縣糧食定產定購定銷通知單（第一聯）

錦屏縣人民委員會

茲將你户一九五五年糧食定產定購定銷數量分别通知如下：

一	二	三	四
定產數量	定購數量	本年應購數量	定銷數量
肆仟〇佰壹拾伍斤	仟佰壹拾玖斤	仟佰壹拾玖斤	佰拾斤

上列應購任務限於一九五五年十二月廿日以前送交平秋倉庫。右通知 龍求凡

縣長

鄉鄉長

填造人

一九五五年十二月十六日

内容提要：锦屏县人民委员会1955年对龙求凡的定产数量为肆仟〇壹拾伍斤，定购数量为壹拾玖斤，限于一九五五年十二月廿日以前送交平秋仓库。

注：从定产数量来看，龙求凡当时的稻田约有10亩。

27. 龙求凡农业税收据（一九五五年十二月三十日）

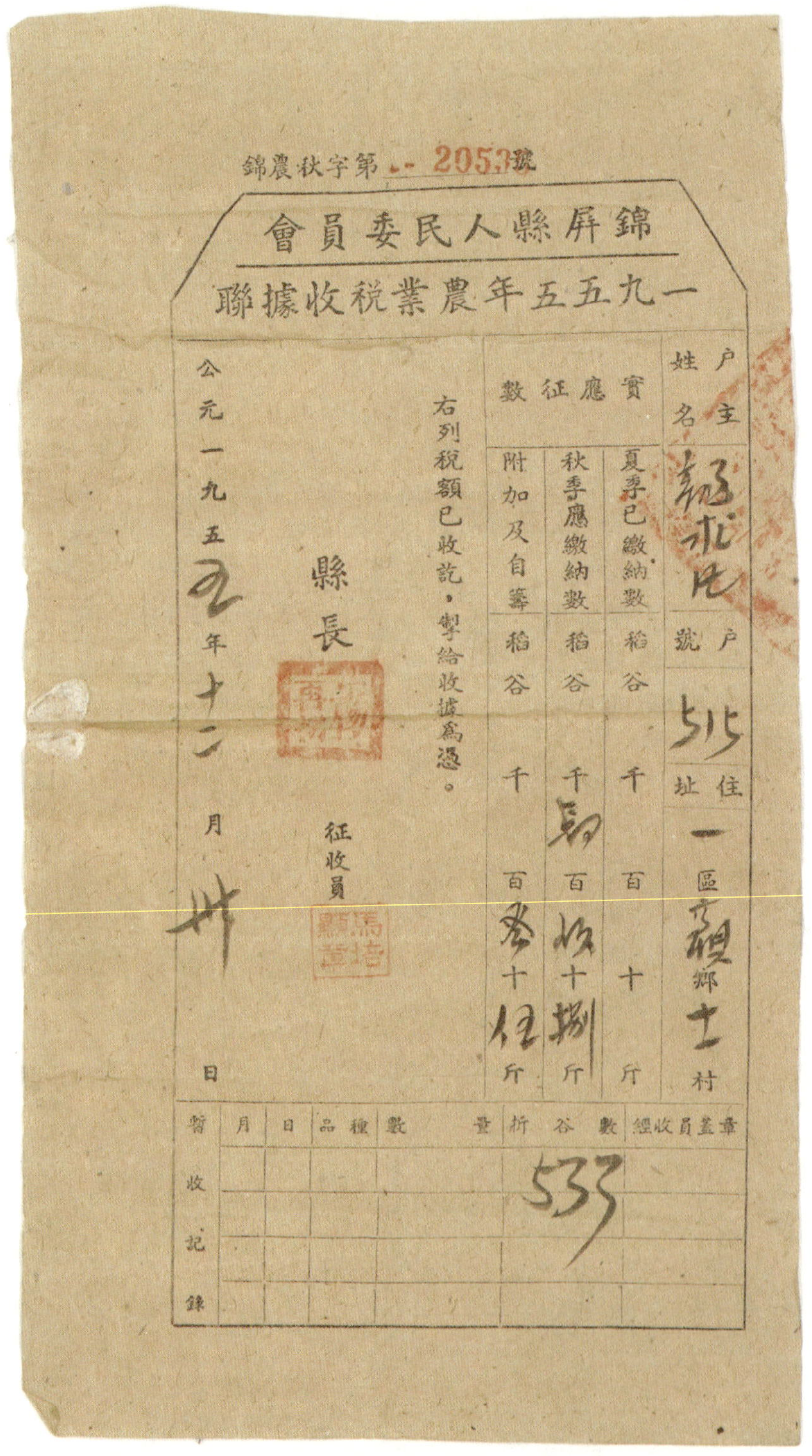

錦農秋字第 2053 號

錦屏縣人民委員會

一九五五年農業税收據聯

户主姓名	龍求凡
户號	515
住址	一區高翹鄉十村

實應征數		
夏季已繳納數	稻谷 千 百 十 斤	
秋季應繳納數	稻谷 千肆百玖十捌斤	
附加及自籌	稻谷 千 百叁十伍斤	

右列税額已收訖，掣給收據爲憑。

縣長

征收員

公元一九五五年十二月卅日

暫收記錄	月	日	品種	數量	折谷數	經收員蓋章
					533	

内容提要：龙求凡向锦屏县人民委员会缴纳稻谷肆百玖十捌斤，附加叁十伍斤，合计五百三十三斤。

28. 龙求凡土地证照费通知单（一九五五年九月十九日）

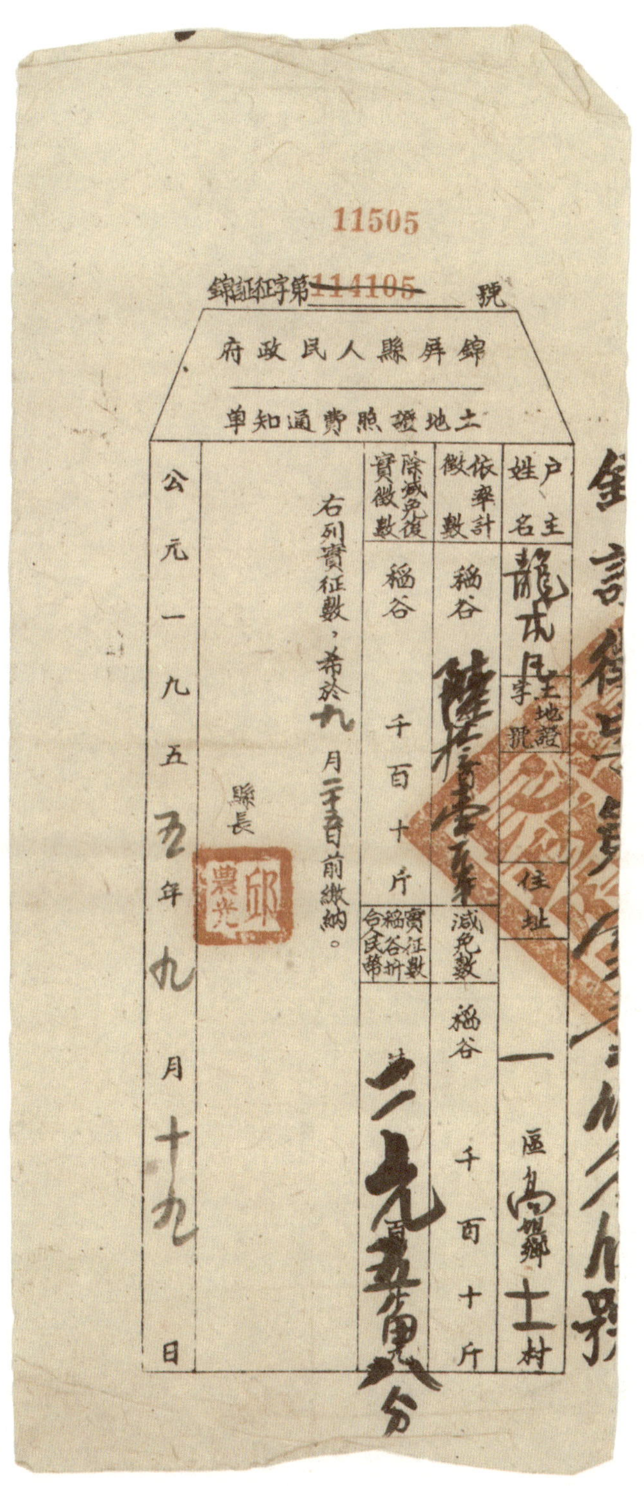
11505

錦証征字第~~114105~~號

錦屏縣人民政府

土地證照費通知單

户主姓名	龍求凡	土地證字號		住址	一區高岨鄉　　村
依率計徵數	稻谷　陸拾壹斤半	減免數	稻谷　千百十斤		
除減免後實徵數	稻谷　千百十斤	實征數稻谷折合民幣	二元五角八分		

右列實征數，希於九月二十五日前繳納。

縣長　邱農光

公元一九五五年九月十九日

内容提要：龙求凡应向锦屏县人民政府缴纳土地证照费稻谷陆十壹斤半，折合人民币二元五角八分。

注：1955 年 3 月 1 日中国人民银行发行第二套人民币，1 元折合第一套人民币 1 万元。这份单据显示，1955 年的新版人民币 1 元可购稻谷约 24 斤。

29. 龙求藩购粮证（一九五八年二月七日）

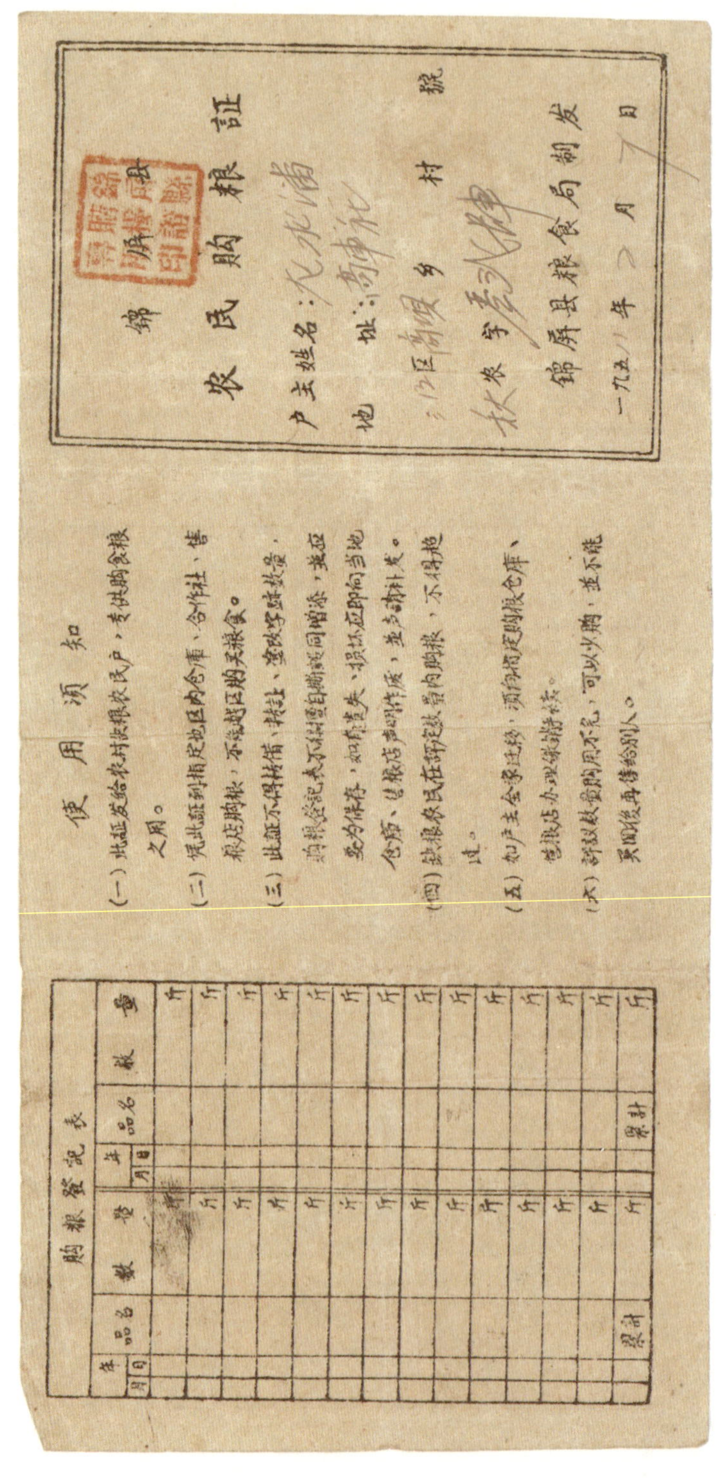

锦屏县

农民购粮証

户主姓名：龙求藩

地　址：高東社

三区高堰乡　村　號

秋农字

锦屏县粮食局制发

一九五八年二月七日

使用须知

（一）此証发给农村缺粮农民户，专供购食粮之用。

（二）凭此証到指定地区内仓库、合作社、售粮店购粮，不能越区购买粮食。

（三）此証不得转借、转让、塗改字跡数量，购粮登記表不得擅自撕毁同增添，並应妥为保存，如有遗失、损坏应即向当地仓库、售粮店声明作废，並声請补发。

（四）缺粮农民在評定数量内购粮，不得超过。

（五）如户主全家迁移，须向指定购粮仓库、售粮店办理繳销手续。

（六）評议数量购用不完，可以少购，並不能买回後再售给别人。

购粮登記表

年 月	日	品名	数量	年 月	日	品名	数量
			斤				斤
			斤				斤
			斤				斤
			斤				斤
			斤				斤
			斤				斤
			斤				斤
			斤				斤
			斤				斤
			斤				斤
			斤				斤
			斤				斤
			斤				斤
		累計	斤			累計	斤

内容提要：1958 年锦屏县粮食局制发农民购粮证，其使用须知规定，此证发给农村缺粮户，缺粮农民只能在评定的数量内购粮，不能超过定额。龙求藩领取了此证，说明他是缺粮户。而 1955 年锦屏县对龙求藩的定产数量是 4015 斤，说明他还是当时的粮食富余户。实行合作社以后，农民土地收归集体，当时的粮食富余户也就成了缺粮户。

30. 龙求藩购粮登记表（一九五八年）

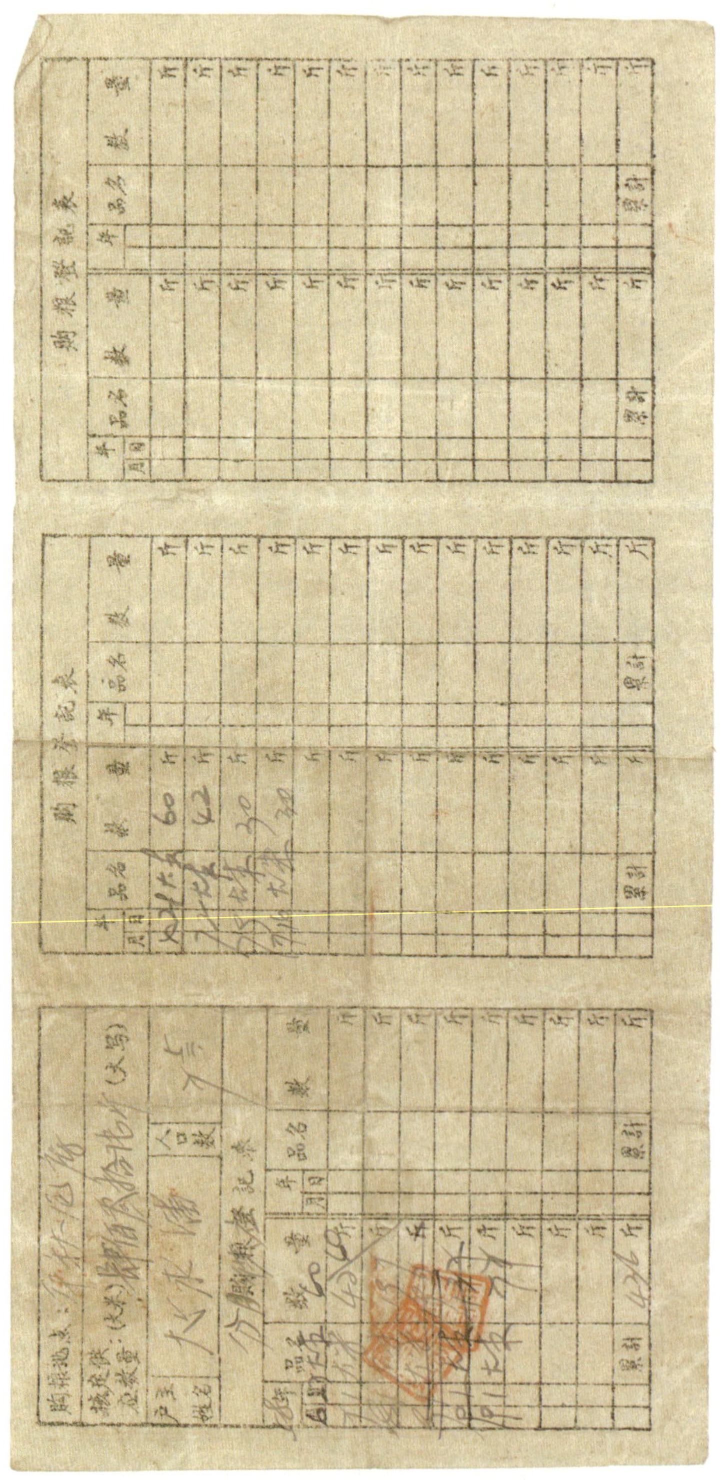

内容提要：龙求藩户有 7 口，1958 年核定供应大米 436 斤，分别于 6 月 7 日购 60 斤，7 月 1 日购 42 斤又 60 斤，8 月 1 日购 197 斤，9 月 1 日购 77 斤，购足了当年的核定数量。

中间表格未写年份，应该是次年即 1959 年的购粮登记，登记了 4 月 28 日购 60 斤，7 月 2 日购 42 斤，7 月 9 日购 30 斤，7 月 19 日购 30 斤，4 笔共 162 斤，未足 1958 年核定的数量。

卷二　龙步钊户藏

（一）契约类

1. 龙文榜卖坪地契（道光十九年正月□日）

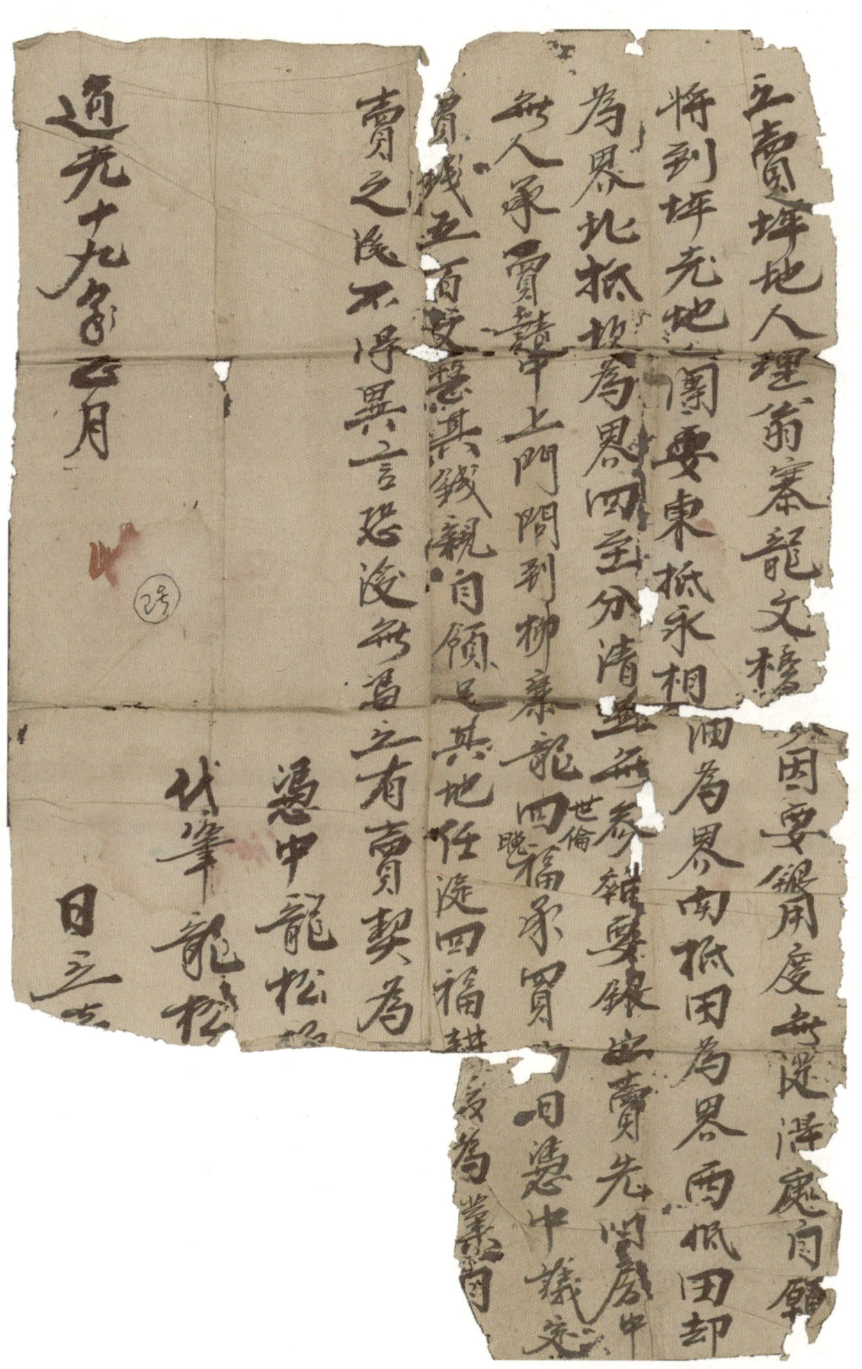

立卖坪地人理翁寨龙文榜，今因要银用度，无从得处，自愿将到坪老地一团，东抵永相油［山］为界，南抵田为界，西抵田却（脚）为界，北抵坎为界，四至分清，并无参杂，要银出卖。先问房中无人承买，请中上门问到柳寨龙世伦、四福承买，当日凭中议定价钱五百文整。其钱亲自领足，其地任从四福耕管为业。自卖之后，不得异言。恐后无凭，立有卖契为［据］。

凭中：龙松□

代笔：龙松□

道光十九年正月□日立卖

注：持契人自编号为红4号、黑2号。

2. 龙乔元、龙乔清卖地土字（道光三十年六月初□日）

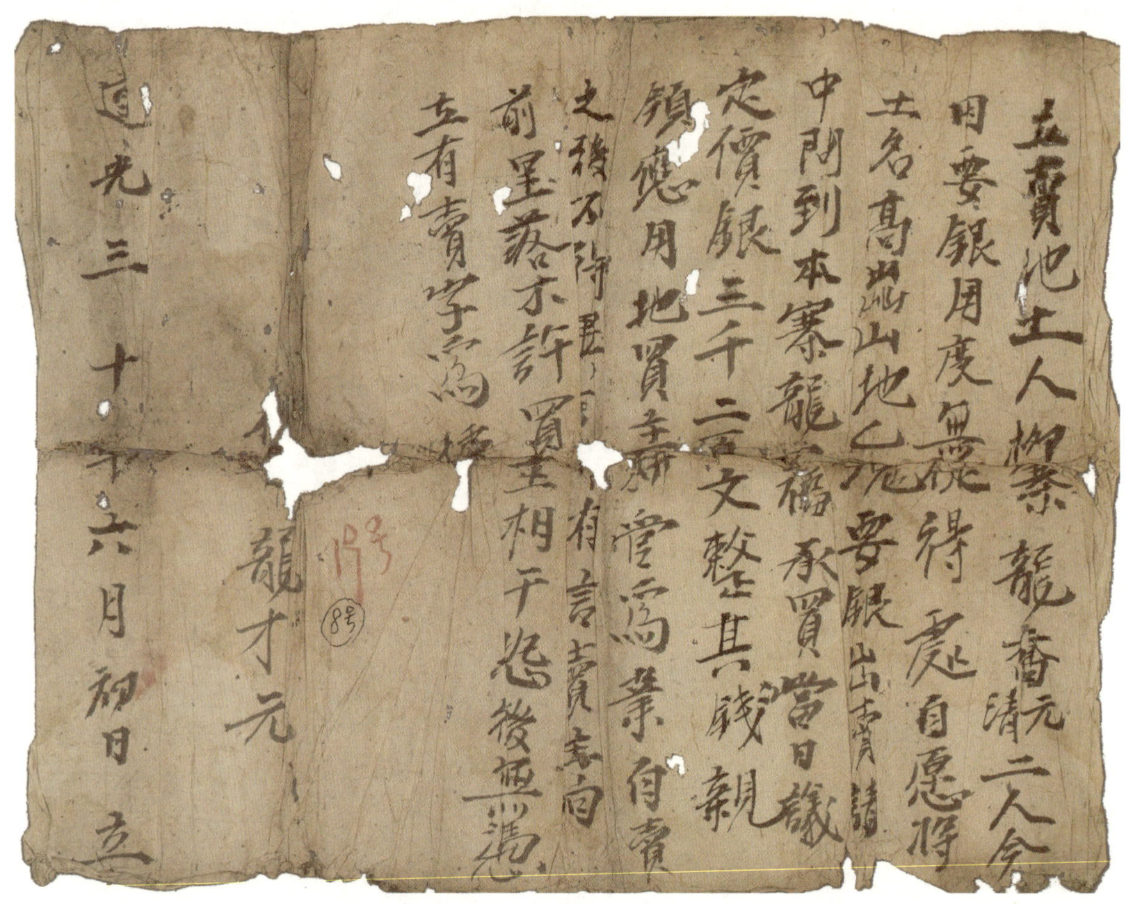

立卖地土人柳寨龙乔元、乔清二人，今因要银用度，无从得处，自愿将土名高㟁[①] 山地乙块，要银出卖。请中问到本寨龙四福承买，当日议定价银三千二百文整。其钱亲领应用，[其] 地买主耕管为业。自卖之后，不得异言。[如] 有 [异] 言，卖主向前里（理）落，不许（与）买主相干。恐后无凭，立有卖字为据。

□□：龙才元

道光三十年六月初□日立

注：持契人自编号为红 19 号、黑 8 号。

---

① 㟁，音 biā，指石山，后同。

3. 龙乔元、龙乔清兄弟二人卖地土字（道光三十年六月十八日）

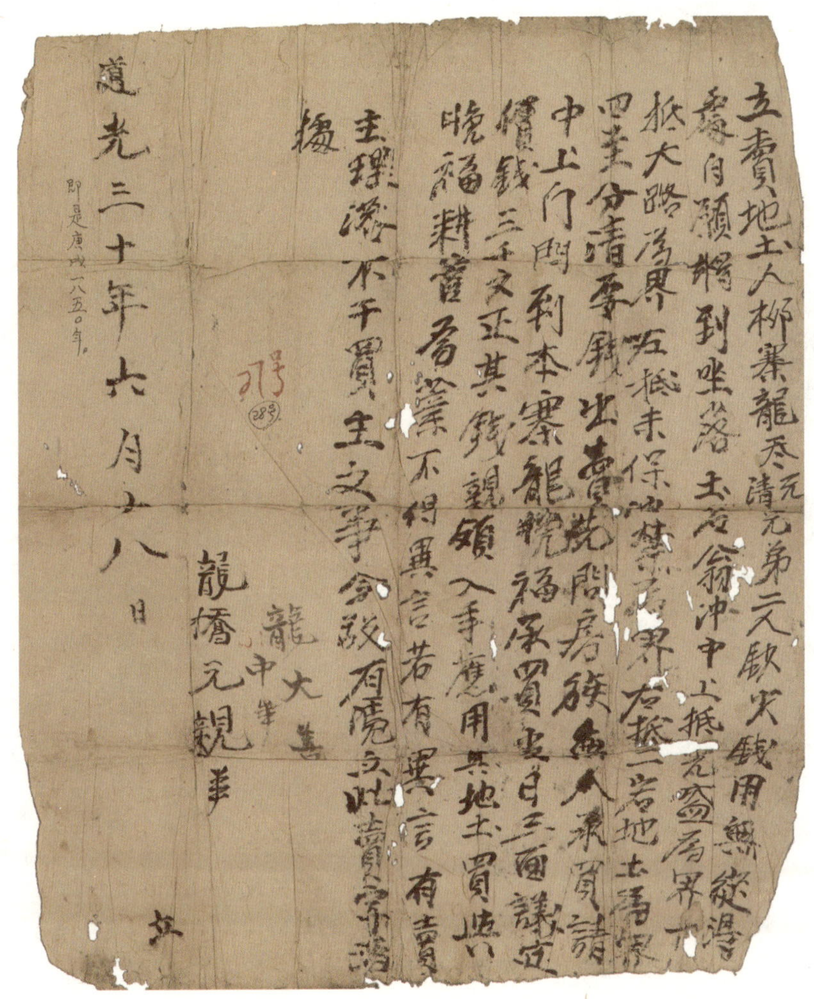

立卖地土人柳寨龙乔元、乔清兄弟二人，缺少钱用，无从得处，自愿将到坐落土名翁冲，中上抵光盛为界，下抵大路为界，左抵未保油禁为界，右抵二岩地土为界，四至分清，要钱出卖。先问房族无人承买，请中上门问到本寨龙晚福承买，当日三面议定价钱三千文正。其钱亲领入手应用，其地土买（卖）与晚福耕管为业。不得异言。若有异言，有卖主理落，不干买主之事。今欲有凭，立此卖字为据。

龙大善中笔

龙乔元亲笔

道光三十年六月十八日立

注：持契人自编号为红 27 号、黑 28 号。日期旁有小字注“即是庚戌一八五〇年”。

4. 杨胜文、欧绍保卖杉木字（咸丰二年八月二十六日）

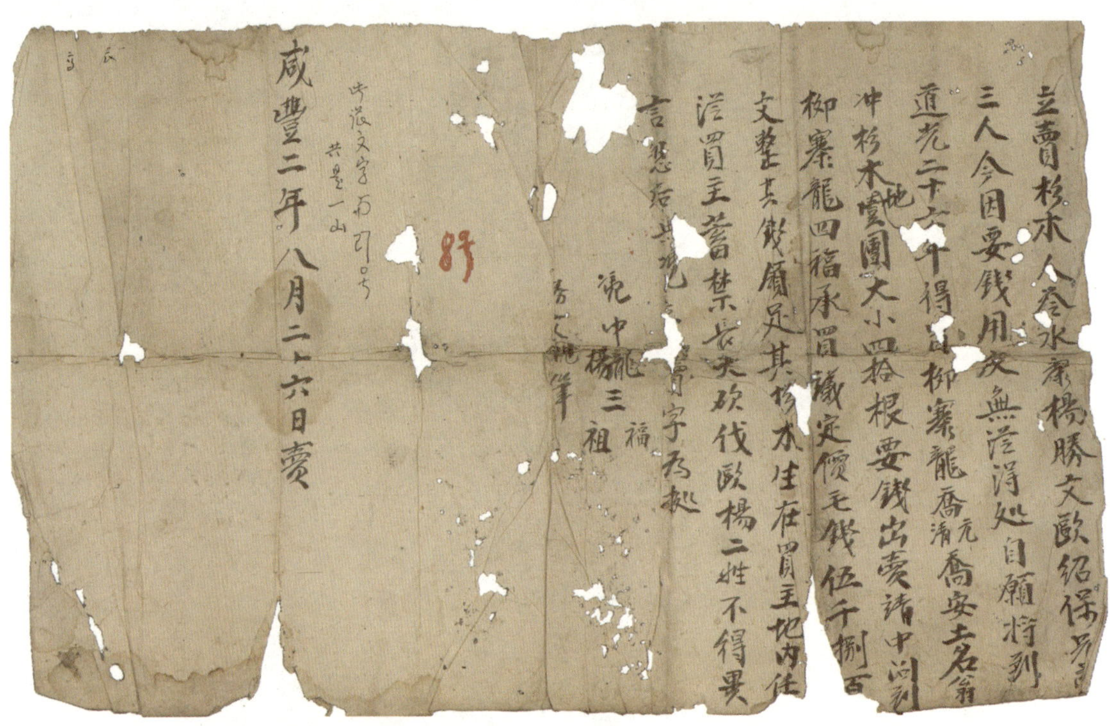

立卖杉木人冷水寨杨胜文、欧绍保兄弟三人，今因要钱用度，无从得处，自愿将到道光二十六年得买柳寨龙乔元、乔清、乔安土名翁冲杉木地壹团，大小四拾根，要钱出卖。请中问到柳寨龙四福承买，议定价毛钱伍千捌百文整。其钱领足，其杉木生在买主地内，任从买主蓄禁，长大砍伐，欧、杨二姓不得异言。恐后无凭，立有卖字为据。

凭中：龙三福、杨三祖

胜文亲笔

咸丰二年八月二十六日卖

注：持契人自编号为红 8 号，此张文字与 27 号共是一山。

5. □□宗卖地土杉木字（咸丰三年五月十一日）

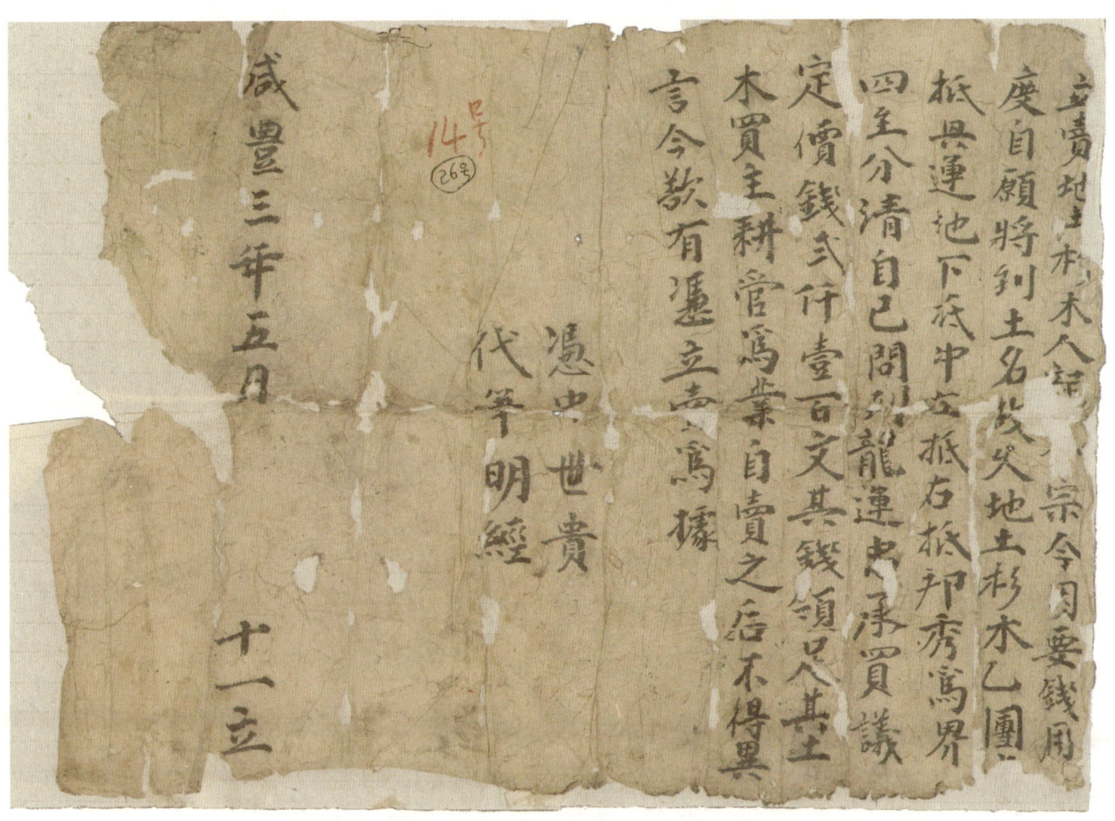

立卖地土杉木字人□□宗，今因要钱用度，自愿将到土名故久地土杉木乙团，上抵兴运地，下抵冲，左抵右抵邦秀为界，四至分清，自己问到龙运忠承买，议定价钱贰仟壹百文。其钱领足，其土木买主耕管为业。自卖之后，不得异言。今欲有凭，立卖为据。

凭中：世贵

代笔：明经

咸丰三年五月十一［日］立

注：持契人自编号为红 14 号、黑 26 号。

6. **龙兴邦、龙兴元兄弟二人卖地土字**（咸丰十年七月十六日）

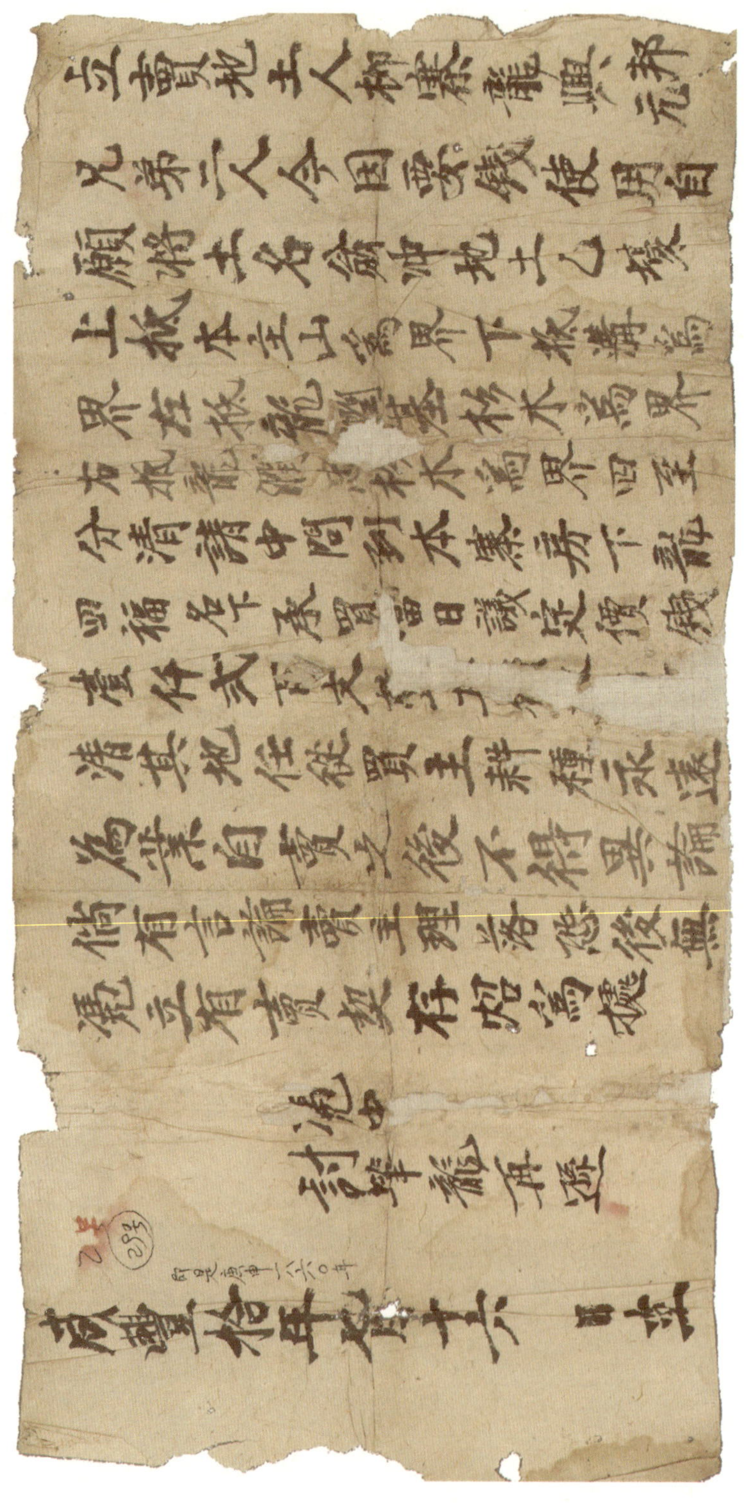

立賣地土人柳寨龍興邦、元

兄弟二人今因要錢使用自

願將土名[illegible]冲地土乙塊

上抵本主山為界下抵溝為

界左抵龍[illegible]杉木為界

右抵龍[illegible]杉木為界四至

分清請中問到本寨房下龍

興福名下承買當日議定價錢

壹仟弍百文[illegible]

清其地任從買主耕種永遠

為業自賣之後不得異言

倘有言論賣主理落恁後無

憑立有賣契存照為據

憑中

代筆龍开運

咸豐拾年七月十六日　立

即是公元一八六〇年

立卖地土人柳寨龙兴邦、兴元兄弟二人，今因要钱使用，自愿将土名翁冲地土乙壕，上抵本主山为界，下抵沟为界，左抵龙润基杉木为界，右抵龙润忠杉木为界，四至分清，请中问到本寨房下龙四福名下承买，当日议定价钱壹仟贰百文整。[其钱领] 清，其地任从买主耕种永远为业。自卖之后，不得异论。倘有言论，卖主理落。恐后无凭，立有卖契存照为据。

凭中、讨笔：龙再逊

咸丰拾年七月十六日立

注：持契人自编号为红 2 号、黑 29 号。

7. 龙珍耀、龙珍修兄弟卖地土字（同治八年七月二日）

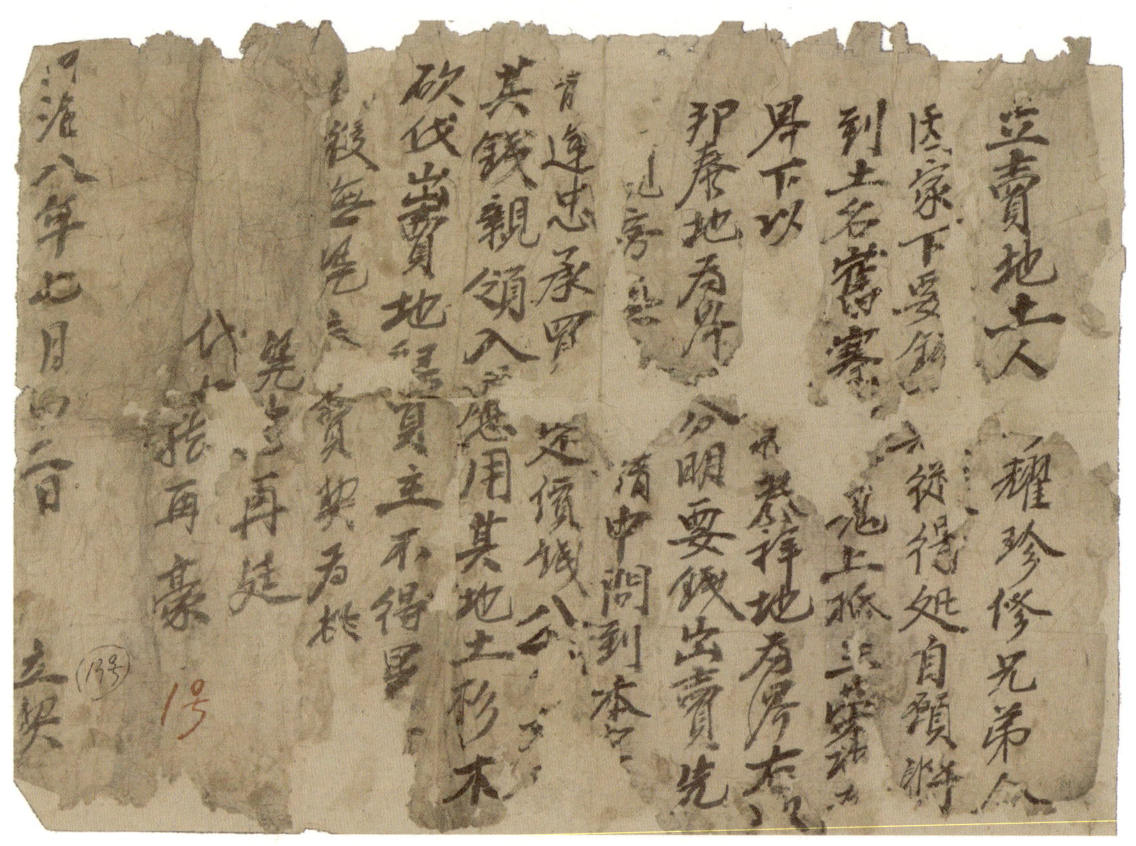

立卖地土人［珍］耀、珍修兄弟[①]，今因家下要钱，无从得处，自愿将到土名旧寨□□□块，上抵□荣地为界，下以□□□发祥地为界，右以邦泰地为界，［四至］分明，要钱出卖。先［问］亲房无［人承买］，请中问到本□龙运忠承买，［议］定价钱八千□□。其钱亲领入手应用，其地土杉木砍伐出卖，地归买主。不得异言。恐后无凭，立有卖契为据。

凭忠（中）：再廷

代笔：龙再豪

同治八年七月二日立契

注：持契人自编号为红1号、黑13号。

① 根据龙生海户藏第23份契约“龙珍耀、龙珍修兄弟卖田契（同治九年四月二十日）”，此处脱落的姓为“龙”。

8. 龙林山、龙新荣卖屋地字（同治九年九月初六日）

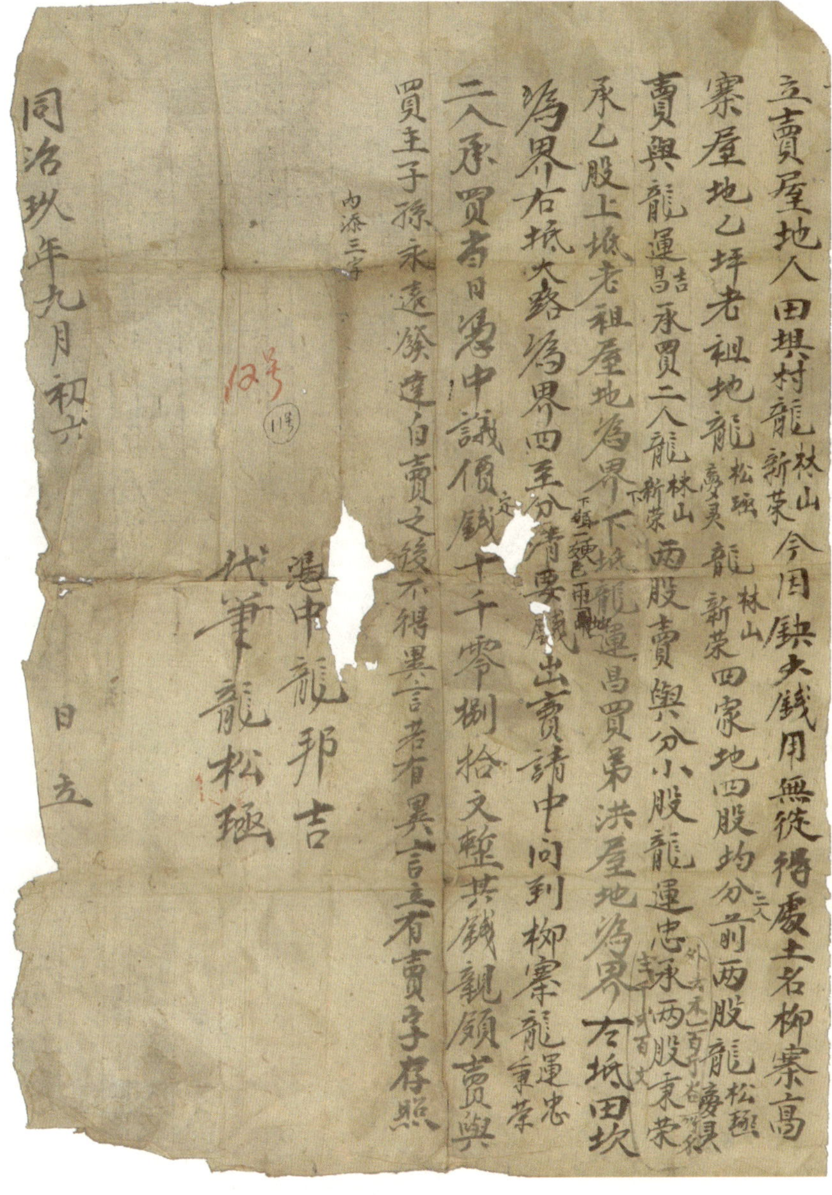

立卖屋地人田坝村龙林山、新荣，今因缺少钱用，无从得处。土名柳寨高寨屋地乙坪，老祖地龙松涵、梦灵、林山、新荣四家地四股均分。二人前两股龙松涵、梦灵卖与龙运吉、运昌承买；二人龙林山、新荣两股卖与分小股龙运忠承两股，秉荣承乙股，外去禾乙百斤，谷价钱贰仟贰百文。上抵老祖屋地为界，下抵龙运昌买弟洪屋地为界，左抵田坎为界，右抵大路为界，四至分清，要钱出卖。请中问到柳寨龙运忠、秉荣二人承买，当日凭中议定价钱十千零捌拾文整。其钱亲领，［其地］卖与买主子孙永远发达。自卖之后，不得异言。若有异言，立有卖字存照。

内添三字

凭中：龙邦吉

代笔：龙松涵

同治玖年九月初六日立

注：持契人自编号为红 12 号、黑 11 号。

9. 陈文鳌卖屋地基字（光绪三年十一月初八日）

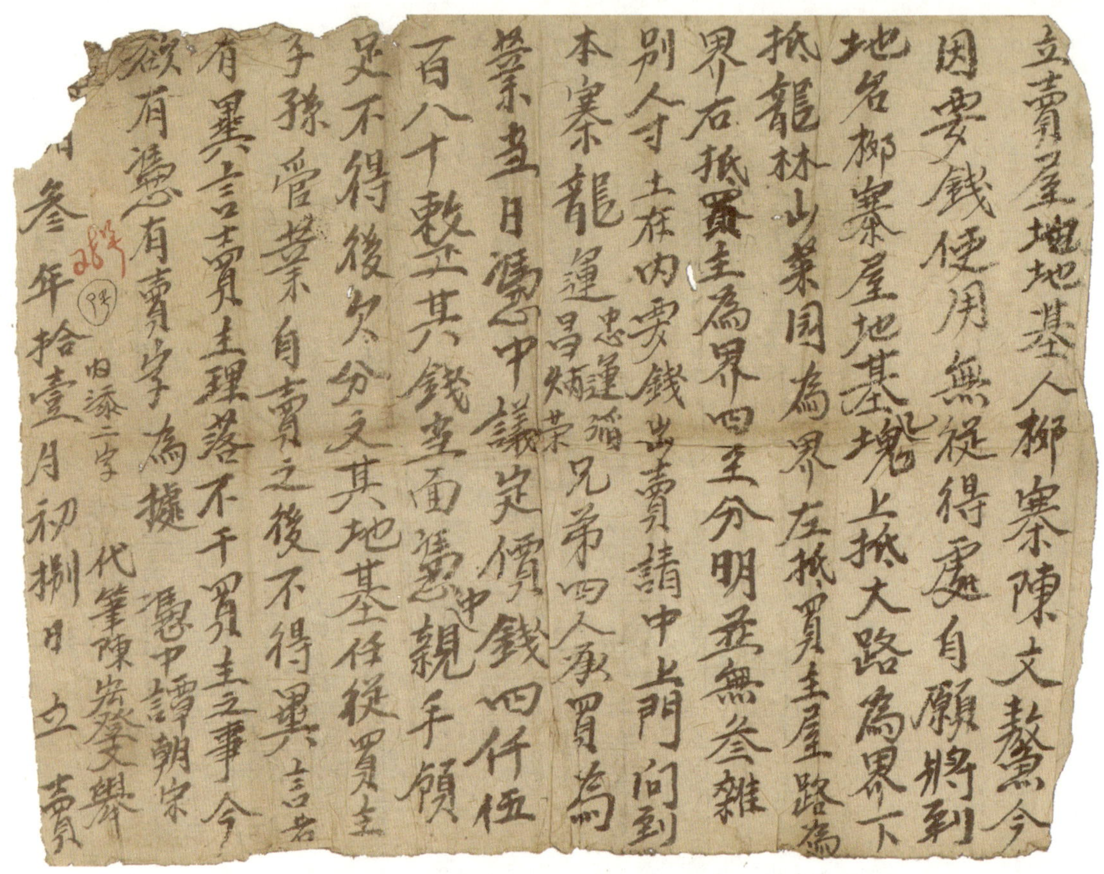

立卖屋地基人柳寨陈文鳌，今因要钱使用，无从得处，自愿将到地名柳寨屋地基乙块，上抵大路为界，下抵龙林山菜园为界，左抵买主屋路为界，右抵买主为界，四至分明，并无参杂别人寸土在内，要钱出卖。请中上门问到本寨龙运忠、运滔、运昌、炳荣兄弟四人承买为业，当日凭中议定价钱四仟伍百八十［文］整。其钱当面凭中亲手领足，不得后欠分文，其地基任从买主子孙管业。自卖之后，不得异言。若有异言，卖主理落，不干买主之事。今欲有凭，有卖字为据。

内添二字

凭中：谭朝宋

代笔：陈宏登、文举

［光绪］叁年拾壹月初捌日立卖

注：持契人自编号为红 28 号、黑 9 号。

10. 龙明岩卖地土杉木字（光绪四年三月十九日）

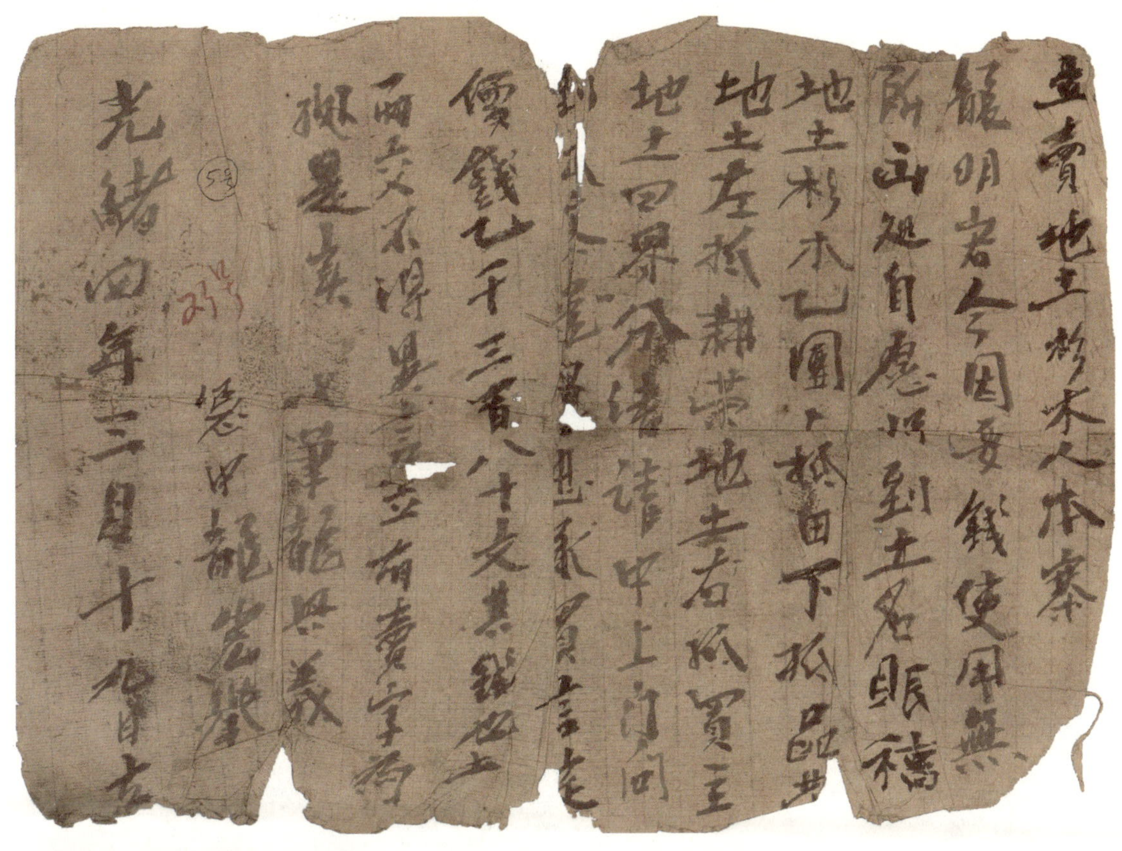

立卖地土杉木人本寨龙明岩，今因要钱使用，无所出处，自愿将到土名眼稿地土杉木乙团，上抵田，下抵品□地土，左抵耕荣地土，右抵买主地土，四界分清，请中上门问到本寨显贵承买，言定价钱乙千三百八十文。其钱地土两交，不得异言，立有卖字为据是实。

代笔：龙兴义

凭中：龙宏举

光绪四年三月十九日立

注：持契人自编号为红 23 号、黑 5 号。

11. 陈文鳌卖地基字（光绪四年八月十五日）

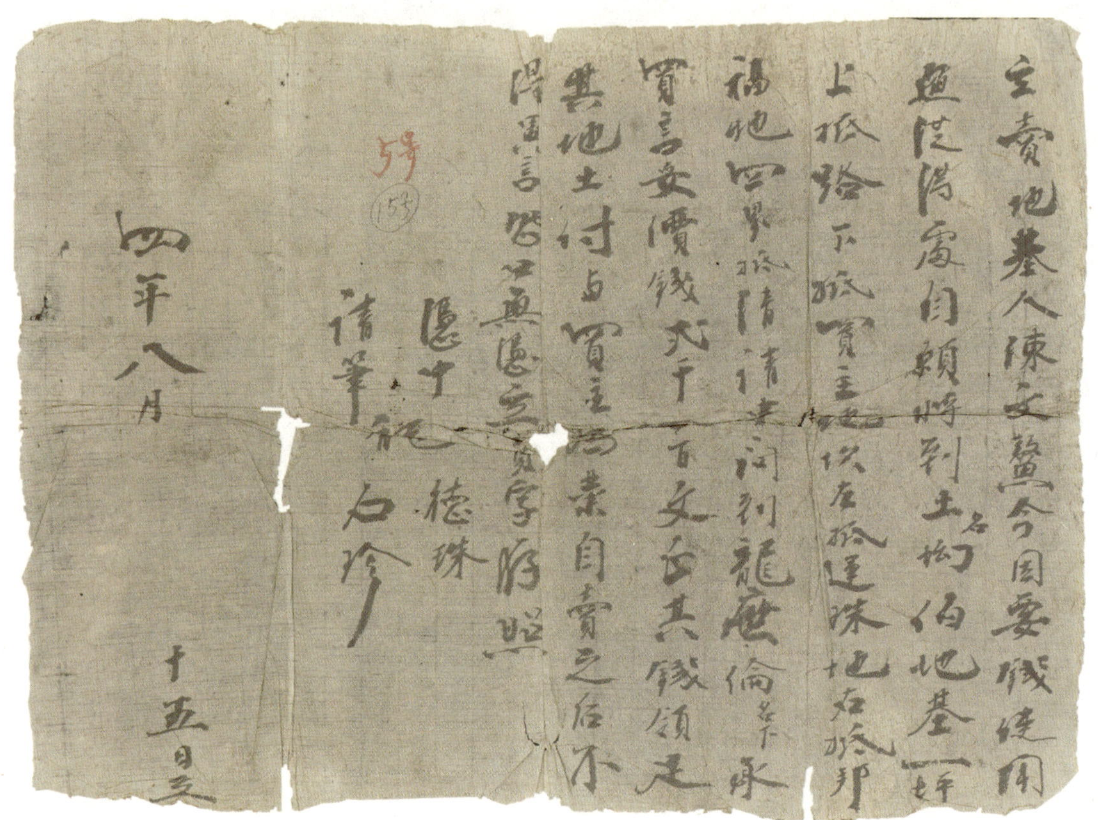

立卖地基人陈文鳌，今因要钱使用，无从得处，自愿将到土名坳伯地基一坪，上抵路，下抵买主地坎，左抵连珠地，右抵邦福地，四界抵清，请中问到龙世伦名下承买，言妥价钱贰千□百文正。其钱领足，其地土付与买主为业。自卖之后，不得异言。恐口无凭，立卖字存照。

凭中：龙德珠

请笔：龙石珍

［光绪］四年八月十五日立

注：持契人自编号为红5号、黑15号。

12. 龙明岩卖地土字（光绪四年□月二十日）

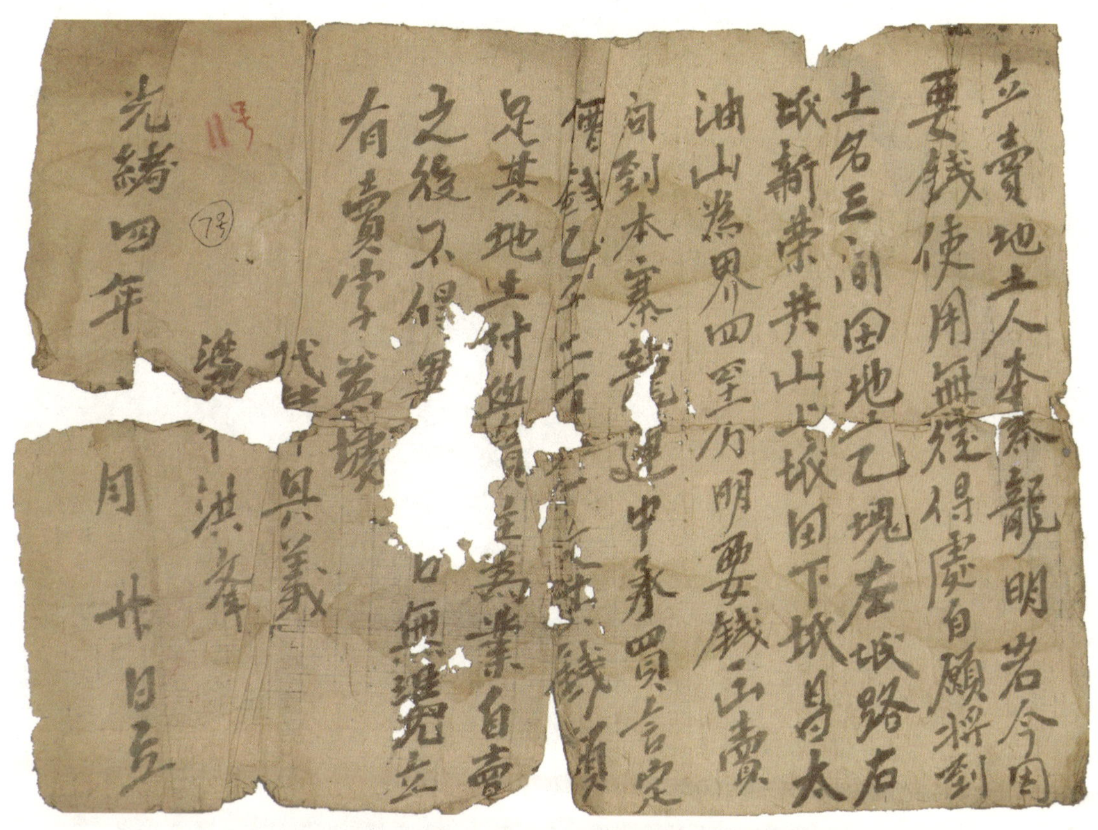

立卖地土人本寨龙明岩，今因要钱使用，无从得处，自愿将到土名三间，田地乙块，左抵路，右抵新荣共山，上抵田，下抵昌太油山为界，四至分明，要钱出卖。问到本寨龙运中承买，言定价钱乙千二百□□文。其钱领足，其地土付与买主为业。自卖之后，不得异［言］。［恐］口无凭，立有卖字为据。

代笔：兴义

凭中：洪举

光绪四年□月廿日立

注：持契人自编号为红 11 号、黑 7 号。

13. 龙应荣卖地土字（光绪十五年十二月二十一日）

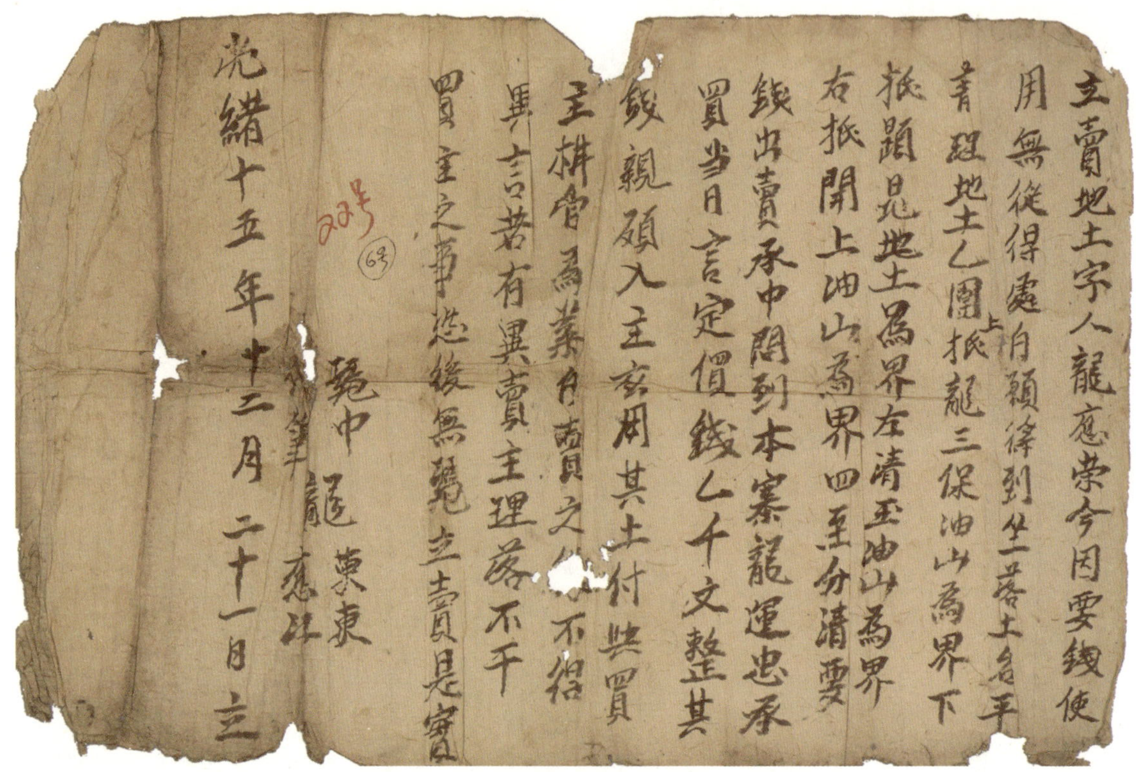

立卖地土字人龙应荣，今因要钱使用，无从得处，自愿将到坐落土名平青理地土乙团，上抵龙三保油山为界，下抵显昆地土为界，左清玉油山为界，右抵开上油山为界，四至分清，要钱出卖。承中问到本寨龙运忠承买，当日言定价钱乙千文整。其钱亲领入主应用，其土付与买主耕管为业。自卖之［后］，不得异言。若有异［言］，卖主理落，不干买主之事。恐后无凭，立卖是实。

凭中：龙荣东

代笔：龙应江

光绪十五年十二月二十一日立

注：持契人自编号为红 22 号、黑 6 号。

14. □□宗、□坤父子卖嫩杉木字（光绪十六年二月初十）（残）

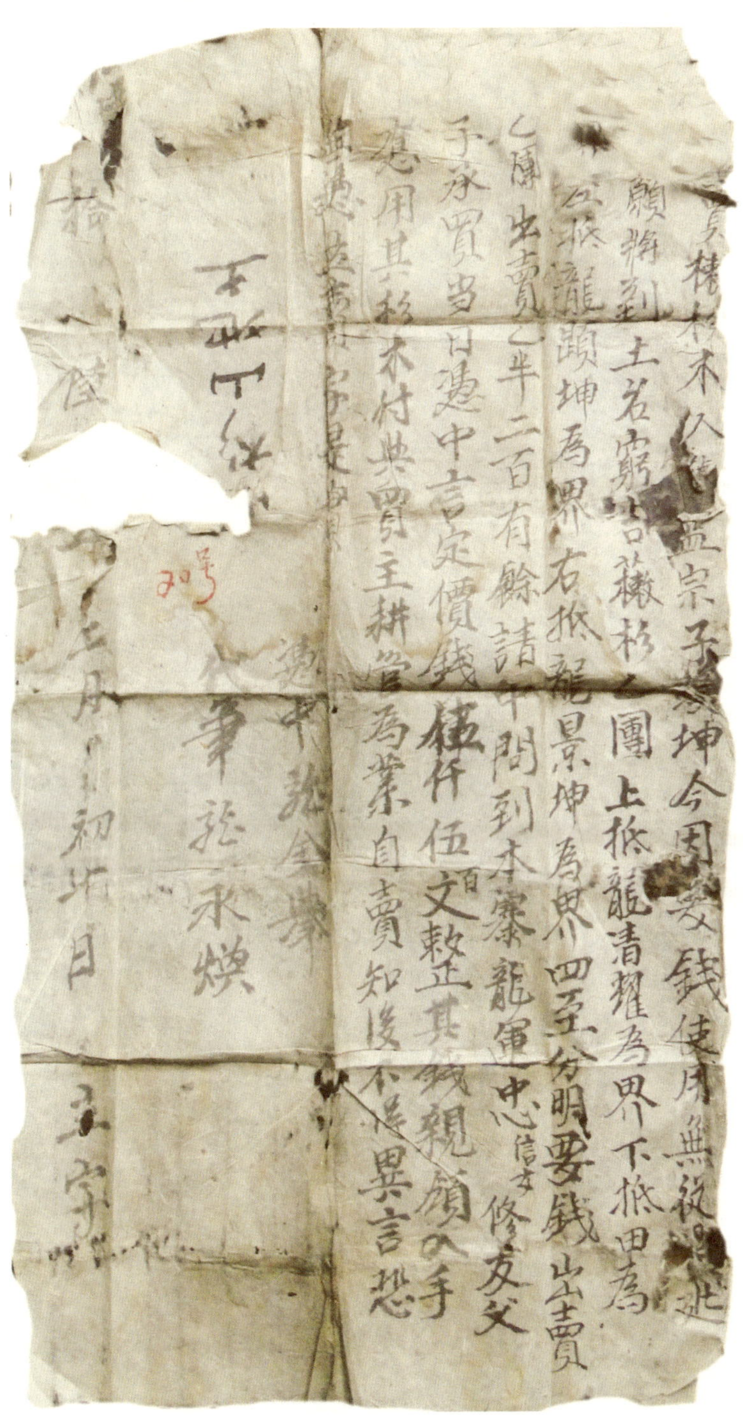

立卖嫩杉木人□□宗、子□坤，今因要钱使用，无从得处，[自] 愿将到土名穷告嫩杉乙团，上抵龙清耀为界，下抵田为界，左抵龙显坤为界，右抵龙景坤为界，四至分明，要钱出卖。乙团出卖乙半，二百有余 [棵]。请中问到本寨龙运忠信女修友父子承买，当日凭中言定价钱伍仟伍百文整。其钱亲领入手应用，其杉木付与买主耕管为业。自卖知（之）后，不得异言。恐后无凭，立卖字是实。

凭中：龙全举

代笔：龙永焕

[光绪] 拾陆年二月初十日立字

注：持契人自编号为红 20 号。

15. 龙恒山卖杉木字（光绪十八年八月初九）（残）

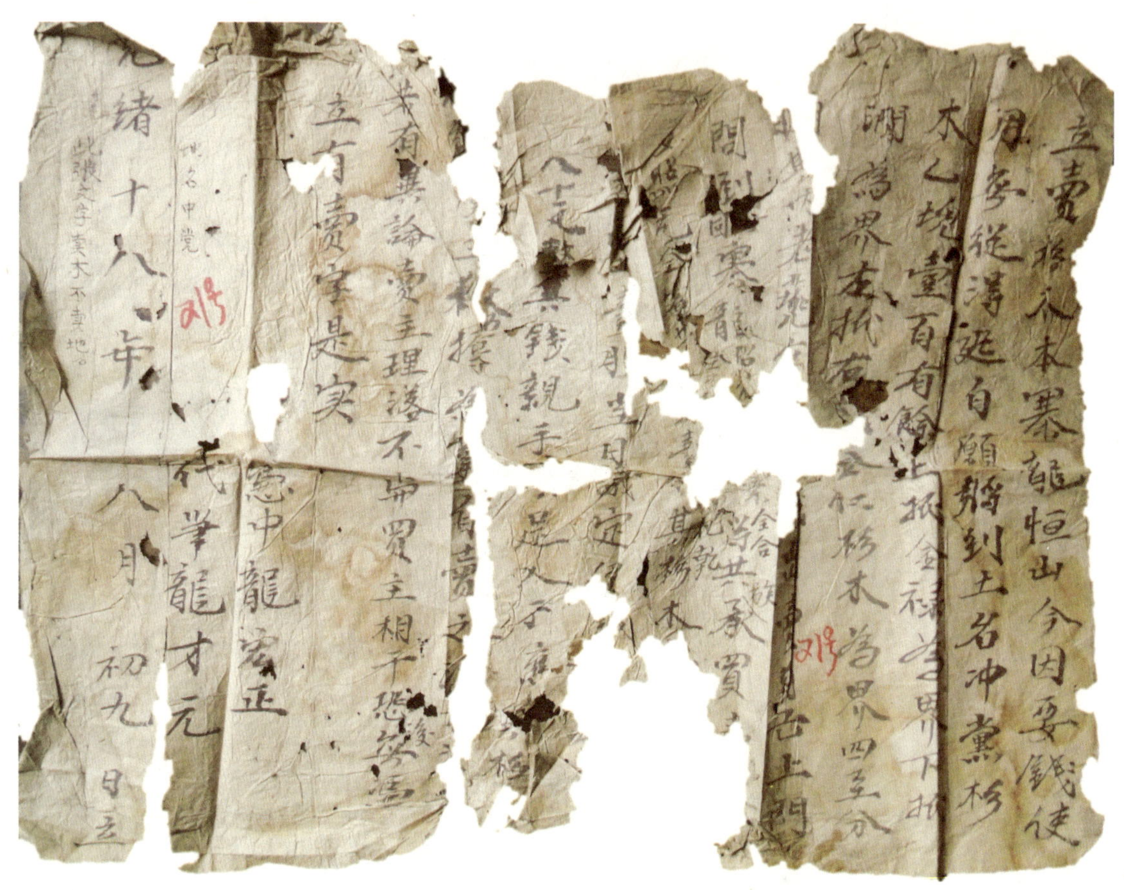

立卖杉木本寨龙恒山，今因要钱使用，无从得处，自愿将到土名冲党杉木乙块壹百有余［棵］，上抵金禄为界，下抵润为界，左抵右抵金仁杉木为界，四至分明，其内老蔸在□，要钱出卖。自己上门问到□同寨龙……共全合族承买……壹股，当日议定价钱……八十文整。其钱亲手领足入手应用，其杉木［任从买主］耕薅为业。自卖之后，不得异言。若有异论，卖主理落，不与买主相干。恐后无凭，立有卖字是实。

凭中：龙宏正

代笔：龙才元

光绪十八年八月初九日立

注：持契人编号为红21号，地名中党，此张文字卖木不卖地。

16. 龙应荣卖地土杉木字（光绪十八年十二月十三日）

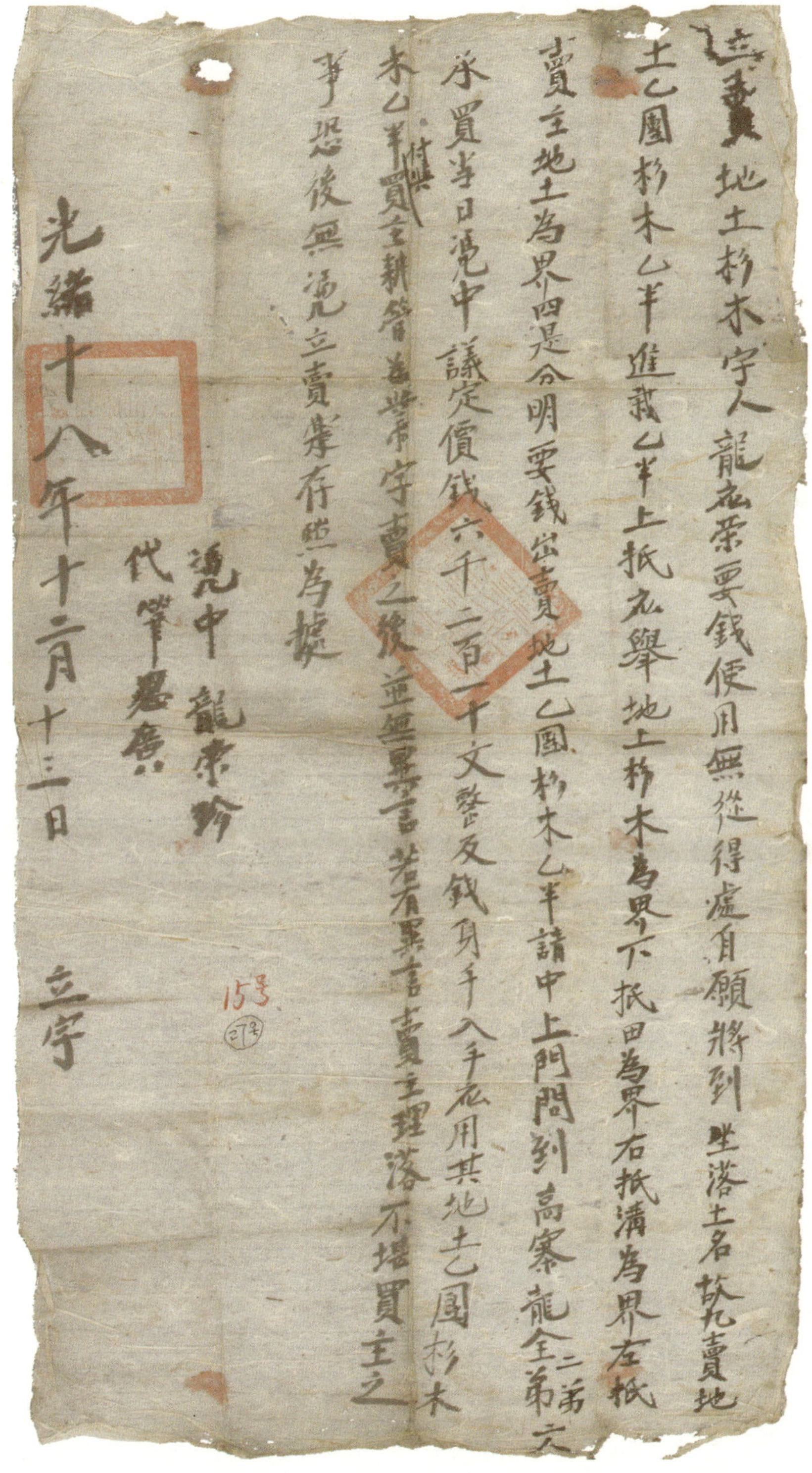

立卖地土杉木字人龙应荣，［今因］要钱使用，无从得处，自愿将到坐落土名故九卖地土乙团，杉木乙半，进栽乙半，上抵应举地土杉木为界，下抵田为界，右抵沟为界，左抵卖主地土为界。四是（至）分明，要钱出卖地土乙团、杉木乙半。请中上门问到高寨龙二弟、全弟二人承买，当日凭中议定价钱六千二百一十文整。及钱身（亲）手入手应用，其地土乙团、杉木乙半付与买主耕管为业。字（自）卖之后，并无异言。若有异言，卖主理落，不堪（干）买主之事。恐后无凭，立卖契存照为据。

凭中：龙荣珍

代笔：恩广

光绪十八年十二月十三日立字

注：持契人自编号为红15号、黑27号。

17. 龙宝地、龙成地、龙毛地兄弟分关字（光绪二十六年十月二十九日）

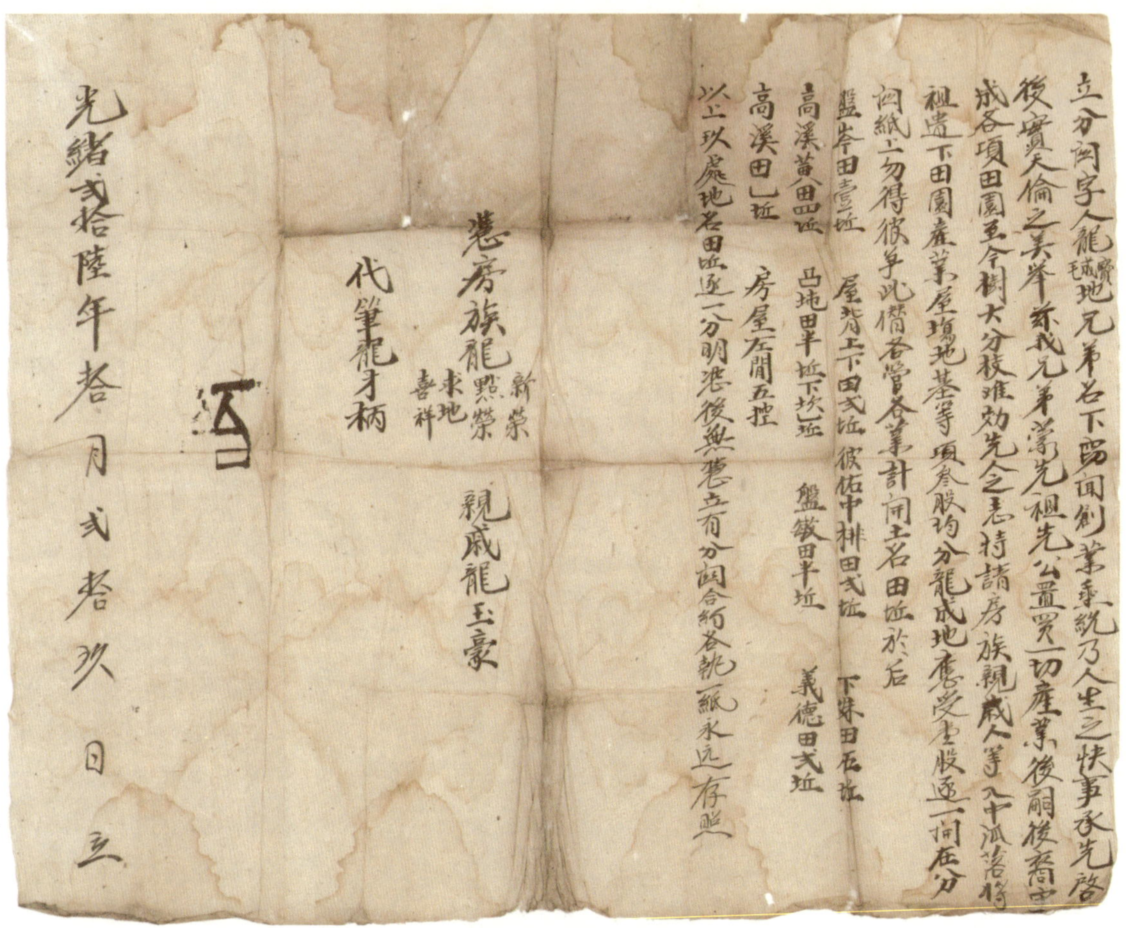

立分关字人龙宝地、成地、毛地兄弟名下，窃闻创业垂统，乃人生之快事，承先启后，实天伦之美举。兹我兄弟，蒙先祖先公置买一切产业，后嗣后裔守成各项田园，至今树大分枝，难效先人之志，特请房族亲戚人等入中派落，将祖遗下田园产业屋场地基等项叁股均分，龙成地应受壹股，逐一开在分关纸上，勿得彼争此僭，各管各业，计开土名田丘于后：

盘岑田壹丘　　屋背上下田贰丘　　彼佑中排田贰丘　　下妹田五丘

高溪黄田四丘　　凸坉田半丘下坎乙丘　　盘敏田半丘　　义德田贰丘

高溪田乙丘　　房屋左间五控

以上玖处地名田丘逐一分明，恐后无凭，立有分关合约，各执一纸，永远存照。

凭房族：龙新荣、龙点荣、龙求地、龙喜祥，亲戚龙玉豪

代笔：龙才柄

光绪贰拾陆年拾月贰拾玖日立

18. 龙氏出香立过继承宗字（光绪二十八年十一月二十一日）

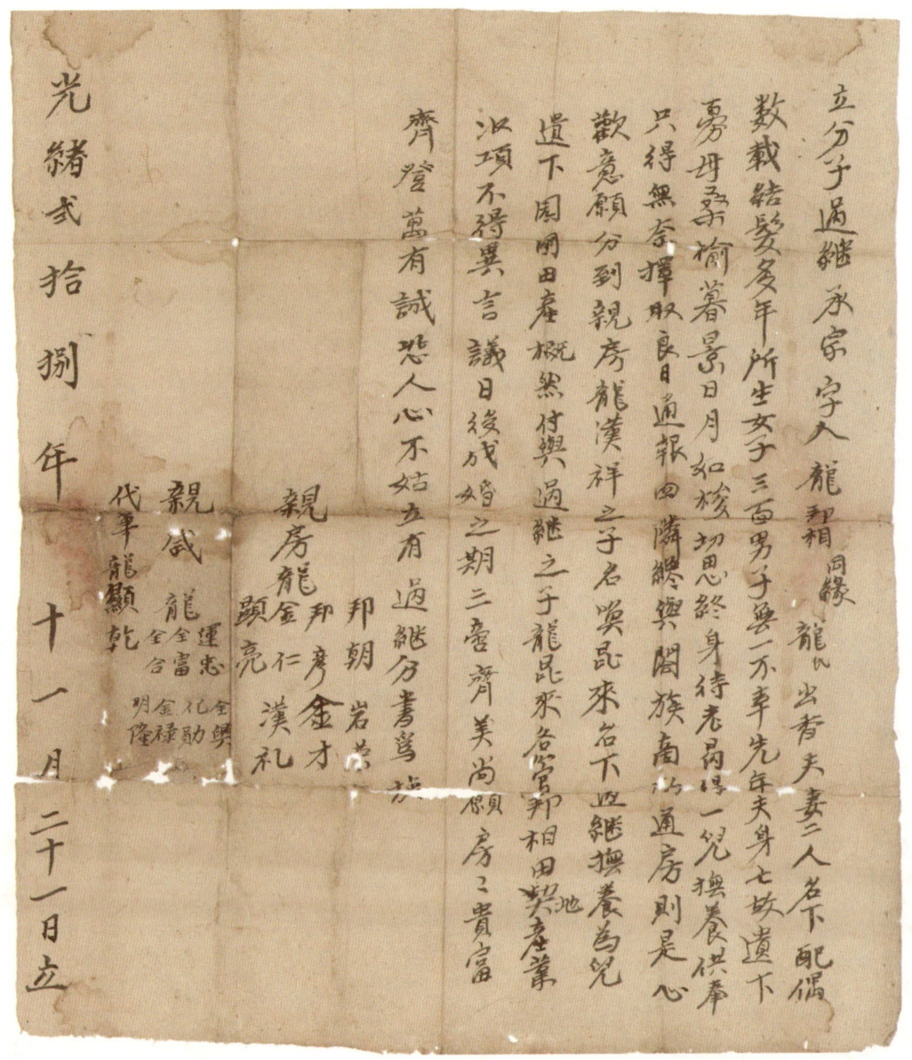

立分子过继承宗字人龙邦相同缘龙氏出香夫妻二人名下，配偶数载，结发多年，所生女子三而男子无一，不幸先年夫身亡故，遗下寡母桑榆暮景，日月如梭，切（窃）思终身待老，曷得一儿抚养供奉，只得无奈，择取良日，通报四邻，终与合族商议，通房则是心欢意愿，分到亲房龙汉祥之子名唤昆来名下，过继抚养为儿，遗下园圃田产概然付与过继之子龙昆来各管，邦相田地产业收项。不得异言。议日后成婚之期，三啻齐美，尚愿房房贵富，齐登万有。诚恐人心不姑（古），立有过继分书为据。

亲房：龙邦朝、龙邦彦、龙金仁、龙显亮、龙岩荣、龙金才、龙汉礼

亲戚：龙运忠、龙全富、龙全合、龙全兴、龙化勋、龙金禄、龙明隆

代笔：龙显乾

光绪贰拾捌年十一月二十一日立

19. **龙全弟分关字**（光绪三十二年二月二十六）

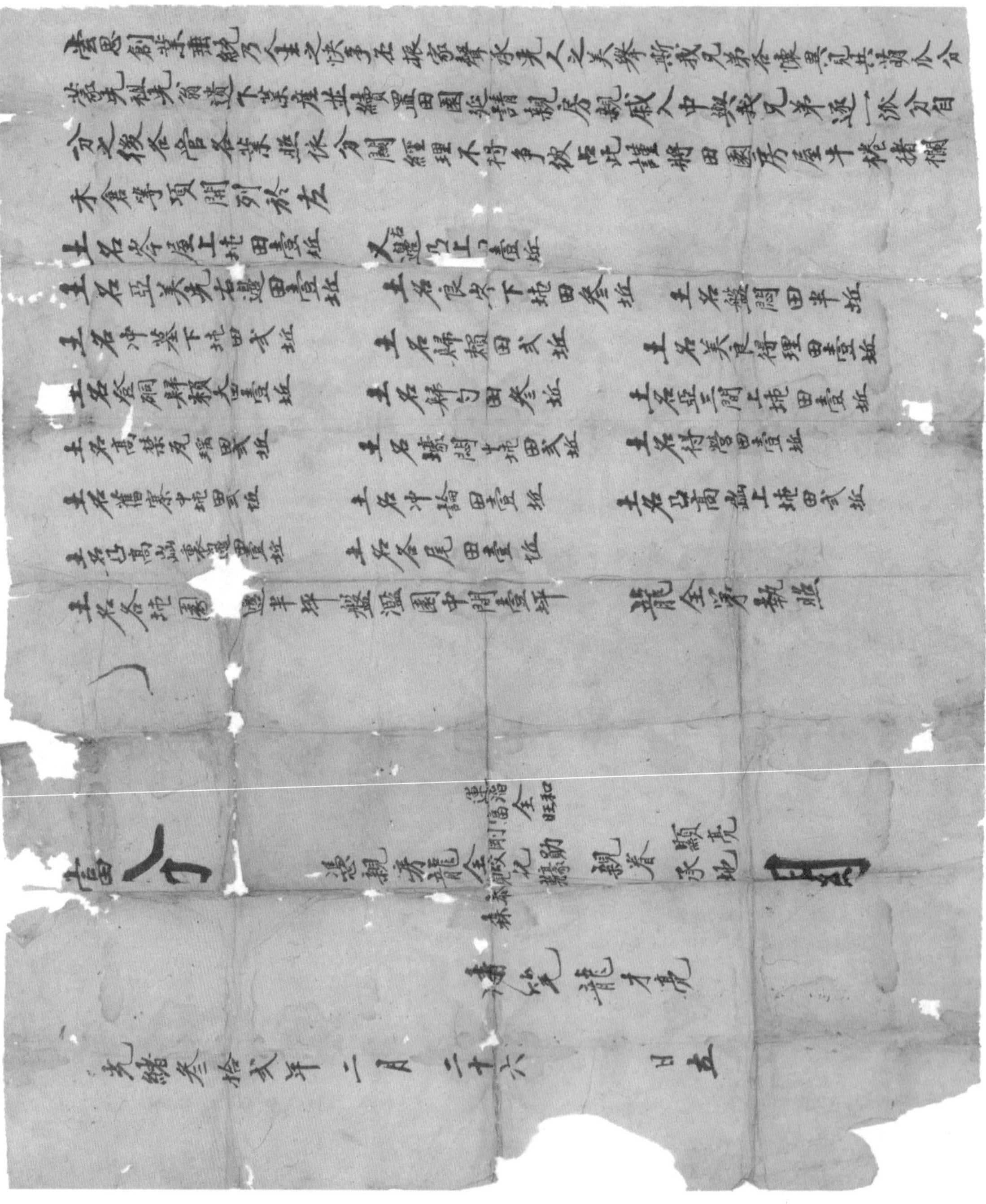

尝思创业垂统，乃人生之快事，丕振家声，承先人之美举，斯我兄弟，各怀异见，共萌瓜分，蒙先祖先翁遗下产业，并续置田园，延请亲房亲戚入中与我兄弟逐一派分。自分之后，各管各业，照依分关经理，不得争彼占此。谨将田园、房屋、牛圈、猪栏、禾仓等项开列于左

土名岑屋上坉田壹丘　　又右边凸上田壹丘

土名亚美先右边田壹丘　　土名良岑下坉田叁丘　　土名盘闷田半丘

土名冲墓下坉田贰丘　　土名归赖田贰丘　　土名美良得理田壹丘

土名登硐归赖大田壹丘　　土名归勺田叁丘　　土名亚三间上坉田壹丘

土名高禁瓦瑶田贰丘　　土名壕闷中坉田贰丘　　土名得营田壹丘

土名旧寨中坉田贰丘　　土名冲论田壹丘　　土名凸高崗上坉田贰丘

土名凸高崗里边田壹丘　　土名各尾田壹丘

土名各坉园边半丘　　盘滥园中间壹坪

龙全弟执照

【富　分关】

凭亲房龙运滔、龙全富、龙全刚、龙全蛟、龙全宽、龙全泰、龙全森、龙全和、龙全旺、龙化勋、龙化豪、龙化乾

亲眷：显亮、承地

请笔：龙才亮

光绪叁拾贰年二月二十六日立

20. **龙全恒分关字**（光绪三十二年二月二十六日）

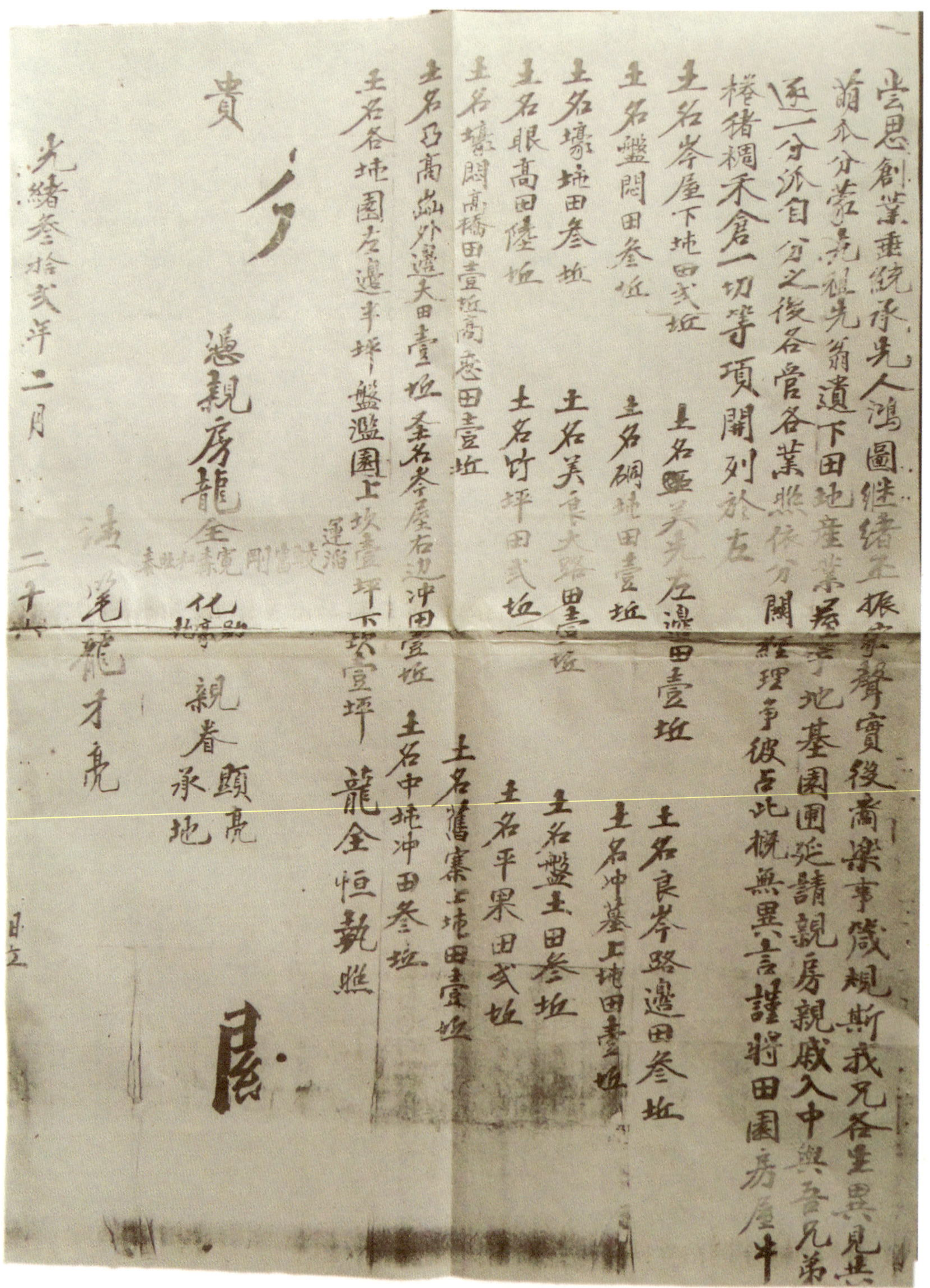

尝思创业垂统，承先人鸿图，继绪丕振家声，实后裔乐事箴规。斯我兄［弟］，各生异见，共萌瓜分，蒙先祖先翁遗下田地产业屋宇地基园圃，延请亲房亲戚入中与吾兄弟逐一分派。自分之后，各管各业，照依分关经理，争彼占此，概无异言。谨将田园、房屋、牛圈、猪栏、禾仓一切等项开列于左：

土名岑屋下坉田贰丘　土名美先左边田壹丘　土名良岑路边田叁丘

土名盘闷田叁丘　土名硐坉田壹丘　土名冲墓上坉田壹丘

土名壕坉田叁丘　土名美良大路田壹丘　土名盘土田叁丘

土名眼高田陆丘　土名竹坪田贰丘　土名平果田贰丘

土名壕闷高桥田壹丘　高恋田壹丘　土名旧寨上坉田壹丘

土名凸高岀外边大田壹丘　又土名岑屋右边冲田壹丘　土名中坉冲田叁丘

土名各坉园左边半坪盘滥园上坎壹坪下坎壹坪

龙全恒执照

贵　【分关】

凭亲房：龙运滔、龙全蛟、龙全富、龙全刚、龙全宽、龙全森、龙全和、龙全旺、龙全泰、龙化勋、龙化豪、龙化乾

亲眷：显亮、承地

请笔：龙才亮

光绪叁拾贰年二月二十六日立

21. 清代契约抄单2份（时间不详）

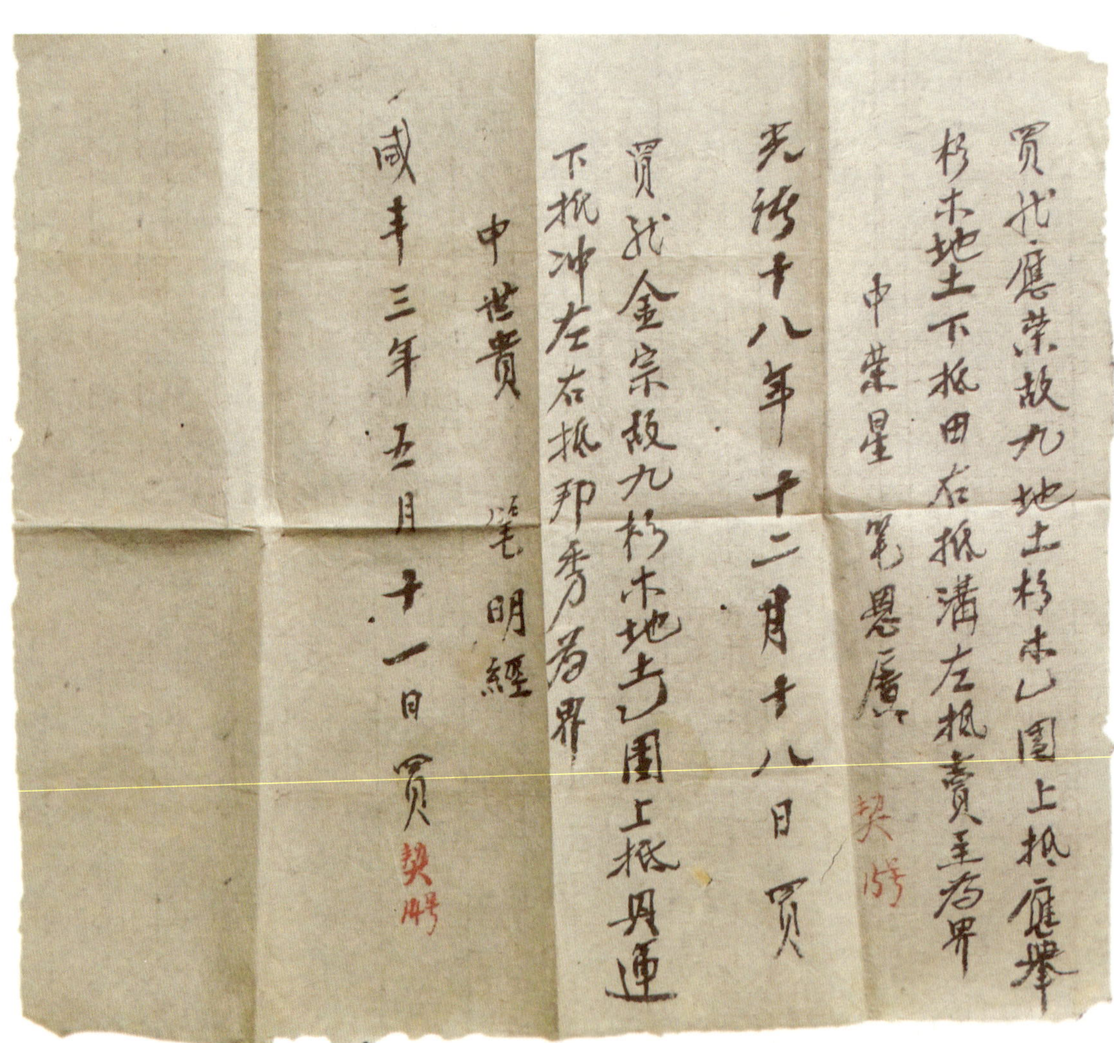

買我應榮故九地土杉木山園上抵應舉
杉木地土下抵田右抵溝左抵貴王爲界
中榮星　筆恩廣
光緒十八年十二月十八日買
買我金宗故九杉木地土園上抵興運
下抵沖左右抵邦秀爲界
中世貴　筆明經
咸丰三年五月十一日買

（1）买龙应荣故九地土杉木乙团，上抵应举杉木地土，下抵田，右抵沟，左抵卖主为界。

[凭] 中：荣星　[代] 笔：恩广

光绪十八年十二月十八日买

注：持契人自编号为红 15 号。

（2）买龙金宗故九杉木地土乙团，上抵兴运，下抵冲，左右抵邦秀为界。

[凭] 中：世贵　[代] 笔：明经

咸丰三年五月十一日买

注：持契人自编号为红 14 号。

22. 清代契约抄单5份（时间不详）

（1）买龙明岩毫眼稿地土乙团，上抵田，下抵品荣地土，左抵根荣地土，右抵买主地土。

［凭］中：龙宏举　［代］笔：龙兴义

光绪四年三月十九日买

注：持契人自编号为红 23 号。

（2）买龙再清平困地土乙团，上抵龙德发田，下抵杨家，左抵三作山，右抵昌德。

亲笔

咸丰九年三月十五日买

注：持契人自编号为红 13 号。

（3）买龙明岩三间田地土乙团，上抵田，下抵昌太油山，左抵路，右抵新荣共山。

［代］笔：兴义　［凭］中：宏举

光绪四年六月二十日买

注：持契人自编号为红 11 号。

（4）买龙恒山园地土名高长田坪桐油树在内，上下抵路，左抵龙显林地土杉木，右抵买主田。

［代］笔：龙兴魁

光绪二十四年六月二十一日买

注：持契人自编号为红 30 号。

（5）买龙宏举土名圭笑半坡地土乙团，上抵汗祥地土，下抵龙松茂坎，左抵金举地土，右抵荣星地土。

［凭］中：洪顺　［代］笔：明金

光绪十五年十一月廿五日买

注：持契人自编号为红 24 号。

23. 龙求地、龙宝地、龙喜祥卖地土字（民国元年□月初一日）

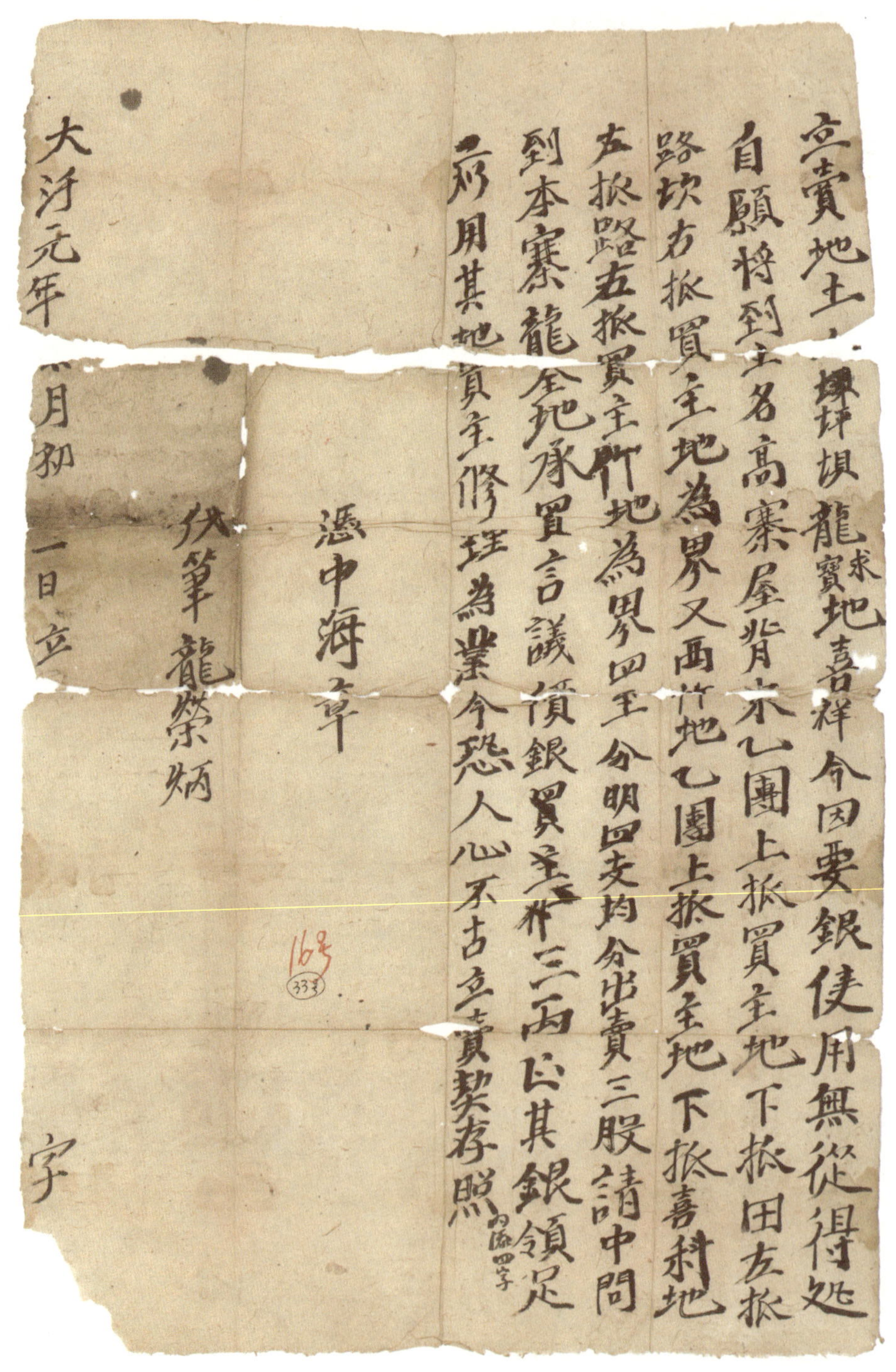

立賣地土人𡊮坪垻龍求寶地喜祥今因要銀使用無從得處
自願將到土名高寨屋背東乙團上抵買主地下抵田左抵
路坎右抵買主地為界又西竹地乙團上抵買主地下抵喜科地
左抵路右抵買主竹地為界四至分明四支均分出賣三股請中問
到本寨龍全地承買言議價銀買主廿三兩正其銀領足
親用其地賣主修理為業今恐人心不古立賣契存照　內添四字

憑中海章

代筆龍榮炳

大漢元年□月初一日立字

立卖地土人坪坝龙求地、宝地、喜祥，今因要银使用，无从得处，自愿将到土名高寨屋背木乙团，上抵买主地，下抵田，左抵路坎，右抵买主地为界；又西竹地乙团，上抵买主地，下抵喜科地，左抵路，右抵买主竹地为界，四至分明，四支均分出卖三股。请中问到本寨龙全地承买，言议价银三两正。其银领足应用，其地买主修理为业。今恐人心不古，立卖契存照。

内添四字

凭中：海章

代笔：龙荣炳

大汗（汉）元年□月初一日立字

注：持契人自编号为红16号、黑33号。

24. 谭品爵投师学艺字（民国元年十一月）

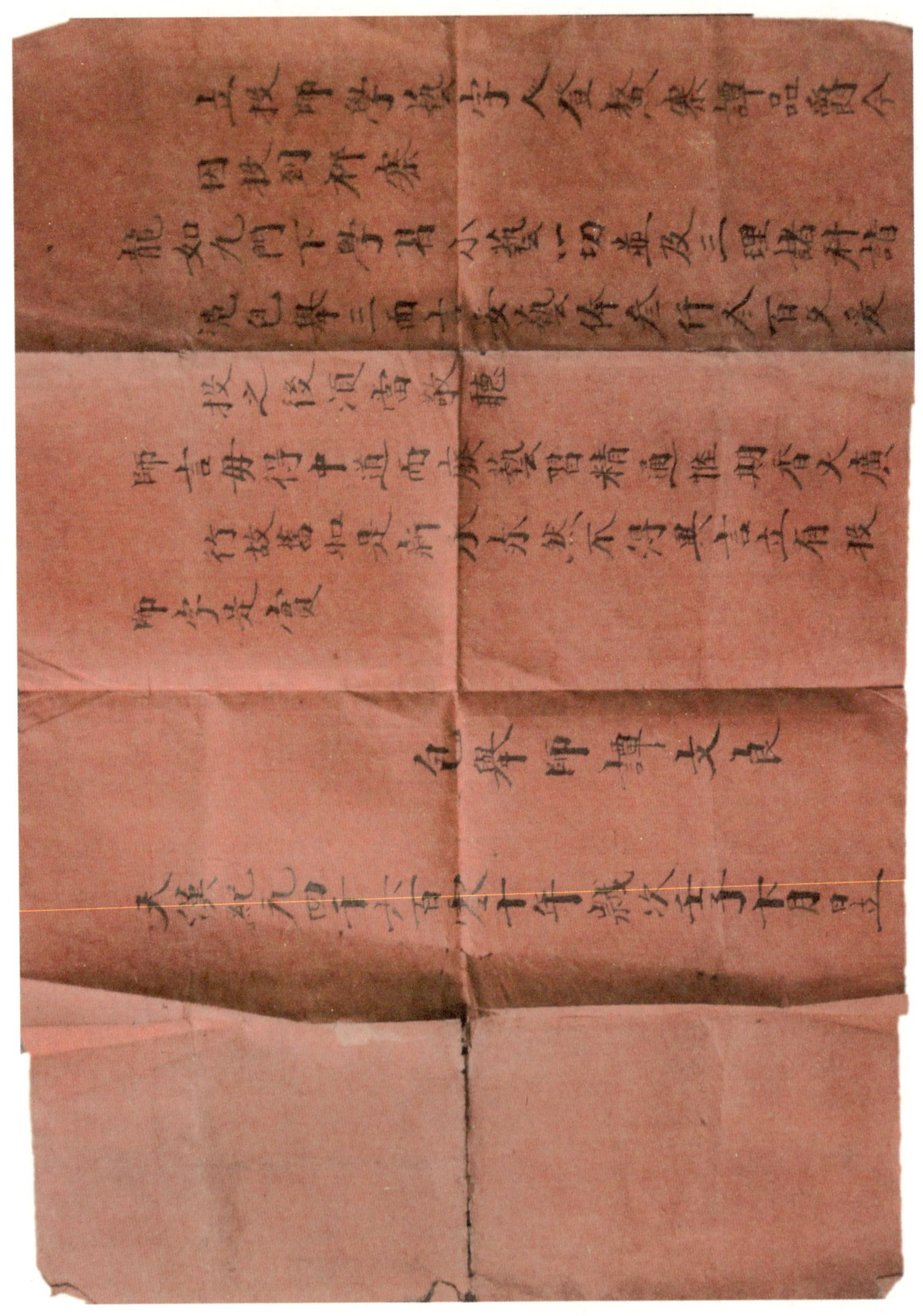

立投师学艺字人登鳌寨谭品爵，今因投到柳寨龙如九门下学习小艺。一切并及三理诸科，请凭包举三面言妥艺俸叁仟叁百文。爰投之后，须当敬听师言，毋得中道而废。艺习精通，惟期香火广行，故旧如是，新承亦然，不得异言，立有投师字是实。

包举师：谭文良

大汉纪元四千六百零十年岁次壬子十一月日立

25. 龙点茶、龙喜森父子卖栽竹坪字（民国二年二月十三）

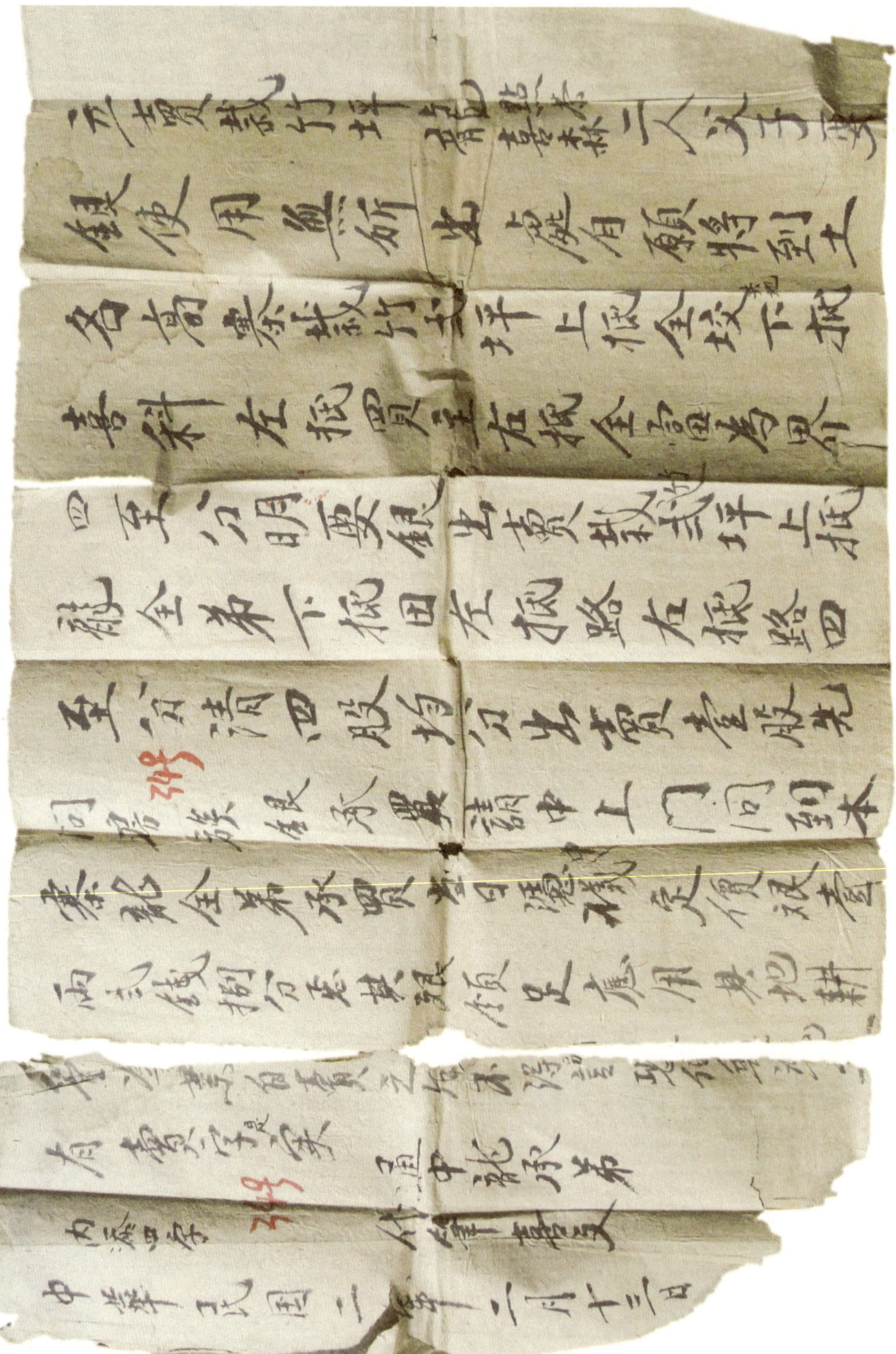

立卖栽竹坪龙点茶、喜森二人父子要银使用，无所出处，自愿将到土名高寨栽竹贰坪，上抵全蛟共地，下抵喜科，左抵买主，右抵全富为界，四至分明，要银出卖；栽竹贰坪，上抵龙全弟，下抵田，左抵路，右抵路，四至分清，四股均分出卖壹股。先问房族［无］银承买，请中上门问到本寨龙全弟承买。当日凭中议定价银壹两贰钱捌分整。其银领足应用，其地耕管为业。自卖之后，不得异言。恐后无凭，立有卖字是实。

内添四字

通中：龙承弟

代笔：喜文

中华民国二年二月十三日

注：持契人自编号为红 34 号。

26. 龙全富、龙全森卖竹基字（民国四年五月十四日）

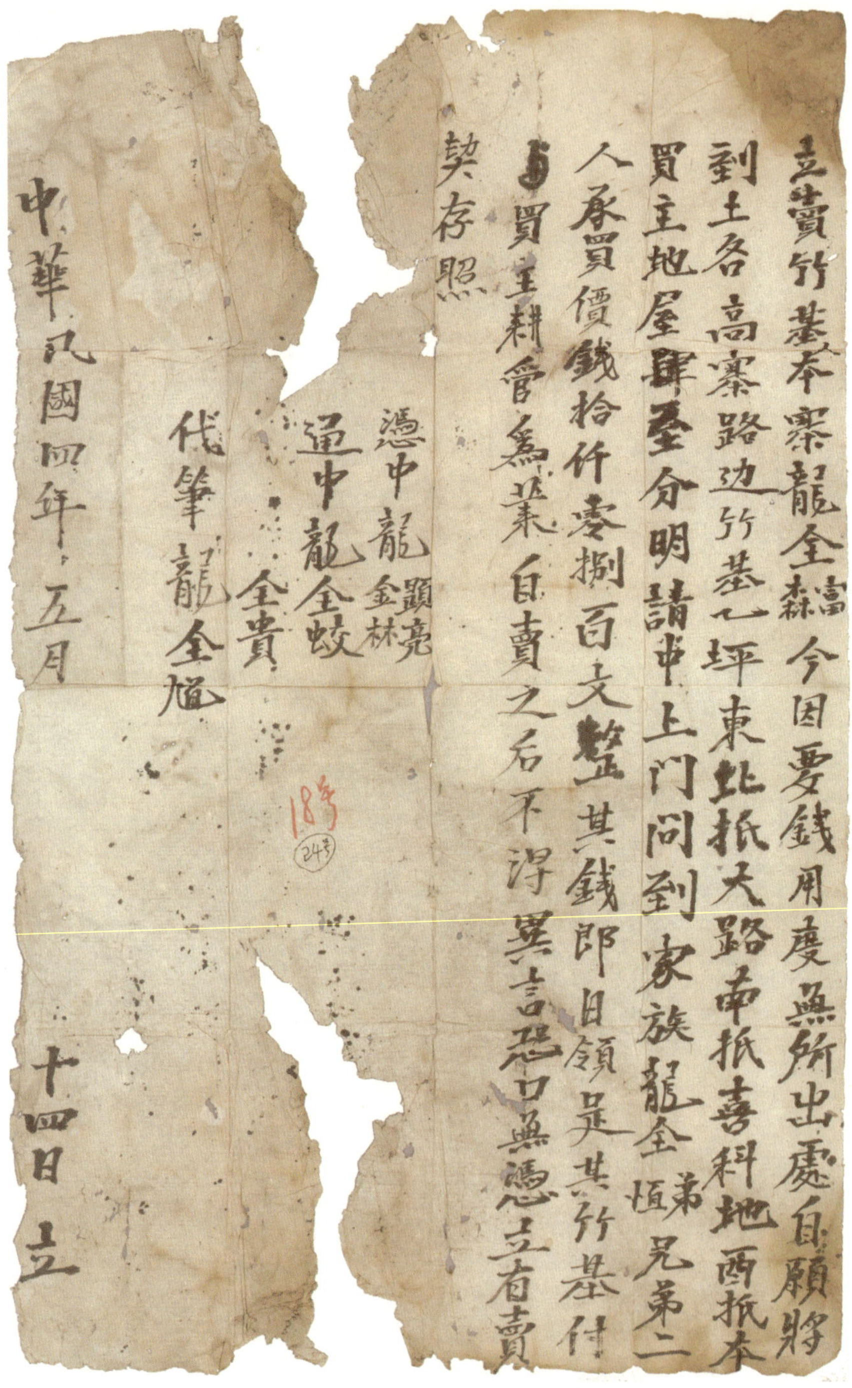

立卖竹基人本寨龙全富、全森，今因要钱用度，无所出处，自愿将到土名高寨路边竹基乙坪，东北抵大路，南抵喜科地，西抵本买主地屋，肆至分明，请中上门问到家族龙全弟、全恒兄弟二人承买，价钱拾仟零捌百文整。其钱即日领足，其竹基付与买主耕管为业。自卖之后，不得异言。恐口无凭，立有卖契存照。

凭中：龙显亮、龙金林

通中：龙全蛟、龙全贵

代笔：龙全尯

中华民国四年五月十四日立

注：持契人自编号为红18号、黑24号

27. 龙清汉书信（民国九年正月二十五日）

清汉族公大人尊鉴：迳启者，客岁二女取保，孙店新正及望速下来，以便赴案。不然孙即报告县长，公驾亦要下来。速将此案磋商，或听人讲和，免受久延之累。刻店中事务开支入不敷出，困难万分，今特专人前来。总之，望公维持，务祈如数交与来人代（带）下，以济燃眉，千祈勿误。余不多及，特此。敬请□安并叩新禧。

三人来，人工力钱每日伍百文正，

族孙：龙步云上

庚申年（民国九年）正月廿五日

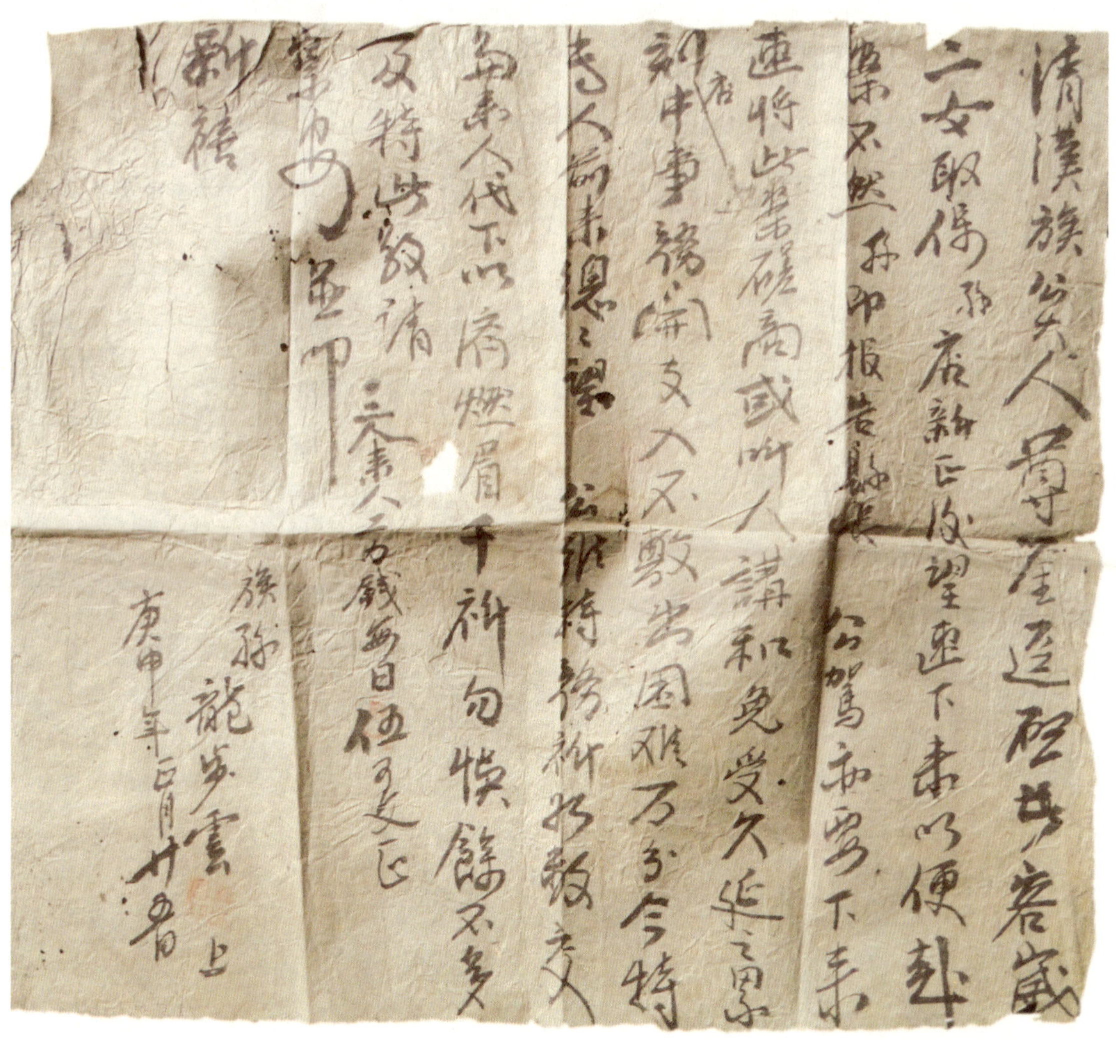

28. 龙清汉获奖赏杉山地土字（民国九年三月初六日）

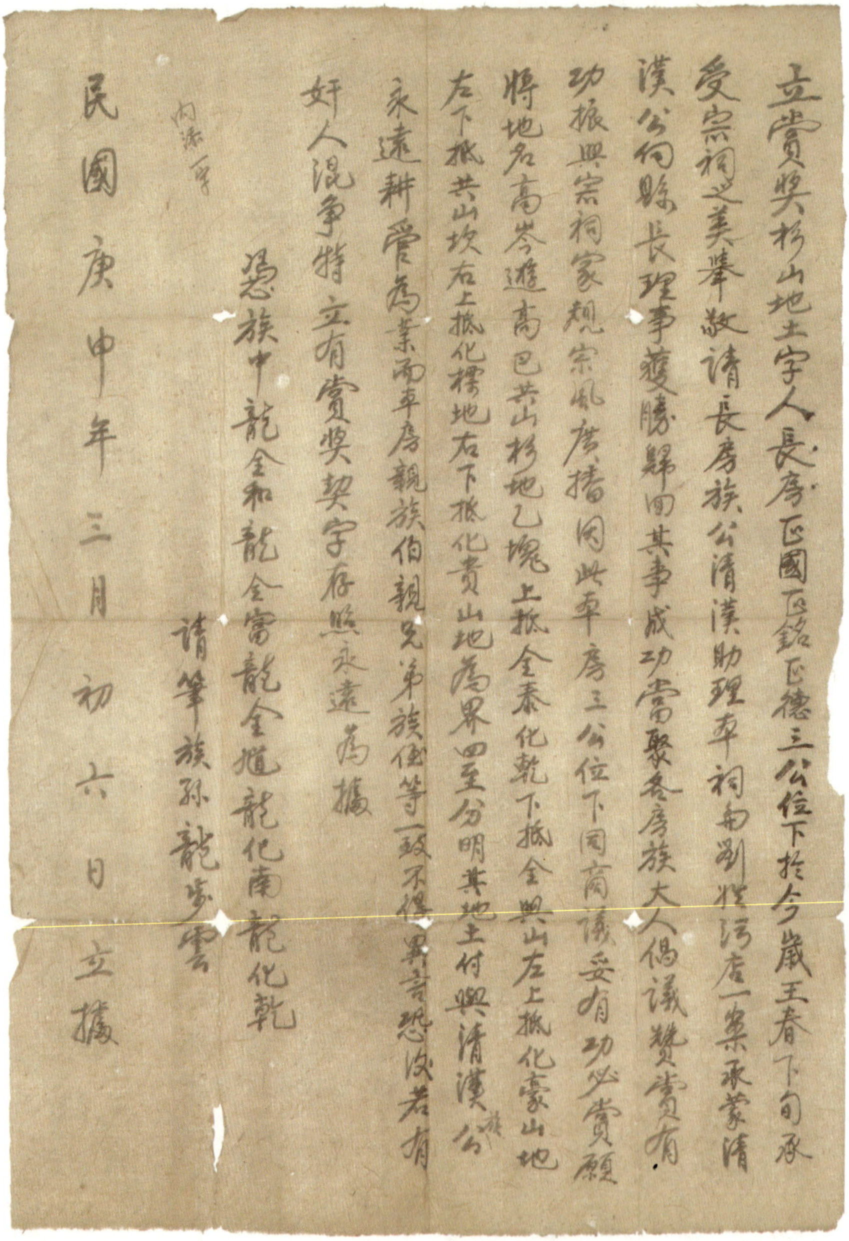

立赏奖杉山地土字人长房正国、正铭、正德三公位下，于今岁王春下旬承受宗祠之美举，敬请长房族公清汉助理本祠与刘姓湾店一案，承蒙清汉公向县长理事获胜归回，其事成功，当聚各房族大人倡议赞赏有功，振兴宗祠家规，宗风广播。因此本房三公位下同商议妥，有功必赏，愿将地名高岑游高巴共山杉地乙块，上抵全泰化乾，下抵全兴山，左上抵化豪山地，左下抵共山坎，右上抵化标地，右下抵化贵山地为界，四至分明，其地土付与清汉族公永远耕管为业，而本房亲族伯亲兄弟族侄等，一致不得异言。恐后若有奸人混争，特立有赏奖契字存照永远为据。

内添一字

凭族中：龙全和、龙全富、龙全馗、龙化南、龙化乾

请笔：族孙龙步云

民国庚申年三月初六日立据

29. 龙显亮卖杉木送山地字（民国九年四月初一日）

立賣杉木送山地字人龍顯亮今因要錢用度無所出處自願將
到土名豪祥杉山乙團上抵溝路下抵古路左抵泰榮地土右抵化書田溝園
地四至分清并無參雜自己上門問到高寨龍桂芝及女兒繼引二人
承買為業当日言定價錢貳仟捌佰捌拾文整其錢賣主当面領足應
用其杉木乙概出賣砍伐後其地土叁股自留乙股送給女兒繼引兩股
永遠管業不得異言恐口無憑立有賣送二字存照為據
房証　龍昆炳
　　　　昆昌
討筆　龍全馗
民國庚申年四月初一日　立

立卖杉木送山地字人龙显亮，今因要钱用度，无所出处，自愿将到土名豪祥杉山乙团，上抵沟路，下抵古路，左抵泰荣地土，右抵化书、化年田沟园地，四至分清，并无参（掺）杂，自己上门问到高寨龙桂芝及女儿继引二人承买为业，当日言定价钱贰仟捌佰捌拾文整。其钱卖主当面领足应用，其杉木乙概出卖砍伐后，其地土叁股自留乙股，送给女儿继引两股永远管业，不得异言。恐口无凭，立有卖送二字存照为据。

房证：龙昆炳、昆昌

讨笔：龙全馗

民国庚申年四月初一日立

30. 龙现朗兄弟五人卖杉木字（民国十一年四月二十三日）

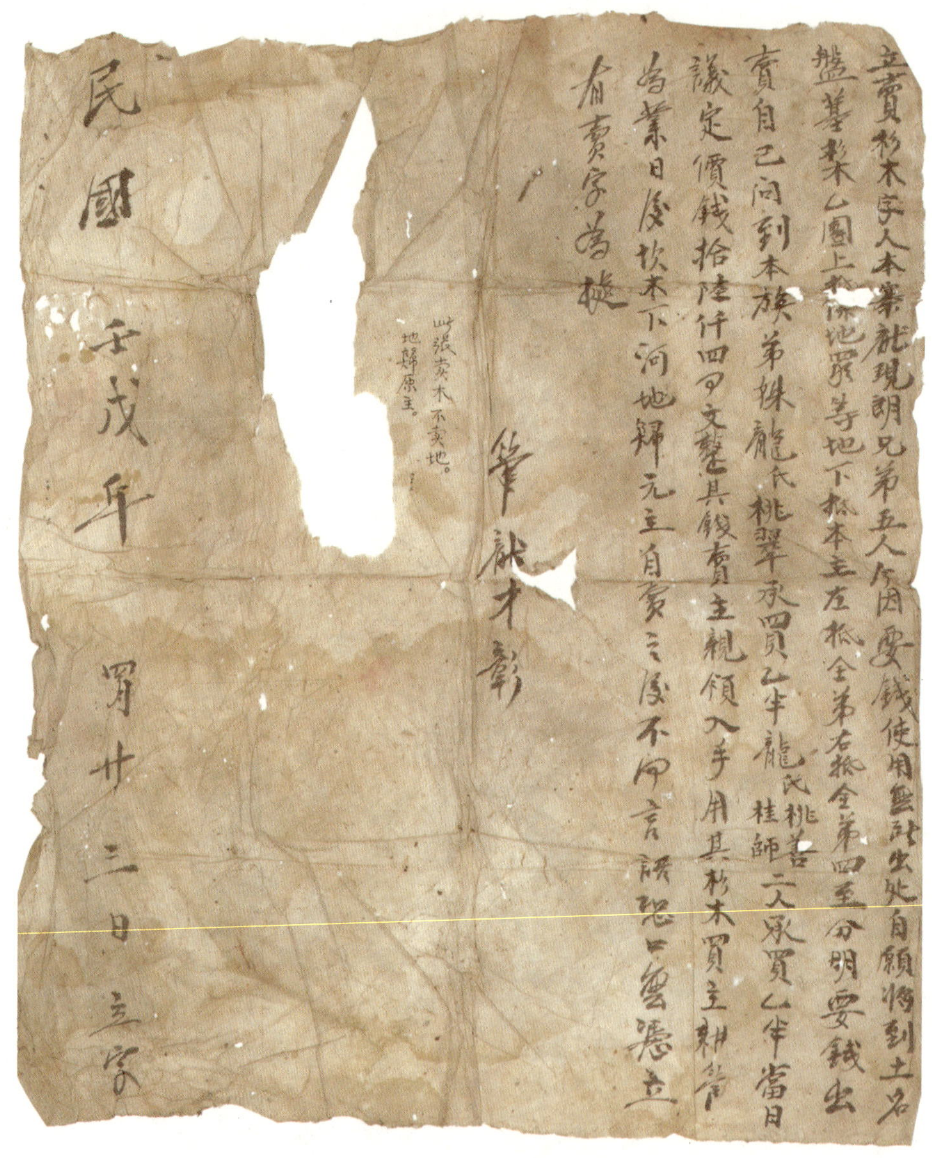

立卖杉木字人本寨龙现朗兄弟五人，今因要钱使用，无所出处，自愿将到土名盘基杉木乙团，上抵□地众等地，下抵本主，左抵全弟，右抵全弟，四至分明，要钱出卖。自己问到本族弟妹龙氏桃翠承买乙半，龙氏桃善、桂师二人承买乙半，当日议定价钱拾陆仟四百文整。其钱卖主亲领入手用，其杉木买主耕管为业。日后坎（砍）木下河，地归元（原）主。自卖之后，不得言论。恐口无凭，立有卖字为据。

此张卖木不卖地。地归原主。

笔：龙才彰

民国壬戊（戌）年四月廿三日立字

31. **龙全弟新卖契表**（民国十二年八月十六日）

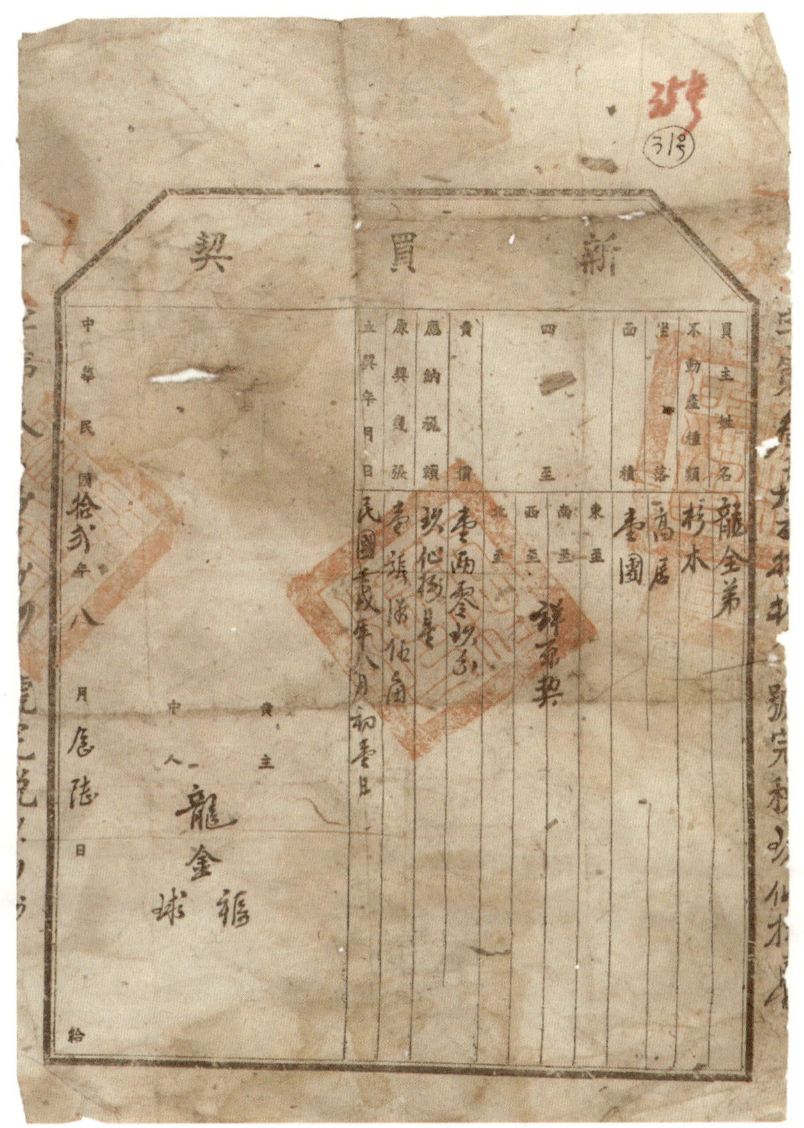

内容摘要：

买主姓名：龙全弟；不动产种类：杉木；坐落：高居；面积：壹团；四至：详原契；

卖价：壹两零玖分；应纳税额：玖仙捌星；原契几张：壹张，洋［钱］伍角；立契年月日：民国壬戌年八月初壹日。

卖主：龙全福

中人：龙全球

中华民国拾贰年八月拾陆日给

32. 龙化榜借钱字（民国十五年六月十一日）

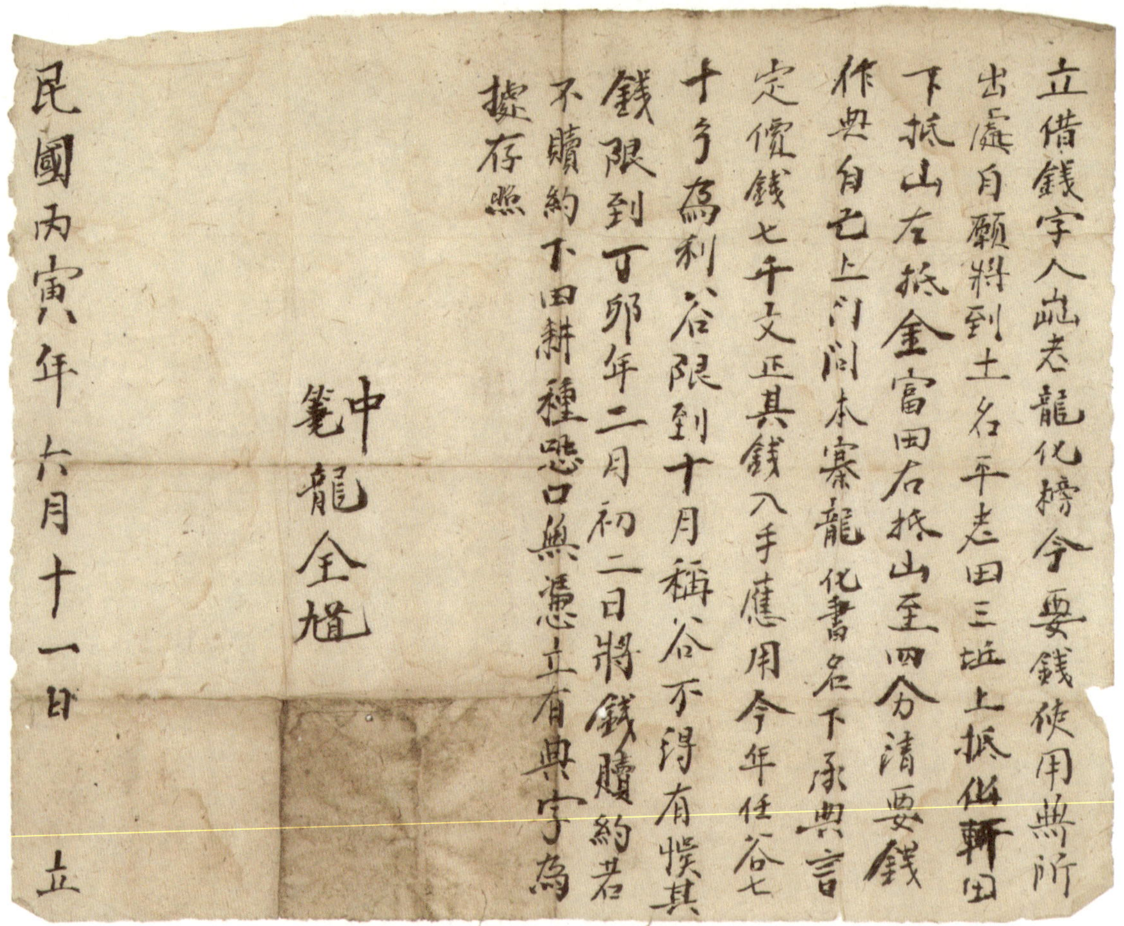

立借钱字人崓老龙化榜，今要钱使用，无所出处，自愿将到土名平老田三丘，上抵化轩田，下抵山，左抵金富田，右抵山，至四（四至）分清，要钱作典。自己上门问［到］本寨龙化书名下承典，言定价钱七千文正。其钱入手应用，今年任谷七十斤为利谷，限到十月称谷，不得有误。其钱限到丁卯年二月初二日将钱赎约。若不赎约，下田耕种。恐口无凭，立有典字为据存照。

中、笔：龙全馗

民国丙寅年六月十一日立

33. 龙化明、龙化甲兄弟借钱字（民国十五年六月十九日）

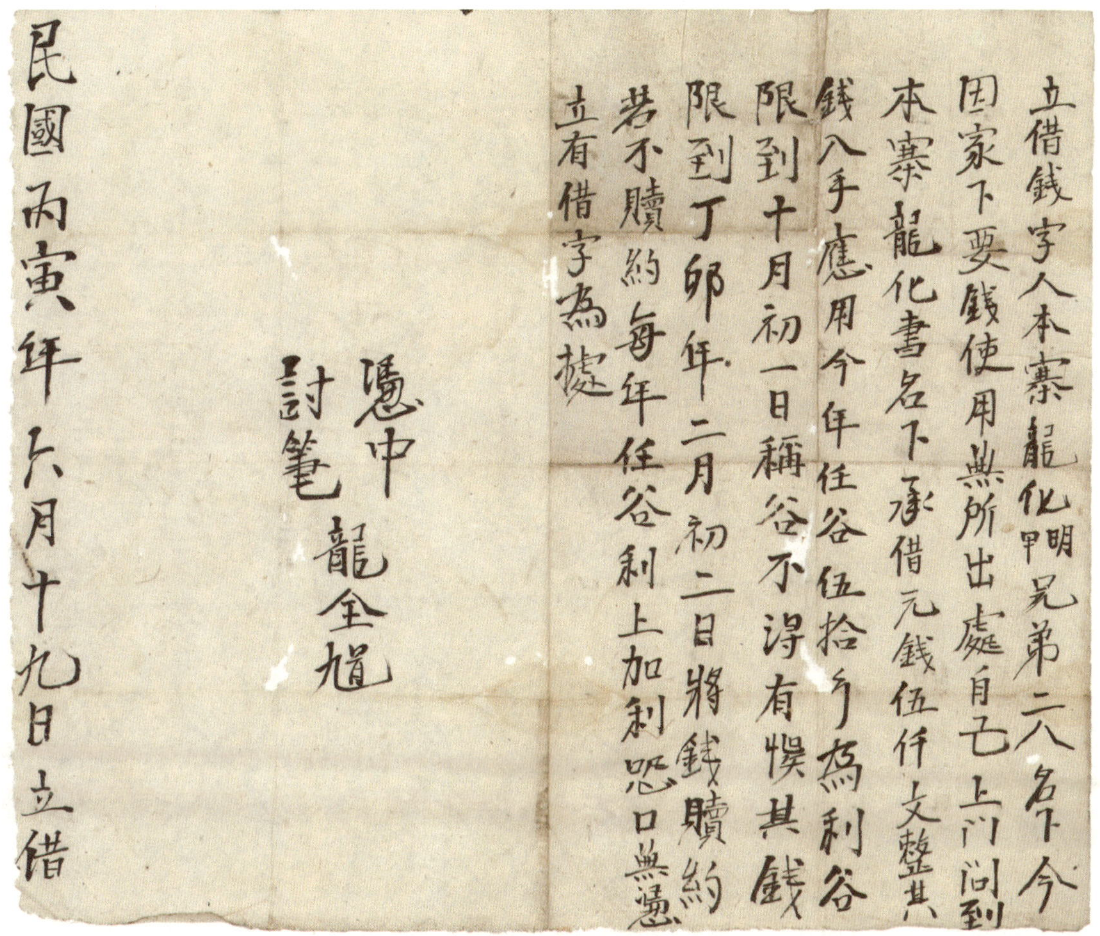
立借錢字人本寨龍化明甲兄弟二人名下今
因家下要錢使用無所出處自己上門問到
本寨龍化書名下承借元錢伍仟文整其
錢入手應用今年任谷伍拾斤為利谷
限到十月初一日稱谷不得有悞其錢
限到丁卯年二月初二日將錢贖約
若不贖約每年任谷利上加利恐口無憑
立有借字為據
憑中
討筆　龍全馗
民國丙寅年六月十九日立借

立借钱字人本寨龙化明、化甲兄弟二人名下，今因家下要钱使用，无所出处。自己上门问到本寨龙化书名下承借元钱伍仟文整，其钱入手应用，今年任谷伍拾斤为利谷，限到十月初一日称谷，不得有误。其钱限到丁卯年二月初二日将钱赎约。若不赎约，每年任谷利上加利。恐口无凭，立有借字为据。

凭中、讨笔：龙全馗

民国丙寅年六月十九日立借

34. 龙昆炳、龙昆烈、龙昆远卖嫩杉木栽主字（民国十六年六月二十日）

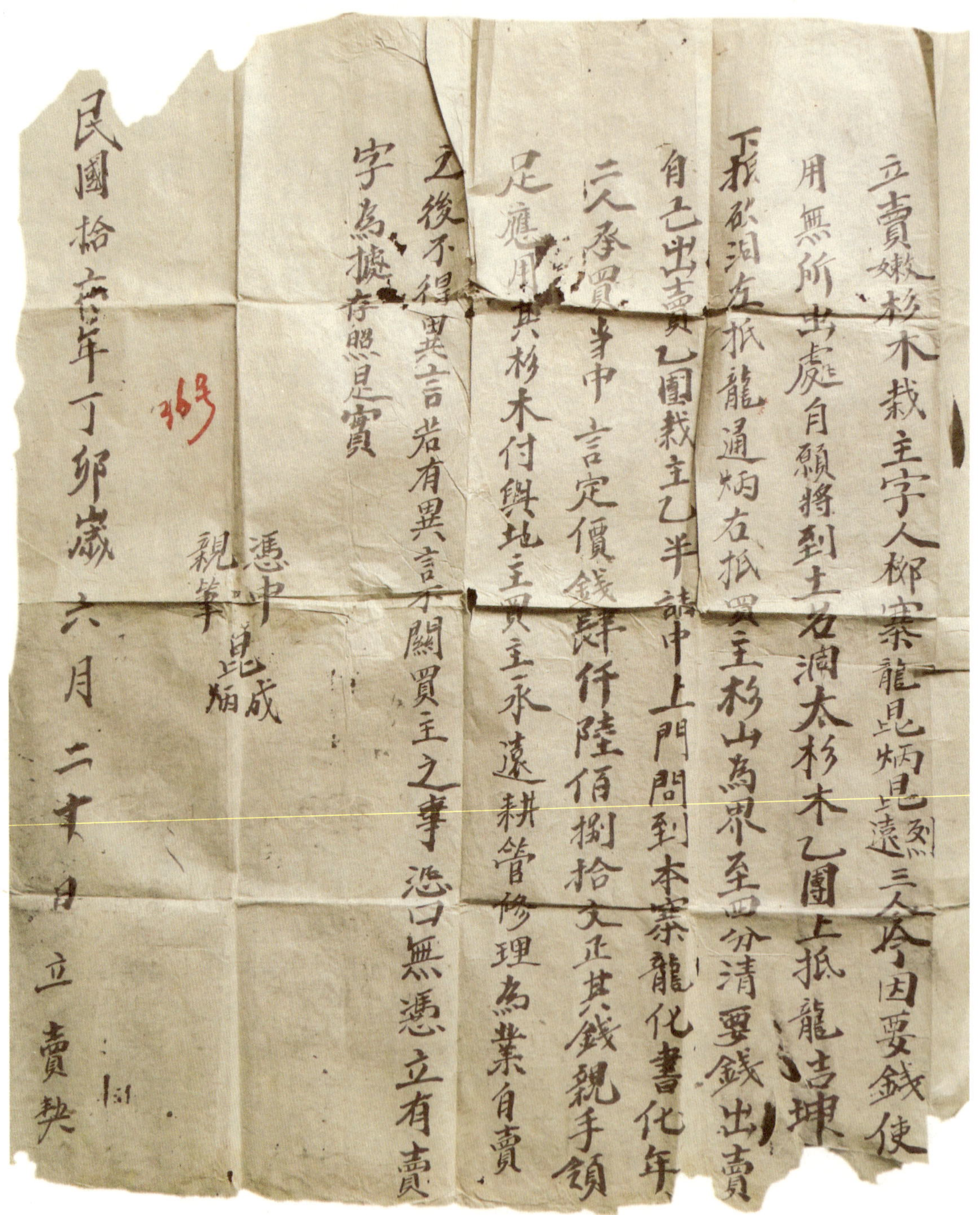

立賣嫩杉木栽主字人柳寨龍昆炳、昆烈、昆遠三人，今因要錢使用無所出處，自願將到土名洞太杉木乙團，上抵龍吉坤，下抵欧洞，左抵龍通炳，右抵買主杉山為界，至四分清，要錢出賣自己出賣乙團栽主乙半。請中上門問到本寨龍化書、化年二人承買，當中言定價錢肆仟陸佰捌拾文正，其錢親手領足應用，其杉木付與地主買主永遠耕管修理為業。自賣之後不得異言，若有異言不關買主之事。恐口無憑，立有賣字為據存照是實。

憑中 昆成

親筆 昆炳

民國拾六年丁卯歲六月二十日 立賣契

立卖嫩杉木栽主字人柳寨龙昆炳、昆烈、昆远三人，今因要钱使用，无所出处，自愿将到土名洞太杉木乙团，上抵龙吉坤，下抵砍洞，左抵龙通炳，右抵买主杉山为界，至四（四至）分清，要钱出卖。自己出卖乙团栽主乙半，请中上门问到本寨龙化书、化年二人承买，当中言定价钱肆仟陆佰捌拾文正。其钱亲手领足应用，其杉木付与地主买主永远耕管修理为业。自卖之后，不得异言。若有异言，不关买主之事。恐口无凭，立有卖字为据存照是实。

凭中：昆成

亲笔：昆炳

民国拾六年丁卯岁六月二十日立卖契

注：持契人自编号为红 36 号。

35. 龙全第、龙化书父子禀稿（民国十六年十月初二）

具控禀民龙全第包告化书七区上柳寨居住

为估抢轮奸殴毙潜尸控恳签提律办以雪奇冤事，情民幼女桂一与女伴桂仙、桂丹于上月廿六日早往冲敏寨走亲，道经扳圭河边，突有匪徒八九人隐身苇中，拦途凶劫，女等随将所执筐篮礼物衣饰等件抛弃，所失之物另单呈电。幸仙、丹二女拼命逃回哭报。惟民女在后，被匪徒朋围抢去，奈祸生仓猝，对于匪徒住址名姓，虽不能一一指出，然其中均能认识此数人。民当时纠众追缉，杳无音信，只得伸拔九甲河甲长欧国治并本寨甲保龙通炳、龙全奎等，到处找寻亦无踪影。至廿八日始据乌圭寨龙庆良、庆和兄弟报称被抢之日，吾兄弟到河边打鱼，道遇冷水寨素行不端之匪徒龙金侯、龙胜益，其弟老三、金祥、龙二牛、大牛、龙老大等八九人各执刀械，神色仓皇，一见良兄弟，分头鼠蹿。民闻之，始悉匪徒名姓，随具理由报本区分局，至廿九日下午，幸天不盖恶，果于扳圭河底没水［处］寻获女尸，头部被殴乌伤，手腰被系石捆捉，明系轮奸估抢殴毙。潜尸似此，凶恶已极，若不控恳严提律办，不惟奇冤莫雪，而且法地成夷矣。为此情迫汤火，只得控叩。

县长台前赏准签提一干到案，按律惩办，生死衔结沾恩无暨施行

计开匪徒名姓：龙金侯，龙金祥，龙胜益，其弟龙老三，龙大牛，龙二牛，龙老大

证人：龙庆良、龙庆和、桂仙、桂丹

欧国治、龙通炳、全奎、荣才、泰模、谭品学、龙现田

民国十六年十月初二日具禀

36. 龙金祥等反诉原告诉状（民国十六年）

具诉状民龙金祥等，为证确冤诬纠众抄害诉恳劈讯究追事，情民等阖族弟男子侄均属忠厚耕读，毫非不染，通地可传。祸历旧历九月廿六有柳寨龙全第之女名唤桂一，溺水于八圭河内，否识系自行落水，抑或系被人谋害，民等距该处有七八里之遥，未由知其故致死之由处，该全第声称廿八日有乌圭寨龙庆良、庆和兄弟报称是日在河边打鱼道遇民龙金祥等数人各仓皇分头逃走等语，实属妄行冤诬。窃查九月廿六日民金祥与同寨龙胜球各挑猪过平秋售卖，曾在场上与平秋寨王老节同在粉摊子上吃酒，又与汗寨赖二步牛借钱乙百文零用，可质讯。又民胜益、金侯与（于）是日早饭后即与同寨杨远先、龙忠富、龙胜贵等同去高教山吃板栗，曾到该处居民龙新平家歇气，可质。所有民二牛是日于清晨即往皮厦寨吴开化室摘禾，可质。又民大牛因染疟病未愈，在家睡卧，毫未出门。又民老三是［日］在学堂读书，并未出外半步，老幼均可质结。殊恶龙全第父子因其女溺毙于河，遂如曾参杀人之故，疑民等有不法行为，竟伸讯民等在本段团局。局丁到寨查实去后，该龙太恒等竟于本日黎明时统率数十人将民庆超家抄护一空，失单另粘呈电。有罗定周、刘昌寿二人可质。窃思杀人者抵，总期情真罪当，方不致施害平人。今恶父子不查泾渭，妄行告诉抄护，揆人情国法两不合，非恳查讯劈究，追还原赃，善良何安。为此只得讯乞县长台前公鉴。

证人王老节、赖二步牛、龙忠富、吴开化、龙胜彬、龙胜求、杨远光、龙胜贵、罗定周、刘昌寿。

讯得龙太恒于阴历十月初四晨率带柳寨各花户三十余人藉龙桂一命案为由，将龙庆超家抄护一空，业经本县亲临勘明属实。查此案欲抄之由，系由七区上局长陈之藩与柳寨龙昆来等起议，先将尸伤，诳报后函区长请示，及区长刘应超不准，陈之藩乃回局，龙太恒、昆来遂统（派）人去抄。审该各情，陈之凡实为此案与龙桂一命案肇事之重要犯，龙太恒为统抄领袖，着押候律拟此谕。

失单：黄牛二支（只），水牛三支（只），大猪五支（只），小猪九支（只），包服二个，同元五十封，手钏一对，扣子一付，下领一椑，飞蛾一椑，小儿银帽一顶，顶钏一根，以上各物用系弟媳所失。老人寿衣帽一个，光洋三十元，同元一封，小大男女五个包服。

大媳手钏一对，扣子一付。

二媳手钏一对，扣子一付，洋炮二支，被盖六床。

三媳手钏一对，扣子一付，斧子三把，柴刀三把，锄头六把。

37. **龙金祥等反诉原告诉状抄件**（民国十六年十一月二十日）

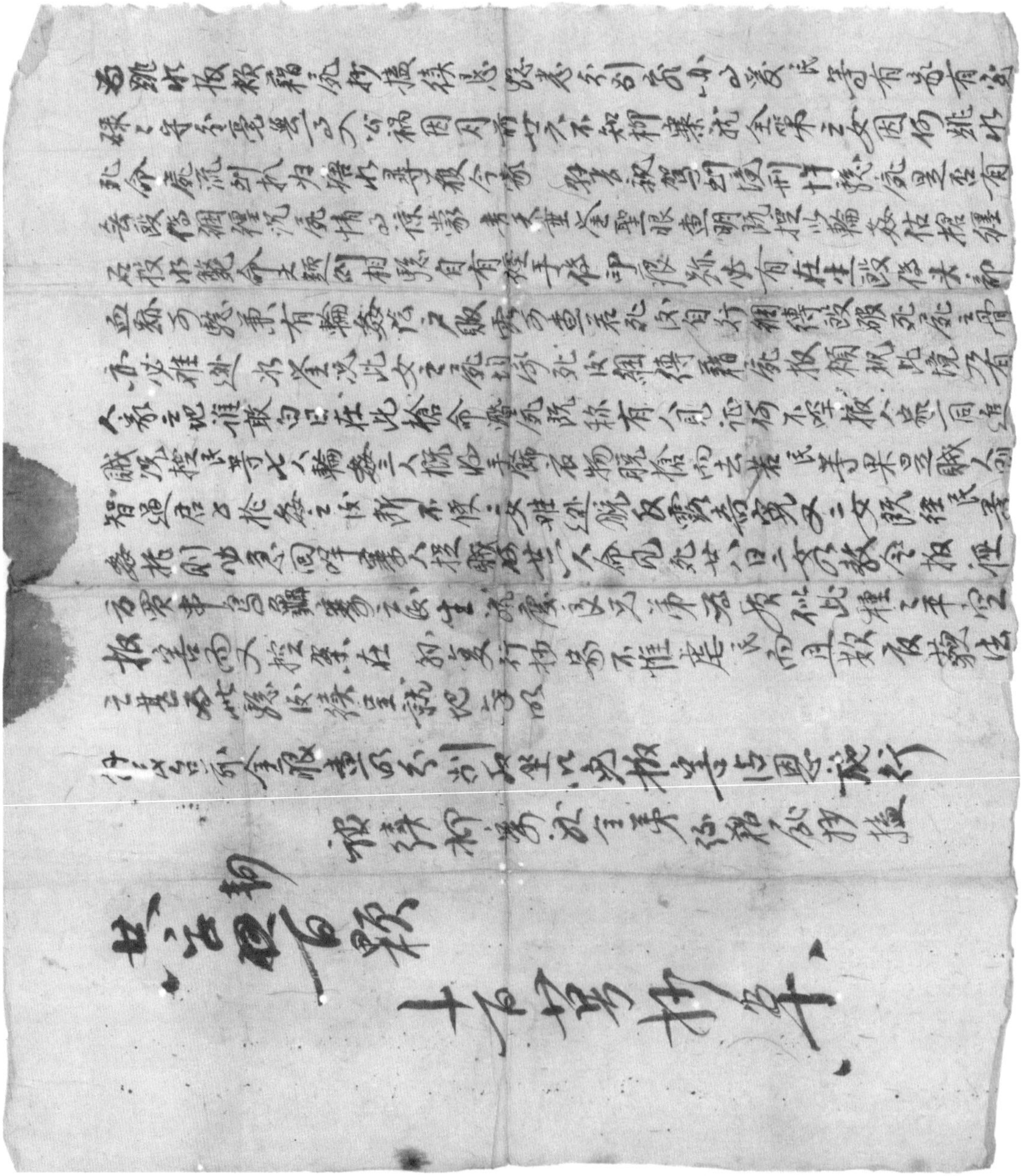

为跳水扳赖籍尸抄搕续恳惩恶分别究办事：爰民等有家有室，碌碌守分，毫无一事入公。祸因月前廿六，不知柳寨龙全第之女因何跳水死命，尸流到扒归塘水寻获。今蒙县长亲驾到境，刑忤验尸，是否有无殴伤捆缠沉尸情事。谅蒙青天垂鉴，圣眼查明。既控以轮奸估抢缠石投水毙命。大口例相验，自有缠手伤印，痕迹必有。在生殴伤头部，血迹可验。兼有轮奸，阴户贩露可查。若死后自行捆缚，殴破死尸之骨，亦必难逃冰鉴。况此女之尸均属死后捆缚，藉尸扳赖。现此境乃有人家之地，谁敢白日在此抢命潜尸？既称有人见证，何不控报人家一同追贼。况控民等七人轮奸三人，概将手饰（首饰）衣物脱抢而去。若民等果是贼人，则智过君子，抢（轮）奸之后，断不使二女难逃脱，反露奇冤。又二女既径民等奸抢，则必急回喊寨人捉贼，及廿二人命见死，廿八日二女乃教令扳诬，方买串乌龟寨之后生龙庆良兄弟为质。似此种种之平空扳害，而又控案在口，复行抄家，不惟虐民，而且欺官藐法之甚。为此，验及续呈，就地禀明县长台前，金眼查明，分别反坐，以免扳害。沾恩施行。

被续柳寨龙全第系藉尸抄搕

共字肆百颗

十一月廿号抄案

38. 龙全第、龙化书父子禀稿（民国十六年十一月十五日）

具续禀民龙全第、子化书年址在卷

为怪雾朦天含冤莫白恳恩覆验如虚甘坐事，痛民女桂一于九月廿六日惨被冷水寨凶犯龙金祥等抢（强）奸毙命，曾以估抢（强）轮奸等情鸣冤于仁天案下，沐恩赐驾临验，仰见仁廉惜命如山无如蠹仵杨庭忠，欺民父子愚笨，无知有冤难诉，胆受凶匪重贿，罔上埋冤，瞒伤不报。现女尸仰面头额各部均受有致命重伤，左耳殴断，右睛突出，兼之合面左右臀股擦伤皮破，尸体色黄，精水迸流，奸殴显然，万目共见。殊蠹仵铜臭熏心，致命各伤，或捏岩擦，或诬鼠咬，以耸天听。切殴伤与擦伤不同，如民女果系投水身死磕擦所伤，其痕自异。即据蠹仵喝报，何以手足指甲并无沙泥，眼耳口鼻滴水全无。且遍体伤痕，形现乌黑，谓非轮奸殴毙，将谁欺乎。昨沐恩谕，谓证人龙庆良等先后口供不合，实无他故，因在尸厂时，据良拟即照实供出，殊凶党龙胜科等各执凶器挜近良身，洞语恐吓，致庆良不敢全供。又据凶犯供称，九月廿六日在皮厦吴开化家摘禾，龙老三在坉雷学堂读书，教师顾主均系讼师，吴开化可谓有缘矣。况期近十月，节过寒露，姑勿论有禾未摘，在开化谅食亦将尽已。至龙老三原系匪徒，自去岁罗团长将其匪首龙土地正法，该匪在逃始归。据称在学攻书，吴教师可谓不择人而教也。其余吃粉之王老节，吃板栗之龙胜贵等，不言可知。惟大牛既患疟疾卧床不起，手上之伤何自而得，似此种种浮词，不攻自破。现凶犯等虽沐恩收押，然并未加刑，岂杀人凶犯而肯自供实情耶。如民凡语涉虚情，甘反坐，为此含冤莫白，伤惨已极，只得恋叩县长台前，赏准覆验以雪奇冤生死衔结施行。

计开凶犯龙金祥、龙大牛、龙老大、龙二牛、龙胜益、龙金侯、龙老三、杨庭忠

民国十六年十一月十五日　具

具續禀民龍金第子化書年址在卷
為怪霧朦天含冤莫白悬恩覆騐如虛甘坐事痛民女
桂一於九月廿六日慘被冷水寨兇犯龍金祥等擄女奴
斃命曾以估搶輪姦等情鳴冤於　仁天案下沐恩
賜駕臨騐仰見仁廉惜命如山無如蠹仵楊庭忠欺民
父子愚笨無知有冤难訴胆受兇匪重賄罔上埋冤瞞
傷不報現女屍仰面頭額各部均受有致命重傷左耳
毆斷右睛突出兼之合面左右臂股擦傷皮破尸件
色黃精水逆流奸毆顯然万目共見殊蠹仵銅臭薰
心致命各傷或捏岩擅或誣鼠咬以欺天听切毆傷
與擦傷不同如民女果係投水身死磕擦所傷其痕自
異即抝蠹仵喝报何以手足指甲並無沙泥眼耳口
鼻涌水全無且遍体傷痕形現烏黑謂非輪奸毆
斃將誰欺乎昨沐　恩諭謂証人龍慶良昔先後口
供不合実無他故因在屍廠时抝良擬即照実供出
殊兇党龍勝科等各执兇器推近良身洞語恐嚇、
致慶良不敢全供又抝兇犯供稱九月廿六日在皮
厦吳開化家摘禾龍老三在坨雷學堂讀書教師
顧主均係訟師吳開化可謂有緣矣況期近十月
節过寒露姑勿論有禾未摘在開化諒食亦將尽
已至龍老三原係匪徒自去歲罗團長將其匪首龍
土地正法該匪在逃始归抝称在學攻書吳教師可謂
不擇人而教也其餘吃粉之王老節吃板栗之龍勝貴
等不言可知惟大牛既患瘡疾卧床不起手上之傷何自
而得似此種種浮詞不攻自破現兇犯等蒙沐　恩收押
然並未加刑豈兇人自犯而肯自供実情耶如民化語
涉虛情甘反坐為此含冤莫白傷惨已極只得悉叩
縣長台前賞准覆騐以雪奇冤生死啣結施行

計開兇犯
龍金祥　大牛　老大　二牛
龍勝益　金候　老三
楊庭忠

民国十六年十一月十五日具

39. 龙桂一死亡案判决（民国十六年十一月二十一日）

讯得龙桂仙、龙桂丹本日口供与验尸后在柳寨口供大相矛［盾］，质地点不合，见闻亦异，审核情形，龙桂一之死，桂仙、桂丹实为重大嫌疑犯，着押解调查覆（复）讯。又据龙庆和、龙庆良本日口供与验尸后在柳寨口供亦不相符。先供闯着龙金祥、龙胜益、龙大牛三人在河边，本日供闯着龙金祥、龙胜益、龙老大、龙大牛、龙二牛、龙老三、龙金侯并不识姓名，二人共九人在河边，两次均供当时在扒圭潭口打鱼。查扒圭潭口相距龙桂一淹死之处不过数丈，又适同时，岂有潭口打鱼，潭中淹死人抬头便见而云不知之理。又查所供龙二牛当时曾在皮厦吴开化家摘禾，所供龙老三当时曾在坉雷学堂读书，经在汉寨街上传集吴开化家人邻近并教师吴开化证明属实。又查已死龙桂一尸身曾经验，委系投水身死，头手足之伤均系岩头撞擦伤。不过投水之时为何缘故尚未明瞭，亟应研讯，务获确实。综核各情，龙庆良、龙庆和对于此案，嫌疑甚为重大，着押研讯。龙金祥、龙胜益、龙大牛为龙庆良、龙庆和初次所供时间上亦有可疑，着押候调查，至此次加供之龙老大、龙金侯、龙二牛、龙老三嫌疑较轻，且龙二牛、龙老三业已证明不实，均准取保候案，此谕。

共字五百颗，十一月廿一日判谕

祝佑訊、桂仙訊、桂丹、本日以伏与强、氶、依在柳桑、
以依大相尹痕妃、本分氣同上、異書俊情、州訊桂
一、三訊桂仙桂丹字叉為重大嫌、疑訊言伯押、合脈、调查震
祝文林訊、慶和訊、慶良本日以供、與滕乙訊、依在柳
峯ら以依、刁、不相識、村步、伏、周玉有訊、金祥訊、滕善訊、大
廿三人在河边、本日伏、周玉有訊、金祥訊、滕益訊、未
大訊、大廿訊、二伊廿訊、老三一訊、金保、正不識、姓名
六人共九人、在河边、两次均供、当时在行主塘口打鱼、
忽打主塘口相距、訊桂一淹死之處、不過一数丈、又大適同
时是否有塘口打鱼、塘中淹死人、據未供見、而亡不知
三理又惠所供、訊二伊当时是在伏后屡次审讯、而
据未识伊、訊老三一当时更在彼处富宝清
经在漢、峯、街上伴往、未見、而伊訊人契证並教師
字、同此情明、傷字、是已死訊、訊桂一屍身
奉移、候冰、目訊、未、子是之傷情、孫、岩、次、檢、棲、嫌
不得、候冰之时為何未明、勝、逆、應、奸、沁
務、獲、雖寡、縱、恪、仍情訊、慶良訊、慶和封
於此案、嫌疑、甚為重大、言伯押、研訊、訊金祥
訊、滕善訊、大廿為訊、慶良訊、慶和、均求所
供、时向上、亦、有可疑、言伯押、候调查、至此次加
供之訊老大訊、金保訊、二伊訊老三、嫌疑較
輕、且訊二伊訊老三、業已澄明、不予、均准取
保、候案此諭

廿三年四月叙　十二月廿一日判　謞

40. 龙绍全借抵字（民国二十三年四月初五日）

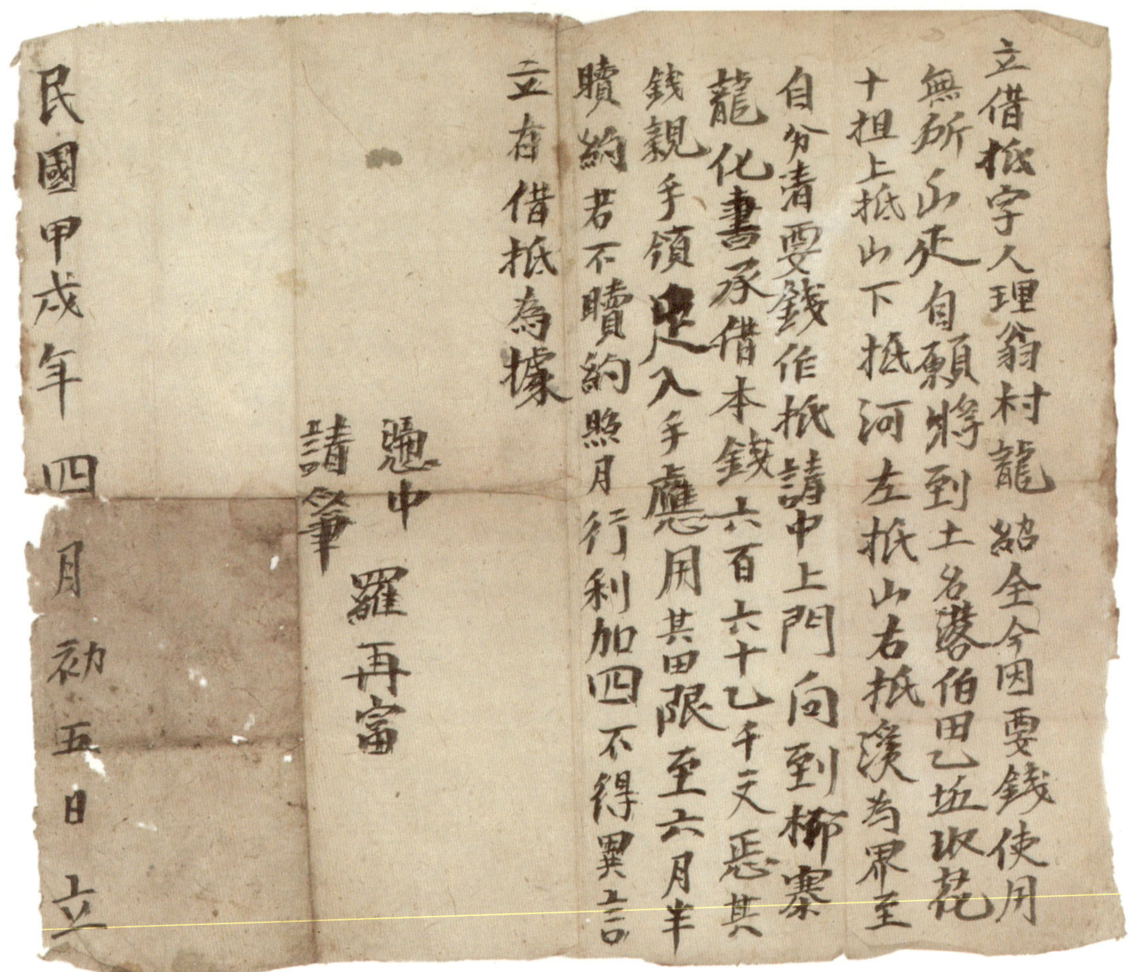
立借抵字人理翁村龍紹全今因要錢使用
無所出處自願將到土名落伯田乙坵收花
十担上抵山下抵河左抵山右抵溪為界至
自分清要錢作抵請中上門向到柳寨
龍化書承借本錢六百六十乙千文整其
錢親手領足入手應用其田限至六月半
贖約若不贖約照月行利加四不得異言
立有借抵為據
憑中
請筆 羅再富
民國甲戌年四月初五日立

立借抵字人理翁村龙绍全，今因要钱使用，无所出处，自愿将到土名落伯田乙丘，收花十担，上抵山，下抵河，左抵山，右抵溪为界，至自（四至）分清，要钱作抵。请中上门问到柳寨龙化书承借本钱六百六十乙千文整。其钱亲手领足入手应用，其田限至六月半赎约。若不赎约，照月行利加四。不得异言，立有借抵为据。

凭中、请笔：罗再富

民国甲戌年四月初五日立

41. 龙氏桂花、龙胜斋母子卖地土杉木字（民国三十三年四月十九日）

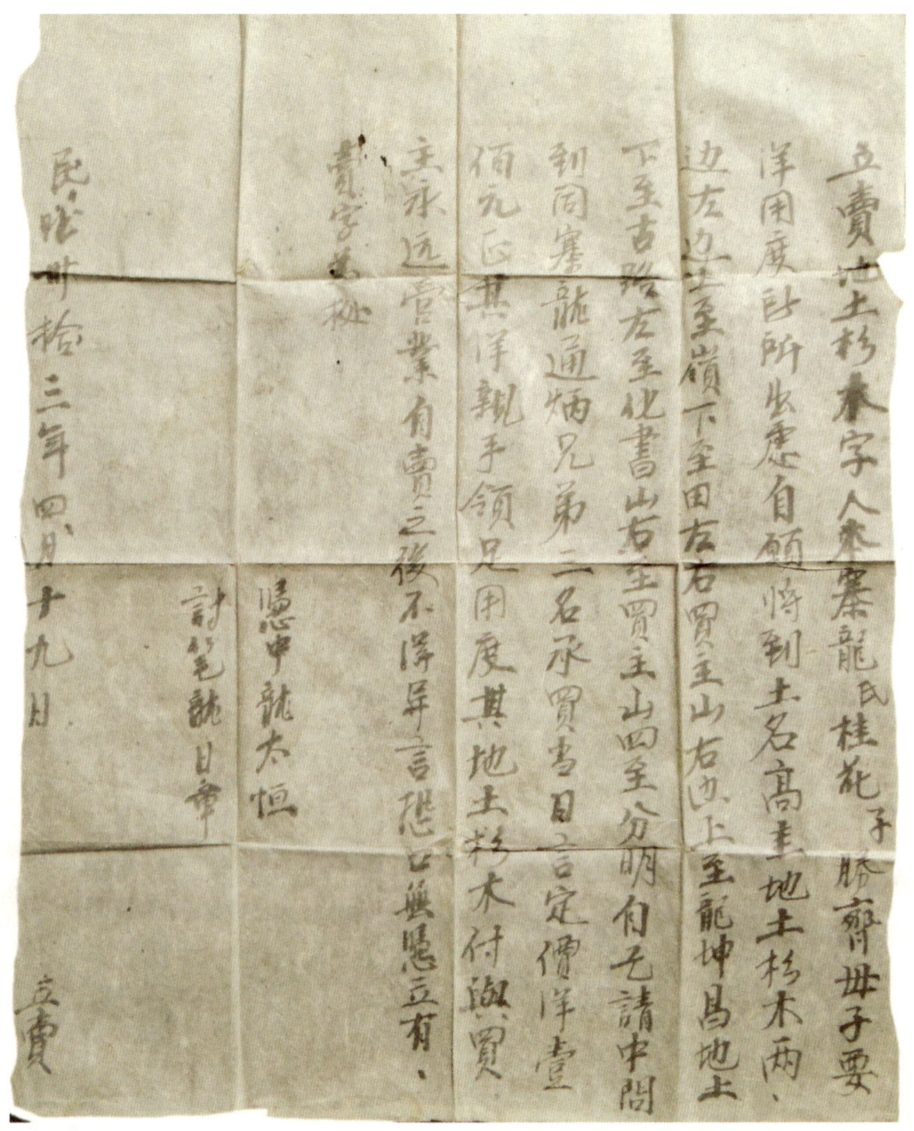

立卖地土杉木字人本寨龙氏桂花、子胜斋母子要洋用度，无所出处，自愿将到土名高圭地土杉木两边，左边上至岭，下至田，左右买主山；右边上至龙坤昌地土，下至古路，左至化书山，右至买主山。四至分明，自己请中问到同寨龙通炳兄弟三名承买，当日言定价洋壹佰元正。其洋亲手领足用度，其地土杉木付与买主永远管业。自卖之后，不得异言。恐口无凭，立有卖字为据。

凭中：龙太恒

讨笔：龙日章

民国卅拾三年四月十九日　立卖

42. **龙化书化钱续婚借据**（民国三十三年十月）

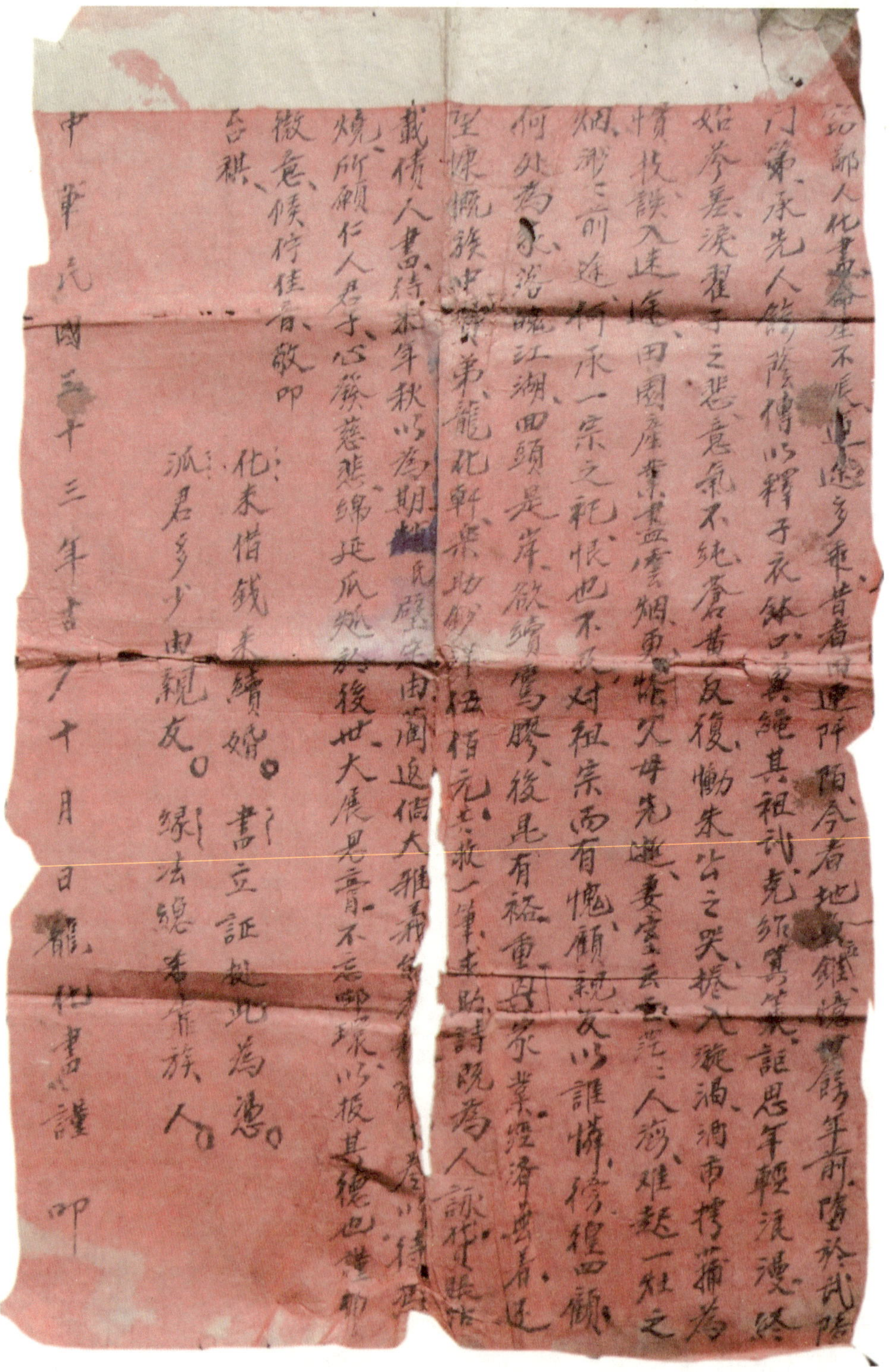

窃鄙人化書命生不辰，遭遇多乖，昔者田連阡陌，今者地無[illegible]錐，[illegible]餘年前，墮於武陵門第，承先人餘蔭，傳以釋子衣鉢，以冀繩其祖武，克紹箕裘。詎思年輕浪漫，終始參差，濩翟子之悲，意氣不純，蒼黃反復，慟朱公之哭，捲入漩渦，淪而博蒲為情，拔[illegible]入迷途，田園産業，盡皆雲烟，兩[illegible]災，父母先逝，妻室丟亡，茫茫人海，難趁一杜之烟，漸漸前進，何承一宗之祀，恨也不及，對祖宗而有愧，顧親友以誰憐，傍徨四顧何處為家，落魄江湖，回頭是岸，欲續鸞膠，後思有嗣，重興家業，經濟無着，述望[illegible]慨族中昆弟龍化軒，众助錢伍佰元，共[illegible]一筆，走貼詩既為人詠[illegible]載，債人書侍來年秋以為期，[illegible]由蘭追倩大雅[illegible]以待[illegible]燒，所願仁人君子，心發慈悲，綿延瓜瓞於後世，大展是膏，不忘啣環，以報其德也。謹[illegible]徹意，候佇佳音，敬叩

台祺。

化來借錢來續婚。書立証據此為憑。

派君多少由親友。緣法總看族人。

中華民國三十三年十月　日龍化書謹叩

窃鄙人化书命生不辰，运途多乖。昔者田连阡陌，今者地无立锥。忆卅余年前，堕于武陵门第，承先人余荫，传以释子衣钵。只冀绳其祖武，克绍箕裘。讵思年轻浪漫，终始参差。泪翟子之悲，意气不纯，仓黄（皇）反复。恸朱公之哭，卷入漩涡。酒市樗搏为惯技，误入迷途。田园产业尽云烟，更添父母先逝，妻室云亡。茫茫人海，难起一灶之烟。渺渺前途，何承一宗之祀。恨也不及，对祖宗而有愧，顾亲友以谁怜。彷徨四顾，何处为家。落魄江湖，回头是岸。欲续鸾胶，后昆有裕。重兴家业，经济无着。还望慷慨族中资弟。龙化轩乐助钞洋伍佰元。其救一笔，求助诗既为人咏，贷账贴载债人书。待来年秋以为期，赵氏璧定由蔺返。倘大雅义能为利，薛氏卷以待冯烧。所愿仁人君子，心发慈悲，绵延瓜瓞于后世，大展恩膏，不忘衔环以报其德也。谨伸微意，候伫佳音。敬叩

台祺

化米借钱来续婚，书立证据此为凭。

派君多少由亲友，缘法总希靠族人。

中华民国三十三年古历十月　日　龙化书谨叩

注：这份文书是龙化书向龙化轩借得钞洋伍佰元，别有两份形式相同文书，龙化书又分别向龙化猷借得钞洋伍佰捌拾元，向龙化贵借得钞洋捌佰元。

43. 石明干清白甘心离婚字（民国三十三年十一月初三日）

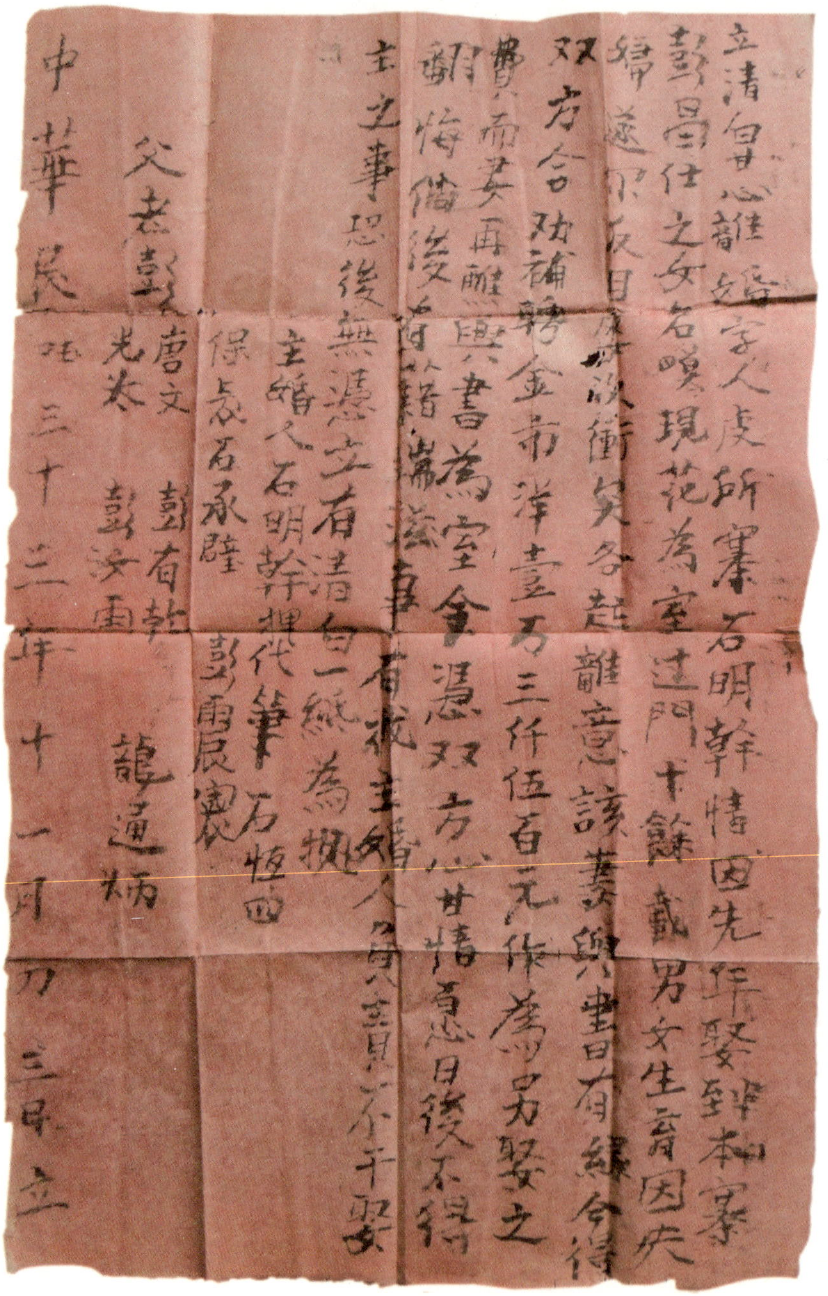

立清白甘心离婚字人皮所寨石明干，情因先年娶到本寨彭昌仕之女名唤现花为室，过门十余载，男女生育，因夫妇遂尔反目，屡次冲突，各起离意。该妻与书有缘，今得双方合劝，补聘金市洋壹万三仟伍百元作为另娶之费，而妻再醮于书为室。今凭双方心甘情愿，日后不得翻悔。倘后有籍端滋事，有我主婚人负责，不干娶主之事。恐后无凭，立有清白一纸为据。

主婚人：石明干押

代笔：石恒四

保长：石承璧、彭震寰

父老：彭唐文、彭光太、彭有乾、彭汝雨、龙通炳

中华民国三十三年十一月初三日立

44. 龙化泽卖杉油山地字（民国三十六年六月初二日）

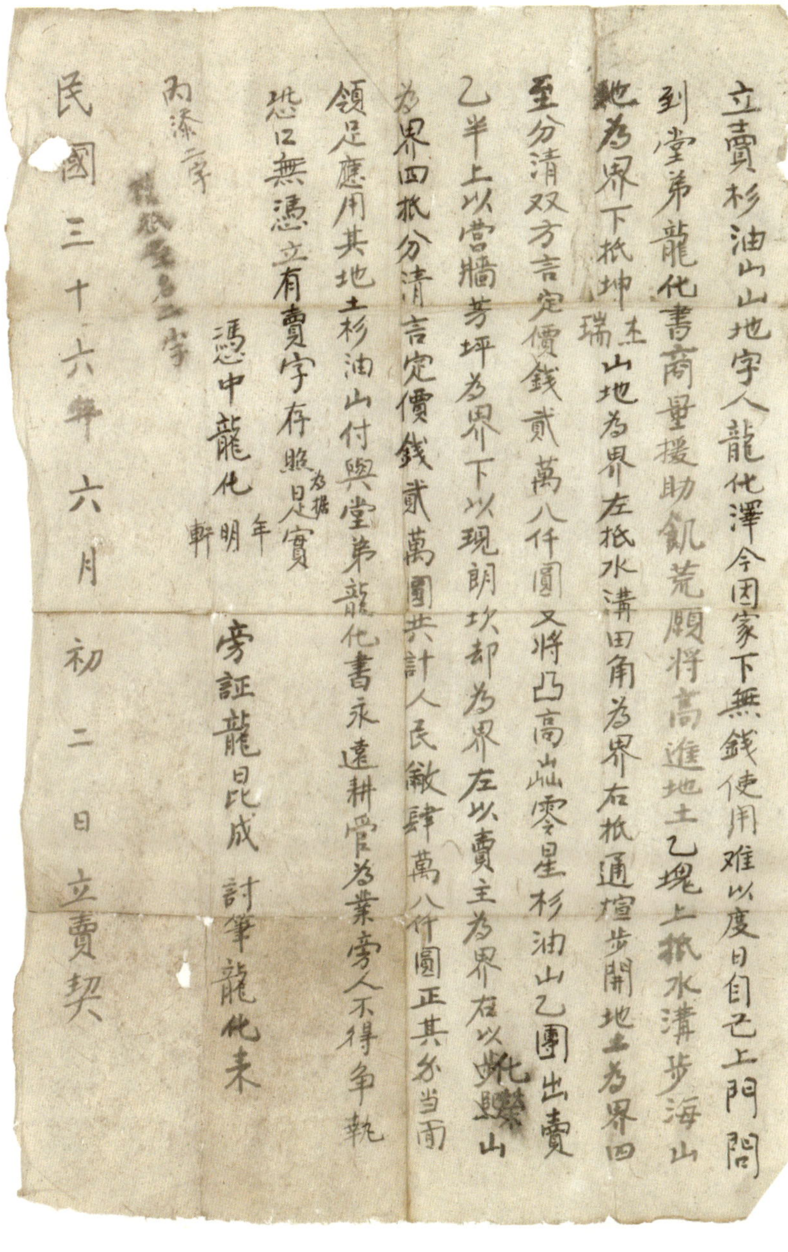

立卖杉油山山地字人龙化泽，今因家下无钱使用，难以度日，自己上门问到堂弟龙化书商量援助饥荒，愿将高进地土乙块，上抵水沟步海山地为界，下抵坤杰、坤瑞山地为界，左抵水沟田角为界，右抵通煊、步开地土为界，四至分清，双方言定价钱贰万八仟圆（元）。又将凸高峃零星杉油山乙团出卖乙半，上以营墙芳坪为界，下以现朗坎却（脚）为界，左以卖主为界，右以化荣山为界，四抵分清，言定价钱贰万圆（元），共计人民币肆万八仟圆（元）正。其钱当面领足应用，其地土杉油山付与堂弟龙化书永远耕管为业。旁人不得争执。恐口无凭，立有卖字存照为据是实。

丙（内）添二字

凭中：龙化年、龙化明、龙化轩

旁证：龙昆成

讨笔：龙化来

民国三十六年六月初二日立卖契

注：该份契约有可能是20世纪六七十年代的抄契，将法币名称误写为人民币。

45. 卖木清单（时间未详）

卖木壹单，共数叁拾叁株，共合毛码十四两七钱九分，九五扣，实马十四两〇五分，每两价银大洋十三元九角八分，共合大洋壹佰玖拾陆元肆角贰仙。

九月初五日，收大洋壹佰零壹元

十月廿三日收大洋柒元四角捌仙

又廿五日收大洋肆拾元

又廿六日收大洋叁拾元

又收大洋壹元

又收元钱壹仟文，二扣洋二百

外用伙食五个，共归洋壹元

又羔子壹钱，扣钱伍佰文，珍手借

合共收大洋壹佰捌拾元零肆角捌仙

十月十八日付大洋伍元，兑海富木价

付去零用大洋肆元，上密江

又付借去零用钱壹仟文

又付去平食钱贰仟文

又付去元钱壹仟文，罢洞借

又付去元钱壹仟［壹］佰五十文，王寨用

又付去元钱伍佰文，买私烟

又付去大洋壹元，买土二两

又付开中人洋壹［元］伍角，海富扣

合共付大洋壹拾壹元伍角

合共付元钱伍仟陆佰伍拾文，扣洋八百

合共木价零用该洋贰佰零捌元柒角贰仙，除收该欠尾数大洋贰拾捌［元］零肆仙。又外批食油共伍拾余，天望来□甫

赵启兰先生台照，十一月廿五日龙长光单

□十一月廿五日

请代至王寨小江口王泽堂行交

赵启兰先生　升启

由柳寨城

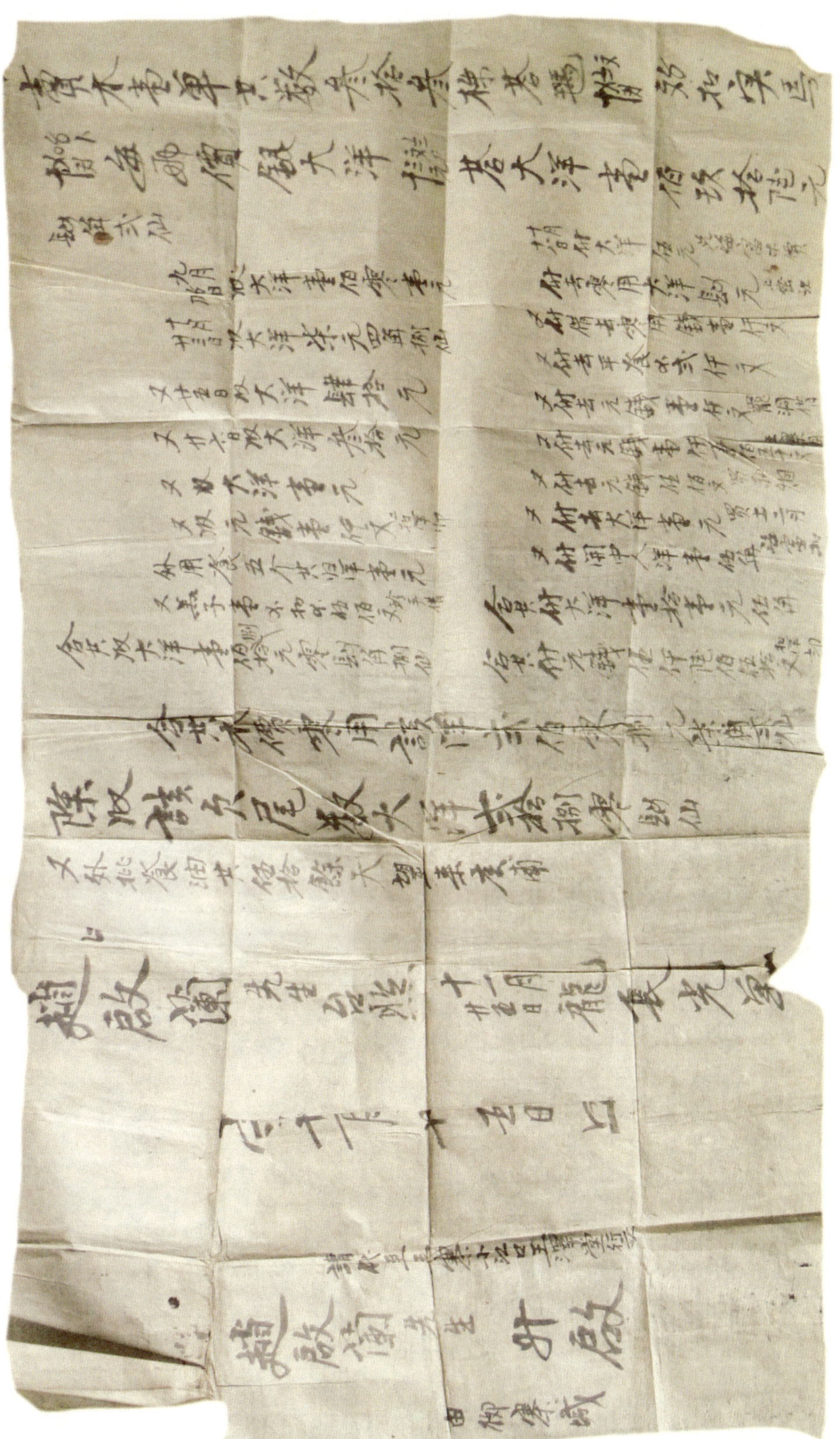

（二）税费单据类

1. 龙清汉除户通知书（民国十八年四月二十六日）

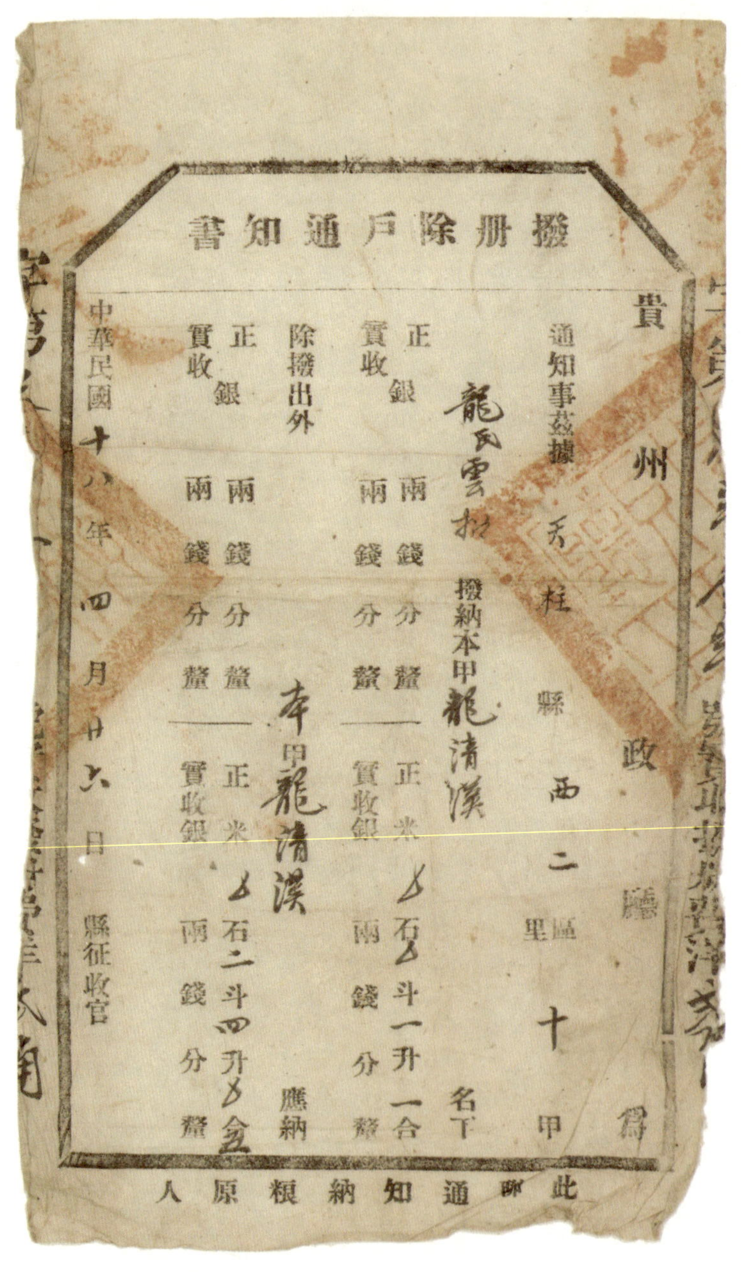

撥册除戶通知書

貴州政廳爲

通知事茲據秀柱縣西二區里十甲名下

龍氏雲招撥納本甲龍清漢

正銀 兩 錢 分 釐——正米〇石〇斗一升一合

實收 兩 錢 分 釐——實收銀 兩 錢 分 釐

除撥出外

本甲龍清漢應納

正銀 兩 錢 分 釐——正米〇石二斗四升〇五勺

實收 兩 錢 分 釐——實收銀 兩 錢 分 釐

中華民國十八年四月廿六日 縣征收官

此聯通知納糧原人

内容提要：因为购买田地，原龙清汉名下田税一升一合过户到龙氏云招名下，除拨出外，龙清汉田赋数额为二斗四升〇五勺。

2. 龙运忠纳税凭单（民国十八年五月二日）

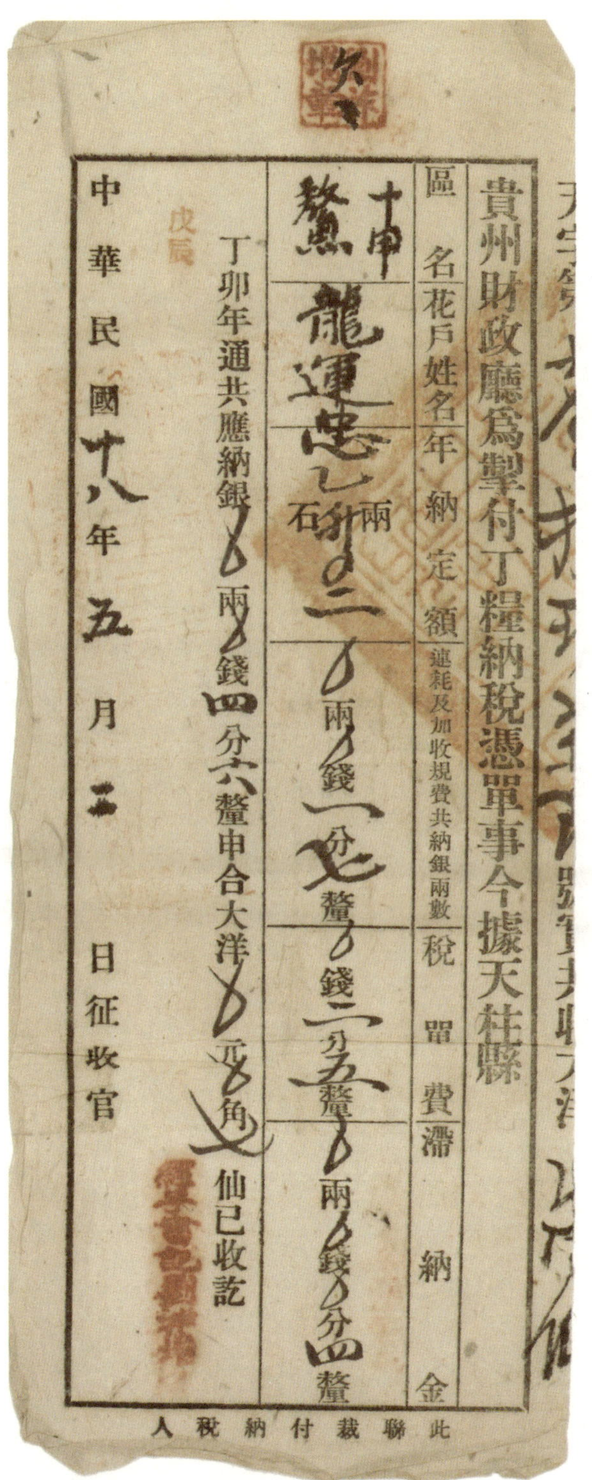

貴州財政廳爲掣付丁糧納稅憑單事今據天柱縣

區名 十甲鰲

花戶姓名 龍運忠

年納定額 乙升〇二

連耗及加收規費共納銀兩數 〇兩〇錢一分七釐

稅單費 〇兩〇錢二分五釐

滯納金 〇兩〇錢〇分四釐

丁卯年通共應納銀〇兩〇錢四分六釐申合大洋〇元〇角七仙已收訖

中華民國十八年五月二日征收官

此聯裁付納稅人

内容提要：十甲［登］鳌寨龙运忠年纳定额乙升〇二勺，连耗及加收规费共纳银一分七厘，税单费二分五厘，滞纳金四厘，丁卯年通共应纳银四分六厘，合大洋七仙。

注：这份文书提供了银两与银元的换算依据，如大洋 0.07 元 / 银 0.046 两 ≈ 1.52 元 / 两；或 0.046 两 /0.07 元≈ 0.657 两 / 元。

丁卯年，即民国十六年，1927 年。

3. 龙清汉纳税凭单（民国十八年五月二日）

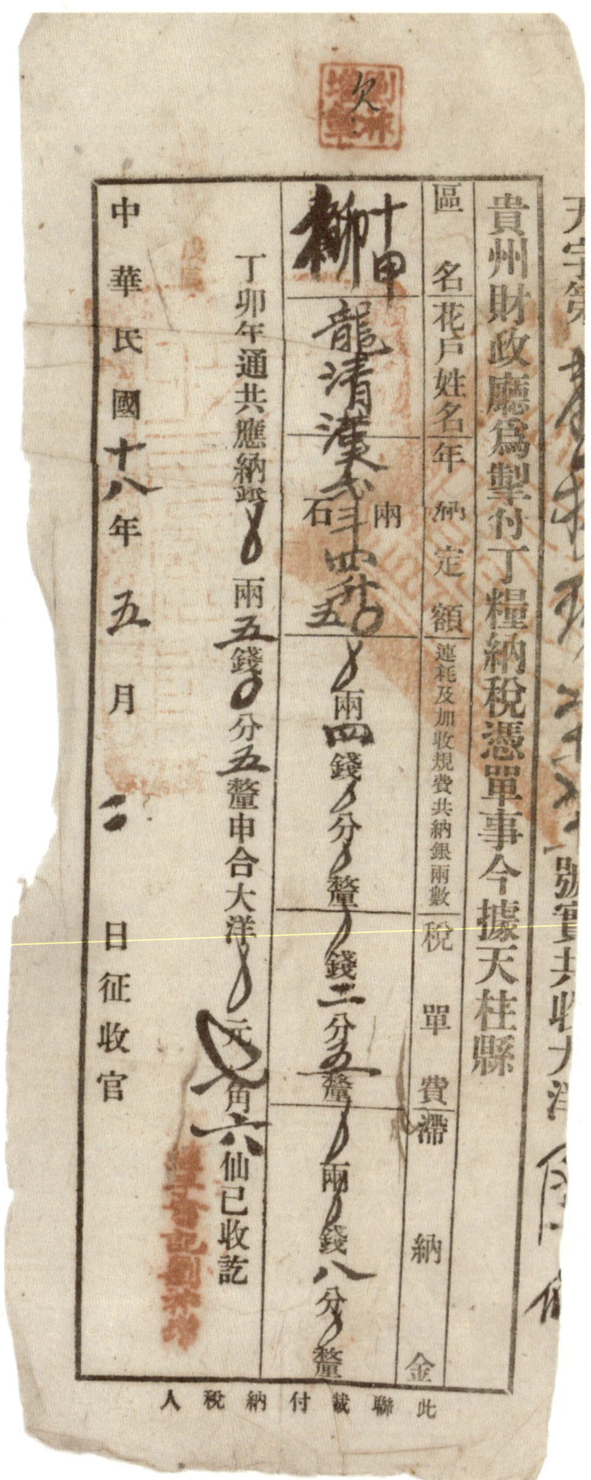
貴州財政廳爲製付丁糧納稅憑單事今據天柱縣

區 十甲柳寨

名 花戶姓名 龍清漢

年納定額 石 兩 斗四升〇五

連耗及加收規費共納銀兩數 〇兩四錢〇分〇釐

稅單費 〇錢二分五釐

滯納金 〇兩〇錢八分〇釐

丁卯年通共應納銀〇兩五錢〇分五釐申合大洋〇元七角六仙已收訖

中華民國十八年五月二日征收官

此聯截付納稅人

内容提要：十甲柳寨龙清汉年纳定额贰斗四升〇五勺，连耗及加收规费共纳银四钱，税单费二分五厘，滞纳金八分，丁卯年通共应纳银五钱〇五厘，合大洋七角六仙。

4. **龙清汉纳粮凭单**（民国十九年六月二十七日）

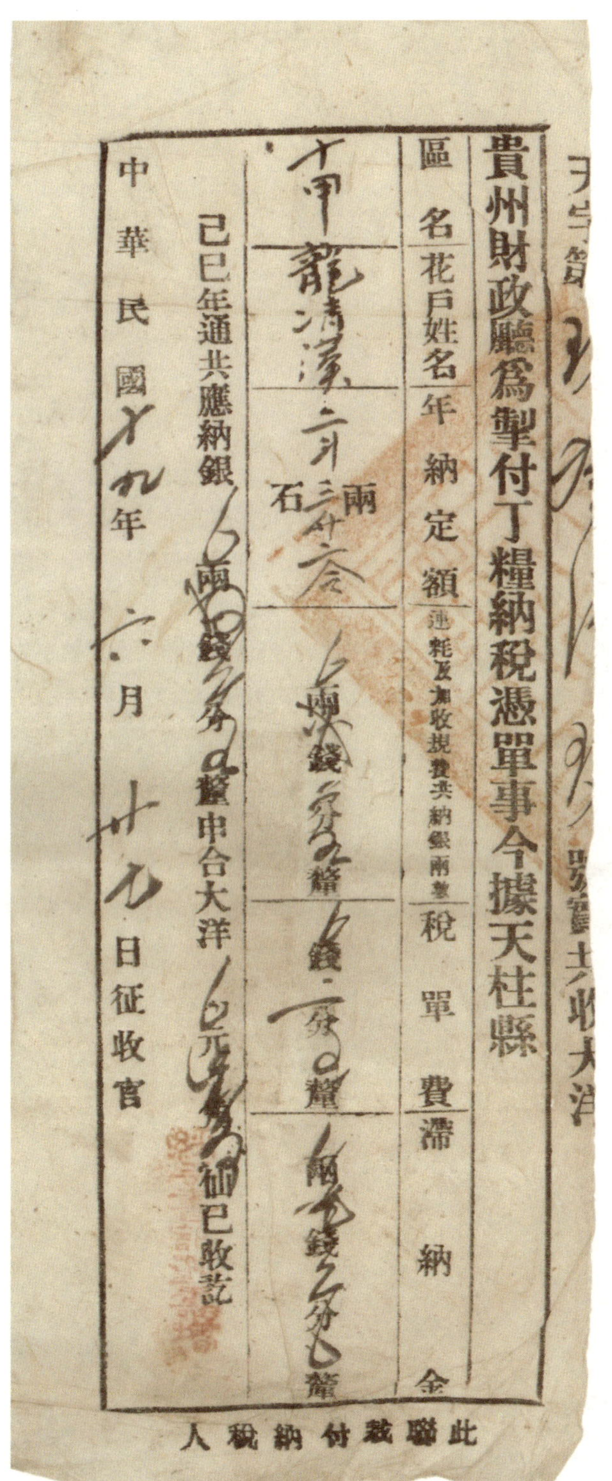

内容提要：十甲龙清汉年纳定额二斗三升二合，连耗及加收规费共纳银叁钱二分五厘，税单费二分，滞纳金二分，己巳年通共应纳银肆钱二分，合大洋六角四仙。

注：己巳年，即民国十八年，1929 年。

5. 龙运忠纳税凭单（民国十九年六月二十七日）

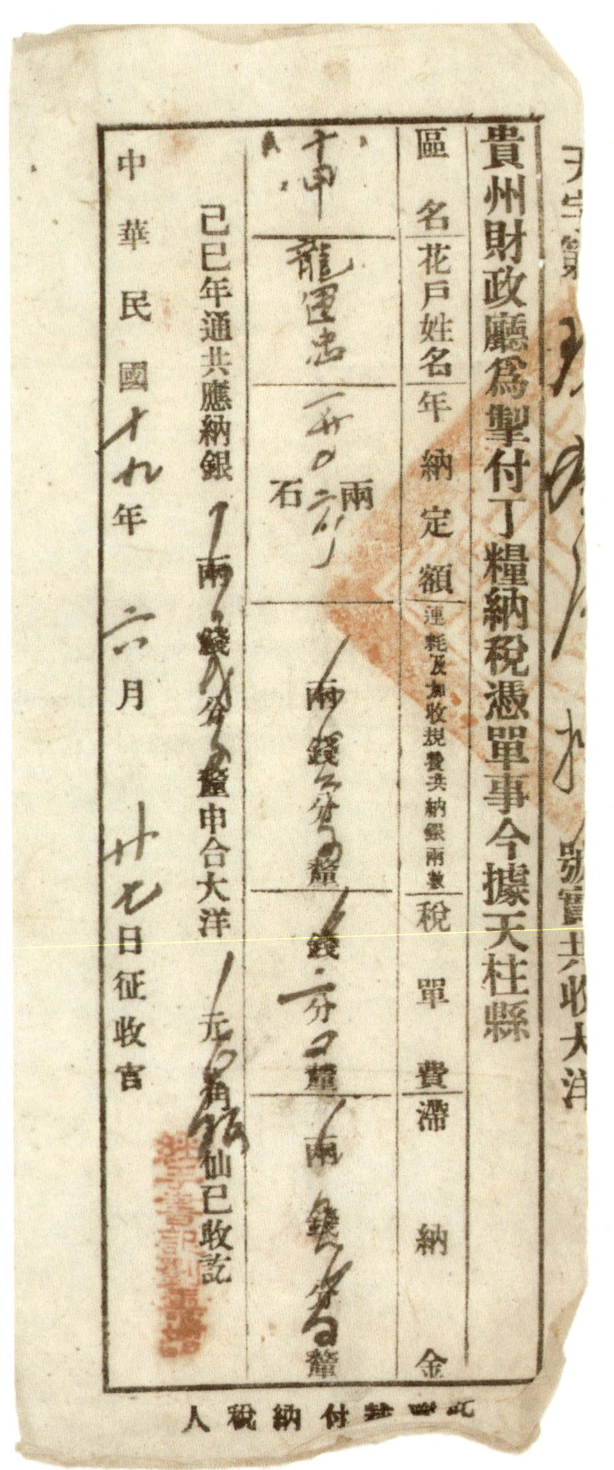

天字第　號　共收大洋

貴州財政廳爲掣付丁糧納稅憑單事今據天柱縣

區名 十甲

花戶姓名 龍運忠

年納定額 一升〇二勺

運耗及加收捐費共納銀兩數　兩　錢　分　釐

稅單　錢　分　釐

費滯納　兩　錢　分　釐

金

已巳年通共應納銀　兩　錢　分　釐中合大洋　元　角　仙已收訖

中華民國十九年六月廿七日征收官

此聯掛付納稅人

内容提要：这份纳粮凭单与本节第2份民国十八年纳税凭单和第6份民国二十年纳税凭单的纳税户都是十甲龙运忠，年纳定额都是一升〇二勺，但这份凭单的纳银数字迹潦草，很难辨认。不过可参照其他两份文书，民国十八年纳银数为四分六厘，合大洋七仙，民国二十年纳银数为四分八厘，合大洋八仙。这份文书通共应纳银大约为四分五厘，合大洋七仙。

6. **龙运忠纳税凭单**（民国二十年六月二十五日）

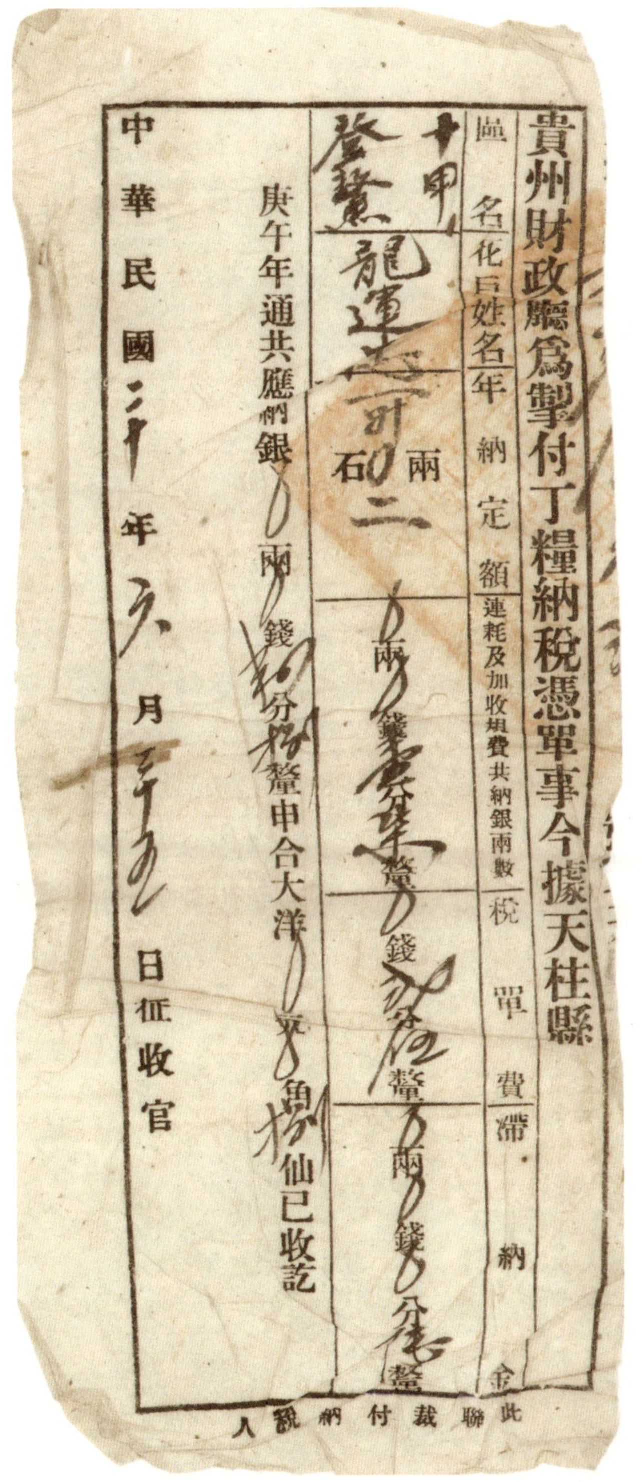

内容提要：十甲登鳌龙运忠年纳定额一升〇二勺，连耗及加收规费共纳银壹分柒厘，税单费贰分伍厘，滞纳金陆厘，庚午年通共应纳银肆分捌厘，合大洋捌仙。

注：庚午年，即民国十九年，1930年。

7. 龙清汉纳税凭单（民国二十一年五月二十五日）

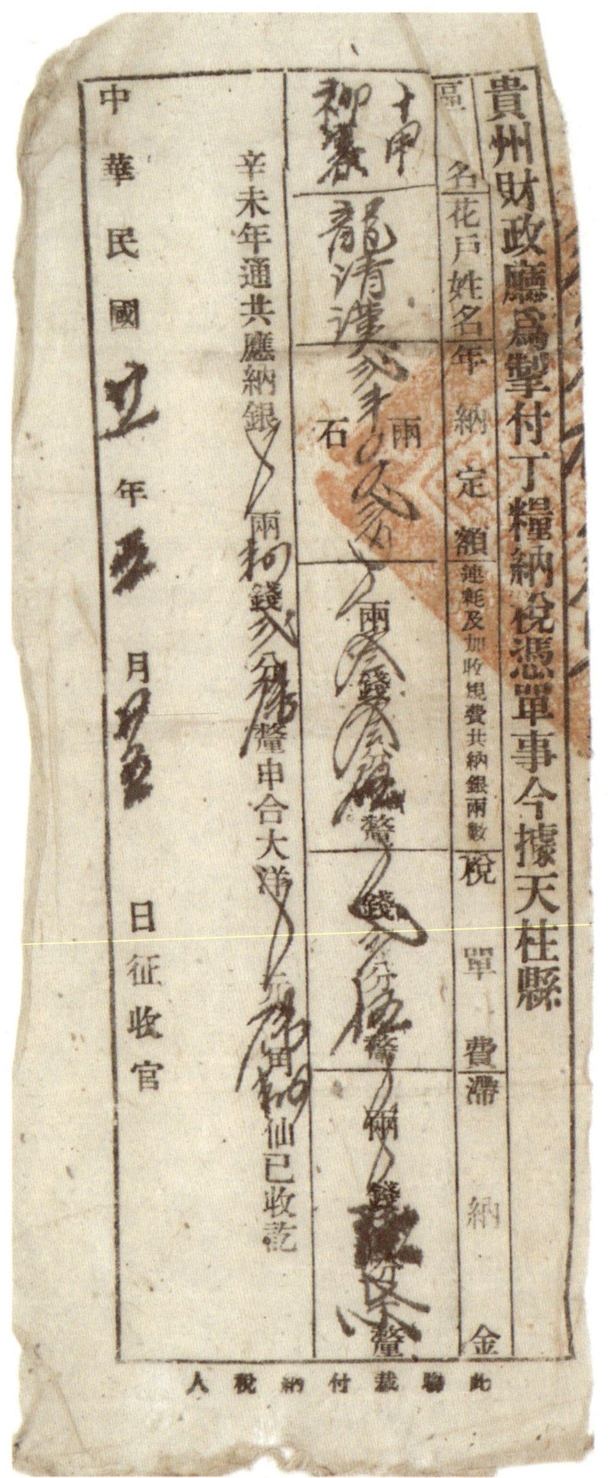

貴州財政廳爲掣付丁糧納稅憑單事今據天柱縣

區 十甲 柳寨

名花戶姓名 龍清漢

年納定額 石

連耗及加收規費共納銀兩數

稅單費

滯納金

辛未年通共應納銀 兩 錢 分 釐申合大洋 角 仙已收訖

中華民國 廿一 年 五 月 廿五 日 征收官

此聯裁付納稅人

内容提要：十甲柳寨龙清汉年纳粮定额为贰斗〇升〇合贰勺，连耗及加收规费共纳银叁钱叁分伍厘，税单费贰分伍厘，滞纳金陆分柒厘，辛未年通共应纳银肆钱贰分陆厘，合大洋柒角肆仙。

注：辛未年，即民国二十年，1931 年。

8. **龙清汉纳税凭单**（民国二十三年元月二十七日）

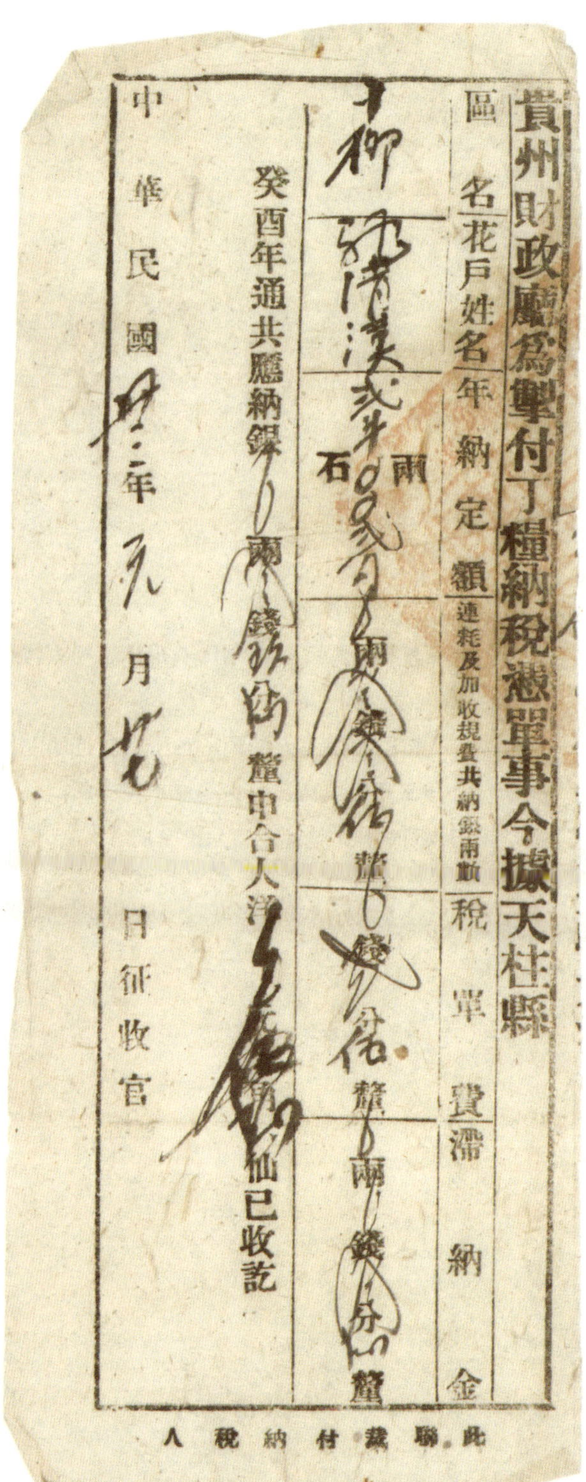

貴州財政廳爲擊付丁糧納稅憑單事令據天柱縣

區 名 花戶姓名 年納定額 連耗及加收規費共納銀 兩 錢 分 釐 稅單費 滯納金

癸酉年通共應納銀 兩 錢 分 釐 申合大洋 仙已收訖

中華民國 年 月 日 征收官

此聯裁付納稅人

内容提要：十甲柳寨龙清汉年纳定额贰斗〇升〇合贰勺，连耗及加收规费共纳银叁钱叁分伍厘，税单费贰分伍厘，滞纳金叁分肆厘，癸酉年通共应纳银叁钱玖分肆厘，合大洋伍角肆仙。

注：癸酉年，即民国二十二年，1933年。

9. **龙化书捐修总祠收条**（民国二十三年六月初二日）

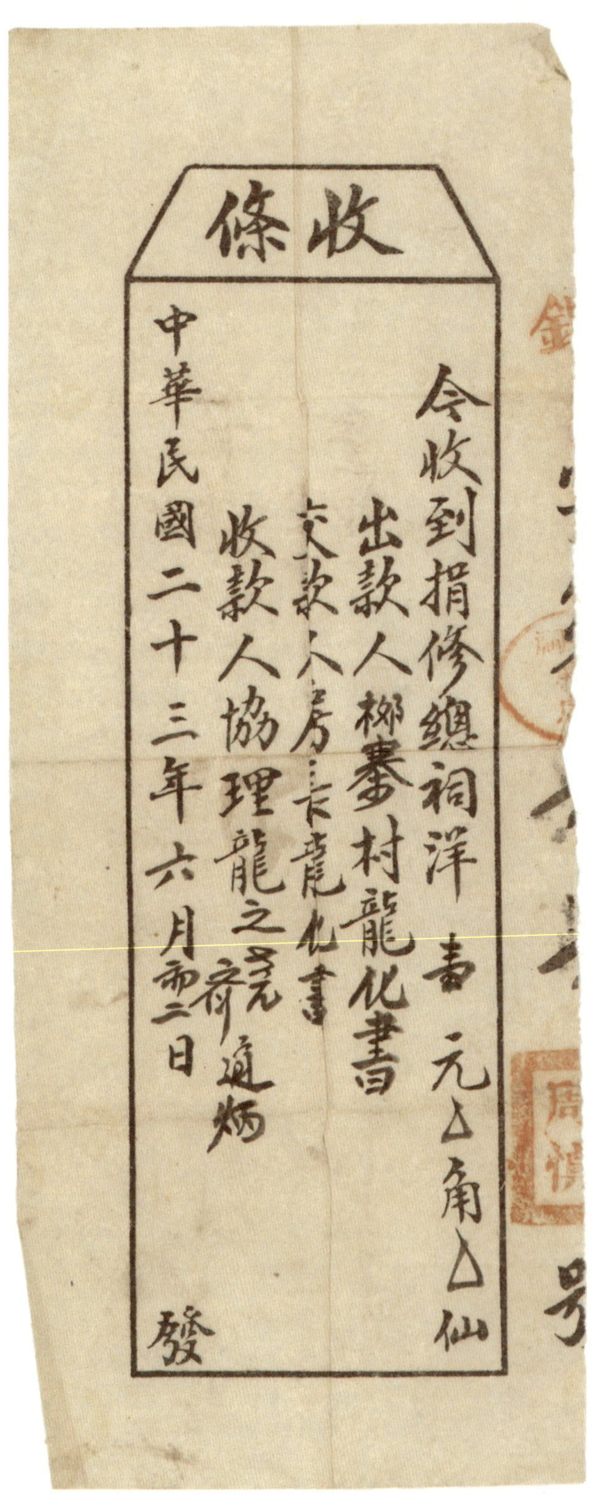

收條

今收到捐修總祠洋壹元△角△仙

出款人柳寨村龍化書

交款人 房 下龍化書

收款人協理龍之齊適炳

中華民國二十三年六月初二日

發

内容提要：柳寨龙化书捐修总祠大洋壹元。

按：柳寨并无宗祠，距柳寨较近的龙氏宗祠在高酿地良村，也是修于民国年间，这张收条估计是修建地良龙氏宗祠的捐款。

10. **龙清汉纳税凭单**（民国二十四年六月二十五日）

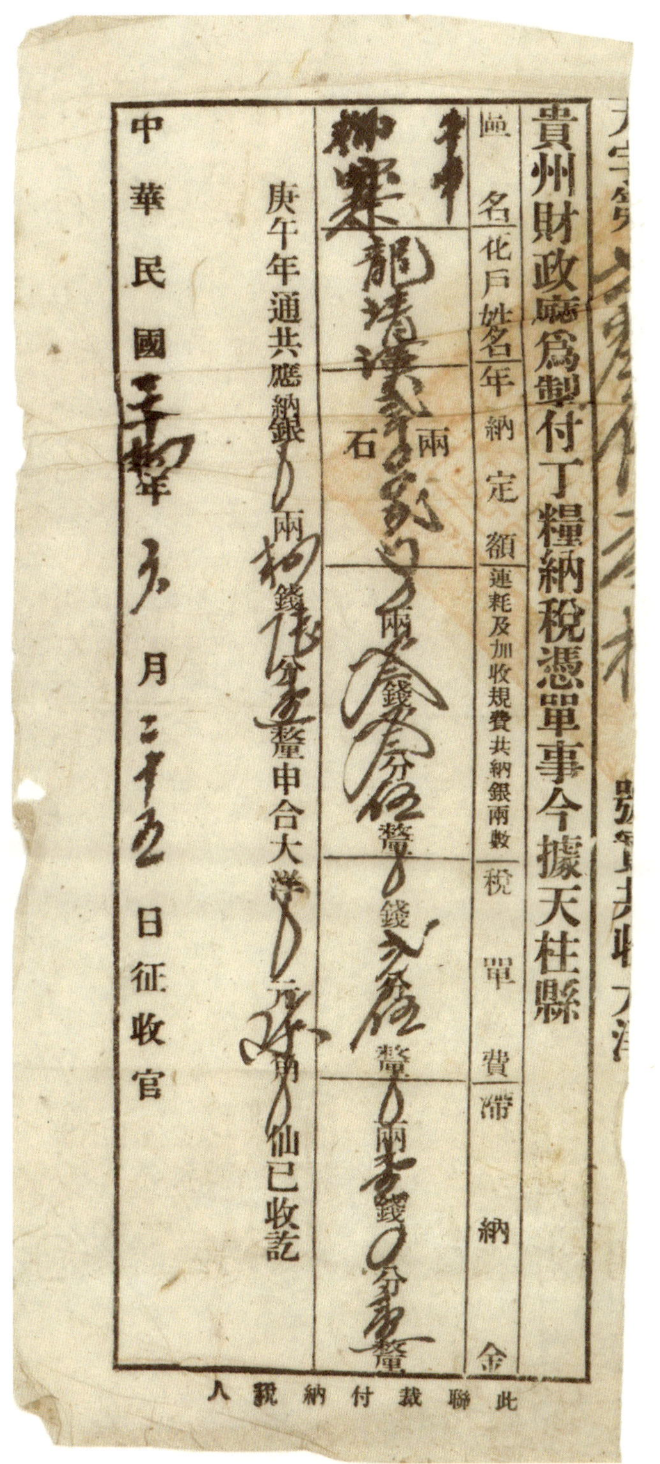

内容提要：十甲柳寨龙清汉年纳定额贰斗〇升〇合贰勺，连耗及加收规费共纳银叁钱叁分伍厘，税单费贰分伍厘，滞纳金壹钱〇分壹厘，庚午年通共应纳银肆钱陆分壹厘，合大洋柒角。

注：庚午年，即民国十九年，1930年。

11. 龙清汉纳税凭单（民国二十四年十一月二十五日）

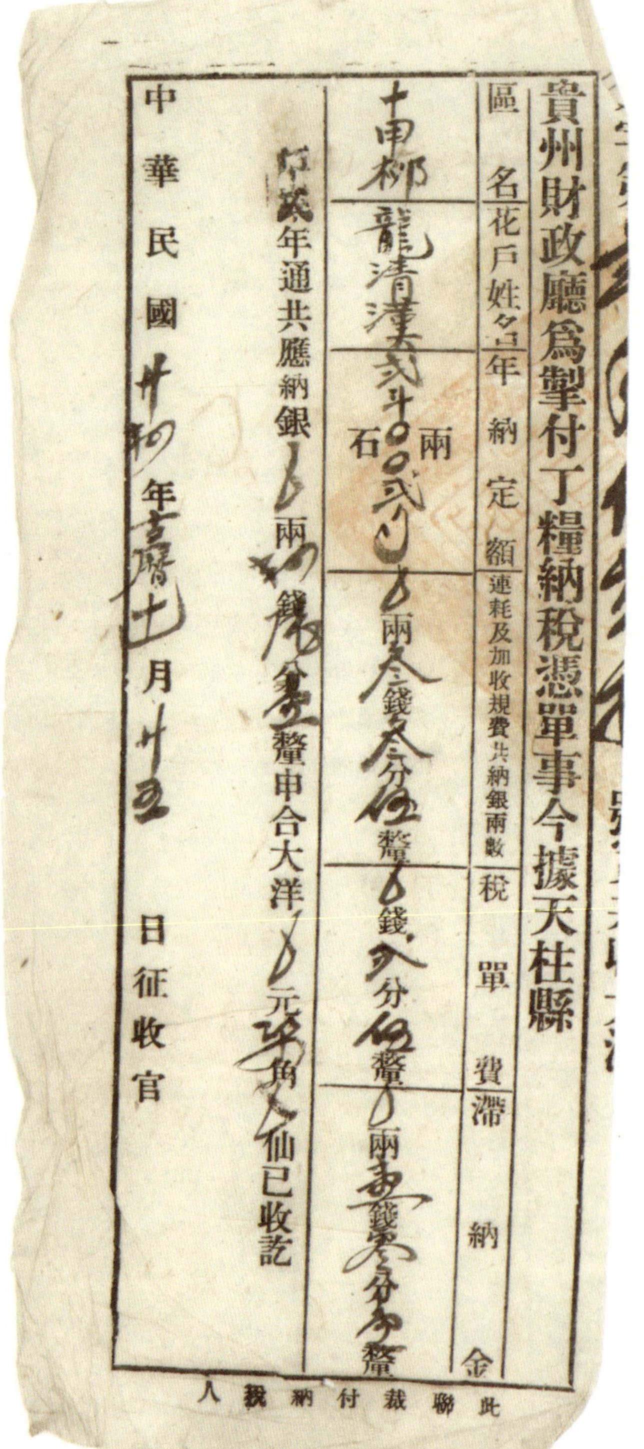

内容提要：十甲柳寨龙清汉年纳定额贰斗〇升〇合贰勺，连耗及加收规费共纳银叁钱叁分伍厘，税单费贰分伍厘，滞纳金壹钱零一分，［甲戌］通共应纳银四钱六分一厘，合大洋七角。

注：甲戌年，即民国二十三年，1934年。

12. **龙化书捐修总祠收条**（民国二十四年十二月十五日）

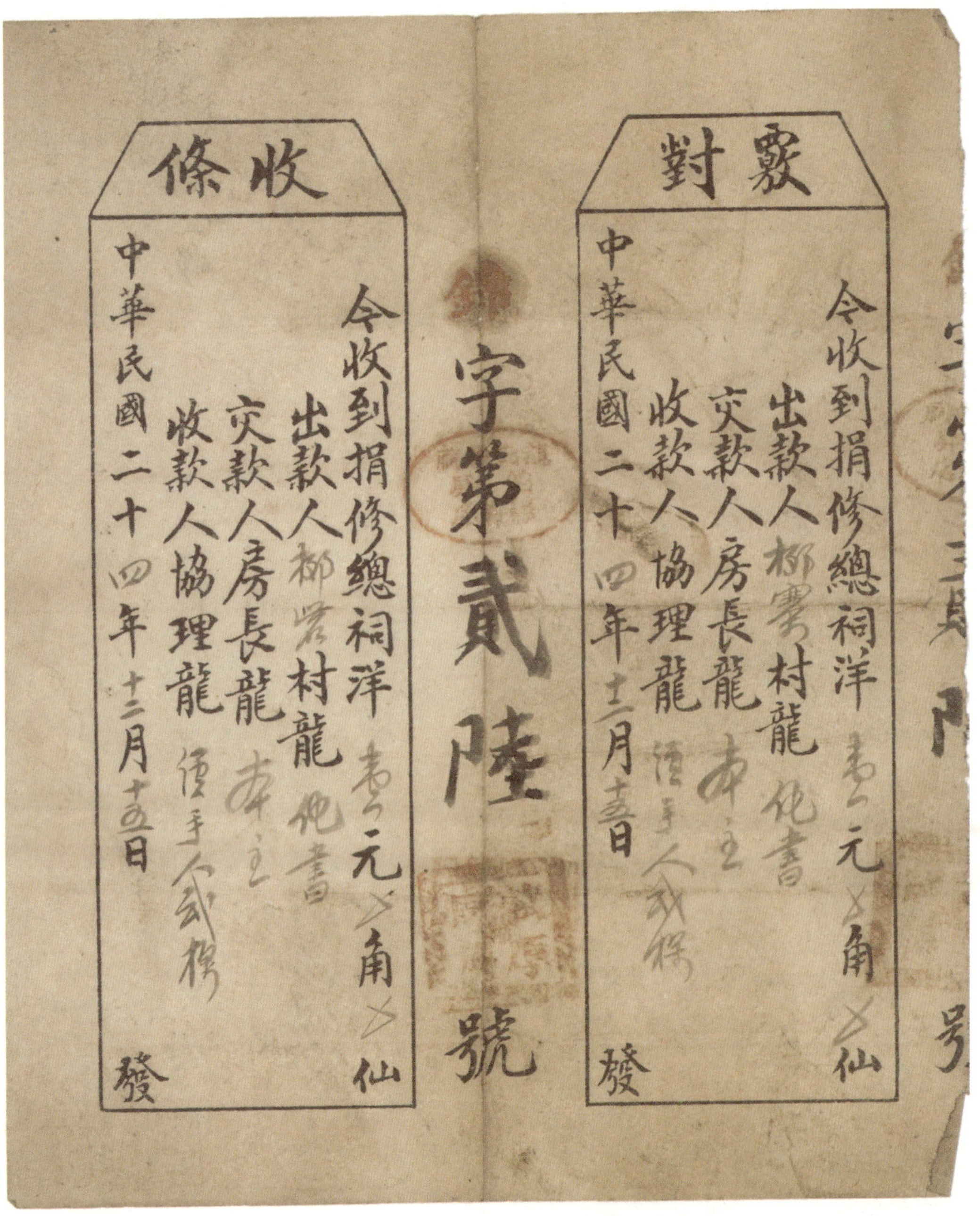

收條

令收到捐修總祠洋壹元　角　仙

出款人柳寨村龍化書

交款人房長龍本立

收款人協理龍

經手人武標

中華民國二十四年十二月十五日

發

字第貳陸號

覈對

令收到捐修總祠洋壹元　角　仙

出款人柳寨村龍化書

交款人房長龍本立

收款人協理龍

經手人武標

中華民國二十四年十二月十五日

發

注：柳寨村乃至整个石洞镇，龙姓虽然是大姓，但在石洞镇境内，尚未发现宗祠及宗祠遗迹，而相邻的高酿镇地良村，民国二十三年始建龙氏宗祠，祠堂规模比较大，今虽朽坏，但于残垣败壁中尚可想像当年的盛况。疑龙化书所捐修祠银元即为修建地良龙氏宗祠所用。

13. 龙化书捐修总祠收条（民国二十五年九月初十日）

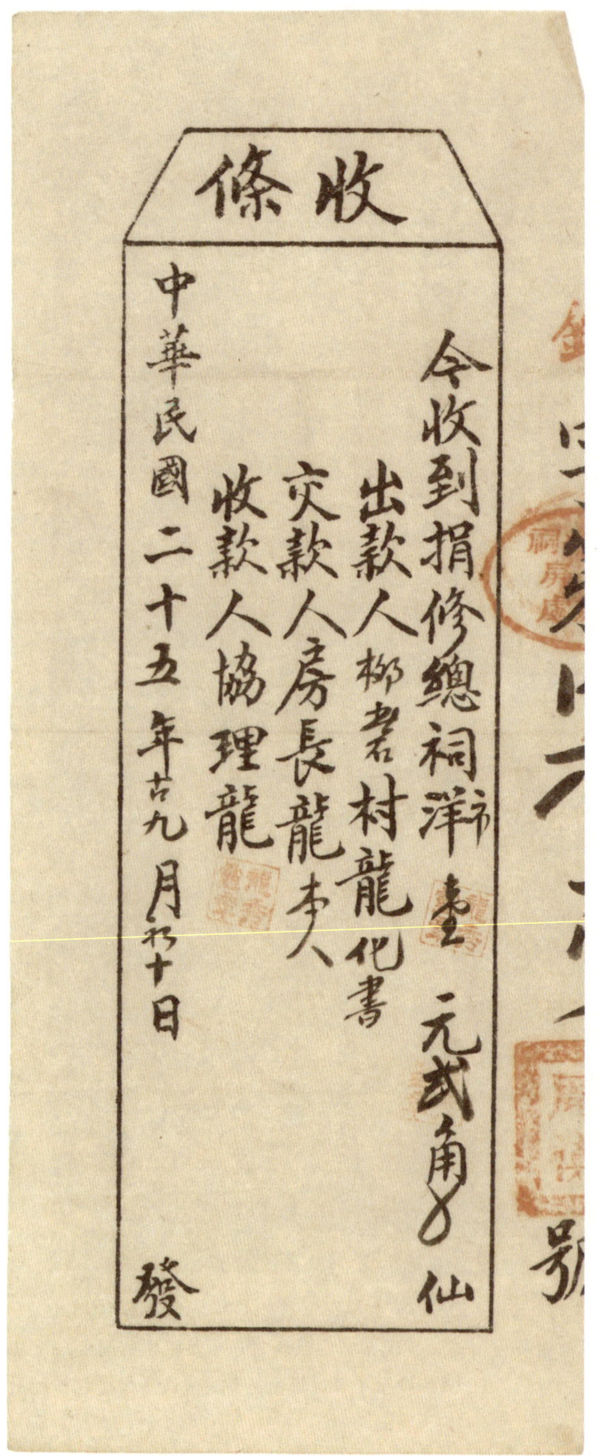

今收到捐修总祠［大］洋壹元贰角。

出款人：柳寨村龙化书

交款人：房长龙本人

收款人：协理龙□灵

中华民国二十五年古历九月初十日发

14. 龙清汉纳税凭单（民国二十六年元月十一日）

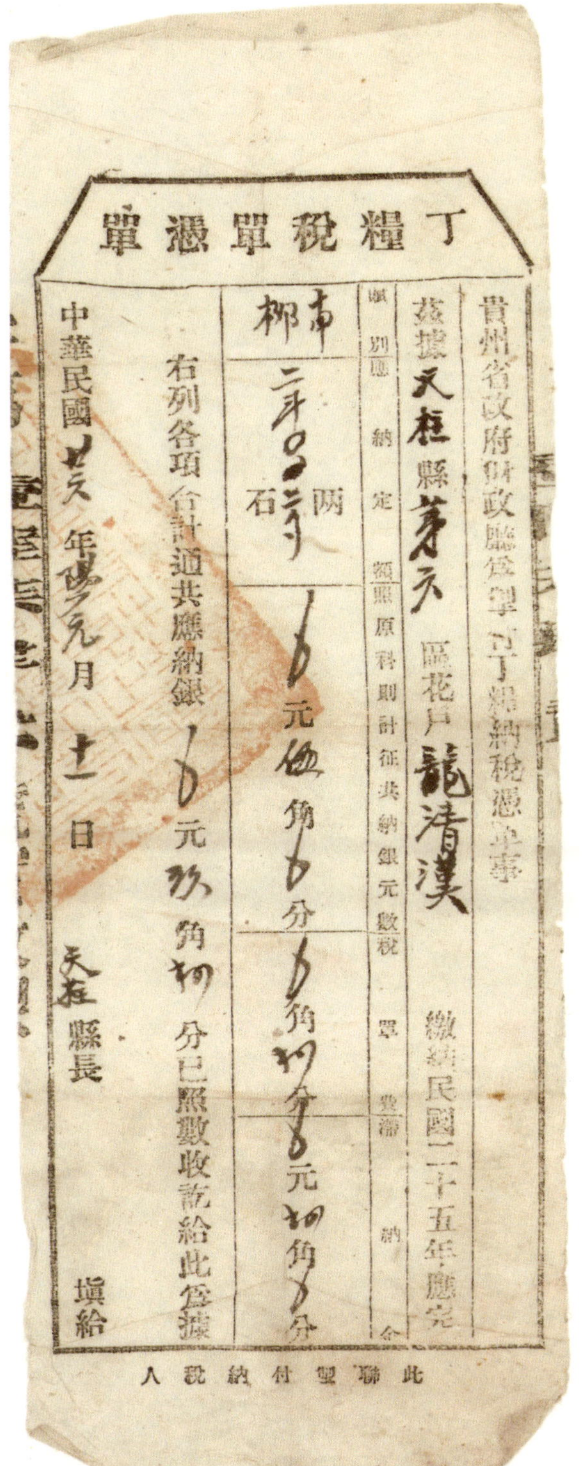
丁糧稅單憑單

貴州省政府財政廳發掣丁糧納稅憑單事

茲據天柱縣第六區花戶龍清漢

繳納民國二十五年應完

賦別	額定	額照原科則計征共納銀元數	稅單費	滯納金
本柳	二斗〇升〇合二勺（石 两）	〇元伍角〇分	〇角肆分	〇元肆角〇分

右列各項合計通共應納銀〇元玖角肆分已照數收訖給此憑據

中華民國廿六年元月十一日

天柱縣長　填給

此聯要付納稅人

内容提要：天柱县第六区十甲柳寨龙清汉年纳定额二斗〇升〇合二勺，连耗及加收规费共纳银元伍角，税单费肆分，滞纳金肆角，通共应纳银元玖角肆分。

卷三 龙权铭户藏

（一）契约类

1. **彭寄包、彭朝林二人卖地土契**（嘉庆二十年十月十六日）

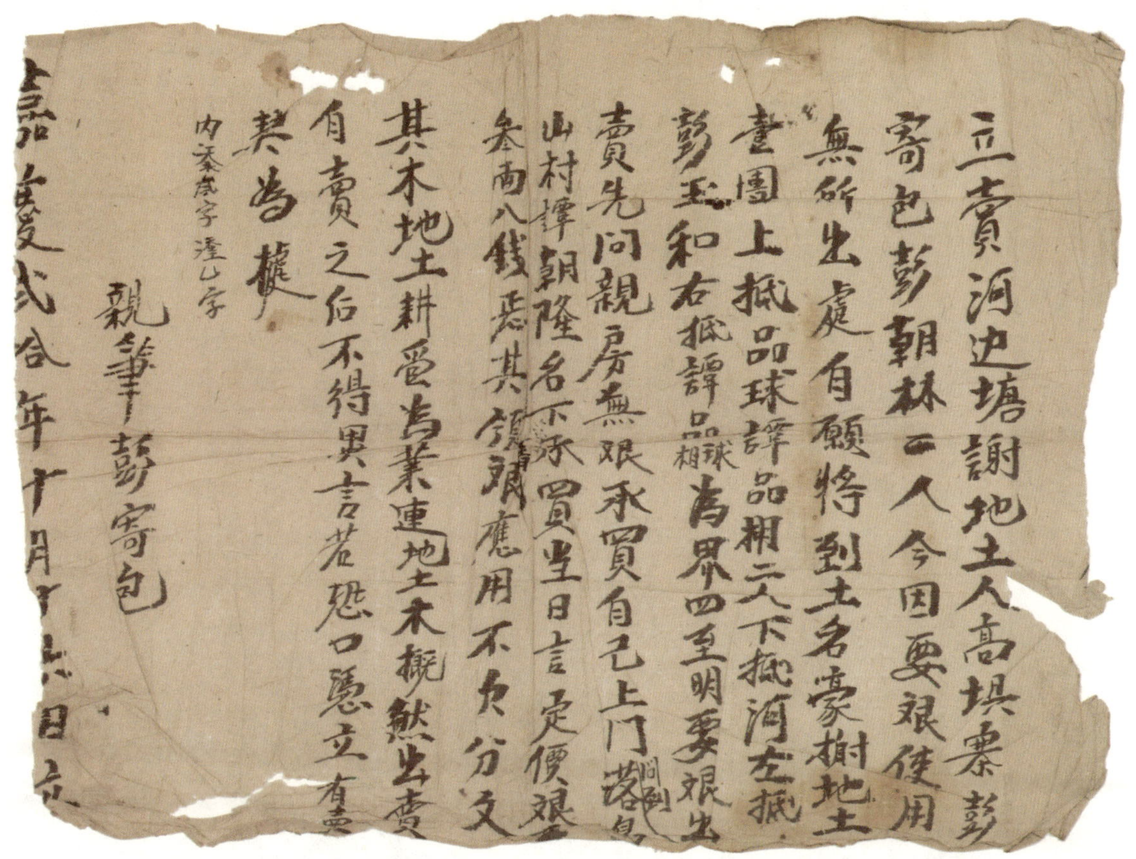

立卖河边塘谢地土人高坝寨彭寄包、彭朝林二人，今因要银使用，无所出处，自愿将到土名豪谢地土壹团，上抵［谭］品球、谭品相二人，下抵河，左抵彭玉和，右抵谭品球、品相为界，四至［分］明，要银出卖。先问亲房无银承买，自己上门问到落鸟山村谭朝隆名下承买，当日言定价银叁两八钱整。其［银］领清应用，不欠分文。其木地土耕管为业，连地土木概然出卖。自卖之后，不得异言。若［有异言］，恐口［无］凭，立有卖契为据。

内添叁字、涂乙字

亲笔：彭寄包

嘉庆贰拾年十月十六日立

2. 彭朝林二人卖地土字（嘉庆二十年十月十六日）

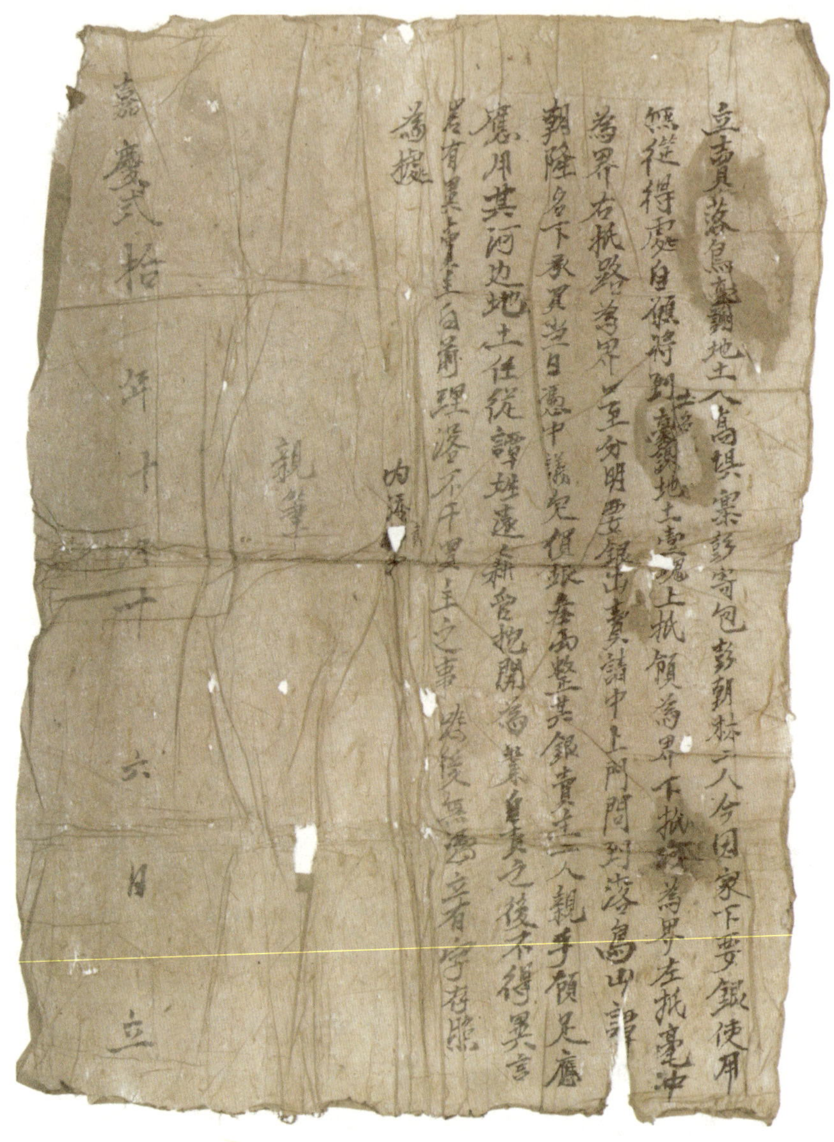

立卖落鸟豪谢地土人高坝寨彭寄包、彭朝林二人，今因家下要银使用，无从得处，自愿将到土名豪谢地土壹块，上抵领为界，下抵河为界，左抵毫冲为界，右抵路为界，四至分明，要银出卖。请中上门问到落鸟山谭朝隆名下承买，当日凭中议定价银叁两整。其银卖主二人亲手领足应用，其河边地土任从谭姓［永］远耕管挖开为业。自卖之后，不得异言。若有异［言］，卖主向前理落，不干买主之事。恐后无凭，立有［卖］字存照为据。

内添贰字

亲笔

嘉庆贰拾年十月十六日立

3. 彭隆乔父子卖地土字（道光六年十二月初五日）

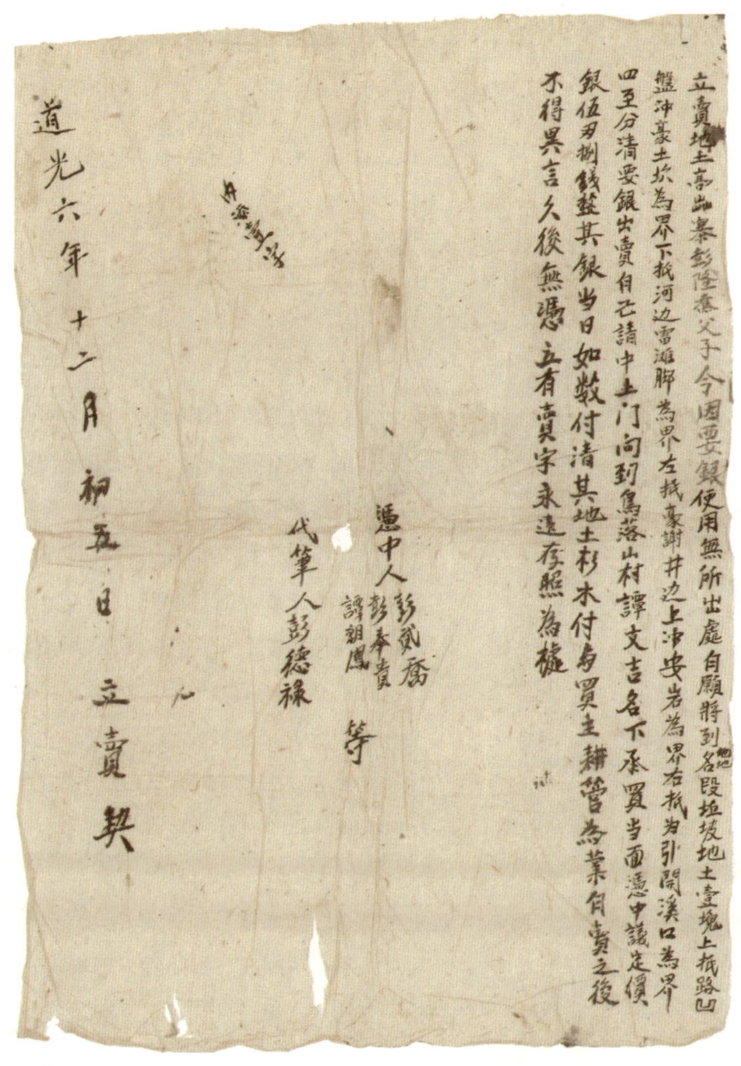

立卖地土高岀寨彭隆乔父子，今因要银使用，无所出处，自愿将到地名段丘坡地土壹块，上抵路凹盘冲豪土坎为界，下抵河边雷滩脚为界，左抵豪谢井边上冲安岩为界，右抵为引开溪口为界，四至分清，要银出卖。自己请中上门问到乌落山村谭文吉名下承买，当面凭中议定价银伍两捌钱整。其银当日如数付清，其地土杉木付与买主耕管为业。自卖之后，不得异言。久后无凭，立有卖字永远存照为据。

内添壹字

凭中人：彭贰乔、彭奉贵、谭朝凤等

代笔人：彭德禄

道光六年十二月初五日立卖契

4. 彭隆乔父子卖地土字（道光十二年二月初五日）

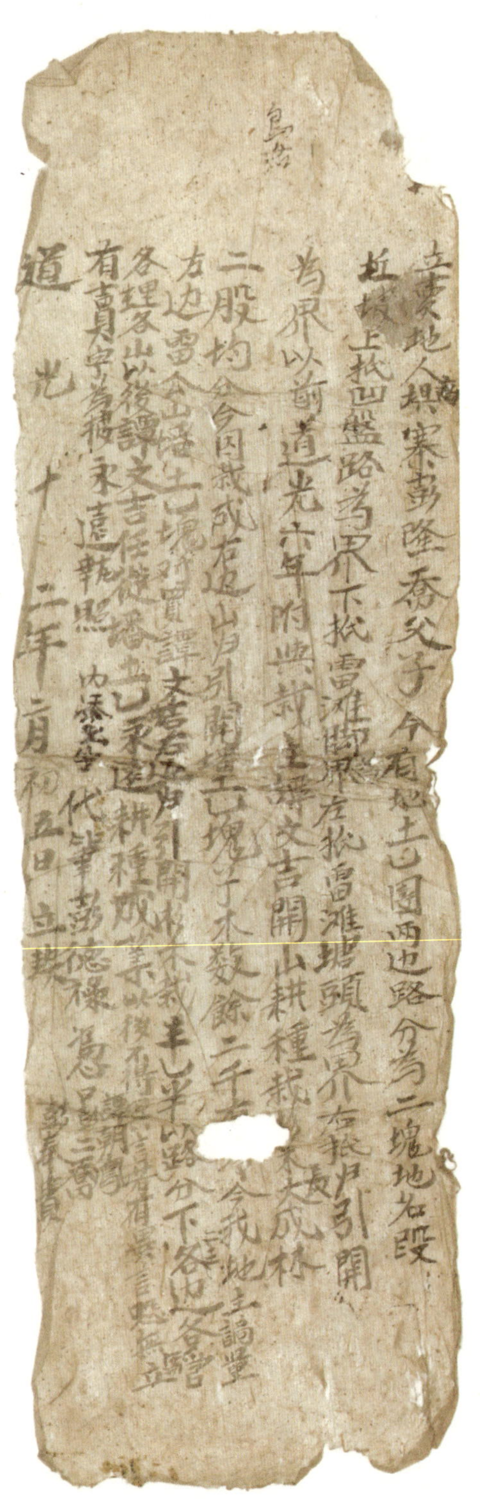

立卖地人高坝寨彭隆乔父子，今有地土乙团，两边路分为二块，地名段丘坡，上抵凹盘路为界，下抵雷滩脚界，左抵雷滩塘头为界，右抵归引开为界。以前道光六年附（付）与栽主谭文吉开山耕种栽杉木，长大成林，二股均分。今因栽成，右边山归引开墦土乙块，子木数余二千有余。今我地主商量，左边雷公山墦土乙块对买谭文吉右边归引开杉木栽手乙半，以路分下二主，各边各管，各理各山。以后谭文吉任从墦土乙［块］，永远耕种成业。以后不得异言。若有异言，恐［口］无凭，立有卖字为据，永远执照。

内添七字

代笔：彭德禄

凭中：谭朝风、彭二乔、彭奉贵

道光十二年二月初五日立契

5. 龙显贵卖地土杉木字（宣统三年二月十一日）

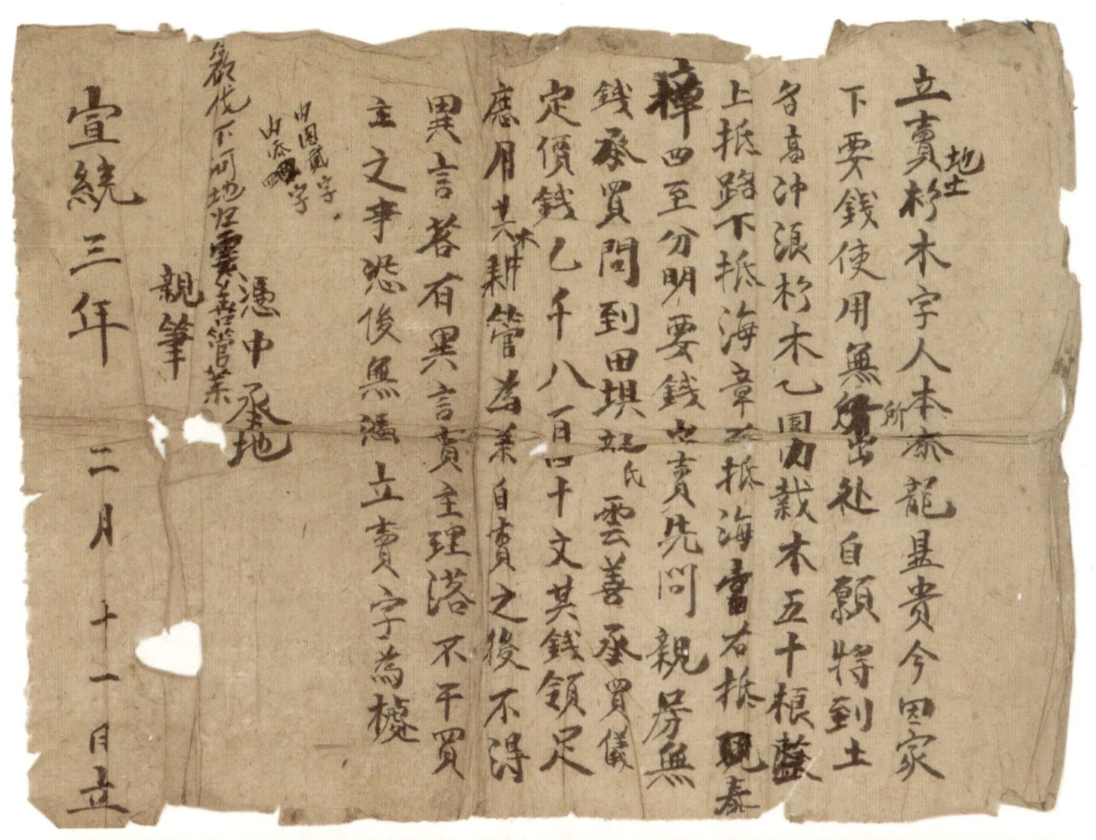

立賣地土杉木字人本寨龍显贵今因家
下要錢使用無所出处自願將到土
名高冲浪杉木乙團内栽木五十根整
上抵路下抵海章左抵海富右抵泰
樟四至分明要錢出賣先問親房無
錢承買問到田垻龍氏雲善承買儀
定價錢乙千八百四十文其錢領足
應用其木耕管為業自賣之後不得
異言若有異言賣主理落不干買
主之事恐後無憑立賣字為據
内图貳字 内添四字
後砍伐下河地歸雲善管業
憑中 承地
親筆
宣統三年二月十一日立

立卖地土杉木字人本寨龙显贵，今因家下要钱使用无所出处，自愿将到土名高冲浪杉木乙团，内栽木五十根整，上抵路，下抵海章，左抵海富，右抵泰樟，四至分明，要钱出卖。先问亲房无钱承买，问到田坝龙氏云善承买，仪（议）定价钱乙千八百四十文。其钱领足应用，其木耕管为业。自卖之后，不得异言。若有异言，卖主理落，不干买主之事。恐后无凭，立［有］卖字为据。

内图（涂）贰字，内添四字

后砍伐下河，地归云善管业

凭中：承地

亲笔

宣统三年二月十一日立

6. 杨仁球、杨仁魁兄弟卖栽主杉木字（民国四年二月十二日）

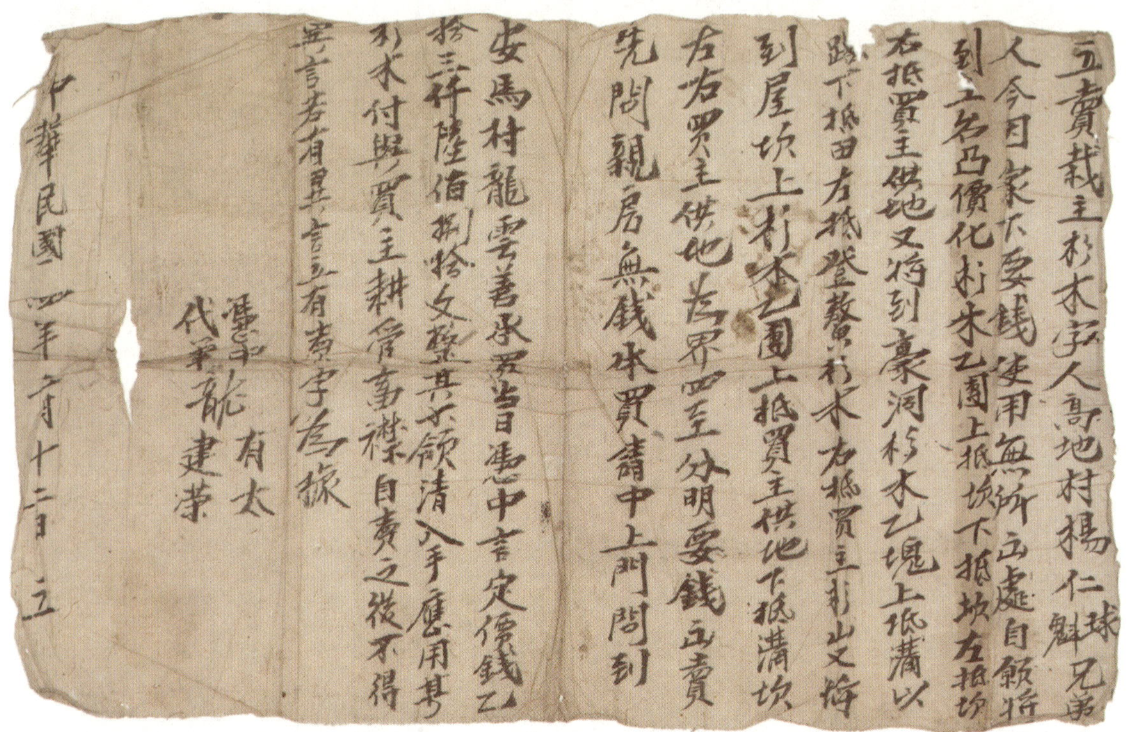

立卖栽主杉木字人高地村杨仁球、仁魁兄弟［二］人，今因家下要钱使用，无所出处，自愿将到土名凸价化杉木乙团，上抵坎，下抵坎，左抵坎，右抵买主供（共）地；又将到豪洞杉木乙块，上抵沟以路，下抵田，左抵登鳌杉木，右抵买主杉山；又将到屋坎上杉木乙团，上抵买主供（共）地，下抵沟坎，左右［抵］买主供（共）地为界，四至分明，要钱出卖。先问亲房无钱承买，请中上门问到安马村龙云善承买，当日凭中言定价钱乙拾三仟陆佰捌拾文整。其钱领清入手应用，其杉木付与买主耕管畜襟（蓄禁）。自卖之后，不得异言。若有异言，立有卖字为据。

凭中：龙有太

代笔：龙建荣

中华民国四年二月十二日立

7. 龙显贵卖地土杉木字（民国四年六月初八日）

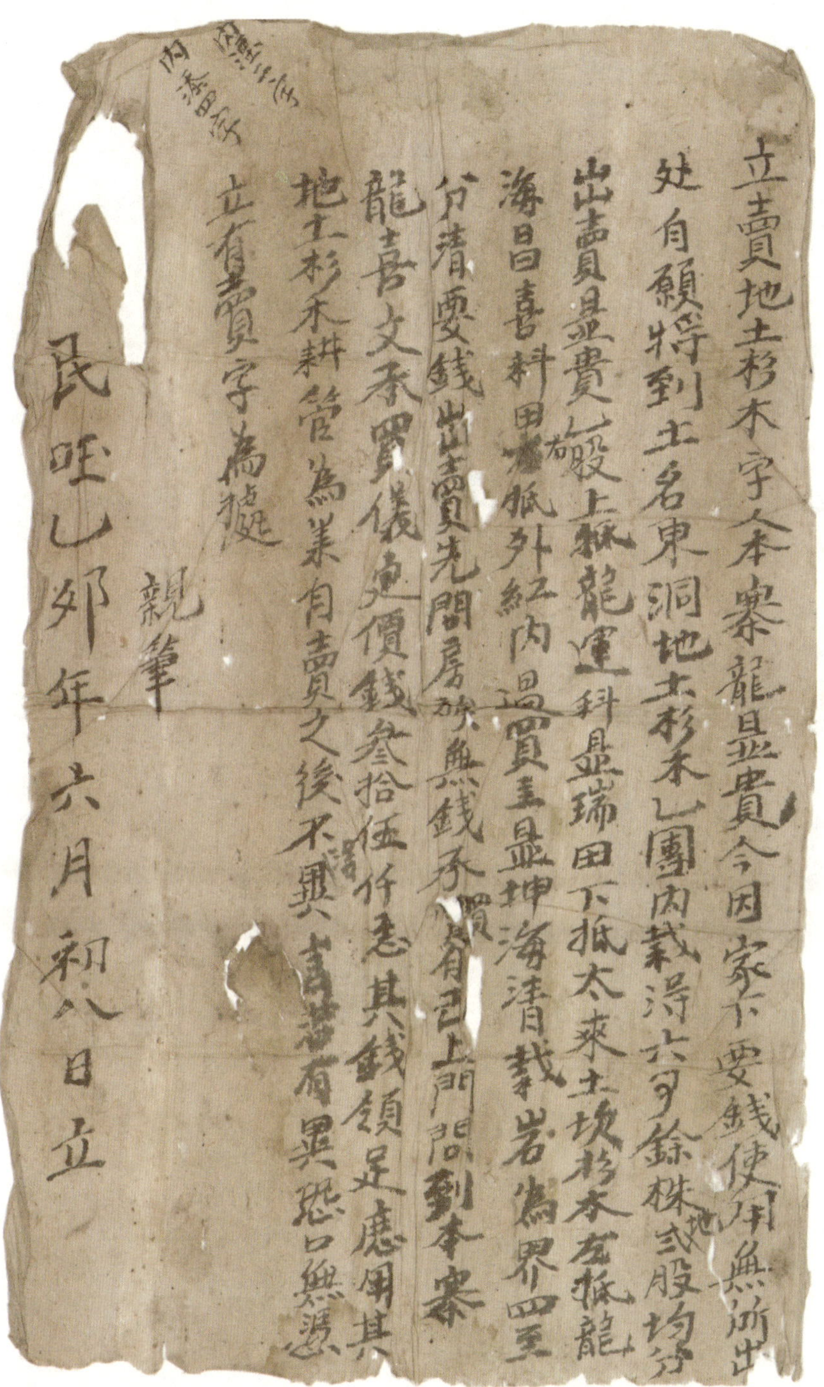

立卖地土杉木字人本寨龙显贵，今因家下要钱使用，无所出处。自愿将到土名东洞地土杉木乙团，内栽得六百余株，地贰股均分，出卖显贵乙股，上抵龙运科、显瑞田，下抵太来土坎杉木，左抵龙海昌、喜科田，右抵外红，内过买主显坤、海清栽岩为界，四至分清，要钱出卖。先问房族无钱承买，自己上门问到本寨龙喜文承买，仪（议）定价钱叁拾伍仟［文］整。其钱领足应用，其地土杉木耕管为业。自卖之后，不得异言。若有异［言］。恐口无凭，立有卖字为据。

内涂二字，内添四字

亲笔

民国乙卯年六月初八日立

8. 龙显贵卖地土字（民国四年九月十一日）

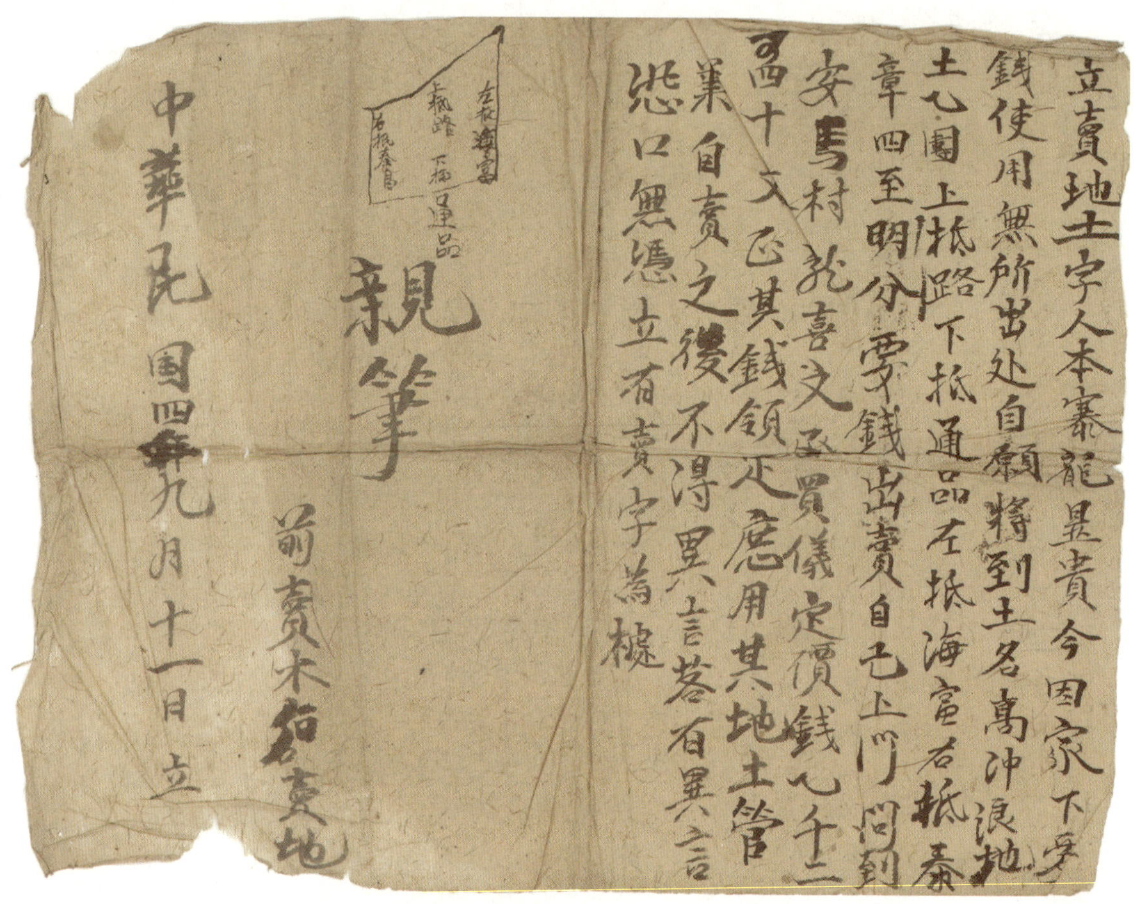

立卖地土字人本寨龙显贵，今因家下要钱使用，无所出处，自愿将到土名高冲浪地土乙团，上抵路，下抵通品，左抵海富，右抵泰章，四至分明，要钱出卖。自己上门问到安马村龙喜文承买，仪（议）定价钱乙千二百四十文正。其钱领足应用，其地土管业。自卖之后，不得异言。若有异言，恐口无凭，立有卖字为据。

亲笔

前卖木后卖地

中华民国四年九月十一日立

9. 龙廷和卖地土杉木字（民国四年十月初二日）

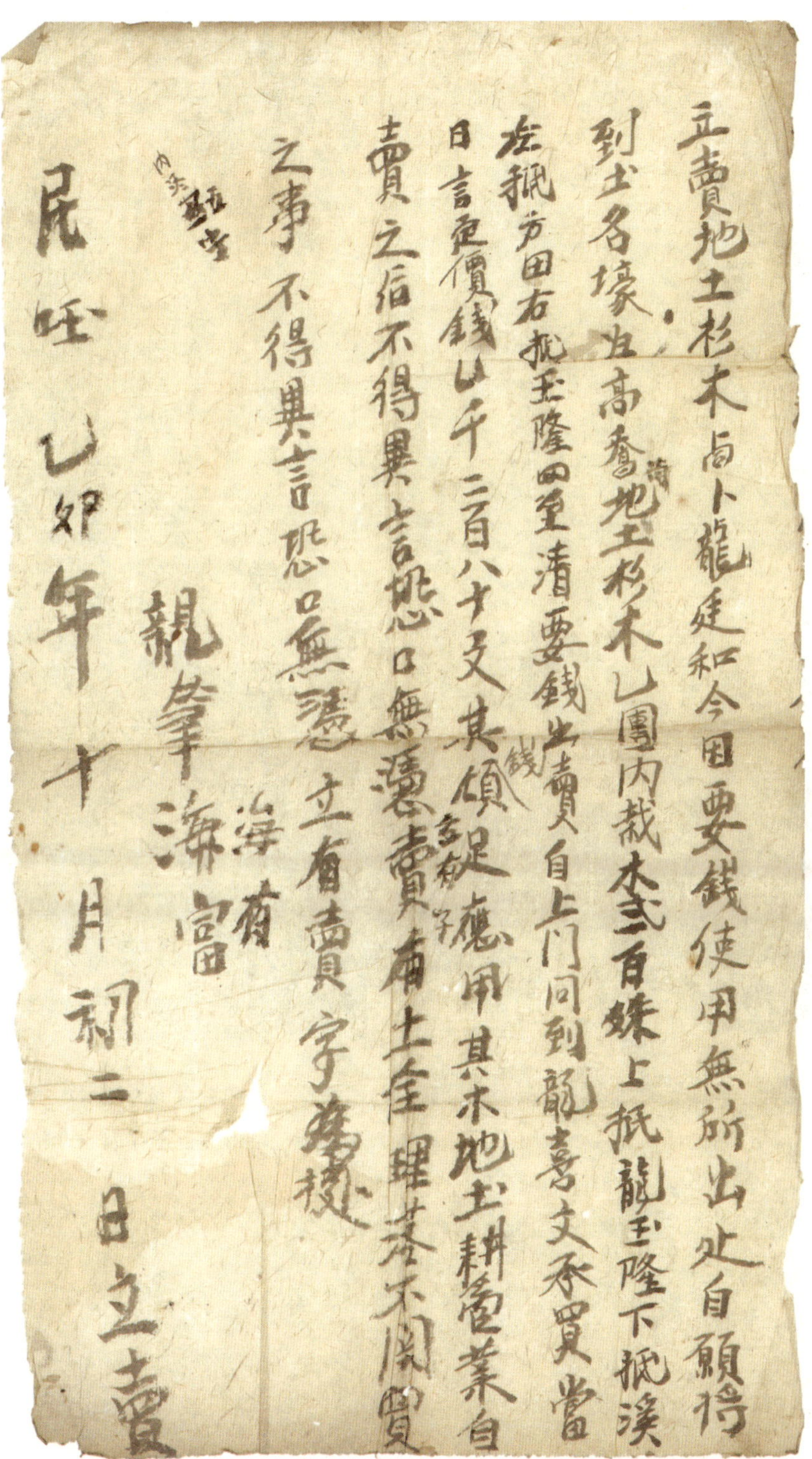

立卖地土杉木［字人］尚卜龙廷和，今因要钱使用，无所出处，自愿将到土名壕归高乔园地土杉木乙团，内栽木贰百株，上抵龙玉隆，下抵溪，左抵方田，右抵玉隆，四至［分］清，要钱出卖。自［己］上门问到龙喜文承买，当日言定价钱乙千二百八十文。其钱领足应用，其木地土耕管［为］业。自卖之后，不得异言。恐口无凭，若有异［言］，卖土（主）全理落，不关买［主］之事。不得异言，恐口无凭，立有卖字为据。

内添五字

亲笔：海有、海富

民国乙卯年十月初二日立卖

10. 龙喜文兄弟四人分关合同（民国四年十二月十七日）

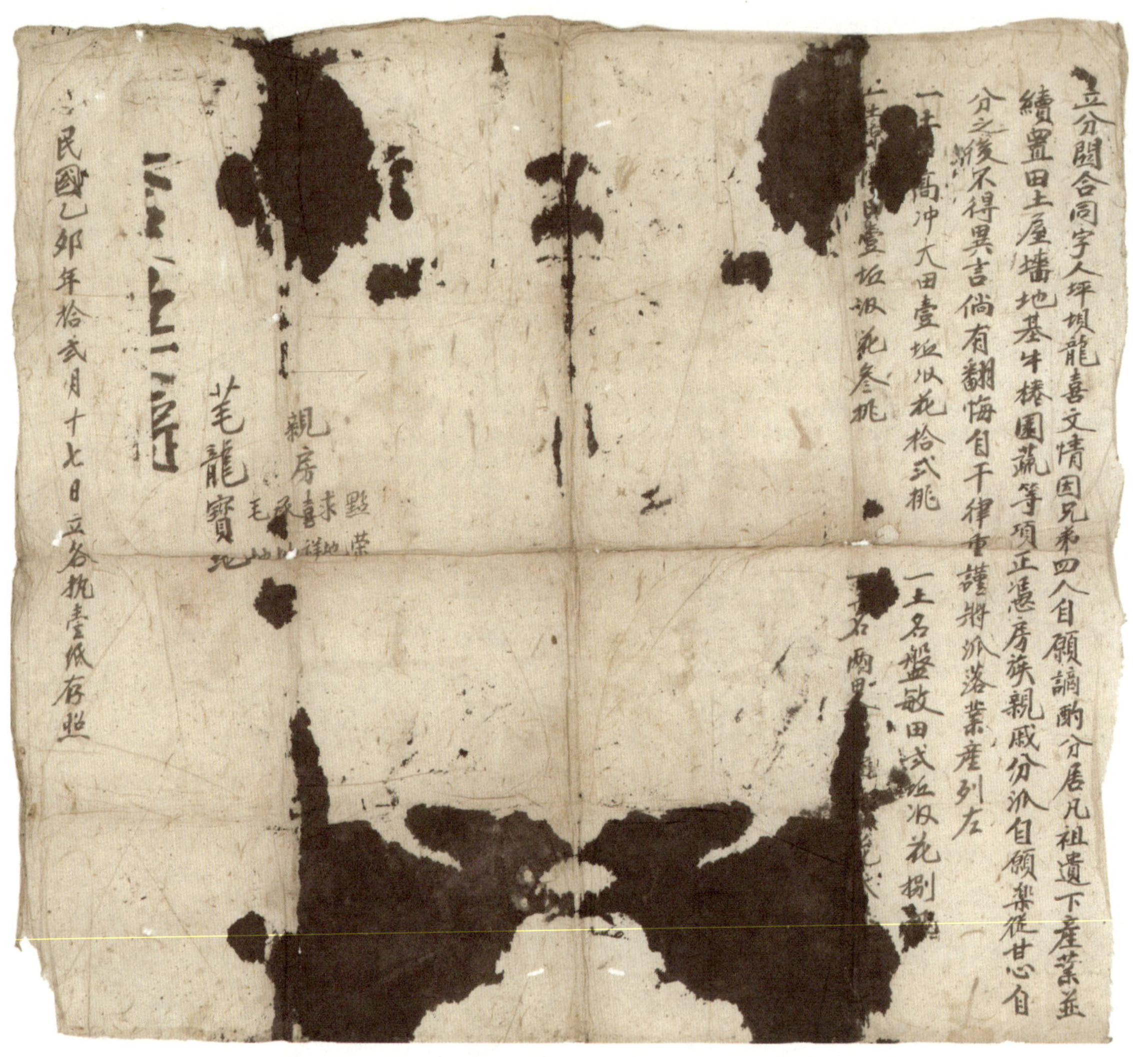

立分关合同字人坪坝龙喜文，情因兄弟四人，自愿商酌分居，凡祖遗下产业并续置田土屋墙地基牛栏园蔬等项，正凭房族亲戚分派，自愿乐从甘心。自分之后，不得异言。倘有翻悔，自干律重。谨将派落产业列左。

一土名高冲大田壹丘，收花拾贰挑　一土名盘敏田贰丘，收花捌挑

一土名□□田壹丘，收花叁挑　　　一土名两田……

亲房：点荣、求地、喜祥、承地、毛地

笔：龙宝地

民国乙卯年拾贰月十七日立，各执壹纸存照

11. **龙化堂卖田契字**（民国五年三月二十五日）

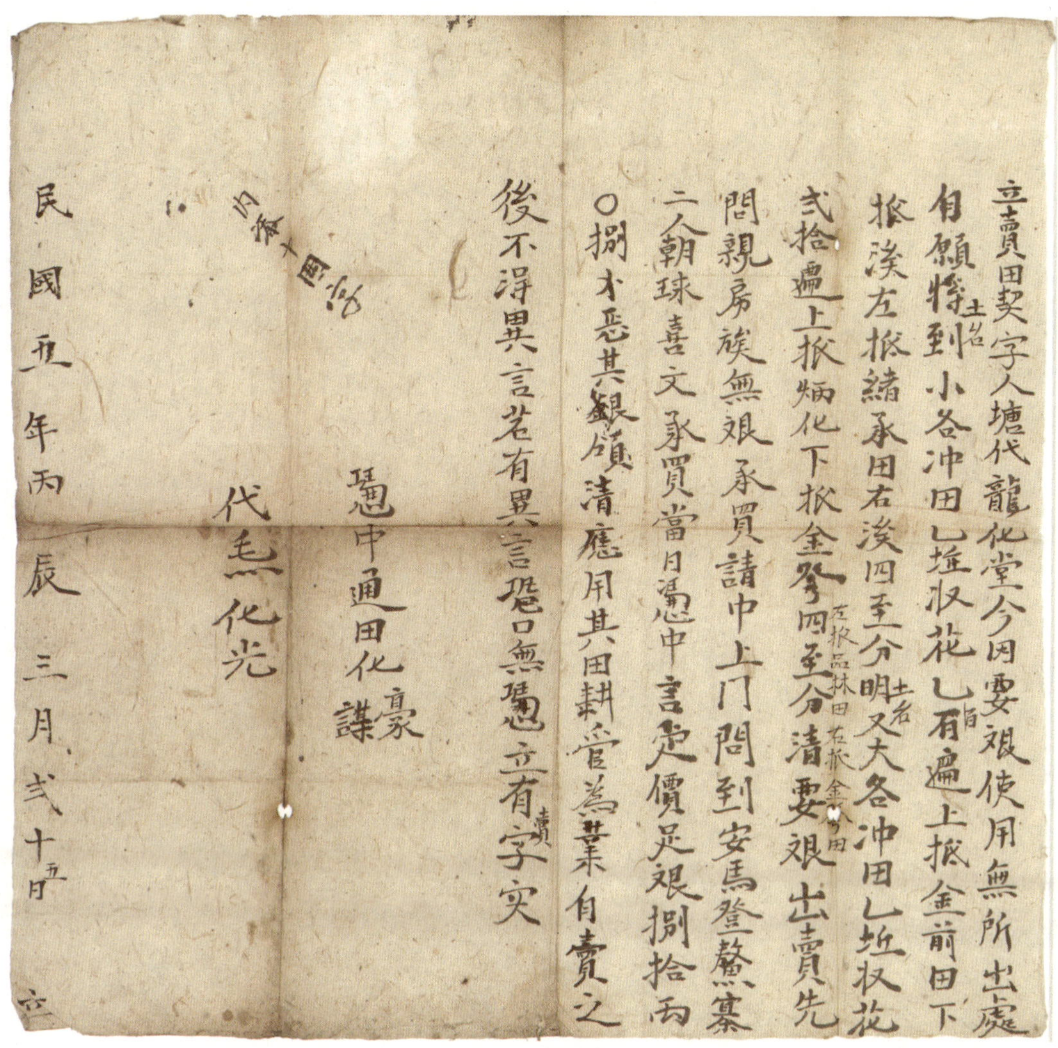

立卖田契字人塘代龙化堂，今因要银使用，无所出处，自愿将到土名小各冲田乙丘，收花乙百遍（编），上抵金前田，下抵溪，左抵绪承田，右［抵］溪，四至分明；又土名大各冲田乙丘，收花贰拾遍（编），上抵炳化，下抵金发，左抵品林田，右抵金发田，四至分清，要银出卖。先问亲房族无银承买，请中上门问到安马登鳌寨二人朝球、喜文承买，当日凭中言定价足银捌拾两〇捌钱整。其银领清应用，其田耕管为业。自卖之后，不得异言。若有异言，恐口无凭，立有卖字［是］实。

内添十四字

凭中、通田：化豪、化谋

代笔：化光

民国五年丙辰三月贰十五日立

12. 谭品球卖地土杉木字（民国七年正月二十五日）

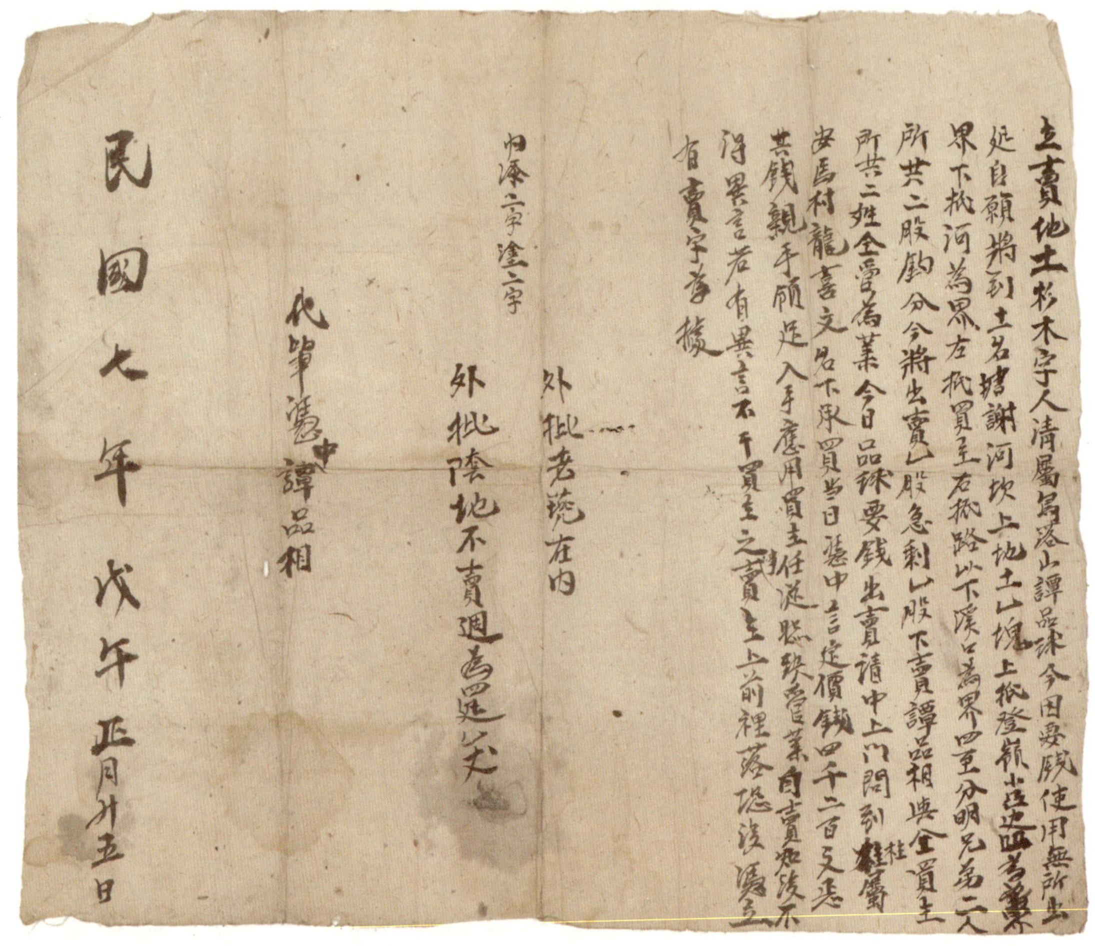

立卖地土杉木字人清属鸟落山谭品球，今因要钱使用，无所出处。自愿将到土名塘谢河坎上地土乙块，上抵登岭小凸边凹（坳）嘴为界，下抵河为界，左抵买主，右抵路以下溪口为界，四至分明，兄弟二人所共二股钧（均）分，今将出卖乙股，急剩乙股下卖谭品相与同买主所共二姓同管为业，今日品球要钱出卖，请中上门问到柱属安马村龙喜文名下承买，当日凭中言定价钱四千二百文整。其钱亲手领足入手应用，买主任从照契管业。自卖知（之）后，不得异言。若有异言，不干买主之事，卖主上前理落。恐后［无］凭，立有卖字为据。

内添二字、涂二字

外批：老蔸在内

外批：阴地不卖，周为（围）四边乙丈

代笔、凭中：谭品相

民国七年戊午正月廿五日

13. 龙道吉卖田契字（民国七年六月十一日）

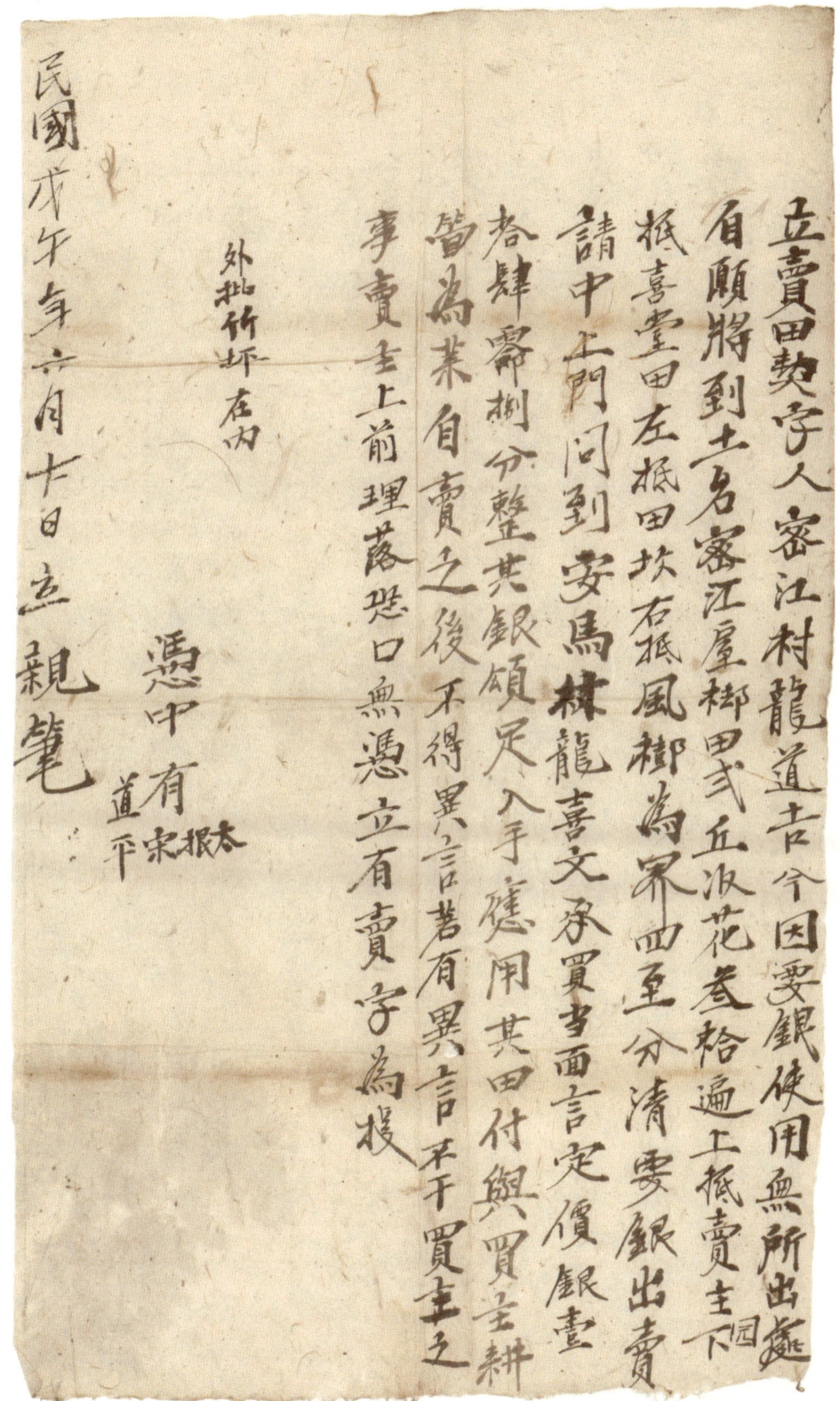

立卖田契字人密江村龙道吉，今因要银使用，无所出处，自愿将到土名密江屋脚田贰丘，收花叁拾遍（稨）。上抵卖主园，下抵喜堂田，左抵田坎，右抵风（枫）树为界，四至分清，要银出卖。请中上门问到安马村龙喜文承买，当面言定价银壹拾肆零捌分整。其银领足入手应用，其田付与买主耕管为业。自卖之后，不得异言。若有异言，不干买主之事，卖主上前理落。恐口无凭，立有卖字为据。

外批：竹坪在内

凭中：有太、有根、有宋、道平

亲笔

民国戊午年六月十一日立

14. 杨仁球、杨仁魁兄弟二人卖屋基字（民国七年八月二十一日）

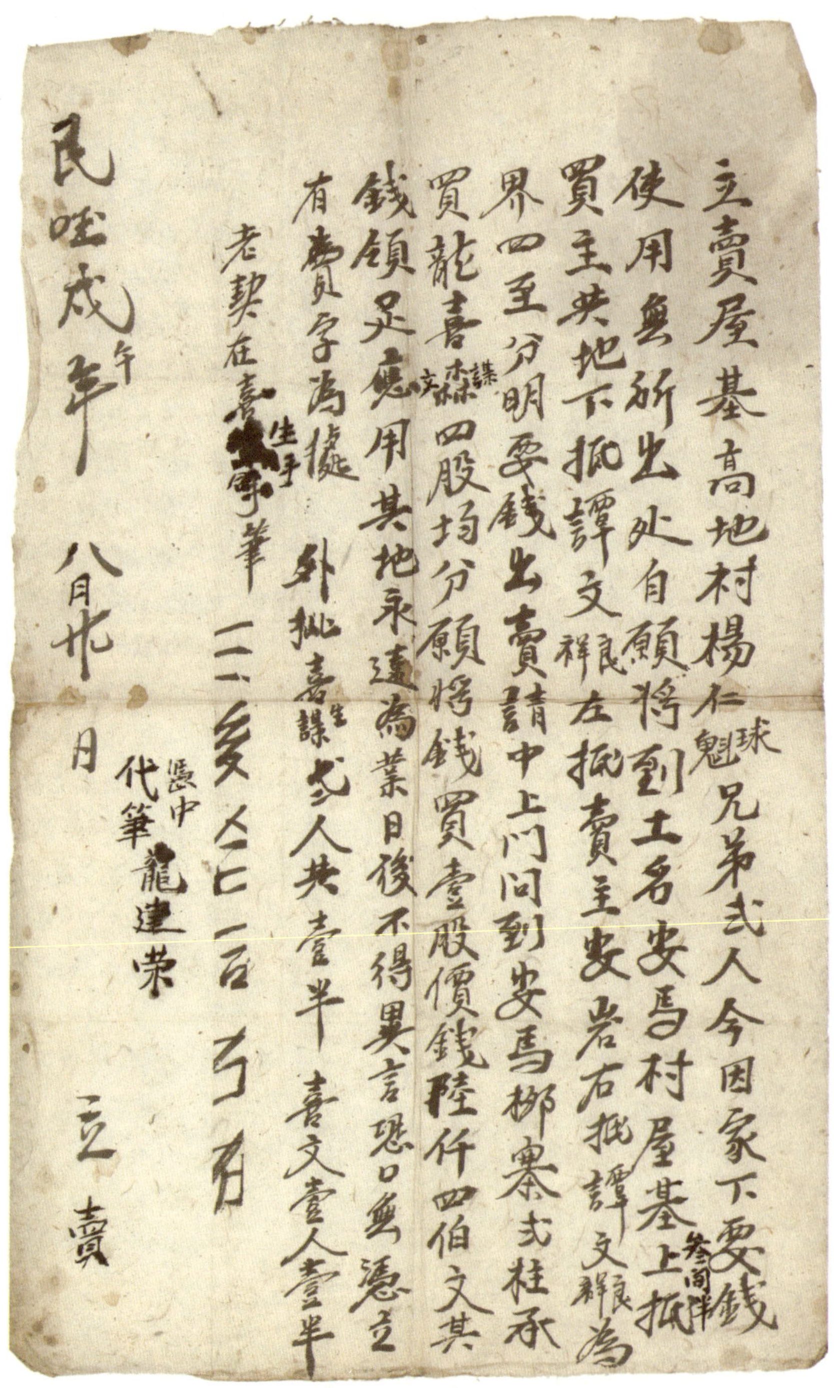

立卖屋基高地村杨仁球、仁魁兄弟贰人，今因家下要钱使用，无所出处，自愿将到土名安马村屋基叁间半，上抵买主共地，下抵谭文良、文祥，左抵卖主安岩，右抵谭文良、文祥为界，四至分明，要钱出卖。请中上门问到安马柳寨贰柱承买，龙喜谋、喜森、喜文四股均分，愿将钱买壹股，价钱陆仟肆佰文。其钱领足应用，其地永远为业。日后不得异言。恐口无凭，立有卖字为据。

外批：喜生、喜谋贰人共壹半，喜文壹人壹半，老契在喜生手笔

【□□合同□□】

凭中、代笔：龙建荣

民国戊午年八月廿一日立卖

15. 杨仁球、杨仁魁兄弟二人卖屋基字（民国九年三月十七日）

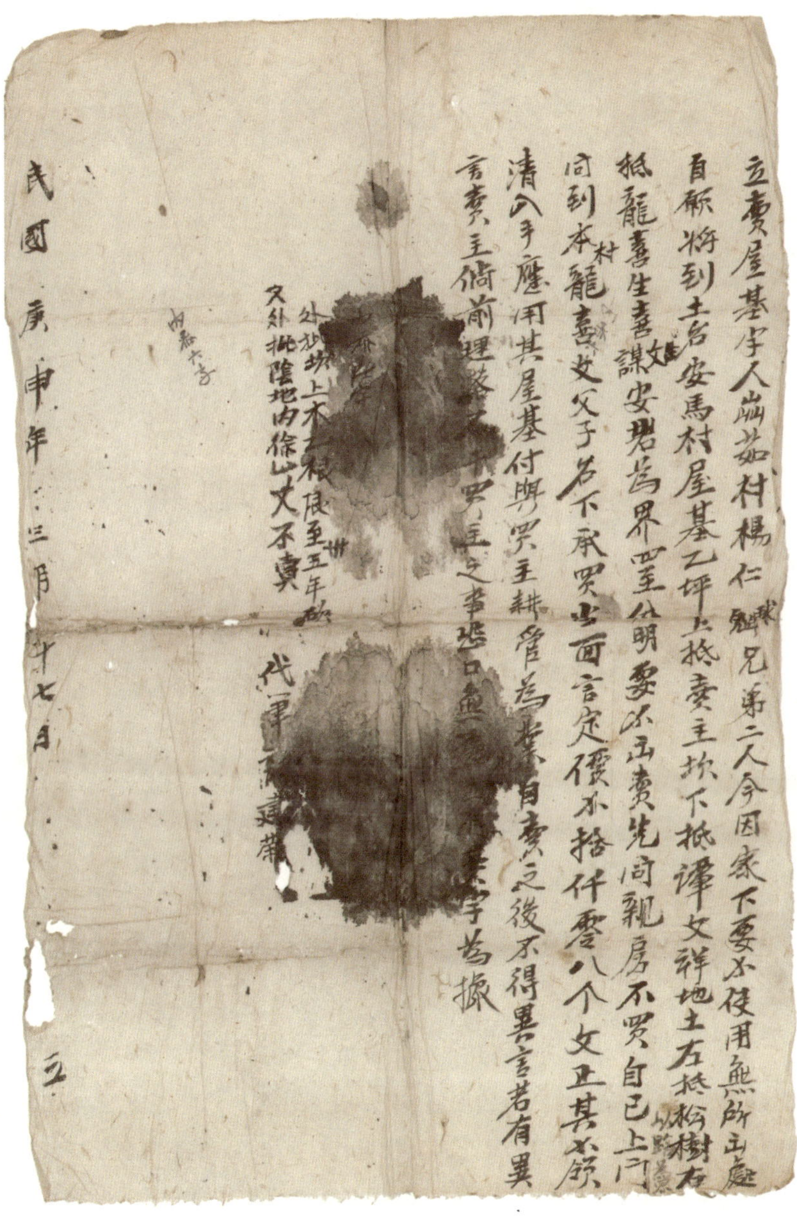

立卖屋基字人岿茹村杨仁球、仁魁兄弟二人，今因家下要钱使用，无所出处，自愿将到土名安马村屋基乙坪，上抵卖主坎，下抵谭文祥地土，左抵松树，右抵龙喜生、喜文、喜谋安岩为界，四至分明，要钱出卖。先问亲房不买，自己上门问到本村龙喜文父子名下承买，当面言定价钱拾仟零八个（十）文正。其钱领清入手应用，其屋基付与买主耕管为业。自卖之后，不得异言。若有异言，卖主倘（上）前理落，不干买主之事。恐口无［凭，立有卖］字为据。

内添六字

外批：坎上木乙根，限至卅五年砍

又外批：阴地内徐（除）乙丈不卖

代笔：龙建荣

民国庚申年三月十七日立

16. 龙昌富、龙昌毛兄弟二人卖地土杉木字（民国九年三月十九日）

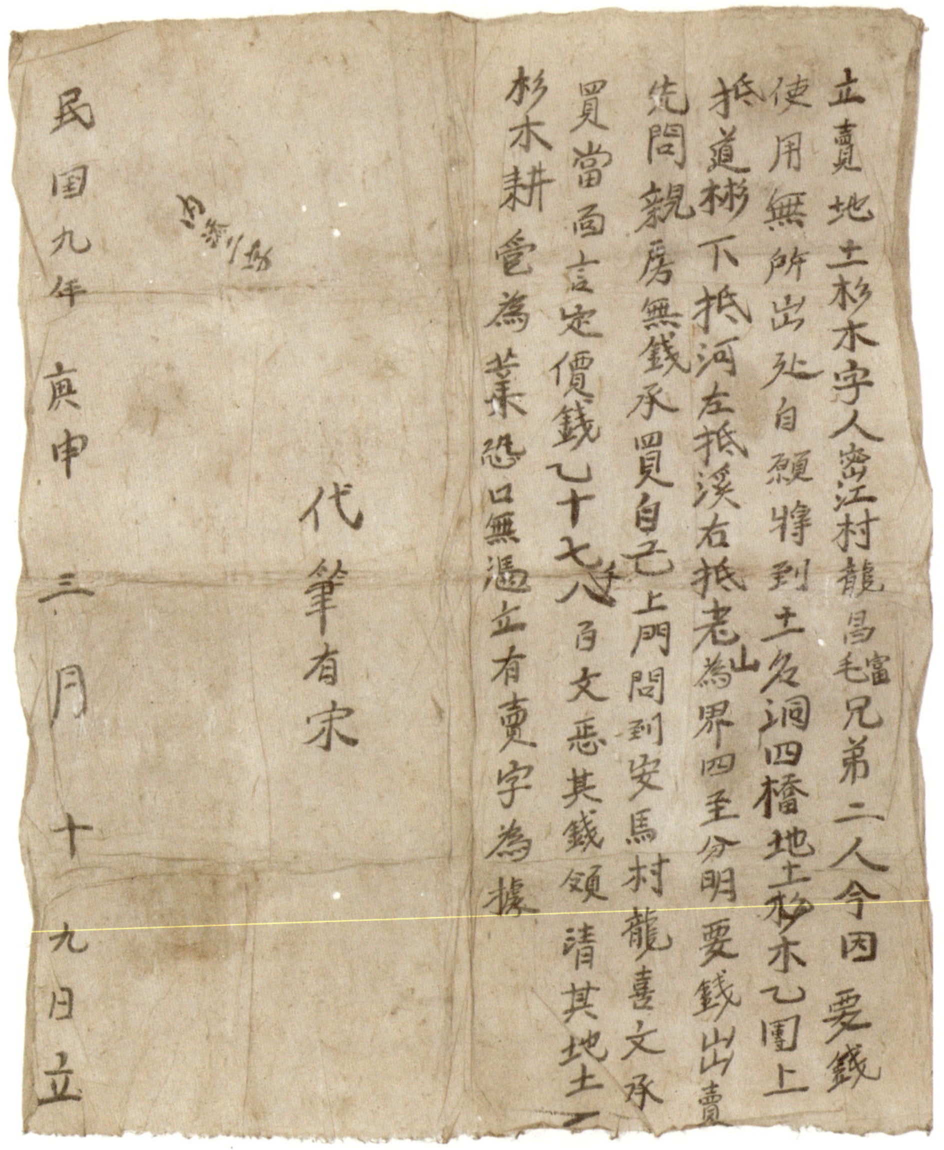

立卖地土杉木字人密江村龙昌富、昌毛兄弟二人，今因要钱使用，无所出处，自愿将到土名洞四桥地土杉木乙团，上抵道彬，下抵河，左抵溪，右抵老山为界，四至分明，要钱出卖。先问亲房无钱承买，自己上门问到安马村龙喜文承买，当面言定价钱乙十七千八百文整。其钱领清，其地土杉木耕管为业。恐口无凭，立有卖字为据。

内添二字

代笔：有宋

民国九年庚申三月十九日立

17. 龙显瑞、龙显贵分山合同（民国九年七月二十五日）

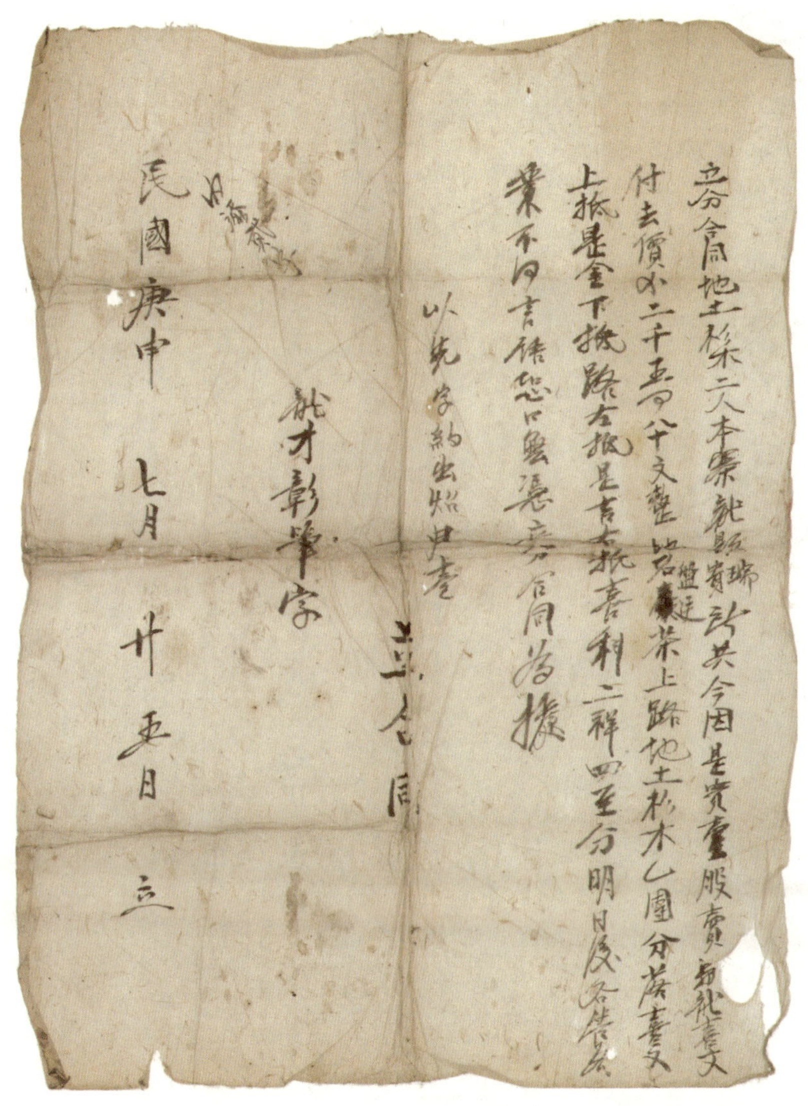

立分合同地土杉木二人本寨龙显瑞、显贵所共，今因是卖壹股，卖与龙喜文，付去价钱二千五百八十文整。地名盘廷茶上路地土杉木乙团分落喜文，上抵显金，下抵路，左抵显吉，右抵喜科、二祥［为界］，四至分明。日后各管各业，不得言语。恐口无凭，立有合同为据。

以先字约出照归壹

内添贰字

【立合同】

龙才彰笔字

民国庚申七月廿五日立

18. 谭品相卖地土杉木字（民国十年三月十二日）

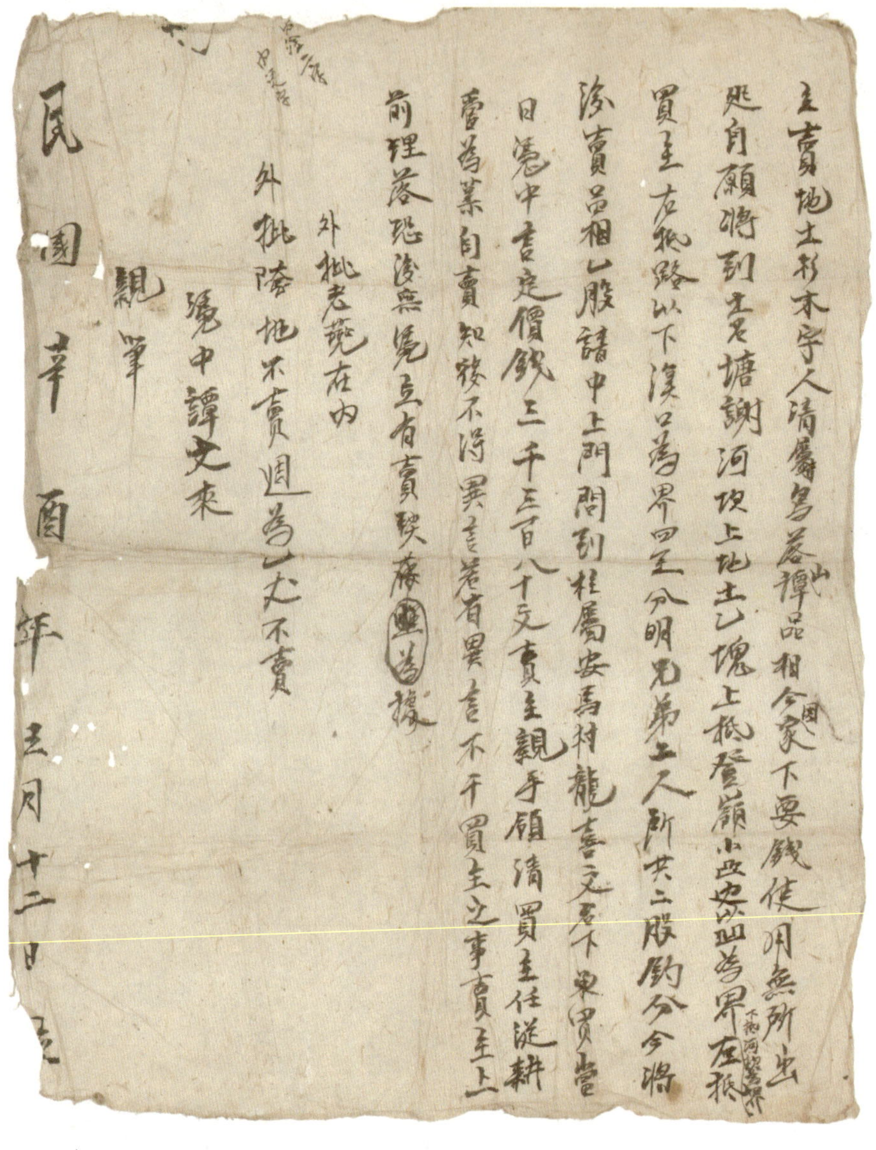

立卖地土杉木字人清属鸟落山谭品相，今因家下要钱使用，无所出处，自愿将到土名塘谢河坎上地土乙块，上抵登岭小凸边以凹为界，下抵河坎为界，左抵买主，右抵路以下溪口为界，四至分明，兄弟二人所共二股钧（均）分，今将得卖品相乙股，请中上门问到柱属安马村龙喜文名下承买，当日凭中言定价钱三千三百八十文。卖主亲手领清，买主任从耕管为业。自卖知（之）后，不得异言。若有异言，不干买主之事，卖主上前理落。恐后无凭，立有卖契存照为据。

内涂二字，内添八字

外批：老蔸在内

外批：阴地不卖，周为（围）乙丈不卖

凭中：谭文来

亲笔

民国辛酉年三月十二日立

19. 龙道吉卖田地字（民国十年五月十一日）

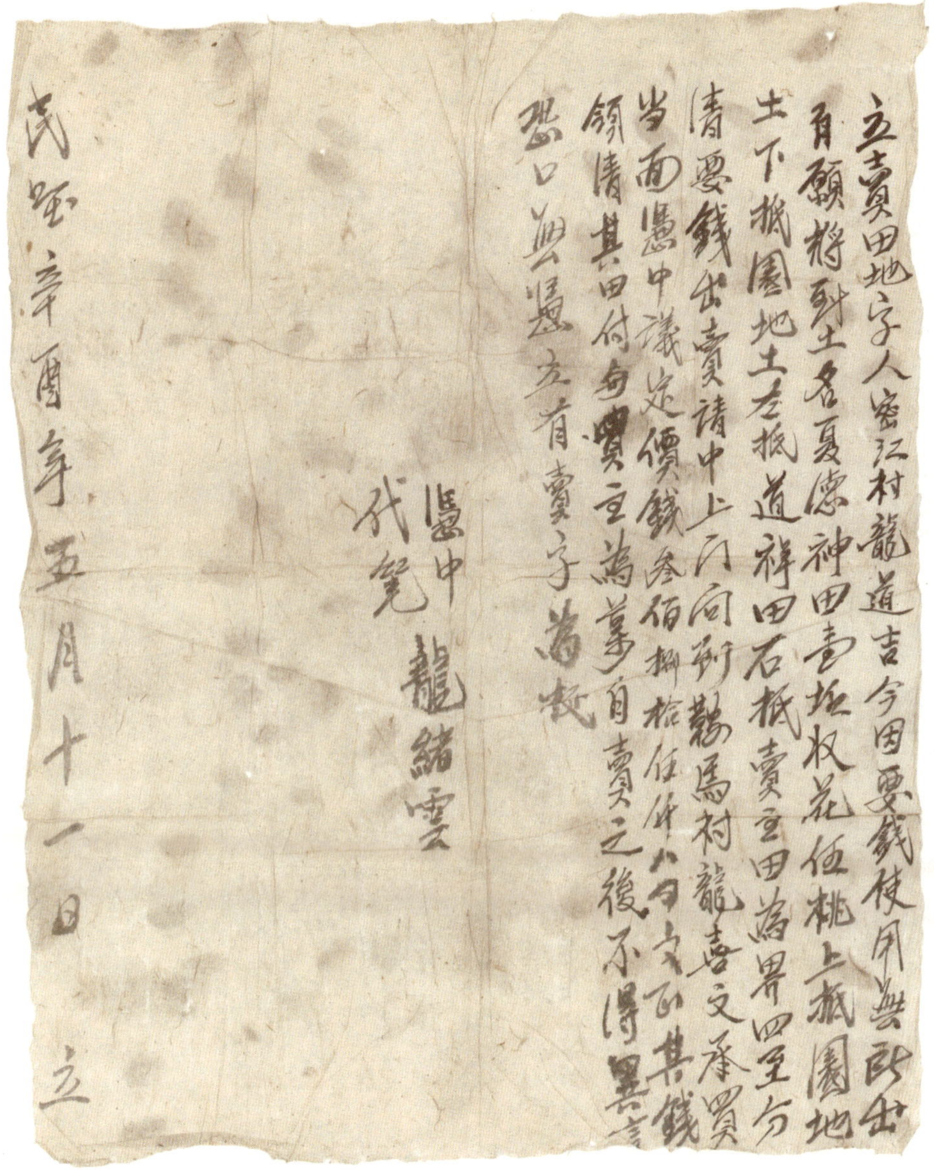

立卖田地字人密江村龙道吉，今因要钱使用，无所出［处］，自愿将到土名夏德神田壹丘，收花伍桃（挑），上抵园地土，下抵园地土，左抵道祥田，右抵卖主田为界，四至分清，要钱出卖。请中上门问到鞍马村龙喜文承买，当面凭中议定价钱叁佰捌拾伍仟八百文正。其钱领清，其田付与买主为业。自卖之后，不得异言。恐口无凭，立有卖字为据。

凭中、代笔：龙绪云

民国辛酉年五月十一日立

20. 龙金全拨换田契字（民国十年五月二十三日）

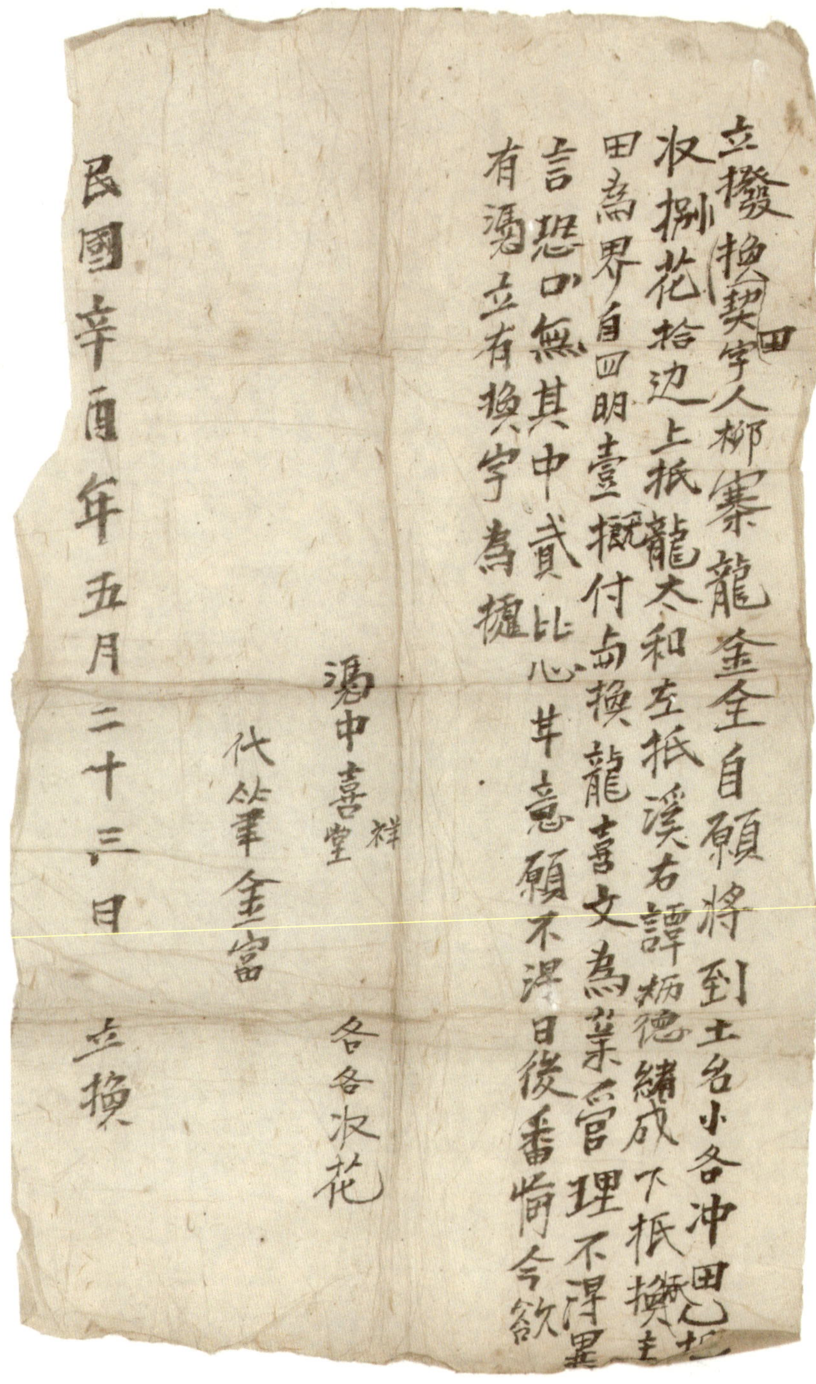

立拨换田契字人柳寨龙金全，自愿将到土名小各冲田乙丘，收花捌拾边（稨），上抵龙太和，左抵溪，右［抵］谭枥德、绪成，下抵承换主田为界，自四（四至）［分］明，壹概付与换龙喜文为业管理。不得异言。恐口无［凭］。其中贰比心甘意愿，不得日后番（翻）悔。今欲有凭，立有换字为据。

凭中：喜祥、喜堂

代笔：金富

各各收花

民国辛酉年五月二十三日立换

21. 彭玉和卖地土杉木字（民国十年五月二十八日）

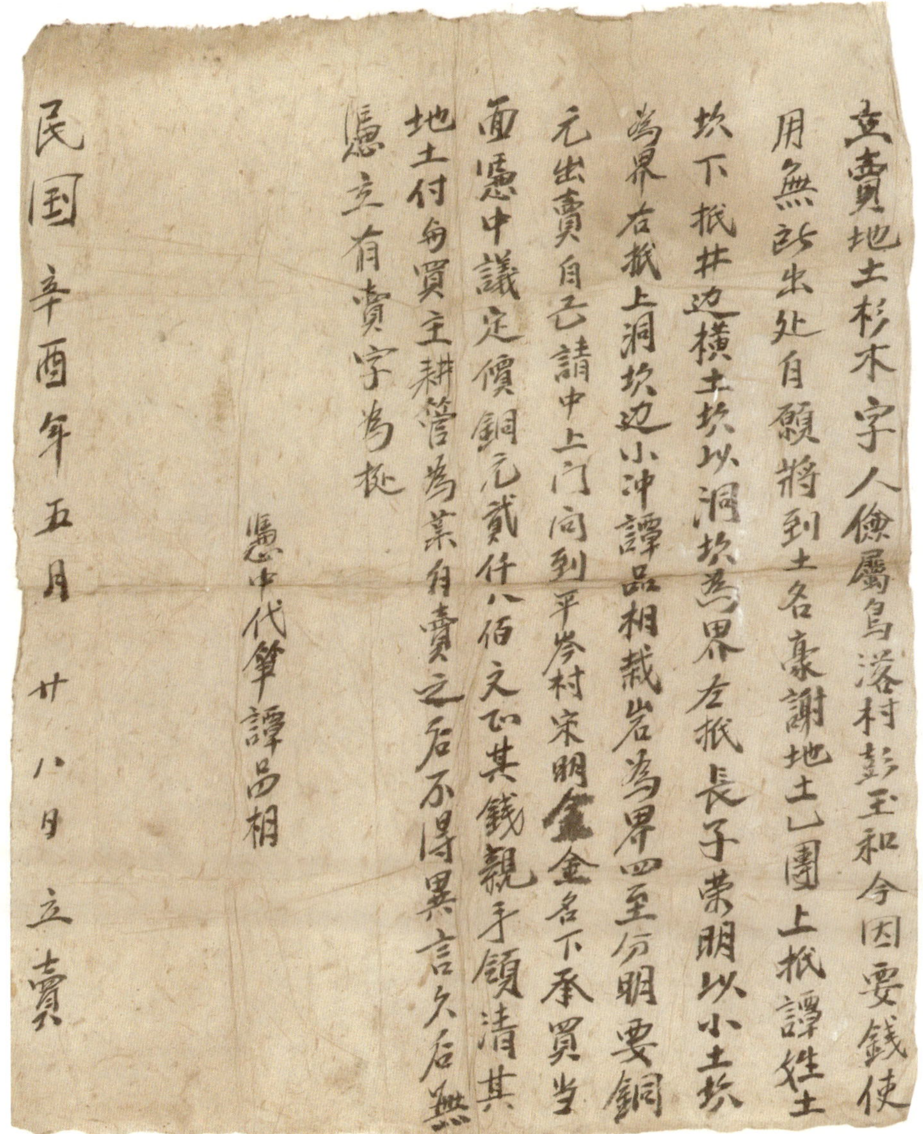

立賣地土杉木字人儉屬鳥落村彭玉和今因要錢使
用無所出处自願將到土名豪謝地土乙團上抵譚姓土
坎下抵井边橫土坎以洞坎為界左抵長子榮明以小土坎
為界右抵上洞坎边小沖譚品相栽岩為界四至分明要銅
元出賣自己請中上门问到平岑村宋明金名下承買当
面憑中議定價銅元貳仟八佰文正其錢親手領清其
地土付与買主耕管為業自賣之后不得異言久后無
憑立有賣字為据

憑中代筆譚品相

民国辛酉年五月廿八日立賣

立卖地土杉木字人俭属鸟落村彭玉和，今因要钱使用，无所出处，自愿将到土名豪谢地土乙团，上抵谭姓土坎，下抵井边横土坎以洞坎为界，左抵长子荣明以小土坎为界，右抵上洞坎边小冲、谭品相栽岩为界，四至分明，要铜元出卖。自己请中上门问到平岑村宋明金名下承买，当面凭中议定价铜元贰仟八佰文正。其钱亲手领清，其地土付与买主耕管为业。自卖之后，不得异言。久后无凭，立有卖字为据。

凭中、代笔：谭品相

民国辛酉年五月廿八日立卖

22. 龙有宋卖地土字（民国十年六月十八日）

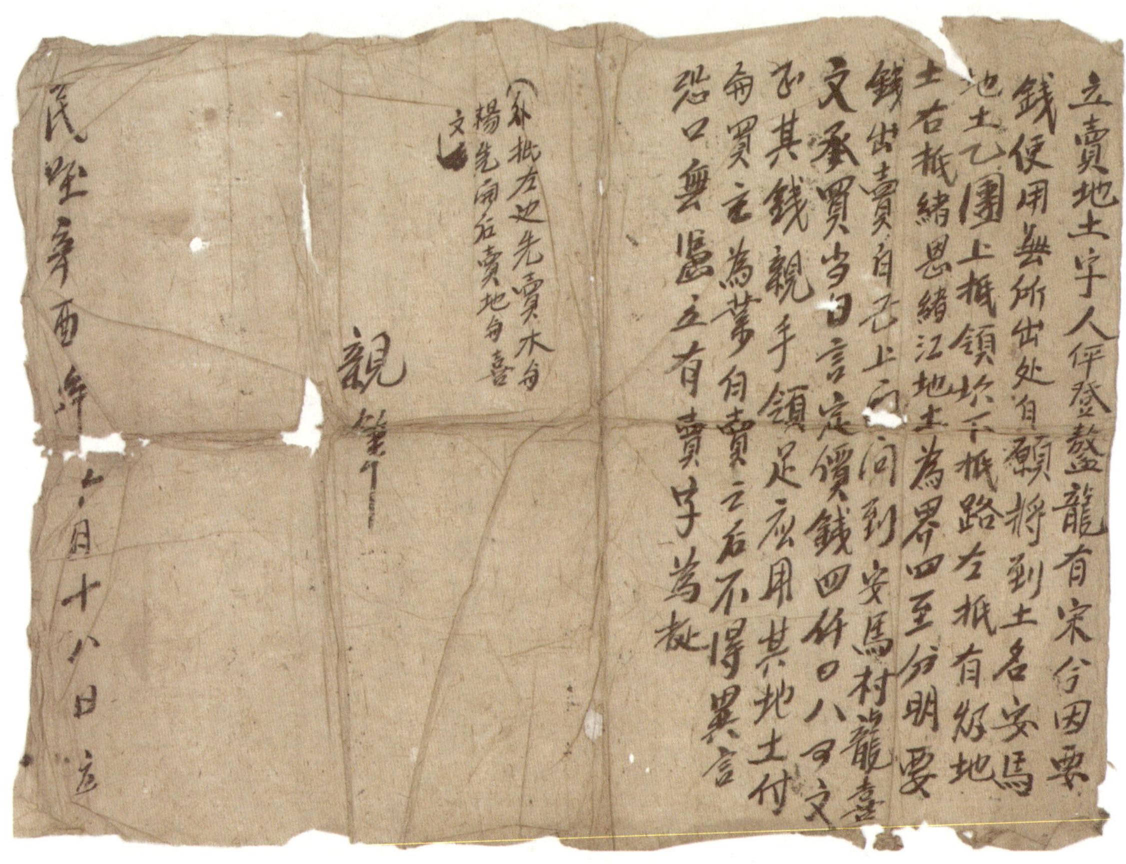

立卖地土字人伻（音 bēng）登鳌龙有宋，今因要钱使用，无所出处，自愿将到土名安马地土乙团，上抵领坎，下抵路，左抵有照地土，右抵绪恩、绪江地土为界，四至分明，要钱出卖。自己上门问到安马村龙喜文承买，当日言定价钱四仟〇八百文正。其钱亲手领足应用，其地土付与买主为业。自卖之后，不得异言。恐口无凭，立有卖字为据。

外批：左边先卖木与杨先开，后卖地与喜文。

亲笔

民国辛酉年六月十八日立

23. 龙有宋、龙绪藻二人卖地土字（民国十年六月十八日）

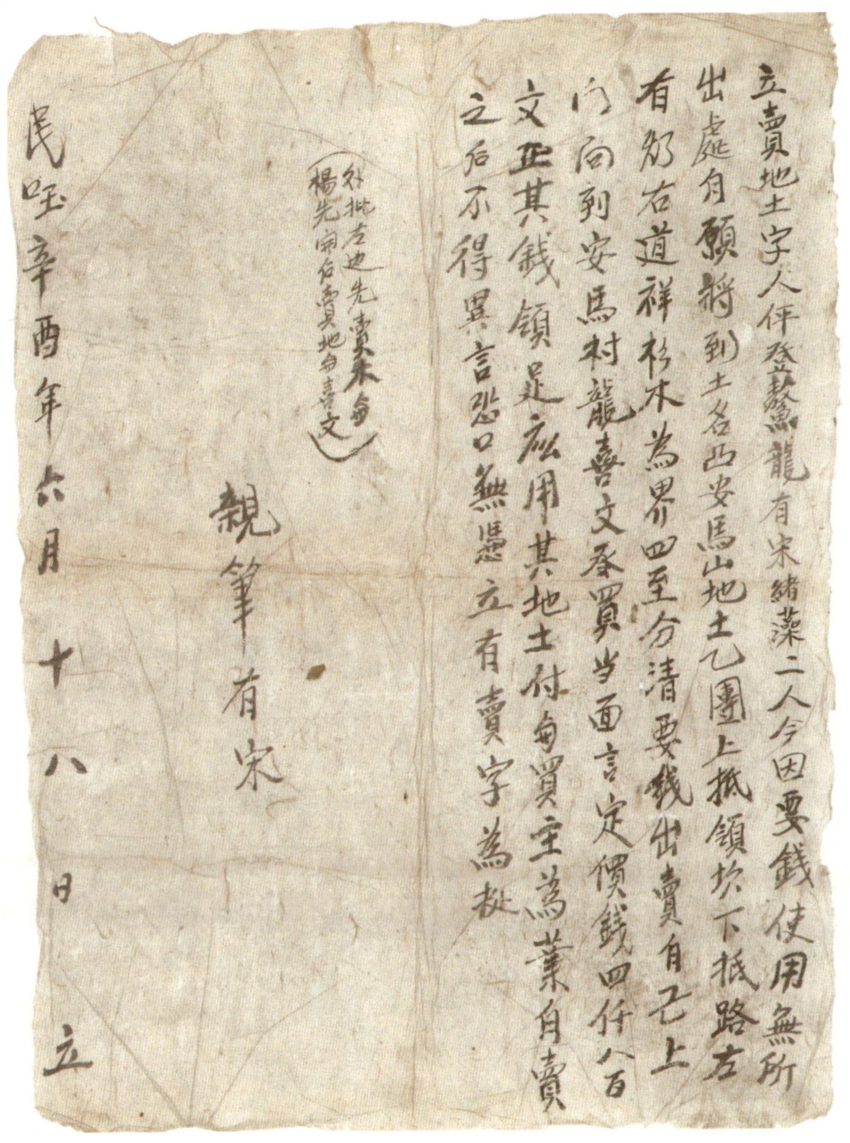

立卖地土字人伻登鳌龙有宋、绪藻二人，今因要钱使用，无所出处，自愿将到土名凸安马山地土乙团，上抵领（岭）坎，下抵路，左［抵］有照，右［抵］道祥杉木为界，四至分清，要钱出卖。自己上门问到安马村龙喜文承买，当面言定价钱四仟八百文正。其钱领足应用，其地土付与买主为业。自卖之后，不得异言。恐口无凭，立有卖字为据。

外批：左边先卖木与杨先开，后卖地与喜文。

亲笔：有宋

民国辛酉年六月十八日立

24. 龙海旺父子卖地土杉木字（民国十年六月二十七日）

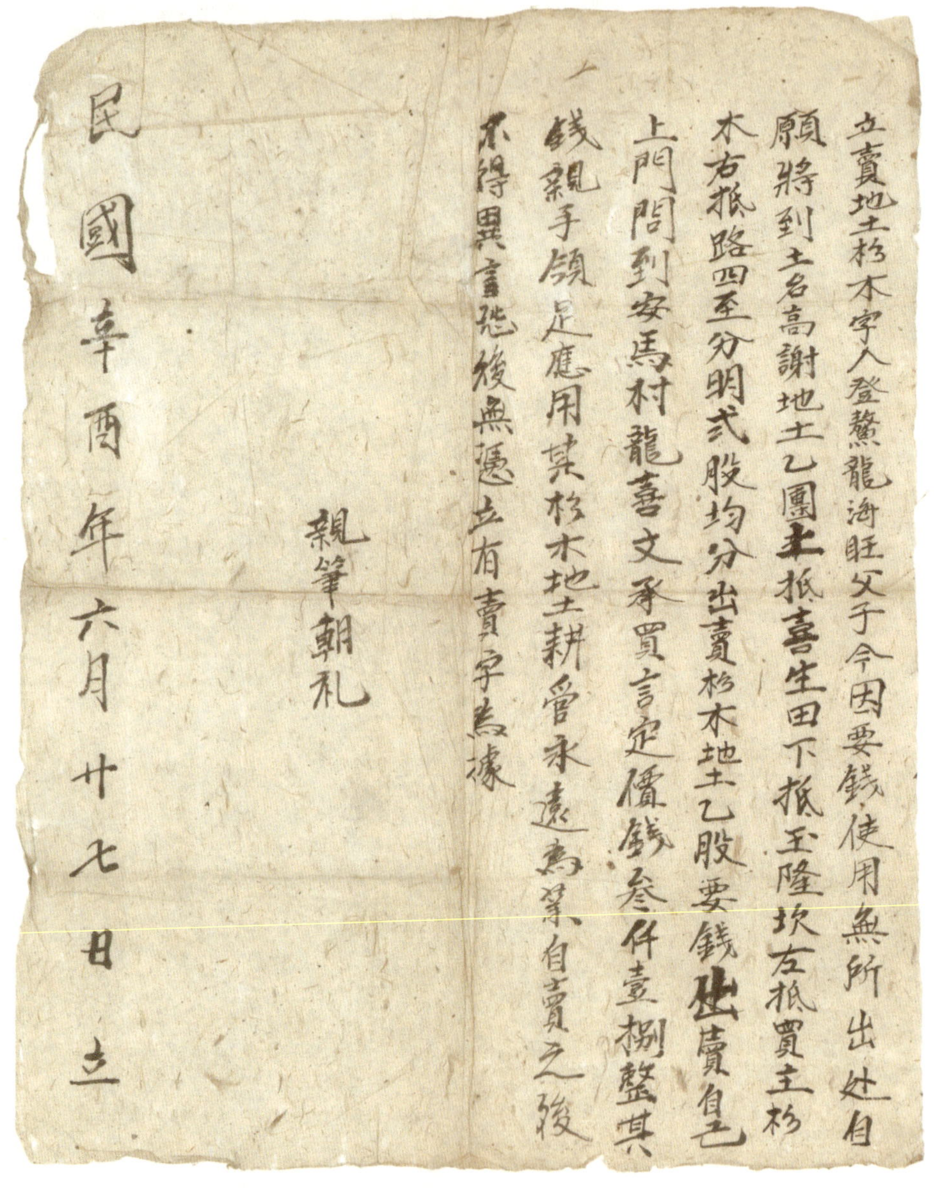

立卖地土杉木字人登鳌龙海旺父子，今因要钱使用，无所出处，自愿将到土名高谢地土乙团，上抵喜生田，下抵玉隆坎，左抵买主杉木，右抵路，四至分明，贰股均分，出卖杉木地土乙股，要钱出卖。自己上门问到安马村龙喜文承买，言定价钱叁仟壹捌［文］整。其钱亲手领足应用，其杉木地土耕管永远为业。自卖之后，不得异言。恐后无凭，立有卖字为据。

亲笔：朝礼

民国辛酉年六月廿七日立

25. 龙绪彦、龙绪仕二人卖杉木地土字（民国十年六月二十七日）

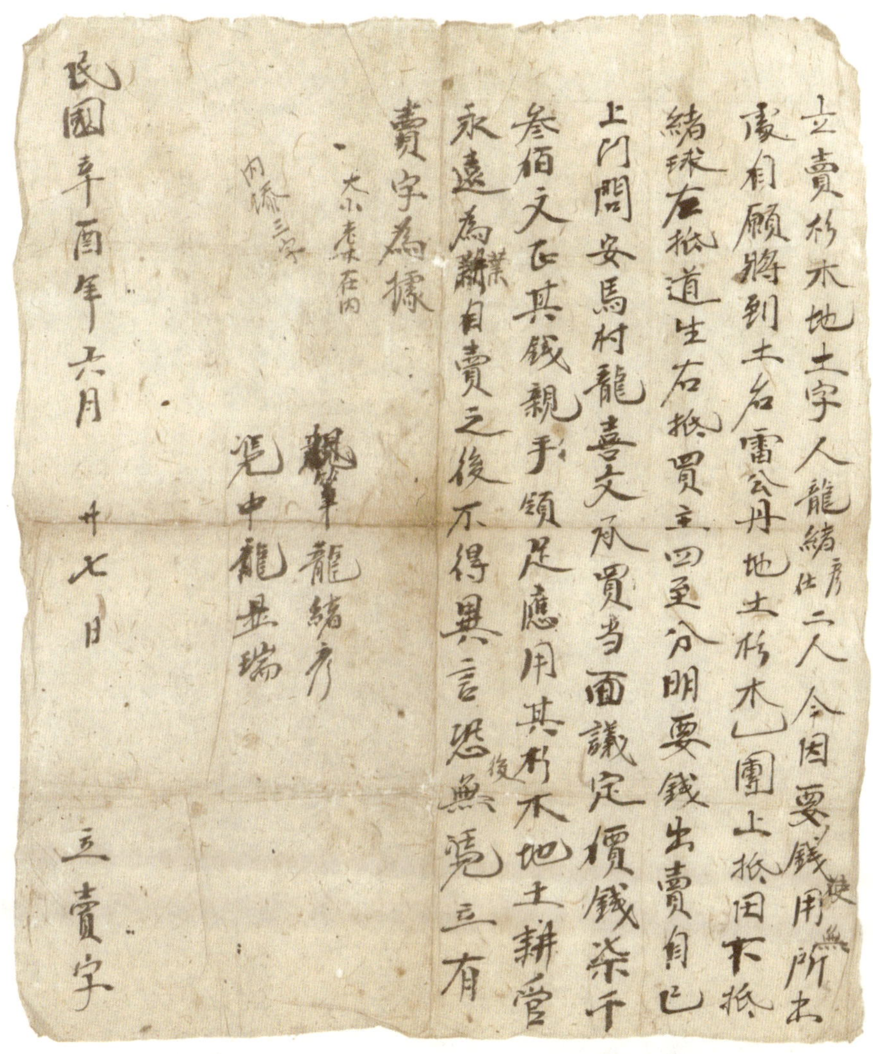

立卖杉木地土字人龙绪彦、绪仕二人，今因要钱使用，无所出处，自愿将到土名雷公丹地土杉木乙团，上抵田，下抵绪球，左抵道生，右抵买主，四至分明，要钱出卖。自己上门问［到］安马村龙喜文承买，当面议定价钱柒仟叁佰文正。其钱亲手领足应用，其杉木地土耕管永远为业。自卖之后，不得异言。恐后无凭，立有卖字为据。

内添三字

大小老木在内

亲笔：龙绪彦

凭中：龙显瑞

民国辛酉年六月廿七日立卖字

26. 龙有宋卖地土字（民国十一年六月十八日）

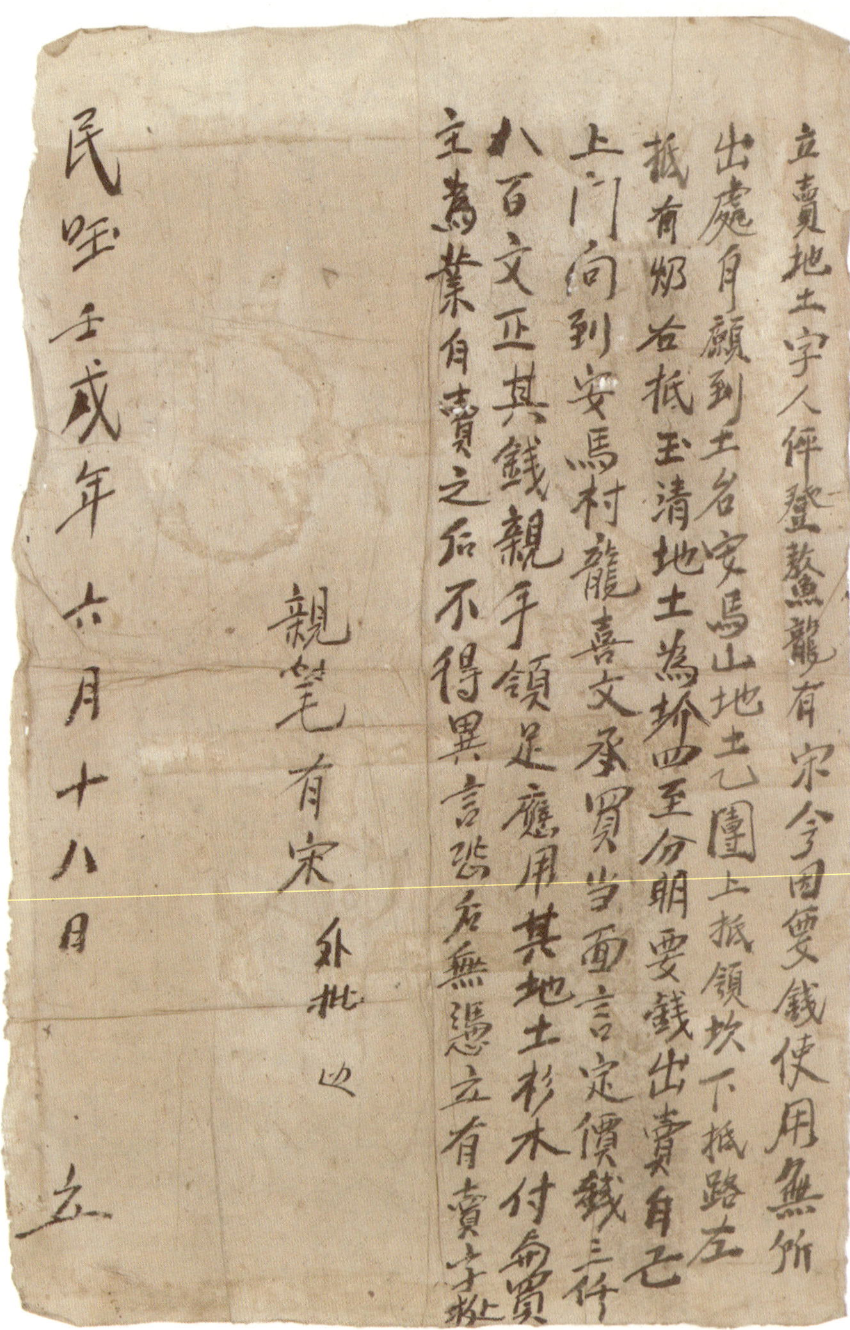
立賣地土字人伻登鰲龍有宋今因要錢使用無所出處自願到土名安馬山地土乙團上抵領坎下抵路左抵有照右抵玉清地土為介四至分明要錢出賣自己上門向到安馬村龍喜文承買當面言定價錢三仟八百文正其錢親手領足應用其地土杉木付與買主為業自賣之后不得異言恐后無憑立有賣字據

親筆有宋

外批边

民國壬戌年六月十八日立

立卖地土字人伻登鳌龙有宋，今因要钱使用，无所出处，自愿［将］到土名安马山地土乙团，上抵领（岭）坎，下抵路，左抵有照，右抵玉清地土为介（界），四至分明，要钱出卖。自己上门问到安马村龙喜文承买，当面言定价钱三仟八百文正。其钱亲手领足应用，其地土杉木付与买主为业。自卖之后，不得异言。恐后无凭，立有卖字［为］据。

亲笔：有宋

外批：边

民国壬戌年六月十八日立

27. 彭荣德卖地土杉木字（民国十一年七月初五日）

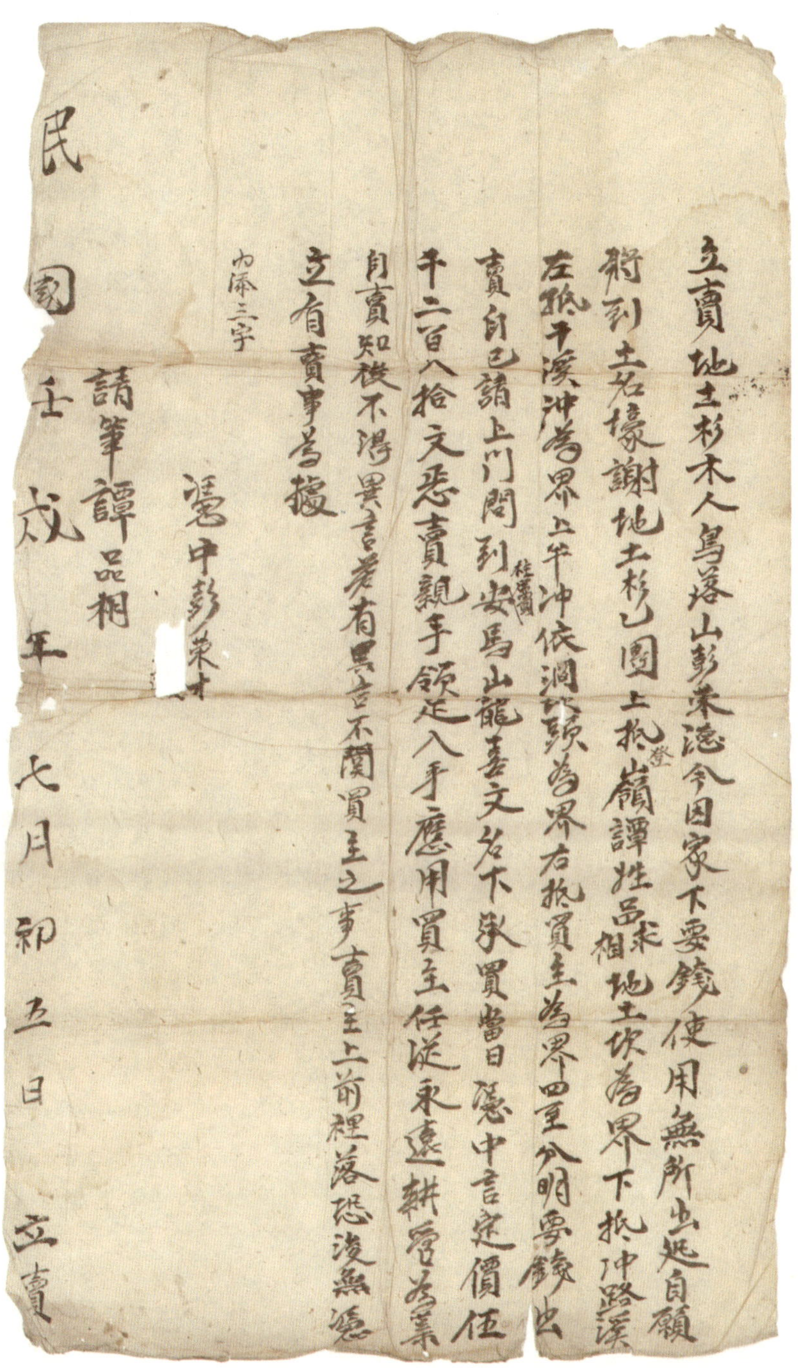

立賣地土杉木人鳥落山彭榮德今因家下要錢使用無所出處自願將到土名壕謝地土杉乙團上抵登嶺譚姓品求相地土坎為界下抵冲路溪左抵干溪冲為界上抵冲依洞坎頭為界右抵買主為界四至分明要錢出賣自己請上門問到柱屬安馬山龍喜文名下承買當日憑中言定價伍千二百八拾文悉賣親手領足入手應用買主任從永遠耕管為業自賣知後不得異言若有異言不関買主之事賣主上前理落恐後無憑立有賣事為據

內添三字

憑中彭榮才

請筆譚品相

民國壬戌年七月初五日立賣

立卖地土杉木人鸟落山彭荣德，今因家下要钱使用，无所出处，自愿将到土名壕谢地土杉乙团，上抵登岭谭姓品求、品相地土坎为界，下抵冲路溪［为界］，左抵干溪冲为界，上抵冲依洞坎头为界，右抵买主为界，四至分明，要钱出卖。自己请上门问到柱属安马山龙喜文名下承买，当日凭中言定价［钱］伍千二百八拾文整。［其钱］卖［主］亲手领足入手应用，［其地土杉木］买主任从永远耕管为业。自卖知（之）后，不得异言。若有异言，不关买主之事，卖主上前理落。恐口无凭，立有卖事（字）为据。

内添三字

凭中：彭荣才

请笔：谭品相

民国壬戌年七月初五日立卖

28. 谭品求卖地土杉木字（民国十一年十二月十四日）

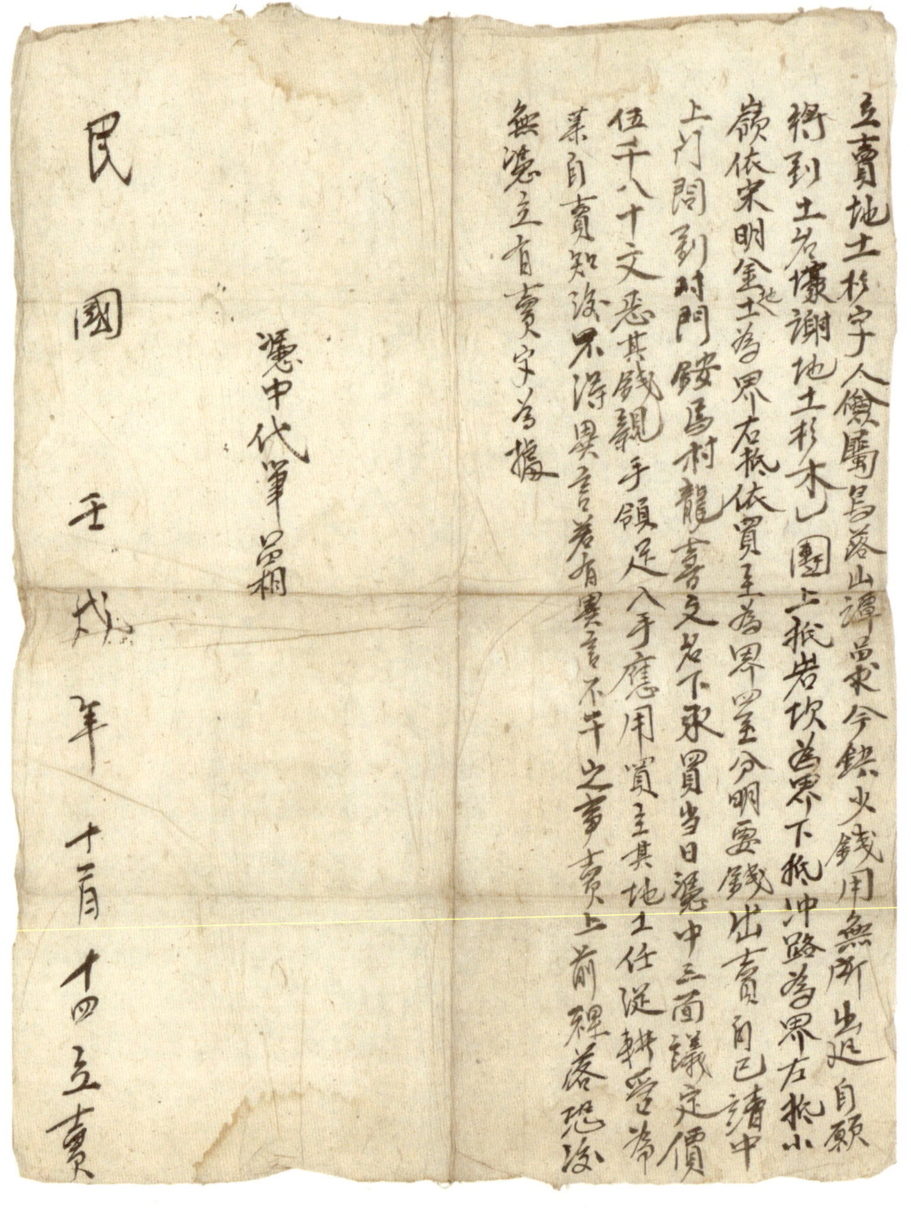

立卖地土杉［木］字人俭属鸟落山谭品求，今缺少钱用，无所出处，自愿将到土名壕谢地土杉木乙团，上抵岩坎为界，下抵冲路为界，左抵小岭依宋明金地土为界，右抵依买主为界，四至分明，要钱出卖。自己请中上门问到对门铵马村龙喜文名下承买，当日凭中三面议定价［钱］伍千八十文整。其钱亲手领足入手应用，买主其地土任从耕管为业。自卖知（之）后，不得异言。若有异言，不干［买主］之事，卖［主］上前理落。恐后无凭，立有卖字为据。

凭中、代笔：品相

民国壬戌年十二月十四［日］立卖

29. 谭品求、谭品相兄弟二人卖地土杉木字（民国十一年十二月十四日）

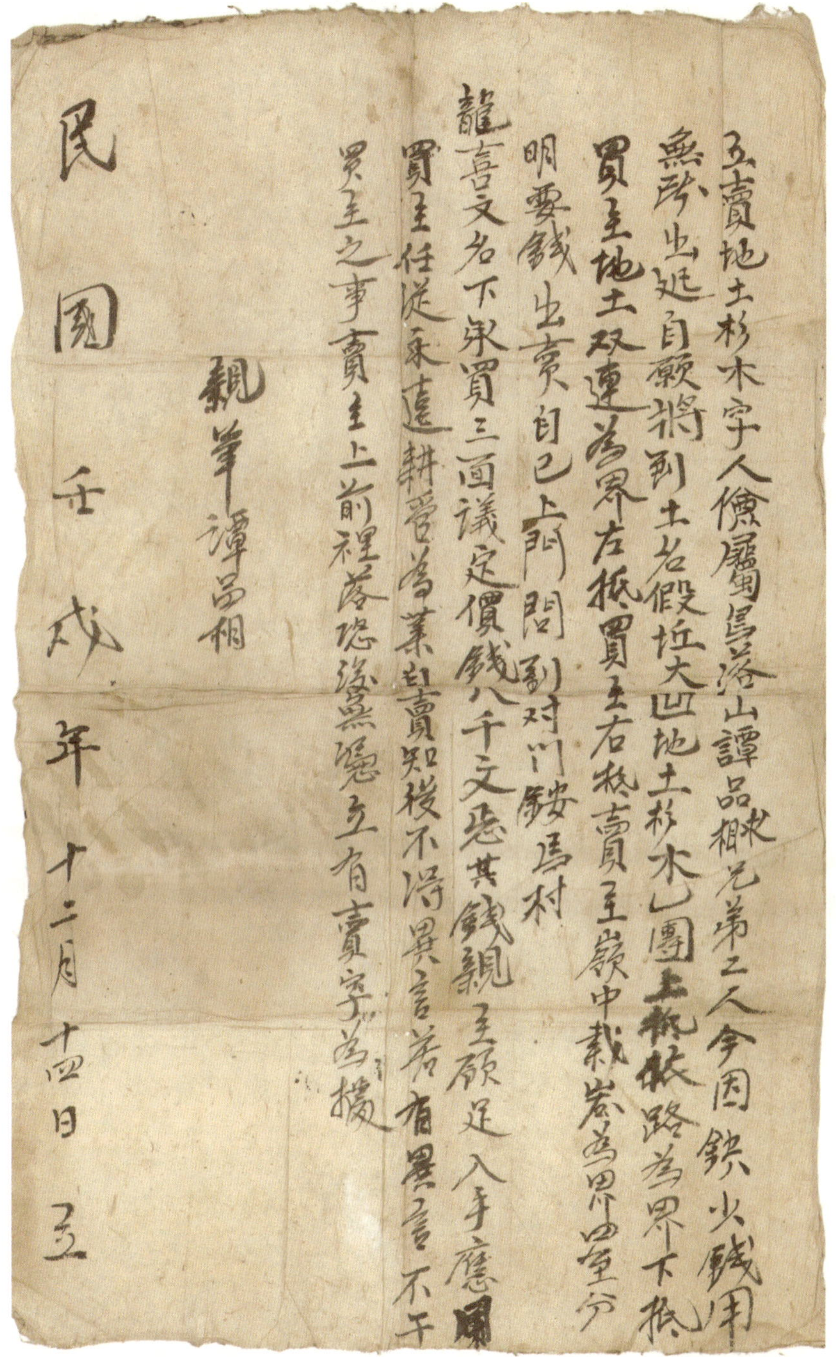

立卖地土杉木字人俭属鸟落山谭品求、品相兄弟二人，今因缺少钱用，无所出处，自愿将到土名假丘大凹地土杉木乙团，上抵依路为界，下抵买主地土双连为界，左抵买主，右抵卖主岭中栽岩为界，四至分明，要钱出卖。自己上门问到对门铵马村龙喜文名下承买，三面议定价钱八千文整。其钱亲主（手）领足入手应用，买主任从永远耕管为业。自卖知（之）后，不得异言。若有异言，不干买主之事，卖主上前理落。恐后无凭，立有卖字为据。

亲笔：谭品相

民国壬戌年十二月十四日立

30. 宋明经父子五人卖地土杉木字（民国十二年十月十三日）

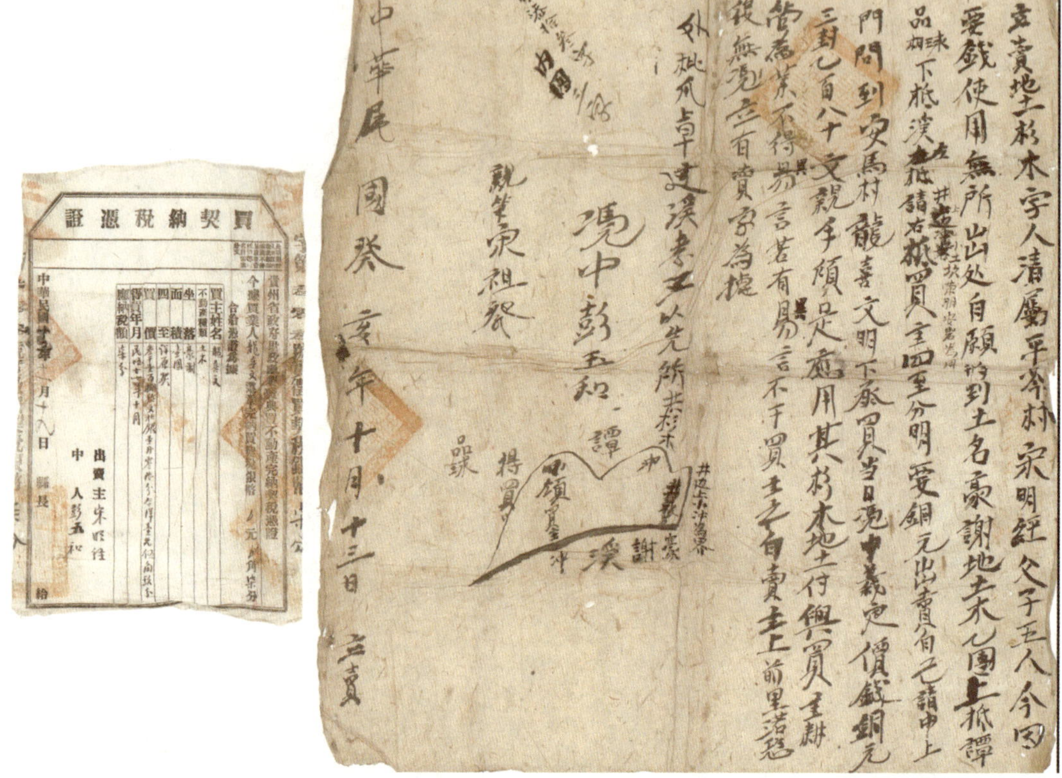

立卖地土杉木字人清属平岑村宋明经父子五人，今因要钱使用，无所出处，自愿将到土名豪谢地土木乙团。上抵谭品球、品相，下抵溪，左抵井上边冲小土坎荣明安岩为界，右抵买主，四至分明，要铜元出卖。自己请中上门问到安马村龙喜文明（名）下承买，当日凭中义（议）定价钱铜元三封乙百八十文，亲手领足应用。其杉木地土付与买主耕管为业。不得异言。若有异言，不干买主之自（事），卖主上前里（理）落。恐后无凭，立有卖字为据。

外枇（批）：爪上早□溪孝□以先所共杉木。

内添拾叁字，内图（涂）三字

凭中：彭玉和

亲笔：宋祖发

中华民国癸亥年（民十二年）十月十三日立卖

注：本契约粘连了民国十三年税契，税契买价为“叁仟壹佰捌拾文，折银壹两零陆分，合洋壹元伍角玖分”，可知铜元一封为一千文，银两与铜钱的兑换比价为：3180文 ÷1.06两 =3000文 / 两；银元与银两的兑换比价为：1.59元 ÷1.06两 =1.5元 / 两。

31. 宋明经卖地土杉木字（民国十二年十月二十四日）

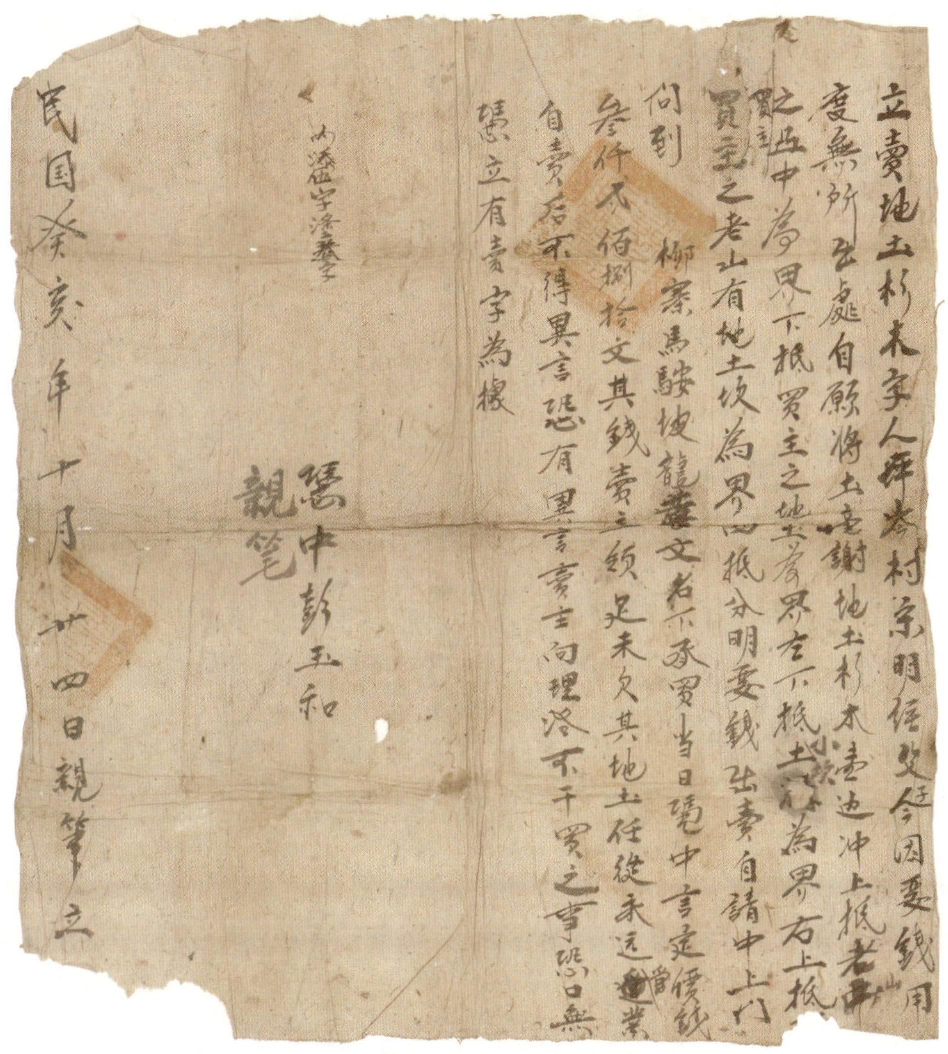

立卖地土杉木字人坪岑村宋明经父子，今因要钱用度，无所出处，自愿将土毫谢地土杉木壹边冲，上抵老山之凸中为界，下抵买主之地土为界，左下抵小坎土为界，右上抵买主之老山有地土坎为界，四抵分明，要钱出卖。自［己］请中上门问到柳寨马鞍坡龙喜文名下承买，当日凭中言定价钱叁仟贰佰捌拾文。其钱卖主领足，未欠［分文］，其地土任从［买主］永远管业。自卖［之］后，不得异言。恐有异言，卖主向［前］理落，不干买［主］之事。恐口无凭，立有卖字为据。

内添伍字、涂三字

凭中：彭玉和

亲笔

民国癸亥年十月廿四日亲笔立

32. 龙有宋卖田地字（民国十二年十二月十四日）

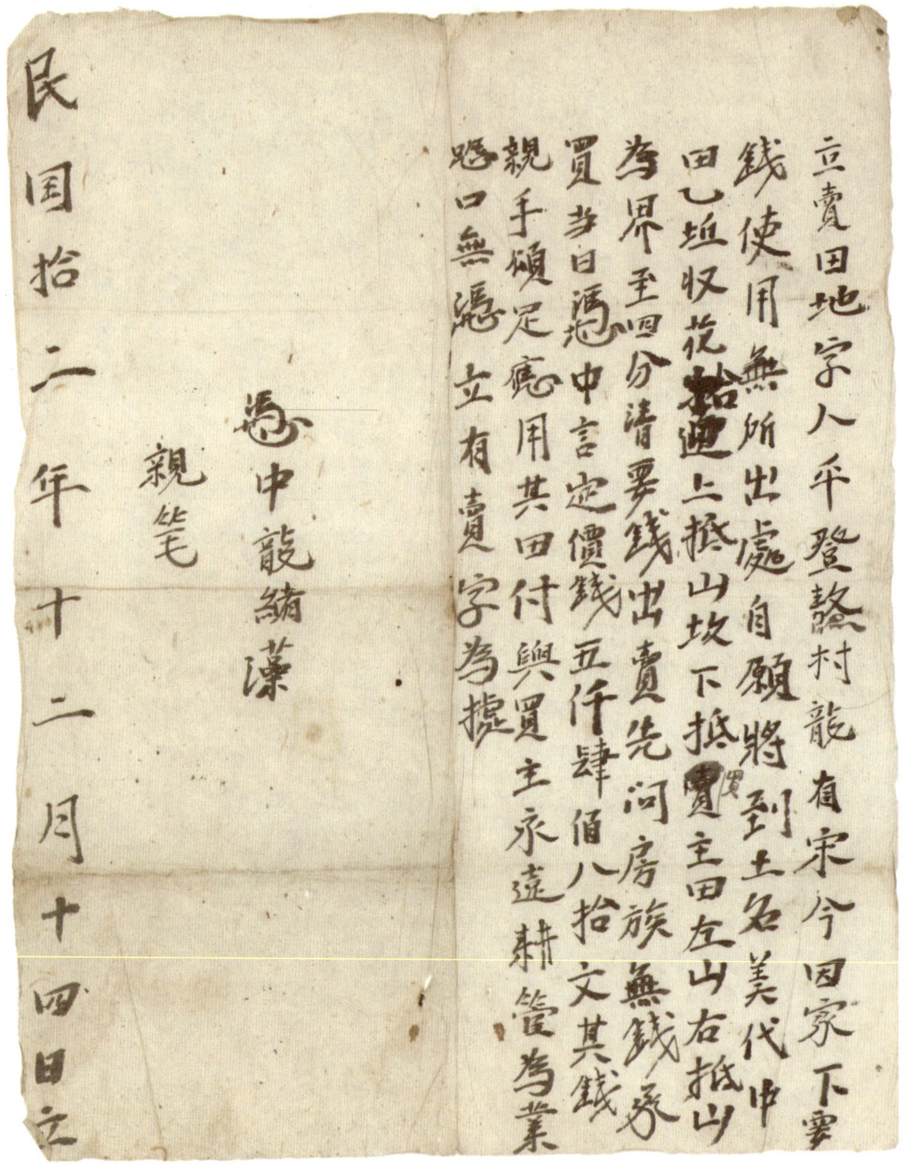

立卖田地字人平登鳌村龙有宋，今因家下要钱使用，无所出处，自愿将到土名美代中田乙丘，收花拾遍（稨），上抵山坎，下抵买主田，左［抵］山，右抵山为界，至四（四至）分清，要钱出卖。先问房族无钱承买，当日凭中言定价钱五仟肆佰八拾文。其钱亲手领足应用，其田付与买主永远耕管为业。恐口无凭，立有卖字为据。

凭中：龙绪藻

亲笔

民国拾二年十二月十四日立

33. 龙坤成、龙坤俊卖地土杉木字（民国十三年四月初九日）

立卖地土杉木字人柳寨龙坤成、坤俊，今因家下要钱使用，无所出处，自愿将到土名安马山地土杉木老蔸大小五处乙概出卖，上抵绪求、喜谋、谭俊然，下抵田溪，左红，右抵朝求［为界］，四至分明。上有乙团，下抵朝求，上抵路，左抵朝炳，右抵喜文。上抵路，下抵溪田，右抵田，左抵溪，四至分［清］。上抵龙姓，下抵屋路坎，左抵龙姓，右抵海林，四至［分］清，要钱出卖，四股出卖乙股。请中上门问到安马村龙喜生、喜文、喜谋、喜堂四人承买，当面仪（议）定价四处钱叁十捌千八百文。其钱亲手领足，地土杉木老木付与买主耕管为业。自卖之后，不得异言。恐口无凭，立有卖字为据。

凭中：坤昌、化标、全桓、全馗

亲笔：昆俊

民国甲子年四月初九日立

34. 龙化毫、龙化光、龙化杰等卖地土杉木字（民国十三年四月初九日）

立卖地土杉木字人唐代村龙化毫、化光、化杰、化川四人，要钱使用，无所出处，自愿将到土名安马村屋背地土杉木壹团，上抵谭文祥、龙海江土坎为界，下抵路以屋背上土坎井边冲为界，左抵冷水寨龙世发边冲为界，右抵冲边为界，四至分清；又有壹团土名毫洞，上抵谭俊然，下抵溪，左抵龙昆成、昆俊地土杉木，右抵龙朝球地土杉木为界，四至分清，要钱出卖。自己请中上门问到坪坝安马村两柱兄弟龙喜森、喜文、喜堂承买，当面凭中议定价钱叁拾捌仟捌佰文整。其钱亲手领清，其地土杉木付与买主耕管为业。自卖之后，不得异言。久后无凭，立有卖字为据。

外批：毫洞之壹团四股均分，下有壹团，内出（除）龙化川壹股不卖，以后照契管业，不得异言。

内添贰字

代笔：龙全馗

凭中：龙化标

中华民国甲子年四月初九日立

35. 杨仁球、杨仁魁母子三人卖地土杉木字（民国十三年六月十三日）

立卖地土杉木字人高记村杨仁球、仁魁母子三人，今因要铜元使用，无所出处，自愿将到土名美太老让地土壹块，内栽有杉木伍百，先卖杉木王姓地土，上抵龙朝球、朝治，下抵大毛嫩杉木，左抵溪，右抵绪彦［为界］，四至分明，要铜元出卖。自己上门问到安马村龙喜文承买，当日言定价铜元叁封壹百八拾文整。其铜元付与买主领清应用，其地土付与买［主］耕管为业。自卖知（之）后，不得异言。买主不清，卖主倘（上）前理洛（落），不干买主之事。恐口无凭，立有卖字为据。

内涂三字，内添一字

凭中、代笔：陆再贵

民国甲子年六月十三日立

36. 龙有宋卖地土字（民国十五年三月初十日）

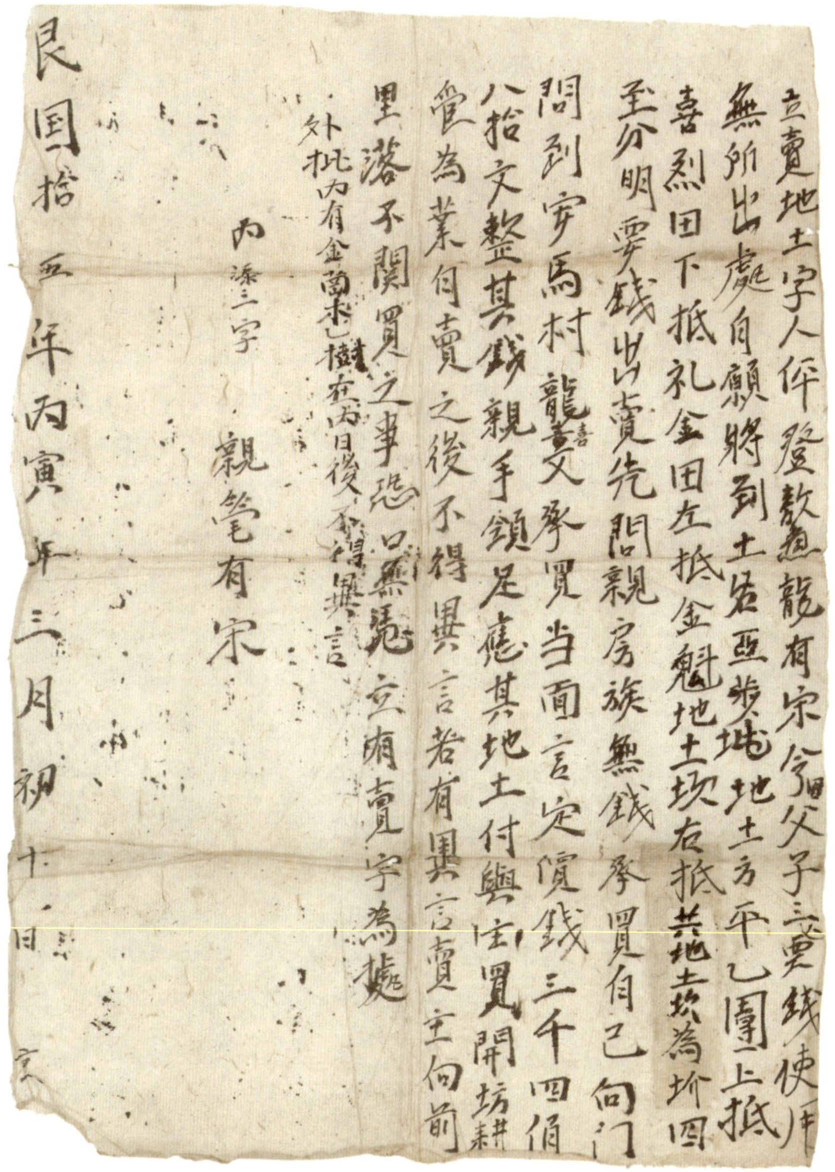

立卖地土字人仟登鳌龙有宋，今因父子三人要钱使用，无所出处，自愿将到土名亚步坉地土方平（荒坪）乙团，上抵喜烈田，下抵礼金田，左抵金魁地土坎，右抵共地土坎为界，四至分明，要钱出卖。先问亲房族无钱承买，自己向（上）门问到安马村龙喜文承买，当面言定价钱三千四佰八拾文整。其钱亲手领足应［用］，其地土付与买主开坊耕管为业。自卖之后，不得异言。若有异言，卖主向前里（理）落，不关买［主］之事。恐口无凭，立有卖字为据。

外批：内有金岗（青杠）木乙树（根）在内，日后不得异言

内添三字

亲笔：有宋

民国拾五年丙寅年三月初十日立

37. 龙坤成、龙坤俊二人卖地土杉木字（民国十五年四月初九日）

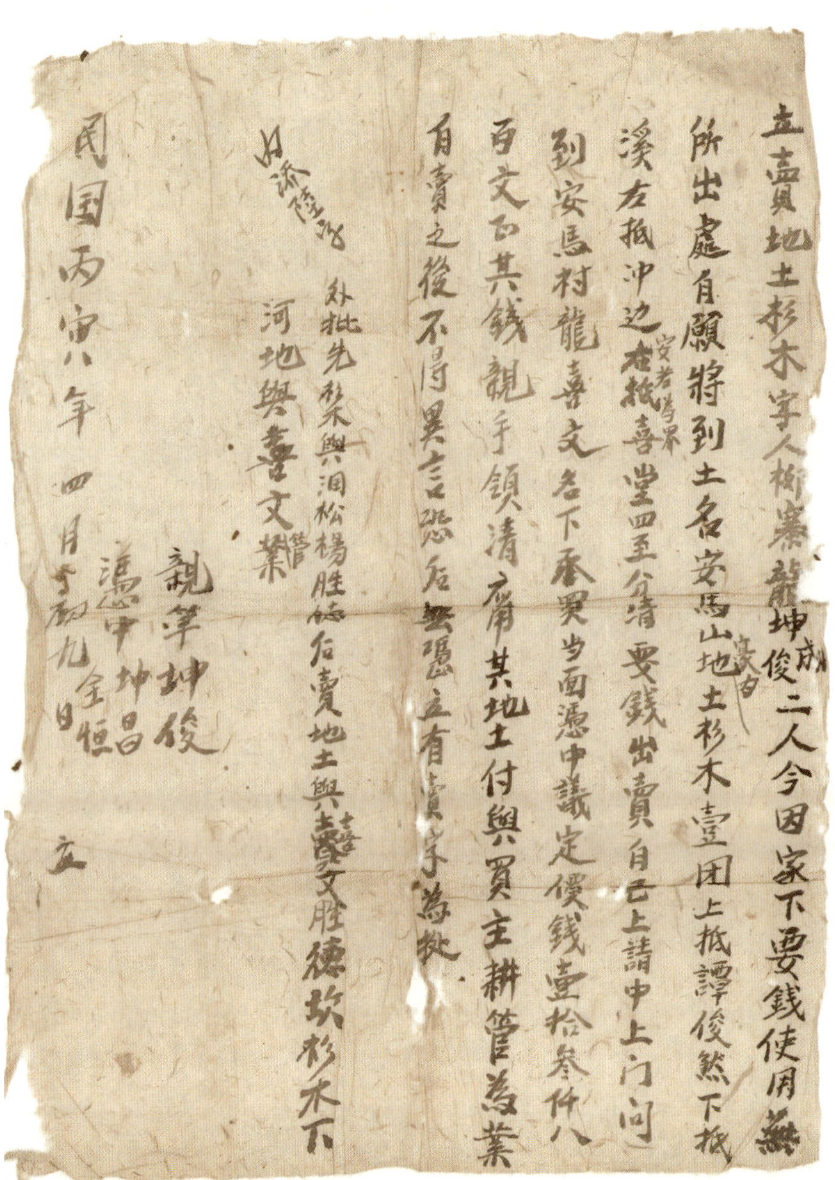

立卖地土杉木字人柳寨龙坤成、坤俊二人，今因家下要钱使用，无所出处，自愿将到土名安马山豪内地土杉木壹团，上抵谭俊然，下抵溪，左抵冲边安岩为界，右抵喜堂，四至分清，要钱出卖。自己请中上门问到安马村龙喜文名下承买，当面凭中议定价钱壹拾叁仟八百文正。其钱亲手领清应用，其地土付与买主耕管为业。自卖之后，不得异言。恐后无凭，立有卖字为据。

内添陆字

外批：先［卖］杉木与润松杨胜德，后卖地土与喜文，胜德坎（砍）杉木下河，地与喜文管业。

亲笔：坤俊

凭中：坤昌、全恒

民国丙寅年四月初九日立

38. 龙绪藻卖地土字（民国十五年五月二十三日）

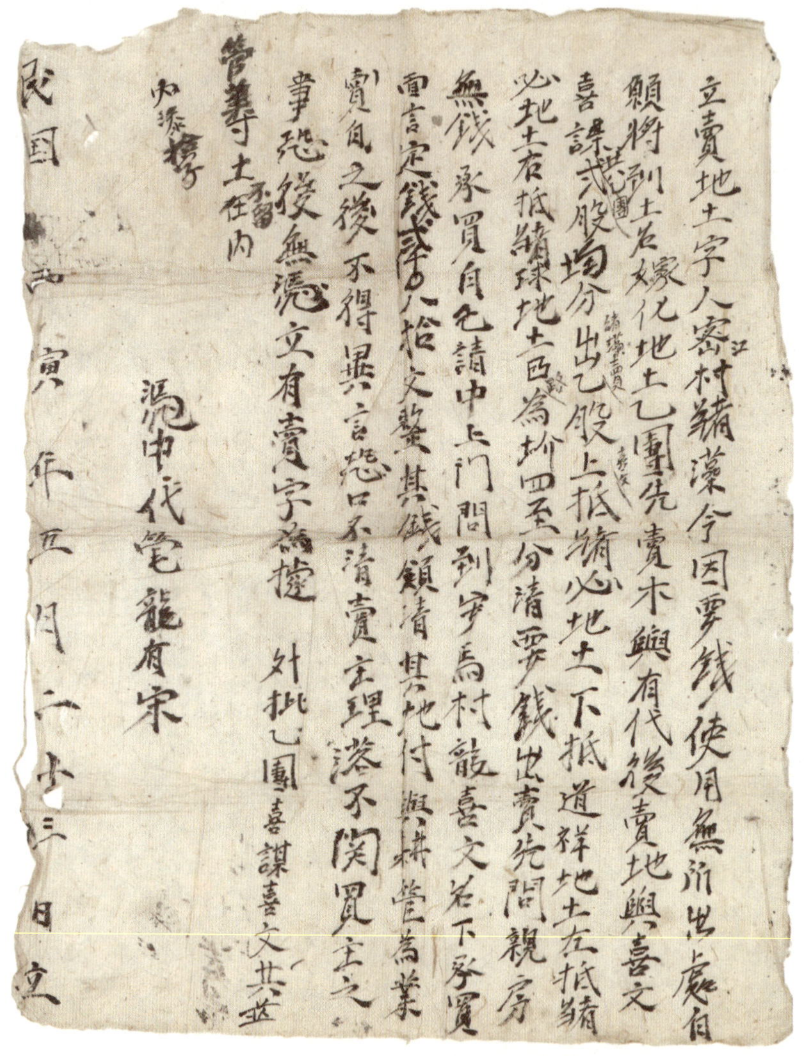

立卖地土字人密江村绪藻，今因要钱使用，无所出处，自愿将到土名嫁化地土乙团，先卖木与有代，后卖地与喜文、喜谋。共乙团，贰股均分，出卖绪藻乙股［与］喜文，上抵绪必地土，下抵道祥地土，左抵绪必地土，右抵绪球地土凸路为界，四至分清，要钱出卖。先问亲房无钱承买，自己请中上门问到安马村龙喜文名下承买，［当］面言定［价］钱贰仟〇八拾文整。其钱领清，其地［土］付与［买主］耕管为业。自卖之后，不得异言。恐口不清，卖主理落，不关买主之事。恐后无凭，立有卖字为据。

外批：乙团喜谋、喜文共并管业，寸土不留在内

内添拾字

凭中、代笔：龙有宋

民国丙寅年五月二十三日立

39. 杨仁球、杨仁魁兄弟二人卖屋基字（民国十五年五月二十九日）

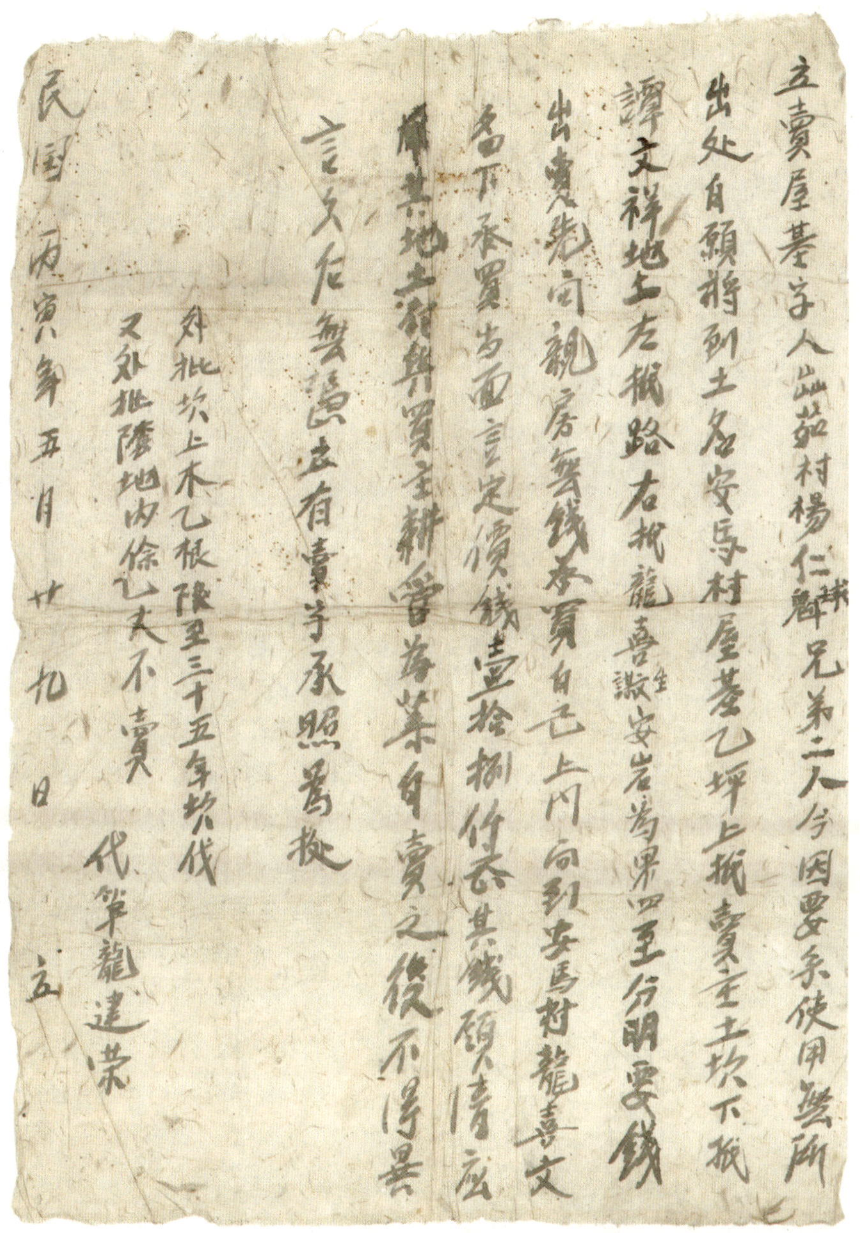

立卖屋基字人岀茹村杨仁球、仁魁兄弟二人，今因要钱使用，无所出处，自愿将到土名安马村屋基乙坪，上抵卖主土坎，下抵谭文祥地土，左抵路，右抵龙喜生、喜文、喜谋安岩为界，四至分明，要钱出卖。先问亲房无钱承买，自己上门问到安马村龙喜文名下承买，当面言定价钱壹拾捌仟文。其钱领清应用，其地土付与买主耕管为业。自卖之后，不得异言。久［恐］后无凭，立有卖字承照为据。

外批：坎上木乙根，限至三十五年坎（砍）伐。

又外批：阴地内徐（除）乙丈不卖。

代笔：龙建荣

民国丙寅年五月廿九日立

40. 龙有宋、绪藻父子二人卖地土字（民国十五年六月初四日）

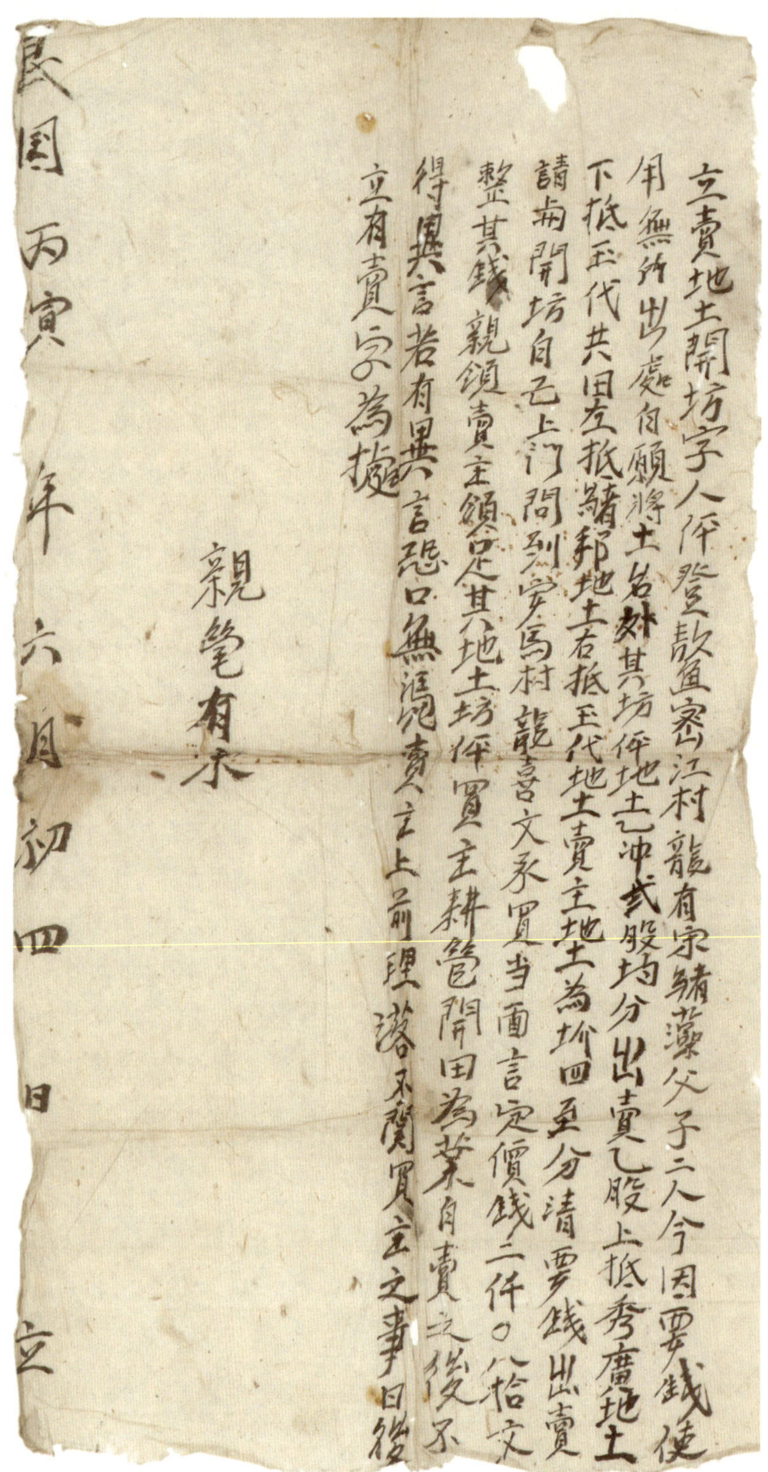

立卖地土开坊（开荒）字人伻登鳌密江村龙有宋、绪藻父子二人，今因要钱使用，无所出处，自愿将［到］土名外其坊伻（荒坪）地土乙冲，贰股均分，出卖乙股。上抵秀广地土，下抵玉代共田，左抵绪邦地土，右抵玉代地土、卖主地土为界，四至分清，要钱出卖，请与开坊（开荒）。自己上门问到安马村龙喜文承买，当面言定价钱二仟〇八拾文整。其钱亲领，卖主领足，其地土坊伻（荒坪）买主耕管开田为业。自卖之后，不得异言。若有异言，恐口无凭，卖主上前理落，不关买主之事。日后立有卖字为据。

亲笔：有宋

民国丙寅年六月初四日立

41. 彭玉和、彭荣明父子二人卖地土杉木字（民国十五年六月十三日）

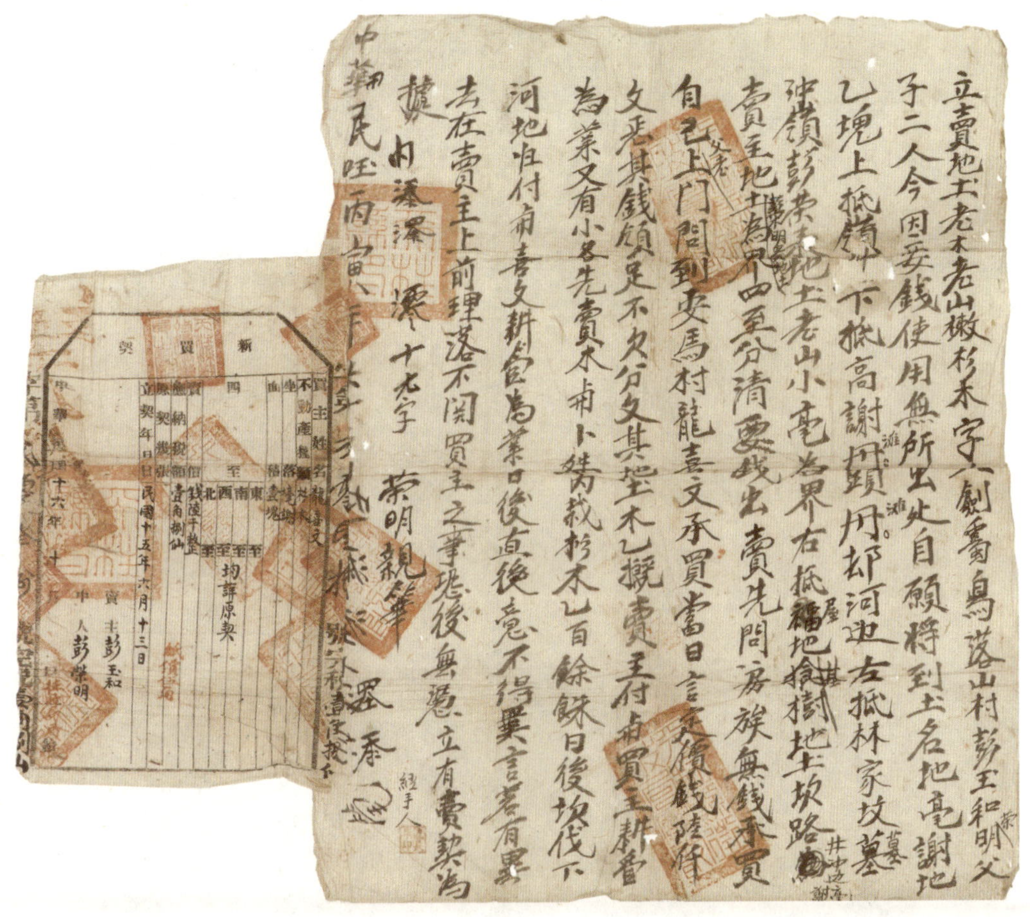

立卖地土老木老山嫩杉木字人剑属鸟落山村彭玉和、荣明父子二人，今因要钱使用，无所出处，自愿将到土名地毫谢地乙块，上抵岭，下抵高谢滩头滩却（脚）河边，左抵林家坟墓冲岭彭荣来地土老山小毫（壕）为界，右抵屋地基□树地土坎路井冲边豪谢卖主彭荣明、荣贵地土为界，四至分清，要钱出卖。先问房族无钱承买，自己父老上门问到安马村龙喜文承买，当日言定价钱陆仟文整。其钱领足，不欠分文。其地土木乙概卖主付与买主耕管为业。又有小各先卖木与卜姓，内栽杉木乙百余株，日后坎（砍）伐下河，地归付与喜文耕管为业。日后不得异言。若有异［言］，去（俱）在卖主上前理落，不关买主之事。恐后无凭，立有卖契为据。

内添、涂十七字

荣明亲笔

经手人：龙长年

中华民国丙寅年六月十三日

注：契尾应纳税额为一角八仙。

42. **龙忠炳、龙福炳、龙庚炳兄弟三人卖地土杉木字**（民国十五年六月十八日）

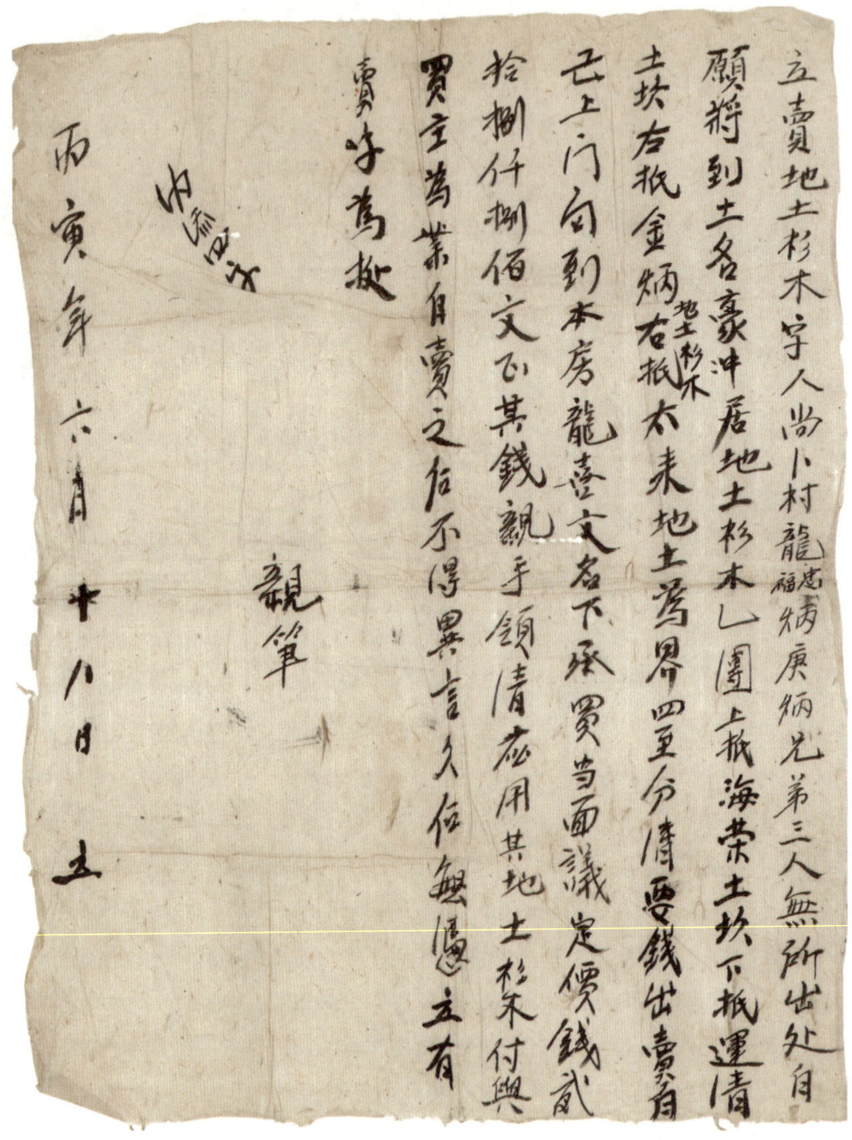

立卖地土杉木字人尚卜村龙忠炳、福炳、庚炳兄弟三人，无所出处，自愿将到土名豪冲居地土杉木乙团，上抵海荣土坎，下抵运清土坎，左抵金炳地土杉木，右抵太来地土为界，四至分清，要钱出卖。自己上门问到本房龙喜文名下承买，当面议定价钱贰拾捌仟捌佰文正。其钱亲手领清应用，其地土杉木付与买主为业。自卖之后，不得异言。久后无凭，立有卖字为据。

内添四字

亲笔

［民国］丙寅年六月十八日立

43. 龙治发、龙海恩二人卖地土杉木字（民国十五年十月二十一日）

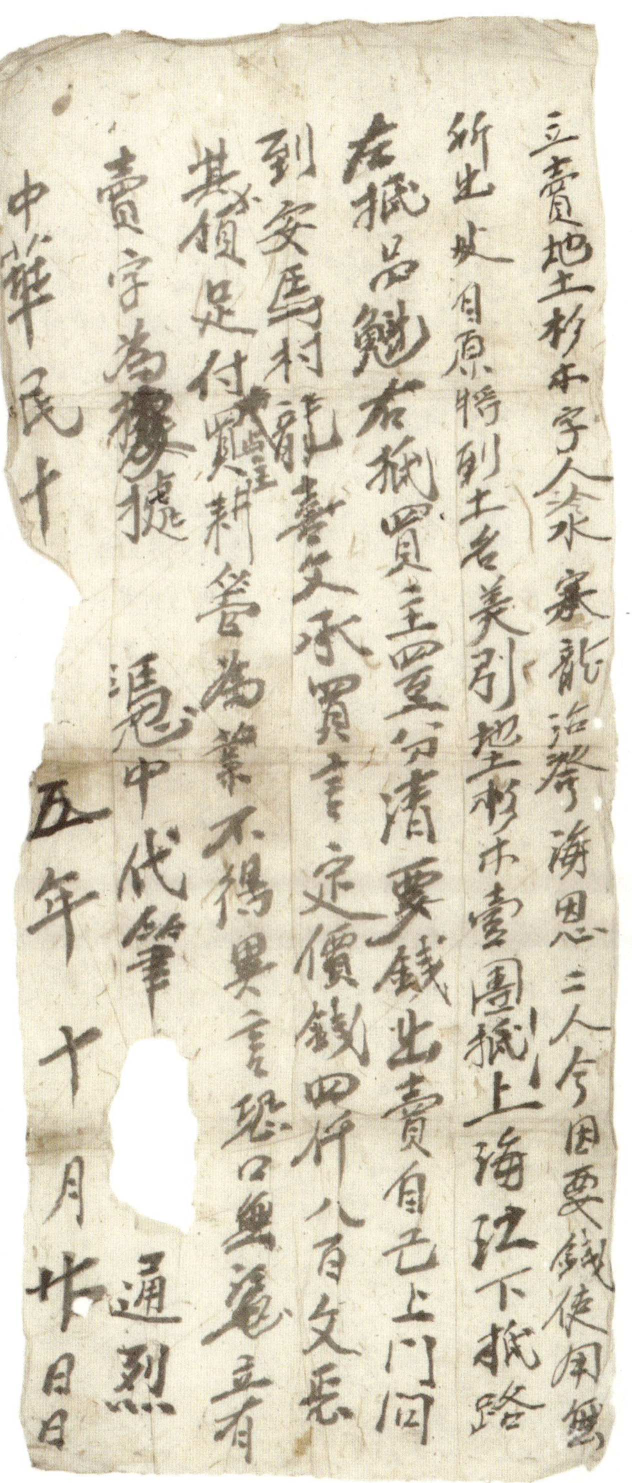

立卖地土杉木字人冷水寨龙治发、海恩二人，今因要钱使用，无所出处，自原（愿）将到土名美引地土杉木壹团，上抵海江，下抵路，左抵品魁，右抵买主，四至分清，要钱出卖。自己上门问到安马村龙喜文承买，言定价钱四仟八百文整。其钱领足，［其地土］付与买主耕管为业。不得异言。恐口无凭，立有卖字为据。

凭中、代笔：通烈

中华民［国］十五年十月廿一日［立］

44. 龙求地、龙来地兄弟二人卖地土字（民国十五年十二月二十六日）

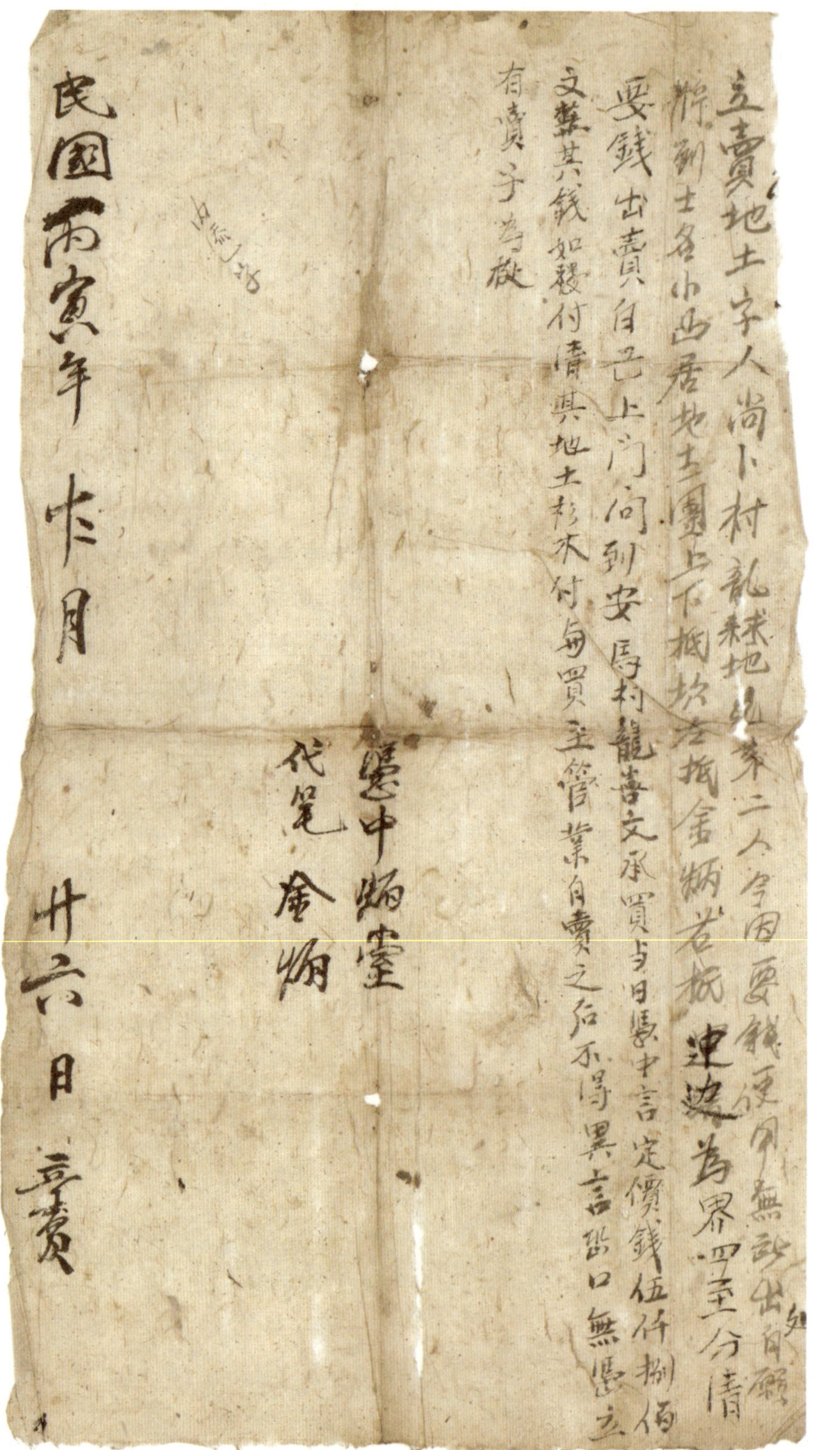

立卖地土字人尚卜村龙求地、来地兄弟二人，今因要钱使用，无所出处，自愿将到土名小凸居地土一团，上下抵坎，左抵金炳，右抵冲边为界，四至分清，要钱出卖。自己上门问到安马村龙喜文承买，当日凭中言定价钱伍仟捌佰文整。其钱如数付清，其地土杉木付与买主管业。自卖之后，不得异言。恐口无凭，立有卖字为据。

内添乙字

凭中：炳堂

代笔：金炳

民国丙寅年十二月廿六日立卖

45. 龙全衡卖田契字（民国十五年十二月二十五日）

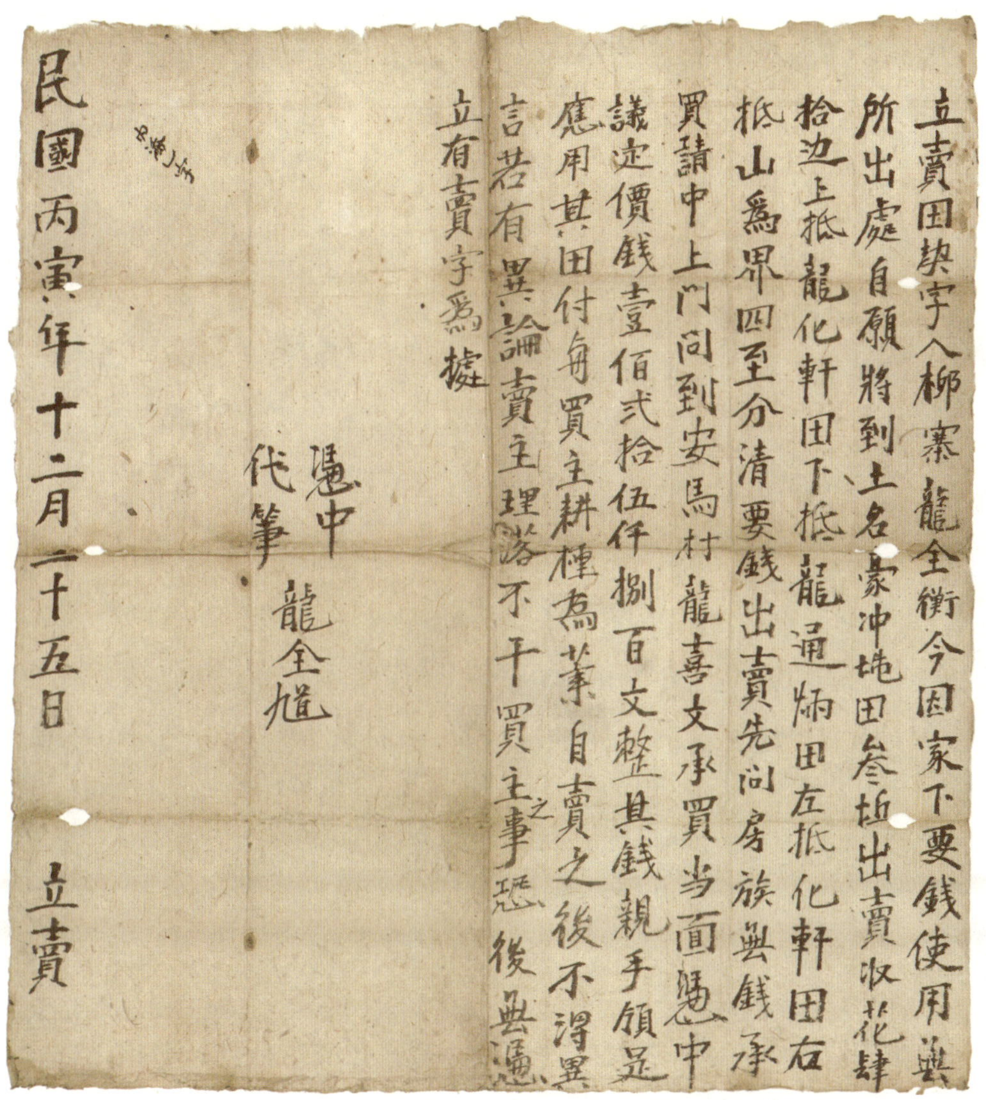

立賣田契字人柳寨龍全衡今因家下要錢使用無所出處自願將到土名豪冲坨田叁坵出賣收花肆拾边上抵龍化軒田下抵龍通炳田左抵化軒田右抵山爲界四至分清要錢出賣先问房族無錢承買請中上门问到安馬村龍喜文承買当面憑中議定價錢壹佰弍拾伍仟捌百文整其錢親手領足應用其田付与買主耕種爲業自賣之後不得異言若有異論賣主理落不干買主之事恐後無憑立有賣字爲據

内添乙字

憑中 代筆 龍全熫

民國丙寅年十二月二十五日立賣

立卖田契字人柳寨龙全衡，今因家下要钱使用，无所出处，自愿将到土名豪冲坨田叁丘出卖，收花肆拾边（稨），上抵龙化轩田，下抵龙通炳田，左抵化轩田，右抵山为界，四至分清，要钱出卖。先问房族无钱承买，请中上门问到安马村龙喜文承买，当面凭中议定价钱壹佰贰拾伍仟捌百文整。其钱亲手领足应用，其田付与买主耕种为业。自卖之后，不得异言。若有异论，卖主理落，不干买主之事。恐后无凭，立有卖字为据。

内添乙字

凭中、代笔：龙全熫

民国丙寅年十二月二十五日立卖

46. 宋祖发、宋明经父子二人卖地土杉木字（民国十六年正月初八日）

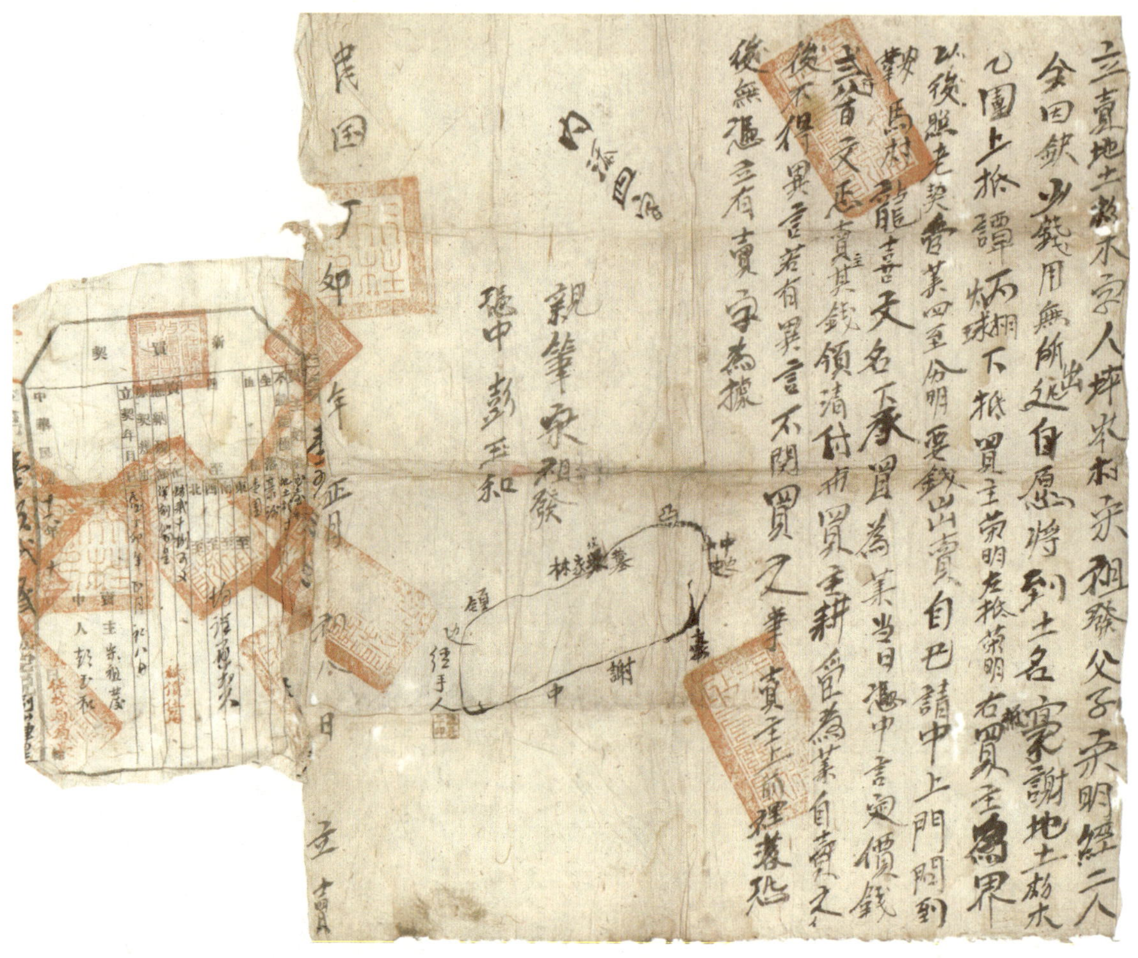

立卖地土杉木字人坪岑村宋祖发、宋明经父子二人，今因缺少钱用，无所出处，自愿将到土名豪谢地土杉木乙团，上抵谭炳相、炳球，下抵买主荣明，左抵荣明，右抵买主为界。以后照老契管业。四至分明，要钱出卖。自己请中上门问到鞍马村龙喜文名下承买为业，当日凭中言定价钱贰仟八百文整。其钱［卖主］领清，［其地］付与买主耕管为业。自卖之后，不得异言。若有异言，不关买［主］之事，卖主上前理落。恐后无凭，立有卖字为据。

内添四字

亲笔：宋祖发

凭中：彭玉和

民国丁卯年正月初八日立卖

注：附民国十六年新买契，缴纳契税捌仙肆星。

47. 龙大木卖地土字（民国十六年十二月二十八日）

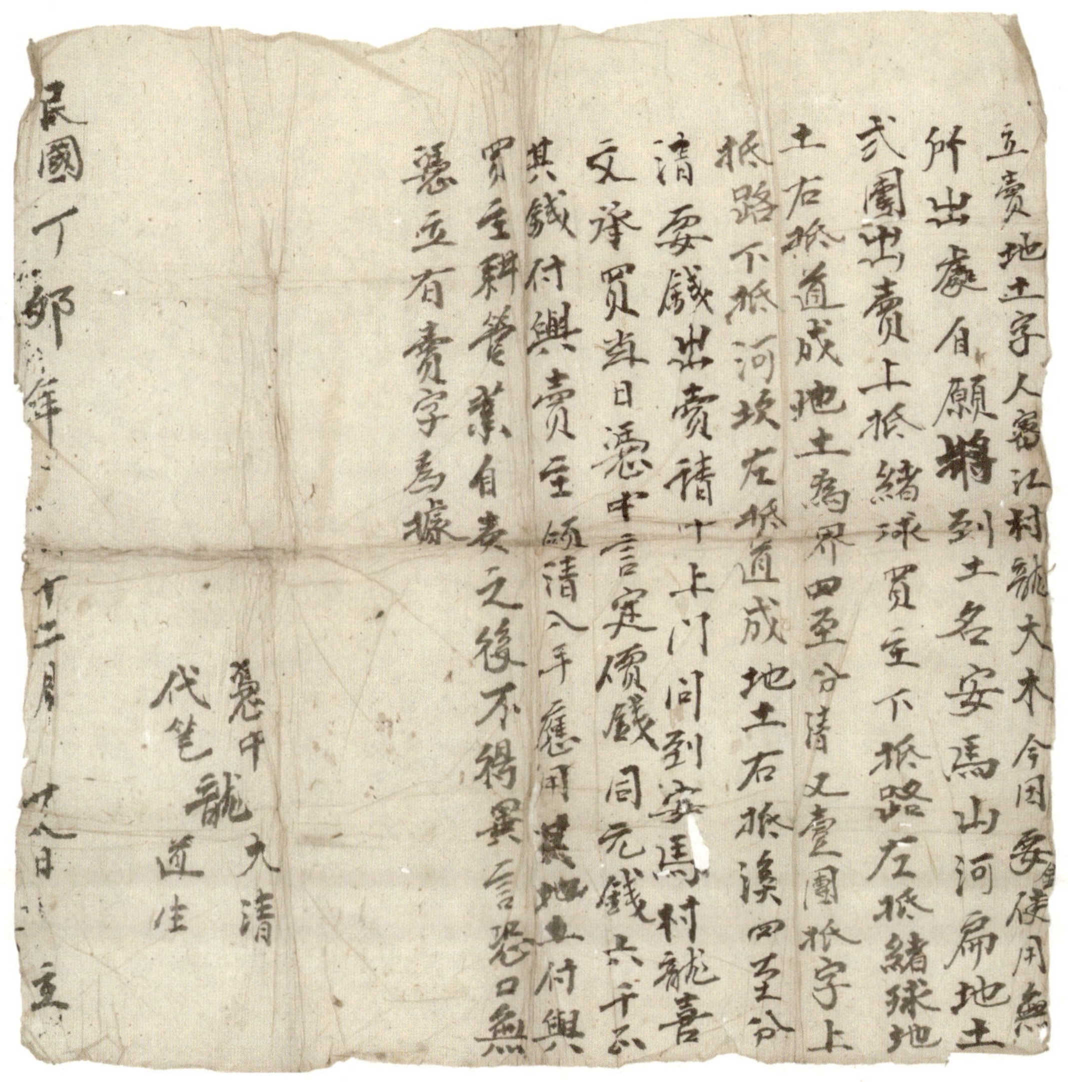

立卖地土字人密江村龙大木，今因要钱使用，无所出处，自愿将到土名安马山河扁（边）地土贰团出卖，上抵绪球买主，下抵路，左抵绪球地土，右抵道成地土为界，四至分清；又壹团，抵字上抵路，下抵河坎，左抵道成地土，右抵溪，四至分清，要钱出卖。请中上门问到安马村龙喜文承买，当日凭中言定价钱同（铜）元钱六千整。其钱付与卖主领清入手应用，其地土付与买主耕管［为］业。自卖之后，不得异言。恐口无凭，立有卖字为据。

凭中：龙大清

代笔：龙道生

民国丁卯年十二月廿八日立

48. 谭俊坤卖地土杉木字（民国十七年六月初八日）

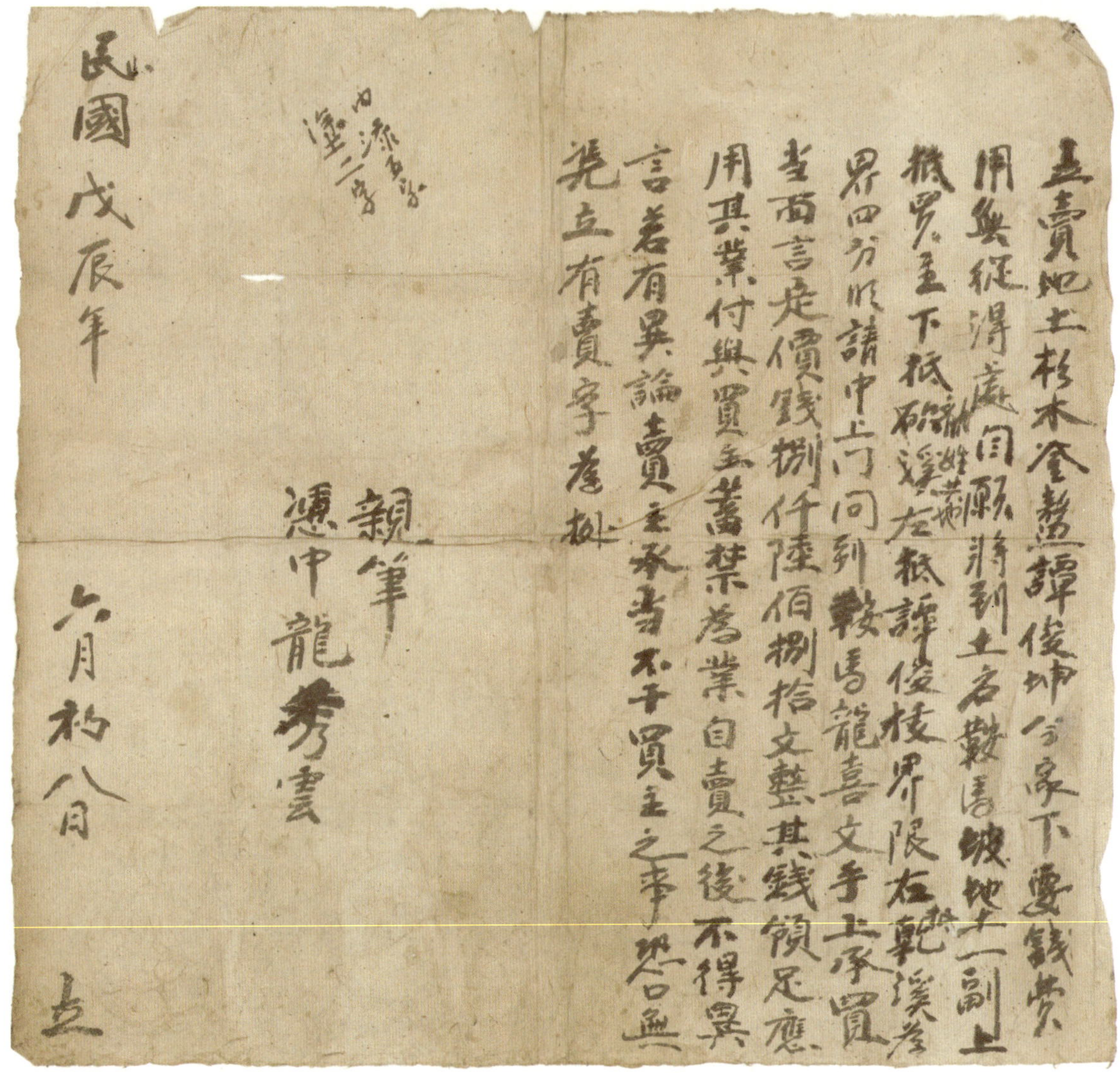

立卖地土杉木登鳌谭俊坤，今［因］家下要钱费用，无从得处，自愿将到土名鞍马坡地土一副，上抵买主，下抵龙姓共地，左抵谭俊枝界限，右抵乾溪为界，四［至］分明，请中上门问到鞍马［村］龙喜文手上承买，当面言定价钱捌仟陆佰捌拾文整。其钱领足应用，其业付与买主蓄禁为业。自卖之后，不得异言。若有异论，卖主承当，不干买主之事。恐口无凭，立有卖字为据。

内添五字、涂二字

亲笔

凭中：龙秀云

民国戊辰年六月初八日立

49. 龙里金父子卖田字（民国十七年六月二十日）

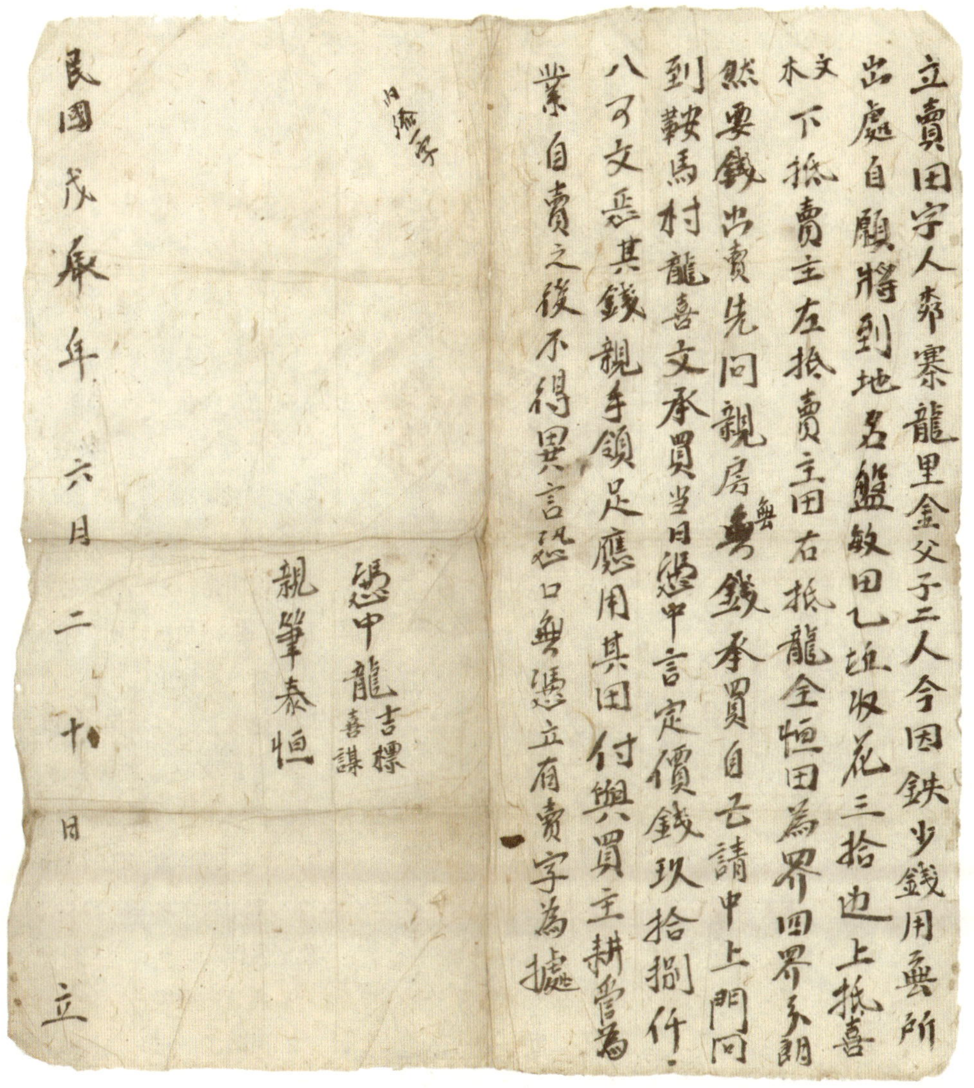

立卖田字人柳寨龙里金父子二人，今因缺少钱用，无所出处，自愿将到地名盘敏田乙丘，收花三拾边（稨），上抵喜文、喜木，下抵卖主，左抵卖主田，右抵龙全恒田为界，四界分朗然，要钱出卖。先问亲房无钱承买，自己请中上门问到鞍马村龙喜文承买，当日凭中言定价钱玖拾捌仟八百文整。其钱亲手领足应用，其田付与买主耕管为业。自卖之后，不得异言。恐口无凭，立有卖字为据。

内添一字

凭中：龙吉标、喜谋

亲笔：泰恒

民国戊辰年六月二十日立

50. 谭俊枝、谭俊丰兄弟卖地土字（民国十七年九月初八日）

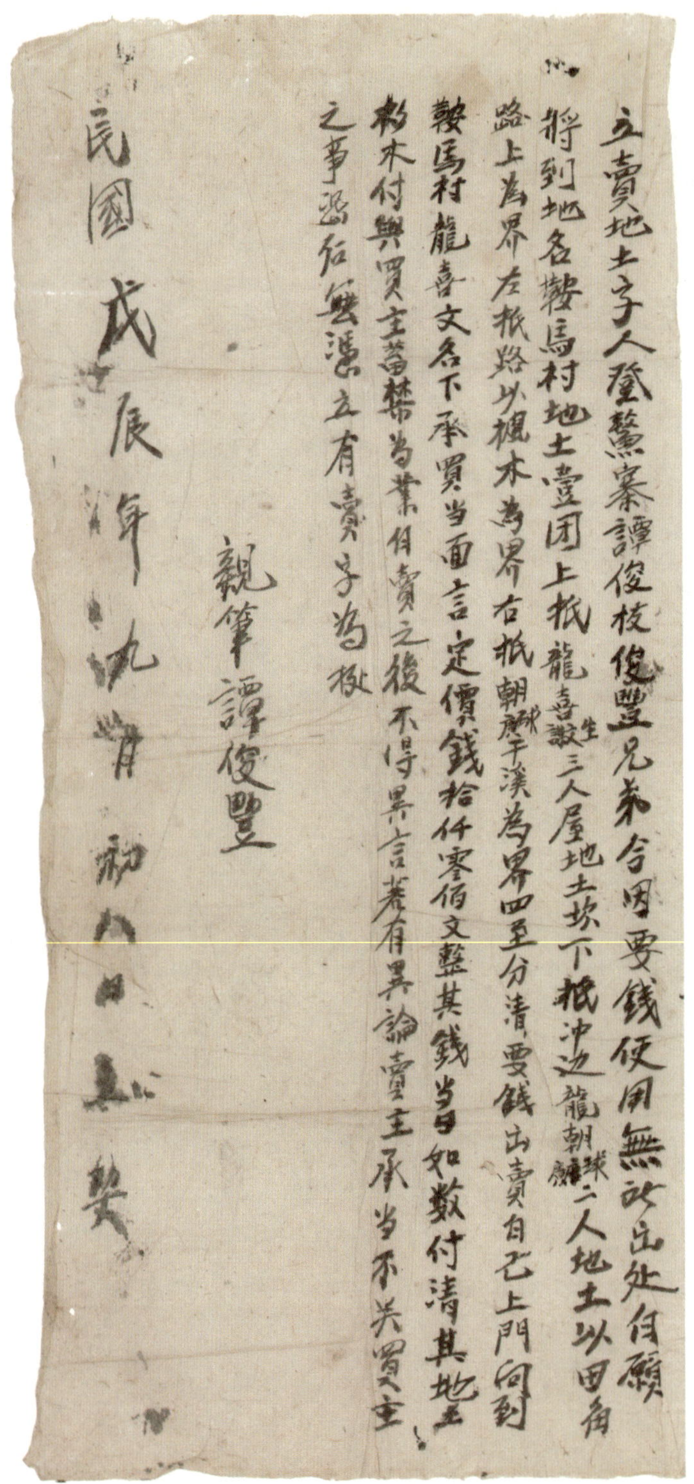

立卖地土字人登鳌寨谭俊枝、俊丰兄弟，今因要钱使用，无所出处，自愿将到地名鞍马村地土壹团，上抵龙喜生、喜文、喜谋三人屋地土坎，下抵冲边龙朝球、朝广二人地土，以田角路上为界，左抵路以枫木为界，右抵朝球、朝广干溪为界，四至分清，要钱出卖。自己上门问到鞍马村龙喜文名下承买，当面言定价钱拾仟零佰文整。其钱当日如数付清，其地土杉木付与买主蓄禁为业。自卖之后，不得异言。若有异论，卖主承当，不关买主之事。恐后无凭，立有卖字为据。

亲笔：谭俊丰

民国戊辰年九月初八日立契

51. **龙炳甲卖荒坪地土字**（民国十九年八月二十七日）

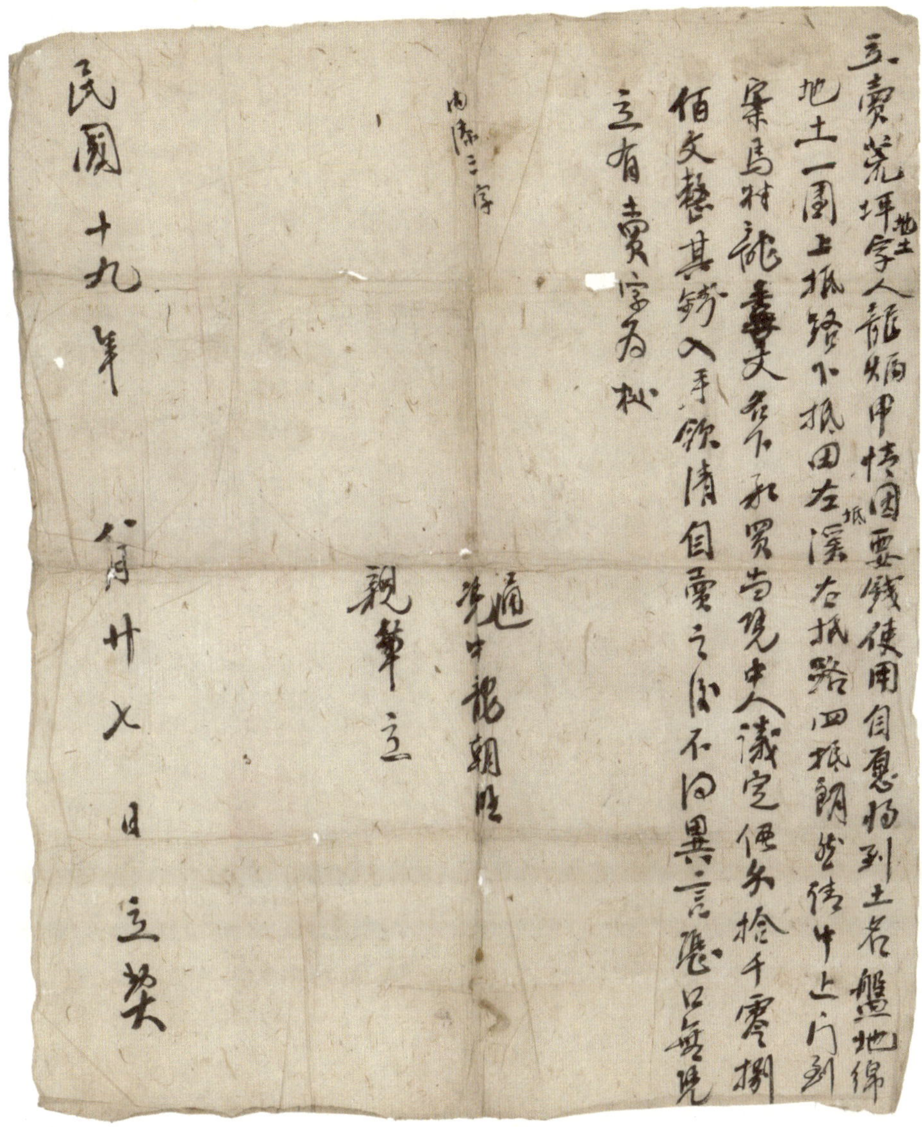

立卖荒坪地土字人龙炳甲，情因要钱使用，自愿将到土名盘地绵地土一团，上抵路，下抵田，左抵溪，右抵路，四抵朗然，请中上门［问］到案马村龙喜文名下承买，当凭中人议定价钱拾千零捌佰文整。其钱入手领清。自卖之后，不得异言。恐口无凭，立有卖字为据。

内添三字

通中、凭中：龙朝明

亲笔立

民国十九年八月廿七日立契

52. 龙朝礼卖地土字（民国二十一年六月初八日）

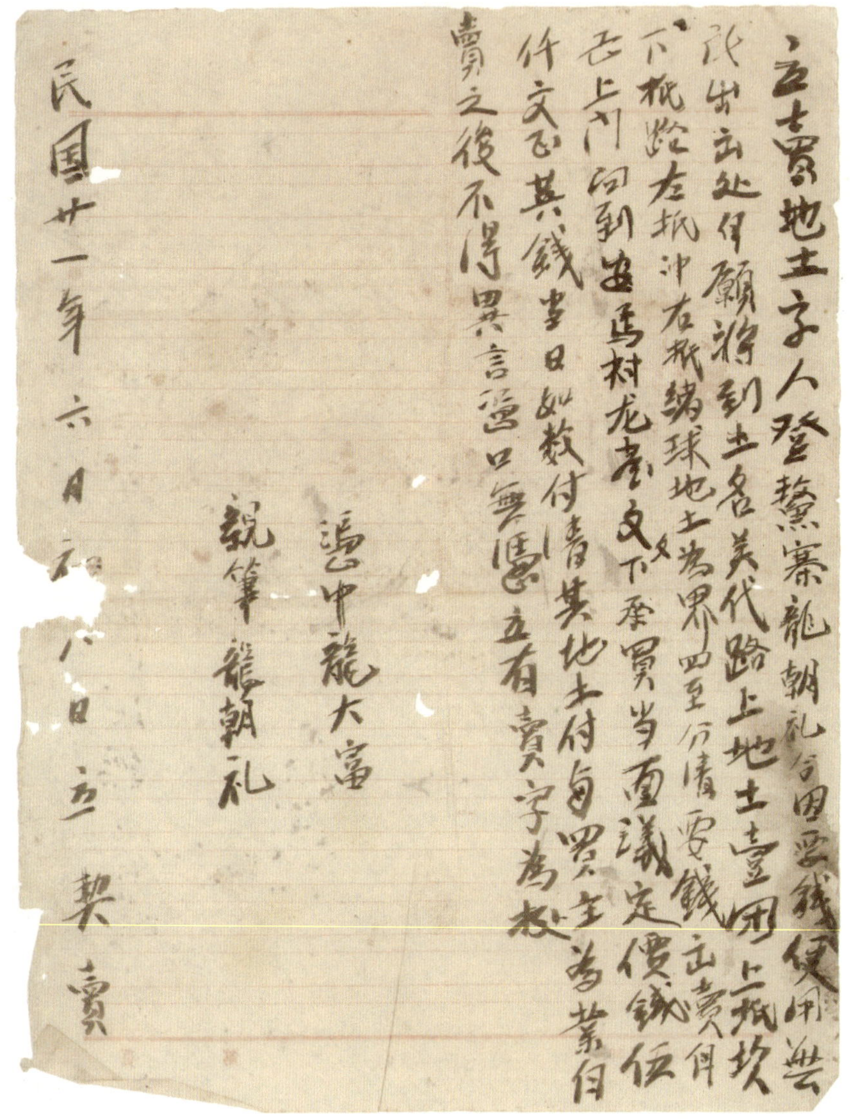

立卖地土字人登鳌寨龙朝礼，今因要钱使用，无所出处，自愿将到土名美代路上地土壹团，上抵坎，下抵路，左抵冲，右抵绣球地土为界，四至分清，要钱出卖。自己上门问到安马村龙喜文名下承买，当面议定价钱伍仟文正。其钱当日如数付清，其地土付与买主为业。自卖之后，不得异言。恐口无凭，立有卖字为据。

凭中：龙大富

亲笔：龙朝礼

民国廿一年六月初八日立契卖

53. **谭品高卖园地字**（民国二十一年六月十六日）

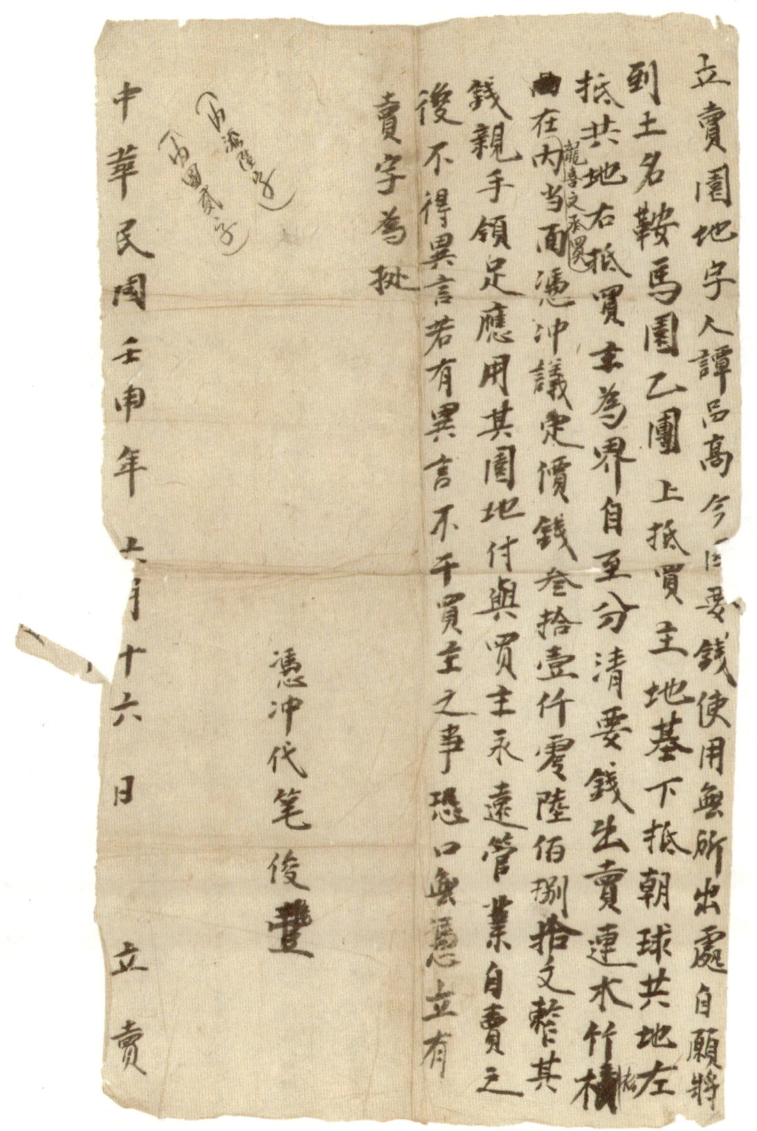

立卖园地字人谭品高，今因要钱使用，无所出处，自愿将到土名鞍马园乙团，上抵买主地基，下抵朝球共地，左抵共地，右抵买主为界，自至（四至）分清，要钱出卖。连木、竹、松在内，龙喜文承买，当面凭冲（中）议定价钱叁拾壹仟零陆佰捌拾文整。其钱亲手领足应用，其园地付与买主永远管业。自卖之后，不得异言。若有异言，不干买主之事。恐口无凭，立有卖字为据。

内添陆字，内图（涂）贰字

凭中、代笔：俊丰

中华民国壬申年六月十六日立卖

54. 龙大毛、杨玉梅二人卖地土杉木字（民国二十二年六月十八日）

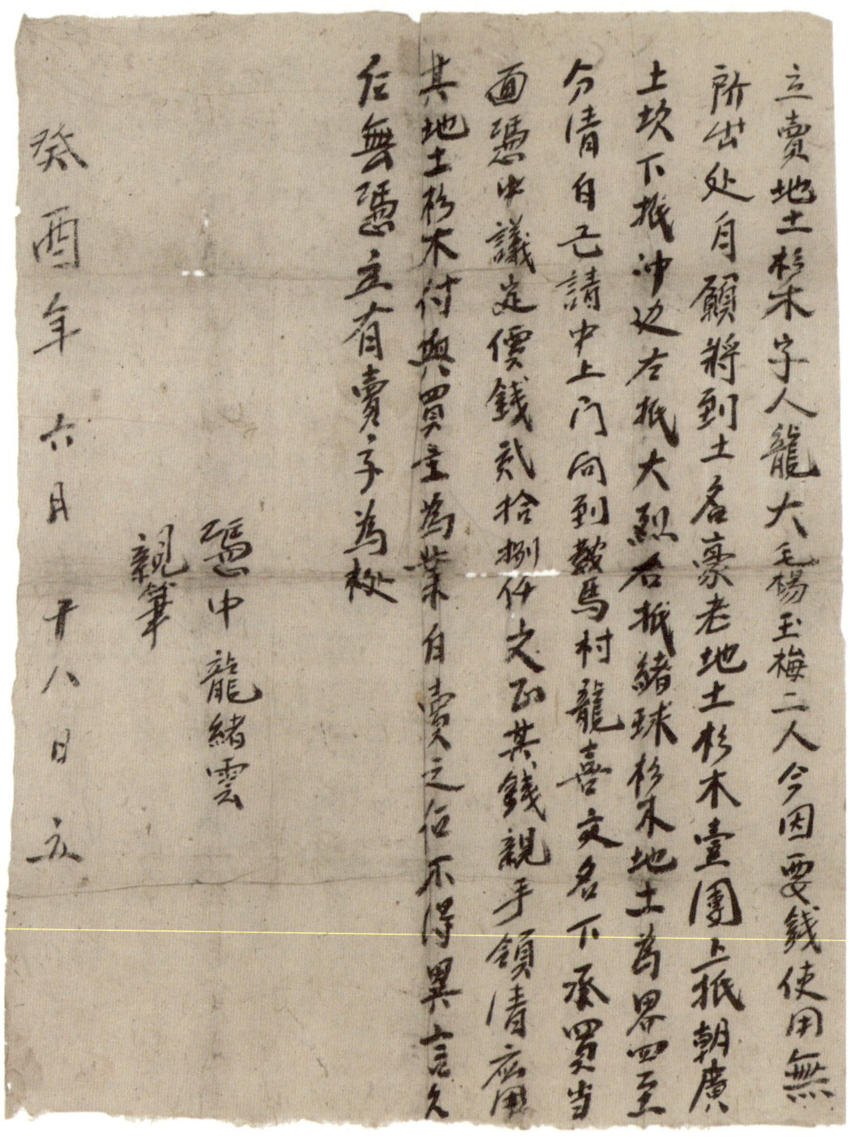

立卖地土杉木字人龙大毛、杨玉梅二人，今因要钱使用，无所出处，自愿将到土名豪老地土杉木壹团，上抵朝广土坎，下抵冲边，左抵大烈，右抵绪球杉木地土为界，四至分清，自己请中上门问到鞍马村龙喜文名下承买，当面凭中议定价钱贰拾捌仟文正。其钱亲手领清应用，其地土杉木付与买主为业。自卖之后，不得异言。久后无凭，立有买字为据。

凭中：龙绪云

亲笔

［民国］癸酉年六月十八日立

55. 龙化启借钱字（民国二十三年七月初七日）

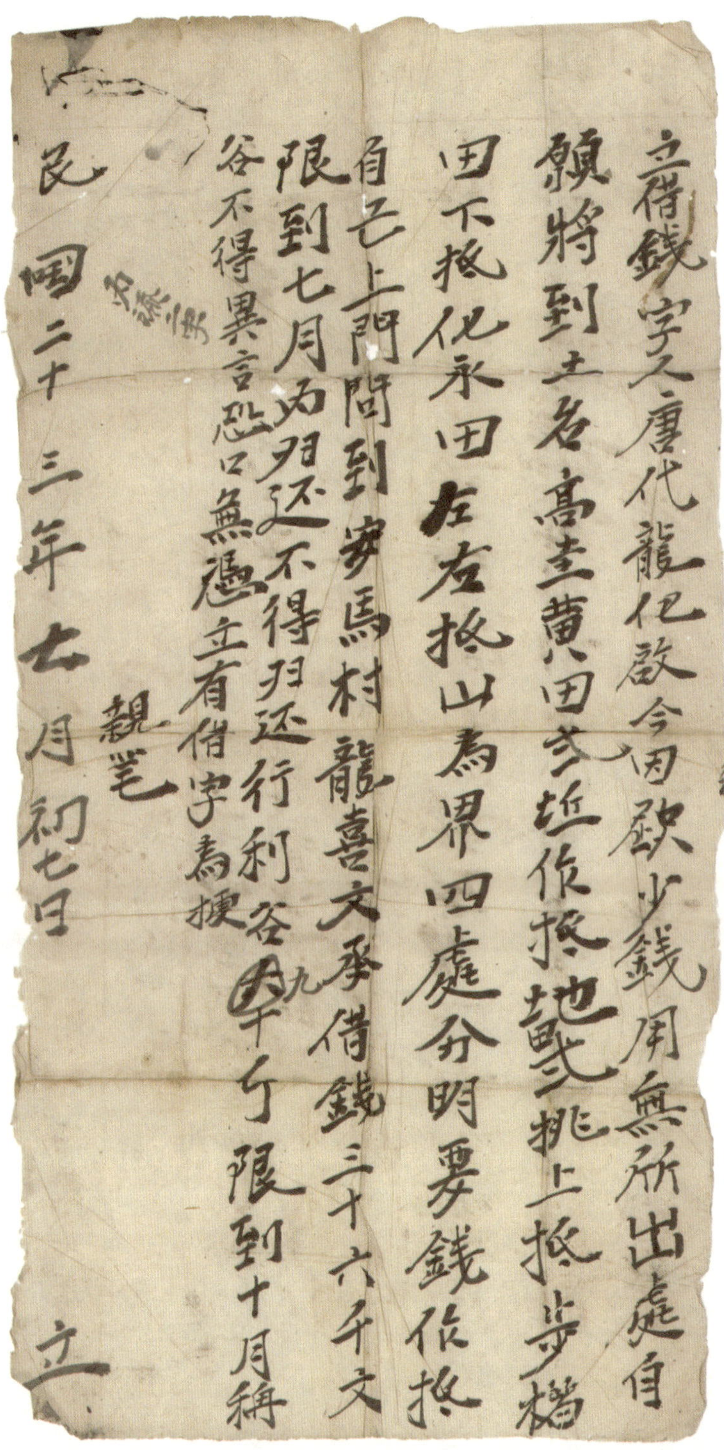

立借钱字人唐代龙化启，今因缺少钱用，无所出处，自愿将到土名高圭黄田贰丘作抵，地田贰挑，上抵步楷田，下抵化永田，左右抵山为界。四处分明，要钱作抵。自己上门问到安马村龙喜文承借钱三十六千文，限到七月内归还。不得归还，行利谷九十斤，限到十月称谷。不得异言。恐口无凭，立有借字为据。

内添二字

亲笔

民国二十三年七月初七日立

56. 龙大模卖地土杉木字（民国二十三年二月二十八日）

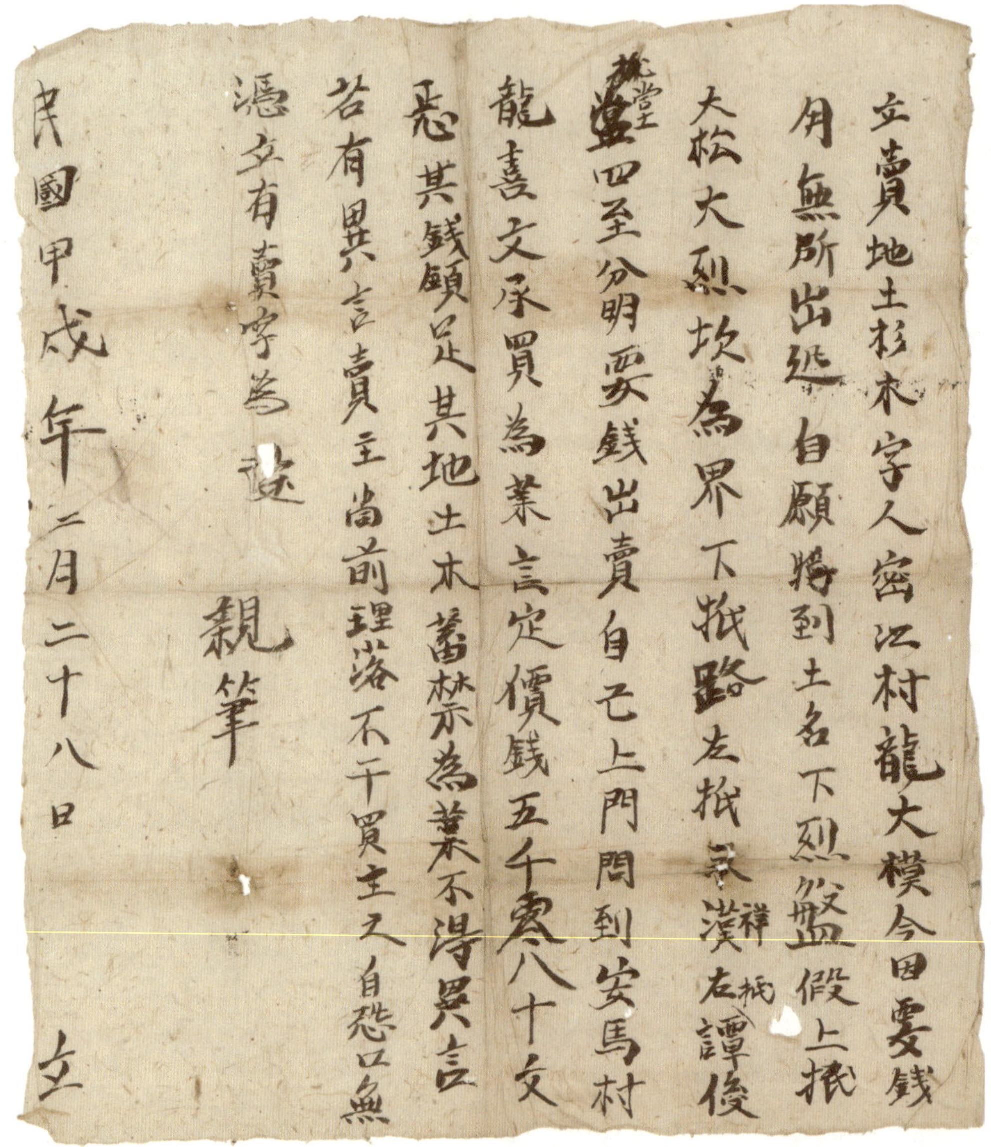

立卖地土杉木字人密江村龙大模，今因要钱用，无所出处，自愿将到土名下烈盘假，上抵大松、大烈坎为界，下抵路，左抵承祥、承汉，右抵谭俊堂，四至分明，要钱出卖。自己上门问到安马村龙喜文承买为业，言定价钱五千零八十文整。其钱领足，其地土木畜禁为业，不得异言。若有异言，卖主尚（上）前理落，不干买主之自（事）。恐口无凭，立有卖字为据。

亲笔

民国甲戌年二月二十八日立

57. 龙大富典田字（民国二十五年五月十九日）

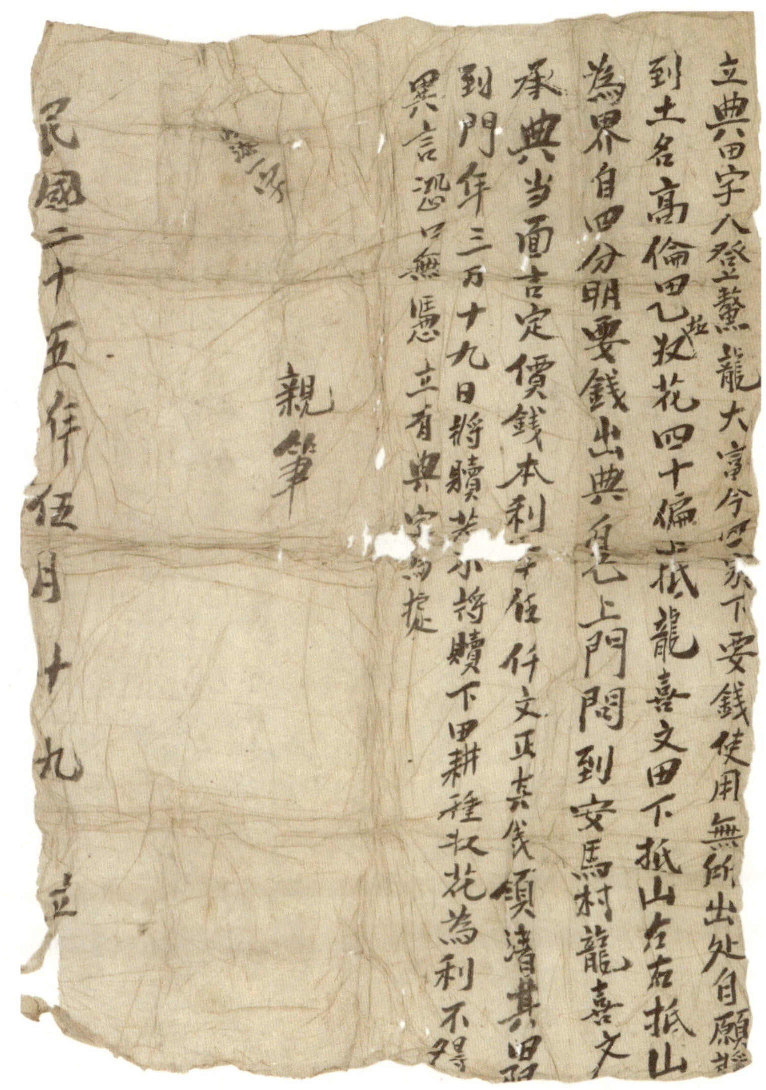

立典田字人登鳌龙大富，今因家下要钱使用，无所出处，自愿将到土名高伦田乙丘，收花四十偏（稨），上抵龙喜文田，下抵山，左右抵山为界，自四（四至）分明，要钱出典。自己上门问到安马村龙喜文承典，当面言定价钱本利十伍仟文正。其钱领清，其田限到门年（明年）三月十九日将赎。若不将赎，下田耕种收花为利。不得异言。恐口无凭，立有典字为据。

内添一字

亲笔

民国二十五年伍月十九［日］立

58. **龙通明母子二人卖地土杉木字**（民国二十五年六月十四日）

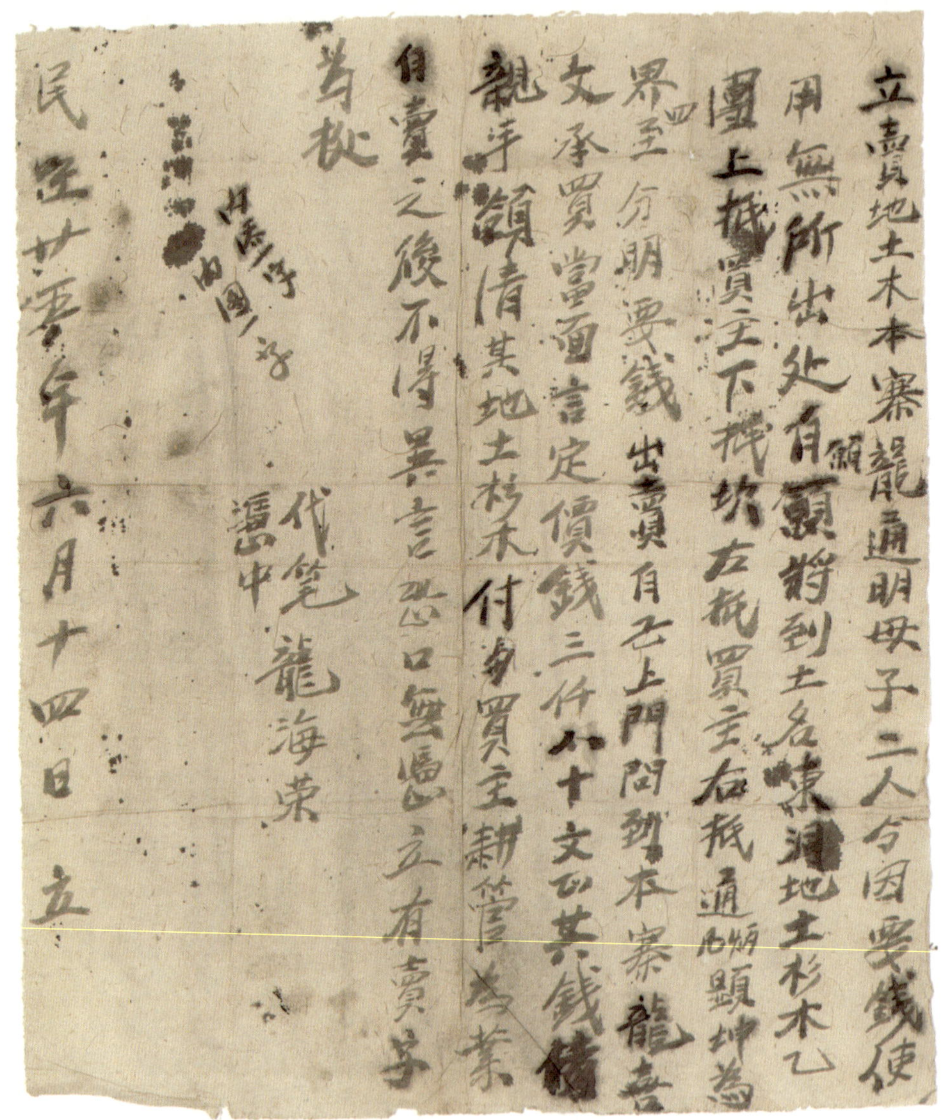

立卖地土木本寨龙通明母子二人，今因要钱使用，无所出处，自愿将到土名东洞地土杉木乙团，上抵买主，下抵坎，左抵买主，右抵通炳、通凡、显坤为界，四至分明，要钱出卖。自己上门问到本寨龙喜文承买，当面言定价钱三仟八十文正。其钱亲手领清，其地土杉木付与买主耕管为业。自卖之后，不得异言。恐口无凭，立有卖字为据。

内添一字，内图（涂）一字

代笔、凭中：龙海荣

民国廿五年六月十四日立

59. 龙荣炳、龙长光父子二人卖地土字（民国二十七年五月十八日）

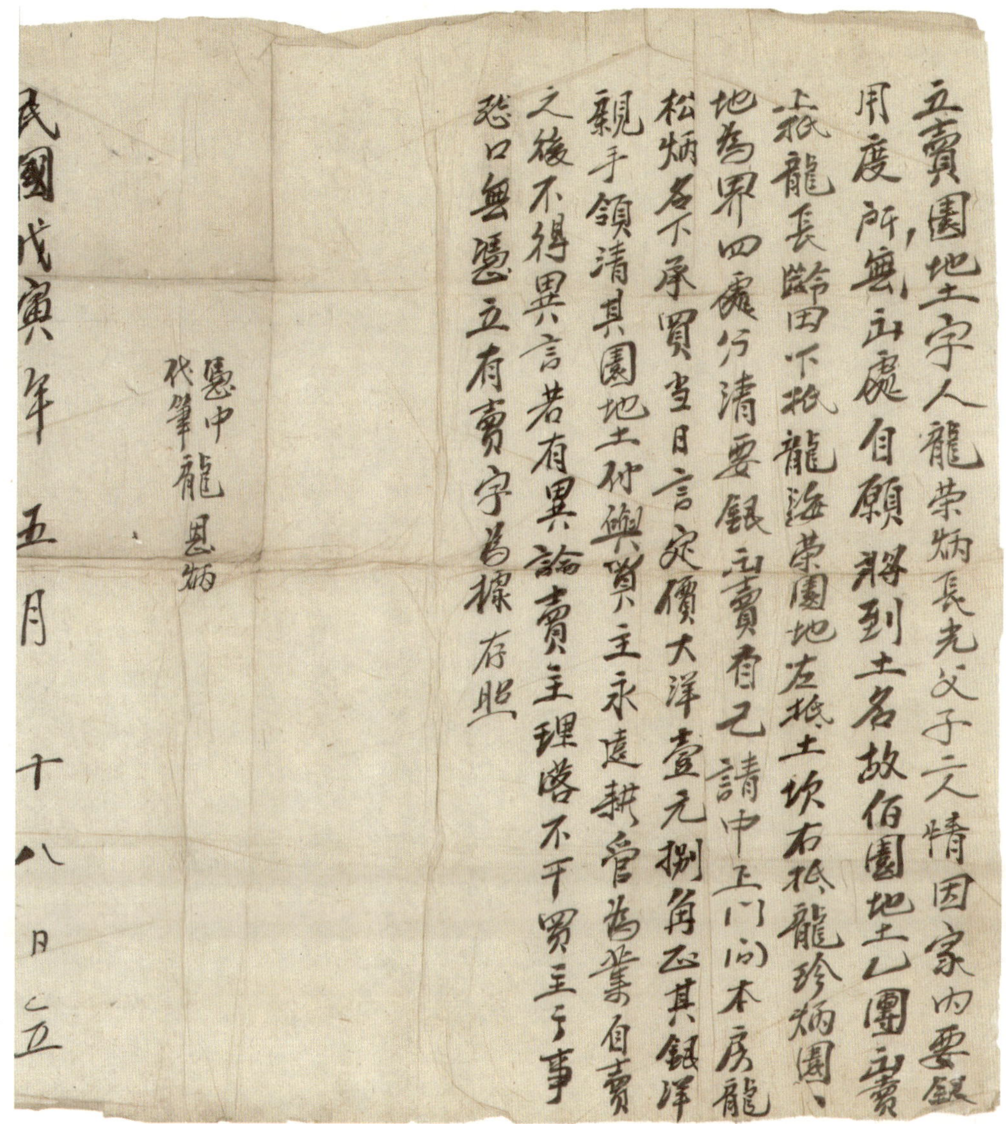

立卖园地土字人龙荣炳、长光父子二人，情因家内要银用度，无所出处，自愿将到土名故佰园地土乙团出卖，上抵龙长龄田，下抵龙海荣园地，左抵土坎，右抵龙珍炳园地为界，四处分清，要银出卖。自己请中上门问［到］本房龙松炳名下承买，当日言定价大洋壹元捌角正。其银洋亲手领清，其园地土付与买主永远耕管为业。自卖之后，不得异言。若有异论，卖主理落，不干买主之事。恐口无凭，立有卖字为据存照。

凭中、代笔：龙恩炳

民国戊寅年五月十八日立

60. 龙荣炳、龙长光父子二人出租园地字（民国二十七年五月十八日）

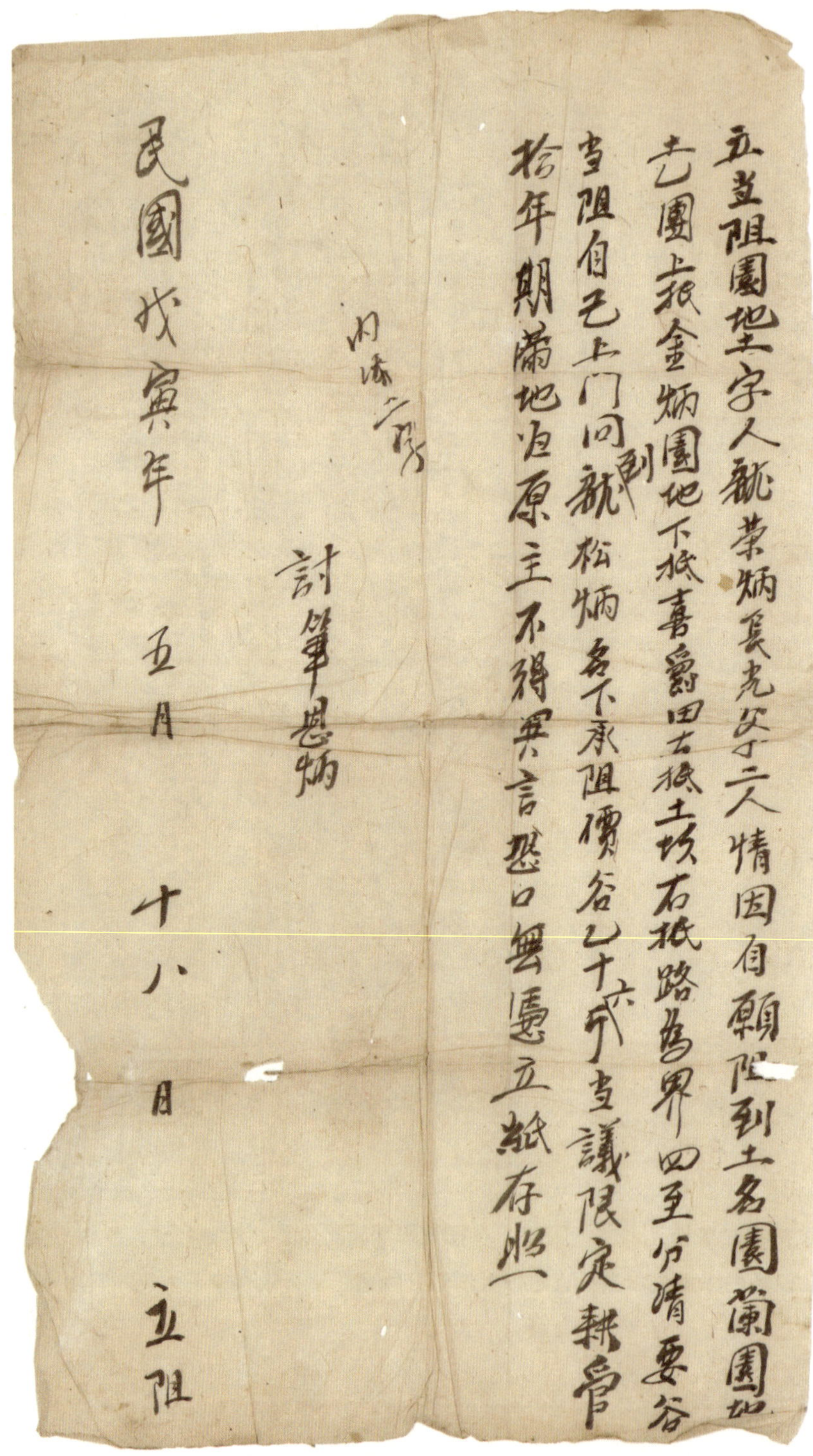

立当阻（租）园地土字人龙荣炳、长光父子二人，情因自愿阻（租）到土名园兰园地土乙团，上抵金炳园地，下抵喜爵田，左抵土坎，右抵路为界，四至分清，要谷当阻（租）。自己上门问到龙松炳名下承阻（租），价谷乙十六斤。当议限定耕管拾年期满，地归原主。不得异言。恐口无凭，立纸存照。

内添二字

讨笔：恩炳

民国戊寅年五月十八日立阻（租）

61. 刘昌仁、刘世文叔侄二人清白字（民国二十七年二月十四日）

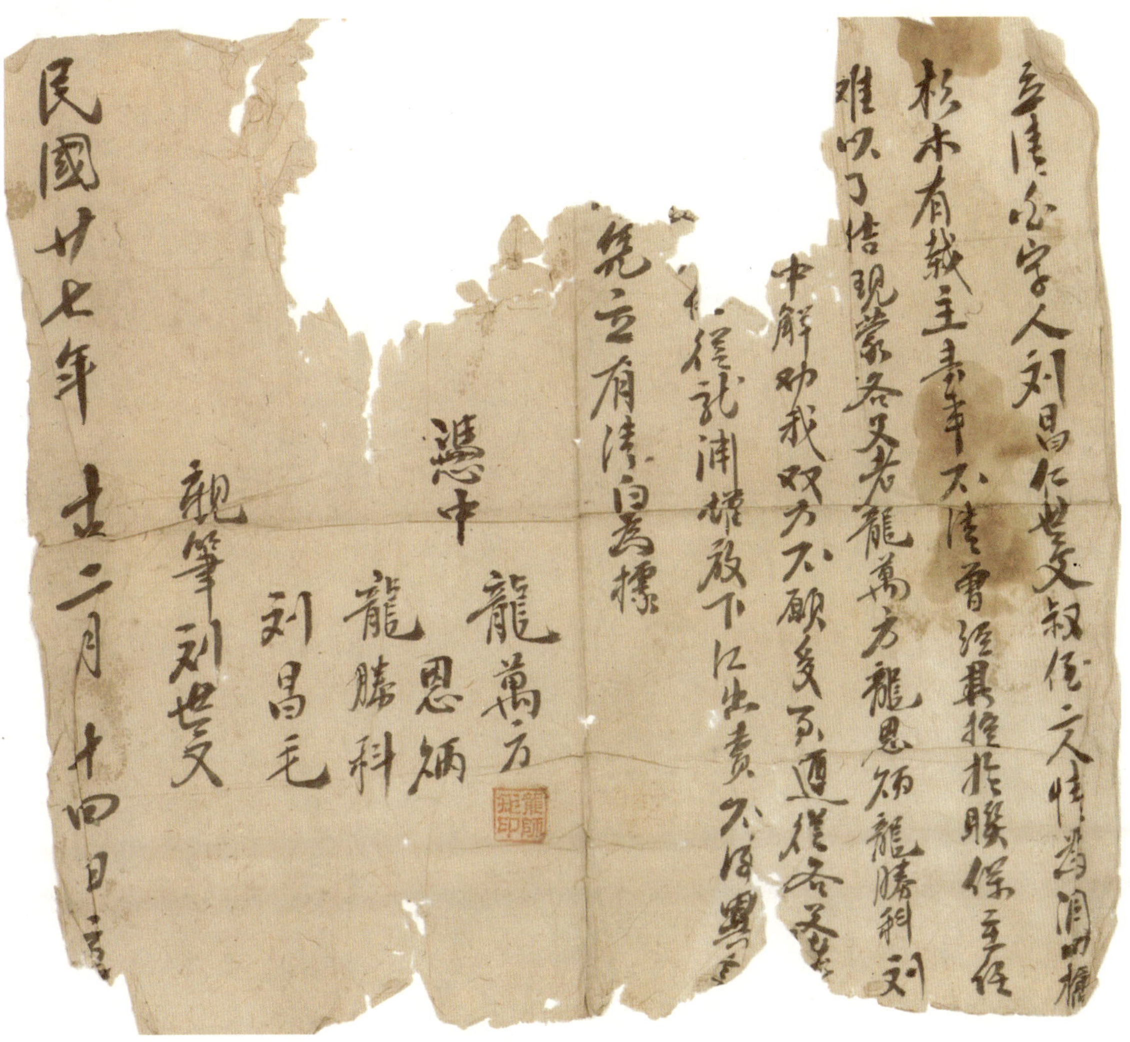

立清白字人刘昌仁、世文叔侄二人，情为洞桥杉木有栽主壹半不清，曾经具控于联保主任，难以了结。现蒙各父老龙万方、龙恩炳、龙胜科、刘□□［从］中解劝，我双方不愿多事，遵从各父老□□□□［任］从龙渊增放下江出卖。不得异言，［恐口无］凭，立有清白为据。

凭中：龙万方、龙恩炳、龙胜科、刘昌毛

亲笔：刘世文

民国廿七年古二月十四日立

62. 龙珍炳、龙老爵等分关（民国三十二年三月初八日）

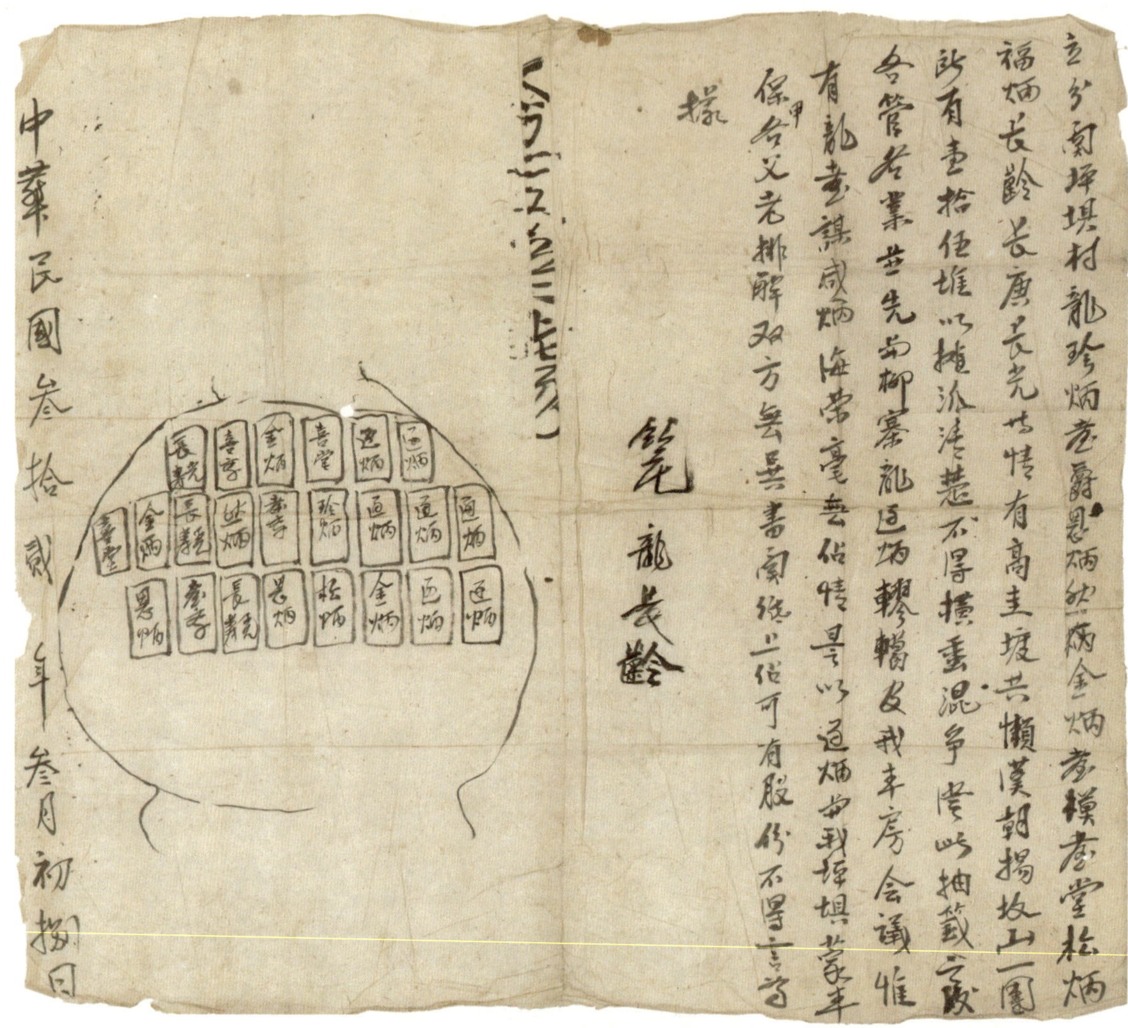

立分关坪坝村龙珍炳、老爵、恩炳、然炳、全炳、老模、老堂、松炳、福炳、长龄、长庚、长光等，情［因］有高圭坡共懒汉朝杨坟山一团，所有壹拾伍堆，以（已）摊派清楚，不得横蛮混争。□此抽签之后，各管各业并先与柳寨龙道炳轇轕及我本房会议。惟有龙老谋、咸炳、海荣毫无占情，是以道炳与我坪坝蒙丰保甲各父老排解，双方无异，书关纸上占所有股份。不得［异］言。为据。

笔：龙长龄

中华民国叁拾贰年叁月初捌日

63. 龙宗炳、良炳兄弟分关屋地田字（民国三十二年八月初八日）

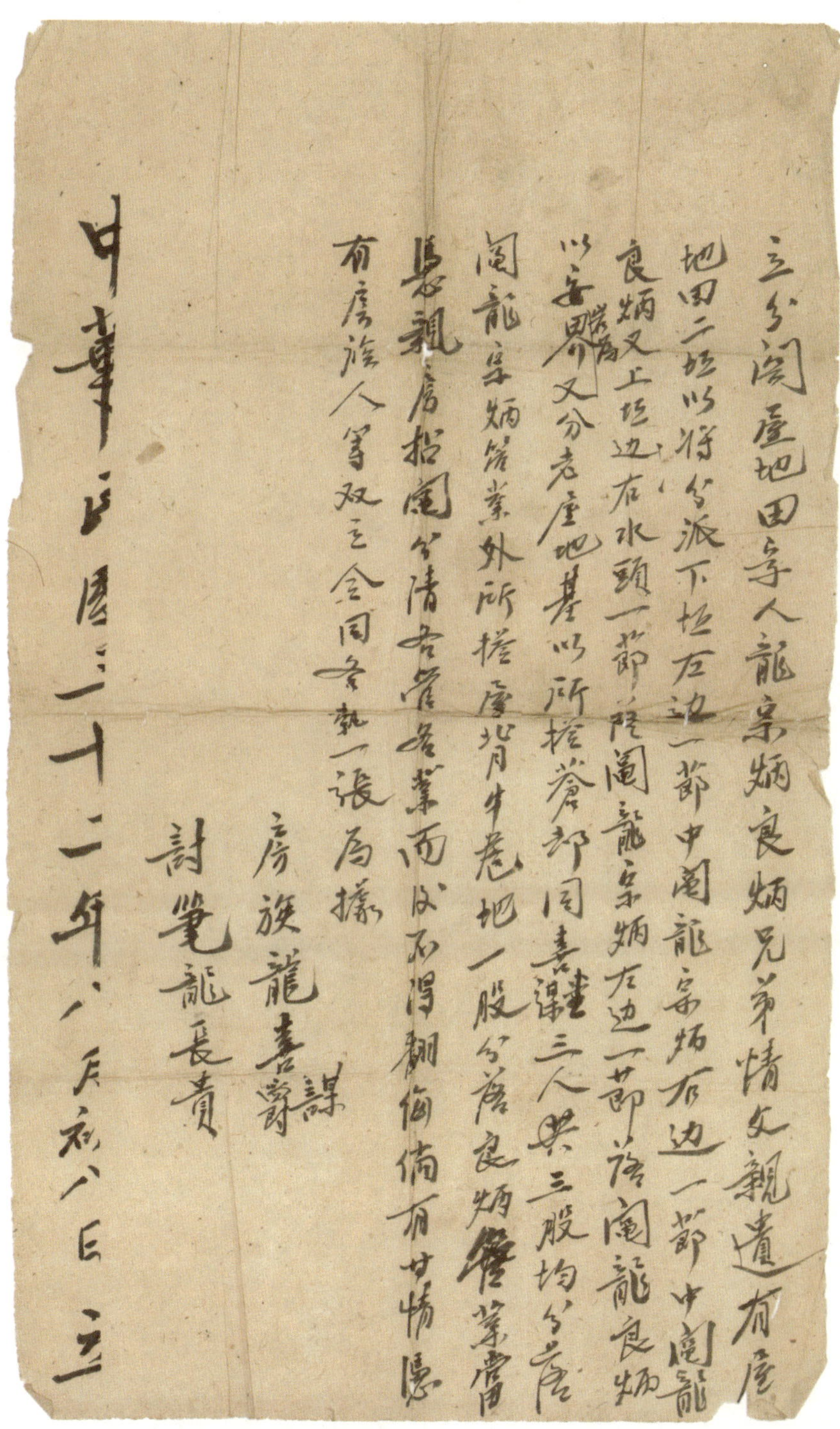

立分关屋地田字人龙宗炳、良炳兄弟，情［因］父亲遗有屋地田二丘，以将分派。下丘左边一节，中阄龙宗炳，右边一节中阄龙良炳。又上丘右边水头一节，落阄龙宗炳，左边一节，落阄龙良炳，以安岩为界。又分老屋地基，以所搭苍却（仓脚）同喜壹、喜谋三人三股均分，落阄龙宗炳管业。外所搭屋背牛卷（圈）地一股分落良炳管业。当凭亲房拈阄分清，各管各业。而后不得翻悔。倘有此情，凭有房族人等双立合同，各执一张为据。

房族：龙喜谋、喜爵

讨笔：龙长贵

中华民国三十二年八月初八日立

64. **龙松炳、良炳兄弟二人分关**（民国三十二年九月二十八日）

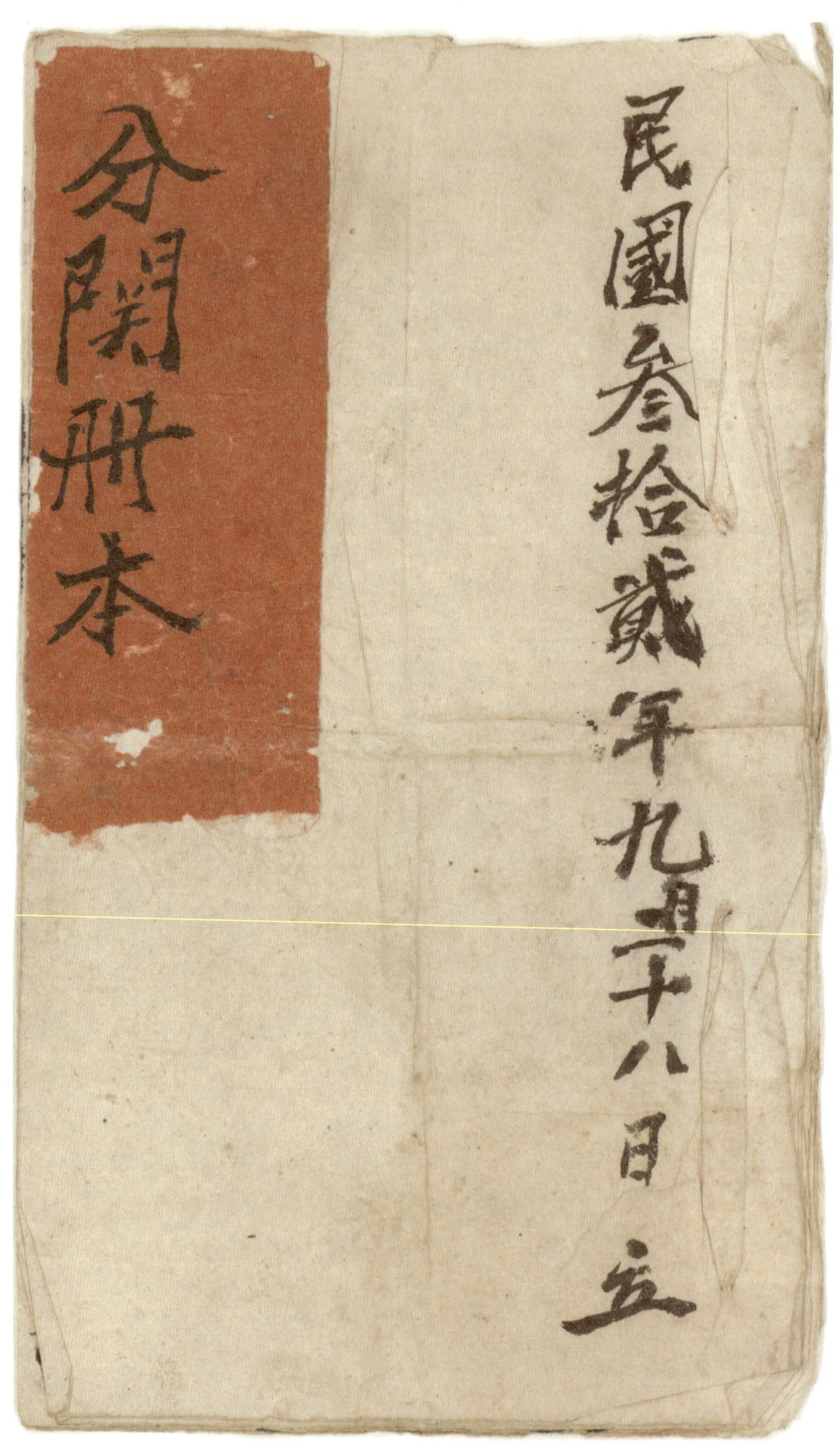
分關冊本

民國叁拾貳年九月二十八日立

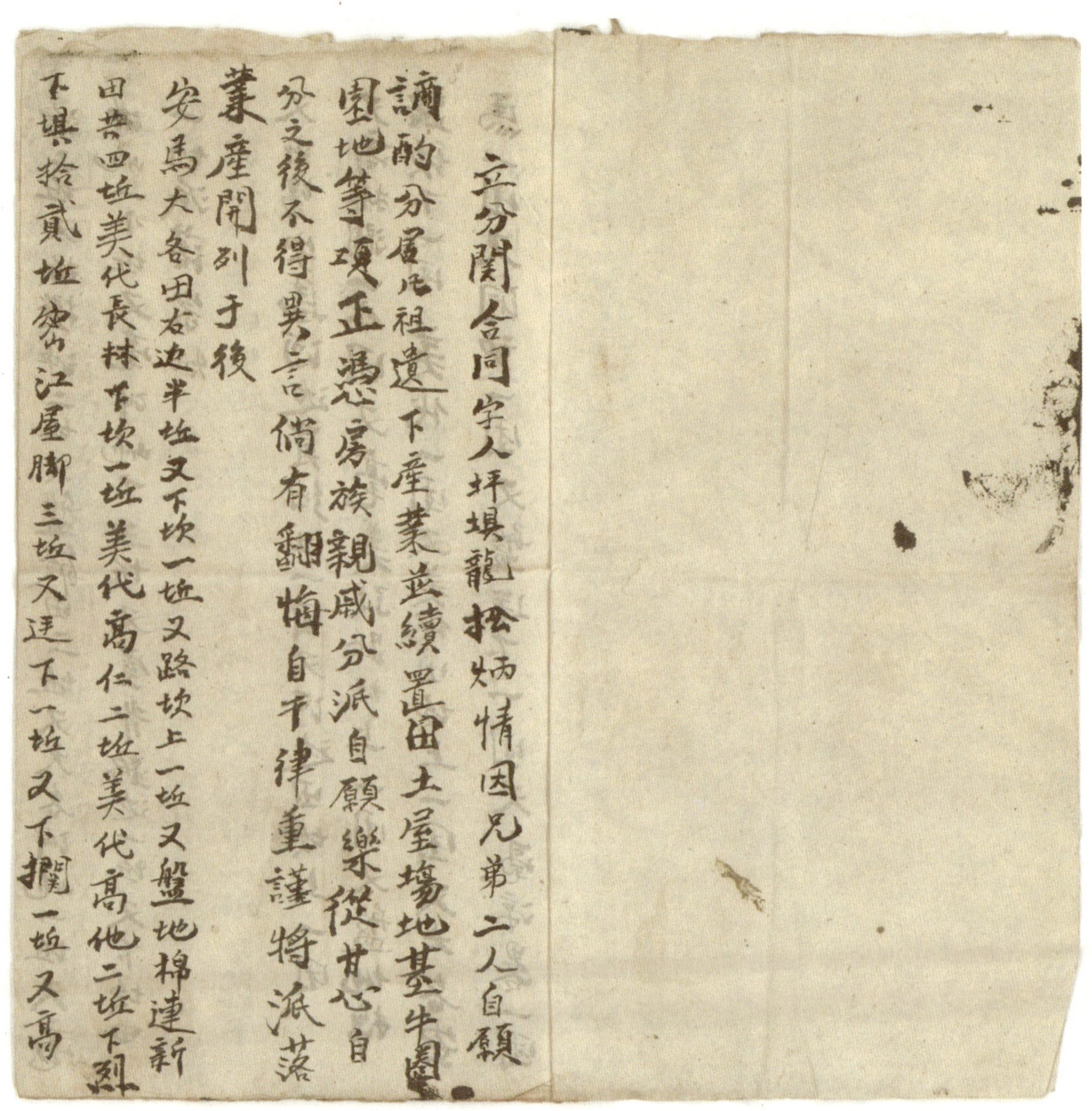

民国叁拾贰年九月二十八日立

分关册本

立分关合同字人坪坝龙松炳，情因兄弟二人，自愿商酌分居，凡祖遗下产业并续置田土屋场地基、牛圈、园地等项，正凭房族亲戚分派，自愿乐从甘心。自分之后，不得异言。倘有翻悔，自干律重。谨将派落业产开列于后：

安马大各田右边半丘，又下坎一丘，又路坎上一丘，又盘地棉连新田共四丘，美代长林下坎一丘，美代高仁二丘，美代高他二丘，下烈下坝拾贰丘，密江屋脚三丘，又廷下一丘，又下拦一丘，又高

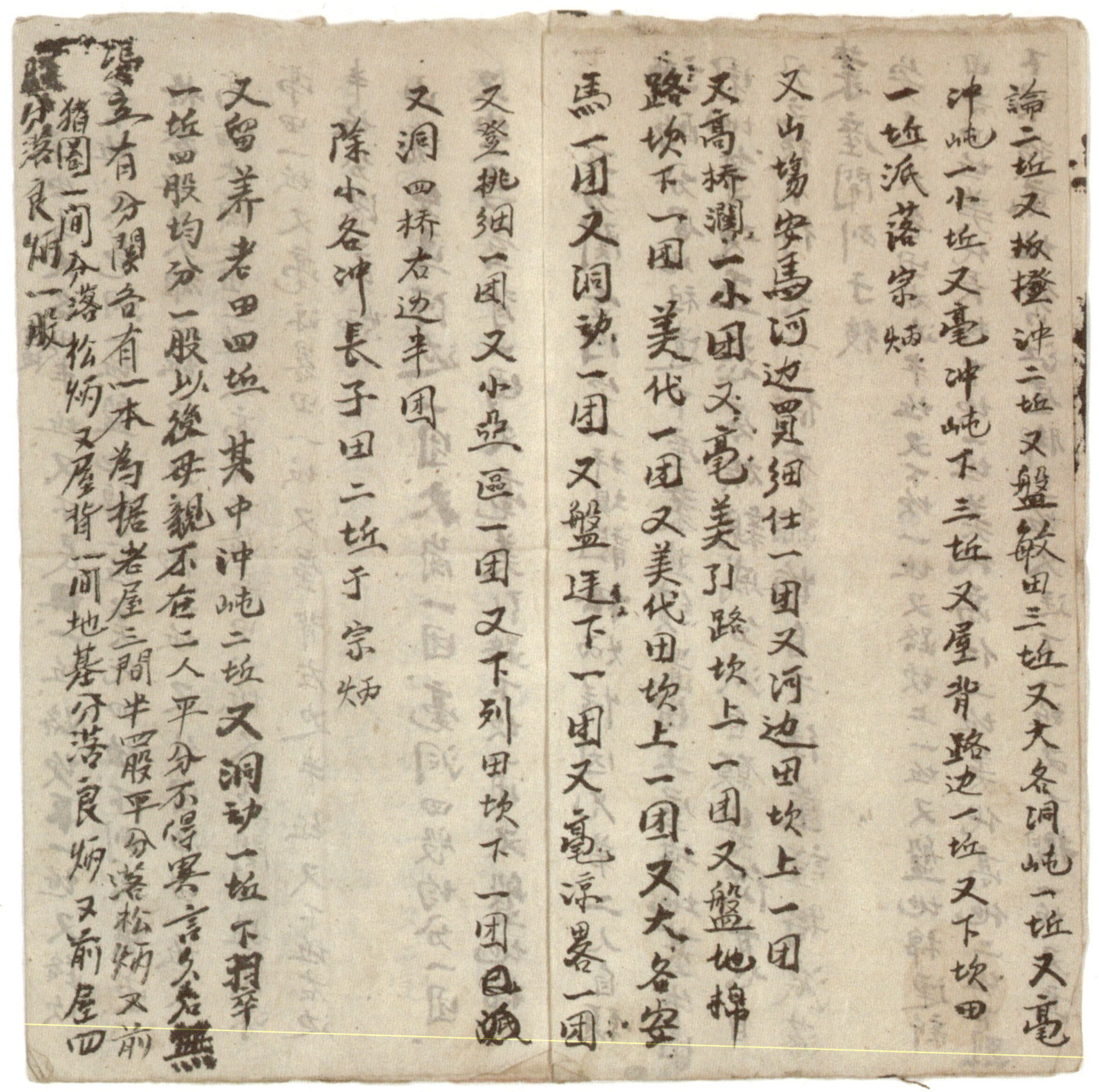

论二丘，又板登冲二丘，又盘敏田三丘，又大各洞坉一丘，又毫冲坉一小丘，又毫冲坉下三丘，又屋背路边一丘，又下坎田一丘，派落宗炳。

又山场安马河边买细仕一团，又河边田坎上一团，又高桥润一小团，又毫美引路坎上一团，又盘地棉路坎下一团，美代一团，又美代田坎上一团，又大各安马一团，又洞动一团，又盘廷下一团，又毫凉略一团，又登桃细一团，又小亚区一团，又下列田坎下一团，又洞四桥右边半团，除小各冲长子田二丘于宗炳。

又留养老田四丘，其中冲坉二丘，又洞动一丘，下羽卒一丘，四股均分，一股以后母亲不在，二人平分。不得异言。久后无凭，立有分关，各有一本为据。老屋三间半，四股平分，落松炳，又前猪圈一间，分落松炳，又屋背一间，地基分落良炳，又前屋四股分落良炳一股。

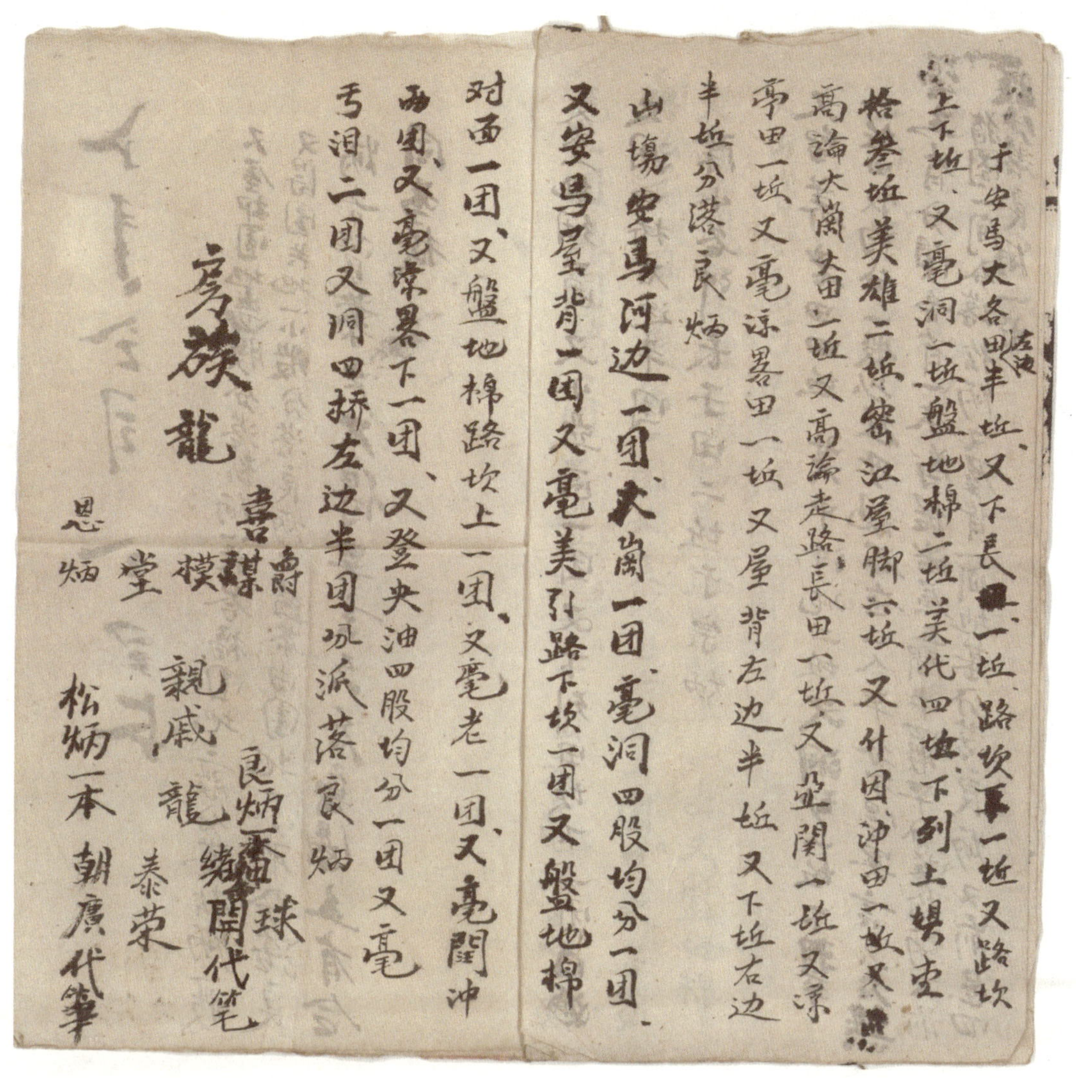

于安马大各田左边半丘，又下长一丘，路坎下一丘，又路坎上下丘，又毫洞一丘，盘地棉二丘，美代四丘，下到上坝壹拾叁丘，美雄二丘，密江屋脚六丘，又什因冲田一丘，又高论大岗大田一丘，又高论走路长田一丘，又亚关一丘，又凉亭田一丘，又毫凉略田一丘，又屋背左边半丘，又下丘右边半丘，分落良炳。

山场安马河边一团，大岗一团，毫洞四股均分一团，又安马屋背一团，又毫美引路下坎一团，又盘地棉对面一团，又盘地棉路坎上一团，又毫老一团，又毫闰冲两团，又毫凉略下一团，又登央油四股均分一团，又毫亏泪二团，又洞四桥左边半团，分派落良炳。

房族：龙喜爵、龙喜谋、龙喜模、龙喜堂、龙恩炳

亲戚：龙绪开、龙泰荣

良炳一本，绪球代笔

松炳一本，朝广代笔

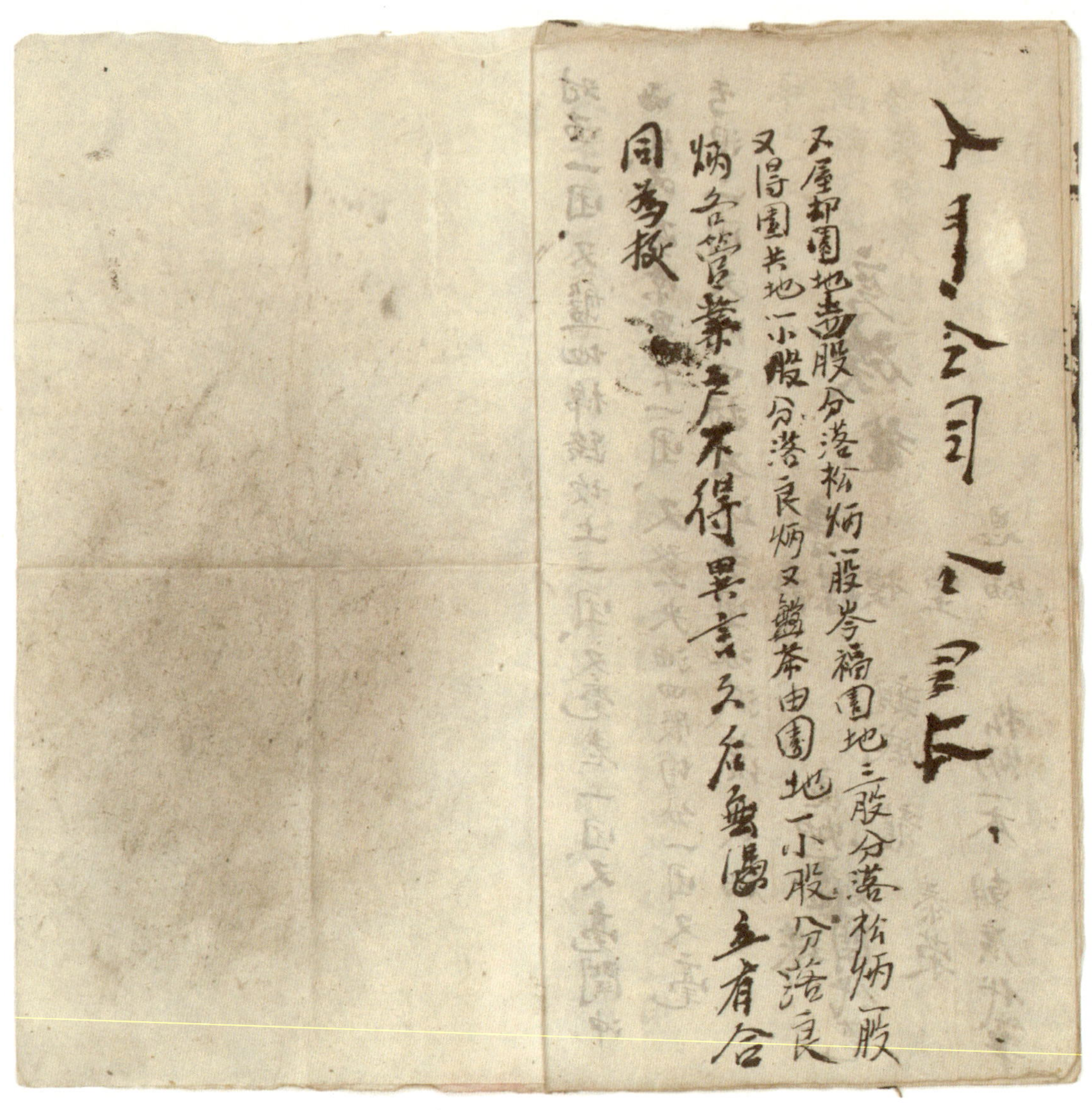

【分关合同□□】

又屋却（脚）园地土四股，分落松炳一股，岑福园地三股，分落松炳一股，又得园共地一小股，分落良炳，又盘茶由（油）园地一小股，分落良炳。各管业产，不得异言。久后无凭，立有合同为据。

65. 杨仁球、杨仁魁兄弟二人卖地土杉木字（民国三十四年六月十三日）

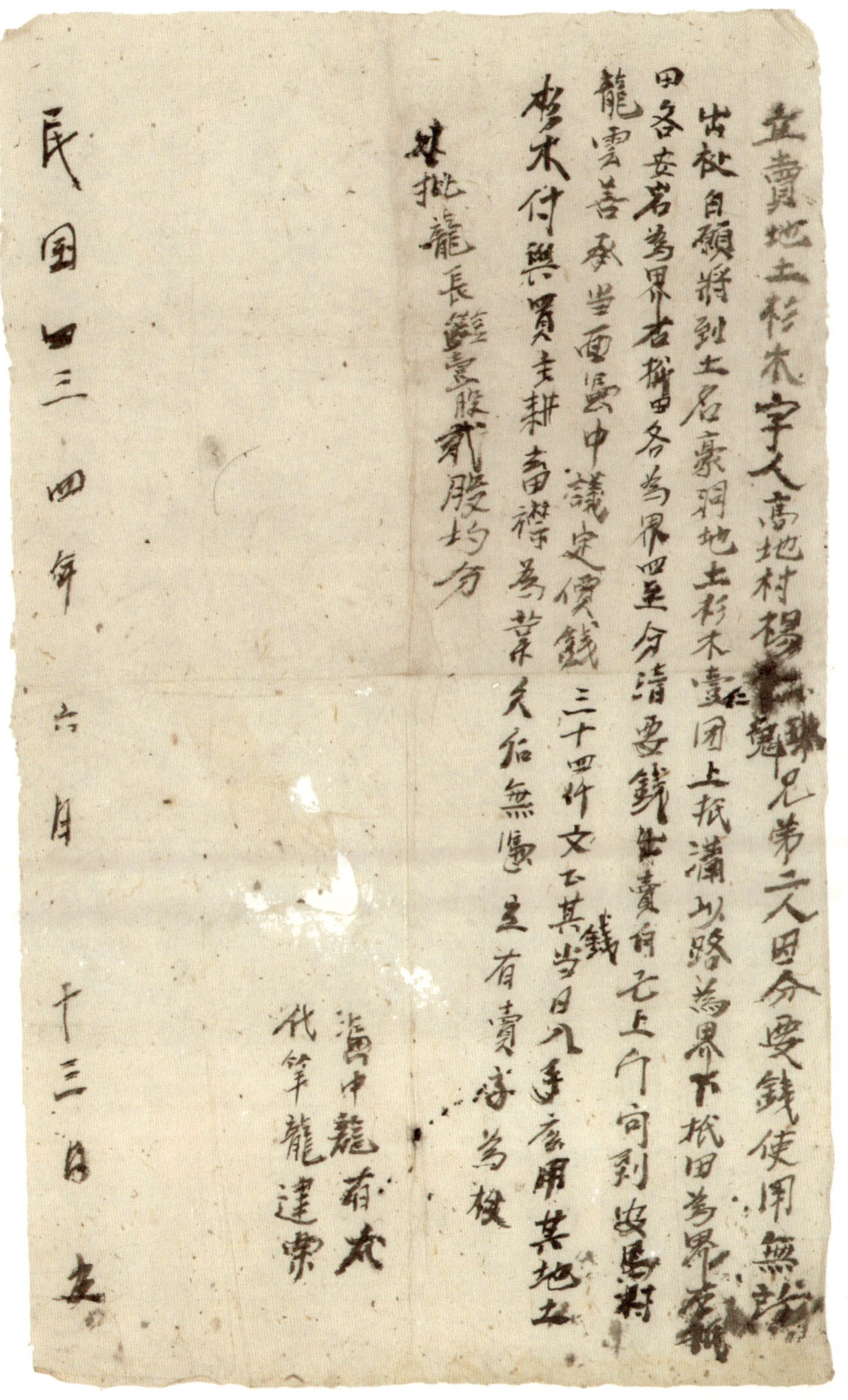

立卖地土杉木字人高地村杨仁球、仁魁兄弟二人，因分要钱使用，无所出处，自愿将到土名豪洞地土杉木壹团，上抵沟以路为界，下抵田为界，左抵田各安岩为界，右抵田各为界，四至分清，要钱出卖。自己上门问到安马村龙云善承［买］，当面凭中议定价钱三十四仟文正。其钱当日入手应用，其地土杉木付与买主耕畜襟为业。久后无凭，立有卖字为据。

外批：龙长龄壹股，贰股均分

凭中：龙有太

代笔：龙建荣

民国三［十］四年六月十三日立

66. 杨先开卖木字（民国三十六年四月二十八日）

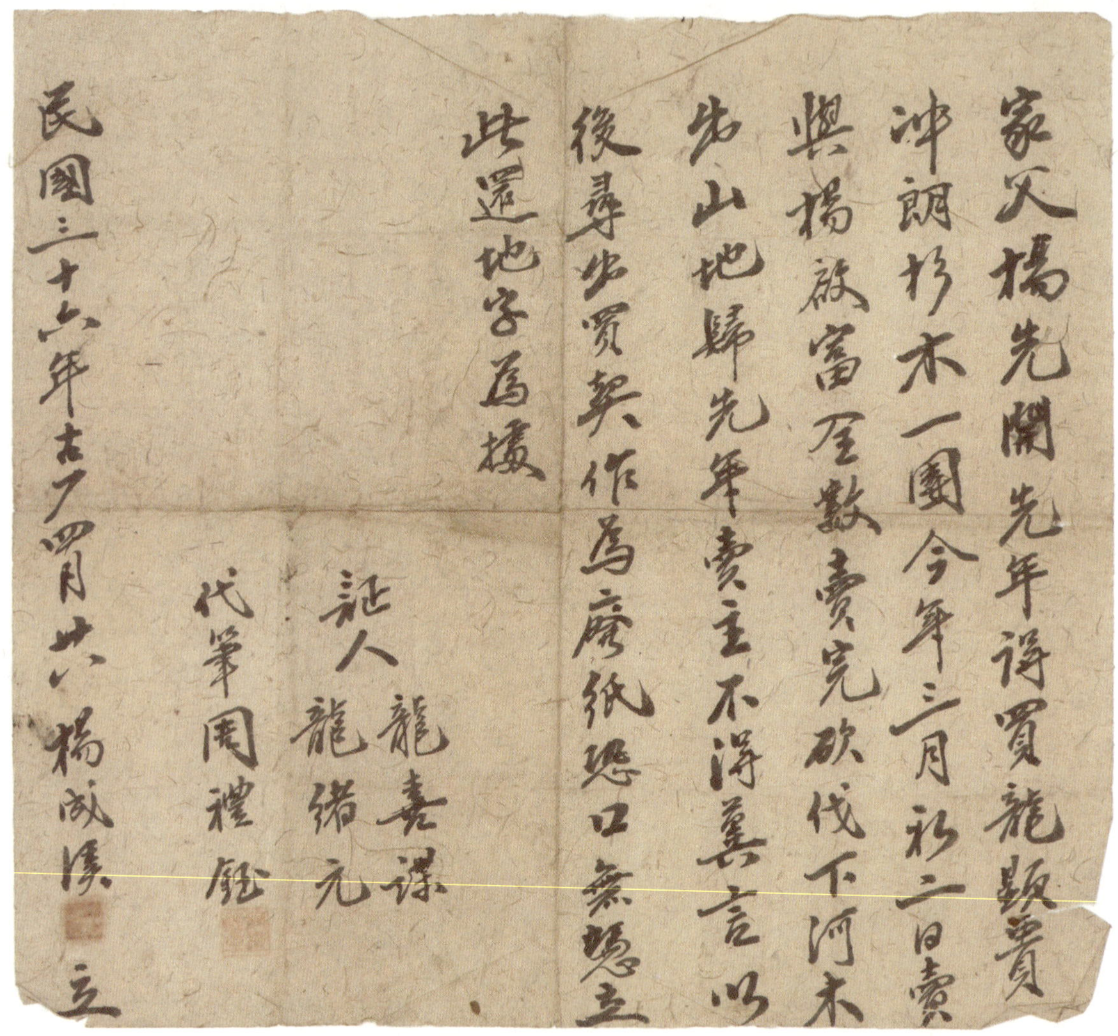
家父楊先開先年得買龍顯貴冲朗杉木一團今年三月初二日賣與楊啟富全數賣完砍伐下河木出山地歸先年賣主不得異言以後尋出買契作為廢紙恐口無憑立此還地字為據

証人 龍喜謀 龍緒元

代筆 周禮鈺

民國三十六年古歷四月廿八楊成漢立

家父杨先开先年得买龙显贵冲朗杉木一团，今年三月初二日卖与杨启富，全数卖完。砍伐下河，木出山，地归先年卖主。不得异言。以后寻出买契作为废纸。恐口无凭，立此还地字为据。

证人：龙喜谋、龙绪元

代笔：周礼钰

民国三十六年古历四月廿八［日］杨成汉立

67. 谭品玉卖地土字（民国三十六年十一月二十日）

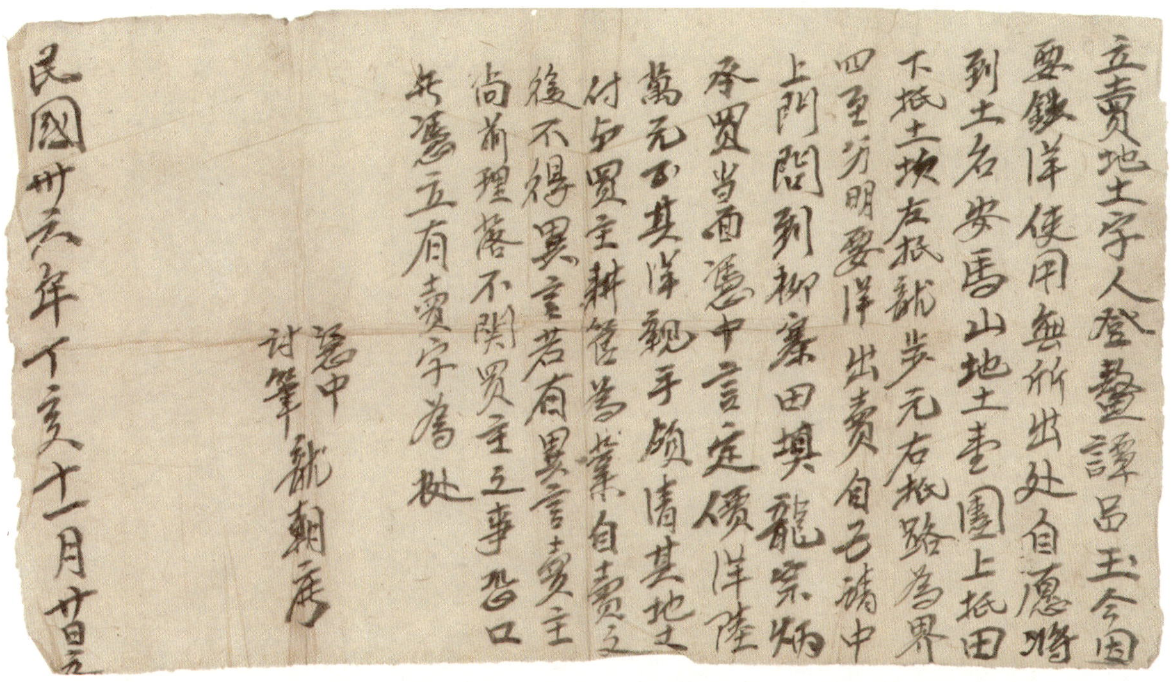

立卖地土字人登鳌谭品玉，今因要银洋使用，无所出处，自愿将到土名安马山地土壹团，上抵田，下抵土坎，左抵龙步元，右抵路为界，四至分明，要洋出卖。自己请中上门问到柳寨田坝龙宗炳承买，当面凭中言定价洋陆万元正。其洋亲手领清，其地土付与买主耕管为业。自卖之后，不得异言。若有异言，卖主尚（上）前理落，不关买主之事。恐口无凭，立有卖字为据。

凭中、讨笔：龙朝广

民国卅六年丁亥十一月廿日立

68. 龙珍炳、龙恩炳、龙然炳等四人卖园地土字（民国三十六年十二月十五日）

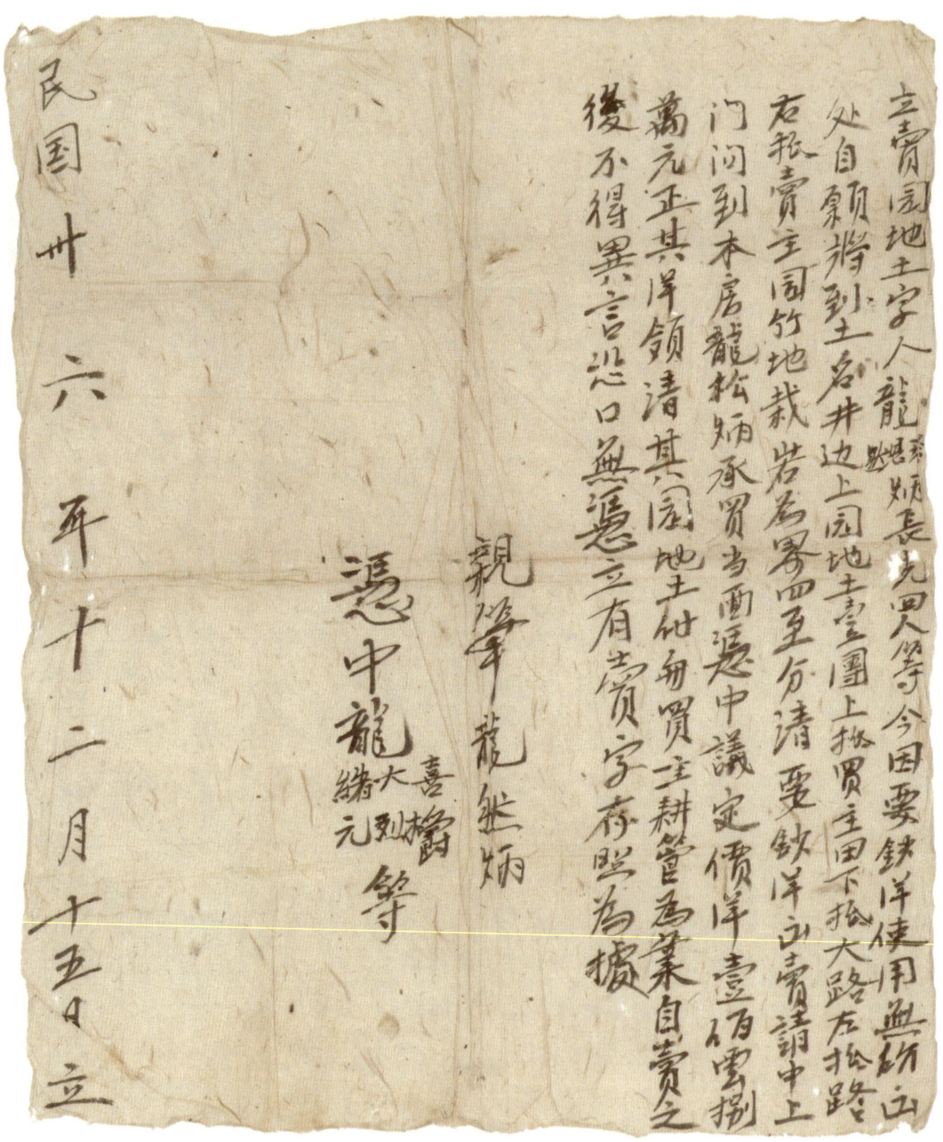

立卖园地土字人龙珍炳、恩炳、然炳、长光四人等，今因要钞洋使用，无所出处，自愿将到土名井边上园地土壹团，上抵买主田，下抵大路，左抵路，右抵卖主园竹地栽岩为界，四至分清，要钞洋出卖。请中上门问到本房龙松炳承买，当面凭中议定价洋壹百零捌万元正。其洋领清，其园地土付与买主耕管为业。自卖之后，不得异言。恐口无凭，立有卖字存照为据。

亲笔 ：龙然炳

凭中：龙喜爵、大木、大烈、绪元等

民国卅六年十二月十五日立

69. 龙岩炳卖田地字（民国三十八年十二月十一日）

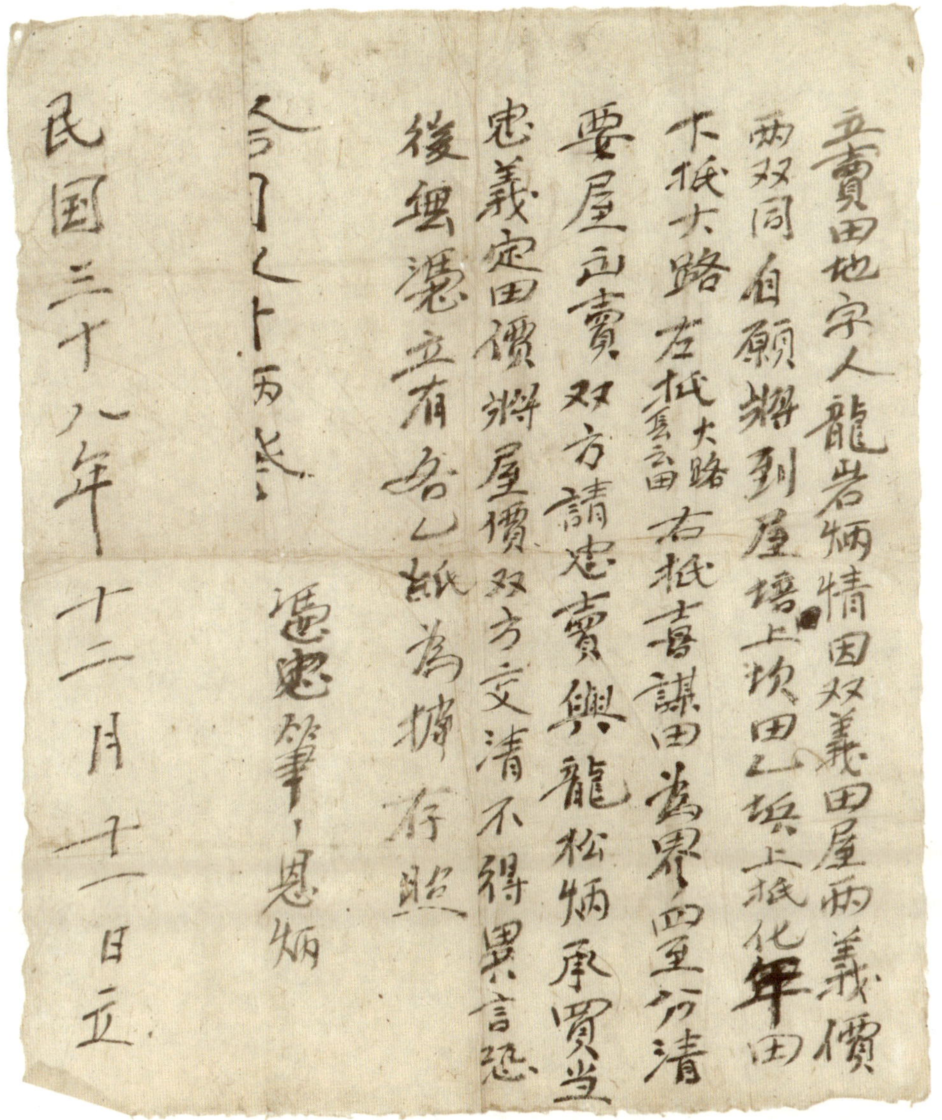
立賣田地字人龍岩炳情因双義田屋兩義價
兩双同自願將到屋培上坎田乙坵上抵化年田
下抵大路左抵大路長云田右抵喜謀田為界四至分清
要屋出賣双方請忠賣與龍松炳承買当
忠義定田價將屋價双方交清不得異言恐
後無憑立有各乙紙為據存照
[illegible]
憑忠筆　恩炳
民国三十八年十二月十一日立

立卖田地字人龙岩炳，情因双义（议）田、屋，两义（议）价两双同。自愿将到屋培（背）上坎田乙丘，上抵化年田，下抵大路，左抵大路、长云田，右抵喜谋田为界，四至分清，要屋出卖。双方请忠（中）卖与龙松炳承买，当忠（中）义（议）定田价，将屋价双方交清，不得异言。恐后无凭，立有各乙纸为据存照。

凭忠（中）、[代] 笔：恩炳

民国三十八年十二月十一日立

70. 乡公所催粮单（一九五〇年八月十六）

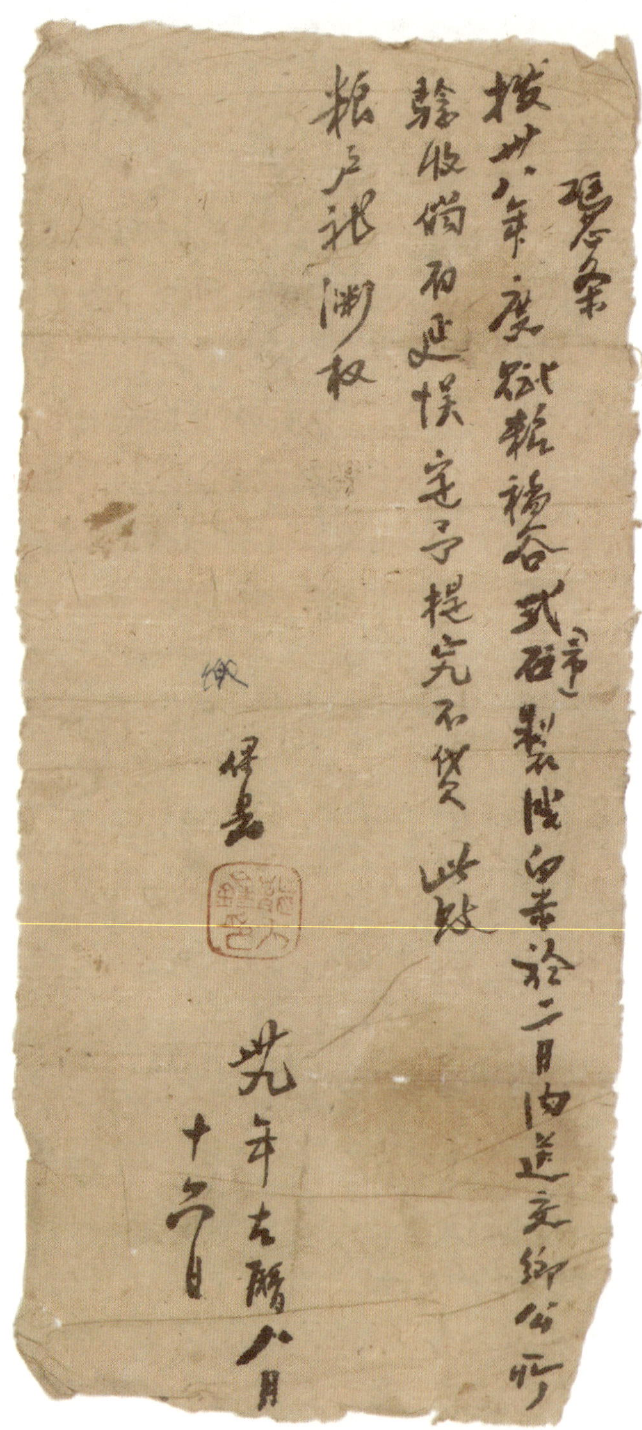

拨卅八年度赋粮稻谷贰市石，制成白米于二月内送交乡公所验收，倘有延误，定予提究不贷。此致

粮户龙渊权

保长

卅九年古历八月十六日

注：1950年9月21日，天柱县远口成立了“国民反共救国军”，下辖6个师。此催粮单应是国民党残余势力派发的。

71. 龙荣炳、龙长光父子卖田契字（民国壬□年二月十二日）

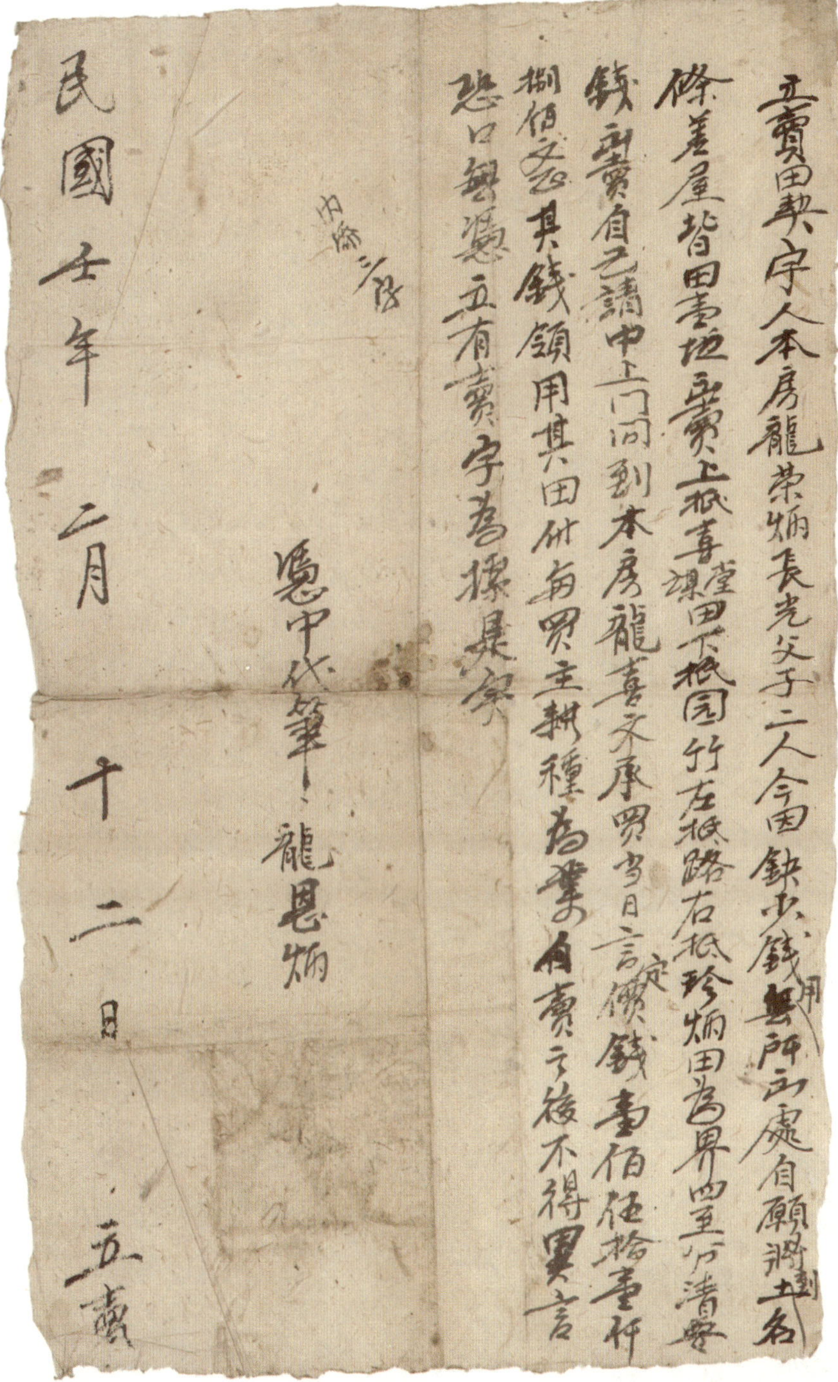

立卖田契字人本房龙荣炳、长光父子二人，今因缺少钱用，无所出处，自愿将到土名条差屋背田壹丘出卖。上抵喜堂、喜梁田，下抵园竹，左抵路，右抵珍炳田为界，四至分清，要钱出卖。自己请中上门问到本房龙喜文承买，当日言定价钱壹佰伍拾壹仟捌佰文正。其钱领用，其田付与买主耕种为业。自卖之后，不得异言。恐口无凭，立有卖字为据是实。

内添三字

凭中、代笔：龙恩炳

民国壬□年二月十二日立卖

注：龙荣炳、长光父子在民国二十七年有两宗交易，疑此处“壬”为民国二十一年壬申年或民国三十一年壬午。

72. 龙忠炳、龙福炳、龙庚炳三人卖田契字（时间不祥）

立卖田契字人尚卜村龙忠炳、福炳、庚炳三人，今因缺少钱用，无所出处，自愿将到土名盘敏田乙丘，收花壹挑半，上抵显金田，下抵现朗田，左抵全恒田，右抵喜爵田为界，四至分清，要钱出卖。先问房族无钱承买，请中上门问到柳寨龙通仁承买，当面议妥价钱贰拾捌仟零八十文正。其钱领足入手应用，其田付与买主为业。自卖之后，不得异言。恐口无凭，立有卖字［为据是实］。

73. 龙咸炳、龙松炳、龙长槐三人甘心换地拨约字（一九五一年四月十八日）

立拨约双芳（方）同意甘心自愿田地及园地土字人龙咸炳、松炳、长槐三人，情因祖父遗下有地土土名坪坝屋背坎牛圈三间一并在内，上抵长祐、长煜田，下抵老屋，左抵喜谋，右抵喜烈、喜爵地土；又及盘大路园地土壹团，上抵松炳田，下抵长贵田，左抵恩炳田，右抵长贵田；又有屋却（脚）园菜地土，四股均芬（分），又将一股拨换。二比心甘同意，凭有房族人等伻（评）议，松炳又将安马大各田贰丘，收花捌挑，上抵山，下抵路，左抵田，右抵山；又下壹丘，上［抵］山，下抵喜堂田，左抵路，右抵山为界，四至分清。今有房族人等伻（评）议，补价高底龙咸炳，心甘愿补捌万零伍仟元正与松炳手领，日后不得悔心翻悔之事。久后无凭，立有拨约字契荐（存）照为据。

内添叁字

亲笔：龙长槐

凭房族人等：龙喜谋、龙喜爵、龙恩炳、龙喜烈等

公元一九五一年辛卯四月十八日立

74. 龙海荣父子二人卖园地字（一九五一年六月初一日）

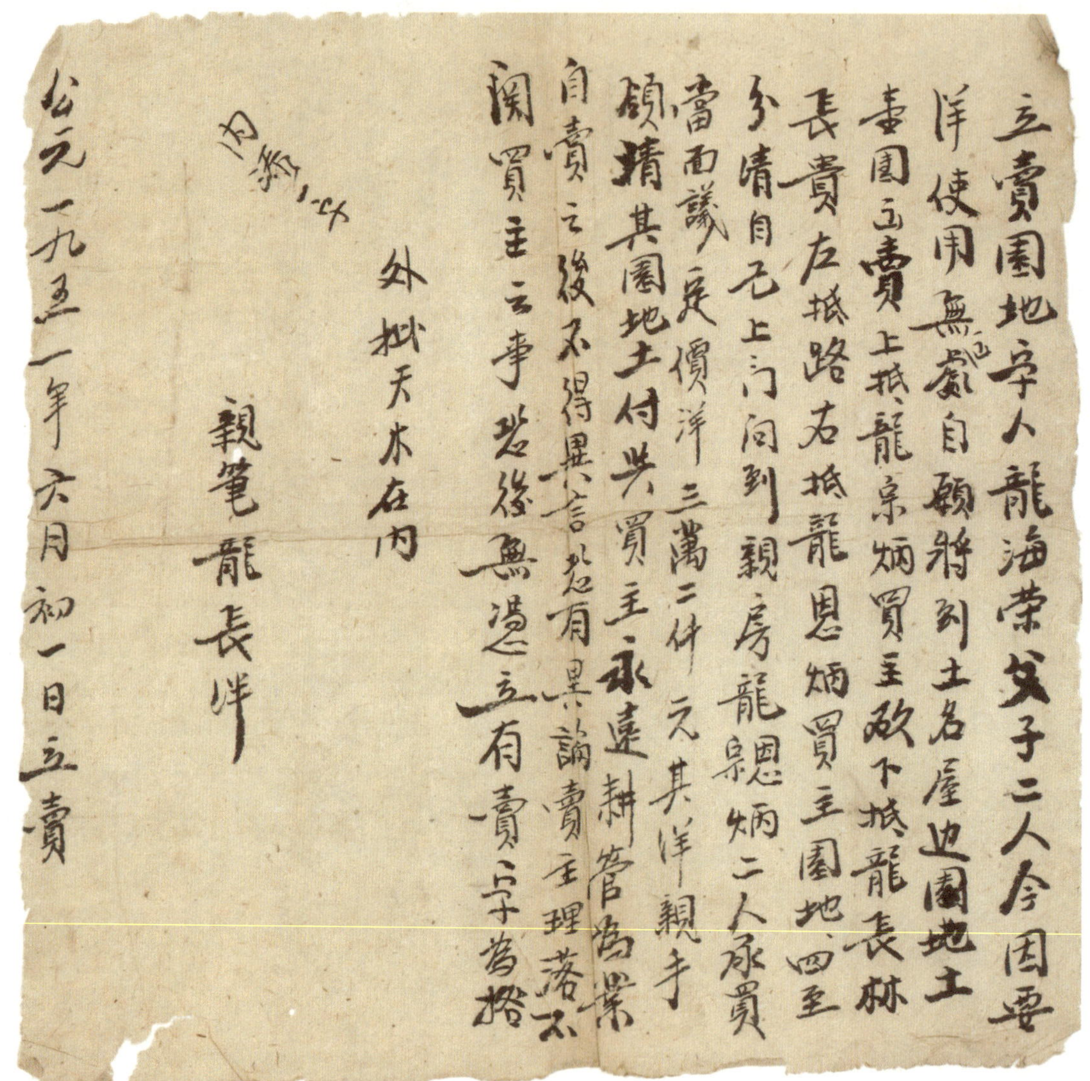

立卖园地字人龙海荣父子二人，今因要洋使用，无［所］出处，自愿将到土名屋边园地土壹团出卖，上抵龙宗炳买主砍（坎），下抵龙长林、长贵，左抵路，右抵龙恩炳买主园地，四至分清，自己上门问到亲房龙恩炳、宗炳二人承买，当面议定价洋三万二仟元。其洋亲手领清，其园地土付与买主永远耕管为业。自卖之后，不得异言。恐有异论，卖主理落，不关买主之事。恐后无凭，立有卖字为据。

内添一字

外批：天木在内。

亲笔：龙长泮

公元一九五一年六月初一日立卖

（二）税费执照类

1. 龙喜文拨册除户通知书（民国十二年二月十日）

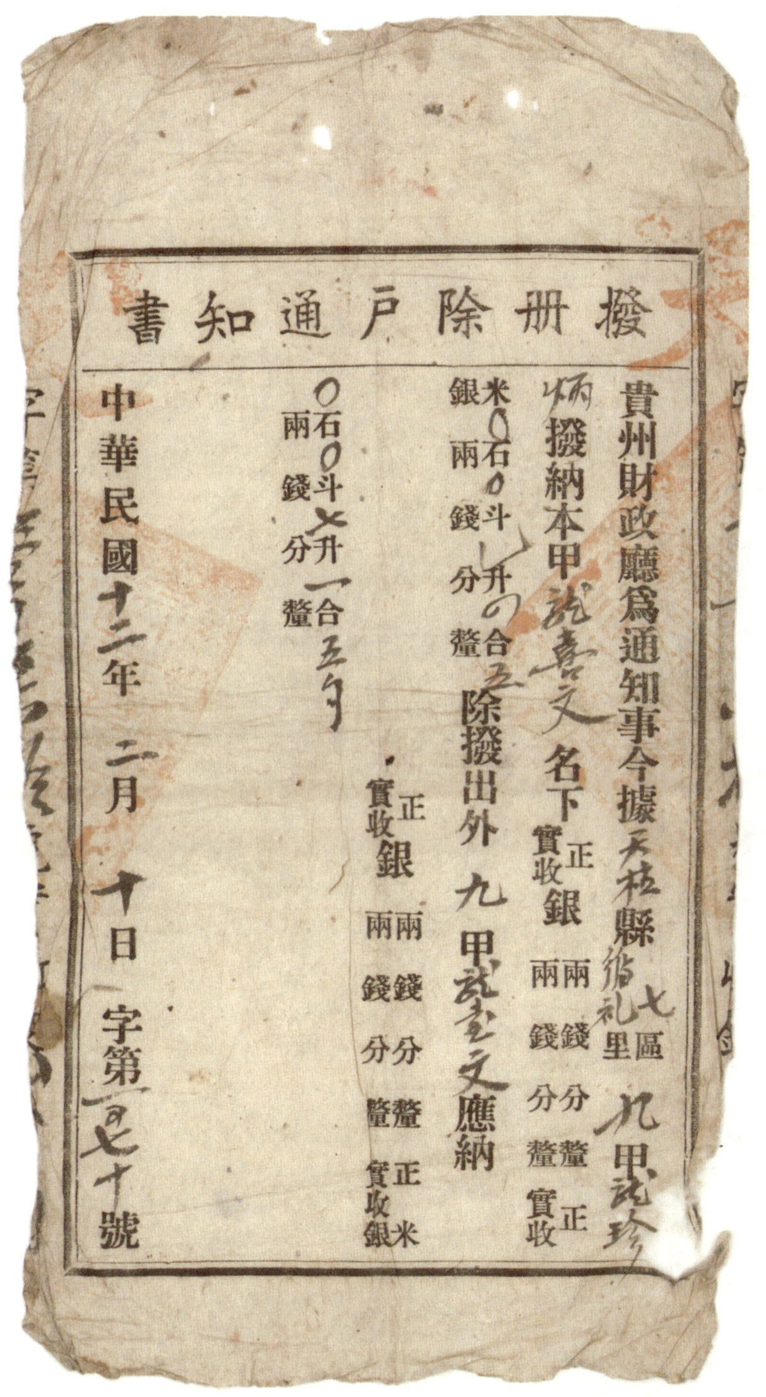

撥册除戶通知書

貴州財政廳爲通知事今據天柱縣七區循礼里九甲龍珍

炳撥納本甲龍喜文名下 正實收銀 兩 錢 分 釐 正實收

米〇石〇斗乙升四合五勺 銀 兩 錢 分 釐

除撥出外 九甲龍喜文應納 正實收銀 兩 錢 分 釐 正米實收銀

〇石〇斗七升一合五勺 兩 錢 分 釐

中華民國十二年 二月 十日 字第一百七十號

内容提要：天柱县七区循礼里九甲龙珍炳拨纳本甲龙喜文名下乙升四合五勺，除拨出外，龙喜文应纳正米七升一合五勺。

2. 龙喜文契据纳税逾期罚金收据（民国十六年十月）

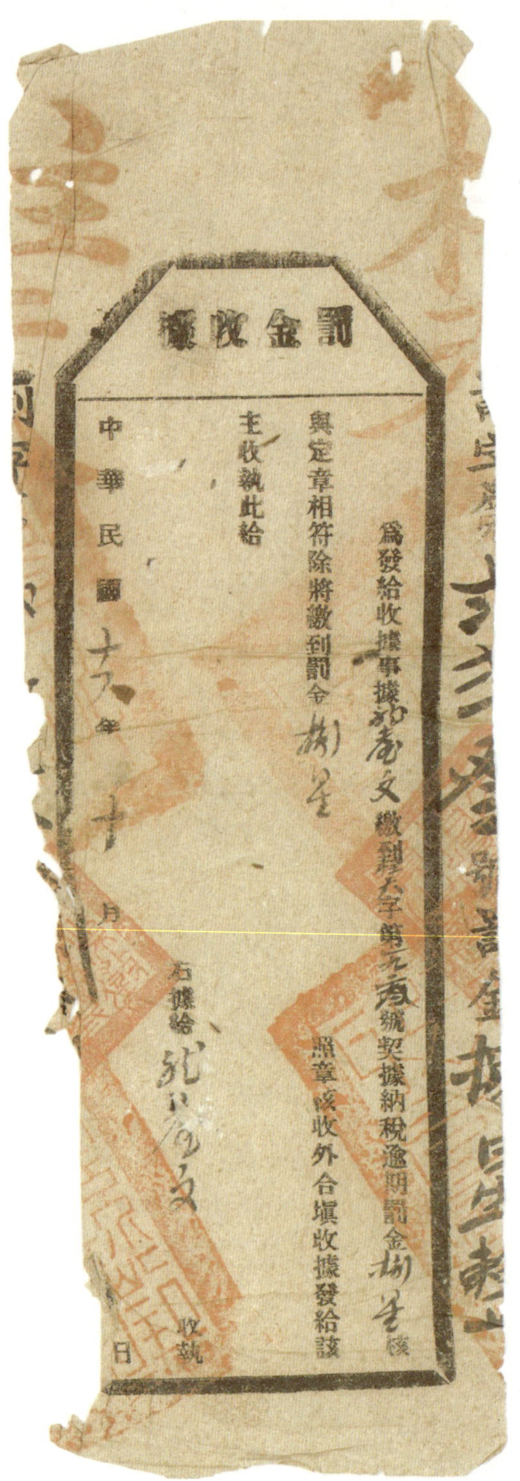

罰金收據

為發給收據事據龍喜文繳到程大字第[illegible]號契據納稅逾期罰金捌星核

與定章相符除將繳到罰金捌星

照章核收外合塡收據發給該

主收執此給

右據給龍喜文收執

中華民國十六年十月　日

内容提要：龙喜文缴纳契据纳税逾期罚金捌星。

3. 龙喜文买契纳税凭证（民国二十五年十一月十九日）

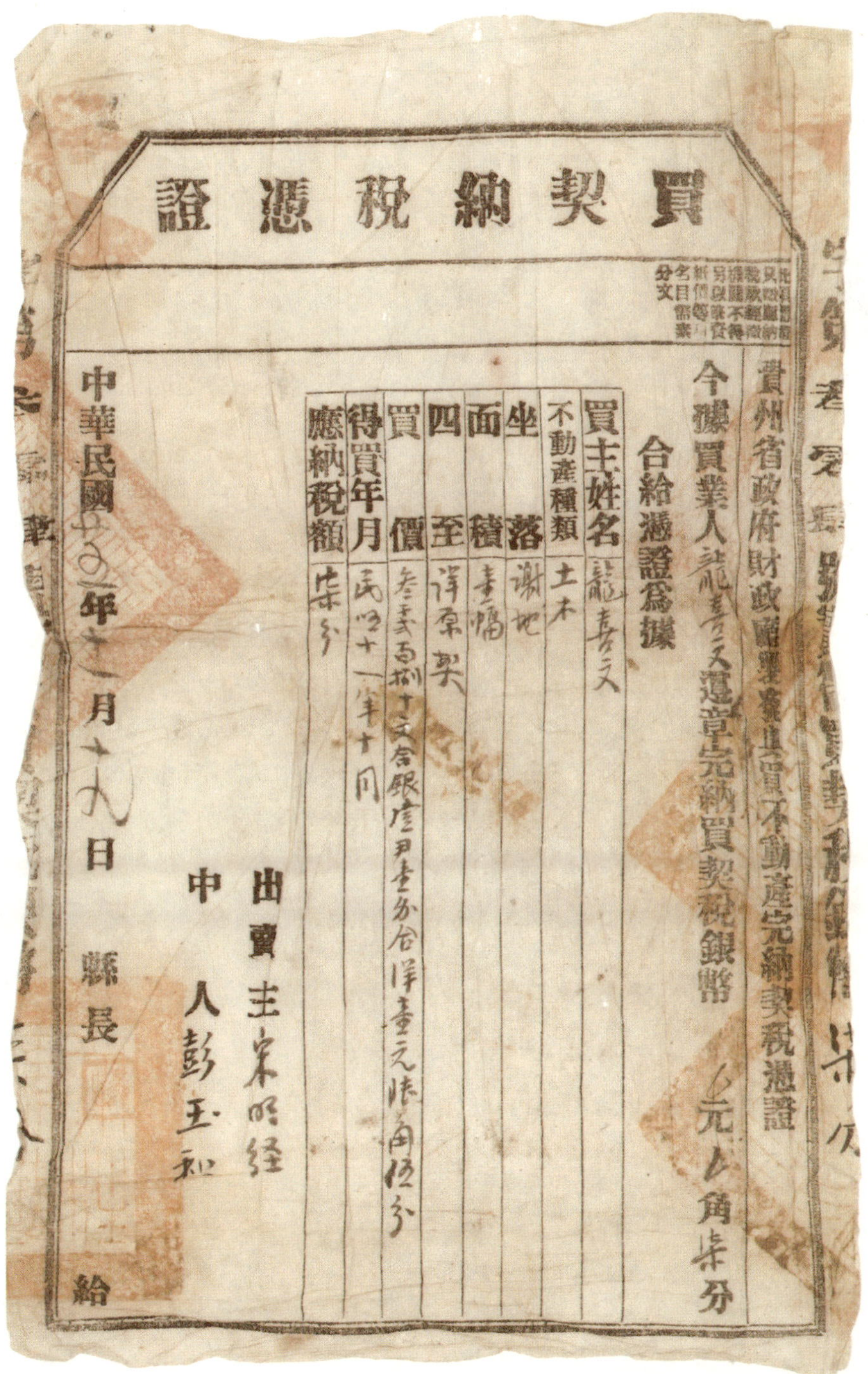

買契納稅憑證

貴州省政府財政廳為發給買不動產完納契稅憑證

今據買業人龍喜文遵章完納買契稅銀幣[illegible]元[illegible]角柒分

合給憑證為據

買主姓名	不動產種類	坐落	面積	四至	買價	得買年月	應納稅額
龍喜文	土木	谢地	壹幅	洋原契	叁千贰百捌十文合银壹两壹分合洋壹元陆角伍分	民国十一年十月	柒分

出賣主　宋明经

中人　彭玉和

中華民國廿五年十一月十九日

縣長　　給

内容提要：龙喜文于民国十一年十月买宋明经土木，其土木坐落于谢地，面积壹幅，买价叁千贰百捌十文，合银壹两壹分，合洋壹元陆角伍分，应纳税额柒分。

4. 龙大文契税逾期罚金通告书（民国二十五年□月□日）

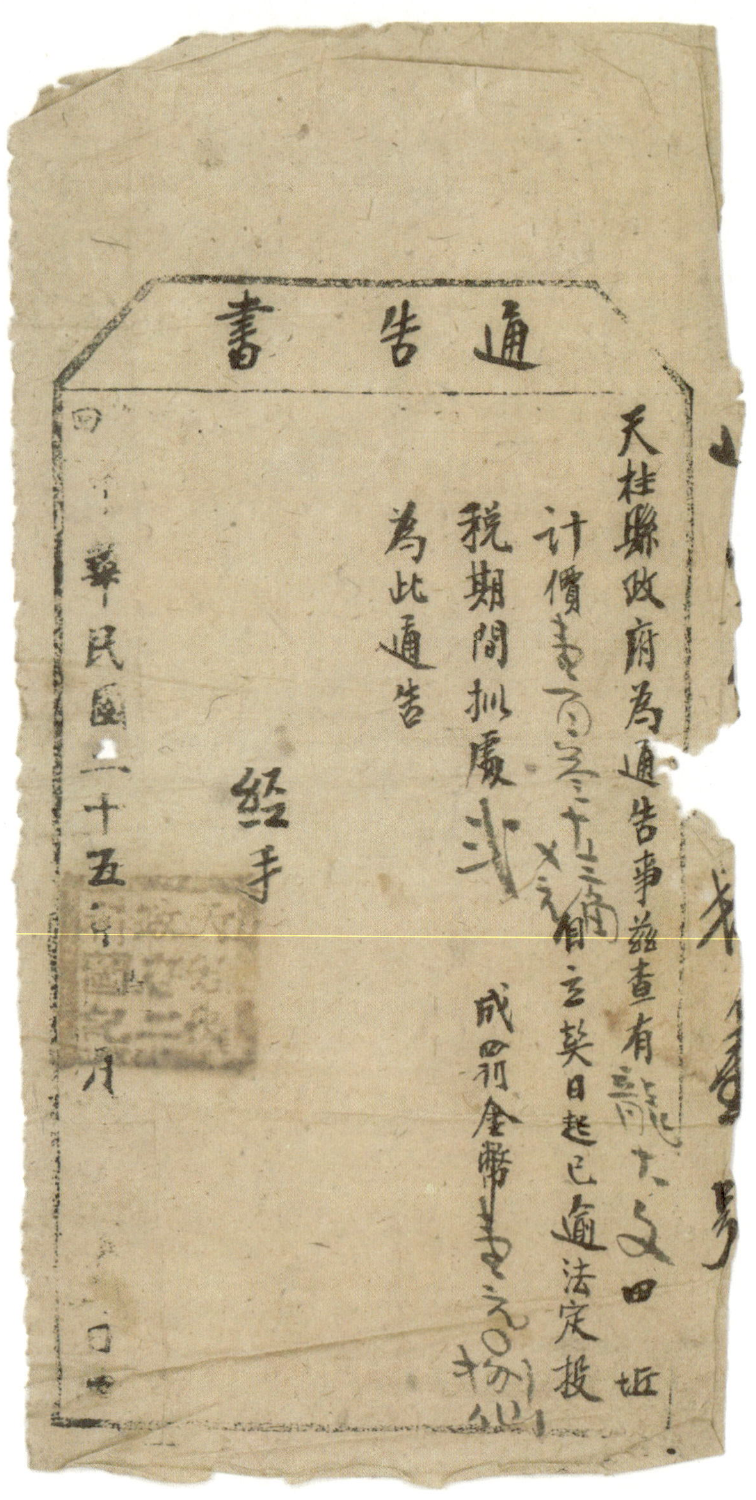

通告書

天柱縣政府為通告事茲查有龍大文田坵計價壹百叁十四元八角自立契日起已逾法定投税期間擬處貳成罰金幣壹元〇捌仙為此通告

經手

中華民國二十五年　月　日

内容提要：龙大文购买田价壹百叁十四元八角，自立契日起已逾法定投税期间，拟处贰成罚金，币壹元〇捌仙。

5. **龙渊权丘号1691土地管业执照**（民国三十年九月）

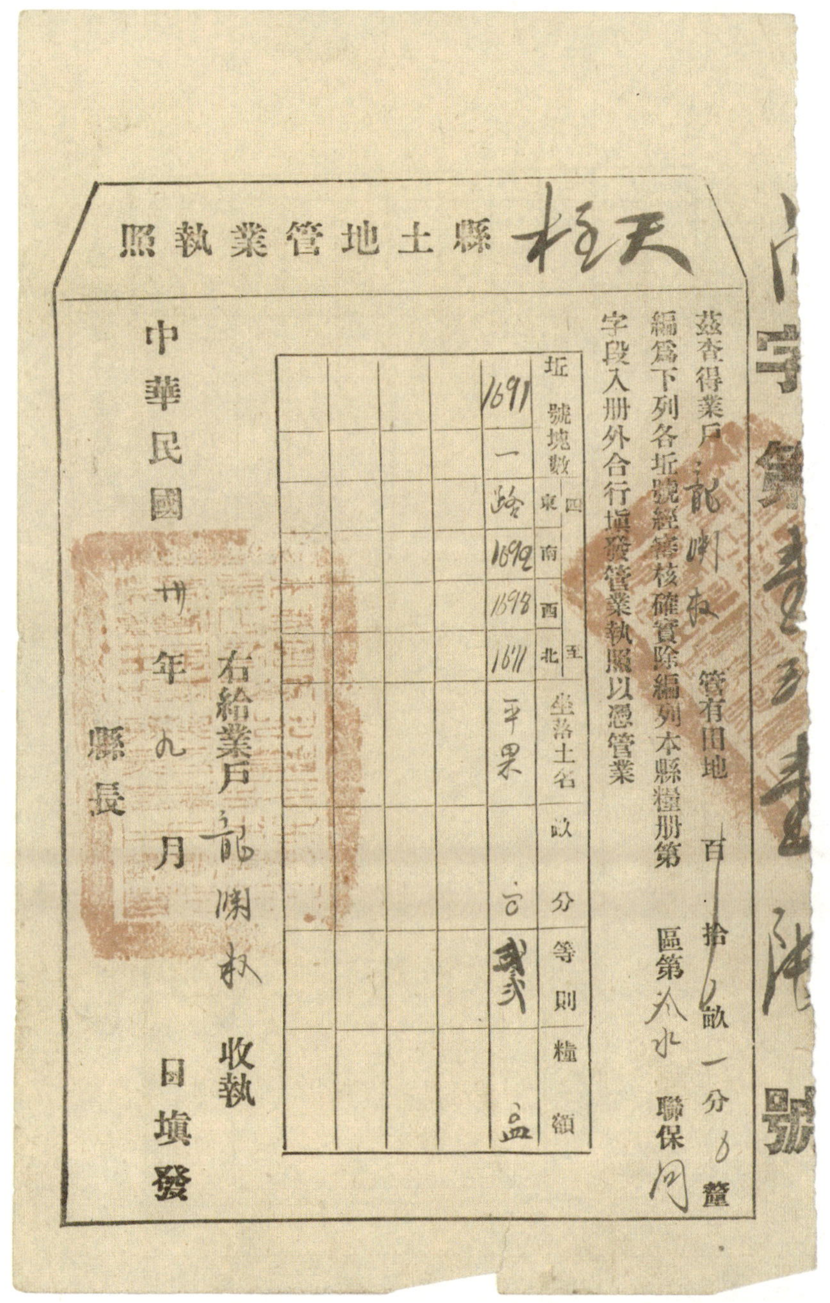

天柱縣土地管業執照

问字第　号

茲查得業戶龍渊权管有田地　百　拾　畝一分　釐
編爲下列各坵號經審核確實除編列本縣糧册第　區第冷水聯保
问字段入册外合行填發管業執照以憑管業

坵號	塊數	四至 東	四至 南	四至 西	四至 北	坐落土名	畝分	等則	糧額
1691	一	路	1692	1698	1671	平果	一	貳	四

右給業戶龍渊权收執

中華民國卅年九月　日填發

縣長

内容提要：业户龙渊权管有田地一分，除编为本县粮册冷水联保问字段入册外，合行填发管业执照，以凭管业。丘号1691，块数一块，坐落土名平果，亩分一分，贰等贰则，粮额四分。

6. 龙渊权丘号841土地管业执照（民国三十年九月）

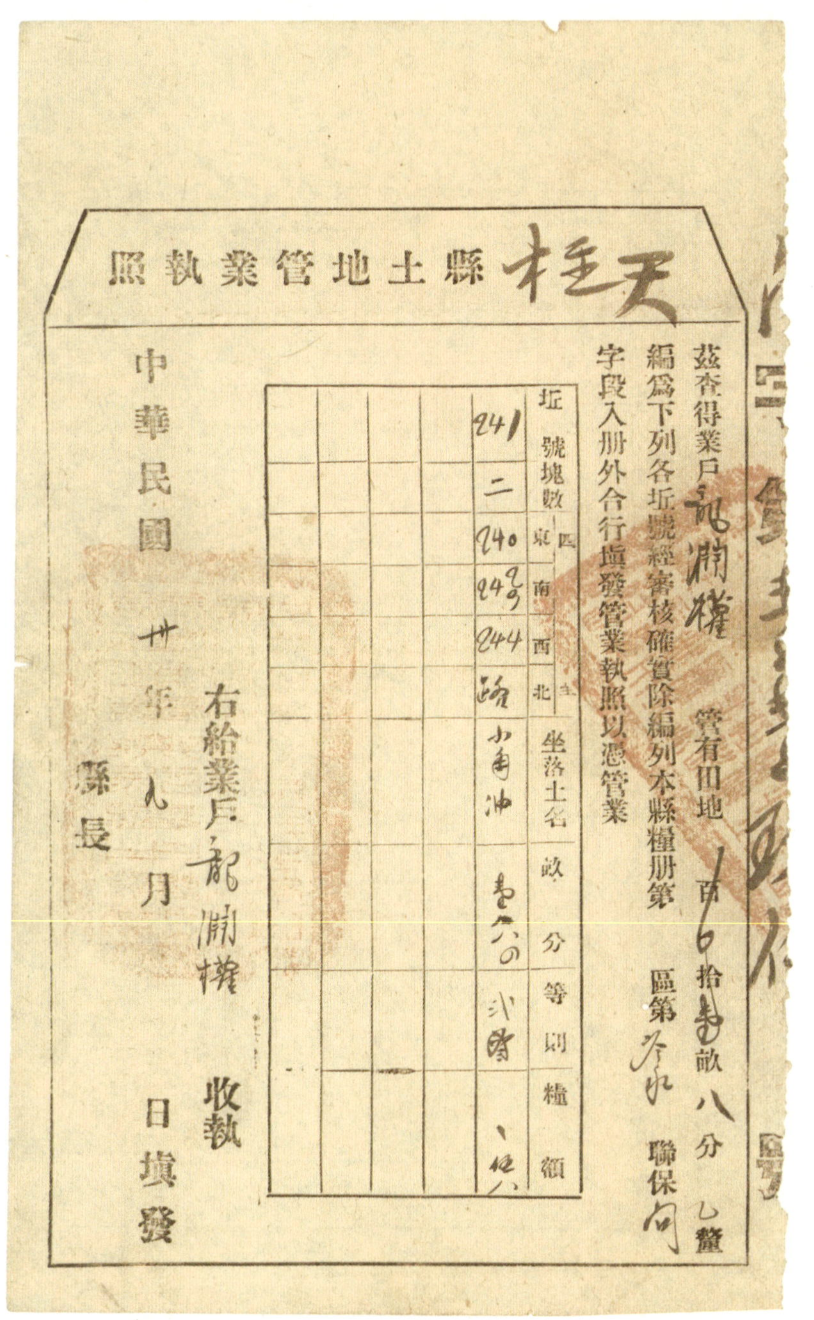

天柱縣土地管業執照

茲查得業戶龍淵權 管有田地 壹 百 拾 畝 八 分 乙 釐

編爲下列各坵號經審核確實除編列本縣糧冊第 冷水 區第 聯保 問

字段入冊外合行塡發管業執照以憑管業

坵號	塊數	四至 東	南	西	北	坐落土名	畝分	等則	糧額
841	二	840	842	844	路	小角冲	壹八	弍等	伍八

右給業戶龍淵權 收執

縣長

中華民國卅年九月 日塡發

内容提要：业户龙渊权管有田地壹亩八分乙厘，除编列本县粮册冷水联保问字段入册外，合行填发管业执照，以凭管业。丘号 841，块数二块，坐落土名小角冲，亩分壹亩八分，二等三则，粮额伍角八分。

7. 龙渊权丘号1708土地管业执照（民国三十年九月）

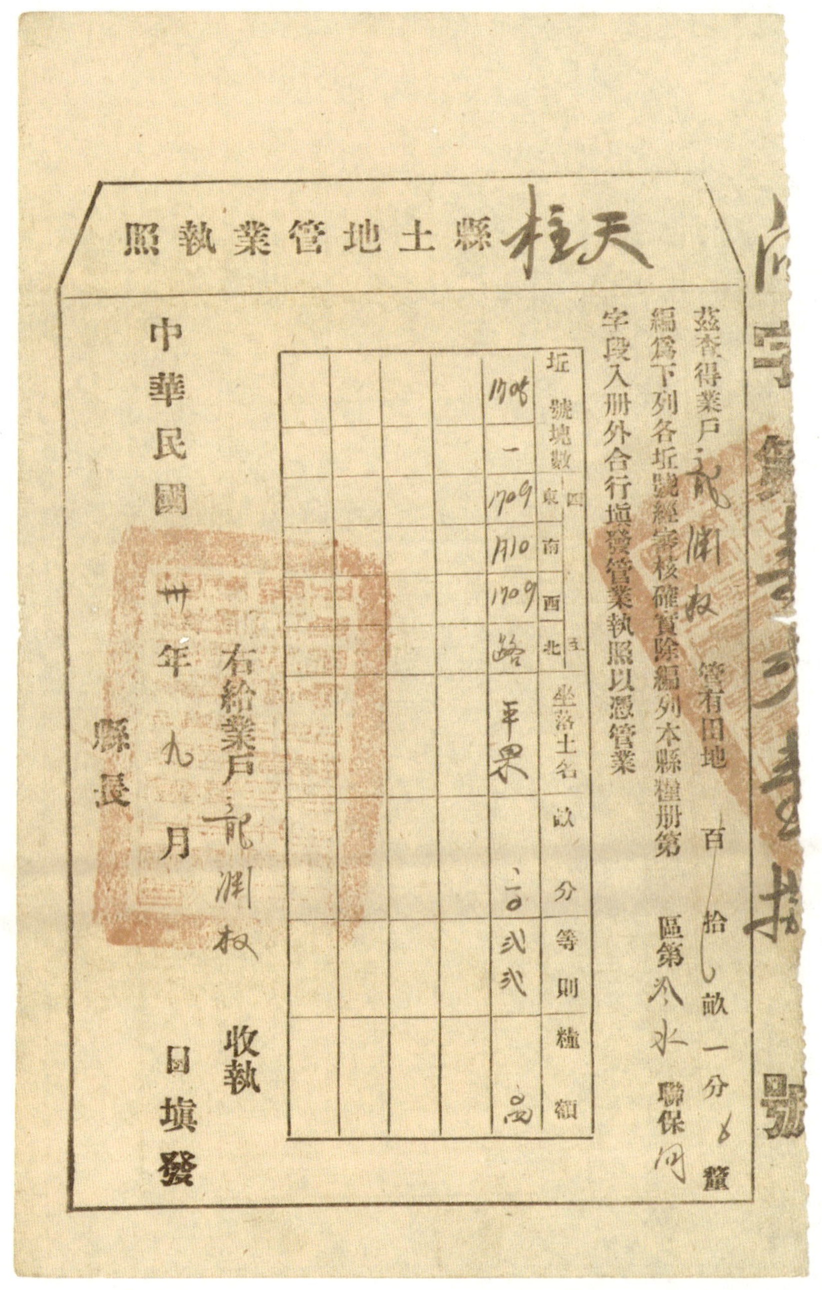

天柱縣土地管業執照

茲查得業戶龍渊权管有田地　百　拾　畝一分　釐
編爲下列各坵號經審核確實除編列本縣糧册第　區第冷水聯保問
字段入册外合行塡發管業執照以憑管業

坵號	塊數	四至 東	南	西	北	坐落土名	畝分	等則	糧額
1708	一	1709	1710	1709	路	平果	一分	弍弍	四分

右給業戶龍渊权收執

中華民國卅年九月　日塡發

縣長

内容提要：业户龙渊权管有田地一分，除编列本县粮册冷水联保问字段入册外，合行填发管业执照，以凭管业。丘号 1708，块数一块，坐落土名平果，亩分一分，贰等贰则，粮额四分。

8. 龙渊权丘号1607土地管业执照（民国三十年九月）

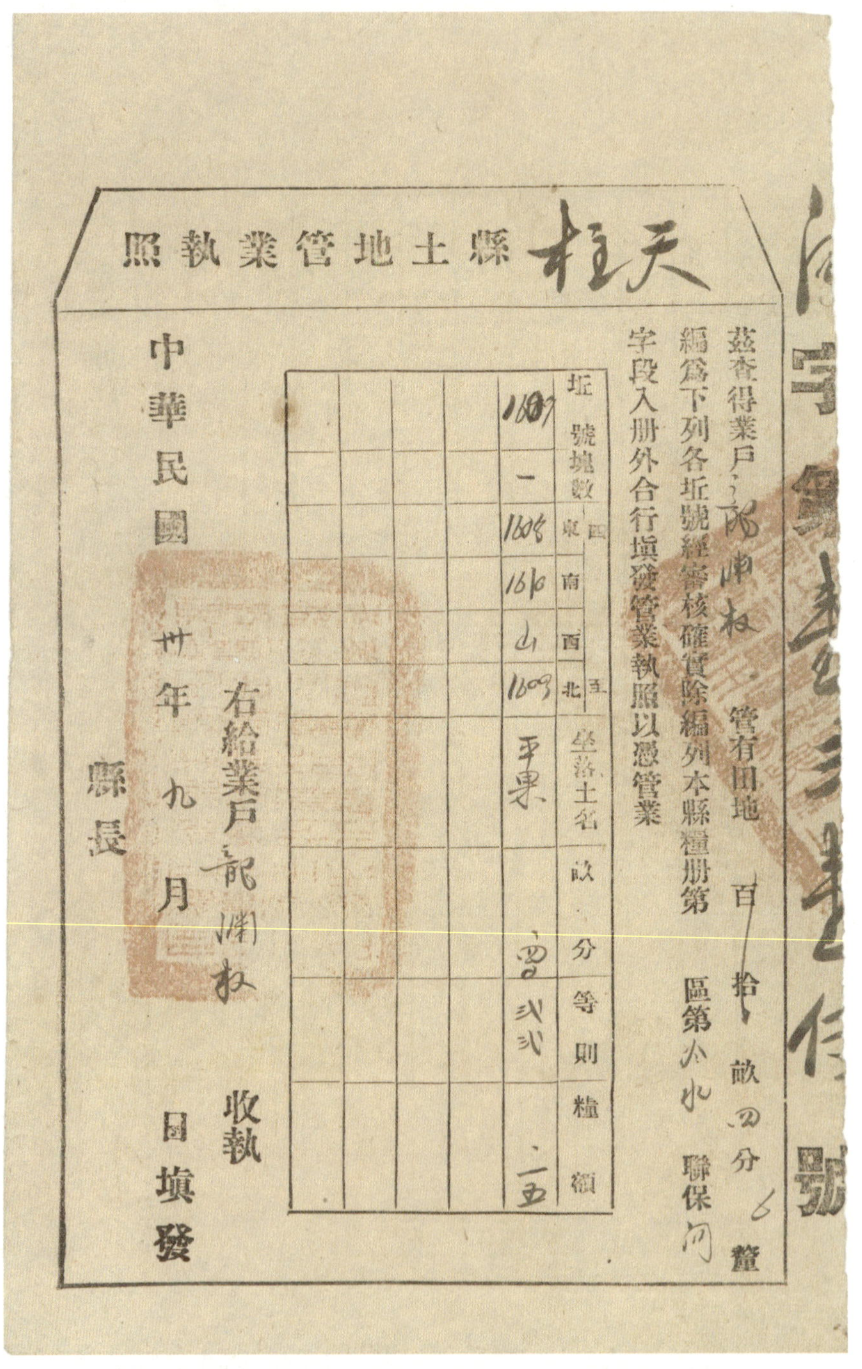

天柱縣土地管業執照

茲查得業戶龍渊权管有田地 百 拾 畝四分6釐
編爲下列各坵號經審核確實除編列本縣糧册第 區第冷水聯保问
字段入册外合行填發管業執照以憑管業

坵號	塊數	四至 東	南	西	北	坐落土名	畝分	等則	糧額
1607	一	1608	1616	山	1609	平果	四	弍弍	一五

右給業戶龍渊权收執

中華民國卅年九月 日填發

縣長

内容提要：业户龙渊权管有田地四分，除编列本县粮册冷水联保问字段入册外，合行填发管业执照，以凭管业。丘号1607，块数一块，坐落土名平果，亩分四分，贰等贰则，粮额一角五分。

9. **龙渊权丘号1583土地管业执照**（民国三十年九月）

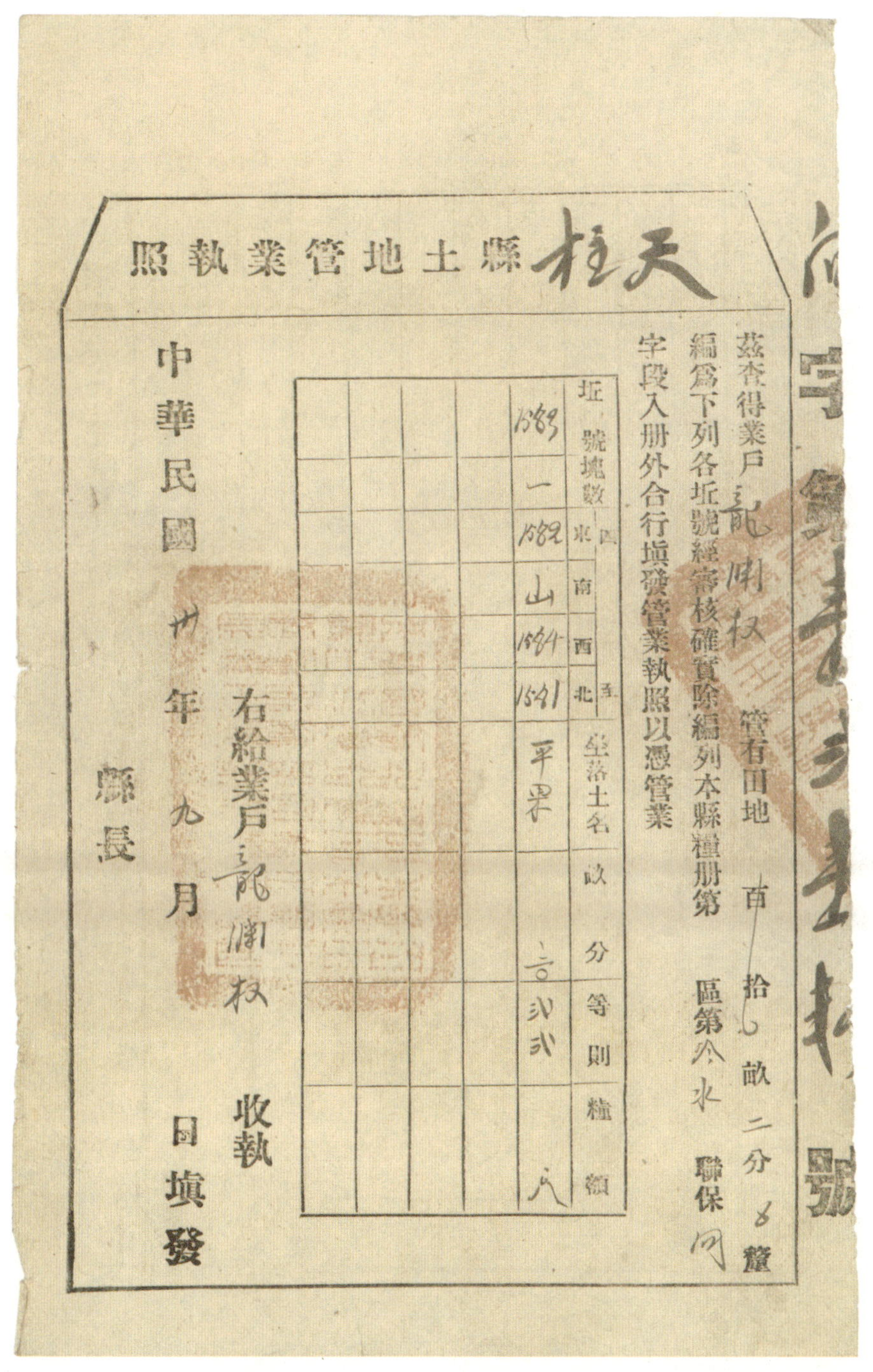

天柱縣土地管業執照

茲查得業戶龍渊权管有田地　百　拾　畝二分8釐
編爲下列各坵號經審核確實除編列本縣糧册第　區第冷水　聯保问
字段入册外合行填發管業執照以憑管業

坵號	塊數	四至 東	南	西	北	坐落土名	畝分	等則	糧額
1583	一	1582	山	1584	1541	平果	二	弍弍	八

右給業戶龍渊权收執

中華民國卅年九月　日填發

縣長

内容提要：业户龙渊权管有田地二分，除编列本县粮册冷水联保问字段入册外，合行填发管业执照，以凭管业。丘号1583，块数一块，坐落土名平果，亩分二分，贰等贰则，粮额八分。

10. 龙渊权丘号1336土地管业执照（民国三十年九月）

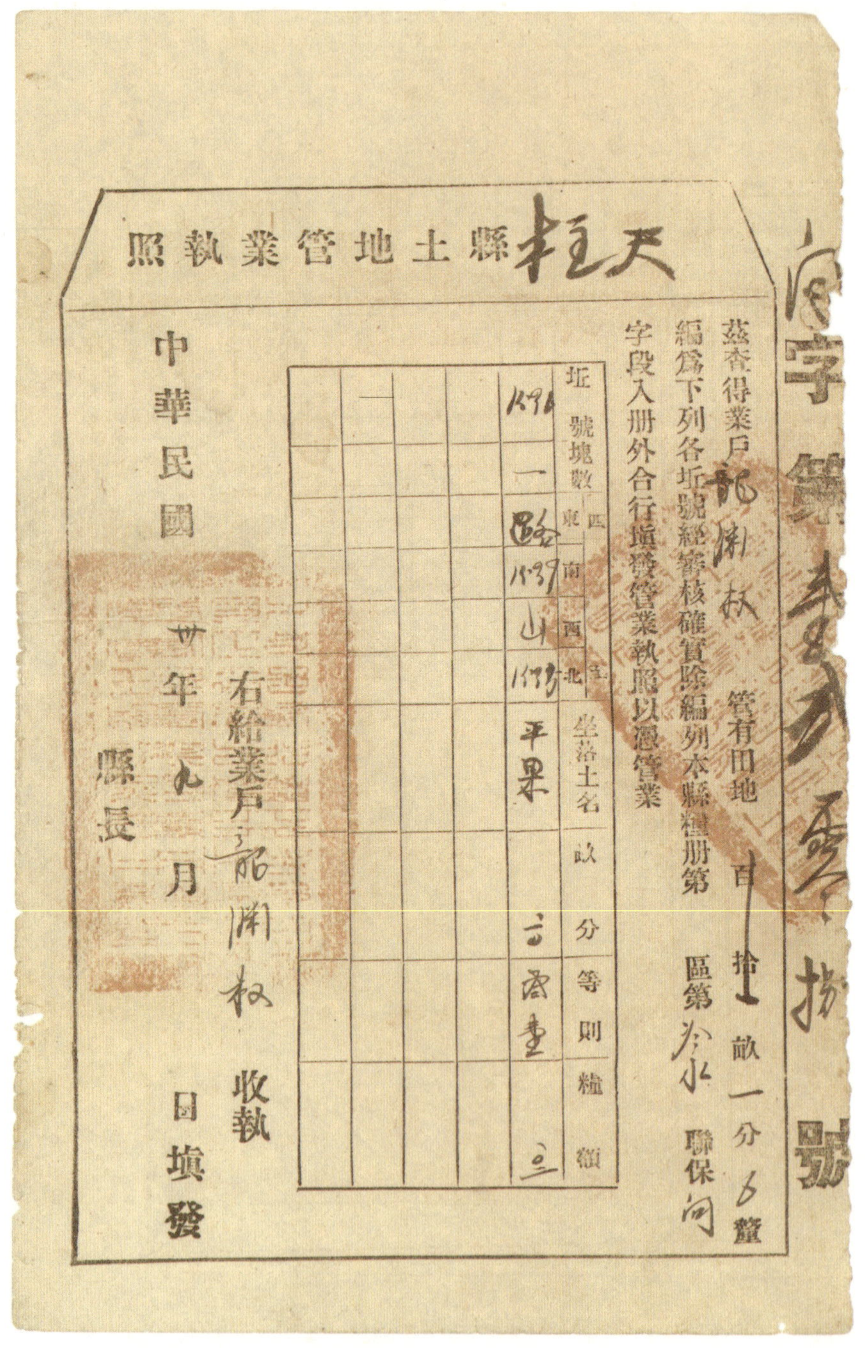

天柱縣土地管業執照

字第　　號

茲查得業戶龍淵权管有田地　百　拾　畝一分6釐編爲下列各坵號經審核確實除編列本縣糧册第　區第冷水聯保间字段入册外合行塡發管業執照以憑管業

坵號	塊數	四至	坐落土名	畝分	等則	糧額
1396	一	東 路 南 1397 西 山 北 1395	平果	一分	叁等壹	二

右給業戶龍淵权收執

中華民國卅年九月　日塡發

縣長

内容提要：龙渊权管有田地一分，除编列本县粮册冷水联保间字段入册外，合行填发管业执照，以凭管业。丘号1396，块数一块，坐落土名平果，亩分一分，叁等壹则，粮额二分。

11. 龙渊权丘号1566土地管业执照（民国三十年九月）

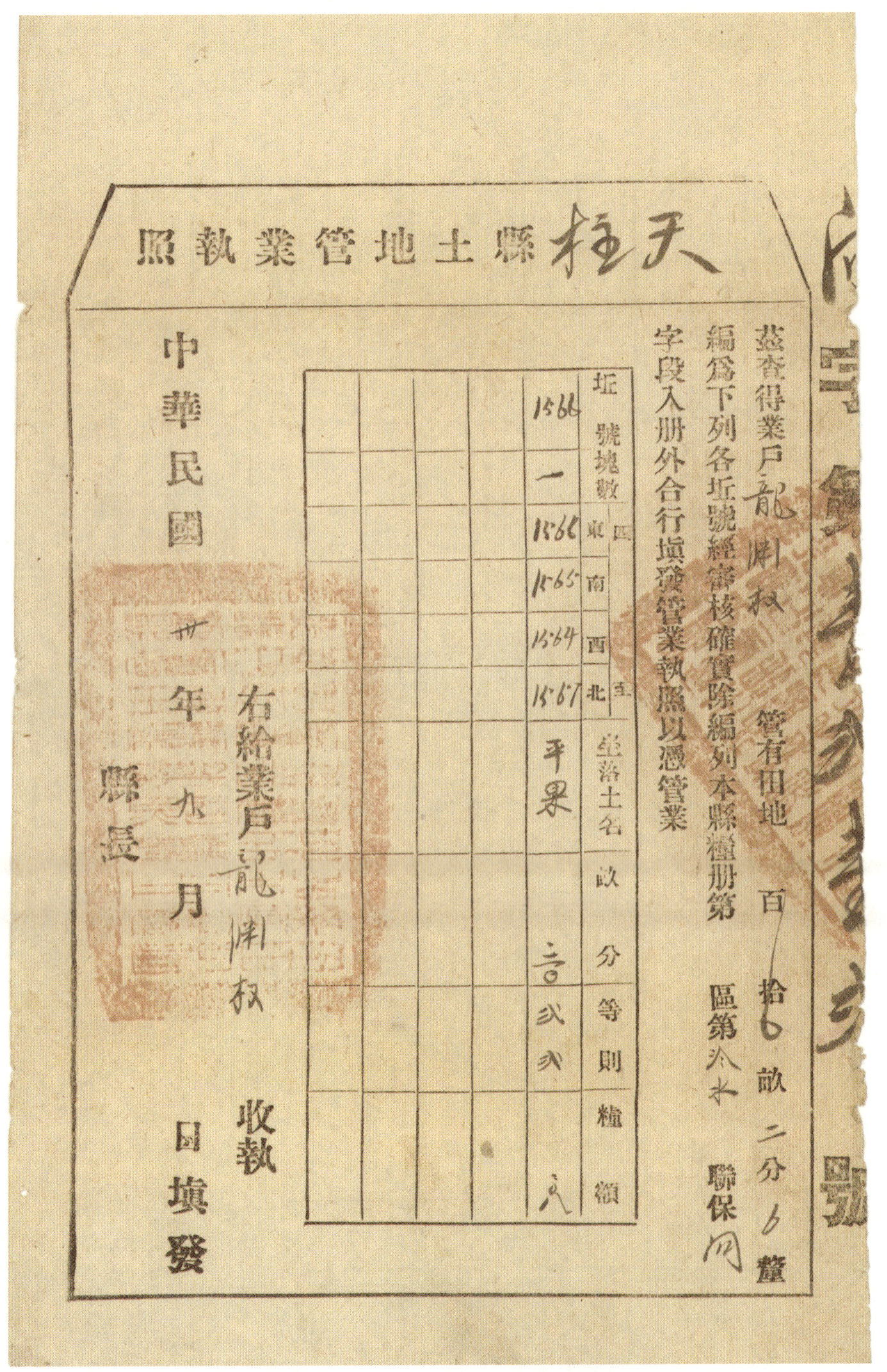

天柱縣土地管業執照

茲查得業戶龍渊权管有田地　百　拾　畝二分　釐
編爲下列各坵號經審核確實除編列本縣糧册第　區第冷水聯保问
字段入册外合行填發管業執照以憑管業

坵號	塊數	四至 東	南	西	北	坐落土名	畝分	等則	糧額
1566	一	1566	1565	1564	1567	平果	二分	贰贰	八

右給業戶龍渊权收執

中華民國卅年九月　日填發

縣長

内容提要：业户龙渊权管有田地二分，除编列本县粮册冷水联保问字段入册外，合行填发管业执照，以凭管业。丘号 1566，块数一块，坐落土名平果，亩分二分，贰等贰则，粮额八分。

12. 龙渊权丘号1568土地管业执照（民国三十年九月）

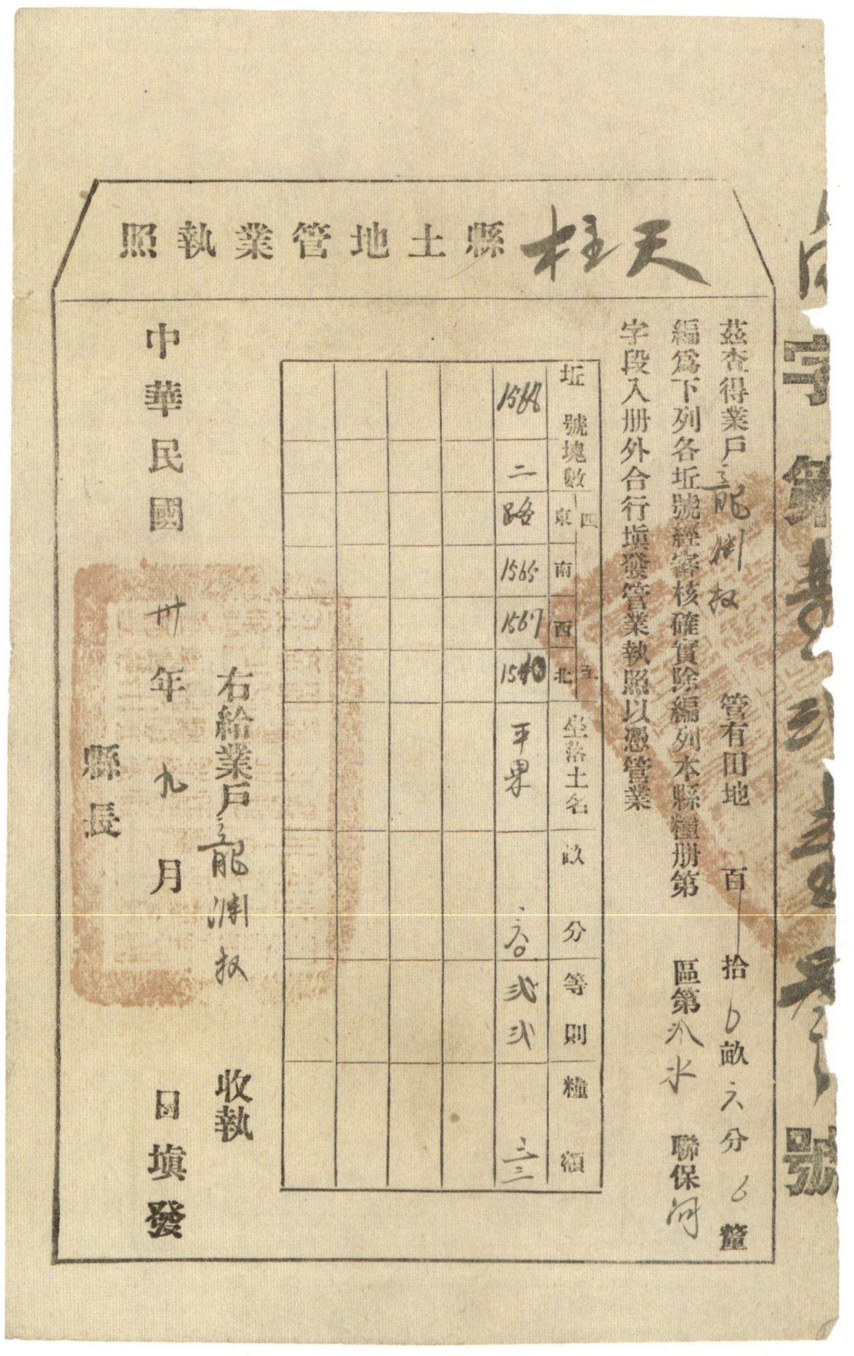

天柱縣土地管業執照

茲查得業戶龍淵权管有田地 百 拾6畝六分6釐編爲下列各坵號經審核確實除編列本縣糧册第八區第冷水聯保問字段入册外合行填發管業執照以憑管業

坵號	塊數	四至 東	南	西	北	坐落土名	畝分	等則	糧額
1568	二路		1565	1567	1540	平果	六分	貳貳	二三

右給業戶龍淵权收執

中華民國卅年九月 日填發

縣長

内容提要：业户龙渊权管有田地六分，除编列本县粮册冷水联保问字段入册外，合行填发管业执照，以凭管业。丘号1568，块数二块，坐落土名平果，亩分六分，贰等贰则，粮额二角三分。

13. 龙渊权丘号1502土地管业执照（民国三十年九月）

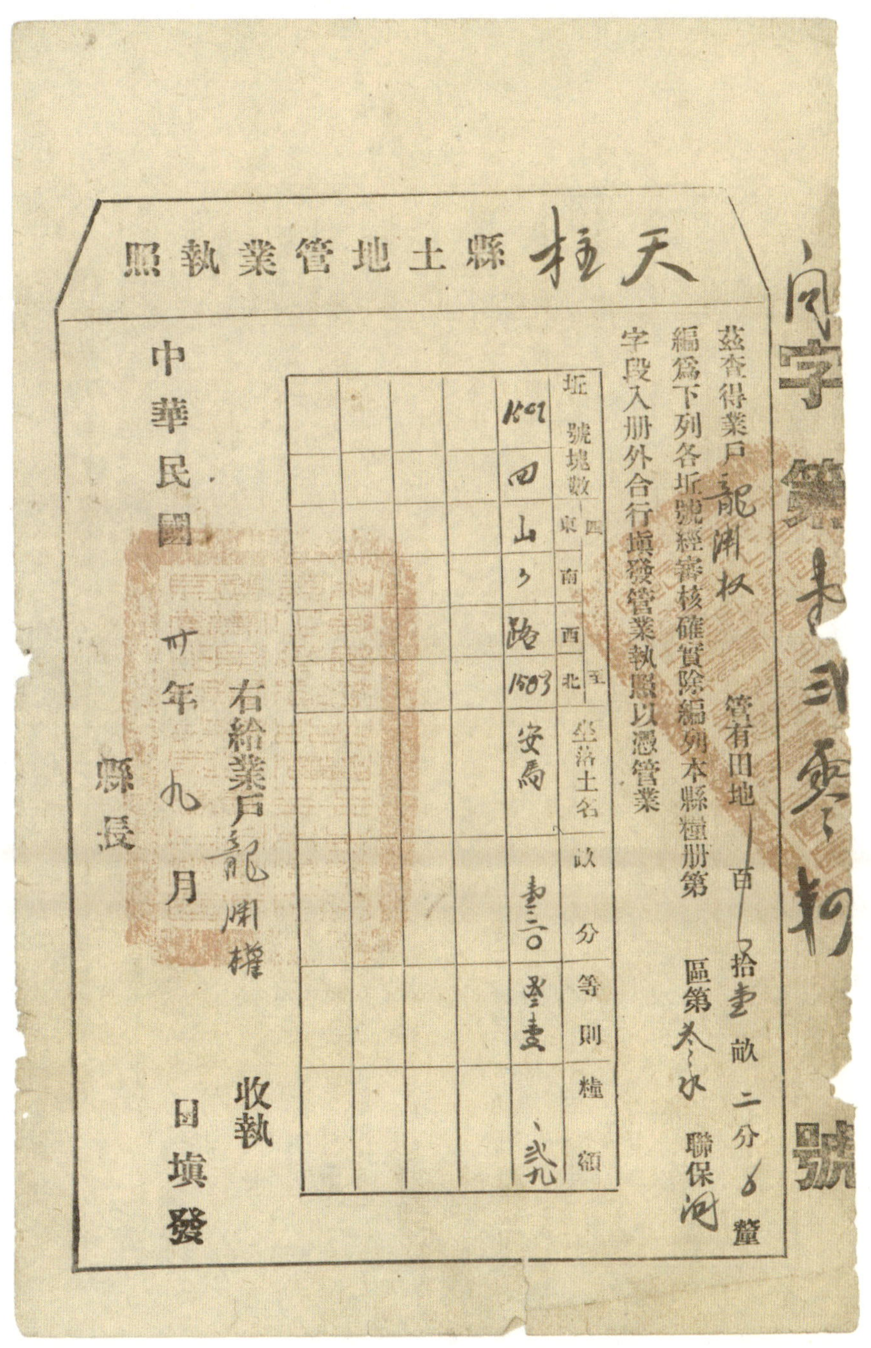

天柱縣土地管業執照

茲查得業戶龍渊权管有田地壹百拾壹畝二分６釐編爲下列各坵號經審核確實除編列本縣糧册第　區第叁水聯保问字段入册外合行填發管業執照以憑管業

坵號	塊數	四至 東	南	西	北	坐落土名	畝分	等則	糧額
1502	四	山	㇋	路	1503	安馬	壹二〇	叁壹	、贰九

右給業戶龍渊權收執

中華民國卅年九月　日填發

縣長

问字第　號

内容提要：业户龙渊权管有田地壹亩二分，除编列本县粮册冷水联保问字段入册外，合行填发管业执照，以凭管业。丘号1502，块数四块，坐落土名安马，亩分壹亩二分，叁等壹则，粮额贰角九分。

14. 龙渊权丘号1500土地管业执照（民国三十年九月）

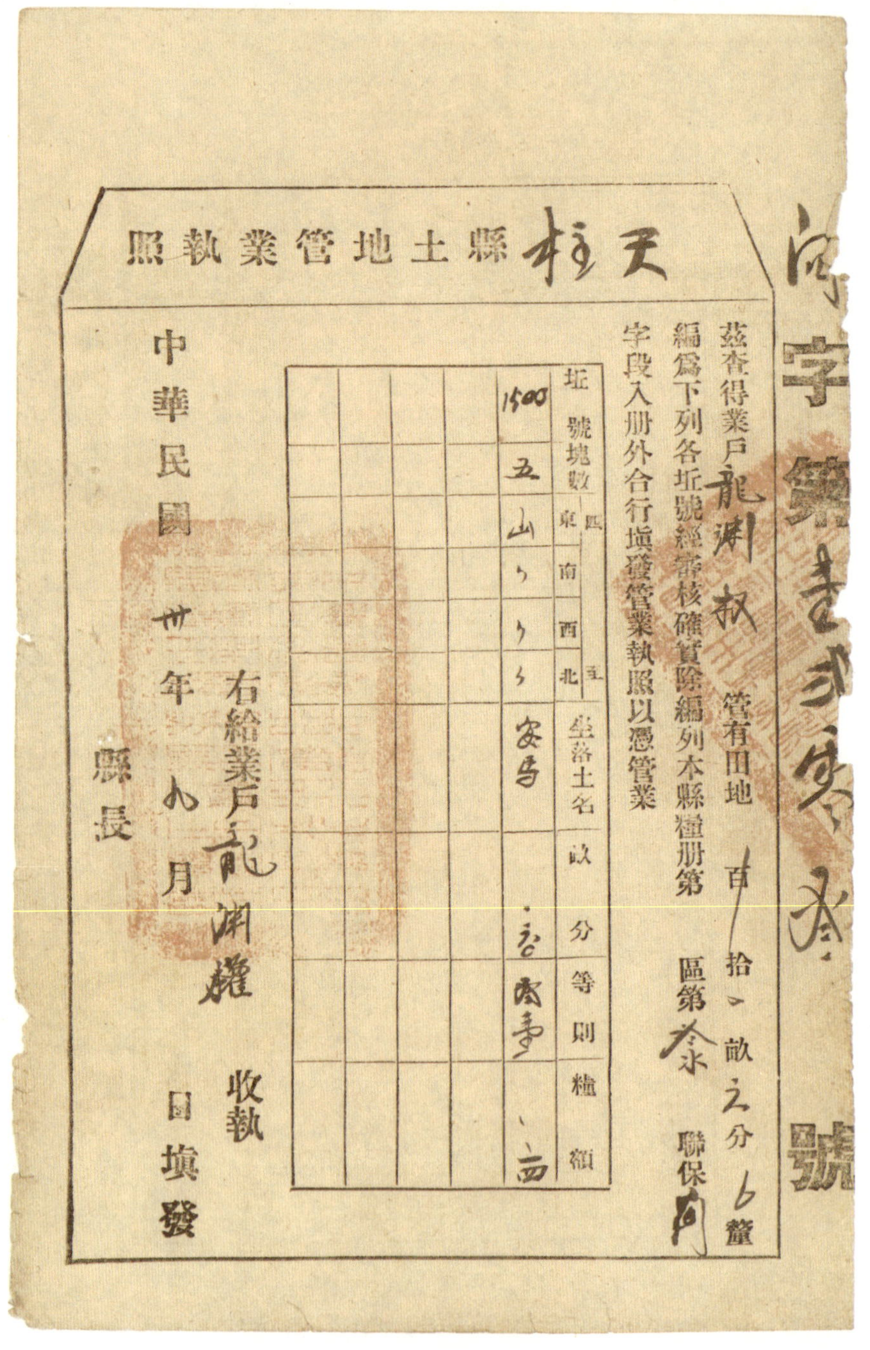

天柱縣土地管業執照

问字第壹弍零叁號

茲查得業戶龍渊权管有田地　百　拾　畝六分6釐
編爲下列各坵號經審核確實除編列本縣糧册第　區第叁聯保问
字段入册外合行填發管業執照以憑管業

坵號	塊數	四至 東	南	西	北	坐落土名	畝分	等則	糧額
1500	五	山	ク	ク	ク	安马	·六	叁壹	、四

右給業戶龍渊權收執

中華民國卅年九月　日填發

縣長

内容提要：业户龙渊权管有田地六分，除编列本县粮册冷水联保问字段入册外，合行填发管业执照，以凭管业。丘号1500，块数五块，坐落土名安马，亩分六分，叁等壹则，粮额一角四分。

15. 龙渊权丘号1369土地管业执照（民国三十年九月）

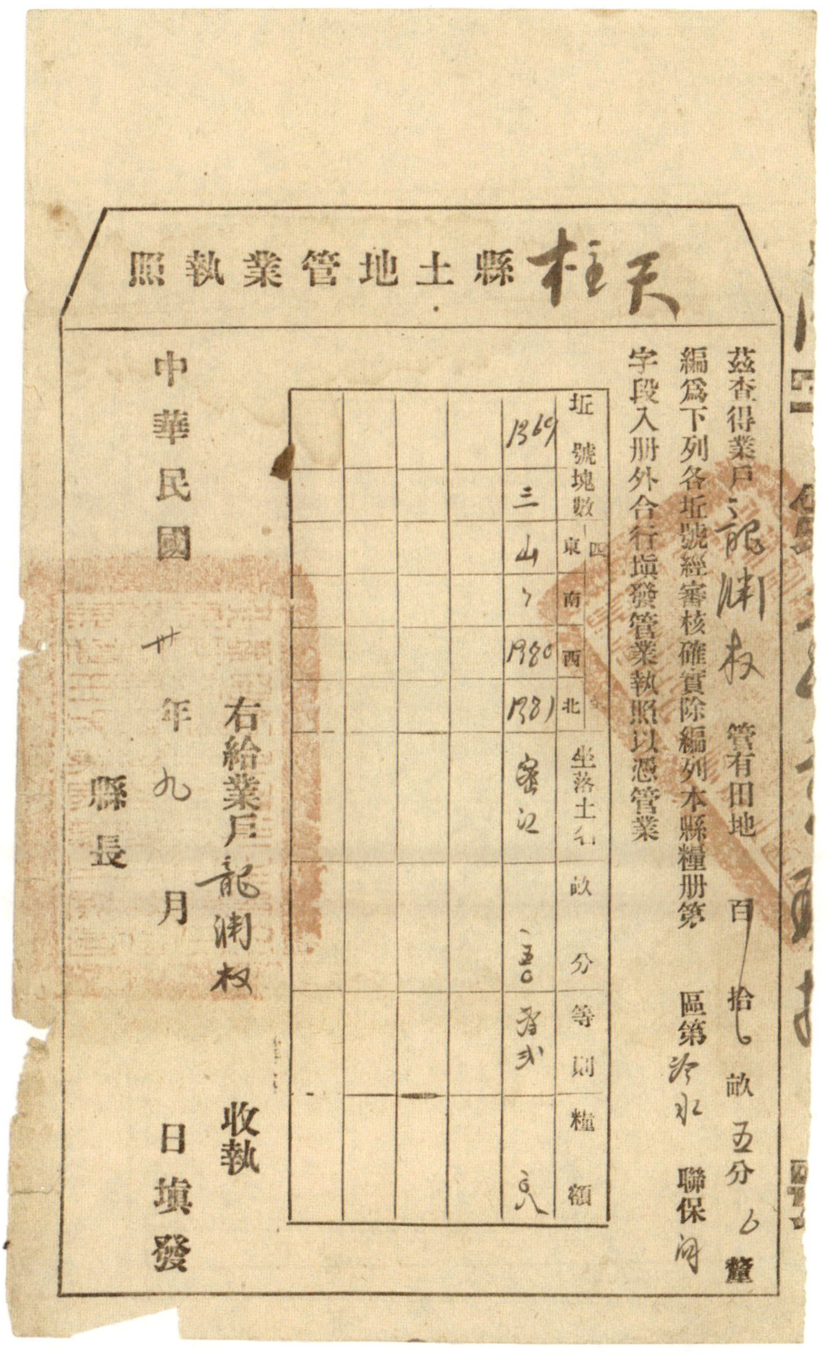

内容提要：业户龙渊权管有田地五分，除编列本县粮册冷水联保问字段入册外，合行填发管业执照，以凭管业。丘号 1369，块数三块，坐落土名密江，亩分五分，叁等贰则，粮额八分。

16. 龙渊权丘号1307土地管业执照（民国三十年九月）

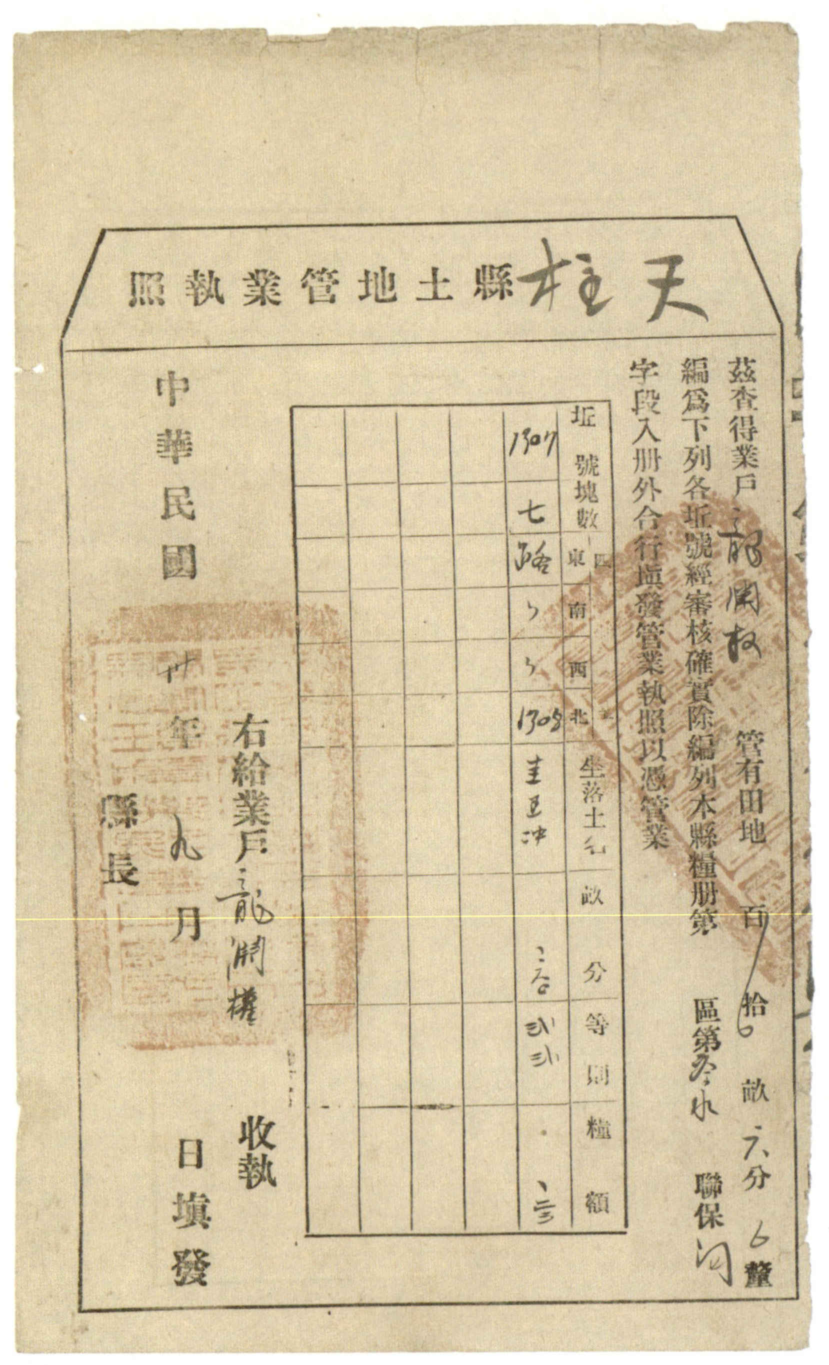

天柱縣土地管業執照

茲查得業戶龍渊权管有田地 百 拾 畝六分 釐
編爲下列各坵號經審核確實除編列本縣糧册第 區第冷水聯保问
字段入册外合行塡發管業執照以憑管業

坵號	塊數	四至 東	南	西	北	坐落土名	畝分	等則	糧額
1307	七	路	｜	｜	1308	圭王冲	六分	貳貳	、二三

右給業戶龍渊權收執

中華民國卅年九月 日塡發

縣長

内容提要：业户龙渊权管有田地六分，除编列本县粮册冷水联保问字段入册外，合行填发管业执照，以凭管业。丘号 1307，块数七块，坐落土名圭王冲，亩分六分，贰等贰则，粮额二角三分。

17. 龙渊权丘号1505土地管业执照（民国三十年九月）

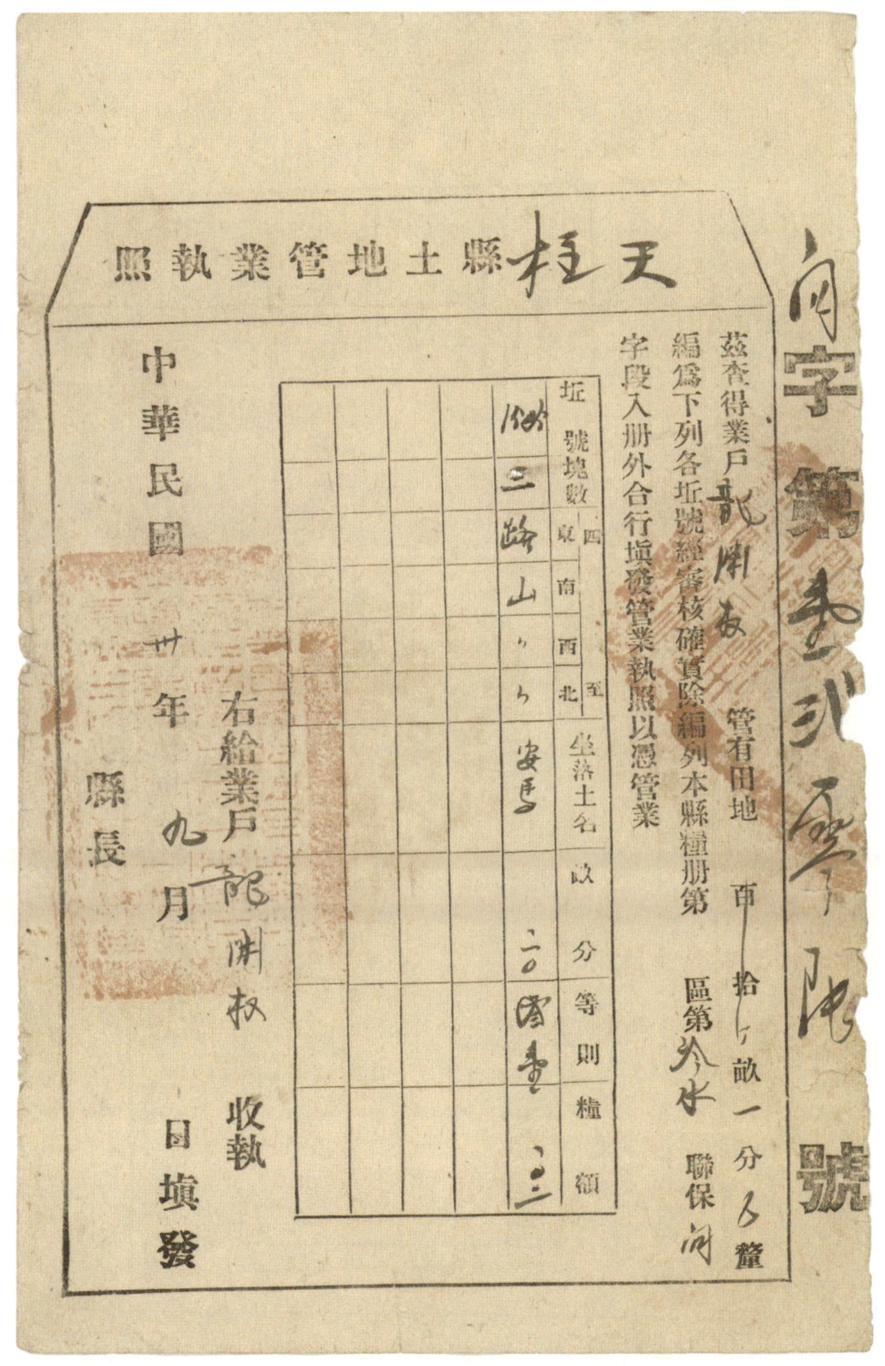

天柱縣土地管業執照

茲查得業戶龍渊权管有田地　百　拾　畝一分　釐編爲下列各坵號經審核確實除編列本縣糧册第　區第冷水聯保問字段入册外合行填發管業執照以憑管業

坵號	塊數	四至（東南西北）	坐落土名	畝分	等則	糧額
1505	三		安馬	一分	叁等壹則	二分

右給業戶龍渊权收執

中華民國卅年九月　日填發

縣長

内容提要：业户龙渊权管有田地一分，除编列本县粮册冷水联保问字段入册外，合行填发管业执照，以凭管业。丘号 1505，块数三块，坐落土名安马，亩分一分，叁等壹则，粮额二分。

18. **龙渊权丘号1542土地管业执照**（民国三十年九月）

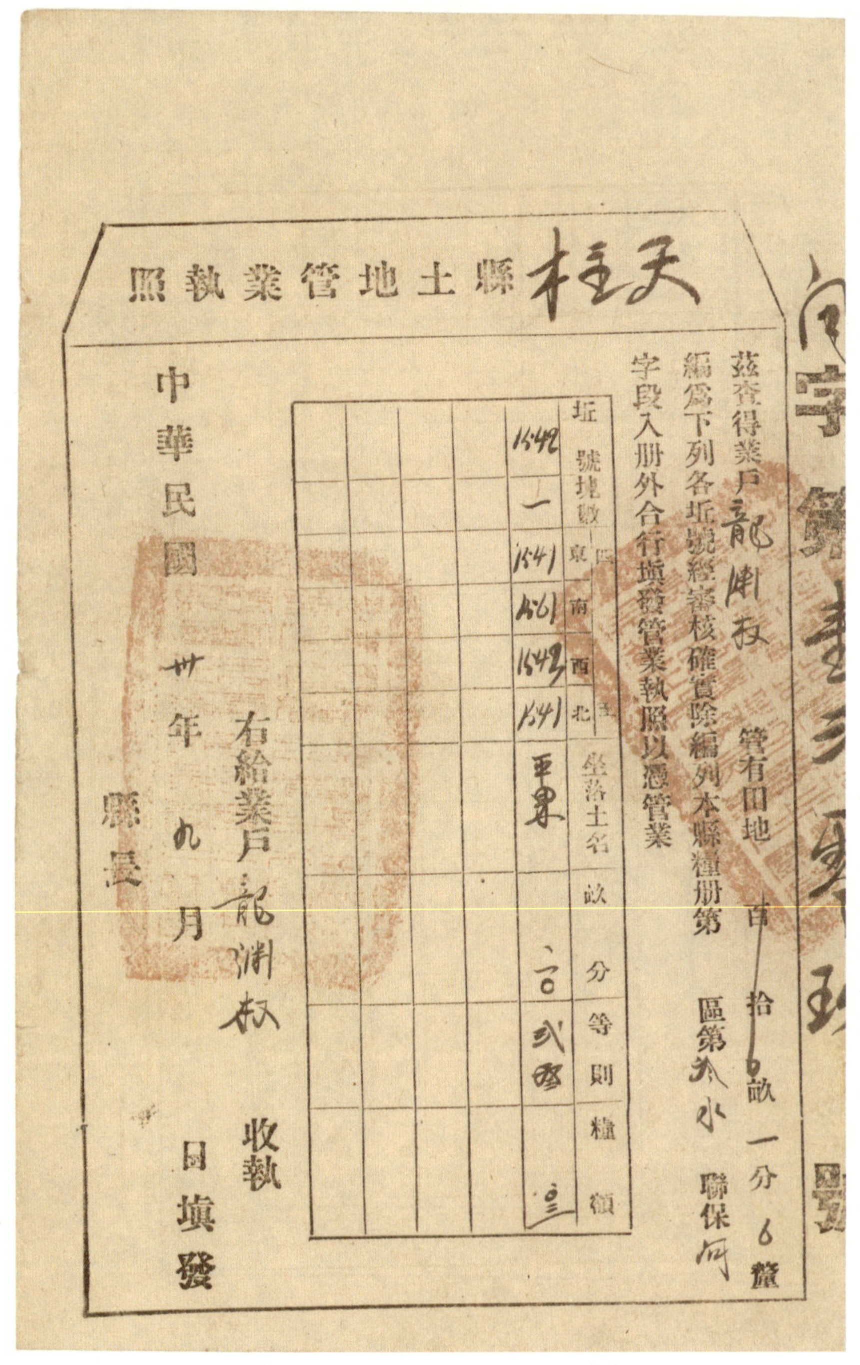

内容提要：业户龙渊权管有田地一分，除编列本县粮册冷水联保问字段入册外，合行填发管业执照，以凭管业。丘号1542，块数一块，坐落土名平果，亩分一分，贰等叁则，粮额三分。

19. 龙渊权丘号1496土地管业执照（民国三十年九月）

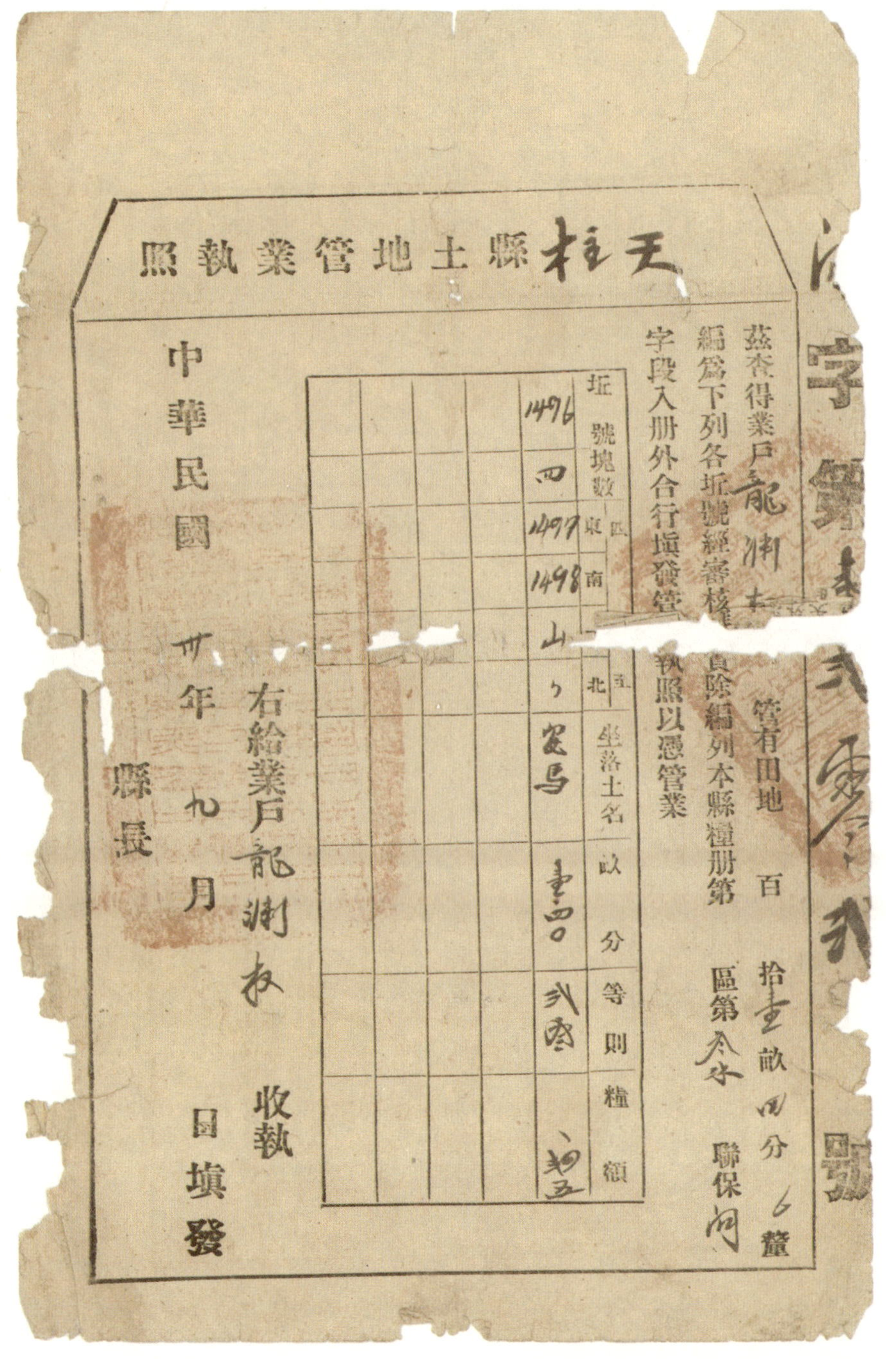

内容提要：业户龙渊权管有田地壹亩四分，除编列本县粮册冷水联保问字段入册外，合行填发管业执照，以凭管业。丘号1496，块数四块，坐落土名安马，亩分壹亩四分，贰等叁则，粮额肆角五分。

20.龙梁炳丘号1368土地管业执照（民国三十年九月）

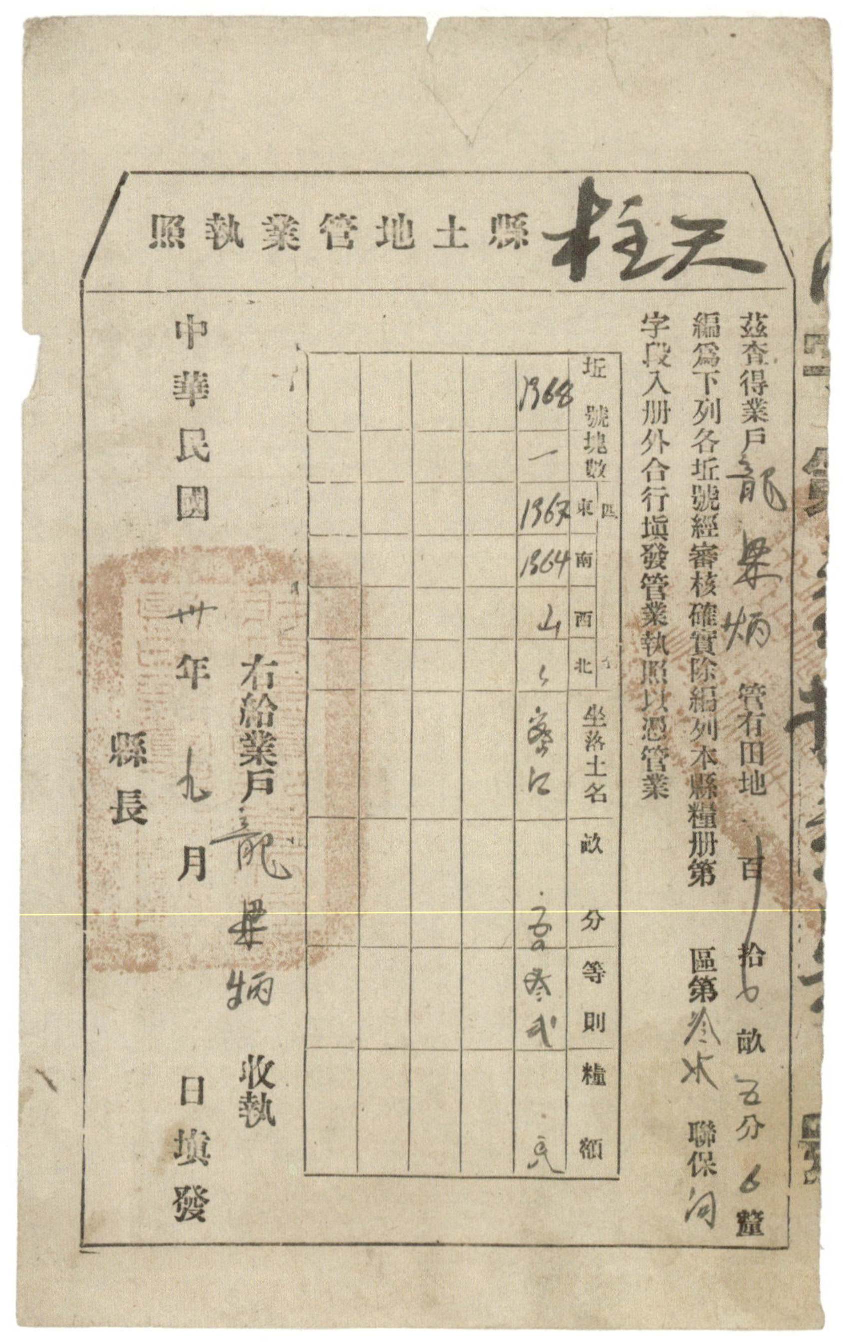

内容提要：业户龙梁炳管有田地五分，除编列本县粮册冷水联保冋字段入册外，合行填发管业执照，以凭管业。丘号1368，块数一块，坐落土名密江，亩分五分，叁等贰则，粮额八分。

21. 龙渊权丘号1548土地管业执照（民国三十年九月）

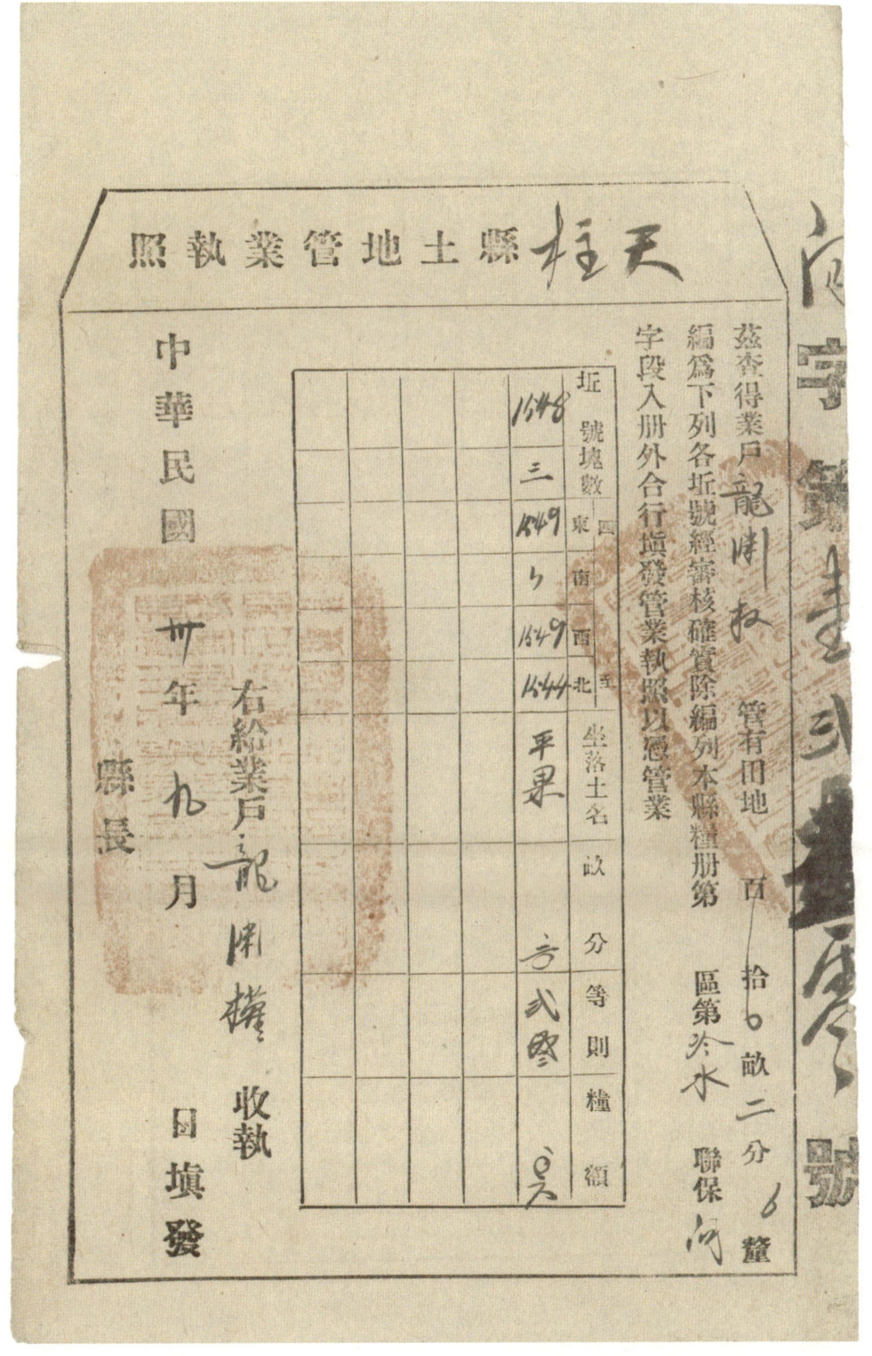

天柱縣土地管業執照

問字第　號

茲查得業戶龍渊权管有田地　百　拾　畝二分　釐
編爲下列各坵號經審核確實除編列本縣糧册第　區第冷水聯保問
字段入册外合行填發管業執照以憑管業

坵號	塊數	四至 東	南	西	北	坐落土名	畝分	等則	糧額
1548	三	1549	〃	1549	1544	平果	二分	貳叁	六

右給業戶龍渊權收執

縣長

中華民國卅年九月　日填發

内容提要：业户龙渊权管有田地二分，除编列本县粮册冷水联保问字段入册外，合行填发管业执照，以凭管业。丘号1548，块数三块，坐落土名平果，亩分二分，贰等叁则，粮额六分。

22. 龙渊权丘号1550土地管业执照（民国三十年九月）

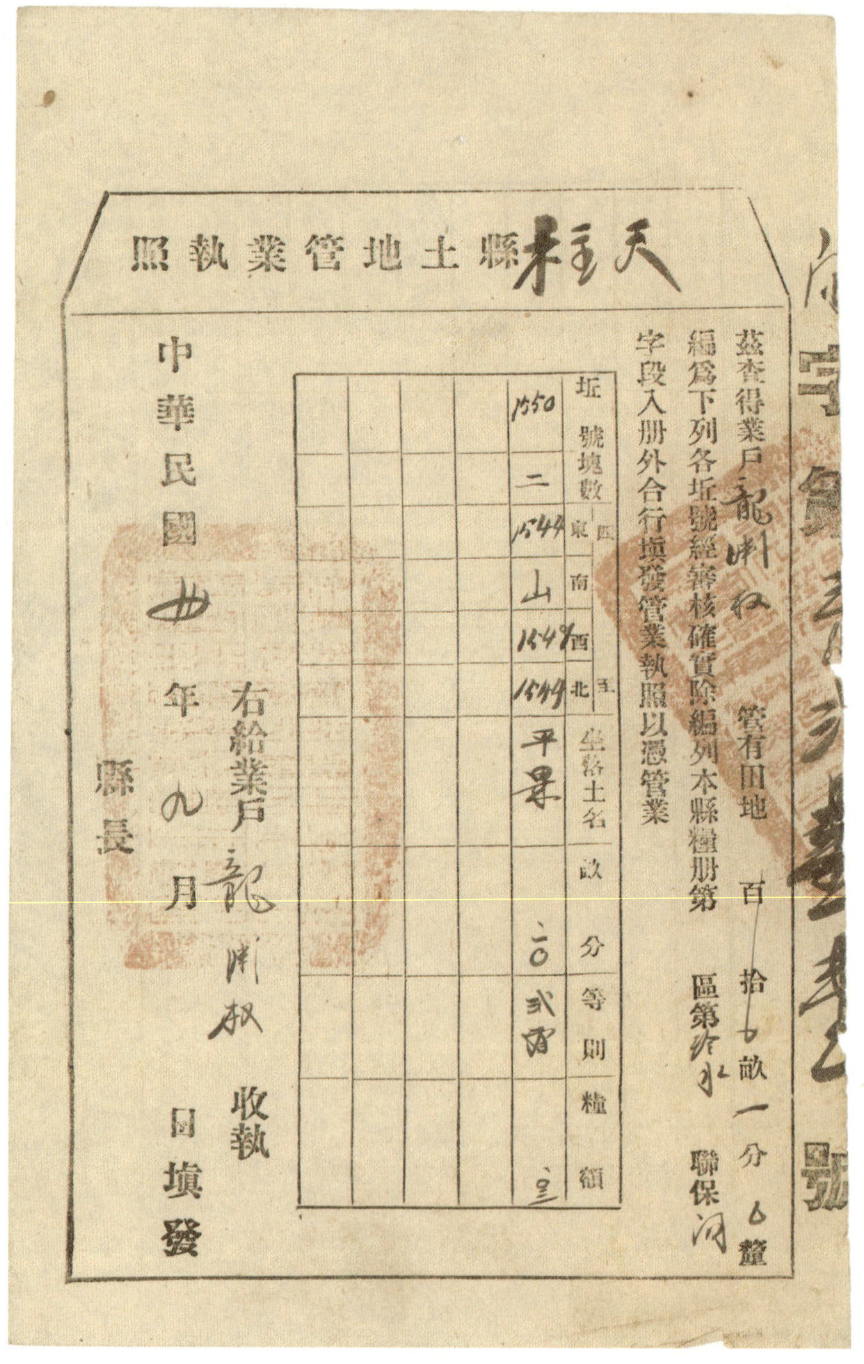

内容提要：业户龙渊权管有田地一分，除编列本县粮册冷水联保问字段入册外，合行填发管业执照，以凭管业。丘号 1550，块数二块，坐落土名平果，亩分一分，贰等叁则，粮额三分。

23. 龙渊权丘号1697土地管业执照（民国三十年九月）

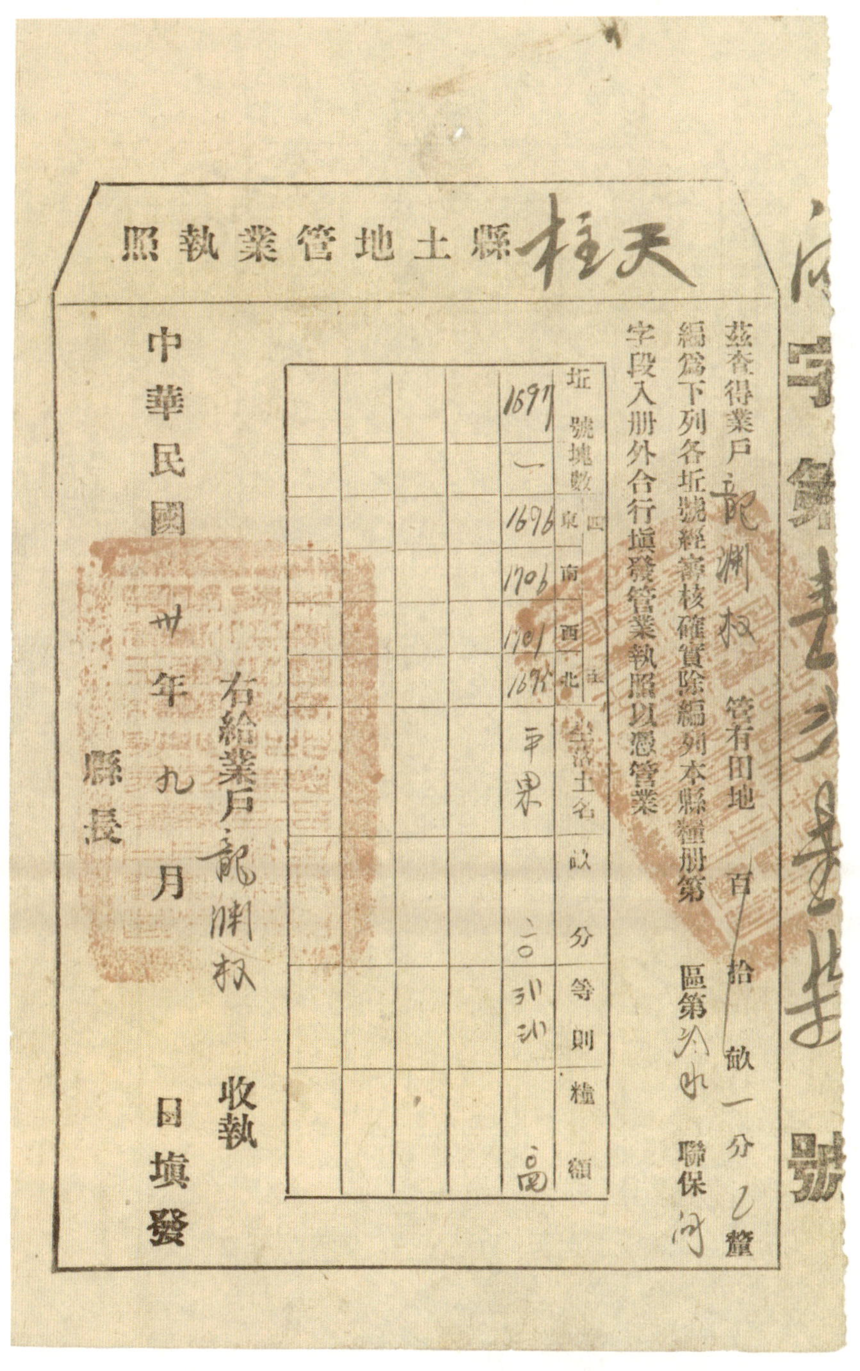

天柱縣土地管業執照

茲查得業戶龍渊权管有田地　百　拾　畝一分乙釐

編爲下列各坵號經審核確實除編列本縣糧冊第　區第冷水聯保问

字段入冊外合行填發管業執照以憑管業

坵號	塊數	四至 東	南	西	北	坐落土名	畝分	等則	糧額
1697	一	1696	1706	1701	1698	平果	一分	弍等弍則	四

右給業戶龍渊权　收執

中華民國卅年九月　日填發

縣長

内容提要：业户龙渊权管有田地一分，除编列本县粮册冷水联保问字段入册外，合行填发管业执照，以凭管业。丘号1697，块数一块，坐落土名平果，亩分一分，贰等贰则，粮额四分。

24. 龙梁炳丘号1503土地管业执照（民国三十一年七月）

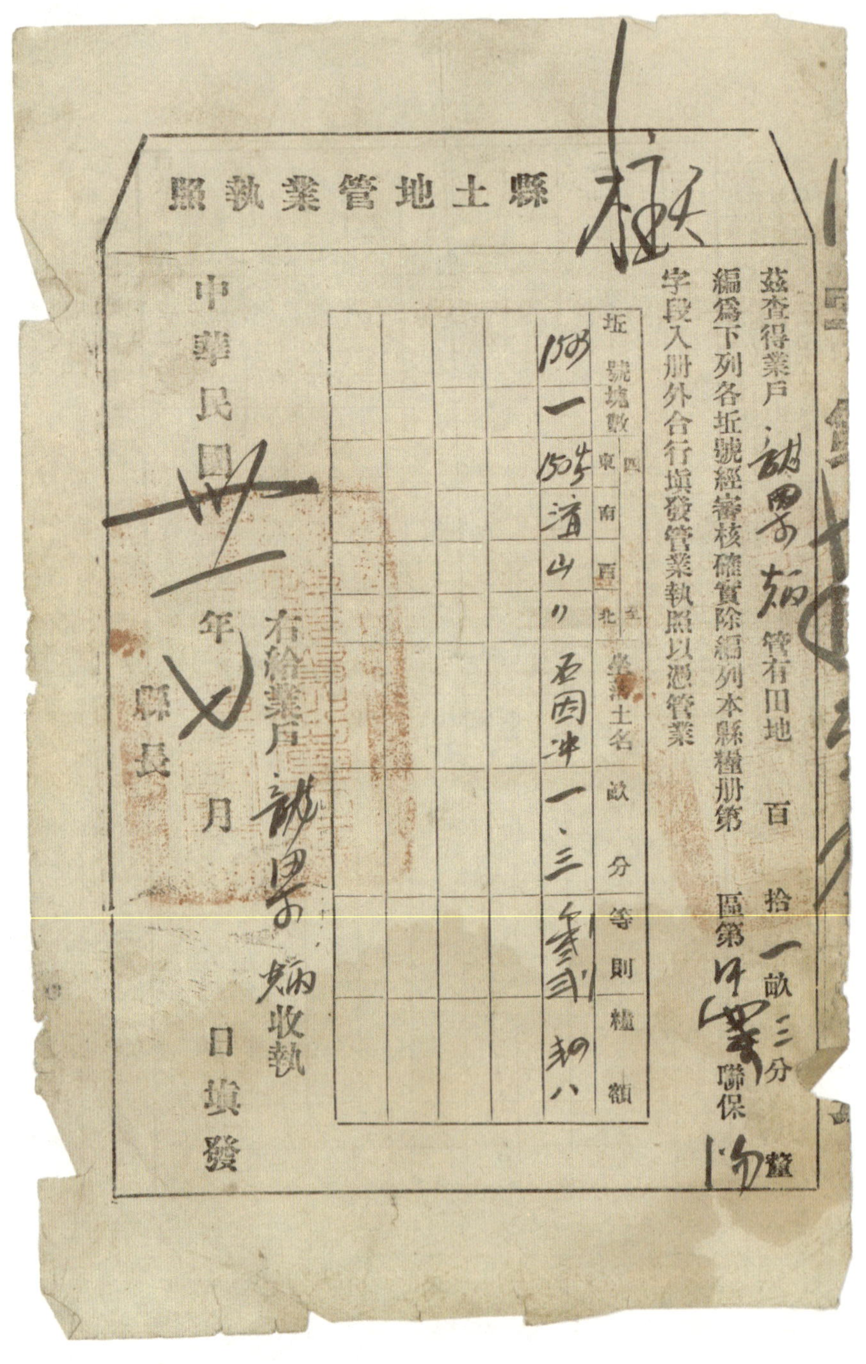

内容提要：业户龙梁炳管有田地一亩三分，除编列本县粮册汗寨联保汤字段入册外，合行填发管业执照，以凭管业。丘号1503，块数一块，坐落土名石因冲，亩分一亩三分，叁等贰则，粮额肆角八分。

25. **龙渊权缴纳股金通知单**（民国三十二年元月）

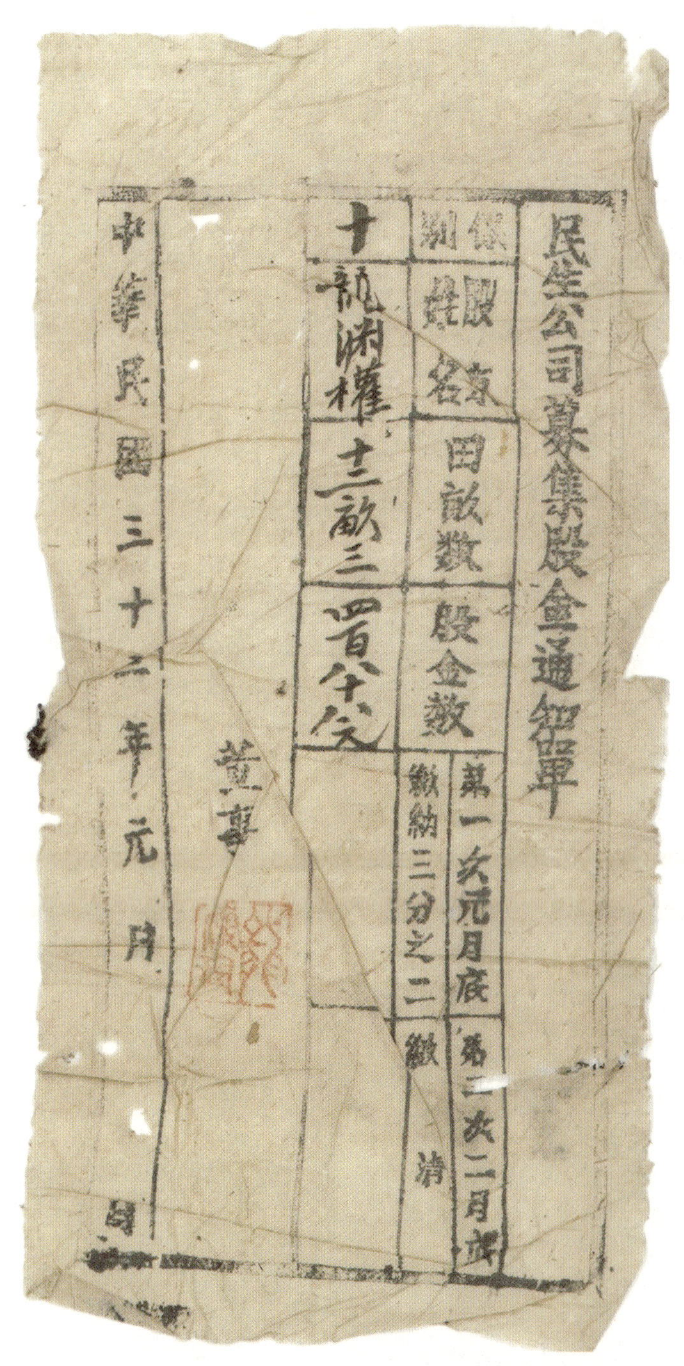

民生公司募集股金通知單

保別	股東姓名	田畝數	股金數
十	龍淵權	十二畝三	四百八十八元

第一次元月底　繳納三分之二

第二次二月底　繳清

董事

中華民國三十二年元月　日

内容提要：民生公司募集股金，十保股东龙渊权有田十二亩三分，摊派股金四百八十八元。

26. 龙梁炳收执土地管业执照事务所收据（民国三十二年四月）

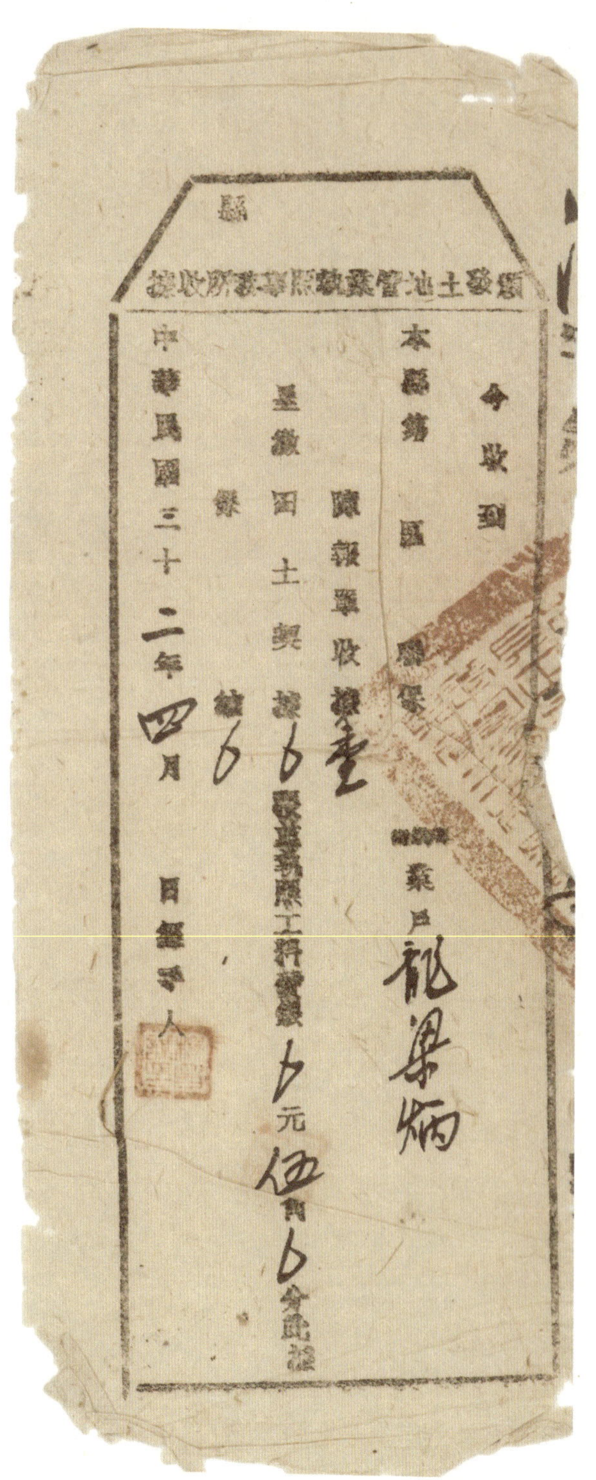

縣

頒發土地管業執照事務所收據

今收到

本縣第　區　鄉保　業戶龍梁炳

陳報單收據壹張

呈繳田土契據6張　收取執照工料費銀6元伍角6分此證

券　號6

中華民國三十二年四月　日經手人

内容提要：收到业户龙梁炳陈报单收据壹张，银元伍角。

27. 龙然炳收到龙松炳土价洋收据（民国三十六年十二月二十八日）

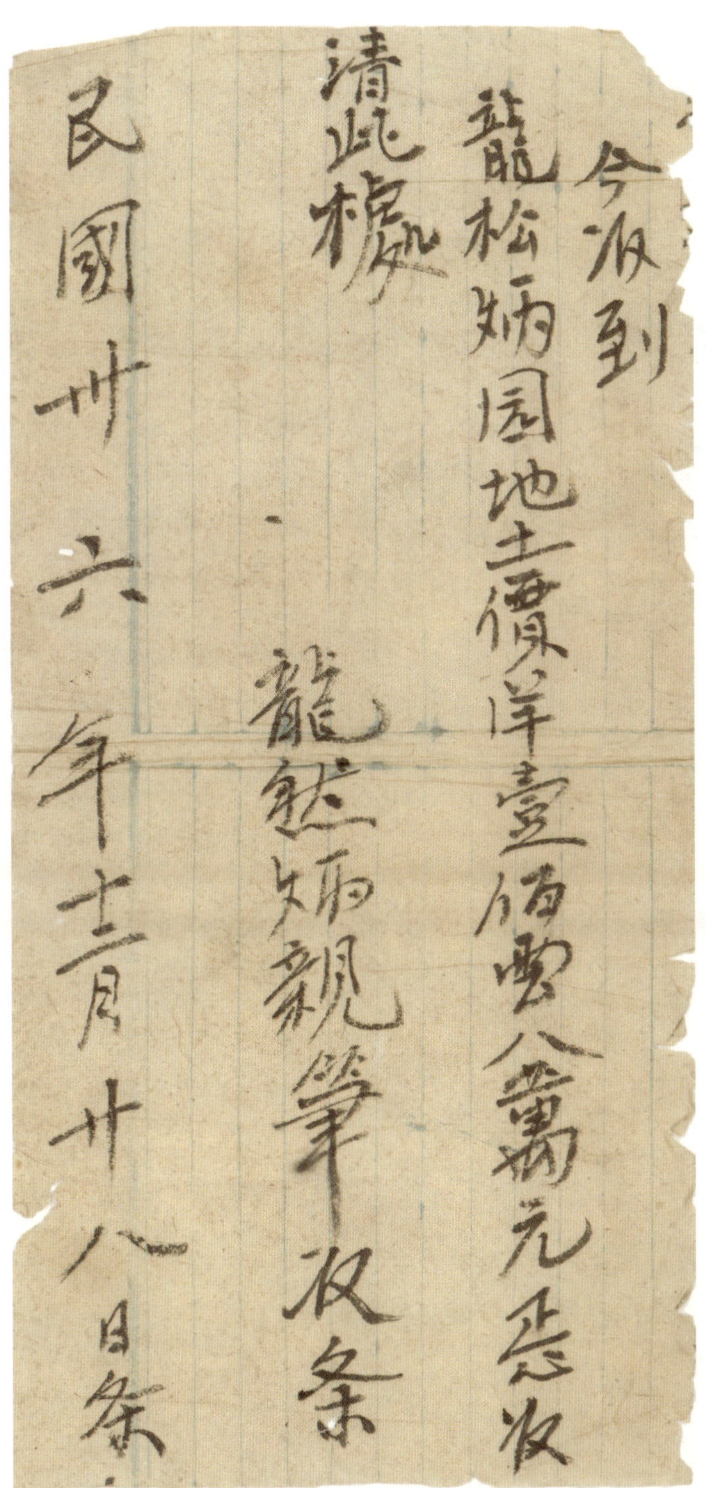

今收到
龍松炳園地土價洋壹佰零八萬元正收
清此據
龍然炳親筆收条
民國卅六年十二月廿八日条

内容提要：龙然炳收到龙松炳园地土价［钞］洋壹佰零八万元整。

注：钞洋，即法币。

28. 龙渊权乐捐县道特工经费收据（民国三十六年）

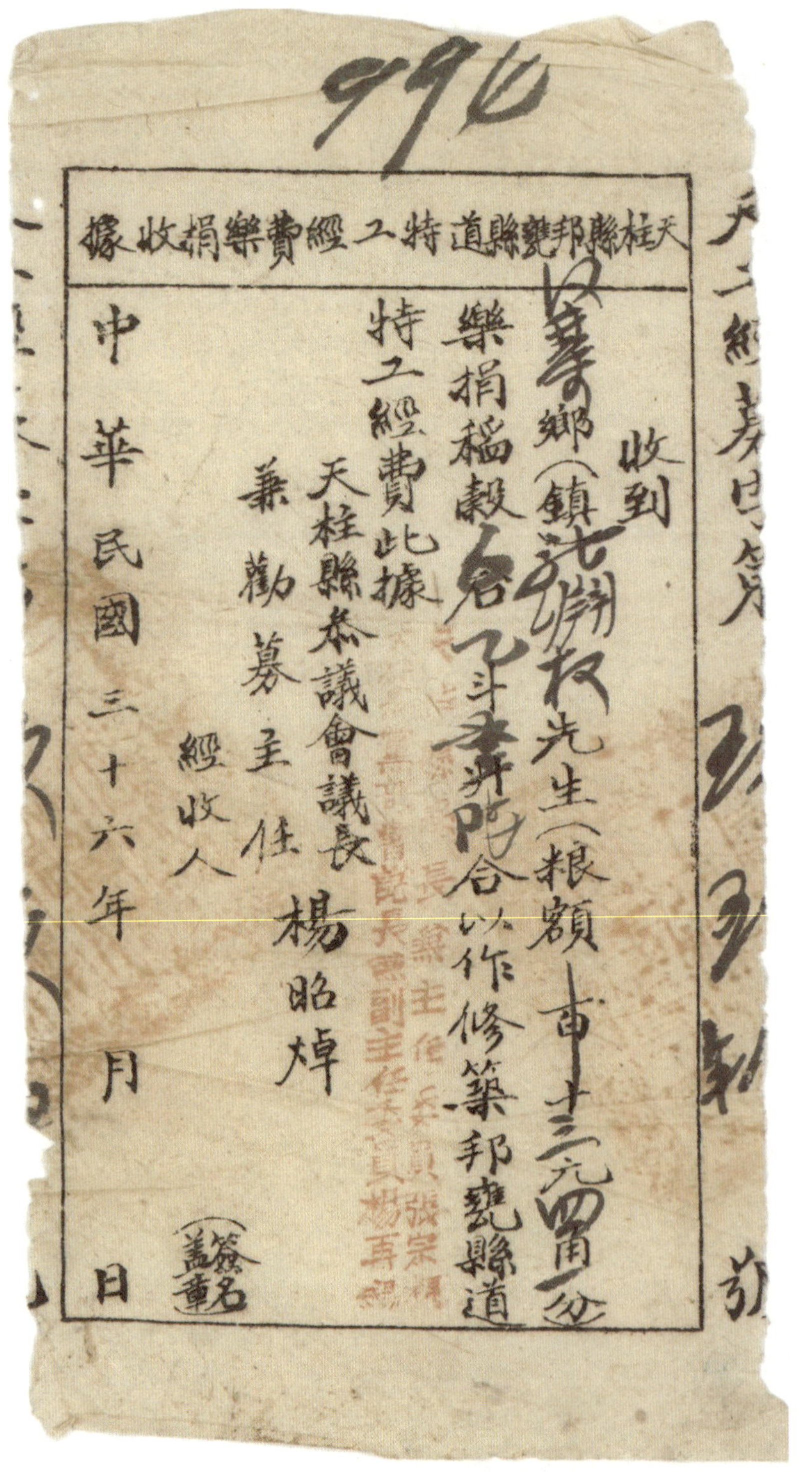

内容提要：汉寨乡龙渊权先生粮额三元四角一分，乐捐稻谷乙斗叁升陆合，以作修筑邦甕县道特工经费。

天柱县县长兼主任委员张宗福

天柱县党部书记长兼副主任委员杨再锡

天柱县参议会议长兼劝募主任杨昭焯

29. 龙梁炳民国三十六年征收田赋收据（民国三十七年一月七日）

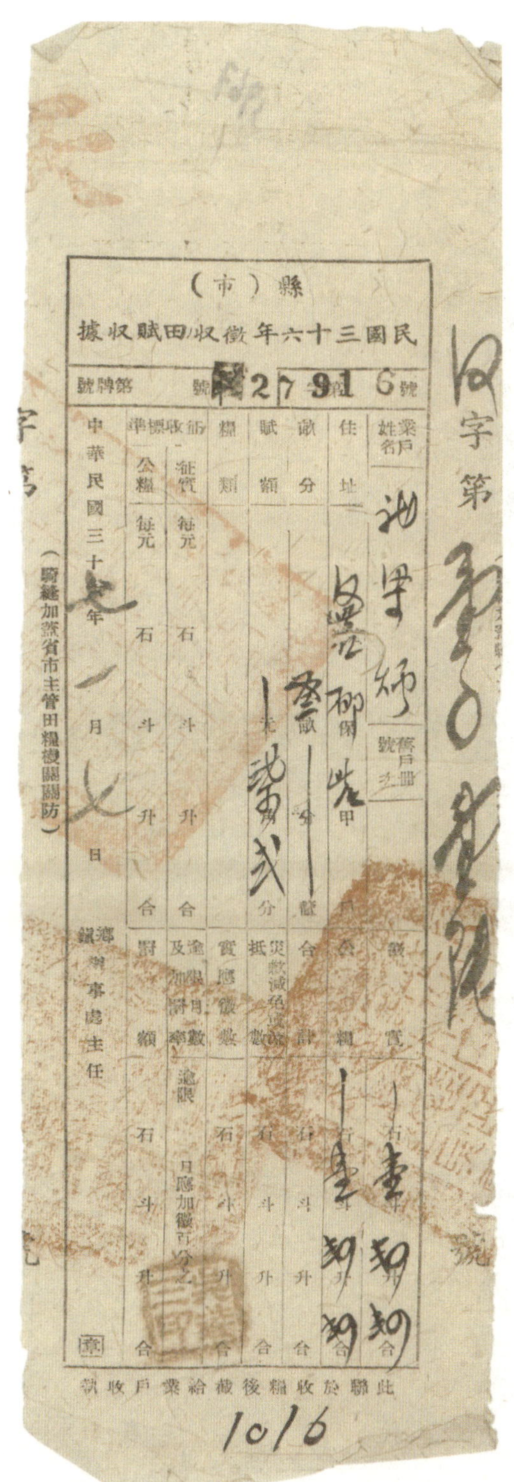

内容提要：业户龙梁炳，住址汉寨［乡］柳［寨］保口甲，亩分叁亩，赋额柒角贰分，征实壹斗肆升肆合，公粮壹斗肆升肆合。

30. 龙渊权完纳民国二十九、三十年田赋凭条（民国□□年）

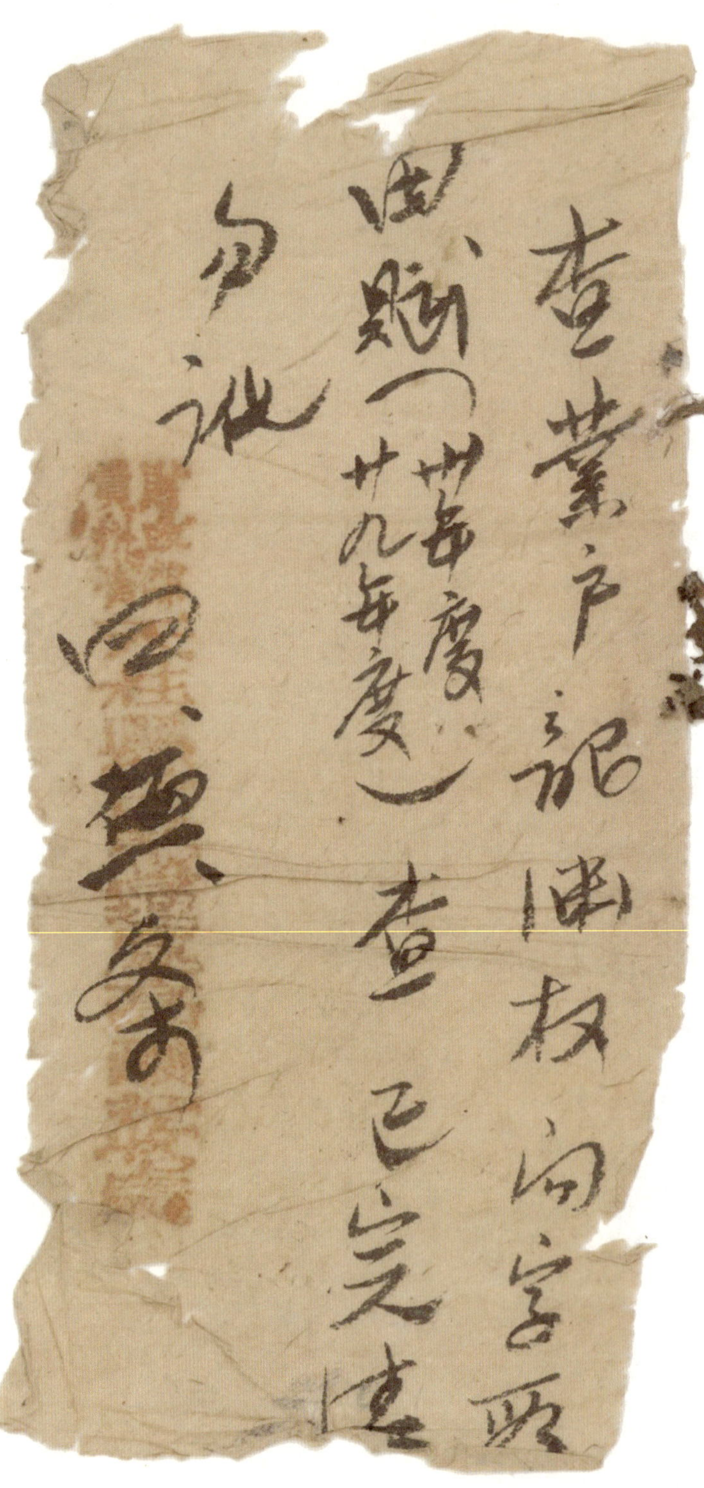

查业户龙渊权问字段田赋（卅年度、廿九年度）查已完清，勿讹。

回凭条

31. 龙喜文等立契逾期投税罚金通告书（民国□□年）

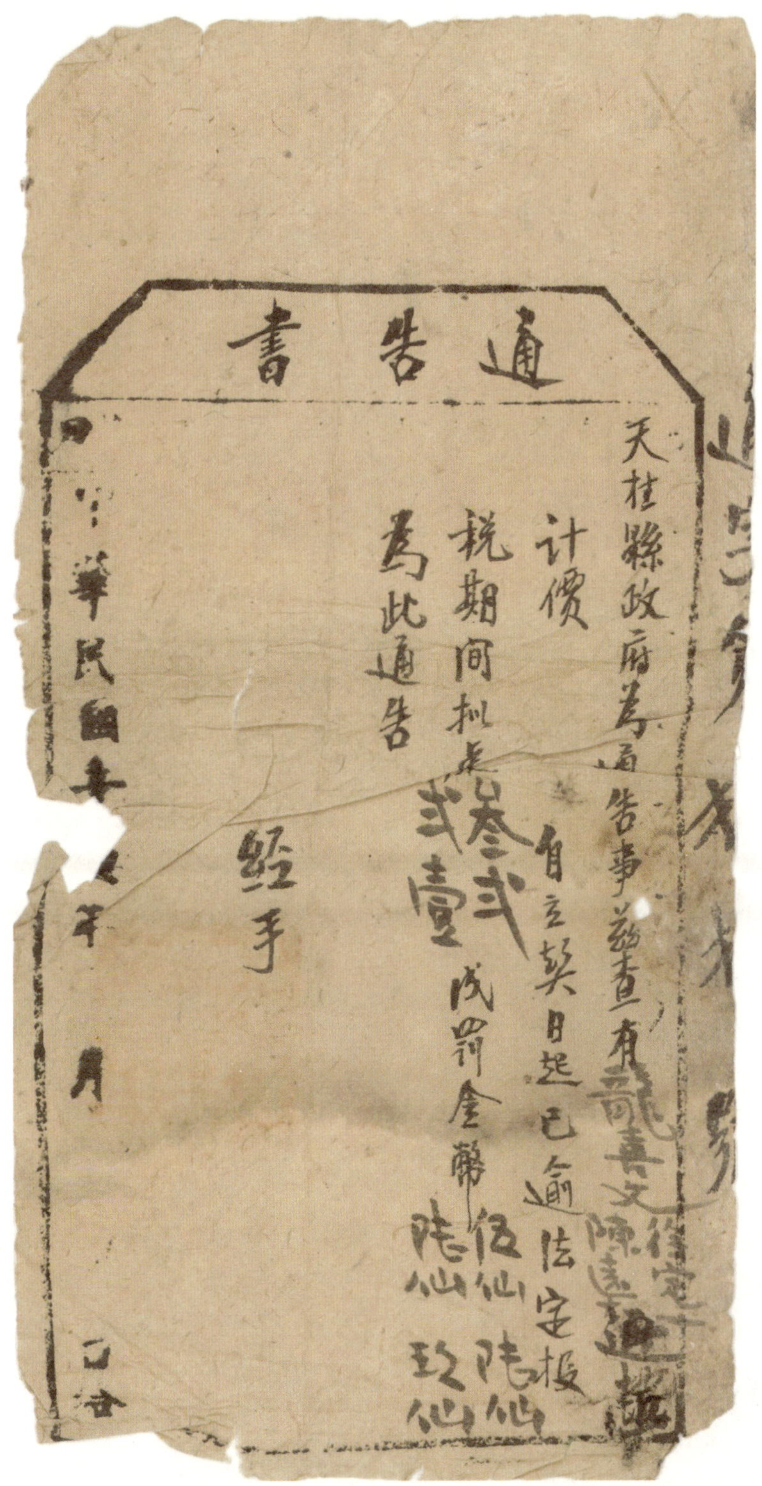

通告书

天柱县政府为通告事，兹查有龙喜文、徐定一、陈远□地丘，计价　　自立契日起已逾法定投税期间，拟处叁、贰、贰、壹成罚金，币伍仙、陆仙、陆仙、玖仙，为此通告

经手

中华民国□□年□□月□□日给

32. 龙宗炳农业税征收收据（一九五一年十二月三日）

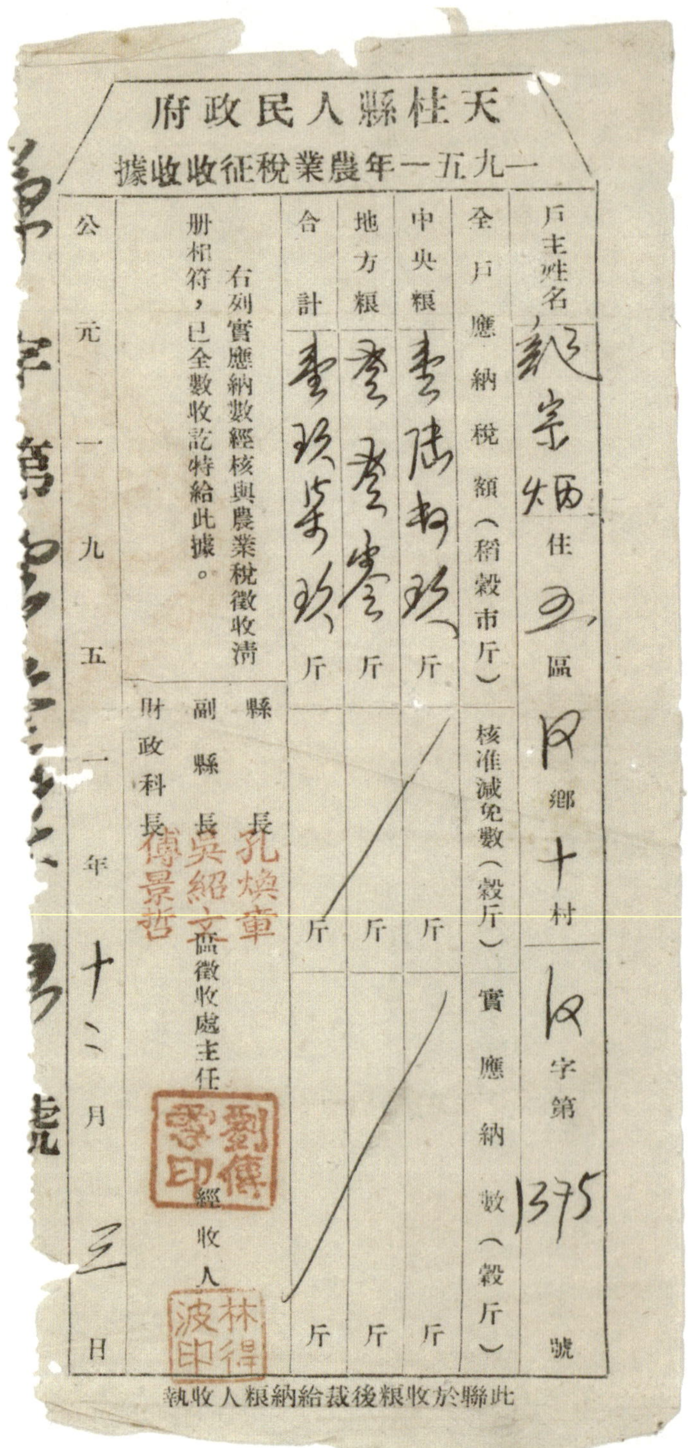

天柱縣人民政府

一九五一年農業稅征收收據

戶主姓名	全戶應納稅額（稻穀市斤）	中央粮	地方粮	合計
龍宗炳 住五區漢鄉十村		壹陆肆拾玖斤	叁叁拾斤	壹玖柒玖斤
	核准減免數（穀斤）	斤	斤	斤
漢字第1375號	實應納數（穀斤）	斤	斤	斤

右列實應納數經核與農業稅徵收清册相符，已全數收訖特給此據。

縣長 孔焕章

副縣長 吴紹文

財政科長 傅景哲

區徵收處主任 劉傳雲印

經收人 林得波印

公元一九五一年十二月三日

此聯於收粮後裁給納粮人收執

内容提要：业主姓名：龙宗炳，住五区汉［寨］乡十村，汉字第1375号。全户应纳税额（稻谷市斤）中央粮壹千陆百肆十玖斤，地方粮叁百叁十斤，合计壹千玖百柒十玖斤。

县长：孔焕章

副县长：吴绍文

区征收处主任：刘传云

经收人：林得波

财政科长：傅景哲

33. 龙松炳农业税收据联（一九五二年十一月）

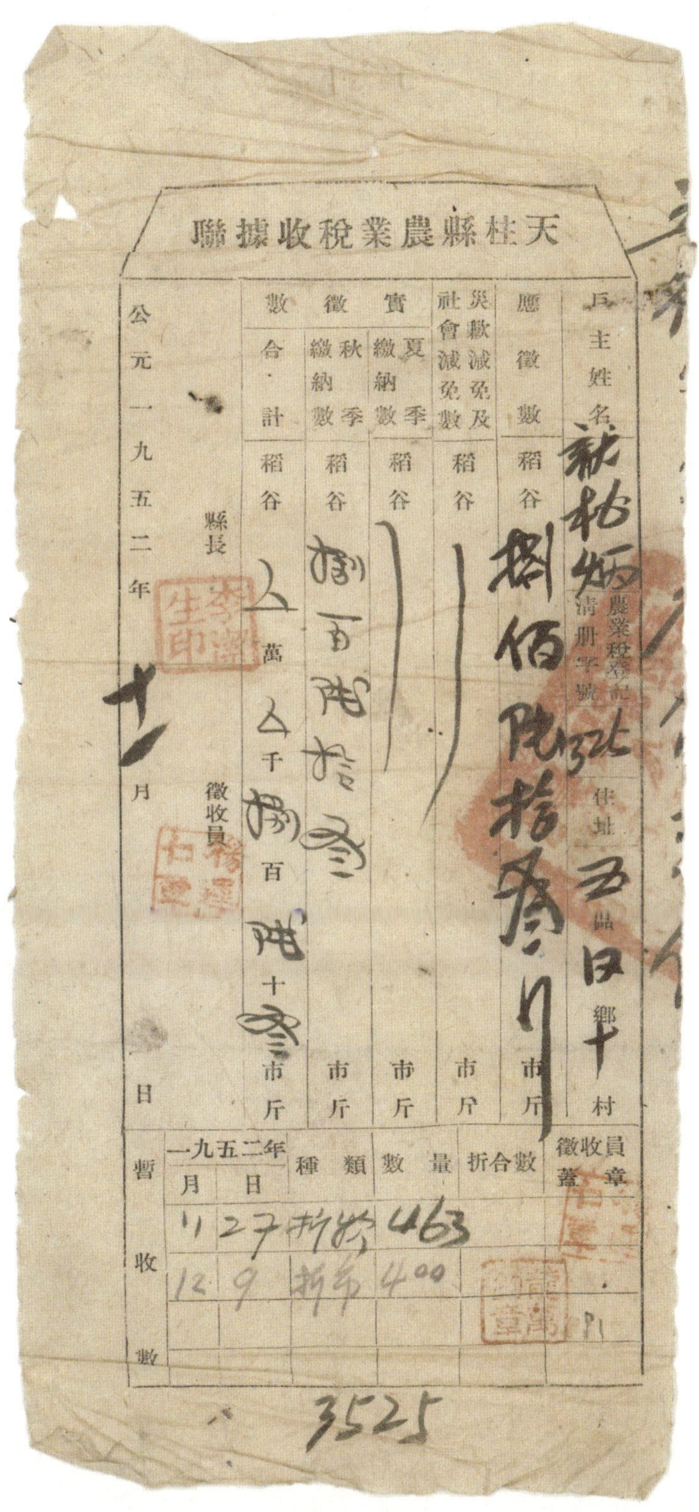

内容提要：户主姓名：龙松炳，农业税登记清册字号325，住五区汉乡十村，应征数稻谷捌佰陆拾叁斤，秋季缴纳数稻谷捌百陆拾叁[斤]，合计稻谷捌百陆十叁市斤。

县长：李洁生

征收员：杨运仁

公元一九五二年十一月

卷四　龙俊豪户藏

1. 龙宏举卖油山地土契（光绪二十年十一月初五日）

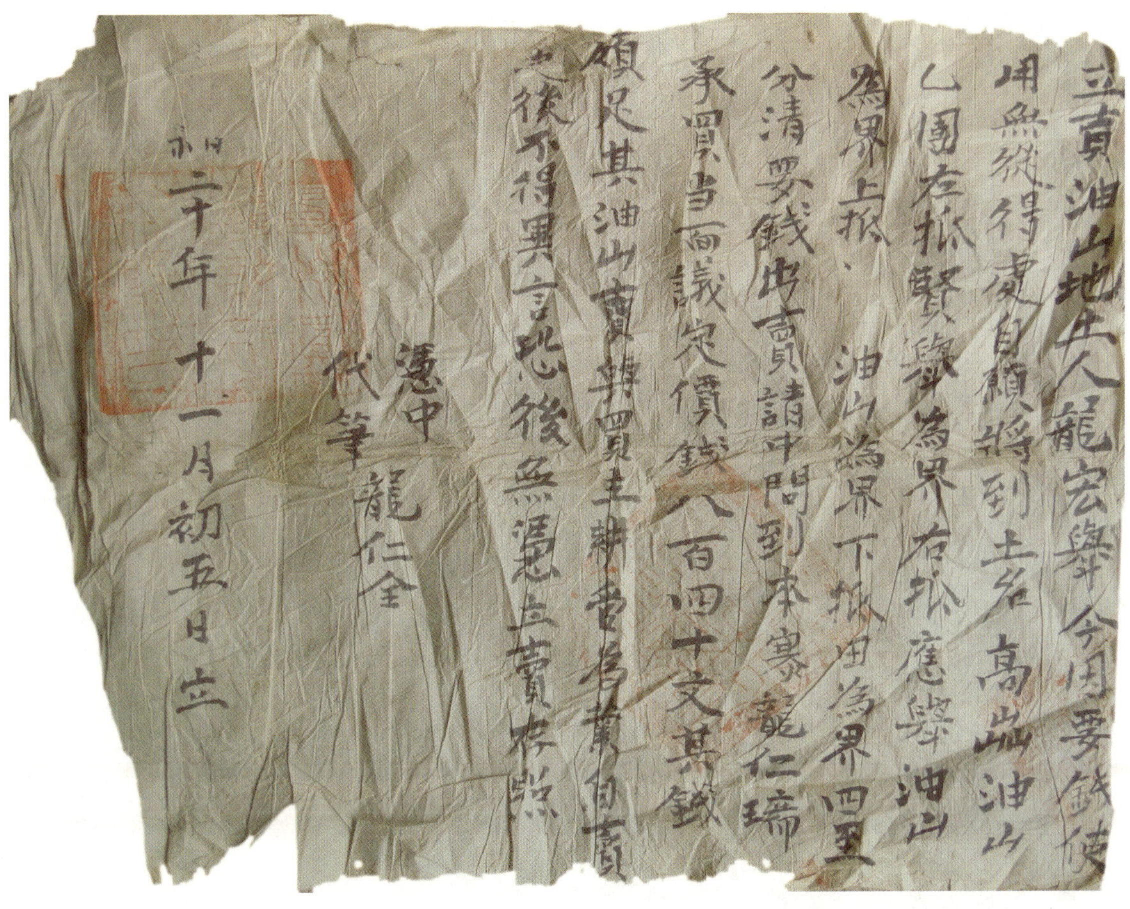

立卖油山地土人龙宏举，今因要钱使用，无从得处，自愿将到土名高崫油山一团，左抵贤举为界，右抵应举油山为界，上抵油山为界，下抵田为界，四至分清，要钱出卖。请中问到本寨龙仁瑞承买，当面议定价钱八百四十文。其钱领足，其油山卖与买主耕管为业。自卖之后，不得异言。恐后无凭，立［有］卖［契］存照。

凭中、代笔：龙仁全

［光绪］二十年十一月初五日立

2. 龙明亮卖地土字（民国十一年四月初八日）

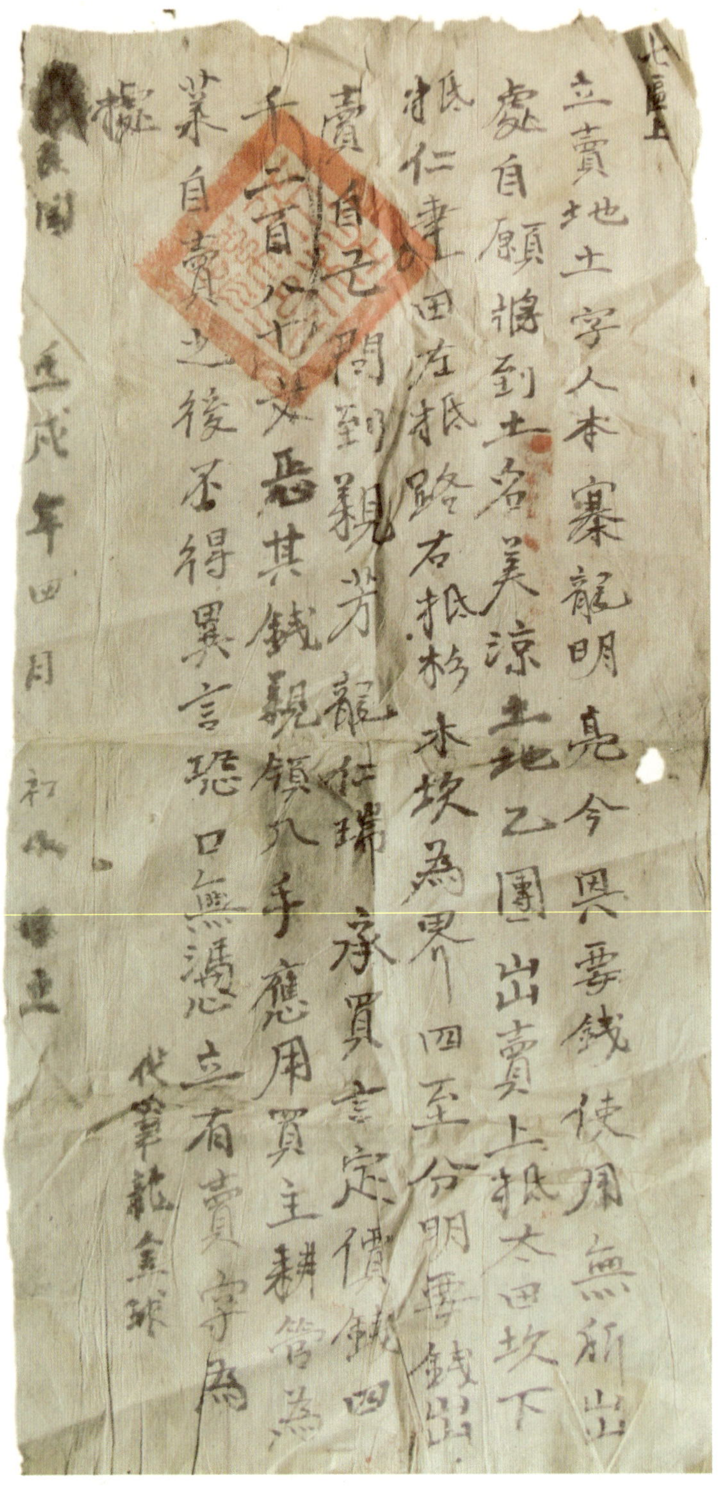

七区上

立卖地土字人本寨龙明亮，今因要钱使用，无所出处，自愿将到土名美凉土地乙团出卖，上抵太田坎，下抵仁连田，左抵路，右抵杉木坎为界，四至分明，要钱出卖。自己问到亲芳（房）龙仁瑞承买，言定价钱四千二百八十文整。其钱亲领入手应用，［其地］买主耕管为业，自卖之后，不得异言。恐口无凭，立有卖字为据。

代笔：龙金球

民国壬戌年四月初八日立

3. 龙泰模、龙泰连、龙文登分田屋合约字（民国十三年三月二十日）

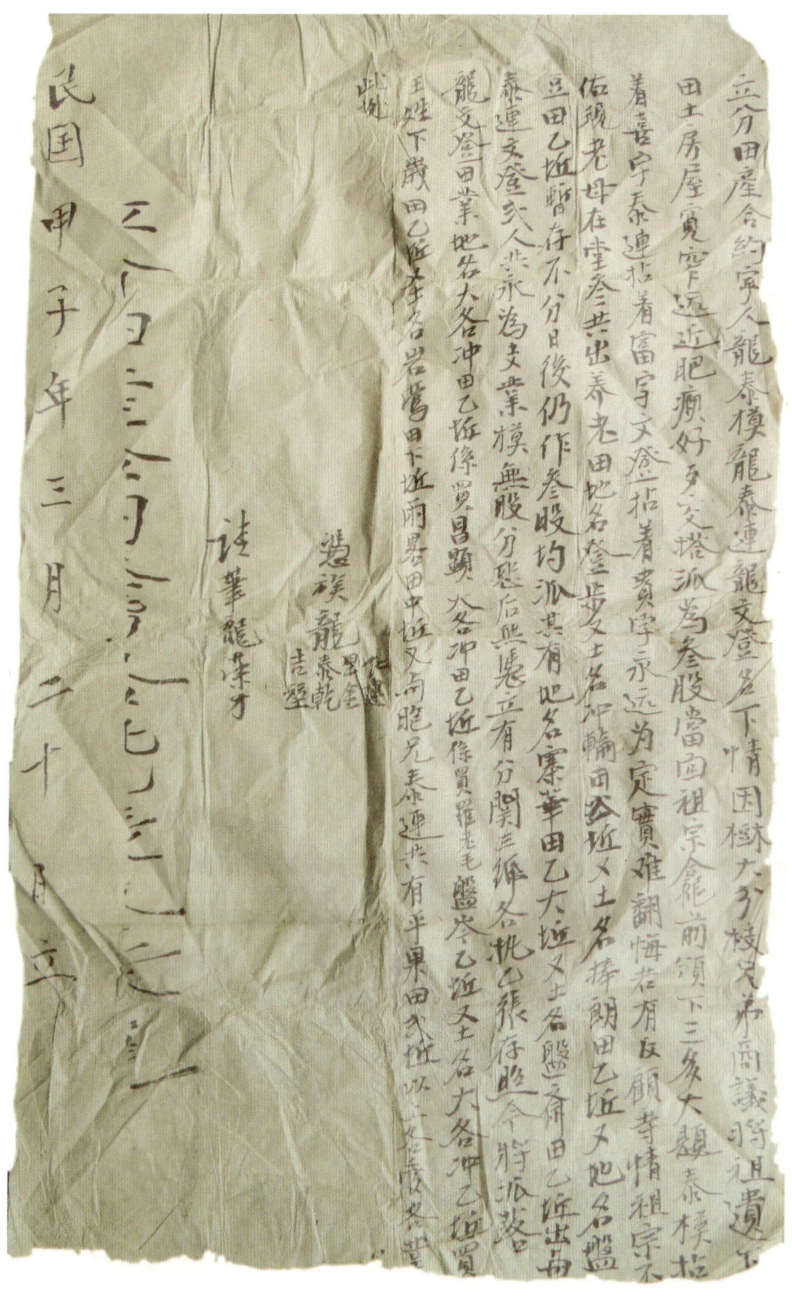

立分田产合约字人龙泰模、龙泰连、龙文登名下，情因树大分枝，兄弟商议将祖遗下田土房屋宽窄、远近、肥瘠、好歹、交搭派为叁股，当面祖宗龛前领下三多大题，泰模拈着喜字，泰连拈着富字，文登拈着贵字。永远为定，实难翻悔。若有反顾等情，祖宗不佑。现老母在堂，叁共出养老田地名登步，又土名冲轮田贰丘，又土名棒朗田乙丘，又地名盘豆田乙丘，暂存不分，日后仍作叁股均派。其有地名寨华田乙大丘，又土名盘齐田乙丘出与泰连、文登贰人共永为产业，模无股分。恐后无凭，立有分关三纸，各执乙张存照。今将派落龙文登田业地名大各冲田乙丘，系买昌显；大各冲田乙丘，系买罗老毛盘岑乙丘；又土名大各冲乙丘，买王姓下岁田乙丘；又土名岩莺田下丘，两略田中丘，又与胞兄泰连共有平果田贰丘，以上各管各业。此据。

凭族：龙仁连、里金、泰干、吉堃

请笔：龙荣才

民国甲子年三月二十日立

4. 龙文登拈阄分山合约（民国十三年九月初一日）

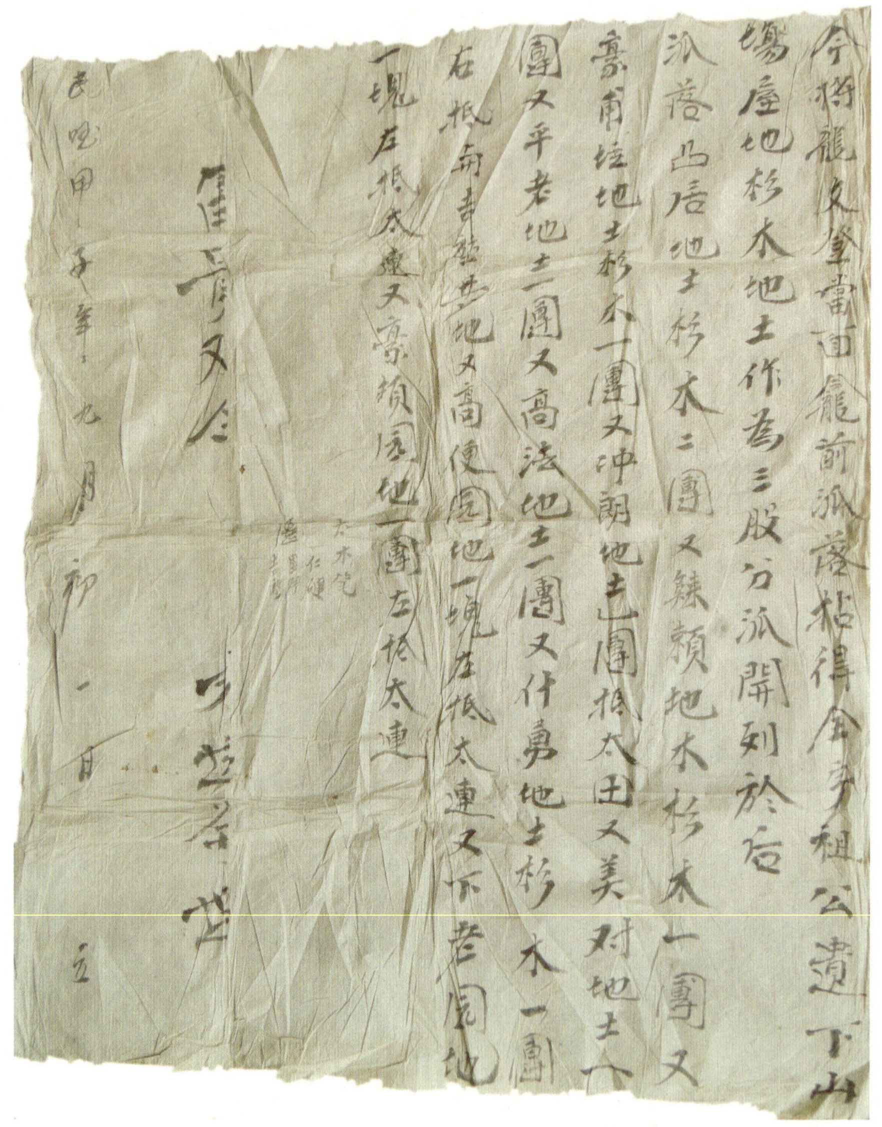

今将龙文登当面龛前派落拈得全字，祖公遗下山场屋地杉木地土作为三股分派，开列于后：派落凸后地土杉木二团，又辣赖地木（土）杉木一团，又豪甫垃地土杉木一团，又冲朗地土乙团，抵太田，又美对地土一团，又平老地土一团，又高法地土一团，又什勇地土杉木一团，右抵与吉堃共地，又高便园地一块，左抵太连，又下老园地一块，左抵太连，又豪赖园地一团，左抵太连。

太木笔

凭：仁健、里口、吉坤

民国甲子年九月初一日立

5. 龙太模卖田契字（民国十七年十一月二十九日）

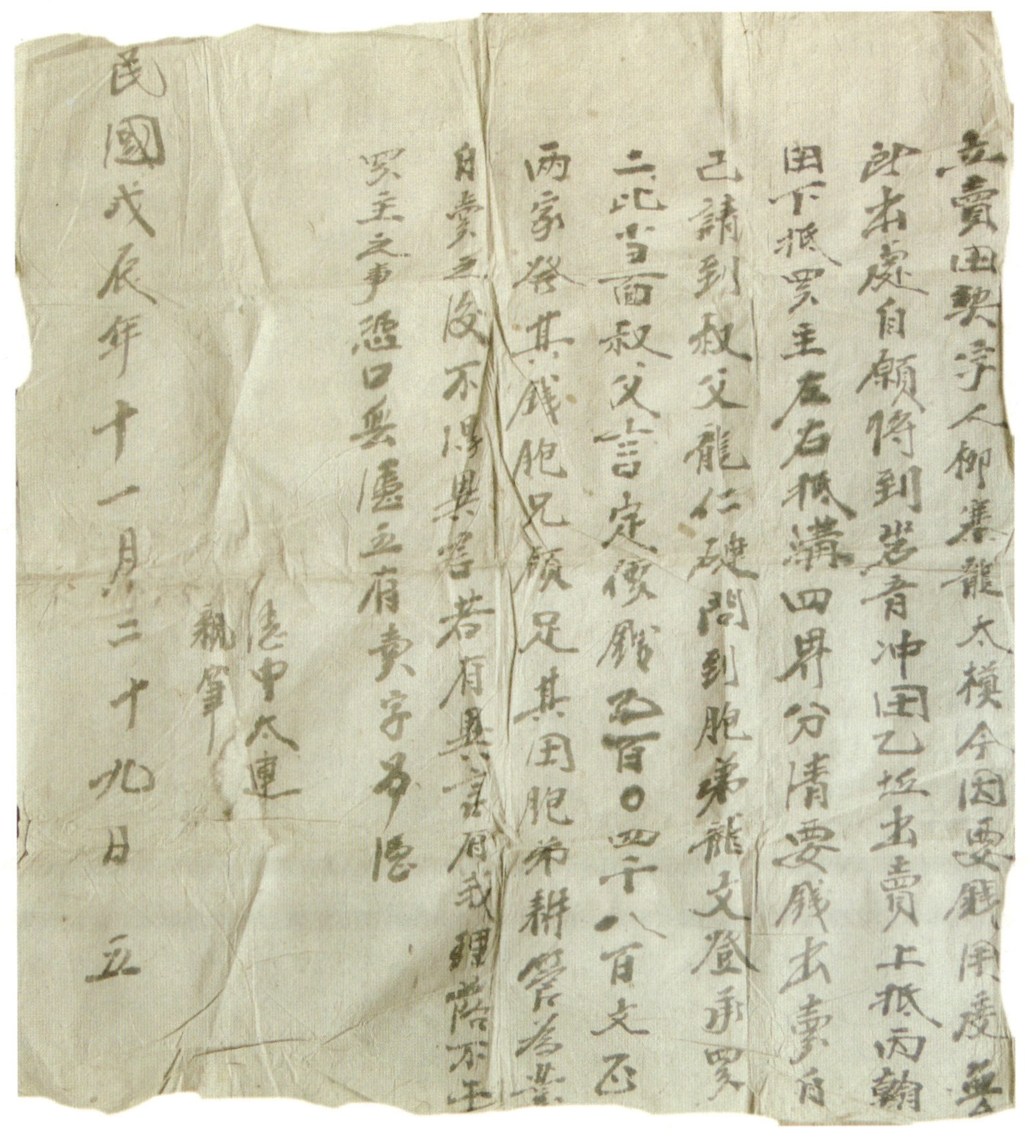

立卖田契字人柳寨龙太模，今因要钱用度，无所出处，自愿将到岩音冲田乙丘出卖，上抵丙翰田，下抵买主，左右抵沟，四界分清，要钱出卖。自己请到叔父龙仁踺问到胞弟龙文登承买，二比当面叔父言定价钱乙百〇四千八百文正。两家发其钱，胞兄领足。其田胞弟耕管为业。自卖之后，不得异言。若有异言，有我理落，不干买主之事。恐口无凭，立有卖字为凭。

凭中、亲笔：太连

民国戊辰年十一月二十九日立

6. 龙泰文卖杉木字（民国十八年十二月二十一日）

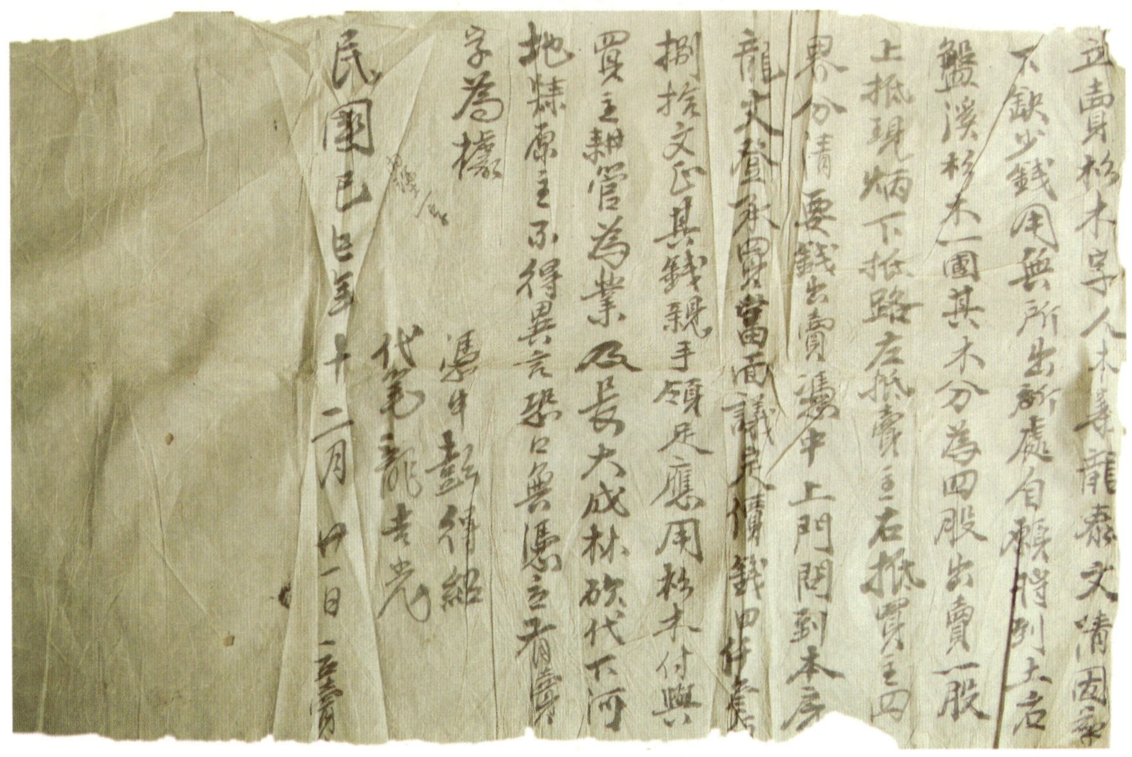

立卖杉木字人本寨龙泰文，情因家下缺少钱用，无所出处，自愿将到土名盘溪杉木一团，其木分为四股，出卖一股，上抵现炳，下抵路，左抵卖主，右抵买主，四界分清，要钱出卖。凭中上门问到本房龙文登承买，当面议定价钱四仟叁佰捌拾文正。其钱亲手领足应用，杉木付与买主耕管为业。及长大成林砍伐下河，地归原主。不得异言，恐口无凭，立有卖字为据。

内添一字

凭中：彭得绍

代笔：龙吉光

民国己巳年十二月廿一日立卖

7. 龙泰禧、龙泰罗兄弟二人卖地土杉木字（民国二十五年四月二十一日）

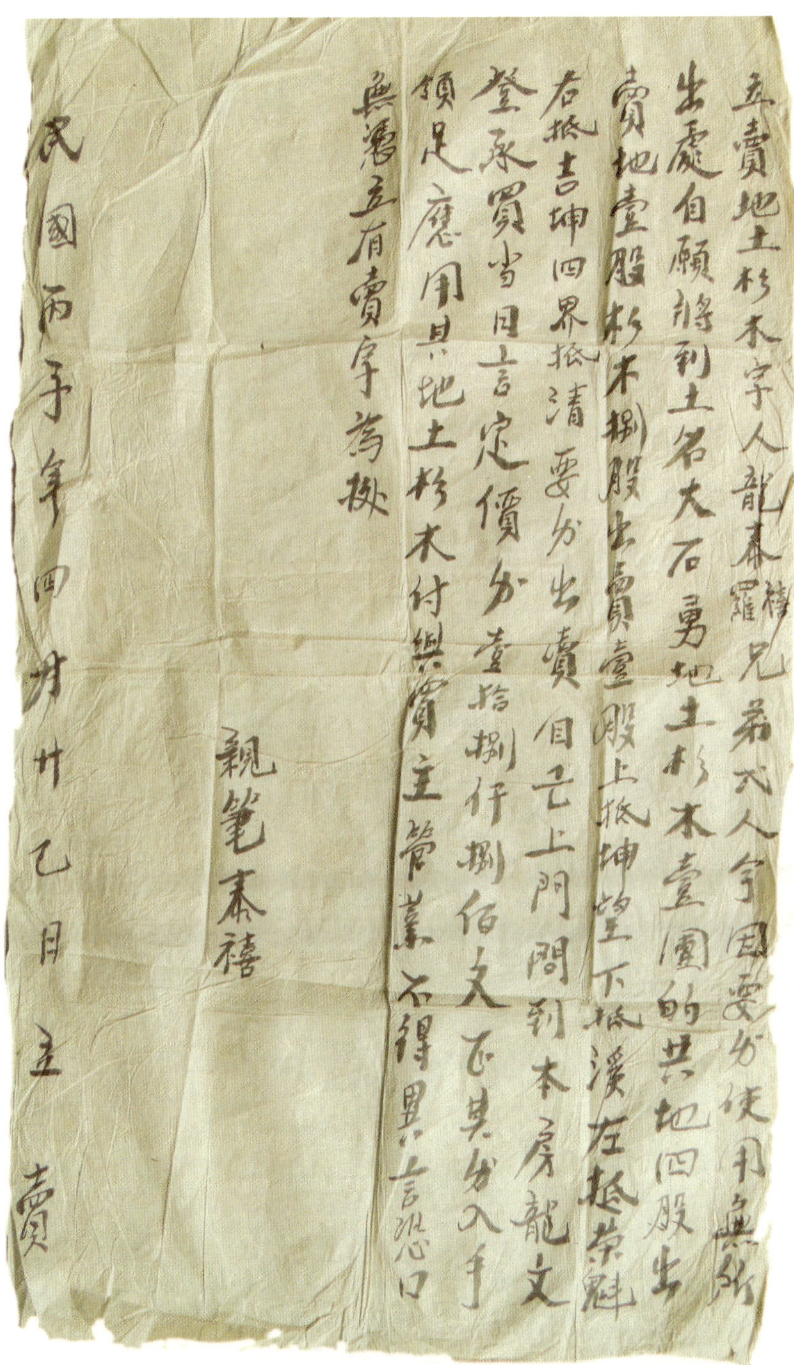

立卖地土杉木字人龙泰禧、泰罗兄弟贰人，今因要钱使用，无所出处，自愿将到土名大石勇地土杉木壹团的共地四股出卖地壹股，杉木捌股出卖壹股，上抵坤望，下抵溪，左抵荣魁，右抵吉坤，四界抵清，要钱出卖。自己上门问到本房龙文登承买，当日言定价钱壹拾捌仟捌佰文正。其钱入手领足应用，其地土杉木付与买主管业。不得异言，恐口无凭，立有卖字为据。

亲笔：泰禧

民国丙子年四月廿乙日立卖

8. **龙吉耀、龙吉芳、龙吉林分田产字**（民国二十九年十月初五日）

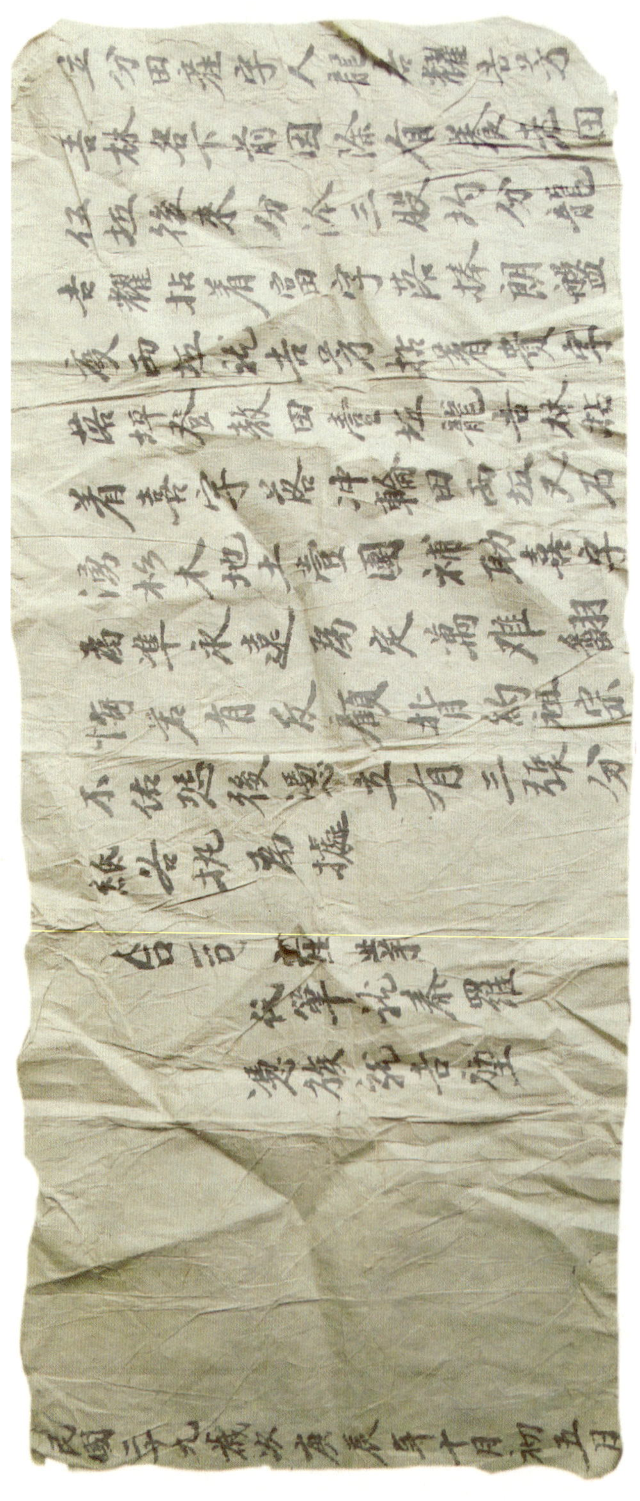

民國二十九年歲次庚辰年十月初五日

立分田产字人龙吉耀、吉芳、吉林各（名）下，前因除有养老田伍丘，后来分派三股均分，龙吉耀拈着富字，落捧朗盘庆两丘，龙吉芳拈着贵字，落坪登敖田壹丘，龙吉林拈着喜字，落冲轮田两丘。又石涌杉木地土壹团，补助喜字为准。永远为定，万难翻悔。若有反顾背约，祖宗不佑。恐后［无］凭，立有三张分纸，各执为据。

合同产业

代笔：龙泰罗

凭族：龙吉坤

民国二十九岁次庚辰年十月初五日

9. 龙昆元卖田契字（民国三十年三月初八日）

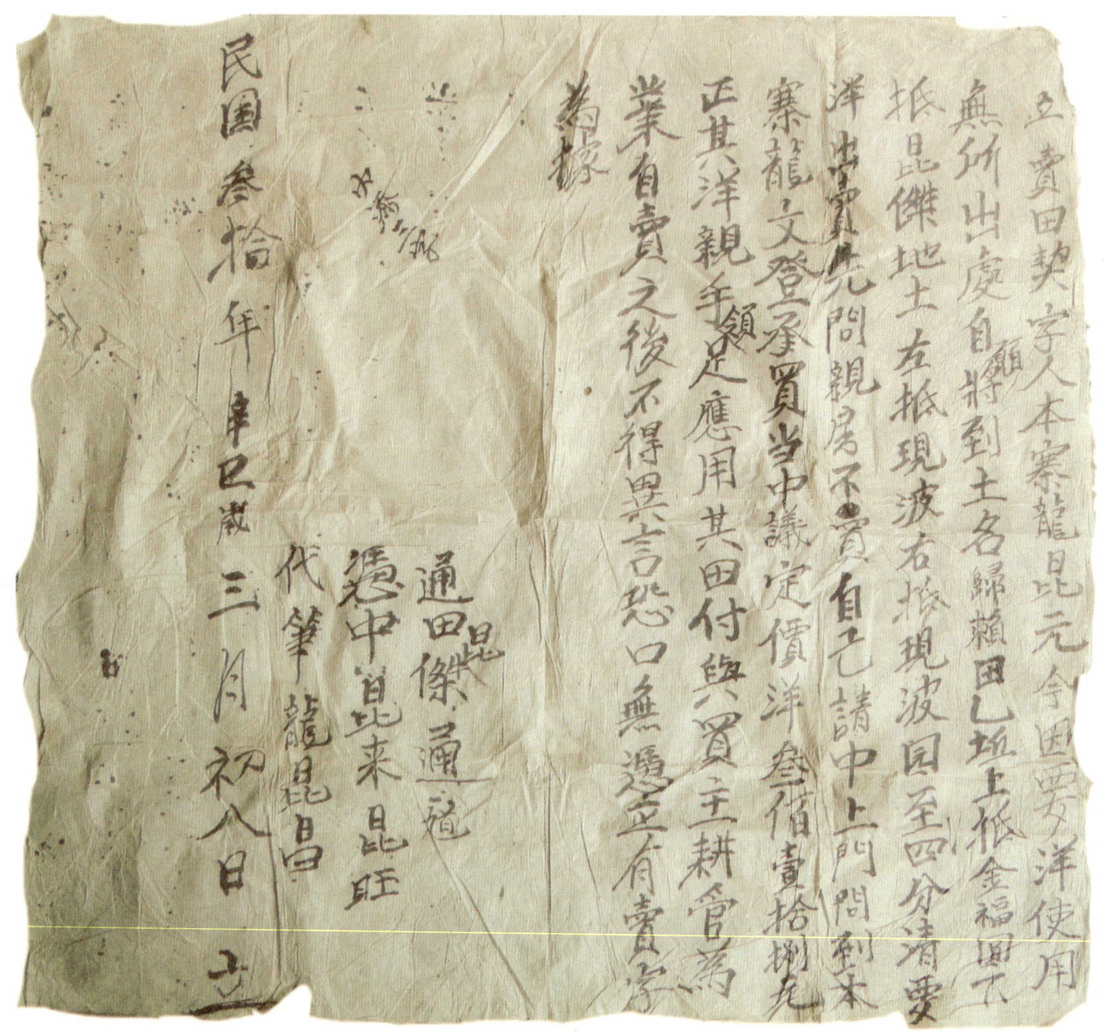

立卖田契字人本寨龙昆元，今因要洋使用，无所出处，自愿将到土名归赖田乙丘，上抵金福圆，下抵昆杰地土，左抵现波，右抵现波园，至四（四至）分清，要洋出卖。先问亲房不买。自己请中上门问到本寨龙文登承买，当中议定价洋叁佰壹拾捌元正。其洋亲手领足应用，其田付与买主耕管为业。自卖之后，不得异言。恐口无凭，立有卖字为据。

内添三字

通田：昆杰、通馗

凭中：昆来、昆旺

代笔：龙昆昌

民国叁拾年辛巳岁三月初八日立

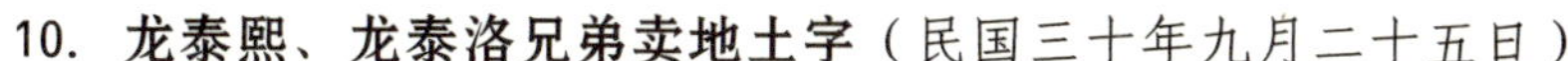

10. 龙泰熙、龙泰洛兄弟卖地土字（民国三十年九月二十五日）

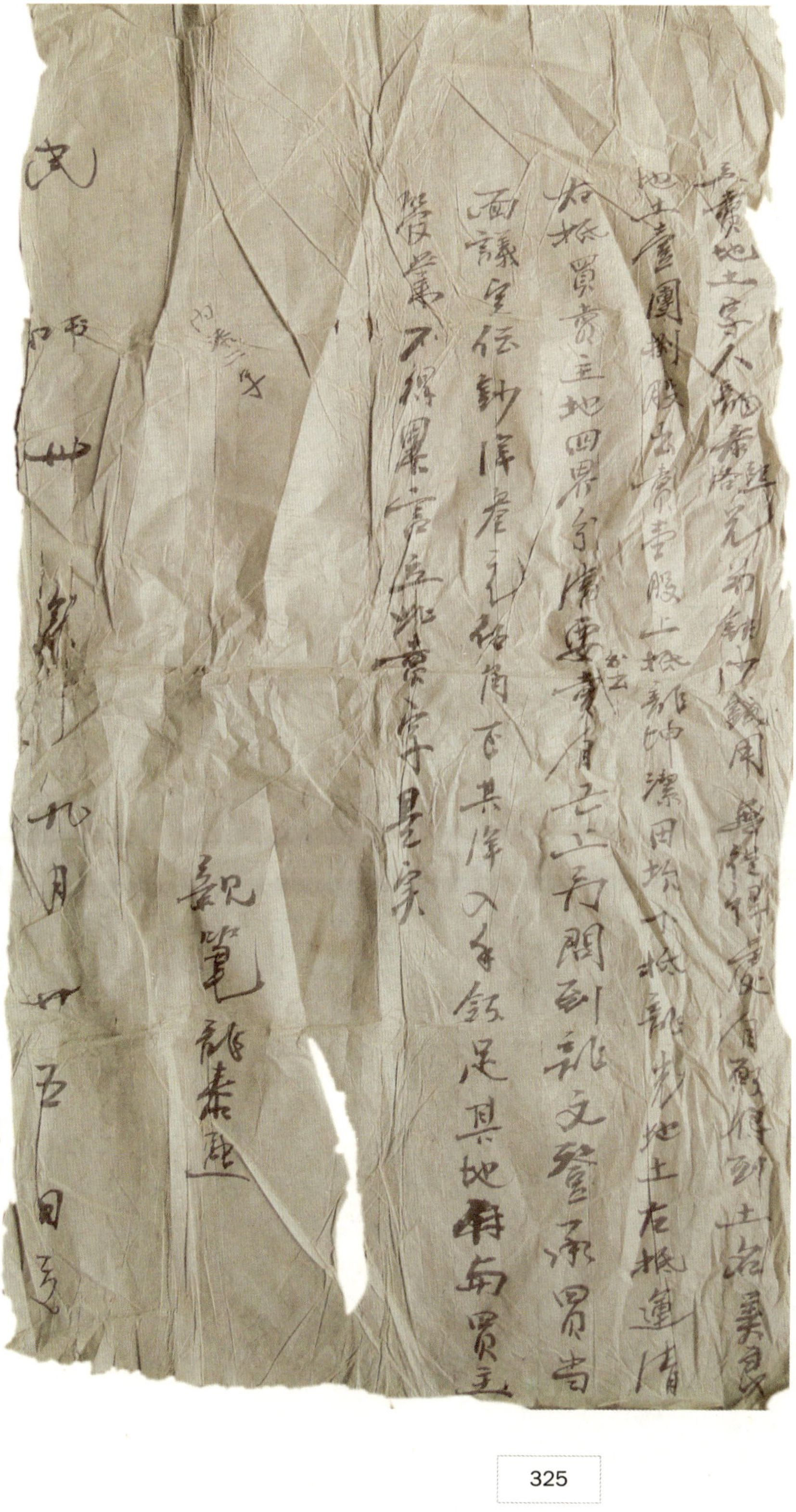

立卖地土字人龙泰熙、龙泰洛兄弟缺少钱用，无从得处，自愿将到土名美良地土壹团，捌股出卖壹股，上抵龙坤洁田坎，下抵龙光地土，左抵运清，右抵买卖主地，四界分清，要钱出卖。自己上门问到龙文登承买，当面议定价钞洋叁元伍角正。其洋入手领足，其地付与买主管业。不得异言，立此卖字是实。

内添二字

亲笔：龙泰熙

民国卅年九月廿五日立

11. 龙正祥卖地土字（民国三十二年七月二十一日）

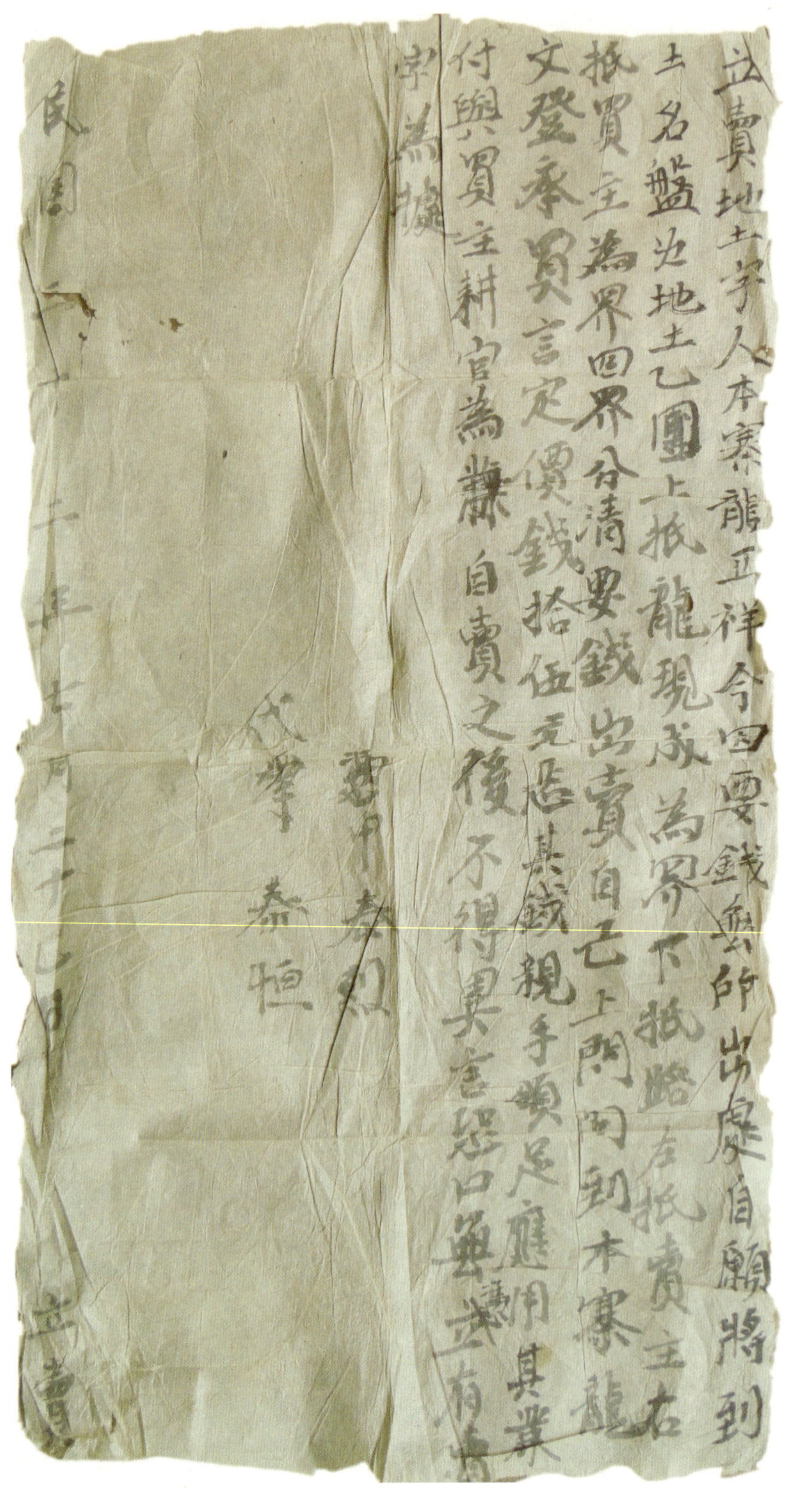

立卖地土字人本寨龙正祥，今因要钱，无所出处，自愿将到土名盘为地土乙团，上抵龙现成为界，下抵路，左抵卖主，右抵买主为界。四界分清，要钱出卖。自己上门问到本寨龙文登承买，言定价钱拾伍元整。其钱亲手领足应用，其业付与买主耕官（管）为业。自卖之后，不得异言。恐口无凭，立有卖字为据。

凭中：泰烈

代笔：泰恒

民国三十二年七月二十乙日立卖

12. 龙吉坤卖园地字（民国三十二年十一月十二日）

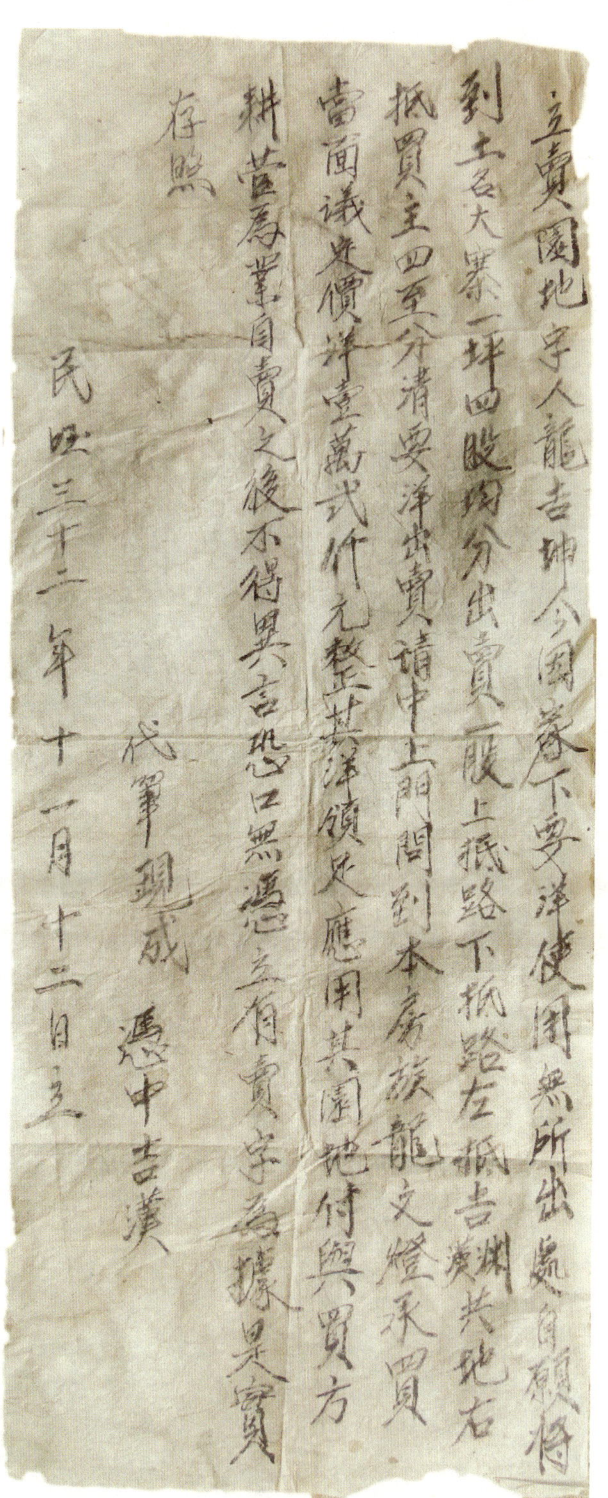

立卖园地字人龙吉坤，今因家下要洋使用，无所出处，自愿将到土名大寨一坪四股均分，出卖一股，上抵路，下抵路，左抵吉渊、吉汉共地，右抵买主，四至分清，要洋出卖。请中上门问到本房族龙文灯承买，当面议定价洋壹万贰仟元整。其洋领足应用，其园地付与买方耕管为业。自卖之后，不得异言。恐口无凭，立有卖字为据是实，存照。

代笔：现成

凭中：吉汗

民国三十二年十一月十二日立

13. **龙泰罗卖园地字**（民国三十三年四月二十八日）

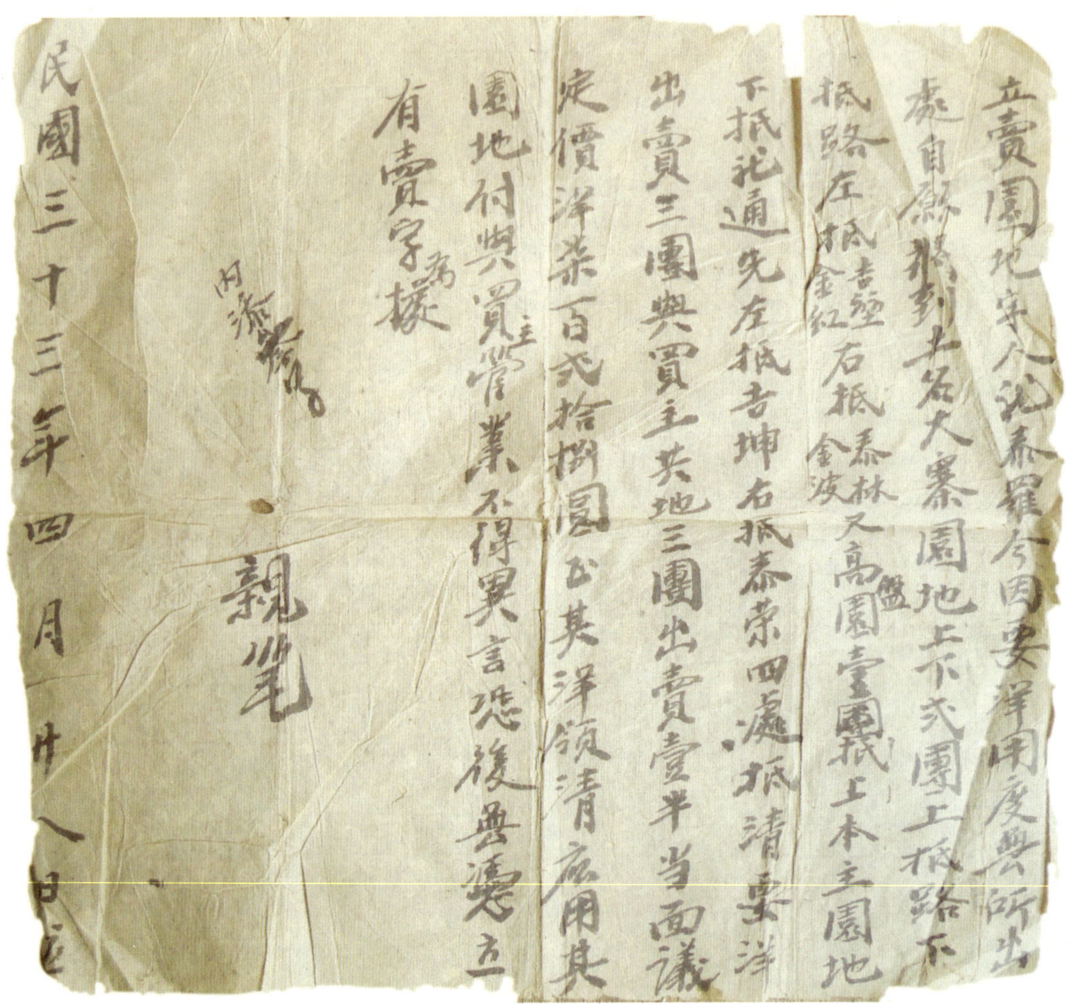

立賣園地字人龍泰羅今因要洋用度無所出
處自願將到土名大寨園地上下弍團上抵路下
抵路左抵吉壁金紅右抵泰林金波又高盤園壹團抵上本主園地
下抵龍通先左抵吉坤右抵泰荣四處抵清要洋
出賣三團與買主共地三團出賣壹半当面議
定價洋柒百弍拾捌圓正其洋領清應用其
園地付與買主管業不得異言恐後無憑立
有賣字為據
內添叁字
親筆
民國三十三年四月廿八日立

立卖园地字人龙泰罗，今因要洋用度，无所出处，自愿将到土名大寨园地上下贰团，上抵路，下抵路，左抵吉堃、金红，右抵泰林、金波。又高盘园壹团，上抵本主园地，下抵龙通先，左抵吉坤，右抵泰荣，四处抵清，要洋出卖。三团与买主共地，三团出卖壹半，当面议定价洋柒百贰拾捌圆（元）正。其洋领清应用，其园地付与买主管业。不得异言。恐后无凭，立有卖字为据。

内添叁字

亲笔

民国三十三年四月廿八日立

14. 龙老四、龙步和母子卖地土杉木字（民国三十三年闰四月初三日）

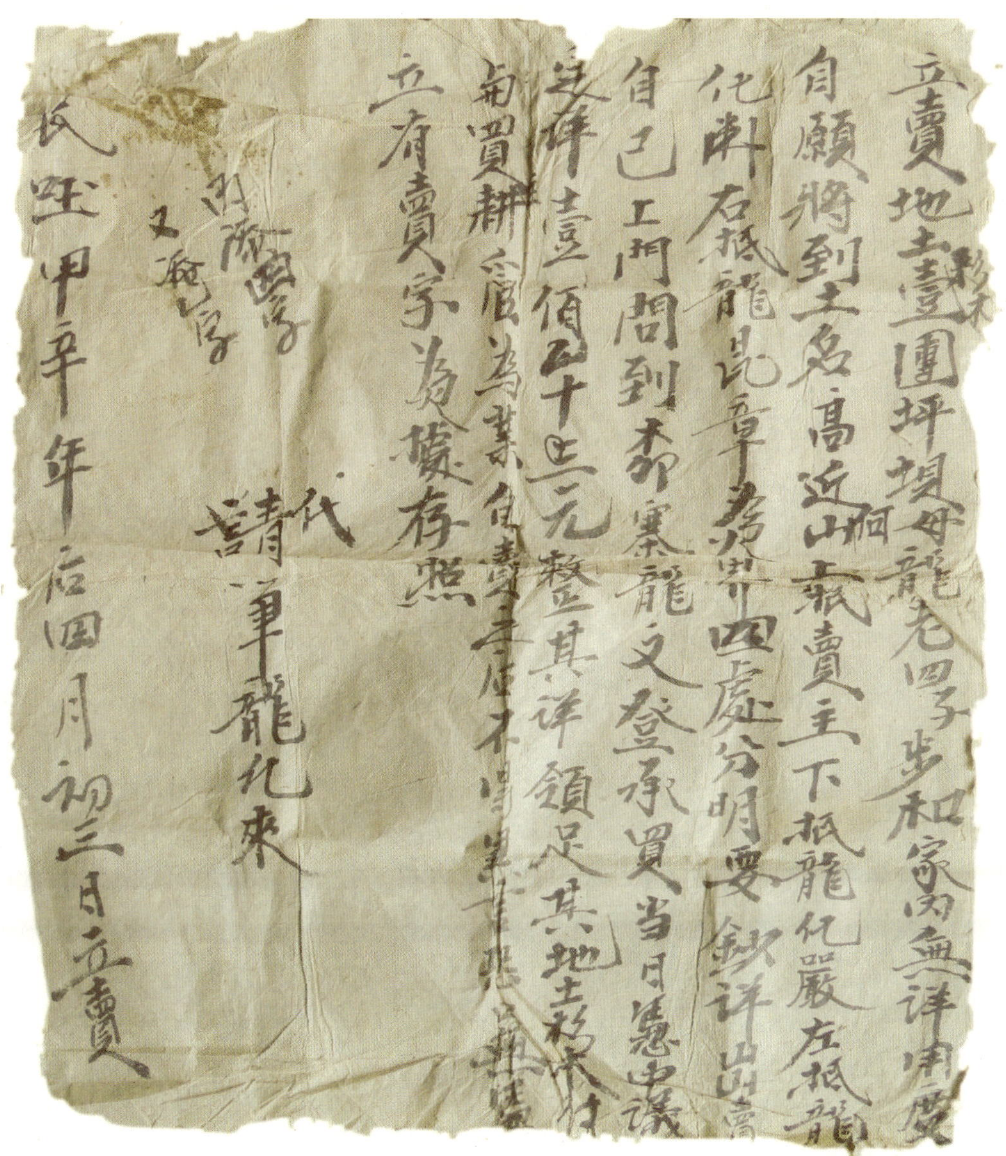

立卖地土杉木壹团，坪坝母龙老四、子步和，家内无洋用度，自愿将到土名高近何山，上抵卖主，下抵龙化严，左抵龙化口，右抵龙昆章为界，四处分明，要钞洋出卖。自己上门问到柳寨龙文登承买，当日凭中议定洋壹佰乙十三元整。其洋领足，其地土杉木付与买主耕管为业。自卖之后，不得异言。恐口无凭，立有卖字为据存照。

丙（内）添四字，又添一字

代笔、请笔：龙化来

民国甲辛（申）年后四月初三日立卖

15. 龙吉汉、龙吉厚、龙吉祥卖田字（民国三十三年五月十一日）

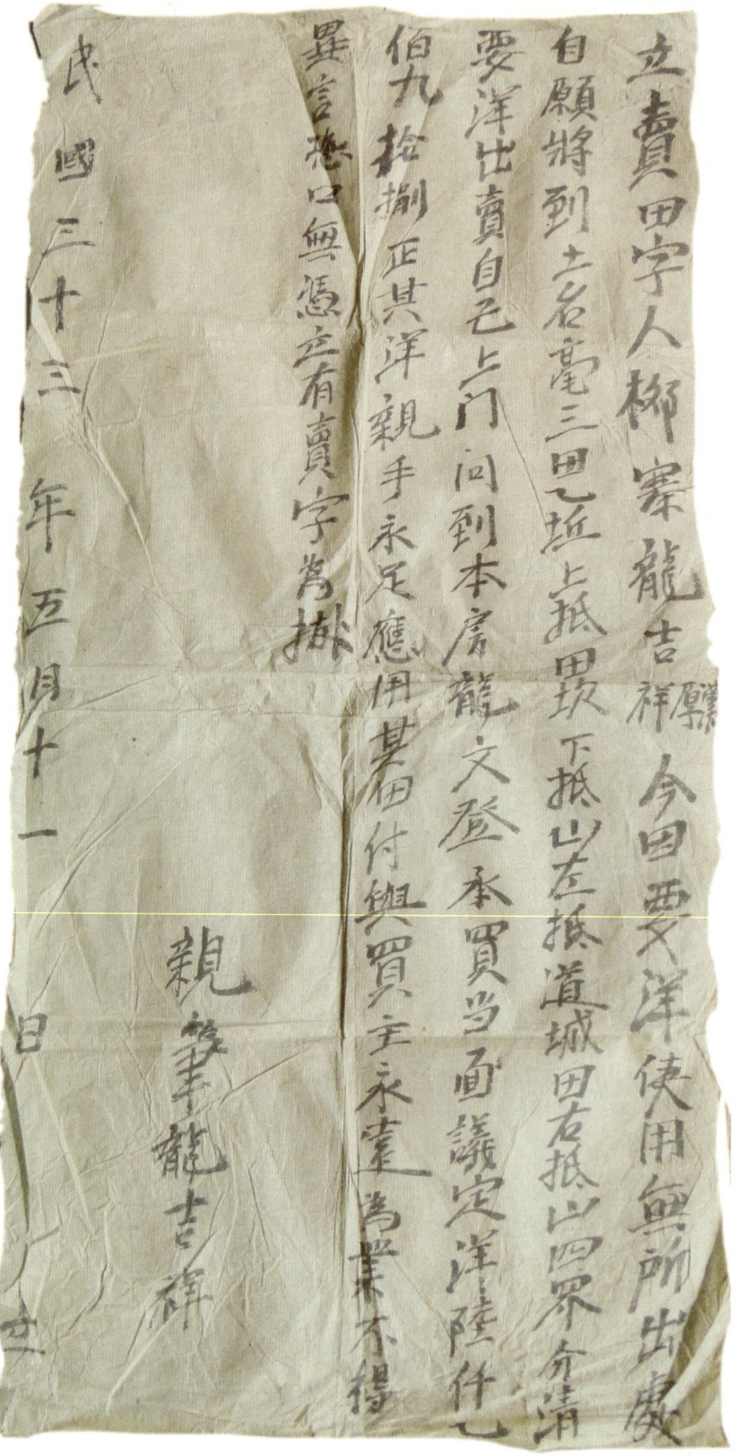

立卖田字人柳寨龙吉汉、吉厚、吉祥，今因要洋使用，无所出处，自愿将到土名毫三田乙丘，上抵田坎，下抵山，左抵道城田，右抵山，四界分清，要洋出卖。自己上门问到本房龙文登承买，当面议定洋陆仟乙佰九拾捌［元］正。其洋亲手永（领）足应用，其田付与买主永远为业。不得异言。恐口无凭，立有卖字为据。

亲笔：龙吉祥

民国三十三年五月十一日立

16. 龙生金、龙生贵、龙生富卖田字（民国三十三年五月十三日）

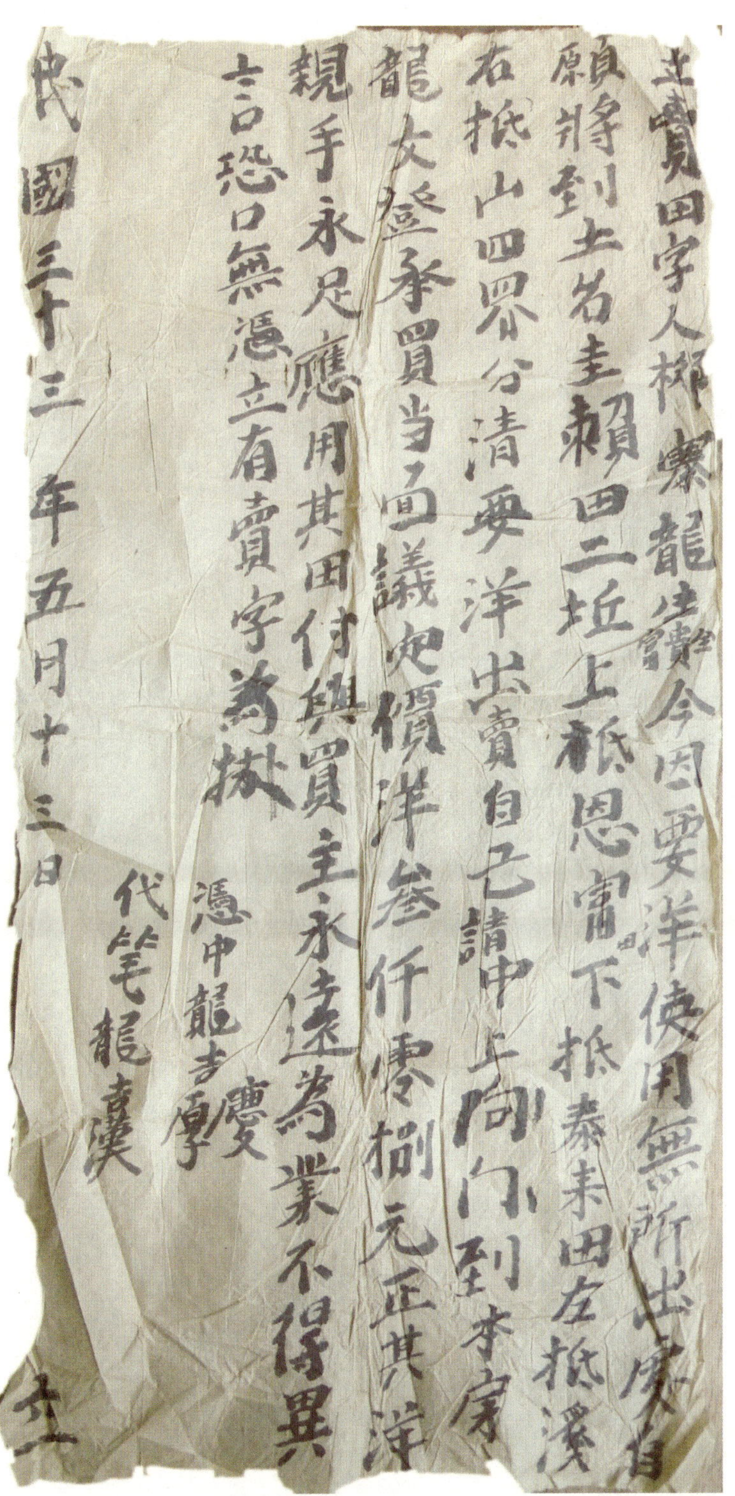

立卖田字人柳寨龙生金、生贵、生富，今因要洋使用，无所出处，自愿将到土名圭赖田二丘，上抵恩富，下抵泰来田，左抵溪，右抵山，四界分清，要洋出卖。自己请中上门问到本房龙文登承买，当面议定价洋叁仟零捌元正。其洋亲手永（领）足应用，其田付与买主永远为业，不得异言。恐口无凭，立有卖字为据。

凭中：龙吉庆、龙吉厚

代笔：龙吉汉

民国三十三年五月十三日立

17. 龙现朗卖田字（民国三十三年五月二十三日）

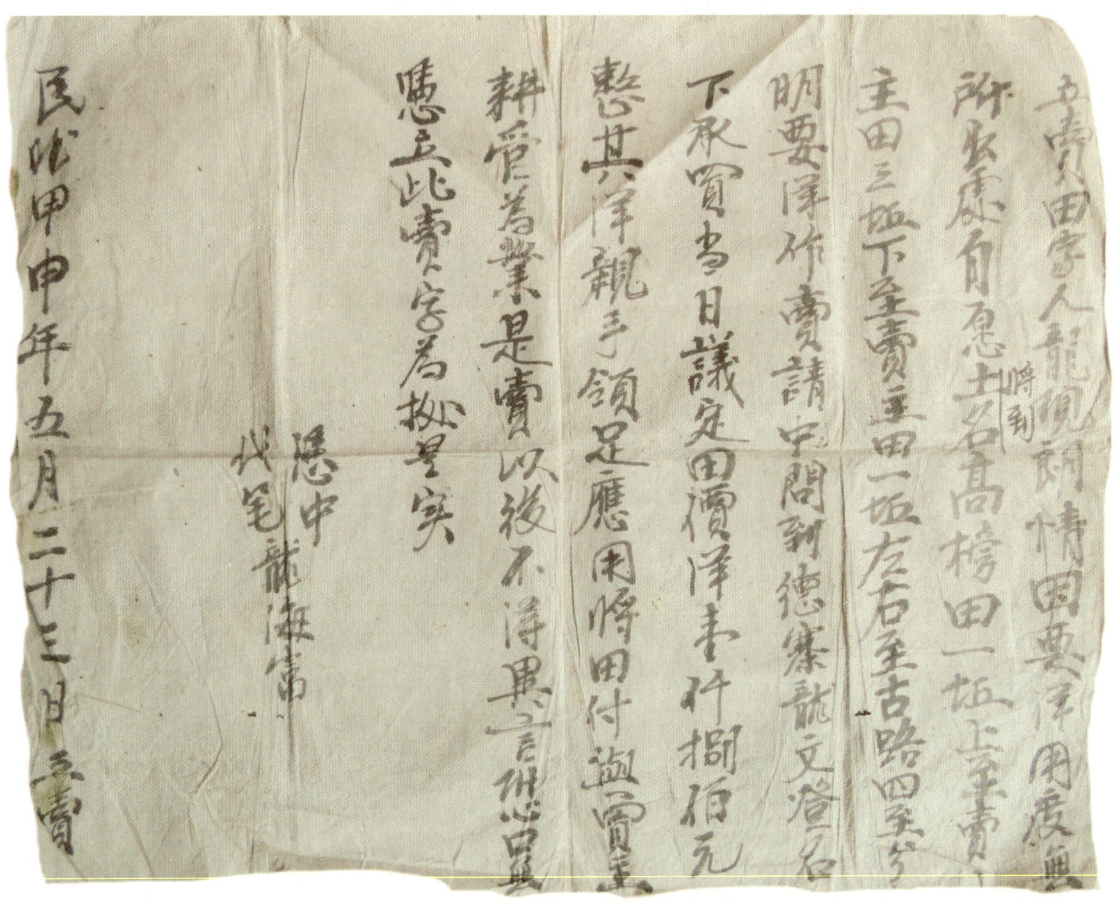

立卖田字人龙现朗，情因要洋用度，无所出处，自愿将到土名高榜田一丘，上至卖主田三丘，下至卖主田一丘，左右至古路，四至分明，要洋作卖。请中问到德寨龙文登名下承买，当日议定田价洋壹仟捌佰元整。其洋亲手领足应用，将田付与买主耕管为业。是（自）卖以后，不得异言。恐口无凭，立此卖字为据是实。

凭中、代笔：龙海富

民国甲申年五月二十三日立卖

18. 龙泰罗卖田契（民国三十三年五月二十六日）

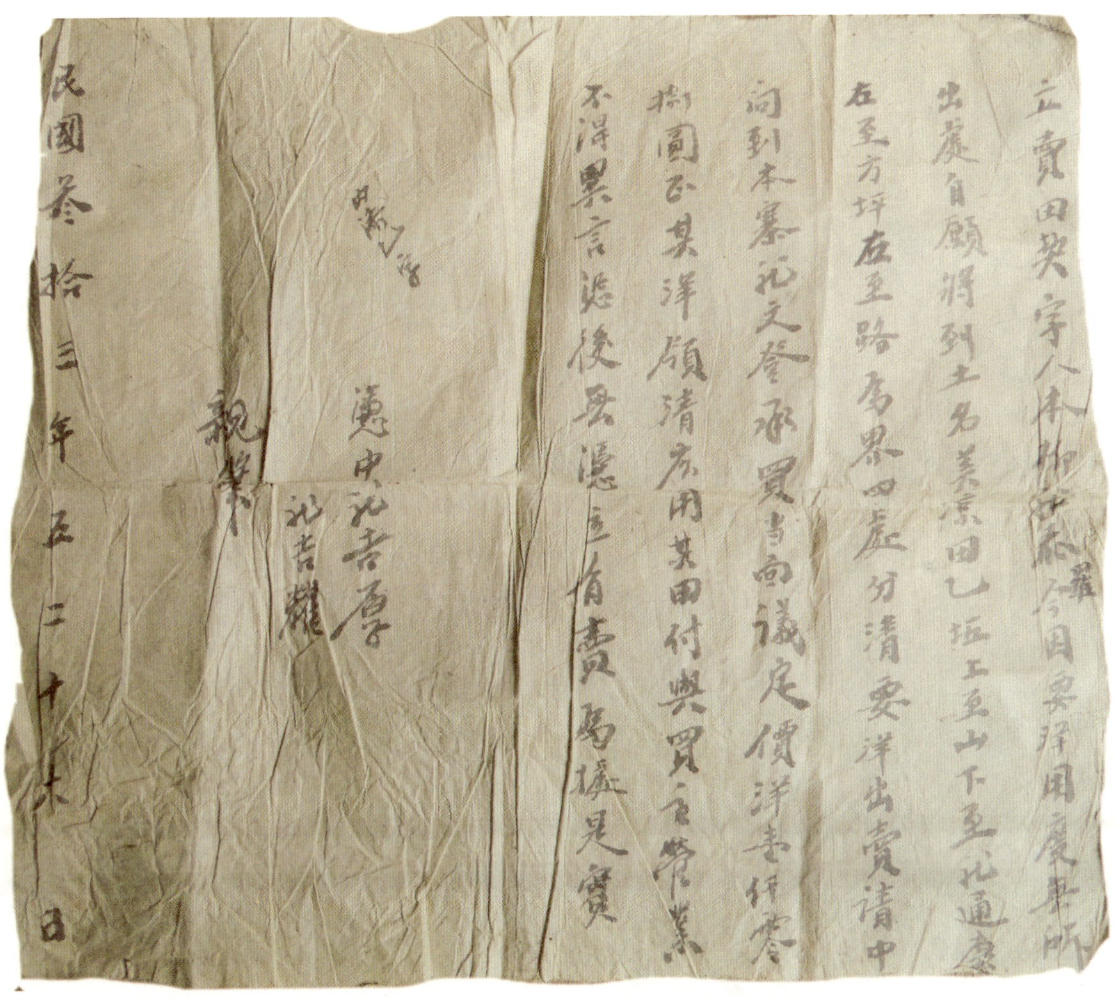

立卖田契字人本寨龙泰罗，今因要洋用度，无所出处，自愿将到土名美凉田乙丘，上至山，下至龙通庆，左至方（荒）坪，右至路为界，四处分清，要洋出卖。请中问到本寨龙文登承买，当面议定价洋壹仟零捌圆（元）正。其洋领清应用，其田付与买主管业。不得异言。恐后无凭，立有卖［契］为据是实。

内添一字

凭中：龙吉厚、龙吉耀

亲笔

民国叁拾三年五［月］二十六日

19. 龙现昌卖栽主杉木字（民国三十五年二月五日）

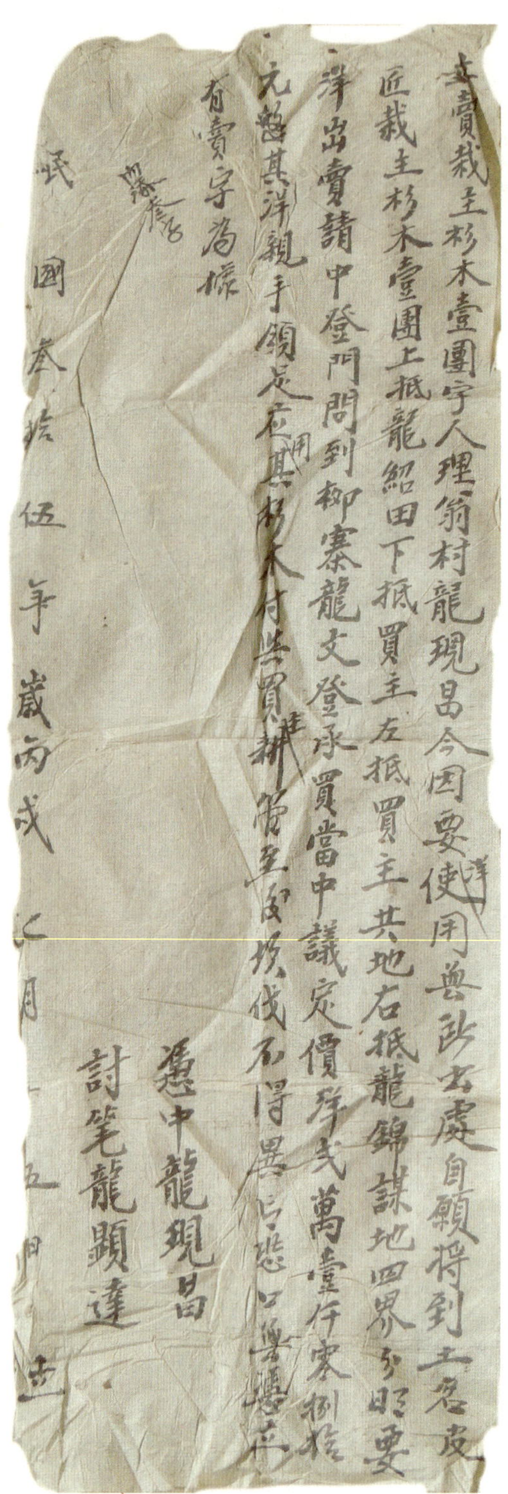

立卖栽主杉木壹团字人理翁村龙现昌，今因要洋使用，无所出处，自愿将到土名皮匠栽主杉木壹团，上抵龙绍田，下抵买主，左抵买主共地，右抵龙锦谋地，四界分明，要洋出卖。请中登门问到柳寨龙文登承买，当中议定价洋贰万壹仟零捌拾元整。其洋亲手领足应用，其杉木付与买主耕管至后砍伐。不得异言。恐口无凭，立有卖字为据。

内添叁字

凭中：龙现昌

讨笔：龙显达

民国叁拾伍年岁丙戌二月五日立

20. 龙显荣卖栽主杉木字（民国三十五年六月二十九日）

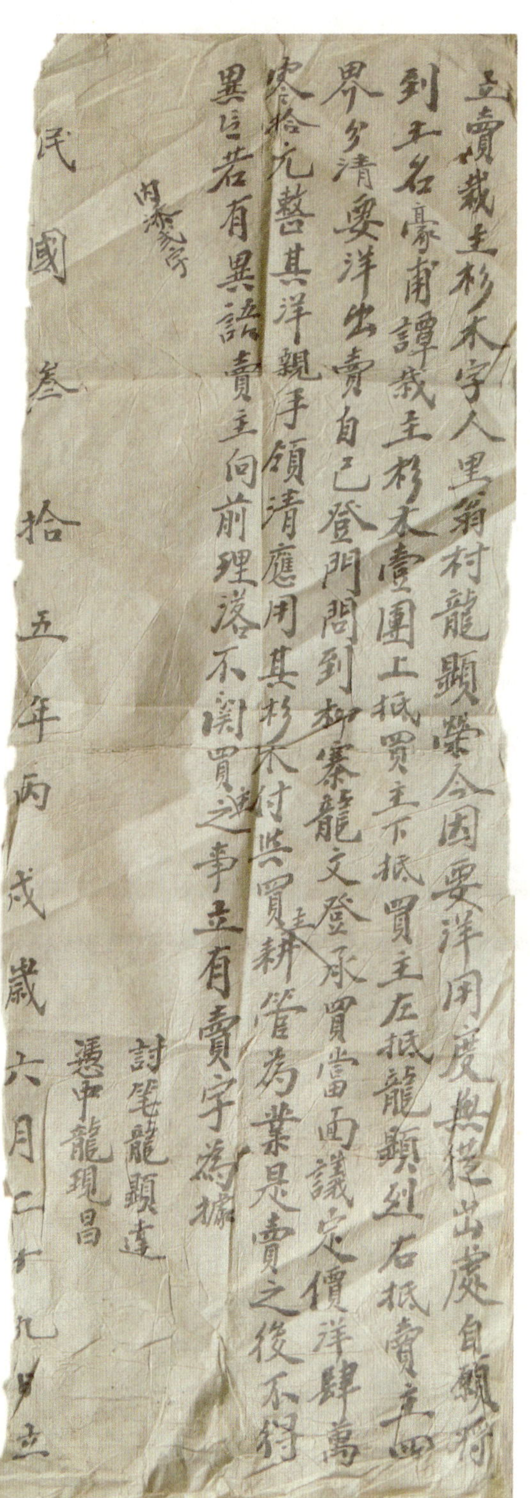

立卖栽主杉木字人里翁村龙显荣，今因要洋用度，无从出处，自愿将到土名豪甫谭栽主杉木壹团，上抵买主，下抵买主，左抵龙显烈，右抵卖主，四界分清，要洋出卖。自己登门问到柳寨龙文登承买，当面议定价洋肆万零拾元整。其洋亲手领清应用，其杉木付与买主耕管为业。是（自）卖之后，不得异言。若有异语，卖主向前理落，不关买主之事。立有卖字为据。

内添贰字

讨笔：龙显达

凭中：龙现昌

民国叁拾五年丙戌岁六月二十九日立

21. 龙现昌卖栽主杉木字（民国三十五年七月十五日）

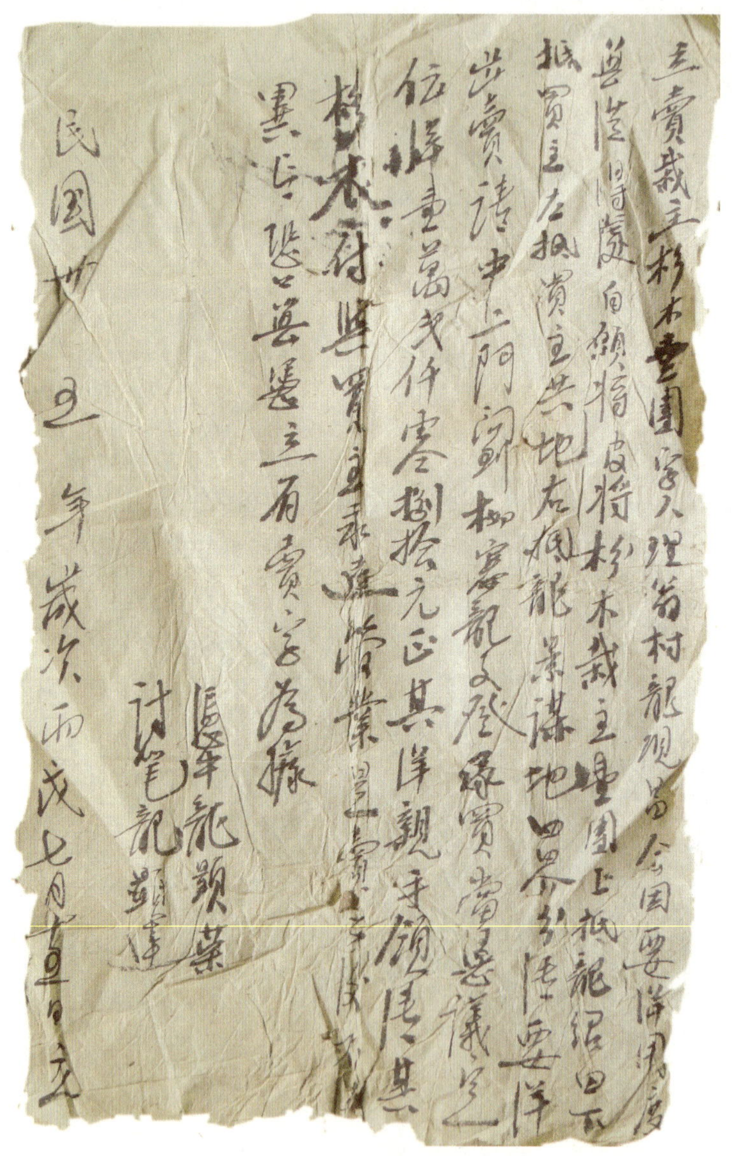

立卖栽主杉木壹团字人理翁村龙现昌，今因要洋用度，无从得处，自愿将皮将杉木栽主壹团，上抵龙绍田，下抵买主，左抵买主共地，右抵龙景谋地，四界分清，要洋出卖。请中上门问到柳寨龙文登承买，当面议定价洋壹万贰仟零捌拾元正。其洋亲手领清，其杉木付与买主永远管业。是（自）卖之后，不得异言。恐口无凭，立有卖字为据。

凭中：龙显荣

讨笔：龙显运

民国卅五年岁次丙戌七月十五日立

22. 龙显荣卖栽主杉木字（民国三十五年七月十五日）

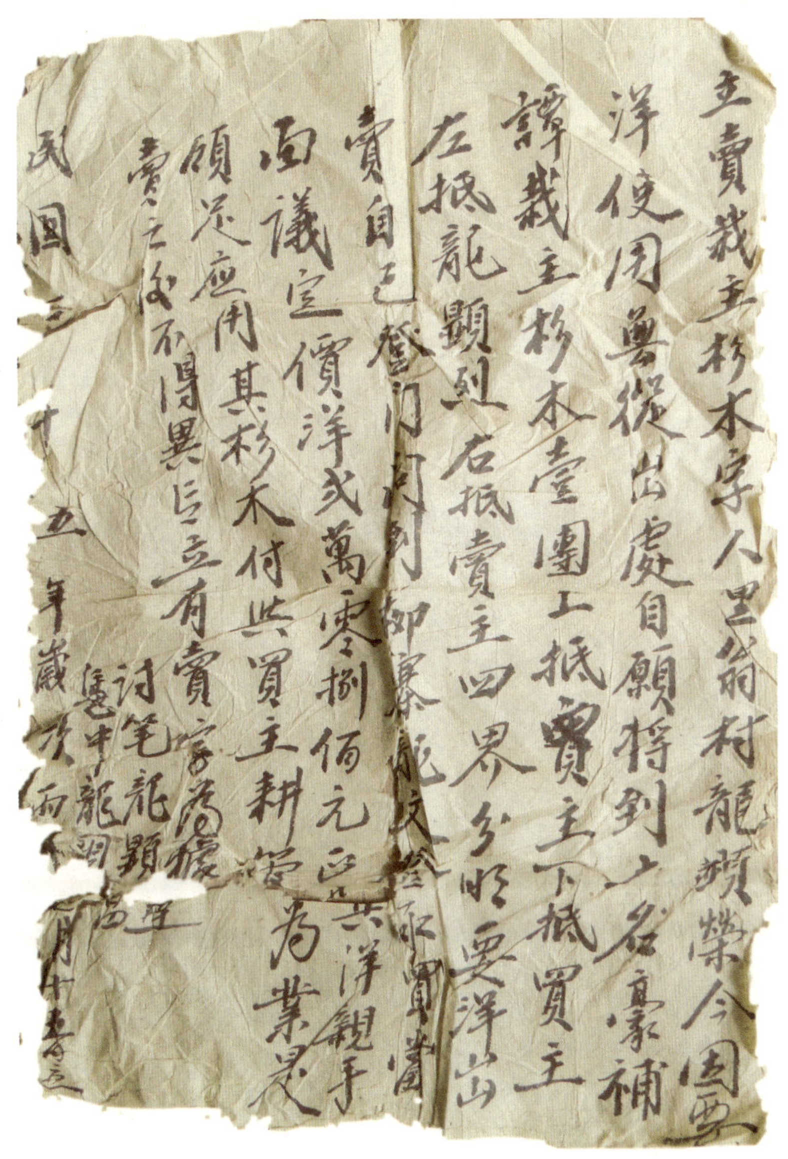

立卖栽主杉木字人里翁村龙显荣，今因要洋使用，无从出处，自愿将到土名豪补谭栽主杉木壹团，上抵买主，下抵买主，左抵龙显烈，右抵卖主，四界分明，要洋出卖。自己登门问到柳寨龙文登承买，当面议定价洋贰万零捌佰元正。其洋亲手领足应用，其杉木付与买主耕管为业。是（自）卖之后，不得异言，立有卖字为据。

讨笔：龙显运

凭中：龙□□

民国三十五年岁次丙戌七月十五日立

23. 欧孟荣嫁嫂婚书（民国三十五年七月三十日）

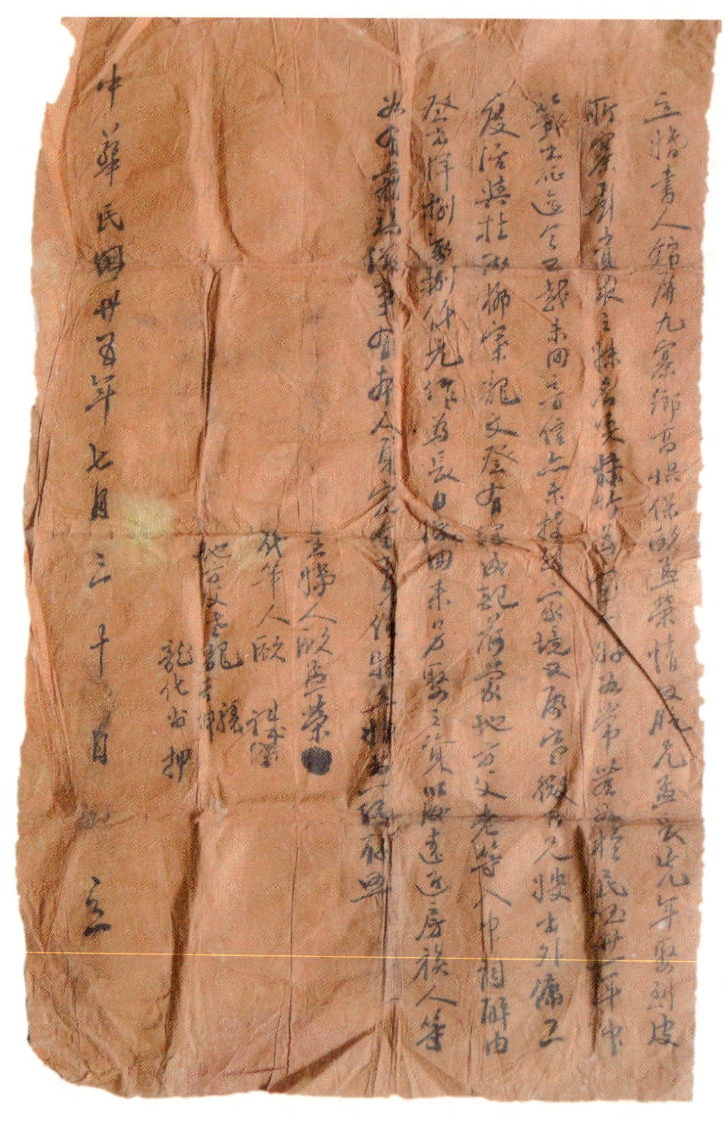

立婚书人锦屏九寨乡高坝保欧孟荣，情因胞兄孟长先年娶到皮所寨刘贵求之妹名唤妹竹为室，人好五常，□如于民国卅一年中从戎出征，迄今五载未回，音信亦未□到。家境又□寒微，同兄嫂出外佣工度活，与柱邑柳寨龙文登有缘成配。荷蒙地方父老等入中调解，由登出洋捌万捌仟元作为［兄］长日后回来另娶之资。以后远近房族人等如有籍端滋事，有本人负完全责任。特立婚书一纸存照。

主婚人：欧孟荣

代笔人：欧洙

地方父老：龙吉骧、龙吉坤、龙代□　押

中华民国卅五年七月三十日立

24. 谭俊炳卖田契字（民国三十五年九月二十八日）

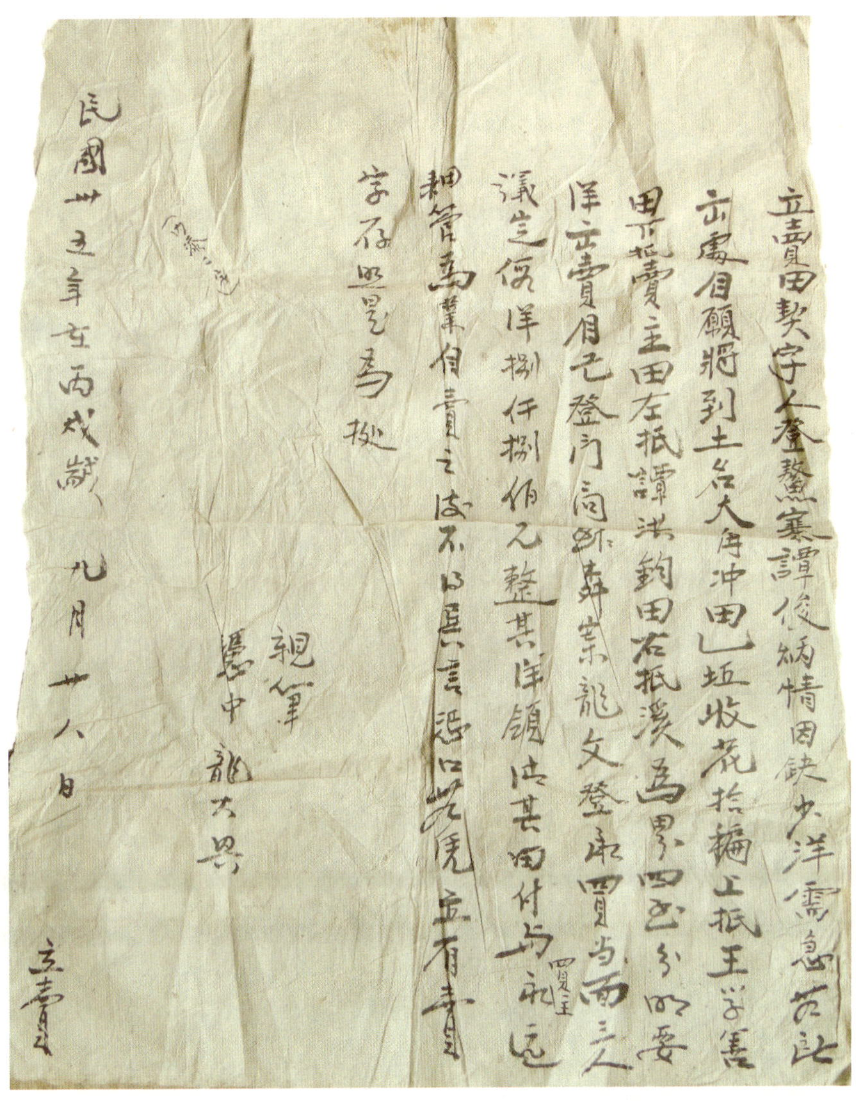

立卖田契字人登鳌寨谭俊炳，情因缺少洋需急，无所出处，自愿将到土名大角冲田乙丘，收花拾稨，上抵王学善田，下抵卖主田，左抵谭洪钧田，右抵溪为界，四至分明，要洋出卖。自己登门问到柳寨龙文登承买，当面三人议定价洋捌仟捌佰元整。其洋领清，其田付与买主永远耕管为业。自卖之后，不得异言。恐口无凭，立有卖字存照是为据。

内添二字

亲笔

凭中：龙大兴

民国卅五年丙戌岁九月廿八日立卖

25. 龙有生卖田字（民国三十六年四月初四日）

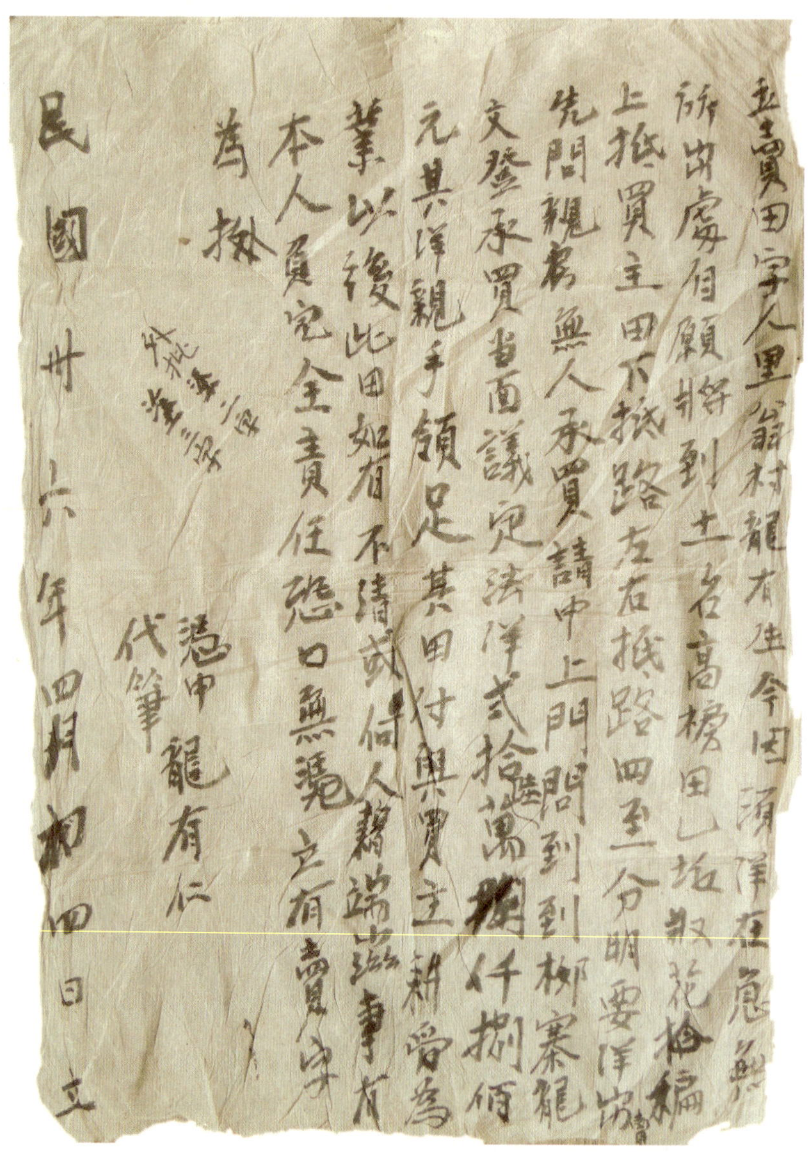

立卖田字人里翁村龙有生，今因须洋在急，无所出处，自愿将到土名高榜田乙丘，收花拾稨，上抵买主田，下抵路，左右抵路，四至分明，要洋出卖。先问亲房无人承买，请中上门问到柳寨龙文登承买，当面议定法洋贰拾陆万捌仟捌佰元。其洋亲手领足，其田付与买主耕管为业。以后此田如有不清，或何人籍端滋事，有本人负完全责任。恐口无凭，立有卖字为据。

外批添二字、涂三字

凭中、代笔：龙有仁

民国卅六年四月初四日立

26. 龙吉耀、龙吉仕卖栽主字（民国三十六年六月初九日）

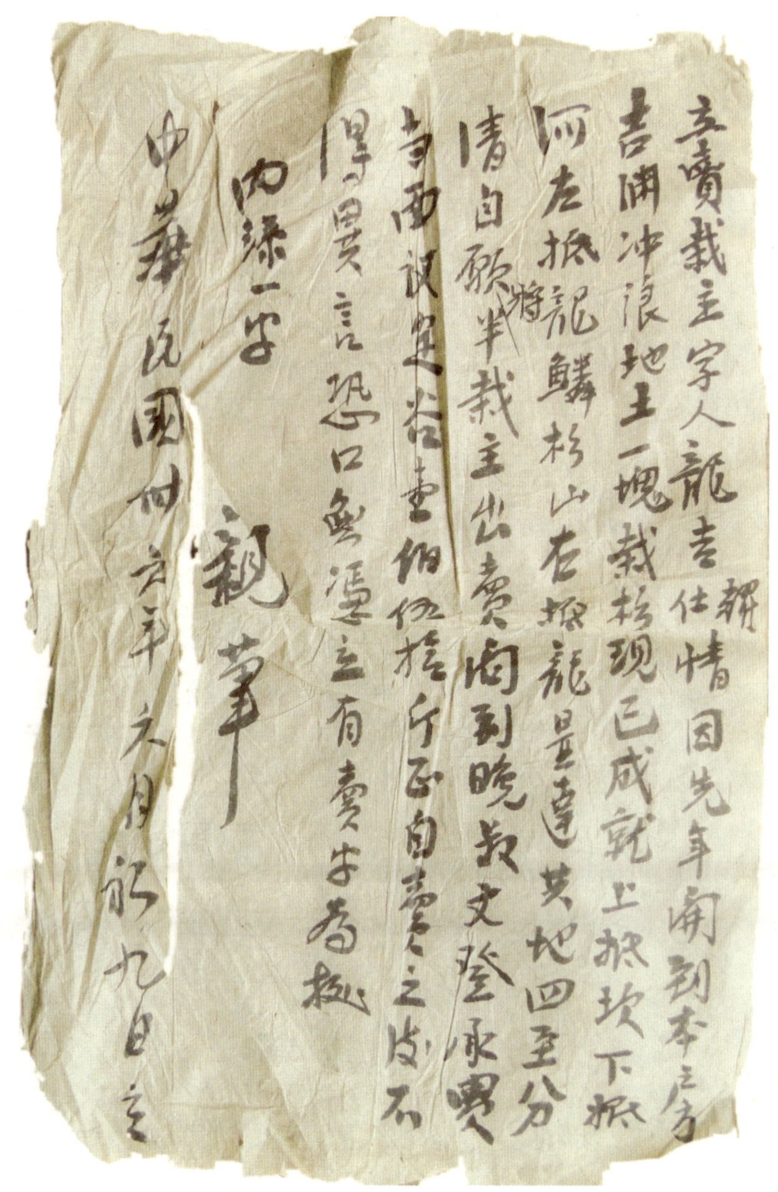

立卖栽主字人龙吉耀、吉仕，情因先年开到本房吉开冲浪地土一块栽杉，现已成就，上抵坎，下抵河，左抵龙鳞杉山，右抵龙显达共地，四至分清，自愿将半栽主出卖。问到晓叔、文登承买，当面议定谷壹佰伍拾斤正。自卖之后，不得异言。恐口无凭，立有卖字为据。

内添一字

亲笔

中华民国卅六年六月初九日立

27. 龙吉耀、龙吉林、龙吉芳堂兄弟三人分关字（民国三十八年三月二十三日）

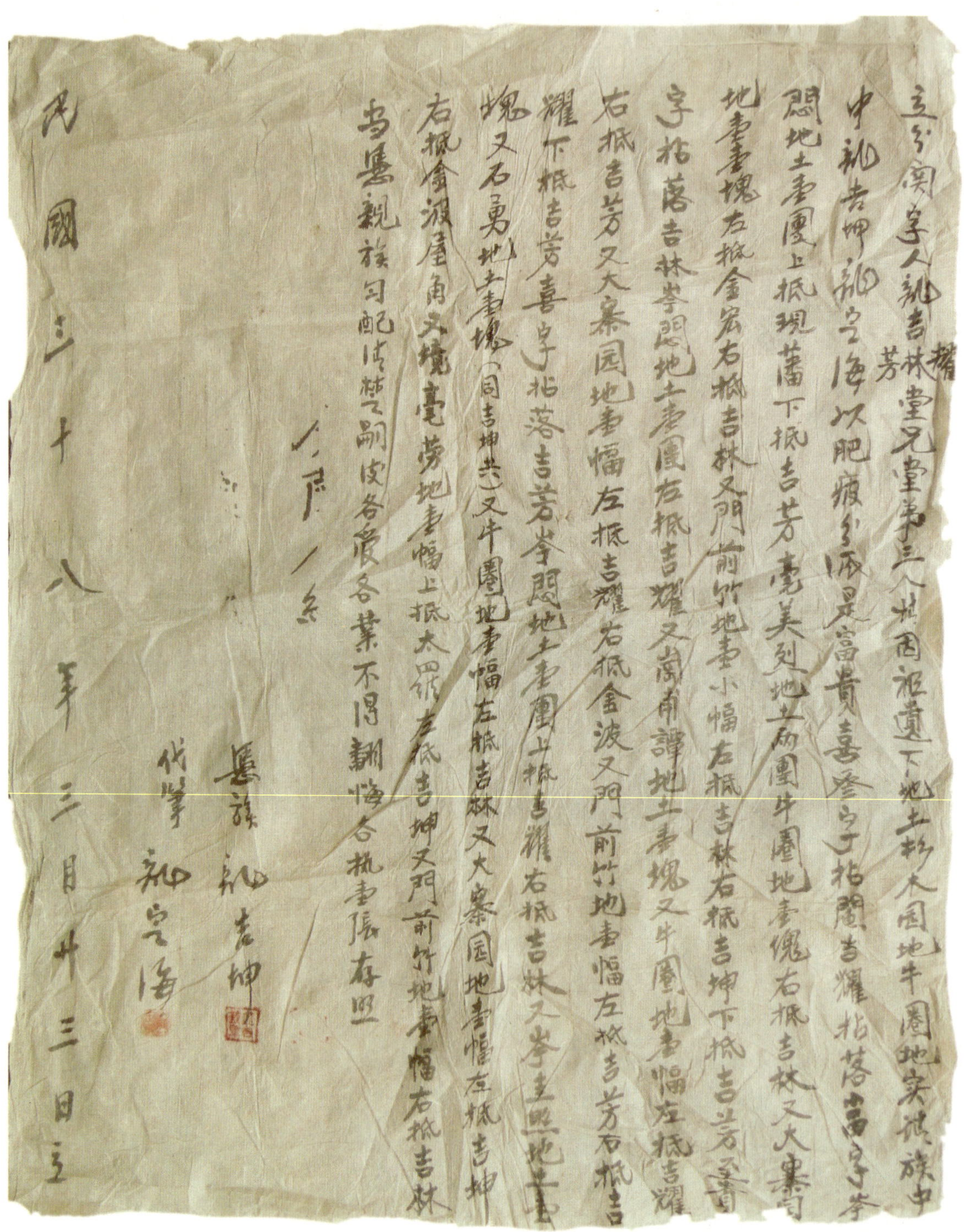
立分関字人龍吉耀林芳堂兄弟三人共因祖遺下地土杉木园地牛圈地宾請族中龍吉坤龍宗海以肥瘦分成是富貴喜登字丁拈屬吉耀拈落富字岑悶地土壹團上抵現藩下抵吉芳亮美冠地土衙園牛圈地壹塊右抵吉林又大寨园地壹塊左抵金宏右抵吉林又門前竹地壹小幅右抵吉林右抵吉坤下抵吉芳丟貴字拈落吉林岑悶地土壹團左抵吉耀又岗角譚地土壹塊又牛圈地壹幅左抵吉耀右抵吉芳又大寨园地壹幅左抵吉耀右抵金波又門前竹地壹幅左抵吉芳右抵吉耀下抵吉芳喜字拈落吉芳岑悶地土壹團上抵吉耀右抵吉林又岑圭照地壹塊又石勇地土壹塊（同吉坤共）又牛圈地壹幅左抵吉林又大寨园地壹幅左抵吉坤右抵金波屋角又境毫劳地壹幅上抵太四張左抵吉坤又門前竹地壹幅右抵吉林為憑親族勻配清楚嗣後各管各業不得翻悔合執壹張存照

憑族 龍吉坤

代筆 龍宗海

民國三十八年三月廿三日立

立分关字人龙吉耀、吉林、吉芳堂兄堂弟三人，情因祖遗下地土杉木园地牛圈地，实请族中龙吉坤、龙定海，以肥瘦分派是富贵喜叁字拈阄。吉耀拈落富字，岑闷地土壹团，上抵现藩，下抵吉芳毫美烈地土两团；牛圈地壹块，右抵吉林；又大寨园地壹块，左抵金宏，右抵吉林；又门前竹地壹小幅，左抵吉林，右抵吉坤，下抵吉芳。至贵字拈落吉林，岑闷地土壹团，右抵吉耀；又岗甫谭地壹块；又牛圈地壹幅，左抵吉耀，右抵吉芳；又大寨园地壹幅，左抵吉耀，右抵金波；又门前竹地壹幅，左抵吉芳，右抵吉耀，下抵吉芳。喜字拈落吉芳，岑闷地土壹团，上抵吉耀，右抵吉林；又岑圭照地土壹块；又石勇地土壹块（同吉坤共）；又牛圈地壹幅，左抵吉林；又大寨园地壹幅，左抵吉坤，右抵金波屋角；又境毫（壕）劳地壹幅，上抵太罗，左抵吉坤；又门前竹地壹幅，右抵吉林。当凭亲族匀配清楚，嗣后各管各业，不得翻悔，各执壹张存照。

凭族：龙吉坤

代笔：龙定海

民国三十八年三月廿三日立

28. 龙吉耀、龙吉芳堂兄弟二人分关字（民国三十八年三月二十三日）

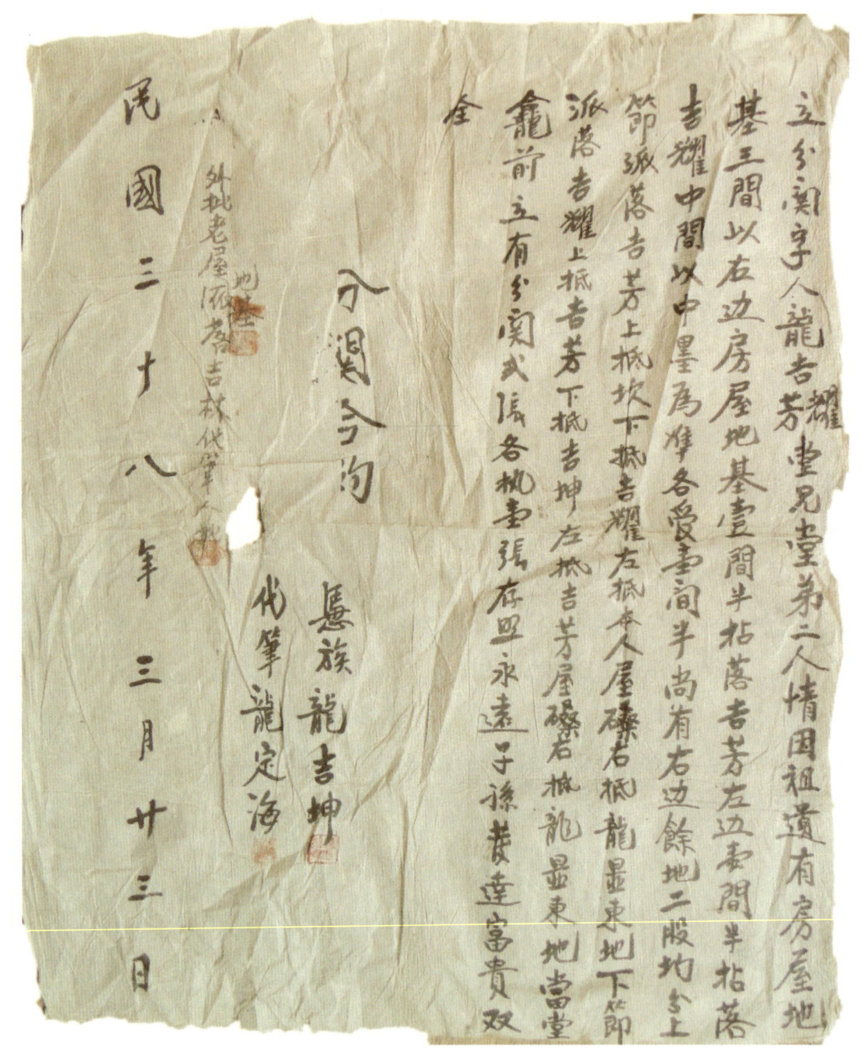

立分关字人龙吉耀、吉芳堂兄堂弟二人，情因祖遗有房屋地基三间，以右边房屋地基壹间半拈落吉芳，左边壹间半拈落吉耀，中间以中墨为准，各管壹间半。尚有右边余地两股均分，上节派落吉芳，上抵坎，下抵吉耀，左抵本人屋磉，右抵龙显东地；下节派落吉耀，上抵吉芳，下抵吉坤，左抵吉芳屋磉，右抵龙显东地。当堂龛前立有分关贰张，各执壹张存照，永远子孙发达，富贵双全。

【分关合同】

凭族：龙吉坤

代笔：龙定海

外批：老屋地基派落吉林　代笔人批。

民国三十八年三月廿三日